GERHARD OBERHAMMER

IM TOD GEWINNT DER MENSCH SEIN SELBST
DAS PHÄNOMEN DES TODES IN ASIATISCHER UND ABENDLÄNDISCHER RELIGIONSTRADITION

ÖSTERREICHISCHE AKADEMIE DER WISSENSCHAFTEN
PHILOSOPHISCH-HISTORISCHE KLASSE
SITZUNGSBERICHTE, 624. BAND

Beiträge zur Kultur- und Geistesgeschichte Asiens
Nr. 14

ÖSTERREICHISCHE AKADEMIE DER WISSENSCHAFTEN
PHILOSOPHISCH-HISTORISCHE KLASSE
SITZUNGSBERICHTE, 624. BAND

Im Tod gewinnt der Mensch sein Selbst

Das Phänomen des Todes in asiatischer und abendländischer Religionstradition

Arbeitsdokumentation eines Symposions

Herausgegeben von

GERHARD OBERHAMMER

VERLAG
DER ÖSTERREICHISCHEN AKADEMIE DER WISSENSCHAFTEN
WIEN 1995

Vorgelegt von w. M. GERHARD OBERHAMMER in der Sitzung
am 16. Juni 1994

Gedruckt mit Unterstützung
durch den Fonds zur Förderung der wissenschaftlichen Forschung

Umschlagentwurf von
Peter Prandstetter

ISBN 3-7001-2198-9

Druck: Universitätsbuchdruckerei Styria, Graz

INHALT

Verzeichnis der verwendeten Abkürzungen 7

Religionshermeneutische Bemerkungen zum Phänomen des Todes. (G. Oberhammer) 9

Feuer, Seele und Unsterblichkeit. (J. C. Heesterman) 27

Mensch, Tier und Pflanze und der Tod in den älteren Upaniṣaden. (L. Schmithausen) 43

Zum Verhältnis von Karma und Tod im indischen Denken. (W. Halbfass) 75

Der Tod als Mittel der Entsühnung (gemäß dem Dharmaśāstra). (A. Wezler) 97

Der Tod in der Spiritualität des Pāśupata. (G. Oberhammer) 141

Śaṅkaras Lehre von der Erlösung zu Lebzeiten. Eine religionshermeneutische Untersuchung. (G. Oberhammer) 181

Erlösung zu Lebzeiten (*jīvanmukti*) und Solipsismus (*ekajīvavāda*) im späteren Advaitavāda (Prakāśātman und Sarvajñātman). (M. Hulin) 201

Bei Lebzeiten das Todlose erreichen. Zum Begriff *amata* im älteren Buddhismus. (T. Vetter) 211

Hermeneutik des Weges durch den Tod. (Sh. Ueda) 231

Religion als Deutung des Todes. Über die Anknüpfungspunkte der Religion im menschlichen Dasein anhand von Gebeten beim Sterben. (H. M. Vroom) 249

Kritische Überlegungen zum Eschaton des Glaubens. (J. Reikerstorfer) 293

Verantwortung des Herausgebers 311

Autorenregister 315

Sachregister 317

VERZEICHNIS DER VERWENDETEN ABKÜRZUNGEN

1. Allgemeines

a.a.O.	am angeführten Ort	lt.	laut
Anm.	Anmerkung	m.c.	metri causa
bzw.	beziehungsweise	o.c.	opere citato (im angeführten Werk)
etc.	et cetera (= usw.)	o.g.	obengenannt
cf.	confer (= vgl.)	o.J.	ohne Jahr
cp.	compare (= vgl.)	p.	pagina (Seite)
d.h.	das heißt	pp.	pagina pagina (Seiten)
ders.	Derselbe	S.	Seite
ed.	editor (= Hrsg.), edited by (= hrsg.)	s.	siehe
		scil.	scilicet (nämlich)
Hrsg.	Herausgeber	s.v.	sub voce (unter dem Stichwort)
hrsg.	herausgegeben von	transl.	translator (= Übers.), translated by (= übers.)
i.e.	id est (= d.h.)		
insb.	insbesondere	u.a.	unter anderem
f.	folgende [Seite]	Übers.	Übersetzer
ff.	folgende [Seiten]	übers.	übersetzt von
ggf.	gegebenenfalls	usw.	und so weiter
ibid.	ibidem (ebenda)	v.	Vers
Id.	Idem (Derselbe)	vv.	Verse
KlSchr.	Kleine Schriften	vgl.	vergleiche
konj.:	konjiziert (verbessert) für	v.l.	varia lectio (abweichende Lesart)
l.c.	loco citato (= a.a.O.)	z.B.	zum Beispiel

2. Zeitschriften und Serien

ABORI	: Annals of the Bhandarkar Oriental Research Institute [Poona]
ANISt	: Alt- und Neuindische Studien [Hamburg]
ARW	: Archiv für Religionswissenschaften [Berlin u. Leipzig]
AS	: Asiatische Studien / Études Asiatiques [Bern]
BSOAS	: Bulletin of the School of Oriental and African Studies [London]
BSOS	: Bulletin of the School of Oriental Studies [London]
CII	: Corpus Inscriptionum Indicarum [Calcutta]
CSS	: Calcutta Sanskrit Series
EI	: Epigraphia Indica [Delhi]
ERE	: Encyclopaedia of Religion and Ethics, ed. James Hastings [Edinburgh]
GOS	: Gaekwad's Oriental Series [Baroda]
HR	: History of Religions [Chicago]
IHQ	: Indian Historical Quarterly [Calcutta]
IIJ	: Indo-Iranian Journal [Den Haag]
IK	: Iwanami Kōza [Tōkyō]

Ind.Taur. : Indologica Taurinensia [Torino]
ISK : Indo-shisōshi Kenkyū / Studies in the History of Indian Thought [Kyōto]
JA : Journal Asiatique [Paris]
JAnSB : Journal of the Anthropological Society of Bombay
JAOS : Journal of the American Oriental Society [New Haven]
JBORS : Journal of the Bihar and Orissa Research Society [Patna/Bankipore]
JEĀS : Journal of the European Āyurvedic Society [Hamburg]
JGJhRI : Journal of the Ganganatha Jha Research Institute [Allahabad]
JIPh : Journal of Indian Philosophy [Dordrecht]
JOIB : Journal of the Oriental Institute [Univ. of Baroda]
JOR : Journal of Oriental Research [Madras]
JRAS : Journal of the Royal Asiatic Society [London]
KSS : Kashi Sanskrit Series [Benares]
MGOS : Madras Government Oriental Series
PhEW : Philosophy East and West [Honolulu]
SBE : Sacred Books of the East [Oxford]
SBph : Sitzungsberichte der Philosophisch-Historischen Klasse der Österreicheischen Akademie der Wissenschaften [Wien]
StII : Studien zur Indologie und Iranistik [Hamburg]
TSS : Trivandrum Sanskrit Series
VIJ : Vishveshvaranand Indological Journal [Hoshiapur]
VOHD : Verzeichnis der Orientalischen Handschriften in Deutschland
VSS : Vizianagaram Sanskrit Series
WZKS : Wiener Zeitschrift für die Kunde Südasiens
ZDMG : Zeitschrift der Deutschen Morgenländischen Gesellschaft [Leipzig]
ZII : Zeitschrift für Indologie und Iranistik [Leipzig]
ZMR : Zeitschrift für Missionswissenschaft und Religionswissenschaft [Münster]

RELIGIONSHERMENEUTISCHE BEMERKUNGEN ZUM PHÄNOMEN DES TODES

Von Gerhard Oberhammer

I.

Eine Religionshermeneutik, welche "Religion" als ein Existenzial des Menschen, und damit als ein Phänomen des menschlichen Existenzvollzuges als solchen betrachtet, muß versuchen, den Tod als Extremsituation menschlicher Existenz vom Religionsvollzug her zu verstehen. Umgekehrt muß sie aber gerade deshalb auch ihr Verstehen von Religion in diesem Denken des Todes notwendig in die Krise führen. Dies ist nicht deshalb wichtig, weil die verschiedenen Mythologien eines "Jenseits" rational aufgearbeitet werden müßten, sondern deshalb, weil zu erwarten ist, daß das Bedenken des Todes zu einem Verstehen der menschlichen Existenz und damit auch des Phänomens der Religion führt.

In der Frage nach dem Tod und seiner Bedeutung für das Ganze des menschlichen Daseins kommt dieser im Grunde nicht als physisches Phänomen in den Blick, sondern immer nur als geistige Realität, die in einer Mythisierung gegenwärtig wird. Selbst wenn in einem bestimmten Daseinsverständnis der Tod im Sinne des physischen Phänomens nur als das Aufhören der physischen Existenz thematisch wäre, würde dies nur im Wissen um andere Möglichkeiten und in der Deutung dieses Faktums aus dem Ganzen eines Daseinsverständnisses möglich sein und würde als solches daher dennoch als geistige Realität zu bestimmen sein; zumal das Faktum des Aufhörens des je eigenen Daseins nie anders als in einer Mythisierung gegenwärtig sein kann und somit notwendig den Charakter einer "geistigen Realität" erhält, wenn es gedacht und gedeutet wird.

An der Tatsache, daß der Tod nur als geistige Realität in einer Mythisierung sein wahres Wesen zur Erscheinung bringt, dürfte auch der Umstand nichts ändern, daß es auch für Tiere und Pflanzen ein Ende ihres Lebens gibt. Wir reden im Alltag zwar auch vom Tod eines Tieres, unter Umständen sogar vom Tod der Pflanzen, es ist aber zu vermuten, daß wir, wenn wir dies tun, bewußt oder unbewußt das Verständnis, das der Mensch von seinem eigenen Tode hat, auf Tier oder Pflanze übertragen. Das Vergehen von Tier und

Pflanze könnte aber nur dann zu einem eigenständigen Problem werden, wenn es nicht wie der Tod des Menschen im Beisichsein einer sich selbst gelichteten Existenz gegenwärtig sein kann. Andernfalls würde es sich um nichts anderes als den menschlichen Tod handeln. Als eigenständiges Problem entzieht es sich daher der Fragestellung der Religionshermeneutik und stellt, sofern es diese Lebewesen eines bleibenden Lebenssinnes zu berauben scheint, ein echtes Problem theistischen Schöpfungsglaubens dar. Dennoch kommt in ihm ein wichtiger Aspekt des Todes überhaupt zur Erscheinung, der bei der religionshermeneutischen Untersuchung des Todes nicht ausgeklammert werden darf, nämlich die reale Möglichkeit, im Vergehen des Lebens der Sinnlosigkeit des eigenen Daseins ausgeliefert zu sein. In einer interkulturellen Untersuchung dürfte aber darüber hinaus das Verständnis, das eine bestimmte Zeit oder Kultur vom Tod der Tiere und Pflanzen hat, auch für ihr Verständnis des menschlichen Todes von Bedeutung sein, selbst wenn es richtig sein sollte, daß das Ende des menschlichen Daseins für sich betrachtet, nur als je eigenes und damit nur in einer Mythisierung aus dem Ganzen des Existenzverständnisses heraus zu dem wird, was wir als Problem der Religionshermeneutik "Tod" genannt haben, und dem das physische und soziologische Phänomen des fremden Todes als Anlaß zu Grunde liegt.

Von einer Mythisierung aus dem Ganzen des Existenzverständnisses oder, wie man ebenso gut sagen könnte, aus dem religiösen Glauben, muß schon deshalb gesprochen werden, weil diese Mythisierung nicht eine begriffliche Erklärung des Todes durch metaphysische Prinzipien darstellt, sondern ein Ereignis "zur Sprache bringt". Unter "Mythisierung" ist daher hier das Zur-Sprache-Bringen einer Gegebenheit verstanden, die durch dieses Zur-Sprache-Kommen erst als Phänomen erscheint, nicht aber der Umstand, daß über diese Gegebenheit geredet wird, was als solches bereits eine Mythisierung voraussetzt. Auch im traditionellen Verständnis des Todes als Trennung von Körper und Seele sind Körper und Seele nicht als Begriffe und philosophische Prinzipien gemeint, sondern als konkrete, in Sprache zur Erscheinung kommende Elemente der im Tod zerbrechenden menschlichen Person. Vielleicht müßte man sagen, daß der Tod in religionshermeneutischer Sicht nichts anderes ist als die Mythisierung des Endes des menschlichen Daseins in einem Entwurf der Erwartung und der Hoffnung, die den Menschen als ganzen meint.

Für das Erkennen dieser Mythisierung des Todes und deren auslegende Analyse scheint übrigens nicht unwichtig zu sein, daß "makabre", d. h. mit dem toten Körper und seiner Desintegration zusammenhängende Vorstellungen wie Totengerippe, verwesender Körper oder die Meditation über diesen, für die Mythisierung und damit für die "mythische Gegenwart" des hier gemeinten je eigenen "Todes" nicht charakteristisch sind, sondern letztlich nur Symbole der Vergänglichkeit des menschlichen Daseins darstellen.

Im Tode wird zwar die Vergänglichkeit des menschlichen Lebens durch das Vergehen dieses Lebens eingeholt. Erst im Aufhören des Lebens gewinnt die Vergänglichkeit des Lebens ihre letzte Radikalität und Eindeutigkeit. Doch scheint der "Tod" im bloßen Aufhören des Lebens noch gar nicht in den Blick zu kommen. Gibt es ihn doch als spezifisches Phänomen in keinem Augenblick des Lebens. Dies scheint im Grunde eine Trivialität zu sein. Dem ist aber nicht ganz so. Denn erst in einem Horizont des "Über-das-Ende-hinaus-Wissens" wird das Aufhören des Lebens zum "Tod". Der "Tod" ist das Letzte des menschlichen Daseins, sein Eschaton, auf das hin dieses Dasein vergeht und das sinnvoller Weise nur im Transzendieren dieses Daseins ausgesagt werden kann. Der Tod ist "Ereignis der Grenze". Nicht ein Ereignis am Ende, nicht ein Ereignis an der Grenze des Lebens. Er ist das Sich-Ereignen unrelativierbarer Grenze selbst.

Diese Grenze ist im Bewußtsein des Subjektes als begrenzend Abgrenzendes gegenwärtig, indem sie einer weiteren Ausdehnung des Lebens ein Ende zu setzen scheint, die aber andererseits gerade dadurch, daß sie abgrenzt, ein anderes in den Blick bringt, und die Grenze so zum Übergang in dieses mögliche Andere wird. Es scheint genau dieser Übergang, dieses Umschlagen des Lebens in ein In-Erscheinung-Treten einer Offenheit für ein Anderes entscheidend für die Mythisierung des Todes zu sein.

Wenn es aber richtig ist, daß der "Tod" als Grenze ein transitorisches Moment ist, das als solches zwar dem menschlichen Dasein angehört und dennoch in diesem Dasein nicht mehr zur Erfahrung werden kann, da durch sein Eintreten das Dasein des Menschen aufgehoben wird, dann stellt sich die Frage, wie es möglich sein soll, daß der Mensch vom je eigenen Tod als einem seiner Existenz inneren Moment reden kann und dieser so in religionshermeneutischer Perspektive erscheinen kann.

Der Mensch vollzieht seine Existenz, indem er sich in seinem Leben dem Begegnenden dialogisch öffnet. Denn in der immer neuen Wandlung dieses Vollzuges erfährt sich der Mensch als einer, der immer wieder von neuem sein Beisichsein in der Annahme des anderen als anderen verwirklichen und bejahen muß, und der so der Zeit unterworfen und in sich vergänglich ist. Diese Erfahrung von Zeitlichkeit und Vergänglichkeit wird aber nur begreifbar, wenn der Mensch dieses sein Beisichsein in einem umfassenden Horizont bleibender Aktualität besitzt und so über die einzelne Begegnung mit dem anderen hinaus – damit aber auch über die Grenze, die der Tod als

Endgültigkeit des Vergehens ist, hinaus – um die Möglichkeit eines Bleibens in einer ewigen Aktualität weiß, auch wenn der Mensch nicht präjudizieren kann, ob und wie sich sein Dasein in dieses ewige "Jetzt" hinein vollziehen wird, wenn im Tode eine Begegnung als ein die eigene Zukunft in die Gegenwart herein nehmender Existenzvollzug nicht mehr möglich ist.

Wenn aber dieses Wissen um ein mögliches "Darüberhinaus" im Sinne eines transzendental, aber auch existenziell immer schon Offenseins für eine alles umgreifende Transzendenz jenseits des Seienden verstanden werden darf, dann sollte man auch sagen dürfen, daß der Tod als sich Ereignen von Grenze gerade dank dieses Offenseins des Menschen für dieses Umfassende zum transitorischen Moment wird, welches diese Offenheit des Beisichseins des Menschen als bleibende Gegenwart der eigenen Existenz zur Erscheinung bringt und so religionshermeneutisch gesehen letztlich zum unüberbietbaren Akt menschlicher Religion wird. Denn der Tod als inneres Moment des je eigenen Daseins enthüllt sich in dieser Analyse dem Beisichsein als mögliche und in ihrem Ereignischarakter unrelativierbare Begegnung mit dem "Jenseits des Seienden", die der Mensch aus seiner religiösen, das Dasein als ganzes deutenden Überzeugung und Hoffnung heraus redend vergegenwärtigt und so mythisiert.

Phänomenologisch könnte man vielleicht sagen, daß es die durch den biologischen Tod sich dem Beisichsein des Subjektes zeigende Grenze als transitorisches Moment des Daseins ist, die in der Rede vom "Tod", aber auch von der "Emanzipation" mythisiert wird, wobei mit Mythisierung nicht die mythologischen Vorstellungen von einem Jenseits gemeint sind, sondern das "Zur-Sprache-Bringen" dieses transitorischen Momentes selbst. Es scheint daher einsichtig, daß sich das in dieser Mythisierung zur Sprache gebrachte Ereignis der Grenze vom physischen Tod ablösen kann, auch wenn dieser das Phänomen ist, durch das solches Sich-Ereignen von Grenze in den Blick kommen konnte.

Eine derartige Mythisierung der Grenze als transitorisches Element des Daseins begegnet in Indien beispielsweise im Vedānta als "emanzipierender Tod", d. h. als Tod im Bewußtsein der Identität von Ātman und Brahman, der dem Kontinuum sich immer neu ereignender Wiedergeburt ein Ende setzt, indem er den Menschen in ein bleibendes Heil entläßt. Für den Advaitin ist dieses Ereignis der Grenze unabhängig vom Faktum des biologischen Todes, der noch dem Wesenskreislauf angehört, und wird von ihm bereits zu Lebzeiten erwartet (*jīvanmukti*). Kann man annehmen, daß der "große Tod" im Zen der Kyoto-Schule letztlich zu demselben Typus der Mythisierung der Grenze als transitorisches Moment des Daseins gehört wie diese Emanzipation zu Lebzeiten?

Anders scheint die Mythisierung des Todes im Alten Testament und im Christentum zu verlaufen. Wenn ich richtig sehe, wandelt sich dort der "Tod" als Mythisierung der Grenze als transitorisches Moment des Daseins in einer verengenden Deutung zunächst zur bleibenden Befindlichkeit des bösen Menschen, zum Modus des Un-Heils, während der Gerechte in Ewigkeit lebt, auch wenn er biologisch tot ist. Im Horizont von Gut und Böse wird dann, christlich gesprochen, das Ereignis der Grenze mythisch in der polaren Einheit von physischem Tod und Auferstehung gegenwärtig, während dem biologischen Faktum, außer als Folge der Erbsünde, letztlich wie im Advaita keine Bedeutung als geistige Realität mehr zukommt. Es geht nur mehr um das mit Christus leben, das als "Auferstehung der Toten" zur Vollendung kommt, selbst wenn die traditionelle Schultheologie die sogenannten "vier letzten Dinge" des menschlichen Lebens begrifflich von einander zu trennen und nicht als eine im Grunde ganzheitliche Mythisierung der transitorischen Grenze des menschlichen Daseins zu verstehen scheint.

Eine dem Typus nach sehr ähnliche Mythisierung des Todes scheint, wie ich glaube gezeigt zu haben,[1] im Glauben des Pāśupata vorzuliegen, wo der physische Tod auf dem Heilsweg des Aszeten überhaupt ausgemerzt wurde, und das Phänomen der Grenze nur noch als Eintreten der "Vollkommenheit" (*siddhi*), als "wesen" des Aszeten in Śiva und als Durchbruch der "Seinsweise Gottes des Herrn" (*māheśvaram aiśvaryam*) im Selbst des Menschen faßbar ist.

Man könnte die Reihe dieser Mythisierungen wahrscheinlich um so viele vermehren als es religiöse Traditionen gibt; man könnte eine Typologie dieser Mythisierungen vornehmen und so vielleicht zu einer viel differenzierteren Analyse von ihnen gelangen als ich es hier versucht habe. Für die Betrachtung des Todes in religionshermeneutischer Sicht scheint mir in diesem Zusammenhang jedoch vor allem wichtig, daß es sich in all diesen Fällen der Mythisierung weder um eine Mythologisierung des Jenseits, also des Lebens nach dem Tode handelt, noch auch um verschiedene, metaphorische Bedeutungen des Wortes "Tod", sondern um "Versprachlichungen" des im Faktum des physischen Todes erscheinenden Phänomens der transitorischen Grenze, die Ergebnis einer geistigen, deshalb aber nicht schon notwendigerweise begrifflichen Verarbeitung dieses Faktums sind. Denn durch das in Sprache artikulierte Verständnis dieses Faktums wandelt sich dieses selbst zu einer geistigen Realität und bestimmt so das Existenzverständnis und den Existenz-

---

[1] Siehe das Kapitel "Mort et délivrance dans la spiritualité Pāśupata" in: G. OBERHAMMER, *Un Problème d'herméneutique des religions: La délivrance en cette vie même (*jīvanmuktiḥ*) dans l'hindouisme*. Paris 1994.

vollzug des Menschen. Trotz aller Verschiedenheit der Mythisierungen dieses Faktums scheint jedoch in ihnen allen der wesentliche Charakter einer geistigen Realität des "Todes" der gleiche zu sein, wenn er sich auch durch die Verschiedenheit der Mythisierung auf die Spiritualität des Existenzvollzuges verschieden auswirkt. Damit scheint aber für die Religionshermeneutik ein Ansatz gefunden zu sein, der es erlaubt, Tod,[2] Auferstehung und Emanzipation aus dem Wesenskreislauf[3] in einem gemeinsamen Verständnisentwurf zu interpretieren.

II.

1. "Auferstehung" und "Emanzipation" (*mukti, nirvāṇa*) sind als Glaubensinhalte nur im Horizont des Todes sinnvoll denkbar, d. h. im Wissen um das menschliche Dasein, sofern es durch den Tod, seine Bedingtheit (*pratītyasamutpāda* etc.) und das Leid radikal in Frage gestellt ist und so grundsätzlich im Blick auf ein anderes hinterfragt werden muß. Der Glaube an "Auferstehung" und "Emanzipation" kann als solcher aber nicht schon aus dem biologischen Faktum des Todes oder der Vergänglichkeit allein seine begriffliche Grundlegung und inhaltliche Rechtfertigung erhalten. Das Phänomen des "Todes" oder auch der Vergänglichkeit kann nur dann der ihn zeitigende Grund sein, wenn das biologische Faktum im Horizont einer Transzendenzerfahrung Bedeutung und Deutung erhält und so ein Phänomen der religiösen Existenz, nicht des bloßen Vorhandenseins oder körperlichen Funktionierens des Menschen wird.

2. Wie kommt der Tod in dieser Weise aber in den Blick religiöser Hermeneutik? Zunächst ist der Tod, auch wenn es ihn nur in der Form der "mythischen Gegenwart" eines Anderen, noch nicht in den Blick Gekommenen, gibt, jedenfalls ein vom Menschen erwartetes Ereignis, und ein Ereignis, das vom Vorgang des Sterbens, das ein Element des zu Ende gehenden Lebens ist, unterschieden ist. Denn "Tod" meint nicht den dauernden Zustand des "Nichtmehr-Lebens", sondern das Ende des Lebens, das durch das Sterben eintritt. Das Sterben hingegen scheint jener Existenzvollzug zu sein, in dem der Mensch sein Subjektsein in der Hinnahme des Zusammenbrechens seiner physischen Existenz bejahen muß, der aber auch als Ereignis einer absoluten Krise das vergangene Leben in einer Sinneinordnung aus dem Prinzip der

---

[2] Beispielsweise im Buch "Kohelet" des AT oder "Erlöschen" im alten Buddhismus.

[3] Zum Beispiel im Hinduismus.

"Erinnerung" (*memoria*) – sei es faktisch-habituell, sei es reflex-bewußt – zum Abschluß bringt, sofern das Leben in ihm sein Ende findet und so als ganzes betroffen und als ganzes in Frage gestellt ist. Indem aber das Leben als ganzes in Frage steht – auch wenn das von dem Sterbenden in vielen Fällen nicht bewußt rezipiert wird –, ist das Sterben als Phänomen des vergehenden Lebens ein Existenzvollzug der grundsätzlich offen ist für eine Zukunft, die nicht mehr dem vergehenden Leben angehört und dem Sterbenden unbekannt und unverfügbar ist.

Zwar tritt diese Zukunft an den Menschen immer in der "Mythisierung" eines Glaubens heran und wird nur in dieser Mythisierung vertraut und "bewältigbar", doch als tatsächlich eintretendes Ereignis ist diese Zukunft das Hereinbrechen eines unverfügbaren Anderen, selbst wenn dieses Andere das Ende der Existenz bedeuten sollte, das schicksalhaft einen Existenzvollzug fordert, der sich – wie immer das Subjekt ontologisch gedacht wird – in totaler Ausgeliefertheit diesem Anderen schlechthin öffnet und so nicht mehr Element des vergehenden Lebens sein kann; dies schon deshalb nicht, weil ein solches in jeder Hinsicht Offensein für dieses Andere, das nicht wenigstens im sich selbst besitzenden Bewußtsein einen bergenden Halt finden würde, als Seinsmodus des Lebens mit seiner raumzeitlichen Individualität nicht denkbar zu sein scheint. Im Leben bleibt immer die eigene Existenz, das je eigene Sein, jene Beschränkung des Ausgeliefertseins, die dieses zu meinem je eigenen Ausgeliefertsein relativiert. Im Tod als dem Woraufhin des Sterbens tritt die Offenheit dieses Ausgeliefertseins im Modus des "schlechthin" in ihr eigentliches Wesen. Es bleibt freilich die Frage, ob diese "Offenheit schlechthin" nicht im Augenblick, da sie in ihr Wesen tritt, gemeinsam mit dem Leben erlischt, sie ist aber für den Tod als Erfüllung des Sterbens notwendig anzunehmen.

Gerade diese Offenheit des schlechthin Preisgegebenseins zeigt aber eine Dimension des "Todes", die diesen in eine vielleicht neue Perspektive stellt: Man kann solches Ausgeliefertsein in der Meditation vorwegnehmend bejahen, man kann es aber offenbar nicht aktuell vollziehen, solange eine Individualität des Beisichseins aufrecht bleibt und das Beisichsein als Subjekt der Selbstreflexion gegeben ist. Geht es daher im Tod im Grunde um die Aufhebung der Individualität der Selbstreflexion?

3. Im "Tod des anderen" zeigt sich der Tod als Aufhören jeder Lebensäußerung und damit jeder "Kommunikation", das in der Folge dazu führt, daß der Körper des anderen keine Fähigkeit zur Selbstintegration mehr besitzt und dessen Materie so frei wird zur Bildung neuer Formationen. Dem betroffenen Subjekt selbst entzieht sich der Tod als Phänomen. Der "eigene Tod" begegnet immer nur in einer "mythischen Gegenwart" als geistige Realität und bleibt

der Erfahrung entzogen, solange er faktisch nicht eingetreten ist. Er enthüllt sich so als ein einmaliges, nicht wiederholbares Ereignis, in dem sich dem Menschen ein grundsätzlich Anderes zeigt, das er nicht wie eine zu spielende Rolle "einübend" antizipieren kann, und dem er sich im Sterben gleichsam "aus dem Stegreif" öffnen und preisgeben muß. Man kann natürlich das Sterben im meditativen Erleben der Vergänglichkeit vorwegnehmend "einüben" und so eine Haltung erwerben, die dem Subjekt im Augenblick des Todes die Freiheit seiner Spontaneität bewahren hilft. Man kann durch das Leben für das Ereignis des Todes herangereift sein. Im Zeitpunkt des Todes als Woraufhin des Sterbens aber, in welchem die mythische Gegenwart des Todes vom Ereignis selbst eingeholt wird, ist die Spontaneität des Subjektes selbst in einen Vollzug von Existenz gefordert, der sich, jede mythische Gegenwart zurücklassend, dem wirklichen Ereignis stellen muß, so wie es sich zeigt. Im Existenzvollzug des Todes ist daher die Freiheit des Subjektes als solche gerufen, sich diesem Anderen in der innersten Spontaneität seiner selbst zu öffnen und ohne jede Sicherheit und ohne die Vertrautheit einer mythischen Gegenwart preiszugeben, lediglich motiviert aus der "*memoria*" seiner Existenz, d. h. durch das, was der Mensch in seinem Leben als ganzem war.

In der "mythischen Gegenwart" des Todes als das unverfügbar Andere wird das Subjekt in eine letzte durch nichts mehr relativierbare Unmittelbarkeit zur eigenen Subjektivität vermittelt und scheint als solches auf den innersten Raum subjektiver Freiheit und Spontaneität verwiesen zu werden, zumal der am Mitmenschen beobachtbare Tod jede Vermittlung eines anderen in die Unmittelbarkeit zum Subjekt auszuschließen scheint. Im Ereignis des Todes scheint sich daher die Spontaneität des Subjektes nur in der Annahme dieses schlechthin Anderen in einer im Lebensvollzug nicht mehr zurücknehmbaren Offenheit totaler Preisgegebenheit verwirklichen zu müssen.

Diese "Offenheit" vor einer Verfremdung durch die eigenen im Vollzug des Sterbens möglicherweise auftretenden psychischen "Konstrukte" und Ängste zu schützen, könnte der religionshermeneutische Sinn z. B. des Tibetischen Totenbuches oder jener Mythisierung eines Jenseits sein, wie sie etwa im I. Kapitel der Kauṣītakī-Upaniṣad begegnet, wobei diese Mythisierungen natürlich nicht nur diesen Sinn haben, sondern gleichzeitig auch Glaubensvorstellungen zum Ausdruck bringen. Gerade unter dieser Rücksicht muß jedoch auf eine religionshermeneutisch nicht unwichtige Einsicht in das Phänomen der "Religion" als Lehrtradition hingewiesen werden. Gerade das Ereignis des Todes als unrelativierbare, transitorische Grenze des Lebens zeigt, daß alle diese Mythisierungen – unbeschadet der Frage ihrer "Wahrheit" – letztlich ihre Gültigkeit nur insofern besitzen, als sie vermittelnde Erfahrungsentwürfe einer Gegenwart sind, die als solche dem Subjekt den Vollzug seiner Existenz, damit aber auch von Religion als Existenzial des Menschen, ermöglichen, die aber im Tode, anders als in der mystischen Erfahrung nicht nur überstiegen werden, sondern durch ihn unwiderruflich aufgehoben werden. In diesem Sinne erweist sich der Tod jedoch in religionshermeneutischer Sicht als endgültige "Krise" religiöser Glaubenstradition.

4. In der Perspektive der Religionshermeneutik zeigt sich der Tod nicht als soziologisches Phänomen, als Ereignis des menschlichen Miteinanders, etwa in Brauchtum und Liturgie, sondern als Ereignis des je eigenen Existenzvollzuges. Im Sterben, das heißt im Lebensvollzug des Aug' in Aug' mit dem Tode als dem Woraufhin des Sterbens ist das betroffene Subjekt nichts anderes mehr, als was es im Angesicht dieses im Tod sich zeigenden radikal Anderen ist. Im Tode hat das Subjekt nichts, was es als Sein festhalten könnte, was es sein könnte; es sei denn die Freiheit, sich aus dem Urgrund der Erinnerung heraus, d. h. aus der je eigenen "Lebenstradition" in eine Zukunft hineinzubegeben, für die es nur offen sein kann, ohne sie präjudizieren zu können.

Es ist der Modus der Freiheit dieses Existenzvollzuges, der ureigener Vollzug der Freiheit bleibt, auch wenn die Verwirklichung dieser Freiheit durch das Sterben abgezwungen ist, der die religiöse Dimension des Todes weiter entfalten hilft. In der Preisgegebenheit des Subjektes an das unausweichbare Andere enthüllt sich nämlich gerade wegen der durchzuhaltenden Freiheit, die durchzuhalten unwiderruflich in die Verfügung allein des Subjektes gegeben ist, ein durch den Vollzug dieser Freiheit sichtbar werdender Horizont der Hoffnung (oder der Verzweiflung als deren defizienter Modus), vor dem allein das sich Öffnen des Subjektes für das in die Begegnung tretende Andere verständlich wird. Denn "durchzuhaltende Freiheit" bedeutet hier ein sich öffnendes Ausgreifen des Subjektes auf dieses Andere in seiner Unverfügbarkeit, das selbst nicht mehr aus dem Sterben, etwa aus dem Lebensdurst heraus gedeutet werden kann. Das unverfügbar Andere ist für den Lebensdurst kein auslösender Grund, sodaß dieser das sich öffnend Ausgreifen des Subjektes nicht erklären kann; vielmehr ist es das Begegnende, das sich dem Ausgriff, ihn motivierend, gewährt, wie immer dieses mythisch vorweggenommen wurde, und nicht die Vergangenheit. Das Begegnende als das andere zum Leben, das zu Ende geht, ist es, das in seiner Mythisierung die Dimension der Hoffnung schafft.

Hier scheint beispielsweise Pakṣilasvāmin den Tod in seinem Wesen nicht radikal genug zu fassen. Lehrt er doch, daß die Einbindung in den Wesenskreislauf nur durch den aus der falschen Erkenntnis des Ātman aufbrechenden Lebensdurst (*tṛṣṇā*) bewirkt wird, während die wahre Erkenntnis des ewigen, vom sterbenden Körper wesentlich geschiedenen Ātman in die unwiderrufliche

Emanzipation hinein befreit, weil sie den Lebensdurst aufhebt. Im Horizont dieser Lehre thematisiert Pakṣilasvāmin den Tod, wenn er den aus der falschen Erkenntnis kommenden Lebensdurst als Ursache neuer Geburt folgendermaßen einführt: "Wer fürwahr hinsichtlich des Gegenständlichen wie Körper usw. zur Erkenntnis 'ich bin [es]' gelangt, wähnt, daß zufolge des Aufhörens jenes der Ātman aufhört, und vom Durst nach Nichtaufhören überwältigt, ergreift er jenes wieder und wieder. Indem er jenes ergreift, drängt er zu Geburt und Tod. Und daher wird er, weil er von diesem nicht getrennt ist, nicht bleibend vom Leid befreit."[4]

Hier analysiert Pakṣilasvāmin zwar überzeugend die Bedrohung der menschlichen Existenz durch den Tod; doch kann die wahre Erkenntnis des Ātman weder die Bedrohung der menschlichen Existenz noch auch den Ausgriff auf die Zukunft aufheben. Dies müßte man aber annehmen, wenn Pakṣilasvāmins Begründung des Ausgriffes auf die Zukunft des Menschen (= neuerliche Geburt) aus der falschen Erkenntnis richtig wäre. Dennoch ist Pakṣilasvāmin zuzugeben, daß der Wunsch zu überdauern, nicht aus biologischem Lebensdurst zu begründen ist. Tatsächlich hört nämlich der Mensch auch nach der richtigen Erkenntnis mit dem Tode auf, in dem Sinne zu überdauern, in welchem sein Lebensdurst von Pakṣilasvāmin begründet wurde. Denn im Nyāya scheint der Ātman nach seiner Emanzipation kein seine eigene Existenz erfassendes Wesen mehr zu sein, sodaß die rechte Erkenntnis des Ātman wohl kaum den "Durst nach Nichtaufhören" stillen könnte. Darüber hinaus ist das Überdauern des Selbst (*ātman*), wenigstens für unser heutiges Problemverständnis, kein gesicherter Inhalt der Erkenntnis, sondern wird lediglich als Hoffnung faßbar, wenngleich vielleicht als eine berechtigte.

5. Wenn es nämlich sachlich richtig ist zu sagen, daß der Mensch ein Seiender nur ist, indem er ein Beisichseiender ist, dann kann man auch sagen, daß die Möglichkeitsbedingung seines Beisichseins Grund seines Seins ist. Denn "Beisichsein" ist nicht eine Beschaffenheit, die zum Sein noch hinzukäme, sondern selbst der Akt seines Existierens. Der Mensch ist Beisichseiendes, und das bedeutet, daß das transzendentale Subjekt vor dem Horizont der durch kein Seiendes eröffneten Offenheit seines Ausgriffes auf anderes im tatsächlichen Ausgreifen der Spontaneität seines Ausgriffes als der eigenen Wirklichkeit inne ist. Wenn diese Offenheit aber nicht durch ein Seiendes eröffnet wird, was nicht möglich ist, wenn die Offenheit ein Horizont für alles sein soll, dann ist diese nur als das sich Gewähren eines Anderen denkbar, das weder ein

---

[4] NBh 288, 6-8.

Seiendes noch ein Nichtseiendes ist, sondern sich "jenseits des Seienden" als Woraufhin des transzendentalen Ausgriffs des Subjektes, ihn eröffnend, selbst mitteilt.[5] Es scheint aber undenkbar, daß es neben diesem Woraufhin, das weder ein Seiendes noch ein Nichtseiendes sein kann, noch ein zweites geben sollte, das "jenseits des Seienden" Grund des menschlichen Daseins sein könnte, indem es in den transzendentalen Ausgriff des Subjektes als dessen Woraufhin einginge. Und so ist das menschliche Subjekt wirklich Beisichseiendes, wenn das "Jenseits des Seienden" in dessen Ausgriff als Woraufhin tatsächlich, ihn ermöglichend, eingeht. Aus sich selbst hat das menschliche Subjekt daher auch keine bleibende Existenz und kann wohl nur als vergänglich verstanden und in seiner Zeitlichkeit phänomenologisch als "Sein zum Tode" (spätbuddhistisch als "augenblicklich") beschrieben werden. In seinem "Beisichsein" hat es immer nur eine durch die Selbstmitteilung der Transzendenz ermöglichte Existenz, aber keine wie immer geartete Gewißheit eines "Lebens nach dem Tode". In diesem Sinne hat es daher grundsätzlich nur eine Hoffnung auf das Erhaltenbleiben seiner je eigenen Existenz nach dem Tode. Die Ewigkeit des Subjektes (scil. "Seele", *ātman*, *puruṣa* etc.) läßt sich mit Gewißheit wohl nicht beweisen.

Wenn es aber richtig ist, daß sich das "Jenseits des Seienden" aus sich selbst, ohne durch einen zusätzlichen und daher äußerlichen Grund veranlaßt zu sein, dem Subjekt als "Woraufhin" seines transzendentalen Ausgriffes gewährt, damit es als Beisichseiendes existiere, dann kann der Mensch die berechtigte Hoffnung auf das dauernde Bleiben seines "Beisichseins", wie immer dies zu denken ist, haben. Denn warum sollte das "Jenseits des Seienden", das sich in dieser Weise aus sich selbst als "Woraufhin" des Ausgriffes gewährt, aufhören dies zu tun?

Wenn dies so ist, dann darf der Mensch aber auch die ebenfalls berechtigte Hoffnung auf eine Existenz in bleibendem Heil haben. Denn "wenn die 'Begegnung' mit dem 'Woraufhin' des je eigenen Ausgriffes als Lebensvollzug in einer grundsätzlichen Intention, und im Tod als eine die eigene Existenz umfassende unwiderruflich durchgehalten wird, dann kann diese nicht bleibende Sinnerfüllung des 'Beisichseienden' bedeuten, ohne auch gleichzeitig Freiheit von jeder Schuld zu besagen. Die vorbehaltlose und umfassende Begegnung mit der 'Beisichsein' und Sinn stiftenden Wirklichkeit des 'Woraufhin' kann nur möglich werden, wenn jedes sich in der Begegnung dem Begegnenden Versagen aufgehört hat, und auch jedes 'Sich-versagt-Haben' im Glücken dieser Begegnung aufgehoben wurde. In diesem Sinn kann man auch sagen,

---

[5] Vgl. OBERHAMMER 1987: 10 ff.

daß die Begegnung mit dem 'Woraufhin' des je eigenen transzendentalen Ausgriffs als Erfahrung der letzten nicht mehr in Frage zu stellenden Heilswirklichkeit des Menschen verstanden werden muß, von der man sagen kann, daß der Mensch durch sie bleibend ins Heil gebracht wird."[6]

In der Sicht der hier vorgetragenen Gedanken wird dann der Tod als die letzte Radikalisierung der vorbehaltlosen "Preisgabe" an das ganz Andere der Transzendenz verstehbar, das seinerseits die einzige Hoffnung für das Heil des menschlichen Subjektes bedeutet, weil in der Vernichtung der physischen Individualität mit dem Aufhören jedes aposteriorischen Sich-dem-Mitmenschen-Öffnens des eigenen Daseins im Tode nur noch in der Begegnung mit ihm die Sinnerfüllung des "Beisichseins" des individuellen Subjektes, und damit bleibendes Heil erwartet werden kann.

6. Welches ist aber das Zueinander der Individualität des auf das transzendentale "Woraufhin" ausgreifenden Subjektes und seiner "Körperlichkeit" bzw. seiner "physischen Existenz"? Kehren wir zu jener "Offenheit totaler Preisgegebenheit" zurück, von der oben[7] die Rede war. In dieser "Offenheit" erschloß sich bereits das Ereignis des Todes in einer gewissen Positivität, auch wenn dieses für die hermeneutische Untersuchung immer nur in einer "Mythisierung" gegenwärtig ist. Das Verständnis dieser "Offenheit", wie sie hier gedacht ist, läßt sich jedoch in einem zweiten Durchgang weiter vertiefen, wenn man diese im Horizont der "Körperlichkeit" zu entfalten sucht, die im eigenen Tod zu zerbrechen scheint, sodaß die abendländische Schulphilosophie, wie übrigens auch die indische Scholastik mit Ausnahme des Buddhismus, den Tod als Trennung von "Seele" und "Körper" verstehen konnte.

Als menschliches Gesamtphänomen meint "Körperlichkeit" jedenfalls nicht bloße "Gegenständlichkeit", nicht das bloße raum-zeitliche Gegebensein eines Seienden, nicht eine *res extensa*. Wenn man nicht von einem vorgefaßten Dualismus von "Körper" und "Seele" (im Hinduismus *śarīra* gegenüber *ātman, puruṣa* etc.) ausgeht, sondern vom Existenzvollzug des Menschen in seinem Dasein, dann scheint der "Körper" gar nicht in erster Linie ein eigenständiger, raumzeitlich bestimmter Gegenstand zu sein, der mit der Seele "kombiniert" wäre. Vielmehr ist er die raumzeitliche Dimension des Subjektes selbst. Dank dieser Dimension vermag das Subjekt Schmerz zu empfinden, sich anderen zu zeigen, mit anderen umzugehen. Der "Körper" scheint ein existenzialer Modus zu sein, in welchem das Subjekt "da ist", im besonderen für andere "da ist".

---

[6] OBERHAMMER 1987: 14; vgl. aber das ganze *ibid*. p. 13 f. Gesagte.

[7] S. 15 f.

In diesem Sinne scheint er der den Sinnen und damit auch durch die Sinne erschlossene Raum des dem anderen "Begegnen-Könnens" zu sein, in welchem die apriorische und daher noch nicht in der Existenz vollzogene Preisgegebenheit des einzelnen Subjektes an das andere – sei es die Natur, sei es der Mitmensch oder die Transzendenz als das "Jenseits des Seienden" – sinnlich in Raum-Zeitlichkeit wirklich wird.

Dieser Aspekt der "Sinnlichkeit", wenn man dieses "sinnlich" Konkretwerden der Preisgegebenheit des Subjektes an den Mitmenschen so verkürzen darf, entfaltet sich bei Betrachtung des Gesamtphänomens menschlicher Existenz weiterhin im Phänomen der "Nacktheit" als Existenzmodus des Individuums, auf welches die Sinnlichkeit als Möglichkeit des Erscheinen- und Umgehen-Könnens hingeordnet ist, und wodurch es, wenn auch nicht in erster Linie auch Möglichkeitsgrund der Sexualität als geistiges Phänomen wird. Bemerkenswert ist dabei, daß nicht der "Mensch" als solcher "nackt" ist, sondern immer nur der Mensch, sofern er ein Individuum ist. Dies bestätigt sich in der Tatsache, daß, worauf schon Fr. Schlegel in seiner "Lucinde" hingewiesen hat, die Sexualität als geistiges Phänomen, d. h. als körperlicher Ausdruck personaler Hingabe – im Gegensatz zur Sexualität als biologischer Funktion – immer nur das "Individuum" meint und nicht ein zufälliges Exemplar der Gattung Mensch. Die "Nacktheit" wird so verstehbar als das immer schon, noch vor jeder tatsächlichen Begegnung Geöffnetsein des einzelnen Subjektes in der Vermittlung der Sinne.

Um das Phänomen der "Nacktheit" richtig in den Blick zu bekommen, muß nämlich der Aspekt der Unbekleidetheit eingeklammert werden. "Nacktheit" ist keine Privation, nicht das "ohne Kleider Sein", sondern ist das Erscheinen des Menschen, wie er in der Sinnlichkeit von Raum und Zeit wirklich ist. Daher meint "Nacktheit" zunächst nicht das beobachtbare Phänomen des unbekleideten Körpers. Es gibt auch ein "Nacktsein" in der Begegnung des miteinander Redens, und es gibt die "Nacktheit" unseres Handelns vor den Blicken des Mitmenschen, in der das Subjekt sich ebenso "nackt" zeigen muß, wie es ist. "Nacktheit" meint daher hier den Modus des Daseins, daß der Mensch in dem durch die Sinne eröffneten Begegnungsraum des Subjektes in seiner Geöffnetheit für das andere dem anderen unvermeidbar preisgegeben ist, indem er auf ihn zugehen muß. Selbst wenn er vor ihm flieht, steht er unter dem Imperativ des "auf den anderen zugehen Müssens".

In diesem Sinn ist "Nacktheit" dann wesentlich durch die "Scham" geprägt, die den hier gemeinten Charakter der "Nacktheit" verdeutlicht. Diese wird nämlich als Hemmung verstehbar, die Entblößtheit des Subjektes in geistiger oder körperlicher Vermittlung dem anderen in einer vom Existenzvollzug her nicht geforderten Weise zu enthüllen und sich so "bloß zu stellen". "Begegnung" und "Nacktheit" als Sinndimension des menschlichen Körpers sind im Dasein des Menschen nicht von einander zu trennen.

In dieser Weise scheint die "Körperlichkeit" des Menschen wesentlich auf die raumzeitliche Vermittlung des Subjektes in eine tatsächliche, für den Existenzvollzug des Menschen konstitutive Preisgegebenheit an das andere, damit aber in die verwirklichte Gemeinschaft mit anderem, hingeordnet zu sein, ohne die dem Subjekt, religionshermeneutisch gesehen, der Ausgriff auf das "Jenseits des Seienden" in einem gelebten Vollzug unmöglich ist.[8]

Vor dem Hintergrund dieser Überlegungen stellt sich im Hinblick auf das Phänomen des Todes nochmals die Frage nach dem Zueinander der "Individualität" des Subjektes und seiner "Körperlichkeit". Zunächst muß man wohl gegen jeden Geistmonismus, wie er in manchen hinduistischen Traditionen vertreten zu werden scheint, sagen, daß die "Körperlichkeit" gewiß nicht der Grund der Individualität ist, sondern umgekehrt die Individualität des Subjektes die Bedingung ist, unter der die "Körperlichkeit" des Individuums erst möglich scheint. Denn es ist immer das Individuum, das in der Körperlichkeit zur Erscheinung kommt und so die Körperlichkeit als seinen Raum der Begegnung fordert und trägt. Denn "Individualität" muß wohl als die Spontaneität des sich dem anderen öffnenden Subjektes gedacht werden, und zwar als Spontaneität des sich Öffnens des Subjektes in doppelter Hinsicht: einmal für das "Woraufhin" des transzendentalen Ausgriffes im gelebten Lebensvollzug, damit gleichzeitig aber auch für die Gemeinschaft mit dem Mitseienden. Damit verwirklicht sich diese Spontaneität im Dasein immer schon in der Existenzweise der "Nacktheit", in der die "Körperlichkeit" des Menschen ihre *ratio* hat.

In solchem Verständnis der "Körperlichkeit" kommt diese aber in einer charakteristischen Ambivalenz zur Erscheinung. Einerseits ist sie als "Sinnlichkeit" Bedingung der Möglichkeit, daß das Subjekt anderem begegnen kann, andererseits schränkt sie als raumzeitliche Gegebenheit des Individuums das Begegnenkönnen des Subjektes von vornherein auf Einzelfälle ein. Damit ergibt sich aber für das Verständnis des Todes im Hinblick auf den menschlichen Körper die Frage, ob die Tatsache der Zerstörung des menschlichen Körpers im Tode in ihrer bloßen Negativität gesehen werden muß, oder ob sich aus der Ambivalenz der Körperlichkeit nicht auch diesbezüglich eine tiefere Sinndimension des Todes eröffnen kann.

---

[8] Vgl. OBERHAMMER 1987: 13 u. 16; OBERHAMMER 1989: 43-55.

7. Zunächst möchte man aus den bisherigen Überlegungen ableiten, daß die hinduistische Sicht der Körperlichkeit, sofern sie diese, indem sie den Menschen lediglich als im Wesenskreislauf wandernden Ātman versteht, zu wenig in das eigentliche Sein des Menschen selbst einbindet, in einer nochmaligen Reflexion vertieft werden müßte, um zu einem echten Verständnis des Todes auch in Indien zu führen, ganz ähnlich wie auch die scholastische Unterscheidung des Menschen in Körper und Seele und damit die scholastische Auffassung des Todes als Trennung dieser beiden einer Vertiefung bedarf, wie heute wohl allgemein angenommen wird.

Darüber hinaus ergibt sich die weitere, und für die Hermeneutik des Todes entscheidende Frage, ob die beiden in der Ambivalenz der Körperlichkeit sichtbaren Sinndimensionen des menschlichen Körpers, nämlich die raumzeitliche Gegebenheit des Menschen einerseits und die durch die "Sinnlichkeit" gesetzte "Nacktheit" des Subjektes andererseits, nicht von einander getrennt gedacht werden können, sodaß im Tode die eine auch ohne die andere erhalten bleiben könnte.

Als Ausgangspunkt darf man zunächst wohl annehmen, daß der Existenzvollzug des Menschen in sich ein einheitlicher ist und nicht erst sekundär durch den Körper in seinem Modus bestimmt wird, und zweitens, daß die "Nacktheit" des in die Existenz tretenden Subjektes ihren Grund in der je eigenen Individualität und so in dem sich dem anderen spontan öffnenden Ausgriff des transzendentalen Subjektes hat. Wenn dies richtig ist, dann ist kein Grund einzusehen, warum diese "Nacktheit" von der Individualität des Subjektes immer von neuem als Modus seines grundsätzlich dem anderen Preisgegebenseins gefordert werden müßte, und diese "Nacktheit", wenn sie in der einmal raumzeitlich verwirklichten Sinnlichkeit Wirklichkeit geworden ist, nicht vielmehr ein für allemal Modus des beisichseienden Subjektes bleiben könnte. Die "Nacktheit" wäre dann nicht mehr im eigentlichen Sinne ein Aspekt des menschlichen Körpers, sondern würde als ein durch die einmal erfolgte "Verkörperung" des Subjektes ein für allemal eingetretenes Existenzial seines Daseins verstanden werden können.

Wenn dies richtig ist, dann könnte man den Tod auch als Vernichtung lediglich der raumzeitlichen Begrenztheit des Menschen sehen, die durch die Desintegration des Körpers bewirkt wird, und könnte so den Tod als einen Seinsvollzug des Subjektes im vollen Modus des Daseins menschlicher Existenz verstehen, der als transitorische Grenze des Lebens Wandlung in eine endgültige Sinnerfüllung bedeutet, und nicht mehr als eine Trennung von Körper und Seele, wie immer eine solche zu denken wäre. Eine solche Auffassung würde letztlich auch durch die phänomenologische Betrachtung des Toten nahegelegt werden. Die Leiche ist im hier gemeinten Sinne nicht mehr "nackt". Sie ist ein unbekleideter, d. h. unbedeckter Gegenstand. Die Pietät, die man ihr entgegenbringt, beruht auf der an ihr äußerlich noch sichtbaren, ursprünglichen "Nacktheit" des verstorbenen Individuums, die aber nicht mehr durch den Körper vermittelt wird.

8. Mit diesen wenigen unsystematischen Gedanken sind vielleicht die entscheidenden Fluchtlinien gezogen, durch die der Tod in der Perspektive der Religionshermeneutik erscheinen kann. Wenn es richtig war zu sagen,[9] daß das Sterben des Menschen in jenem Existenzvollzug des Subjektes seine Erfüllung findet, der in seiner Endgültigkeit und Radikalität nicht mehr zu überbieten ist, den wir als den "Tod" bezeichnen, und von dem der Mensch berechtigt hoffen kann, daß er in ihm vom "Jenseits des Seienden" als das frei sich gewährende "Woraufhin" des transzendentalen Ausgriffs für immer gehalten bleibt, dann kann man auch sagen, daß der Tod der vielleicht einzige, schlechthin religiöse Selbstvollzug des Menschen ist, in welchem sich Religion als "absolute" Begegnung total und bleibend verwirklicht. Ganz ähnlich wie in der Mystik, in der das Subjekt in einer nicht mehr zurück zu nehmenden aber mythisch vermittelten Begegnung dem "Jenseits des Seienden" unverfremdet geöffnet ist, tritt auch im Tod durch die Radikalisierung der Subjektivität, das heißt durch die rückhaltlose Aktualisierung der individuellen Spontaneität des Ausgreifens, das "Jenseits des Seienden" allein ohne ein zweites in diesen Ausgriff, sodaß das Subjekt in seinem Existenzvollzug nur mehr die durch das "Jenseits des Seienden" erfüllte Offenheit seines Ausgriffes ist. Hier gewinnt die Identität des Selbstes (*ātman*) mit dem Brahman, von der beispielsweise der Vedānta spricht, einen neuen, dynamischen Sinn, und vielleicht könnte hier auch das *nirvāṇa* der Buddhisten in dieses Verständnis des Todes eingefügt werden, insofern in dieser totalen Offenheit des Ausgriffs eine eigenständig verengende "Substanzialität" eines Selbstes ausgeschlossen ist.

Darüber hinaus könnte vom Tod dann aber weiter gesagt werden, daß sich in ihm die Spontaneität des Ausgriffes durch den Vorgang des Sterbens notwendig auch in einer spezifischen, nicht mehr zurücknehmbaren Weise als Relationalität zum Mitseienden erfüllt: Sofern nämlich der Existenzvollzug des "Beisichseins" des Menschen als ein individueller[10] immer schon in der "Nacktheit" des Subjektes vollzogen werden muß, verwirklicht sich der vorhin

---

[9] Vgl. §§ 3 und 4.

[10] Siehe oben S. 14 f.

angedeutete Existenzvollzug des Subjektes im Tod als ein für das Mitseiende in seiner Gesamtheit geöffneter; und zwar deshalb, weil durch die Aufhebung der raumzeitlichen Gegenständlichkeit des Körpers die "Einschränkung" der einmal gesetzten und als Modus des Existenzvollzuges nicht mehr rücknehmbaren "Nacktheit" wegfällt, und das Subjekt so in die unwiderrufliche Gemeinschaft mit jedem Mitseienden hinein geöffnet ist.

Hier konkretisiert sich das in dem Text "Begegnung als religionshermeneutische Kategorie" über das Eingehen des Mitmenschen in die Subjektivität des ausgreifenden Subjektes in der Mystik Gesagte[11] in einer bemerkenswerten Weise: Hier ereignet sich nämlich das Eingehen des Mitmenschen in die Subjektivität des im Tod auf das "Jenseits des Seienden" ausgreifenden Subjektes nicht mehr dadurch, daß das Subjekt im Akt des Ausgreifens auf das "Jenseits des Seienden" vor dem Mitseienden radikal entblößt ist – selbst wenn dies nicht aufgehoben wird, – sodaß es dieses andere Mitseiende in der Bejahung dieser Entblößung in das Innerste seiner Spontaneität hereinnehmen muß. Vielmehr ist hier im Existenzvollzug des Todes dadurch, daß die "Nacktheit" des Subjektes nicht mehr durch die Gegenständlichkeit des Körpers eingeschränkt ist, an ein durch keine Vereinzelung des Aktes beschränktes "Mitsein" mit allem Mitseienden in der Erfüllung des je eigenen Ausgriffes durch das "Jenseits des Seienden" als Modus des Beisichseins zu denken.

Versucht man in einem letzten Schritt, die christliche Glaubensaussage von der "Auferstehung der Toten" (*resurrectio mortuorum*), die die Hoffnung auf ein den g a n z e n Menschen erfassendes, bleibendes Heil zum Ausdruck bringt, im Horizont der hier vertretenen religionshermeneutischen Sicht zu verstehen, dann gewinnt diese Aussage einen auch im Verständnis anderer Glaubenstradition verantwortbaren Sinn gegenüber einer ebenfalls möglichen, aber eher "mythologischen" Deutung der Auferstehung des Menschen als eine "Auferstehung" seiner leiblich-gegenständlichen Körperlichkeit. Der Tod wäre dann nämlich nicht mehr eine Trennung des Menschen in einen "aufzuerweckenden" Körper und eine in ihrem Existenzvollzug irgendwie defiziente Seele (vgl. *substantia incompleta*); vielmehr würde der Existenzvollzug des Menschen im Tode, wenn auch als "Woraufhin" des Sterbens, christlich gesprochen, "Sold der Sünde" (der Erbsünde wie der je eigenen), so doch als solcher die "Befreiung" des Subjektes in seine im Beisichsein des Menschen immer schon grundgelegte und doch erst im Tod unwiderruflich verwirklichte Relationalität sein, um derenthalben es überhaupt in sein "Da" getreten ist. Unwiderruflich ist diese Relationalität im Existenzvollzug des Todes, der so

[11] OBERHAMMER 1989: §§ 6-8.

letztlich die Radikalisierung des Lebens überhaupt bedeutet, insofern sie vom "Jenseits des Seienden" als das bleibende "Woraufhin" des transzendentalen Ausgriffs und als die nicht mehr rücknehmbare Erfüllung dieses Ausgriffes getragen wird.

Abkürzungen und bibliographische Angaben:

NBh — Nyāyabhāṣyam. In: Nyāyasūtra of Gautama: A System of Indian Logic. Ed. G. JHĀ (Poona Oriental Series 58), Poona 1939

OBERHAMMER 1987 — G. OBERHAMMER, *Versuch einer transzendentalen Hermeneutik religiöser Traditionen* (Publications of the De Nobili Research Library. Occasional Papers 3), Wien

OBERHAMMER 1989 — Id., *Begegnung als Kategorie der Religionshermeneutik* (Publications of the De Nobili Research Library. Occasional Papers 4), Wien

FEUER, SEELE UND UNSTERBLICHKEIT

Von J. C. Heesterman, Leiden/Wien

1. "Würdest du alle Wege zu Ende gehen, so würdest du dennoch die Grenzen der Seele nicht entdecken können; dermaßen unerschöpflich ist der *logos*, die Satzung, die sie inne hat." Hier spricht zwar der Vorsokratiker Heraklit,[1] doch man könnte versucht sein, diese Aussage als eine vedisch-upaniṣadische anzusehen. Heraklits *logos* ließe sich wohl unschwer mit dem *dharma*, der nach einer Upaniṣad-Stelle von der kosmischen Seele, dem *ātman-brahman* hervorgebracht wird,[2] vergleichen, wenn auch nicht gleichsetzen. Zu gleicher Zeit erinnert Heraklit auch an die buddhistische Lehre des steten Entstehens und Vergehens, denn in seinem kühnen Entwurf der Welt als Prozeß ist der *logos* das Prinzip, das den ewigen kreislaufartigen Austausch der Gegensätze beherrscht – eine Art "zero sum", infolge dessen alles sich fortwährend in sein Gegenteil verwandelt und das Ganze sich gleich bleibt. Hier ist der Tod kein entscheidendes Moment, sondern verquickt sich mit der Unsterblichkeit im kontinuierlichen Wechsel-Verhältnis. "Unsterblich sind sie sterblich, sterblich sind sie unsterblich; die einen leben den Tod der anderen, die anderen hingegen sterben das Leben der einen."[3]

So aufschlußreich es immer für das Verständnis archaischer Denkstrukturen sein mag, es würde zu weit führen, hier auf die suggestiven Anklänge und Parallelen einzugehen. Zu unserem Thema – die Vorstellungen von Feuer und Seele – sei nur kurz auf die auffallende Rolle hingewiesen, die Heraklit dem "ewig lebendigen" Feuer zuschreibt und die sich auch im altiranischen und vedisch-indischen Bereich erkennen läßt.[4] Für Heraklit ist das Feuer

---

[1] DIELS – KRANZ: 22 B 45.

[2] Bṛhad-Āraṇyaka Upaniṣad 1.4.14.

[3] DIELS – KRANZ: 22 B 62.

[4] J. DUCHESNE-GUILLEMIN, Heraklitus and Iran. *HR* 3. 1 (1963): 31-49; ders., Le logos en Iran et en Grèce. *Quaderni della Bibliotheca Filosofica di Torino* 3 (1962): 3-15, hat auf mögliche iranische Einflüsse in Heraklits Ideen über *logos* und Feuer hingewiesen. Daß Heraklit persönliche Verbindungen zu Vertretern des damaligen Zoroastrismus gehabt haben könnte, ist sicherlich nicht auszuschließen. Doch scheinen die Anklänge mehr eine Sache von allgemeinen archaischen Denkmustern zu sein. In dieser Hinsicht möchte das ausgiebige vedische Material sich als aufschlußreicher erweisen.

Grundlage (*archē*) und Muster des stetigen Verwandlungskreislaufes, indem es "nach Maßen seines Erlöschens wieder aufflammt".[5] Es ist nun bezeichnend, daß er dann öfters statt vom Feuer von der Seele (*psychē*) spricht. Wir begegnen hier der alten Vorstellung der Feuer-Seele, die sich, wie weiterhin erörtert werden soll, auch im vedischen Schrifttum kundtut, wo ebenfalls die stetige Periodizität des erlöschenden und wieder aufflammenden Feuers – zum Beispiel im mythologischen Gewand der Flucht des Feuer-Gottes, Agnis, und seiner Wiederauffindung in seinem Versteck in den Wassern[6] – stark profiliert wird. Überhaupt sind die Parallelen in den indischen Vorstellungen vom Feuer und seiner Verbindung mit Seele, Tod und Unsterblichkeit geradezu auffallend, auch und gerade dort, wo das Feuer energisch abgewiesen wird, wie in der Flammen-Predigt des Buddha. "Alles, Ihr Jünger, steht in Flammen."[7]

2. Aber wie bestechend die Parallelen in der Gedankenwelt der frühen Griechen und der vedischen Inder auch seien mögen, der indische Weg war ein anderer als der der Ionischen Naturphilosophen. Es war dies der Weg der systematischen Reflexion über das Opfer. An Stelle des von Heraklit naturphilosophisch gefaßten Kreislauf-Prozesses steht hier der ebenso kreislaufartige Prozeß des Opfers. So läßt sich dann auch verstehen, daß es nicht etwa die Seele ist, die den Menschen vom Tier unterscheidet, sondern das Opfer. Denn der Mensch ist das einzige Tier, das nicht nur geopfert wird, sondern auch selbst opfert.[8] Andererseits ist es aber daher auch verständlich, daß gesagt werden kann, das Opfer sei der *ātman*, das Selbst oder die Seele, aller Lebewesen und aller Götter (*sarveṣāṃ bhūtānāṃ devānāṃ ātmā yad yajñaḥ*).[9]

Daß es das Opfer war, das den Anstoß zur Gedankenformung über Mensch und Weltordnung gab, ist alles andere als erstaunlich. Schließlich ist es doch das Opfer, in dem das Rätsel des wechselseitigen Verhältnisses von Leben und Tod ausgetragen wird. Es ist dann auch die ritualistische Opfer-Reflexion, die

---

An dieser Stelle möchte ich Herrn Kollegen H. Schwabl für den freundlichen Hinweis auf DUCHESNE-GUILLEMINS Ausführungen danken.

[5] DIELS – KRANZ: 22 B 30.

[6] Über Agnis Flucht und Versteck siehe A. HILLEBRANDT, *Vedische Mythologie*². Stuttgart 1927: 145-155.

[7] MV 1.21; vgl. H. OLDENBERG, *Buddha, sein Leben, seine Lehre, seine Gemeinde*, Stuttgart-Berlin 1914: 206 f. und OLDENBERG 1915: 305 f.

[8] ŚB 7.5.2.23; siehe J. SPROCKHOFF, Die feindlichen Toten und der befriedende Tote. In: G. STEPHENSON (Hrsg.), *Leben und Tod in den Religionen*, Darmstadt 1980: 263.

[9] ŚB 14.3.2.1.

die Rede von der Seele, von Tod und Unsterblichkeit ausarbeitet und verfestigt – also nicht erst in den Upaniṣaden, wo der *ātman* uns, sozusagen schon in voller Ausrüstung, entgegentritt. Wir werden uns also dem vedischen Ritual-Gerüst zuwenden müssen. Um aber die Leistung der altindischen Ritualisten bewerten zu können, sind einige allgemeine Bemerkungen zum Thema 'Seele' unerläßlich.

Daß der Mensch einen einheitlichen, beständigen und unverfremdbaren Wesenskern, eine Seele, habe, ist keineswegs ein von vornherein selbstverständlicher Gedanke. So ist es wohl bezeichnend, daß in der soeben zitierten Stelle, wo vom *ātman* gesprochen wird, nicht die Rede ist vom unverfremdbaren individuellen Selbst des Opferers, sondern vom *ātman* aller Lebewesen und Götter. Es handelt sich also um eine Universal-Seele, eine Totalität allen göttlichen und irdischen Lebens, die zwar vom Opferveranstalter vereinnahmt wird, ihm aber nicht von vornherein zusteht. Dazu muß er eben erst ohne Fehl das Opfer-Ritual vollziehen. Wir sind hier übrigens in der Nähe der *ātman-brahman*-Lehre. Der Passus verweist aber vor allem auf archaisches Gedankengut, wo es mühelos fließende Übergänge zwischen der individuellen Person und der Kollektivität allen Lebens gab, so wie es auch dem ältesten Buddhismus vorgeschwebt haben mag. Wo aber das brahmanisch-ritualistische Denken die fließenden Übergänge aufhob und sie ersetzte durch die Doktrin der absoluten Einheit von *ātman* und *brahman* jenseits von Tod und Leben, kam der Buddhismus zum entgegengesetzten Schluß, indem er solche Einheit kategorisch ablehnte zugunsten des steten Wandels.

Aber kehren wir zum archaischen Gedankengut zurück. Vor allem nehmen wir fließende Übergänge wahr, so wie die erwähnten von Individuum und Kollektivität oder von Makro- und Mikrokosmos, und fehlt auch demgemäß eine einheitliche Vorstellung von der Seele. Vielmehr sehen wir in den Texten eine Vielheit von Ausdrücken, die physiologische und immaterielle Funktionen und Wirkungen bezeichnen, wie z. B. die *prāṇa*s oder Atemkräfte und die *indriya*s, die Sinnesorgane, die nur zeitweise vom Körper zusammengehalten werden und deren Zusammenhalt sich beim Tode wieder auflöst. So versteht es sich, daß der *ātman*, das Selbst, auch den Körper bezeichnet, während umgekehrt das Wort *tanū*, Gestalt, Körper, zugleich Selbst oder Seele heißt und in der älteren Sprache, wie *ātman*, auch als Reflexivum verwendet werden konnte. Andererseits aber überschreiten die verschiedenartigen Funktionen und Wirkungen, die wir als Seele erkennen möchten, bei weitem die Schranken des Körpers, nicht nur beim Tode, sondern auch im Traum.

Es gibt zwar einheitliche Ausdrücke wie *ātman, prāṇa* – beide auf den (Lebens-)Atem hinweisend – und *puruṣa* – auch Mensch schlechthin –, aber es fällt auf, daß auch dann der Übergang zwischen Einheit und Vielheit fließend bleibt. Neben dem einzelnen *prāṇa* begegnen wir der Fünfzahl der Atemkräfte. Der *ātman* ist öfters nur Teil einer Reihe von "seelischen" Kapazitäten: "Ich, mein *ātman*, mein Gesicht, mein Gehör, mein *prāṇa*, mein *apāna*, mein *vyāna*, das ganze Ich."[10] Der *puruṣa* – worauf wir zurückzukommen haben – muß erst im Opfer vielfach zerteilt werden. Auch im Falle von *tanū* – dem (als körperlich vorgestellten) Selbst – sieht man, wie HERMANN OLDENBERG schon bemerkt hat,[11] eine bestimmte Vorliebe, von mehreren *tanū*s zu sprechen, die die Kräfte oder Kapazitäten, die einem Wesen – z. B. Agni – als ebensoviele "Körper" innewohnen, darstellen.

Es wäre verfehlt, in den fließenden Vorstellungen nur ein wirres Herumtasten zu sehen, woraus sich dann irgendwie eine systematische Metaphysik entwickelte. Einheit und Vielheit und überhaupt der fließende Charakter der Seelenvorstellungen scheinen vielmehr grundsätzlich zu sein. Das Prinzip ist eben die Beweglichkeit und Unbeständigkeit der Lebenserscheinungen. Es handelt sich um die ungreifbare Dynamik des Zusammenballens und der Auflösung der Lebenskräfte – eine Dynamik, die es als einen zyklischen Rhythmus zu erfassen gilt. Der Rhythmus wirkt sich zwar in der Materie aus und zeigt sich daher als substanzhaft, als eine Art "Seelenstoff" wie man wohl angenommen hat. Aber die Frage ist nicht, ob Substanz oder Nicht-Substanz, materiell oder immateriell, Körper oder Geist, denn auch in dieser Hinsicht gibt es grundsätzlich fließende Übergänge. Die archaischen Seelen-Vorstellungen deuten nicht auf eine bestimmte Entität, sondern auf einen zyklischen Prozeß der Verwandlung und gegenseitigen Durchdringung der Lebenskräfte. Kurz gesagt: die Seele als Prozeß.

Dieser Prozeß, der die Seele ausmacht, hängt aufs engste mit dem makrokosmischen Kreislauf zusammen. Die Elemente Feuer und Wasser sind ständig miteinander im Austausch begriffen. So wird vom Feuer gesagt, daß die Wasser seine Geburtsstätte seien,[12] wo es wieder seine Zuflucht finde, während umgekehrt das Feuer das "Nest" und der Geburtsplatz der Wasser ist.[13] In gleicher Weise ist Luft oder Wind sowohl mit dem Feuer wie mit dem Wasser verknüpft. Sie formt mit ihnen ein Ternion, wie im bekannten Kreislauf Feuer → Rauch → Wasser → Dunst → Feuer. Es ist daher auch kein Zufall, daß die meisten Wörter für Seele, wie *ātman, prāṇa, psychē, thumos, anima*, pneumatischer Art sind, wobei zwar der Atem wohl ein wichtiger Anstoß der

---

[10] Siehe z. B. Atharvaveda 19.51.1; vgl. H. OLDENBERG 1919: 88.

[11] OLDENBERG 1919: 100 f.

[12] MS 3.2.3 (: 18.19).

[13] TS 5.6.4.4.

Reflexion gewesen sein wird, aber nicht unbedingt der einzige, und jedenfalls nicht als konkrete Entität, sondern als Bewegung. Und als Bewegung hat er keinen festen Bestand im Einzelnen.

So betrachtet sind Vorstellungen und Erscheinungen wie Metempsychose, Metamorphose, Possession, Exorzismus und Schamanismus so gut wie selbstverständlich. Dies heißt auch, daß der Mensch gefangen ist in einer ungelösten Spannung zwischen Bestand und Unbeständigkeit, Selbst und Nicht-Selbst. Er ist einem fortwährendem Wandel ausgesetzt, worin er sich selbst zu verlieren droht. Von daher läßt sich verstehen, daß der kontinuierliche Wandel für den Buddha eben das Nicht-Selbst, *anattā*, ist. Doch ist die grundsätzliche Unbeständigkeit nicht ein chaotisches Durcheinander. Ihr läßt sich eine gesetzmäßige Ordnung abgewinnen. Im vedisch-brahmanischen Denken ist diese Ordnung das Opfer, das die Dynamik von Entstehen und Vergehen, Leben und Tod, als einen zyklisch verlaufenden Prozeß darstellt, und das, wie wir schon sahen, mit dem Selbst aller Lebewesen und aller Götter identifiziert wird. Opfer und Seele sind dann daher auch aufs engste miteinander verbunden.

3. Es ist bezeichnend, daß das Wort *puruṣa* – sowohl Mensch wie Seele – auf das chaotische, über die Welt hinauswachsende Ungetüm verweist, das im uranfänglichen Opfer gebändigt und zerlegt wird. Das bekannte Ṛgveda-Lied 10.90 schildert, wie aus den Gliedern des opfergemäß zerteilten Ungeheuers der artikulierte Kosmos hergestellt wurde. Dieses kosmogonische Opfer beinhaltete, wie das Lied zum Schluß aussagt, die “ersten Satzungen” (*dharmāṇi prathamāni*). Man wird hier an den Heraklitischen *logos* erinnert, den die unermeßliche Seele inne hat. Zu gleicher Zeit aber fällt der Unterschied auf. In vedisch-brahmanischer Sicht ist der Rhythmus des kosmischen Prozesses nicht von Natur aus gegeben; er wird erst im Opfer geschaffen. Die Einheit des ungebändigten Ur-Puruṣa ist eben das Chaos. Es ist seine gewaltsame Zerteilung im Opfer, die den Kosmos herstellt. Der Kosmos ist ein Kunstwerk, das *karman* des Opfers.

Wenn nun der *ātman* mit dem Opfer gleichgesetzt wird, und wenn der geopferte Puruṣa das Selbst des Menschen bezeichnet, heißt das, daß der Mensch selbst sich seinen Wesenskern, seine Seele, schafft, indem er das Opfer, das sein Selbst ist, vollzieht. Dies wäre wohl der Sinn des rätselhaft involvierten Satzes am Ende des Puruṣa-Liedes: “Mit dem Opfer opferten die Götter dem Opfer; dies waren die ersten Satzungen.” Die “ersten Satzungen” hießen dann, daß dem Puruṣa, also dem Selbst, mit dem Selbst als Opfertier das kosmogonische Opfer dargebracht wird. So ließe es sich auch verstehen, was es bedeutet, wenn der Mensch, wie erwähnt, sich dadurch von den Tieren unterscheidet, daß er nicht nur ein *paśu*, ein Opfertier ist, sondern darüber hinaus auch selbst opfert.

Letzten Endes erringt der Mensch sich sein Selbst, indem er sich selbst opfert. Opferer und Geopferter, Leben und Tod fallen zusammen in dem Selbst, das somit nicht mehr dem fortwährenden Wandel der Welt unterworfen ist. Im Selbstopfer findet das Selbst seinen endgültig festen Bestand.

4. An diesem Punkt sind wir aber schon zum Ausgang der ritualistischen Opfer-Reflexion vorgedrungen. Es fragt sich nun, wie die eben skizzierten Gedanken in der altindischen Ritualistik konkret gestaltet wurden. Dazu müssen wir einige Schritte zurück zum Anfang dieses Aufsatzes machen, dorthin nämlich, wo vom Feuer und seiner engen Verbindung mit der Seele die Rede war.

Auch im altindischen Opfer-Denken steht das Feuer an bevorzugter Stelle. Das vedische Opfer war wesentlich ein Feuerkult. Das geht schon aus der dominierenden Stellung des Brandopfers im Vergleich zu anderen Arten der Darbringung (im Wasser, aussetzen oder hineinstreuen; aufhängen und dergleichen) hervor. In vieler Hinsicht handelt es sich um die Pflege des Feuers. So scheint das morgendliche und abendliche Feueropfer, das Agnihotra, seiner ursprünglichen Intention nach "eine kultisch ausstaffierte Bedienung des Opferfeuers, die zu dessen Erhaltung notwendig ist"[14], zu sein. Übrigens werden bei weitem die meisten Opferungen mit Butteröl gemacht. Sie sind daher vielmehr ein dem Feuer zu seiner Pflege geleisteter Dienst als einer, mit dem das Feuer belastet wird, wie im Falle des Speiseopfers. Das letztere wird dann auch im verwandten iranischen Feuerkult grundsätzlich ausgeschlossen.

Neben dem Feuer spielt selbstverständlich auch das gegenteilige Element, das Wasser, eine wichtige Rolle im Opfer-Ritual. So steht neben dem Opferherd auf der Nordseite ein hölzernes Gefäß mit den sogenannten "nach vorne geführten [d. h. wie das ebenfalls nach vorne zum Opferherd gebrachte Feuer] Wassern" (*praṇītāḥ*), die zur Bereitung der Opferspeise verwendet werden.[15] Als weiteres Beispiel sei noch erwähnt, daß die Weihe des Soma-Opferers im Wasser (*apsu dīkṣā*) später – nach dem Erwerb der Somastengel für den Somatrank – ergänzt wird durch eine Feuerweihe, die *avāntaradīkṣā*, die sich auf die Aufnahme des Feuers durch den Opferveranstalter bezieht. Überhaupt

---

[14] H. OLDENBERG, *Die Religion des Veda*[3-4], Stuttgart-Berlin 1923: 437 f.

[15] Siehe auch MICHAEL WITZELS anregende Analyse eines nepalesischen Feuerheiligtums (*agniśālā*), das einem tantristischen und vedisierenden Agni-Kult gewidmet ist. Hier nahm WITZEL eine Konfiguration von zwei sich überschneidenden Dreiecken wahr – das eine geformt durch die drei Feuerherde, das andere durch drei mit Wasser assoziierte Vorrichtungen (M. WITZEL, Meaningful Ritual. In: A. W. VAN DEN HOEK, D. H. A. KOLFF, M. S. OORT (eds.), *Ritual, State and History in South Asia*, Leiden 1992: 800; vgl. 788.

sind Feuer und Wasser – mythologisch: Agni und Soma – die zwei zentralen Elemente des Opfer-Universums. Dennoch ist das Feuer, das den Opferplatz markiert, unbedingt die alles beherrschende Erscheinung.

Der Grund dafür liegt zwar weit zurück, scheint mir aber nicht weniger einschlägig zu sein. Ich meine die Domestizierung des Feuers, den Anfang der menschlichen Kultur überhaupt.[16] Jedenfalls ist das Feuer das einzige kosmische Element, das der Mensch selbst schaffen kann, so wie er es mit dem Wasser, dessen Domestikation viel später anfängt, nicht kann. Es liegt auf der Hand, daß sich daraus ein enges Verhältnis des Menschen zu seinem Feuer ergab. Zu gleicher Zeit aber bleibt das Feuer ein eigenwilliges und gefährliches Element. Wenn nicht richtig gehandhabt und gepflegt, kann es in seinen undomestizierten Zustand zurückfallen und sich gegen den Menschen kehren – mythologisch: Agni wird zu Rudra, dem gefürchteten Gott der Wildnis –, oder es kann einfach verschwinden, "flüchten", das heißt erlöschen. Es ist sozusagen "the enemy within". Diese Ambivalenz macht das Verhältnis zum Feuer um so kritischer.

Das ambivalente Verhältnis tritt deutlich in der Weise, wie das Śatapatha-Brāhmaṇa mythologisch die Domestikation des Feuers beschreibt, zutage, nämlich, wie öfters in den Brāhmaṇa-Texten, als ein ausgleichender Vertrag, der einen unentschiedenen Kampf beenden soll.[17] Prajāpati, der Herr der Geschöpfe und des Lebens überhaupt, läßt Agni zusammen mit den anderen Geschöpfen aus sich heraus. Agni aber fängt sogleich an, die ganze Schöpfung zu verbrennen. Die Geschöpfe jedoch wehren sich und versuchen – wie es scheint nicht ganz erfolglos –, den Weltenbrand zu löschen. In die Enge getrieben wendet sich Agni an den Menschen und schlägt einen Ausgleich vor: "Ich werde in dich eingehen; du sollst mir Geburt geben und mich unterhalten; so wie du mir Geburt geben und mich unterhalten wirst, so werde ich dir in jener Welt Geburt geben und dich unterhalten." Es gibt hier zweierlei: das zerstörende ungezähmte Feuer und das bezähmte Feuer, das in den Menschen eingeht – ein deutlicher Hinweis auf die "Feuerseele" –, um aus ihm geboren zu werden – nämlich mittels des Feuerbohrens. Beim Tode kehrt sich das Verhältnis um: der Gestorbene wird aus dem Kremationsfeuer in jene Welt geboren. Es ist das letztere, das im Text hervorgehoben wird: "Wenn sie ihn auf den Scheiterhaufen legen, wird er wieder geboren aus dem Feuer, und das Feuer, das vorher sein Sohn war, ist nun sein Vater."

---

[16] Siehe J. GOUDSBLOM, The Domestication of Fire as a Civilizing Process. *Theory, Culture and Society* 4 (1987): 457-476. Siehe auch ders., *Fire and Civilization*, London 1992.

[17] ŚB 2.3.3.1-8.

Das enge wechselseitige Verhältnis des Menschen zu seinem Feuer, wobei beide ihre Identität austauschen, wird auch anderswo zum Ausdruck gebracht. So in den Mantren, die der Hausherr zum Opferfeuer sprechen soll, wenn er auf Reisen geht: "Der Name, o Jātavedas, den mein Vater und meine Mutter mir am Anfang gaben, den sollst du tragen bis zu meiner Rückkehr; ich werde deinen Namen tragen." Bei der Rückkehr heißt es: "Meinen Namen und deinen Namen, o Jātavedas, welche wie Kleider sie tauschend wir tragen, die sollen wir, jeder den seinigen, wie es recht ist, uns wieder umlegen."[18]

5. Das Feuer – sei es Herd- oder Opferfeuer – ist also das *alter ego* des Menschen, auf Leben und Tod mit ihm verbunden. Mehr noch, es ist sein Leben wie es auch sein Tod ist. In der eben zitierten Passage wird daher auch gesagt, daß man das Feuer nicht vorzeitig vom Herd entfernen solle, denn das Feuer würde einem dahinsiechen in dieser sowie in jener Welt.[19] Kurz gesagt, sein Feuer ist für den Menschen, was wir seine Seele nennen würden. Es ist dann fast ein Gemeinplatz, wenn von Agni – besonders in der Gestalt des Ziegel-Altars, der bei größeren Opfern die Stelle des Opferherdes einnimmt – gesagt wird, er sei der *ātman*.[20]

Es ist daher selbstverständlich, daß das Feuer seinen festen Platz haben soll und nicht – wenigstens nicht ohne größte Sorgfalt – von seinem Herd entfernt werden darf. Denn sonst würde es, wie wir schon hörten, in dieser und jener Welt dahinsiechen. Die Entfernung wird sogar einem Totschlag (*vīrahatya*) gleichgesetzt.[21] Ebenso darf das persönliche Feuer nicht mit anderen Feuern vermischt werden. Die sorgfältig auf ihre Herde auf dem Opferplatz verteilten Feuer dürfen nicht miteinander in Berührung kommen. Dieses Verbot ist wohl dem Opfer des Ur-Puruṣa analog. Auch dort konnte der ungebändigte Puruṣa erst durch seine opfermäßige Zerteilung als das kosmische Selbst zur Geltung kommen. Ebenso verhält es sich mit dem Feuer. Sonst droht das Chaos des Weltenbrandes.

Die Vorstellung der Seele als Feuer kann verdeutlichen, was wir vorher schon gefolgert haben, daß nämlich die Seele nicht eindeutig als eine Substanz, sondern vielmehr als ein Prozeß – namentlich der Opfer-Prozeß von Vergehen und Entstehen – verstanden wurde. Das Feuer zeigt doch in seinen Erscheinungsformen – dem Versteck in der schwelenden Asche, der feuchten

---

[18] TS 1.5.10b; ĀŚSū 6.24.7, 26.4 (vgl. 11.1.14, 18.3, wo ähnliches).

[19] ŚB 2.3.3.4.

[20] ŚB 7.4.1.25; 9.5.1.7; vgl. 6.7.1.20, 7.3.1.2, 10.1.2.4.

[21] TS 1.5.2.5; MS 1.7.5 (: 113.13); KS 9.7 (: 105.15).

Erde (*agni purīṣya*) oder im Wasser (wo die Asche beseitigt wird), dem Aufflammen, Verlöschen und wieder Auflodern – in handgreiflicher Weise den unaufhörlichen Kreislauf von Leben und Tod. Es wäre nicht verwunderlich, wenn die anfänglichen Erfahrungen mit dem Feuer und dessen Domestizierung sich in den Vorstellungen von Lebens- und kosmischem Prozeß niedergeschlagen oder sogar das Muster für diese Vorstellungen abgegeben hätten.

Es gab gewiß auch andere Erfahrungsmuster. Man wird an erster Stelle an Atem und Wind denken, die engstens mit den Seelen-Vorstellungen verbunden sind[22] und Anlaß zu den ausgiebigen Spekulationen über die *prāṇa*s waren. Aber wie wir schon sahen, läßt sich das Pneuma kaum von dem wechselseitigen Verhältnis von Feuer und Wasser trennen, in deren Kreislauf es eingebunden war. Auch auf der Hand liegende Muster wie der Gang der Sonne, die Phasen des Mondes oder der zyklischen Abfolge der Jahreszeiten werden vorwiegend mit dem Kreislauf von Feuer und Wasser verknüpft.

Wenn es aber gilt, den kosmischen Prozeß von Leben und Tod, Entstehen und Vergehen in den Griff zu bekommen, so hat das Feuer einen unüberbietbaren Vorteil. Der Mensch kann, wie gesagt, selbst sein Feuer machen und beherrschen, auch wenn der Umgang mit dem Feuer – wie mit dem Opfer – nie ohne Risiken ist. Das Bestreben, den kosmischen Prozeß in den Griff zu bekommen – buchstäblich zu be-greifen – ist der Einsatz des Opfers. Daher liegt es auch auf der Hand, daß das altindische Opfer, wie schon bemerkt, im wesentlichen ein Feuerkult ist.

In dem sakrifiziellen Feuerkult erfaßt der Opferer den kosmischen Kreislauf, der sein Selbst ist. Im vedischen Ritual-Denken ist die monistische Lehre der Upaniṣaden vom kosmischen *ātman* schon angelegt.

6. Hier aber tut sich eine Paradoxie auf, die erst durch das Feuer konkrete Gestalt gewinnt. Das Selbst, das der Opferer sich im Opfer schafft, ist nicht schlechthin sein eigenes unverfremdbares Selbst. Es ist zur gleichen Zeit die Universal-Seele, der *ātman* aller Lebewesen und aller Götter. Es ist das Problem, dem wir schon begegneten; das der fließenden Übergänge, der Dynamik der ständigen Bewegung und Wandelbarkeit. Dieser Dynamik ist offensichtlich auch das Feuer ausgesetzt. Das Feuer ist aber nicht ein abstrakter metaphysischer Begriff, sondern ein handgreifliches, tagtäglich hantiertes Element.

Wir sprachen schon vom engen persönlichen Verhältnis des Menschen zu seinem Feuer. Aber dieser Mensch ist nicht der Mensch im allgemeinen. Es

---

[22] Vgl. die Ausführungen von R. B. ONIANS, *The Origins of European Thought*², Cambridge 1954; insb. pp. 93-123.

ist ein bestimmter Hausherr und Opferer, der – fast buchstäblich – sein Feuer inne hat. Wo man sich hinsichtlich des Seelenbegriffes noch mit den fließenden Übergängen zwischen Kollektiv- und Individual-Seele begnügen konnte, fordert das konkrete Feuer eindeutige, gewissermaßen rechtliche Bestimmungen. In anderen Worten, die Frage lautet: Wessen Feuer?

Diese Frage ist darum so dringlich, weil die Handhabe des Feuers nicht nur den Einzelnen sondern auch die Gemeinschaft interessiert. Denken wir zum Beispiel an das mit Hilfe des Feuers bereitete Opfermahl oder, im allgemeinen, an das Gastrecht. Auch andere als der Hausherr können Rechte auf sein Feuer geltend machen. In dieser Hinsicht ist es bedeutsam, daß der Hausherr, wenn er seinen Haushalt gründet, sich sein Herdfeuer bei anderen holt. Für gewöhnlich ist es das Hochzeitsfeuer, das dem Herd des Brautgebers entnommen wird. Zwar gibt es die im vedischen Ritual hoch profilierte Möglichkeit – die übrigens nur in wenigen speziellen Fällen zur Anwendung kommt – sich mittels der Reibhölzer, ohne Mitwirkung anderer, sein Feuer zu beschaffen. Aber bezeichnenderweise wird gerade darüber gesagt, daß das geriebene Feuer zwar höchst verdienstvoll (*puṇyatama*), aber dafür auch unergiebig, unproduktiv (*anardhuka*) sei.[23] Es bringt nichts – wohl deshalb, weil es ebenso verdienstvoll wie ungesellschaftlich ist.

Diese Aussage gilt zwar für das Hausfeuer, das getrennt ist von den drei (nominal fünf) Feuern des "solennen" (*śrauta*) Opferdienstes. Aber unter den letzteren gibt es wenigstens eines, das entweder dem eigenen Hausherd entstammt oder auch anderswoher geholt werden kann. Dies ist das südlich aufgestellte Kochfeuer (*dakṣiṇāgni, anvāhāryapacana*), wo die Speise für die brahmanischen Offizianten (die als Gäste vom Opferveranstalter bewirtet werden) bereitet wird. Wenn dieses Kochfeuer nicht dem eigenen Herd entnommen ist oder durch Reibung erzeugt wird, kann es vom Herd eines wohlhabenden Brahmanen oder Vaiśya genommen werden. Wie wir schon bemerkten, das Feuer – ob Herd- oder Opferfeuer – dient seinem Hausherrn nicht so exklusiv, wie es das stark persönliche Verhältnis nahe zu legen scheint. Hier nimmt die kritische Frage "Wessen Feuer?" eine bedrohliche Wendung. Der Hausherr und Opferer kann sich des ungetrübten Besitzes seines Feuers nicht sicher sein. Das Feuer hat keinen festen Bestand. Es kann in den Besitz eines anderen übergehen. Wie dies in der konkreten Wirklichkeit vor sich ging, kann uns der Fall des Brahmanen oder Vaiśyas, von dessen Herd man sich sein Feuer nimmt, lehren.

---

[23] Gobhila-Gṛhyasūtra 1.1.8; Khādira-Gṛhyasūtra 1.5.3.

Schauen wir näher hin: Der Feuer besitzende Hausherr ist nämlich nicht nur wohlhabend, sondern, dem Kāṭhaka zufolge, "wohlhabend wie ein Asura" (*puṣṭo 'sura iva*); das heißt, er ist wie die ständigen Gegner der Götter.[24] Man holt sich also das Feuer bei seinem Gegner. Es ist daher wenig plausibel, daß letzterer ohne Kampf sein Feuer hergeben würde. Dabei müssen wir uns vergegenwärtigen, daß Feuer und Viehbesitz – überhaupt Wohlstand – aufs engste miteinander verknüpft sind. Entwendung des Feuers ist daher gleichbedeutend mit Viehraub, wie ein Parallel-Text unserer Kāṭhaka-Stelle erklärt, "sie sollen das Feuer nehmen aus dem Hause eines Wohlhabenden; so wie nach der Schaffung des Feuers das Vieh geschaffen wurde, so folgt das Vieh dem weggenommenen Feuer, denn Agni ist Rudra."[25] So fügt auch unsere Kāṭhaka-Stelle wie selbstverständlich hinzu: "Was da der Wohlstand, was die Nahrung ist, das vereinnahmt er." Daß dies nicht etwa symbolisch gemeint war, zeigt uns eine andere vergleichbare Stelle. Da heißt es: "Er nehme flammendes Feuer aus dem Hause seines Gegners; er nimmt ihm seinen Besitz (*rayi*), seinen Wohlstand (*puṣṭi*)."[26]

Hier finden wir die Antwort auf die Frage: "Wessen Feuer?" Es ist das Feuer des Gegners, den man ausgeraubt hat. So versteht man auch, wieso die Entfernung des Feuers einem Totschlag, einem *vīrahatya*, gleichgesetzt werden konnte. Ursprünglich war dies keine hypertrophe Symbolik. Es war grausame Wirklichkeit. Es war nicht einmal ein ordnungswidriges Verfahren, so wenig wie, zum Beispiel, die mittelalterliche Fehde als anerkanntes Rechtsmittel ordnungswidrig war. Und so wie bei der Fehde geht es auch in diesem Fall um einen "angesagten Feind", um den *bhrātṛvya*, wobei dann aber bestimmte Konventionen – zu denen auch Vertrag, Bündnis und Austausch gehören – eingehalten werden müssen.

Es geht uns dabei nicht um Räubergeschichten, deren es in der indischen Literatur lustigere gibt. Der Punkt, der uns interessiert, ist die unstete, bewegliche Natur des Feuers, welches dennoch engstens mit der einzelnen Person seines Besitzers verbunden ist, wie in einem Spruch, der die sogenannte "Ergreifung des Feuers" (*agnigrahaṇa*) betrifft, gesagt wird: "Das Feuer, o Väter, das in unsere Herzen, unsterblich, in die Sterblichen eindrang, das umfassen wir im Selbst; möge es uns nicht verlassen und fortgehen."[27] Obwohl das

---

[24] KS 8.12 (: 96.7); vgl. ĀŚSū 5.14.1.

[25] MS 1.6.11 (: 103.5-7).

[26] MS 4.2.1 (: 23.2); vgl. Mānava Śrautasūtra 29. 5. 5. 8. Siehe J. C. HEESTERMAN, *The Broken World of Sacrifice*. Chicago 1993: 135-137.

[27] TS 5.7.9b; vgl. ĀŚSū 5.9.1. Siehe auch H. KRICK, *Das Ritual der Feuergründung*. Wien 1982.

Feuer in das Herz eingegangen ist und dazu auch im Selbst (*ātman*) umfaßt wird, bleibt immer die Gefahr, daß es seinen Opferherrn wieder verläßt. Man kann, wie wir sahen, sein Selbst, seine Seele, Leben, Hab' und Gut; alles, was man hat und was man ist, im Kampf um das Feuer verlieren – so wie man es auch errungen hat. Die unstete, peripatetische Natur des Feuers wirkt sich aus im Kampf um seinen Besitz.

Dieser Kampf war das ursprüngliche agonale Opfer. Die Arena war der Opferplatz, das Szenario das dramatische Spiel – "Spiel" im Sinne von Johan Huizingas 'Homo Ludens' – um Leben, Tod und Unsterblichkeit, um festen Bestand und Unbeständigkeit.

7. Betrachten wir nun kurz, wie der Kampf um das Feuer sich im Opfer gestaltete. Dies zeigt sich in der Karriere des *dīkṣita*, des Opfergeweihten. Bevor er sich als Opferherr durchsetzen kann, muß er, wie sein Vorgänger, der *vrātya*[28] – einigermaßen vergleichbar mit dem fahrenden Ritter –, ausziehen und, wie es auch von den Göttern gesagt wird, umherfahren, um die Opferhabe zu erwerben oder eher noch, zu erbeuten. Hat er die Gefahren überstanden und die Opferhabe zusammengebracht – das sogenannte *saṃbharaṇa* –, namentlich Soma und Feuer, die Embleme des reichlich spendenden Opferherren, so steht er vor der kritischen Wende, sich nun als liberaler Opferer und Spender gegen den asura-artigen Magnaten zu bewähren und sich dessen Feuerherdes und Opferplatzes zu bemächtigen.

Dies zeigt sich noch im klassischen Ritual in einer beim ersten Anblick völlig überflüssigen Feuerreibung. Das Feuer brennt nämlich schon längst auf dem Opferherd. Dennoch soll zu der Zeit, an der das Opfertier hinaufgeführt wird, ein zweites Feuer gerieben und in das schon brennende Feuer geworfen werden. Dies ist umso befremdender, weil sich, wie es in einem vergleichbaren Fall heißt, die zwei Feuer befeinden (was dann durch ein Mantra behoben werden soll).[29] Aber dies ist eben der springende Punkt. Kurz gefaßt: das schon brennende Feuer gehört dem etablierten Opferherrn, das neu geriebene hingegen seinem Herausforderer, dem auf Erwerb umherfahrenden *dīkṣita*. Der letztere hat während seines fahrenden Lebens zwar das Feuer und den Soma erworben aber, eben wegen seiner Peregrinationen, noch keinen festen Opfersitz gefunden. Nun aber gilt es, sich durchzusetzen, Herd und Opferplatz seines Gegners zu übernehmen und sein Feuer fest zu gründen. Vor diesem Hintergrund läßt sich verstehen, warum die verschiedenen Feuer

---

28 Siehe J. C. HEESTERMAN, Vrātya and Sacrifice. *IIJ* 6 (1962): 1-37.

29 TS 5.2.4.1; ĀŚSū 16.15.6. Vgl. MS 3.2.3 (: 19.11); KS 20.1 (: 19.18).

nicht miteinander in Berührung gebracht werden dürfen. Der Ausnahmefall der scheinbar überflüssigen Feuerreibung verweist auf die ursprüngliche Situation.

Die Ritual-Texte sprechen aber mit keinem Wort von einem Kampf oder Ausgleich. Wir finden aber genauso einen Feuerkampf außerhalb des vedischen Rituals, und zwar in der buddhistischen Geschichte von der Konversion der das Feuer verehrenden Kassapas.[30] Umherpilgernd kommt der Buddha zu dem Kassapa-Häuptling, wo er – gegen den Wunsch seines Gastgebers, der es aber dem Gast nicht verweigern kann – die Nacht in der Feuerhütte verbringt. Wie der Gastgeber schon gewarnt hatte, tut das Feuer sich als verschlingender Drache hervor. Der Buddha entschließt sich dann, "sein Feuer mit meinem Feuer zu besiegen." So geschieht es. Es gibt einen die ganze Nacht andauernden Feuerdrachen-Kampf von epischen Ausmaßen. Am nächsten Morgen tritt der Buddha siegreich aus der Feuerhütte hervor und zeigt dem Kassapa eine harmlose kleine Schlange in seinem Bettelnapf: "Hier, Kassapa, siehst du deinen Drachen, sein Feuer ist von meinem Feuer besiegt."

In der erzählerischen Gestalt einer Wundergeschichte scheint die buddhistische Überlieferung bewahrt zu haben, was die vedischen Ritualisten unterschlagen haben. Es wird dargestellt als ein letztendlicher Feuerkampf, der das Ende aller solcher Kämpfe bezeichnen soll. Vielleicht könnte man sagen – aber der Text spricht sich darüber nicht aus –, daß der Sieg des Buddha nicht nur das Feuer, sondern auch das Selbst seiner Bedeutung beraubt hat.[31]

8. Einen ähnlichen Durchbruch sehen wir nun auch auf vedisch-brahmanischer Seite. Nur ist hier das Ergebnis ein umgekehrtes. Die ursprüngliche Ambivalenz des Schwankens zwischen Unstetigkeit und Bestand wird im Buddhismus zu Gunsten der Unstetigkeit und letzten Endes der Verneinung des Selbstes entschieden. Im Brahmanismus hingegen wird das Selbst, der *ātman*, ebenso eindeutig verfestigt als der unabdingbare Träger der Unsterblichkeit. Wie dieser Durchbruch im vedisch-brahmanischen Denken vor sich gegangen ist, läßt sich an zwei Brāhmaṇa-Stellen, einer älteren und einer jüngeren, zeigen.

---

[30] MV 1.15.2-7.

[31] Es ist wohl bezeichnend, daß die oben erwähnte Flammen-Predigt an die bekehrten Kassapas gerichtet gewesen sein soll. Nicht weniger interessant ist die strukturelle Übereinstimmung mit der Rede über das Nicht-Selbst, worauf schon OLDENBERG 1915: 306 hingewiesen hat. Sie scheint wohl ein Parallel-Stück zur Flammen-Predigt zu sein.

Die erste, ältere Stelle, in der Kaṭha-Saṃhitā,[32] ist an sich wenig auffallend. Sie findet sich in einer Erörterung über ein sogenanntes Wunschopfer, das einer tödlichen Epidemie entgegenwirken soll. In diesem Zusammenhang wird, wie öfters, auf den Kampf von Göttern und Asuras verwiesen. Am Anfang sind die Asuras den Göttern weit überlegen, denn, so wird gesagt, die erschlagenen Asuras stehen wieder auf und kämpfen weiter; nicht aber die im Kampf gefallenen Götter. Der Angelpunkt ist aber, daß die Götter schließlich erkennen, daß es Agni, das Feuer ist, der sie tötet. Die Asuras sind also im Besitz des Feuers, das den Göttern fehlt. In üblicher Weise locken dann die Götter Agni zu sich herüber und schließen ein Bündnis mit ihm, wobei ihm ein Anteil am Opfer zugesagt wird. Dieser Anteil ist das dem Agni gewidmete Wunschopfer. Hier zeigt sich wieder die Ambivalenz des Feuers. Anfangs ist es für die Götter tödlich, für die Asuras aber erwirkt es die Unsterblichkeit. Agni steht zwischen den zwei Parteien, die um ihn kämpfen. Am Anfang haben die Asuras das Feuer, bis die Götter es ihnen entwenden und sie dadurch besiegen. Aber nichts garantiert, daß sie in derselben Weise, wie sie das Feuer gewonnen haben, es nicht wieder verlieren können.

Dies alles wäre kaum bemerkenswert, wenn es nicht die jüngere Version des Śatapatha-Brāhmaṇa gäbe, wo die Sache eine andere Wendung nimmt.[33] Die Situation ist genau dieselbe. Die Götter und Asuras liegen im Kampf und auch hier ist Agni der Einsatz des Kampfes. Im Gegensatz zum Kāṭhaka jedoch beteiligt sich Agni am Kampf auf keiner Seite, noch auch wechselt er von einer zur anderen Seite über. Das Śatapatha sagt ausdrücklich – es scheint fast eine Polemik gegen die wohl übliche, vom Kāṭhaka vertretene, Ansicht zu sein –, daß beide Parteien, Götter so gut wie Asuras, anfangs sterblich waren. Und so heißt es dann auch: "Denjenigen von ihnen, den sie erschlugen, der war ebenso."[34] Weder Götter noch Asuras stehen wieder auf, um weiter zu kämpfen. Der interessante Punkt ist die Weise, wie das Śatapatha Agni

---

[32] KS 10.7. (: 132.2-10). Siehe auch W. CALAND, *Altindische Zauberei*. Amsterdam 1908: 57 f.

[33] ŚB 2.2.2.8-10 (Kāṇva Rezension 1.2.2.6).

[34] *sa yaṃ ha smaiṣāṃ ghnanti, taddha smavaisabhavanti*. Die Übersetzung folgt EGGELING, der aber davon ausgeht, daß es nur die Götter seien, die tatsächlich getötet werden: "Whichsoever (of the gods) they (the Asuras) slew, he indeed was so (slain)." Der Text gibt dazu keinen Anlaß. Schließlich sind beide, Götter wie Asuras, sterblich und "beide lebten von dem unsterblichen (Agni)." Es wäre nun auch möglich, den kritischen Passus folgendermaßen zu übersetzen: "Wenn sie einen von ihnen – gleich ob von der einen oder anderen Seite – erschlugen, da war es eben er (Agni, der ihn erschlug)." Sich neutral, außerhalb des Kampfes, verhaltend bringt Agni b e i d e n Parteien sowohl Leben – "beide lebten von ihm" – als auch Tod.

charakterisiert. Während Götter und Asuras sterblich sind, ist Agni als einziger unsterblich. Anders als im Kāṭhaka verleiht er aber keinem der beiden Gegner die Unsterblichkeit. Aber wieso sind sowohl Götter wie Asuras sterblich? Die Antwort des Śatapatha ist ebenso eindeutig wie aufschlußreich: "Sie waren beide *anātmanaḥ*, ohne Selbst, denn derjenige, der sterblich ist, hat keinen *ātman*." So muß, umgekehrt, Agni, das Feuer, wohl gleichbedeutend mit dem *ātman* sein. Hier aber wechselt der *ātman* nicht mehr – wie das Feuer in der Kāṭhaka-Stelle – seinen Standort. Er ist zwar beständig und unsterblich, aber deshalb steht er auch außerhalb des sterblichen Geschehens.

Das erstaunliche ist die inhaltliche Nähe zur buddhistischen Rede von der *anattā*, die die Erscheinungen und Erfahrungen der sterblichen, fortwährend der Unstetigkeit ausgesetzten Welt als das Nicht-Selbst apostrophiert. An diesem Kreuzweg, wo Buddhismus und Brahmanismus einander begegnen, gehen aber die Gedanken entschieden auseinander.

Nachdem das Śatapatha ausgesagt hat, daß Sterblichkeit eben Ātmanlosigkeit sei, wird dann weiter erzählt, wie die Götter doch das Feuer und die Unsterblichkeit erhielten. Wie im Kāṭhaka ziehen die Götter am Anfang den Kürzeren. Sie machen aber tapfer weiter mit – wie der Text es ausdrückt – Preislied und Askese (*arcantaḥ śrāmyantaś ceruḥ*), bis sich ihnen die entscheidende Offenbarung auftut. Sie erlangen nämlich die ritualistische Vision des "unsterblichen Agnyādheya", der Gründung des Opferfeuers. Das Unsterbliche ist also nicht das umherwandernde, unstete Feuer – in der Śatapatha-Version wandert das Feuer dann auch nicht von einem zum anderen, wie im Kāṭhaka –, sondern seine, vom Opferveranstalter zu schaffende Gestalt als das *rite* gegründete und darum allein gültige Opferfeuer – wie auch die Seele, das Selbst, wie wir schon feststellen konnten, erst im rituellen Kunstwerk gestaltet wird. Nur so bezeichnet das Feuer das unsterbliche Selbst. Daher gründen die Götter dann das von ihnen geschaute Opferfeuer in ihrem inneren Selbst (*antar ātman*). Unsterblich geworden besiegen sie schließlich ihre Gegner.

Aber Sieg und Niederlage im Opferkampf haben hier ihre Bedeutung verloren. Es ist bezeichnend, daß dem Śatapatha zufolge die Asuras nun auch das Feuer besitzen. Denn unmittelbar nachher heißt es: "Sie (die Götter) sagten – 'dieses Feuer ist bei uns beiden, so laßt uns offen zu den Asuras sprechen'." Der unsichere Opferkampf ist überwunden. An dessen Stelle tritt die Sicherheit des unverrückbaren *ātman*, des Trägers und Garants der Unsterblichkeit.

9. In der althergekommenen Sprache des Opferkampfes und der dichterischen mystischen Vision werden hier Feuer, Selbst und Unsterblichkeit zu einer

unverbrüchlichen Einheit zusammengeschweißt. So kann das Śatapatha nun auch feststellen, daß man sein Opferfeuer nicht mehr verlieren kann. Nichts und niemand kann nunmehr zwischen den Opferer und sein Feuer kommen. Auch wenn eine ganze Horde den Opferplatz überrennen würde, würde die Einheit unversehrt bleiben. Denn das Opferfeuer ist unverrückbar im inneren Selbst gegründet.[35]

Es ist die unabdingbare Leistung der altindischen Ritualisten, aus der Peripetie des Feuers im Opferkampf den Begriff des unverfremdbaren, unsterblichen Selbstes gewonnen zu haben. Der *ātman* als Träger der Unsterblichkeit hat, was auch immer geschehen möge, nunmehr festen Bestand im Innern des Menschen.

An diesem Punkt hat der Opferkult des Feuers seinen Weg vollendet. Das Feuer tritt hinter dem *ātman* zurück. Der endgültige Opferkampf um Leben und Tod ist das Selbstopfer im eigenen Innern. So wie schon vorher im Feuerkampf der Opferer die Rolle seines Herausfordereres übernahm, so ist er im Selbstopfer sein eigener Gegner. Das Śatapatha sagt es prägnanter: Der Tod ist das eigene Selbst.[36] Der Kreislauf von Leben und Tod implodiert in das unwandelbare Selbst.

Im *karman* des Selbstopfers – wie später im Opfer der Weltentsagung – erringt sich der Mensch sein unverfremdbares Selbst jenseits von Leben und Tod. Mehr noch, das unsterbliche Selbst ist das innere Opfer.

Abkürzungen und bibliographische Angaben:

ĀŚSū	Āpastamba-Śrautasūtra
DIELS – KRANZ	H. DIELS – W. KRANZ, *Die Fragmente der Vorsokratiker.*
KS	Kaṭha-Saṃhitā
MS	Maitrāyaṇī-Saṃhitā
MV	Mahāvagga
OLDENBERG 1915	H. OLDENBERG, *Die Lehre der Upanishaden und die Anfänge des Buddhismus.* Göttingen
OLDENBERG 1919	Id., *Die Weltanschauung der Brāhmaṇa-Texte.* Göttingen
ŚB	Śatapatha-Brāhmaṇa
TS	Taittirīya-Saṃhitā

[35] ŚB 2.2.2.17; Baudhāyana-Śrautasūtra 20.19 (: 42.6).

[36] ŚB 10.5.2.23, 6.11.

MENSCH, TIER UND PFLANZE UND DER TOD
IN DEN ÄLTEREN UPANIṢADEN

Von Lambert Schmithausen, Hamburg

Der vorliegende Beitrag[1] (dessen vorläufiger Charakter dem Verfasser durchaus bewußt ist) ist in der Überzeugung verfaßt, daß auch in religionshermeneutischer Sicht das Problem des Todes unzulässig verkürzt wird, wenn es auf den Tod des Menschen eingeengt wird; daß es, auch wenn von einer Religion *der* Tiere (oder gar Pflanzen) nicht die Rede sein kann, doch geboten ist, auch den Tod anderer Lebewesen – der Tiere und vielleicht sogar der Pflanzen – einzubeziehen[2] und dies in vielen Religionen ja auch tatsächlich geschehen ist, auch wenn wohl offenbleiben muß, inwieweit und in welchem Sinne der je eigene Tod für Tier und Pflanze mehr ist als ein sich an ihnen vollziehendes, aber zumindest von vielen Tieren gewiß auch – oft qualvoll – erfahrenes Geschehen.

In unserer westlichen Tradition ist allerdings zumeist angenommen worden, daß nur der Mensch, als vernünftiges Wesen, zu individuellem Weiterleben nach dem Tode berufen sei, daß nur er eine unsterbliche Seele habe.[3] Man hat aber dann nicht nur innermenschliche Problemfälle (etwa als Säugling Verstorbene, Schwachsinnige) und die Schwierigkeit der Grenzziehung (Pithecanthropinen, Homo habilis, usw.). Man hat auch, zumindest in einem ethisierten Weltbild, das Problem, daß nichtmenschliche Lebewesen[4] *umsonst leiden* würden, daß jedenfalls ihr Leiden *für sie selbst* keinen Sinn hätte, daß *für sie selbst* – zumal wenn sie als Nutz- oder gar Versuchstiere dem

---

[1] Meinen Kollegen Th. Oberlies, S. A. Srinivasan und A. Wezler sowie Frau Eva Wilden und Frau Marina Marinova danke ich herzlich für wertvolle Bemerkungen, Anregungen und Informationen.

[2] Dies gesteht, wenn ich recht verstehe, G. OBERHAMMER (Religionshermeneutische Bemerkungen zum Phänomen des Todes, in diesem Band S. 9 f.) mit gewissen Einschränkungen auch im Rahmen des religionshermeneutischen Ansatzes zu.

[3] Anders vielleicht Römer 8,21.

[4] D. h. diejenigen nichtmenschlichen Lebewesen (zumindest also die "höheren" Tiere), die körperliche oder/und seelische Schmerzempfindungen haben. Selbst bei Lebewesen, bei denen solche Empfindungen vermutlich fehlen, ließe sich vielleicht von "leiden" in einem weiteren, etwa Stress etc. einbegreifenden Sinne reden.

Menschen in die Hände gefallen sind – unter dem Strich unausgeglichenes Leid bliebe: ein Faktum, daß sich mit der Idee einer universalen Gerechtigkeit oder eines gerechten Gottes kaum verträgt; Descartes' Lösung (Tiere als Automaten) ist schlicht kontra-intuitiv, ganz abgesehen von ihren verheerenden Auswirkungen für unser Verhalten gegenüber den Tieren (von den Pflanzen gar nicht zu reden).

Nicht zuletzt angesichts der praktischen Konsequenzen ist es vielleicht sinnvoll, die Problematik einmal aus der *indischen* Perspektive zu beleuchten. Hier erscheint der Tod durch die weite Verbreitung der Lehre von der "Seelenwanderung" oder Wiedergeburt[5] in einem etwas anderen Licht: Zum einen, weil er in diesem Rahmen nicht nur seine Endgültigkeit, sondern auch seine Einmaligkeit verliert. Zum anderen, weil diese Lehre zumindest in ihrer "klassischen" Gestalt (oder besser: ihr*en* "klassischen" Gestalt*en*) *alle* Lebewesen einschließt, also auch die Tiere und oft[6] auch die Pflanzen, wobei zumindest in manchen, wahrscheinlich den meisten Ausformungen der "klassischen" Wiedergeburtslehre die verschiedenen Existenzformen – jedenfalls im Prinzip – unmittelbar oder mittelbar aufeinanderhin durchlässig sind, das heißt eine

---

[5] Dieser Ausdruck verdient den Vorzug, insofern die Lehre nicht an die Annahme einer Seelensubstanz gebunden ist bzw. diese nicht dasjenige sein muß, was wandert, und auch der Existenzwechsel nicht immer impliziert, daß eine Entität an einen anderen Ort "wandert". In frühen und populäreren Quellen ist es oft einfach der Mensch oder das Lebewesen, das von einer Existenz in die andere überwechselt, ohne daß – zumindest explizit – darauf reflektiert würde, was von ihm, genau, denn nun überwechselt (vgl. auch HALBFASS 1980: 299). In manchen der in diesem Beitrag behandelten Textstücke interferiert dieser mehr oder weniger naiv vorausgesetzte Begriff eines Individuums oder einer Person als dem Subjekt des Wiedergeburtsgeschehens in eigenartiger Weise mit der eines diesem Geschehen unterliegenden stofflichen Lebensträgers (Wasser, weniger deutlich Feuer; vgl. FRAUWALLNER 1953: 52 ff.; 60 ff.; U. SCHNEIDER, Die altindische Lehre vom Kreislauf des Wassers. *Saeculum* 12.1 (1961): 1 ff.; vgl. auch *prāṇa* in KauṣU 1.2.) BĀU 4.4.1 ff. hingegen ist es deutlich das (innere, geistige: vgl. 4.3.7; 4.4.3) Selbst (*ātman*) – dessen ursprüngliche Licht- und Feuernatur noch durchschimmert (*jyotis*, *tejas*) bzw. als Metapher weiterlebt –, das zusammen mit den Lebenskräften aus dem Körper des Sterbenden auszieht (vgl. auch BĀU [K] 6.2.14) und (trotz der von K. WERNER, Indian Concepts of Human Personality in Relation to the Doctrine of the Soul. *JRAS* 1988: 82, vorgetragenen Bedenken) auch Subjekt der Wiederverkörperung ist; in der Mādhyandina-Version allerdings ist das Subjekt der Wiederverkörperung nicht *ayam ātmā*, sondern *ayaṃ puruṣaḥ*, und damit dürfte zwar, im Lichte von 4.4.1-3 sowie der offenbar zugrundeliegenden Traumabschnitte (s. S. 54), der "innere Mensch", die Geistseele, gemeint sein, doch kann es (wenn man den Abschnitt für sich nimmt) auch einfach "dieser Mensch", d. h. die nicht weiter hinterfragte Person, bedeuten, wie dies mit ziemlicher Sicherheit etwas später (4.4.7) der Fall ist.

[6] D. h. Bei den Jainas und in Teilen der brahmanischen Tradition, nicht hingegen bei den Buddhisten (cp. SCHMITHAUSEN 1991: §§ 2.1; 2.2; 28-30; 36.1 ff.).

Wiedergeburt von Mensch als Tier (und gegebenenfalls Pflanze), aber auch von Tier (und gegebenenfalls Pflanze) als Mensch zumindest grundsätzlich, notfalls über Zwischenschritte, möglich ist.[7]

Aber bekanntlich wird die anfang- und endlose Folge immer neuer Existenzen, jedenfalls von dem in den schriftlichen Quellen vorherrschenden asketisch-philosophischen Strang,[8] kaum je als tröstlich, sondern vielmehr als bedrückend empfunden, als etwas, wovon man *erlöst* werden muß, und die Möglichkeit, Erlösung zu erlangen, wird im allgemeinen nur *Menschen* zugesprochen. Auch Tieren und ggf. Pflanzen ist die Erlösung jedoch *indirekt* zugänglich, insofern, wie gesagt, im allgemeinen angenommen wird, daß Tiere und ggf. auch Pflanzen als Mensch wiedergeboren werden können, auch wenn dies als ein seltener Glücksfall gilt.

Es kann aber nicht als selbstverständlich vorausgesetzt werden, daß dies von Anfang an so war; denn zumindest die (ihrerseits wie gesagt ebenfalls variantenreichen) "klassischen" Gestalten der Wiedergeburtslehre sind das Produkt einer offenbar in der spätvedischen Zeit einsetzenden geschichtlichen Entwicklung, und gerade die frühesten Zeugnisse weisen, auch was die Einbeziehung von Tieren und Pflanzen angeht, erhebliche Abweichungen auf (und zwar sowohl von den späteren Auffassungen wie auch voneinander).

In den vor-upaniṣadischen vedischen Texten sind Stellen, die dafür ins Feld geführt werden könnten, daß die Wiedergeburtslehre bereits vertreten wurde oder doch bekannt war, selten und überdies zumeist weder explizit noch eindeutig.[9] Die Frage, ob sie dennoch vorausgesetzt werden darf, oder vielmehr außerarischen Ursprungs ist, oder aber sich ganz unabhängig auf der Basis älterer Voraussetzungen innerhalb der vedischen Religion entwickelt hat, ist viel diskutiert und unterschiedlich beantwortet worden.[10] Sie muß aber wohl präziser formuliert werden. Zum einen macht es einen Unterschied, ob

---

[7] Buddhismus: z. B. SN V 474 ff.; AN I 37 f.; Jinismus: W. SCHUBRING, *Die Lehre der Jainas*. Berlin/Leipzig 1935: 122 f.; Hinduismus: z. B. Viṣṇusmṛti Kap. 44-45 (cp. P. V. KANE, *History of Dharmaśāstra* IV: 153 f.); Mārkāṇḍeyapurāṇa 15.32c-36b.

[8] Anders vor allem weite Teile der indischen Alltagsreligiosität (etwa des Laienbuddhismus), wo *günstige* Wiedergeburt durchaus als erstrebenswert gilt. Es gab auch Richtungen, die die "klassische" Wiedergeburtslehre ignorierten (die ältere Pūrva-Mimāṃsā: vgl. HALBFASS 1980: 273) oder ablehnten (der materialistisch-hedonistische Strang).

[9] Als Ausnahme kann am ehesten die weiter unten angeführte Stelle MS 1.8.6 gelten.

[10] Vgl. z. B. HORSCH 1971: 99 ff. Die Dissertation von H. S. CONVERSE, *The historical significance of the first occurrences of the doctrine of transmigration in the early Upaniṣads*, (unpubl.) thesis Columbia University 1971 (s. BODEWITZ 1992: Anm. 7), ist mir leider bisher nicht zugänglich; ebensowenig M. CONE, *Vedic and Upaniṣadic Ideas of Death, Deathlessness and Forms of Existence*, (unpubl.) M.Phil. thesis, London 1971 (s. COLLINS 1982: 311).

man nach der "klassischen", ethisierten Wiedergeburtslehre fragt, die zumindest die Tiere voll integriert hat und die Qualität der Wiedergeburt von den früheren guten und bösen Werken des betreffenden Lebewesens abhängig sein läßt, oder nach Wiedergeburtslehre überhaupt. Zum anderen könnte die (ethisierte) Wiedergeburtslehre in Kreisen entstanden sein, die zwar von der in den überlieferten vedischen Texten zur Sprache kommenden ritualistischen Tradition verschieden waren, aber deshalb nicht notwendig außerarisch gewesen sein müssen.[11] Und schließlich ist mit Akkulturationsprozessen[12] zu rechnen, in deren Kontext die Lehre sich aus einem Zusammenspiel beiderseitiger Einflüsse (und neuer Ideen) entwickelt haben könnte. Dabei können ältere, "vor-klassische" Wiedergeburtsvorstellungen durchaus eine Rolle gespielt haben. Es gibt aber m. W. keinerlei Indiz dafür, daß eine *ethisierte*, *systematisch* alle Lebewesen einbeziehende Wiedergeburtslehre bereits in vor-upaniṣadischer Zeit in Indien existierte.

Ein erschöpfendes Bild der vor-upaniṣadischen Jenseitsvorstellungen zu zeichnen ist nicht Aufgabe dieses Vortrages (und würde auch meine Kompetenz überfordern). Soweit ich sehe, muß mit unterschiedlichen Vorstellungen gerechnet werden; die Unterschiede können verschiedene Gründe haben: Änderungen im Laufe der Zeit, unterschiedliche Bevölkerungsgruppen, aber auch unausgeglichenes Nebeneinander (wie auch immer entstandener) heterogener Vorstellungen bei ein und derselben Person(engruppe) und Rekurs auf unterschiedliche Vorstellungen in unterschiedlichen Situationen.[13] Bei dem Versuch etwa, einen bewußtlosen Schwerkranken zum Leben zurückzuholen,[14] hat man den Tod von einer anderen Seite – als Schrecknis, als finsteren Abgrund – im Blick, als wenn man einem bereits Verstorbenen, an dessen Tod nichts mehr zu ändern ist, oder gar sich selbst zu Lebzeiten bei bester Gesundheit, zu einem glücklichen Jenseitsschicksal verhelfen will.

Die vor-upaniṣadischen vedischen Texte kennen zwar ein düsteres Totenreich,[15] gelegentlich sogar einen finsteren Abgrund für besonders verhaßte

---

[11] Diese Auffassung vertritt BODEWITZ 1992, bes. 17 ff. BODEWITZ sieht dementsprechend in den spätvedischen Textzeugnissen für die Wiedergeburtslehre den Niederschlag eines Adaptationsprozesses. Vgl. auch MORTON SMITH 1965-66: 279.

[12] Vgl. BODEWITZ 1992: 8.

[13] Vgl. auch MORTON SMITH 1965-66: 274.

[14] AV 8.1; 8.2; 5.30. Siehe ARBMAN 1927: 351 ff.

[15] ARBMAN 1927: 357 f. u. 368 ff.; zum Bereich der "Väter" als einem düsteren, unterirdischen Ort in den Brāhmaṇas: ibid. 379 f.; auch ŚB 2.1.3.1 und 12.8.1.18; vgl. auch ChU 2.9.8.

Feinde;[16] im Zentrum steht aber die Hoffnung auf ein Fortleben in einer lichthaften Himmelswelt, und insbesondere in den Brāhmaṇas kommt dem Bestreben, dem Ritualveranstalter diese Himmelswelt mit den Mitteln des Rituals zu sichern, eine zentrale Stellung zu.

Diese Zielsetzung ist zweifellos anthropozentrisch, wahrscheinlich sogar auf die höheren Gesellschaftskreise zugeschnitten. Das muß aber nicht bedeuten, daß anderen Lebewesen keinerlei Fortleben nach dem Tode zugestanden worden wäre. Im Gegenteil: man begegnet der Auffassung, daß das Opfer-*tier* den Toten zum Himmel führt oder vom Opferfeuer in die Himmelswelt versetzt beziehungsweise in ihr wiedergeboren wird,[17] und ähnliches gilt auch für die geopferte Soma-*pflanze* und sogar für die Körner, aus denen der Opferkuchen bereitet ist.[18] Auf diese Weise wird das geopferte Lebewesen mit seiner Tötung versöhnt, bzw. diese ist eigentlich gar keine.

Diese Versöhnung ist wichtig, denn, wie vor allem die Geschichte von Bhṛgu im Jenseits[19] zeigt, besteht die Vorstellung, daß nicht rituell getötete Tiere und Pflanzen sich im Jenseits an dem, der sie getötet hat, *rächen*, indem sie dort mit ihm genau das machen, was er ihnen hier angetan hat. Das setzt voraus, daß auch bei Tieren und Pflanzen *generell* (jedenfalls unabhängig vom Ritual) ein Weiterleben nach dem Tode angenommen wurde.

Die hier zugrundeliegende Vorstellung unterscheidet sich aber von der "klassischen" Wiedergeburts- oder "Seelenwanderungs-"lehre in wesentlichen Punkten:

---

[16] ARBMAN 1927: 375 f.; KLAUS 1986: 53 f. Vgl. aber auch MORTON SMITH 1965-66: 277 f., der die entsprechenden ṚV-Stellen als Verwünschungen verstehen möchte.

[17] SCHMIDT 1968: 646; ders., *aghnya-*. *Zeitschr. f. vergleichende Sprachwiss.*, 78 (1963): 7 u. Anm. 2; KRICK 1982: 260 Anm. 644; 306 Anm. 790; 350 Anm. 944 u. 945; H. FALK, *Bruderschaft und Würfelspiel*. Freiburg 1986: 160; 176 f. (Anm. 499); 188. Vgl. auch KLAUS 1986: § 15.4.4.

[18] ŚB 11.1.2.1 f (cp. SCHMITHAUSEN 1991, Anm. 538). Das Nebeneinander von Opfertier und Somapflanze an dieser Stelle legt nahe, daß – in Gestalt des gepreßten Saftes? – auch die geopferten Pflanzen-*Individuen* zur Entschädigung für die mit dem Auspressen verbundene Tötung aus dem [mit den Opfergaben zum Himmel aufgestiegenen] Opferfeuer [dort] wiedergeboren werden. Eine solche Deutung wird durch explizite Aussagen in nachvedischen Quellen (MBh 12.260.24; vgl. Manu 5.40) gestützt, stellt aber doch wohl eine Umformung, zumindest aber eine Akzentverschiebung gegenüber der altvedischen Vorstellung vom (durch das Opfer bewirkten) Aufstieg des Soma-*Saftes* in den Himmel (H. LÜDERS 1951: 207 ff.) dar. Auch im Falle der (durch Enthülsen und/oder Zermahlen getöteten) Körner des Opferkuchens (*havis*) wäre deren (wie auch immer gedachtes) individuelles Wiederentstehen im Himmel doch wohl eine Nuance, die in der traditionellen Vorstellung der von Agni in den Himmel beförderten Opfergabe nicht (jedenfalls nicht primär und explizit) enthalten ist.

[19] ŚB 11.6.1 und JB I.42-44. Vgl. H. LOMMEL, Bhṛgu im Jenseits. *Paideuma* 4 (1950): 93 ff. [= KlSchr., hrsg. K. L. JANERT, Wiesbaden 1978: 211 ff.]; SCHMIDT 1968: 644 f.; BODEWITZ 1973: 99 ff.

Erstens ist nur von einem Fortleben im *Jenseits* die Rede, nicht von einer Serie von Existenzen oder einer Rückkehr ins Diesseits.[20]

Zweitens findet nicht eigentlich ein *Übergang* von einer Lebewesenklasse in die andere statt; das geopferte Tier gesellt sich nach ṚV 1.162 (7 u. 21) den Herden der Götter zu, bleibt also Tier; die menschliche Gestalt der Tiere und Pflanzen (und sogar des Wassers) im Jenseits in der Bhṛgu-Geschichte ist wohl nur eine Metamorphose (oder gar Allegorie), die es ihnen ermöglicht, die für die Talion erforderlichen Messer und Äxte zu handhaben.[21]

Drittens fehlt die durchgängige Ethisierung noch. Die Wiedergeburt eines Tieres im Himmel beruht auf dem *Zufall* seiner Verwendung im Ritual, nicht auf seinen eigenen (früheren) moralischen Verdiensten. Die Talion enthält zwar bereits ein Element, das ich "ethisch" zu nennen geneigt wäre: das einer ausgleichenden Gerechtigkeit, die auch nichtmenschliche Lebewesen ernst nimmt. Sie unterscheidet aber nicht zwischen absichtlichen und unabsichtlichen, vermeidbaren und unvermeidbaren Handlungen. Sie beruht ferner auf dem Prinzip der individuellen *Rache*, nicht auf dem der von höherer Instanz verfügten oder (wie in der Karma-Lehre) automatisch eintretenden *Strafe*. Außerdem reagiert der Ritualist nicht ethisch, insofern er nicht etwa die Tötungshandlung unterläßt, sondern vielmehr die ausgleichende Gerechtigkeit mit rituellen Mitteln außer Kraft zu setzen versucht.[22]

Dennoch ist mit der Vorstellung vom individuellen Weiterleben auch der Tiere (und Pflanzen) im Jenseits ein wichtiges Element der "klassischen" Wiedergeburtslehre vorgegeben. Andere kommen hinzu: Zum Beispiel die Vorstellung vom "Wiedertod" im Jenseits (*punarmṛtyu*),[23] d. h. die – angesichts der weitgehenden Analogie von Leben im Diesseits und im Jenseits naheliegende – Vorstellung, daß man auch im Jenseits irgendwann *stirbt*[24] (sofern man das nicht rituell oder durch besonderes Wissen zu verhindern versteht). Damit ist noch nicht unbedingt eine Rückkehr ins Diesseits gesetzt; nach BODEWITZ[25] ist von einer solchen an keiner der einschlägigen

---

[20] Der Kreislauf des Soma bzw. des Wassers (s. u. S. 49) dürfte einem anderen Vorstellungskomplex angehören.

[21] Vgl. SCHMITHAUSEN 1991: § 36.3.2 u. Seite 96 Anm. 531.

[22] ŚB 11.6.1.5 (*prāyaścitti*) u. 8 ff.

[23] HORSCH 1971: 136 ff.

[24] Vgl. FRAUWALLNER 1953: 50.

[25] BODEWITZ 1992: 13; 15; cp. IKARI 1988: 279; zu *punarmṛtyu* + *punarājāti* im Gopatha-Brāhmaṇa s. unten Anm. 45. – BODEWITZ hält es für möglich, daß die Wiedertod-Idee aus nicht-ritualistischen Kreisen eingedrungen ist. Er erwägt ferner die Möglichkeit, daß die

Brāhmaṇa-Stellen die Rede. Aber eine solche Rückkehr dürfte sich doch als eine Möglichkeit der Auslegung oder Weiterbildung der Wiedertod-Idee angeboten haben, etwa nach dem Muster von Kreisläufen wie dem der Feuchtigkeit (des Somasaftes bzw. des Wassers), die (mit dem Rauch des Opferfeuers oder durch die Sonne) von der Erde zum Himmel (/Sonne/Mond) aufsteigt und von dort als Regen wieder zur Erde zurückkehrt;[26] oder in Analogie zum Ritual, in welchem auf den die Himmelsreise des Toten "vorprogrammierenden" rituellen Aufstieg des Ritualveranstalters zum Himmel dessen rituelle Rückkehr in diese Welt folgt.[27]

Noch plausibler wäre die Entwicklung, wenn WITZEL[28] und IKARI[29] recht haben, die aus z. T. älteren vedischen Quellen (vor allem aus dem Komplex des Manenopfers) Indizien beibringen für die Vorstellung, daß die Verstorbenen nach einem Aufenthalt im Jenseits auf die Erde zurückkehren und in der eigenen Familie wiedergeboren werden, vorzugsweise als ihr eigener Enkel

---

gelegentlich belegte Idee eines *mehrfachen* Wiedertodes im Jenseits (bes. ŚB 2.3.3.8) ein auf vager Information basierender Reflex der Wiedergeburtslehre sein könne, da sie diese voraussetze. Als Alternative zu BODEWITZ' Vermutung wäre aber vielleicht auch die Möglichkeit zu bedenken, daß die Ideen von Wiedertod und mehrfachem Wiedertod im Jenseits die autochthone Vorstellung einer Serie von Wiedergeburt und Tod in jeweils entlegeneren Totenländern reflektieren, wie sie z. B. bei den Nāgas belegt ist (V. FÜRER-HAIMENDORF 1953: 43; cp. COLLINS 1982: 31 f.; SCHMITHAUSEN 1991: 98 u. Anm. 547). Mit einem endgültigen Tod im Jenseits ("soul death": MORTON SMITH 1965-66: 276) ist die Idee m e h r f a c h e n Wiedertodes schwer vereinbar. – Vielleicht ist es wert, angemerkt zu werden, daß zwischen der *punarmṛtyu*-Idee und dem Sich-rächen der getöteten Tiere etc. eine gewisse strukturelle Parallelität, vielleicht sogar Komplementarität besteht: Auch letzteres dürfte ja – konsequent gedacht – zum Tode im Jenseits führen. Im Falle der *punarmṛtyu*-Idee ist allerdings die den erneuten Tod bewirkende Instanz viel abstrakter: die Sonne = der Tod = das Jahr (die Zeit), und es handelt sich offenbar um die Zerstörbarkeit, Vergänglichkeit des durch rituelles *Verdienst* erworbenen Jenseitsaufenthaltes, während sich die Tiere an dem rächen, der ihnen *Schaden* zugefügt hat.

[26] LÜDERS 1951/1959: 207 ff. u. 701 f.; 308 ff.; KLAUS 1986: 96 ff., bes. 102 ff.; vgl. auch ibid.: 151 (ŚB 1.6.4.15); BODEWITZ 1973: 244 f., mit dem wichtigen Hinweis, daß Mensch und Tier (und ihre Reproduktion in Nachkommenschaft) in den älteren Quellen nur in einer *nicht-zyklischen* Sequenz (s. u. S. 62, 63 und Anm. 96 u. 99) vorkommen; vgl. auch BODEWITZ 1987: 309 f.

[27] Zum Beispiel A.-M. BOYER, Étude sur l'origine de la doctrine du Saṃsāra. *JA* 1901 II: 465 f; COLLINS 1982: 48; IKARI 1989: 157 f; H. W. TULL, *The Vedic Origins of Karma*. New York 1989: 114 f.

[28] WITZEL 1983. Vgl. auch ders., The Earliest form of the Idea of Rebirth in India. In: T. YAMAMOTO (ed.), *Proceedings of the 31st Intern. Congr. of Human Sciences in Asia and North Africa*, Tokyo 1984, I: 145 f. – Siehe auch HORSCH 1971: 154 u. 156 f. (Absätze 5 u. 10).

[29] IKARI 1989: 162 f.

oder Urenkel. Die deutlichste vor-upaniṣadische Stelle ist wohl Maitrāyaṇī Saṃhitā 1.8.6,[30] wo jedenfalls der Gedanke ausgesprochen wird, daß der durch rituelles Verdienst in jener Welt erworbene Aufenthalt (in Gestalt von Gestirnen) befristet ist (bzw. sein kann) und der Betreffende dann von dort "herabfällt" (*pra-cyu*!) und *in diese Welt* zurückkehrt.

Trotzdem bleibt die Frage, warum die Vorstellung einer Wiedergeburt des Verstorbenen in der eigenen Familie nach einem Aufenthalt im Jenseits, wenn sie den Verfassern der älteren vedischen Quellen geläufig war, ansonsten nirgendwo explizit und eindeutig formuliert zu sein scheint. Vielleicht deshalb, weil die Rückkehr in die eigene (Groß)familie, als ein automatischer und zugleich durchaus erwünschter Vorgang, als selbstverständlich vorausgesetzt wurde? Oder handelt es sich (etwa im Kontext des Manen-Opfers) um weitgehend verschüttete Relikte einer älteren Vorstellung, oder im Sinne von BODEWITZ um Reflexe einer Adaptation aus anderen Kreisen? Die verschiedenen Möglichkeiten schließen einander keineswegs aus. Jedenfalls kann es m. E. als sicher gelten, daß die Vorstellung von der Wiedergeburt der Verstorbenen in der eigenen Familie oder Sippe schon in vor-upaniṣadischer Zeit nicht nur außerhalb Indiens,[31] sondern auch *in* Indien verbreitet war. Dies muß keineswegs (mit OBEYESEKERE)[32] hypothetisch postuliert werden, sondern ist durch das von HODSON[33] zusammengestellte ethnologische Material bestens abgesichert, und eine Ableitung zumindest des Kerns der dort zusammengetragenen für meinen Kontext relevanten Vorstellungen aus hinduistischem Einfluß[34] erscheint gänzlich ausgeschlossen, da sie gerade die für das "klassische" Modell typischen Züge (Ethisierung etc.) durchweg nicht aufweisen, sondern im Gegenteil das auch von außerindischen Ethnien bekannten archaischere Muster (weitgehend automatische Wiedergeburt in der eigenen Familie) repräsentieren.

---

[30] Auf diese Stelle weist schon WITZEL 1983: 6 hin; vgl. auch KLAUS 1986: 156 f., mit weiterem, ähnlichem Material; auch *Tiere* werden in diesen Vorstellungskreis einbegriffen (ibid.: 160: JB 3.193).

[31] Zum Beispiel ÅKE V. STRÖM und HARALDS BIEZAIS, *Germanische und Baltische Religion*, Stuttgart 1975: 180; J. F. THIEL, Tod und Jenseitsglaube in Bantu-Afrika. In: H.-J. KLIMKEIT (Hrsg.), *Tod und Jenseits im Glauben der Völker*, Wiesbaden 1978: 43 f.; A. VORBICHLER, Das Leben im Rhythmus von Tod und Wiedergeburt in der Vorstellung der schwarzafrikanischen Völker. In: G. STEPHENSON (Hrsg.), *Leben und Tod in den Religionen: Symbol und Wirklichkeit*, Darmstadt 1985: 234; ERNST DAMMANN, *Die Religionen Afrikas*, Stuttgart 1963: 15; OBEYESEKERE 1980: 141 ff. (Trobriander, Igbo).

[32] OBEYESEKERE 1980, bes. 140 (Bezug nehmend auf V. FÜRER-HAIMENDORF 1953).

[33] HODSON 1921a: 1 ff., bes. 1; 3 f.; 6; 9; 1921b: 202 ff., bes. 204 f.; 208; 211.

[34] Wie sie HORSCH (1971: 104 Anm. 9) für offenbar andere Materialien betont.

Für meine spezielle Thematik ist festzuhalten, daß dieses ältere Modell insofern deutlich *anthropozentrisch* ist, als es bei ihm *primär* um das Nachtodschicksal des *Menschen* (wenn nicht gar, zumindest bei den vedischen Ariern, der Männer) zu gehen scheint. Ein wirklicher Übergang in eine andere Lebewesenklasse scheint normalerweise nicht zu erfolgen. Dies schließt aber nicht aus, daß auch nichtmenschliche Lebewesen oder "Dinge" gewissermaßen marginal einbezogen werden, etwa die Gestirne in MS 1.8.6, oder in der Weise, daß (bei manchen indischen Stämmen) die aus dem Jenseits zurückkehrende "Seele" zunächst mit dem Regen in *Fruchtbäume* eingeht,[35] oder dergestalt, daß (nach einer brahmanischen Quelle)[36] die im Jenseits befindlichen Ahnen in Gestalt von *Vögeln* umherfliegen und gelegentlich auch in dieser Gestalt im Diesseits, etwa zur Totenspeisung, erscheinen. Dergleichen ist zwar keine *Wiedergeburt* als Pflanze oder Tier im Sinne der "klassischen" Lehre, sondern bloß eine automatische Durchgangsstufe bzw. eine Metamorphose, könnte aber doch die spätere Einbeziehung von Tieren und teilweise auch Pflanzen begünstigt haben. Hierzu mögen auch weitere populäre Vorstellungen beigetragen haben, die sich in indischen Stammesreligionen belegen lassen, z. B. die, daß der Verstorbene bis zu seiner Wiedergeburt als Mensch mehrfach als Schmetterling wiedergeboren wird,[37] oder die, daß Personen, die eines "schlimmen" (gewaltsamen) Todes sterben, nicht als Mensch sondern als Tier wiedergeboren werden, etwa jemand, der vom Tiger gefressen wird, als Tiger.[38]

Wie dem auch sei: in den *älteren Upaniṣaden* finden wir eine Reihe von Stellen, an denen eine Rückkehr aus dem Jenseits in diese Welt explizit konstatiert wird. Die Heterogenität des upaniṣadischen Materials erlaubt es aber nicht, diese Lehre für die Upaniṣaden generell vorauszusetzen, und zwingt dazu, die einzelnen Stellen, an denen sie vorkommt, gesondert zu betrachten

---

[35] Vgl. HODSON 1921a: 1 f.; 1921b: 205; 208; 212 ff. Vgl. auch das ŚB 13.8.1.20 erwähnte Hinschlüpfen der "Väter" (*pitaraḥ*) zu den Wurzeln der Kräuter (*oṣadhi*) (H. OLDENBERG, *Die Religion des Veda*, Stuttgart u. Berlin ²1917: 582; aber andere Erklärung bei ARBMAN 1927: 379 f. Anm. 1).

[36] Baudhāyana-Dharmasūtra 2.14.9-10 (s. OLDENBERG 1917: 564; WITZEL 1983: 2). Vgl. auch M. WITZEL, Zu den Namen vedischer Śākhās. *StII* 10/1984: 235.

[37] HODSON 1921a: 6 (cp. SCHMITHAUSEN 1991: Anm. 542; vgl. auch ibid.: 98 + Anm. 546). Vgl. auch die Regelung des Kauśikasūtra, daß bei der (zweiten, späteren) Beisetzung der Gebeine, falls diese nicht mehr auffindbar sind, an ihre Stelle ein Tier (in den meisten Fällen gewiß ein Insekt), das sich nach Ausrufung des Namens des Toten auf ein in der Nähe der alten Beisetzungsstelle ausgebreitetes Gewand setzt, treten soll (OLDENBERG 1917: 581 f.).

[38] HODSON 1921a: 7 (cp. SCHMITHAUSEN 1991: Anm. 548).

und in ihrer jeweiligen Eigentümlichkeit zu würdigen. Da es sich um bereits bekanntes Material handelt, kann sich meine Darstellung der einzelnen Stellen auf das Wesentliche beschränken, um sich danach der im Vordergrund meiner Untersuchung stehenden Frage, inwieweit nur der Mensch oder auch Tiere und Pflanzen berücksichtigt werden, zuzuwenden. Die Reihenfolge, in der die einzelnen Stellen vorgestellt werden, ist, nicht zuletzt wegen der teilweise ungeklärten bzw. strittigen chronologischen Verhältnisse innerhalb des upaniṣadischen Materials, nicht so sehr von chronologischen als vielmehr von systematischen Gesichtspunkten bestimmt, wobei ich grundsätzlich[39] zwei Stränge glaube unterscheiden zu müssen.

Ein expliziter Repräsentant des ersten Stranges[40] ist **Jaiminīya-Upaniṣad-Brāhmaṇa** 3.28. Diese Stelle beschließt die Schilderung des Aufstiegs des Verstorbenen durch eine Reihe von Räumen bis zu Sonne und Mond[41] – höher geht es nicht[42]. Anschließend wird festgestellt, daß derjenige, der dies so *weiß*, sich (nach dem Tode) in allen diesen Räumen *nach Belieben* bewegen könne (*kāmacāra*).[43] Und wenn er es wünscht, könne er sogar hier in dieser Welt wiedergeboren werden (*ā-jan*), in einer Familie seiner Wahl: sei es die eines Brahmanen oder die eines Königs bzw. vornehmen Kriegers.[44] Von einer Wiedergeburt als Tier oder Pflanze ist ebensowenig die Rede wie von einer Wiedergeburt in einer niederen gesellschaftlichen Gruppe. Aber es handelt sich ja hier auch nicht um das Schicksal eines beliebigen Verstorbenen, sondern um das des *Wissenden*, der seine Existenzform nach *Wunsch* gestalten kann.[45]

---

[39] D. h. unbeschadet der Tatsache, daß es im Einzelfall Zuordnungsprobleme und/oder Vermischungen geben kann.

[40] Die Eigenständigkeit dieser Stelle gegenüber der Wiedergeburtslehre der 2-Wege-Theorie (= zweiter Strang) betont auch FUJII 1990: 52. Vgl. auch HORSCH 1971: 143 f.

[41] Dieser Teil des Textes gehört wohl eher in den Kontext des zweiten Stranges (JB 1.17 etc.: s. unten S. 59 f.).

[42] JUB 3.28.3: *eṣo 'nto, 'taḥ paraḥ pravāho nāsti*. Auf seine Aufforderung an den Mond, ihn zur Stätte des *brahman* weiterzubefördern, wird er zur vorigen Station, der Sonne, zurückgeführt, von dort auf die gleiche Aufforderung hin wieder zum Mond. Nach FUJII (1990: 50) werden beide hier mit der Stätte des *brahman* identifiziert. Wie dem auch sei: zur *kāmacāra*-Eschatologie würde es schlecht passen, daß ihr die höchste Stätte verschlossen bliebe (es sei denn, sie wäre *unter allen Umständen* unzugänglich).

[43] JUB 3.28.3. Vgl. auch Sāmavidhāna-Brāhmaṇa 3.7.1.

[44] JUB 3.28.4.

[45] So auch Gopatha-Brāhmaṇa 1.1.15 und 1.3.22 (cp. HORSCH 1971: 143; spätestes Brāhmaṇa nach H. P. BODEWITZ, *The Daily Evening and Morning Offering (Agnihotra) According to the Brāhmaṇas*, Leiden 1976: 12), wo "Wandel nach Wunsch" (*kāmacāra*) statt Wiedertod (*punarmṛtyu*) und [automatischer, determinierter] Wiedergeburt [in dieser Welt] (*punar-ājāti*) verheißen wird.

In der von WITZEL und IKARI postulierten ältesten Form der Wiedergeburtslehre bzw. der entsprechenden Vorstellung in den Stammesreligionen wird, wie wir hörten, der Verstorbene normalerweise in der *eigenen* Familie wiedergeboren: *automatisch* offenbar, aber – so darf man annehmen – es entspricht auch seinem *Wunsch*. Die obige JUB-Stelle hingegen setzt voraus, daß nicht die Wiedergeburt in der eigenen Familie erwünscht ist, sondern nur Wiedergeburt in einer Familie, die der gesellschaftlichen Elite angehört. Das könnte ein Indiz für eine Vergrößerung und Rigidisierung der gesellschaftlichen Unterschiede sein.

Noch weiter geht Śāṭyāyani, den der Text selbst anschließend[46] gegen die zuvor skizzierte Auffassung einwenden läßt, daß er, Śāṭyāyani, angesichts des Überwiegens von Krankheit und Leid[47] in dieser Welt sich nicht denken könne, daß jemand, der sich mit viel Mühe den Zugang zur Himmelswelt eröffnet hat, freiwillig in *diese* Welt zurückkehrt. Hier wird – erstmalig vielleicht – eine generell *negative* Bewertung des Daseins in dieser Welt (und folglich auch der Rückkehr in sie) explizit zum Ausdruck gebracht. Die negative Bewertung dieser Welt hat aber (im Gegensatz zur späteren Entwicklung, etwa im Buddhismus) noch keine Auswirkung auf die Bewertung der Existenz in den himmlischen Räumen, da zumindest für den Wissenden ein *Zwang* zur Rückkehr von dort nicht besteht.

Eine ähnliche Vorstellung wie JUB 3.28 scheint **Bṛhad-Āraṇyaka-Upaniṣad 4.4.5**[48] vorzuliegen. Hier heißt es in der Mādhyandina-Rezension,

---

[46] JUB 3.28.5. Vgl. auch Sāmavidhāna-Brāhmaṇa 3.8.1 (*atha yaḥ kāmayeta: punar na pratyājayeyam iti*, . . . ; zur *praty-ā-jan* vgl. Anm. 112).

[47] Cp. FUJII 1990: 55 Anm. 25, wo die Lesung *bahuśoko lokaḥ* statt *bahuśo lokaḥ* vorgeschlagen wird.

[48] Mādhyandina-Zählung. So auch im folgenden. – Die Textgeschichte von BĀU 4.3 und 4.4 ist m. E. durch die neueren Versuche, soweit sie mir bekannt sind (HANEFELD 1976: 20 ff.; STUHRMANN 1982: 231 ff.), zwar wesentlich gefördert, aber noch nicht erschöpfend geklärt. Eine detaillierte Begründung und einen Gegenvorschlag muß ich leider vorerst schuldig bleiben. Mein bisheriger Eindruck (den ich nicht zuletzt Anregungen meines Lehrers P. HACKER verdanke) ist, daß der Text aus relativ kleinen, häufig inhomogenen Einheiten zusammengestellt ist (und zwar offenbar in mehreren Kompositions- bzw. Kompilationsschüben). Trifft dies zu, so ist bei den einzelnen Texteinheiten mit verschiedenen Interpretationsebenen zu rechnen; insbesondere muß ihre ursprüngliche Bedeutung außerhalb des Kompositionskontextes (falls sie sekundär in diesen eingefügt worden sind) nicht mit der, die ihnen (u. U. mittels textlicher Veränderungen) bei oder ggf. auch nach der Einfügung in den Kompositionskontext beigelegt wird, identisch sein. Aus diesem Grunde halte ich es für angebracht (wie es im Prinzip, aber m. E. noch nicht konsequent genug, auch HANEFELD tut), die einzelnen Textaussagen immer zunächst einmal für sich zu nehmen und sie nicht vorschnell im Lichte ihres Kontextes oder anderer Aussagen des Textes zu harmonisieren.

daß der "Mensch" (*puruṣa*) – hier der "innere" Mensch, die Geistseele[49] – beim Tode den alten Körper verläßt[50] und sich eine neue, schönere[51] Gestalt verfertigt, die eines Manen oder Gandharva, die des Gottes Brahmā oder die Prajāpatis, eine himmlische *oder* eine *menschliche*, oder eine von anderen Wesen. Woran bei den "anderen Wesen" gedacht ist, bleibt unklar. Interessant ist, daß in der Kāṇva-Rezension die *menschliche* Gestalt fehlt – vielleicht weil sie dem Redaktor, ähnlich wie Śāṭyāyani im JUB – im Kontext schönerer, also wünschenwerter Gestalten nicht passend erschien.[52]

Die Formulierungen des Textes weisen deutliche Parallelen zu denen der Traumtheorien des gleichen Textes[53] auf,[54] so daß man den Eindruck gewinnen kann, das Schicksal nach dem Tode sei hier in Analogie zu der (im Vergleich zum Wachzustand gesteigerten) Freiheit der Geistseele im Traum

---

[49] Vgl. aber auch Anm. 5.

[50] Vgl. auch BĀU 4.4.3.

[51] Diese Qualifikation findet sich in M allerdings nur im Vergleich. Im Nachsatz steht sie nur in K. Ich gehe davon aus, daß dies der ursprünglichen Intention des Textes entspricht, daß also *kalyāṇatara* ursprünglich auch im Nachsatz gestanden hat oder doch zumindest impliziert war. Falls sein Fehlen im überlieferten Text von M als bedeutungsvoll zu werten ist, dürfte es mit einer grundsätzlich negativen Bewertung einer Wiederverkörperung als Mensch im Sinne Śāṭyāyanis zusammenhängen. Diese kann aber, da die so bewertete menschliche Wiederverkörperung nicht zum Vergleich paßt, nur nachträglich vorgenommen worden sein.

[52] Vgl. Anm. 51. Anders SCHRADER 1910: 335, der M für "ohne Zweifel später" und die Nennung der Menschen für einen Zusatz unter dem Einfluß der Seelenwanderungslehre hält. Der Vergleich mit JUB 3.28 spricht aber eher gegen eine solche Auffassung. Daß hier eher M als K ursprünglich ist, wird m. E. auch durch die Reihenfolge der Wiederverkörperungen gestützt: in K liegt, wie HANEFELD (1976: 57) richtig feststellt, eine Klimax vor; in M hingegen haben wir es mit drei Begriffspaaren zu tun, die in der vorfindlichen Folge jedenfalls keiner klaren Linie folgen und wohl eher nur locker das Spektrum der Möglichkeiten andeuten sollen. Es ist doch viel leichter denkbar, daß K diese lockere Folge sekundär zu einer Klimax umgestaltet hat, als daß M diese Klimax ohne ersichtlichen Grund aufgebrochen haben sollte. Dies umso mehr, als das letzte Glied ("oder von anderen Wesen") sich als Abschluß der lockeren Folge in M (zwecks Einschluß beliebiger nicht genannter anderer Möglichkeiten) organisch einfügt, für die Klimax in K hingegen einen Fremdkörper, der sich nicht integrieren ließ, bildet. – Ich halte an der vorliegenden Stelle somit wie STUHRMANN (1982: 253 f.) M für ursprünglicher als K, ohne aber deshalb STUHRMANNS (ibid.: 236; 251 ff.; 260) Auffassung zu teilen, daß M *immer* das Ursprüngliche biete. Es ist vielmehr jeder Fall einzeln abzuwägen. Für Fälle einer Priorität von K vgl. DIETER MAUE, *Bṛhadāraṇyakopaniṣad I*: Versuch einer kritischen Ausgabe nach akzentuierten Handschriften der Kāṇva-Rezension mit einer Einleitung und Anmerkungen, Diss. Gießen 1976: 102 f., Anm. 86 u. 87.

[53] Bes. BĀU 4.3.12-14.

[54] STUHRMANN 1982: 269 ff.; vgl. auch H. W. A. BLEZER, Prāṇa. Aspects of Theory and Evidence for Practice in Late-Brāhmaṇical and Early-Upaniṣadic Thought. In: A. W. VAN DEN HOEK et al. (eds.), *Ritual, State and History in South Asia* (Essays in Honour of J. C. Heesterman), Leiden 1992: 28 f.

ausgestaltet worden. Ob auf diesem Hintergrund auch eine – absichtliche – Wiederverkörperung als *Tier* denkbar ist, muß angesichts der Vagheit des Ausdruckes "oder von anderen Wesen" offenbleiben; es liegt wohl näher, an andere übermenschliche Wesen zu denken.[55]

Bemerkenswert ist, daß der Kontext eher (d. h. abgesehen von 4.3.43-44) den Eindruck erweckt, er handle vom Tode des Menschen *allgemein*, nicht bloß dem des Wissenden. Es würde dann sozusagen die Freisetzung des "inneren Menschen" vom Leibe ausreichen, um ihm eine Wiederverkörperung nach Wunsch zu ermöglichen.

Auch andere Stellen des weiteren Kontextes, etwa BĀU 4.3.8, legen die Vorstellung nahe, daß mit dem Tode und der damit gegebenen Befreiung vom Leibe *automatisch* eine Befreiung vom Übel verbunden sei (ohne daß klar wäre, warum er – bei der Geburt – mit dem Leib = Übel verbunden wurde und ob beziehungsweise wieso das nicht wieder passieren kann). Vergleiche in diesem Zusammenhang auch BĀU 5.10.1, wo der Aufstieg des Verstorbenen durch den Wind, die Sonne und den Mond hindurch in den höchsten Himmel beschrieben wird, ohne daß von irgendwelchen Bedingungen dafür oder speziell vom Wissenden die Rede wäre; es heißt einfach "der Mensch" (*puruṣa*).[56]

Bei den im vorigen behandelten Textstellen wird nicht deutlich, zu welchem *Zeitpunkt* der Wunsch, der den Jenseitsaufenthalt oder die Wiederverkörperung bestimmt, formuliert wird. Im Falle der JUB-Stelle hat man den Eindruck, daß der Verstorbene auch nach dem Tode nach Belieben seinen Aufenthalt wechseln kann. An anderen Stellen ist es hingegen der Wunsch oder Wille des Menschen *vor* dem Tode, der sein Jenseitsschicksal prägt. So etwa in der **Śāṇḍilyavidyā**[57], wo *kratu* – der (offenbar geradezu meditativ zu kultivierende) Wille

---

[55] SCHRADER (1910: 334) hält für wahrscheinlicher, daß es sich um "untermenschliche" Lebewesen handelt, und möchte in dem Ausdruck eine Anspielung auf die "dritte Möglichkeit" von ChU 5.10.8 (s. S. 61, 64), also Wiederverkörperung als Schmetterlinge usw., sehen. Er gibt aber selbst zu, daß dies voraussetzt, daß "der Autor momentan vergißt, daß er eigentlich nur" von schöneren Gestalten spricht, was ich nicht für sehr wahrscheinlich halte. Es dürfte sich eher um eine summarische Erwähnung weiterer, nicht eigens aufgeführter *wünschenswerter* Wiederverkörperungen (also wohl himmlische Wesen, allenfalls machtvolle Tiere) handeln (vgl. Anm. 51).

[56] Natürlich ist es denkbar, daß bestimmte Bedingungen *vorausgesetzt* oder der Wissende *gemeint* ist. Aber dies als *gewiß* zu unterstellen ist methodisch kaum zulässig. Es steht nicht im Text, und deshalb sollte man sich fürs erste beide Deutungsmöglichkeiten offenhalten.

[57] ChU 3.14; ŚB 10.6.3.

oder Entschluß, so zu werden[58] – der Faktor ist, der bestimmt, zu was man nach dem Tode wird; oder **BĀU 4.4.7**[59], wo der Wunsch oder das Begehren (*kāma*) – doch wohl zu Lebzeiten bzw. im Augenblick des Sterbens[60] – diese Funktion erfüllt. Auch diese beiden Stellen handeln nur vom Jenseitsschicksal des *Menschen*.

Das gleiche gilt wohl auch für die **BĀU 4.4.6**[61] vertretene Auffassung, daß das Schicksal nach dem Tode auf den guten und schlechten Werken (*karman*) beruhe.[62] Die Stelle greift auf **BĀU 3.2.14**[63] zurück, wo diese Auffassung im Anschluß an die Frage nach dem Schicksal des *Menschen* nach dem Tode als *Geheimlehre* verkündet wird. Letzteres dürfte signalisieren, daß es sich um etwas für die brahmanische Tradition wesentlich *Neues* handelt,[64] das "Werk" also kaum rein ritualistisch zu interpretieren ist.[65] Es ist ins-

---

58 Cp. ŚB 4.1.4.1: *sa yad eva manasā kāmayata idaṃ me syād, idaṃ kurvīyeti, sa eva kratuḥ*. Vgl. auch HACKER 1985: 82 f.

59 *atho khalv āhuḥ: kāmamaya evāyaṃ puruṣa iti*.

60 Vgl. EDGERTON 1927: 219 ff., bes. 223 f.

61 *yathākārī yathācārī tathā bhavati: sādhukārī sādhur bhavati, pāpakārī pāpo bhavati. puṇyaḥ puṇyena karmaṇā bhavati, pāpaḥ pāpeneti.* – Ich halte es für extrem unwahrscheinlich, daß hier (mit DEUSSEN 1907: 297) die angeborene Verschiedenheit der Charaktere als Folge vorhergegangenen Tuns erklärt werden soll. Im Zusammenhang mit dem, wozu man durch sein gutes/günstiges/reines bzw. schlechtes Tun wird, müssen *sādhu*, *puṇya* und *pāpa* angenehm/glücklich/angesehen bzw. elend/unglücklich/verachtet bedeuten; zu *sādhu* vgl. ChU 2.1.3 (ICKLER 1973: 37); viell. auch ChU 3.19.4; zu *puṇya* vgl. J. FILLIOZAT, Sur le domaine sémantique de *puṇya*. In: *Indianisme et bouddhisme – mélanges offerts à Mgr. Étienne Lamotte*, Louvain-la-neuve 1980: 101 f.; KRICK 1982: 513; zu *pāpa* PW s.v.

62 Diese Lehre paßt natürlich allenfalls in ihrem positiven Aspekt zum Strang der *kāmacāra*-Eschatologie. Sie taucht aber BĀU 4.4 im Kontext von Vorstellungen auf, die diesem Strang angehören bzw. nahestehen (sich allerdings gegen Ende des Textstückes dem Strang der automatischen Rückkehr in diese Welt anzunähern scheinen: s. S. 58 f.).

63 *atha ha yat praśaśaṃsatuḥ, karma haiva tat praśaśaṃsatuḥ: puṇyo vai puṇyena karmaṇā bhavati, pāpaḥ pāpeneti.* Der BĀU 4.4.6 (s. Anm. 61) wörtlich wiederkehrende Schlüsselsatz *puṇyaḥ puṇyena* ... ist dort offenbar geradezu Zitat (... *iti* kann dort kaum eine andere Funktion haben, im Gegensatz zu BĀU 3.2.14, wo es von *praśaśaṃsatuḥ* abhängt). *puṇyāḥ puṇyena karmaṇā* schon ŚB 13.5.4.3.

64 Vgl. auch HACKER 1985: 78. Anders MORTON SMITH 1965-66: 291, der an geheime Riten denkt (vgl. auch Anm. 66). Sein Argument, für eine Geheimhaltung einer moralischen Lehre hätte es keinen Grund gegeben, erscheint mir insofern nicht zwingend, als die konsequent ethisierte Karma-Lehre die Wirksamkeit bzw. Erforderlichkeit des Rituals in Frage stellt und es somit sehr wohl einen Grund gab, sie in Gegenwart von Repräsentanten des Ritualismus nicht lautstark zu vertreten, umso mehr, wenn sie in außerbrahmanischen Kreisen entstanden sein sollte.

65 Vgl. auch BODEWITZ 1992: 230 f. In Anbetracht der Tatsache, daß an der in Anm. 63 genannten ŚB-Stelle das *puṇya* ein Ritual (*aśvamedha*) ist, das *pāpa* hingegen offenbar die Übertretung einer ethischen Norm (oder eines Tabus?) – ŚB 13.5.4.1 erwähnt *brahma-*

besondere das *schlechte* Werk, das über diesen Rahmen hinausweist.[66] Da der Text keine Präzisierung liefert, muß aber offenbleiben, ob bzw. inwieweit es sich um *ethisch* Schlechtes oder eher um Tabuübertretungen handelt. Offenbleiben muß auch die Frage, ob es sich um eine rein innervedische (genauer: dem brahmanischen Ritualismus zu verdankende) Neuentwicklung handelt oder nicht vielmehr Einfluß aus anderen Kreisen eine Rolle gespielt hat;[67] desgleichen die Frage, ob das gute oder schlechte Jenseitsschicksal überhaupt im Rahmen einer *Wiedergeburts*lehre zu verstehen ist,[68] ganz zu schweigen von der Möglichkeit einer Wiedergeburt als *Tier* oder Pflanze: der Text gibt keinerlei konkrete Auskunft, ebensowenig die ihn aufgreifende Stelle BĀU 4.4.6.

BĀU 4.4.7[69] versucht offenbar, die bereits erwähnte Auffassung, der Wunsch bestimme das Jenseitsschicksal des Menschen, mit der Karma-Lehre in Einklang zu bringen:[70] der Wunsch, so heißt es, bestimme den Entschluß (*kratu*)[71], dieser das Werk (*karman*), das seinerseits das Schicksal nach dem Tode gestaltet. Wenn man diese Entsprechungen im strengen Sinne versteht, geht es auch in diesem Textstück, ganz im Sinne der vedischen Tradition, um *erwünschte* Formen der Fortexistenz nach dem Tode. Das Werk (*karman*) wäre

---

hatyā –, erscheint es mir aber problematisch, *puṇya* und *pāpa*, wenn sie in Opposition erscheinen, automatisch *rein* ethisch zu deuten.

[66] Vgl. meine Besprechung von H. W. TULL, *The Vedic Origins of Karma*, New York 1989 (demnächst im *IIJ*). Anders MORTON SMITH 1965-66: 291, der *pāpam karma* als "evil rite", durch den schlechte Wiedergeburt eines Feindes bewirkt wird, verstehen möchte.

[67] Vgl. die in Anm. 66 erwähnte Besprechung.

[68] Vgl. SCHRADER 1910: 333.

[69] *atho khalv* . . . [s. Anm. 59] *iti. sa yathākāmo bhavati, tathākratur* (K: *tatkratur*) *bhavati; yathākratur* (K: *yat°*) *bhavati, tat karma kurute; yat karma kurute, tad abhisampadyata iti.*

[70] Wohl mit FRAUWALLNER (1926: 39 f.) und gegen HANEFELD (1976: 54) und STUHRMANN (1982: 230 und Anm. 31; vgl. auch Anm. 19) verstehe ich hier – ebenso wie BĀU 4.3.16 – *atho khalu* nicht als Einleitung der eigenen Lehrmeinung, sondern ganz im Gegenteil als Einleitung einer *anderen* Meinung, von welcher der Kompilator anschließend zeigt, daß sie der von ihm zuvor ausgesprochenen Lehre nicht widerspricht, sondern sie vielmehr impliziert. Zu diesem Gebrauch B. DELBRÜCK, *Altindische Syntax*, Nachdr. Darmstadt 1968: 493 ("häufig in einwendendem Sinne . . . dann folgt die Auflösung der Schwierigkeit"); A. A. MACDONELL, *A Vedic Grammar for Students*, Oxford ⁴1955: 227 ("to introduce an objection"). J. S. KLEIN, *Toward a Discourse Grammar of the Rigveda*, II, Heidelberg 1985: 82 ff., bezeugt für ṚV nur *atho* im Sinne von "und (auch)", was für das vorliegende Problem nicht weiterhilft.

[71] Siehe Anm. 58.

dann hier eben deshalb *verdienstvolles* Werk, möglicherweise im Sinne der brahmanischen Tradition vor allem *rituelles* Werk. Damit wäre auch für dieses Textstück *Anthropozentrik* gegeben, nicht aber eine notwendige Verbindung mit Wiedergeburt in dieser Welt.

Diese wird vielmehr erst in den drei anschließend (**BĀU 4.4.8**) zitierten *Verszeilen* explizit gemacht. Dort heißt es zunächst, daß man – nach dem Tode – zusammen mit seinem Karma dorthin geht, woran das Denken hängt.[72] Das entspricht ganz der vorangehenden Prosa: *erwünschte* Fortexistenz nach dem Tode aufgrund von entsprechendem, möglicherweise rituellem Karma. Danach wird jedoch (übrigens in einem anderen Versmaß) zusätzlich festgestellt, daß man nach Aufzehrung des hier vollbrachten Karma aus jener Welt in *diese* Welt *zurückkehrt*, um hier neues Karma zu vollbringen.[73] Für sich genommen ließe sich dieser zweite Vers durchaus im Sinne der späteren, ethisierten Wiedergeburtslehre interpretieren: das Karma könnte gut *oder schlecht*, die jenseitige Existenz angenehm *oder unangenehm* sein. Im Lichte der vorhergehenden Verszeile hingegen liegt eine Deutung im Sinne eines *angenehmen* Jenseitsaufenthaltes aufgrund von *günstigem*, möglicherweise rituellem Karma nahe.

Auf jeden Fall aber scheint auch dieser Vers nur am Schicksal des *Menschen* interessiert zu sein und lehrt, wie die von WITZEL und IKARI postulierte und von HODSON für indische Stämme belegte ältere Wiedergeburtslehre, ein *Alternieren* von Existenz im Diesseits und Existenz im Jenseits. Dabei muß zumindest ein erfreulicher Aufenthalt im *Jenseits* durch entsprechende Werke *verdient* werden, während die Rückkehr ins *Diesseits* offenbar *automatisch* erfolgt. Von einer Rückkehr in die eigene Familie ist allerdings keine Rede. Es wird auch nicht gesagt, daß die Rückkehr in diese Welt erwünscht sei; allerdings spricht, solange man den Vers für sich nimmt, auch nichts dagegen, daß sie zumindest als selbstverständlich akzeptiert wird.

---

[72] BĀU 4.4.8: *tad eva sat tat* (K: *saktaḥ*) *saha karmaṇaiti liṅgaṃ mano yatra niṣaktam asya*. Die Schwierigkeiten der Stelle (*sat tat* / *saktaḥ* und Bed. von *liṅga*) müssen hier außer Betracht bleiben. – Charakteristisch für *manas* ist die Funktion des *saṃkalpa* (z. B. Kauṣītaki-Brāhmaṇa [ed. S. SARMA, Wiesbaden 1968] II.5.26), der eine imaginative und eine voluntative Komponente enthält (vgl. hierzu auch den Beitrag von E. G. CARPANI, Il termine saṃkalpa. In: S. M. KATRE and P. K. GODE (eds.), *A Volume of Eastern and Indian Studies, Pres. to Prof. F. W. Thomas*, Bombay 1939: 36-42, dem ich allerdings nicht in allem folgen kann; den Hinweis auf diesen Aufsatz verdanke ich Herrn Kollegen Th. Oberlies).

[73] BĀU 4.4.8: *prāpyāntaṃ karmaṇas tasya yat kiṃ ceha karoty ayam* | *tasmāl lokāt punar aity asmai lokāya karmaṇe*.

Betrachtet man den Vers hingegen im Lichte des nachfolgenden Kontextes, so ändert sich das Bild; denn dieser legt in der Tat eine letztlich negative Bewertung oder doch jedenfalls Relativierung der Rückkehr in diese Welt ebenso wie des befristeten Aufenthaltes in einer höheren Welt nahe. Im nachfolgenden Textstück[74] wird nämlich dem, der [bestimmte] Wünsche hat (und dementsprechend *bestimmte* Existenzformen nach dem Tode anstrebt), derjenige gegenübergestellt, der keine Wünsche mehr hat und nach dem Tode ins *brahman* eingeht, also einen endgültigen Erlösungs- oder Vollkommenheitszustand erreicht.

Eine solche Alternative paßt aber logisch nicht zu der Eschatologie des "Wanderns nach Wunsch" (*kāmacāra*), von der ich ausgegangen war. Sie paßt eher zu einer Vorstellung, welche die Endlichkeit der Verdienste und der dadurch erworbenen Himmelsaufenthalte als unabwendbar und die Rückkehr in diese Welt als bedrohlich empfindet. Zwar läßt sich der zuletzt behandelte Vers auch im Sinne einer solchen Vorstellung interpretieren; sie kommt jedoch viel deutlicher zum Ausdruck in einem anderen Komplex von Textstellen, denen ich mich nun zuwenden will und die offenbar einen anderen Strang repräsentieren – einen Strang, für den das Ziel nicht in einer freien, selbstbestimmten Bewegung in den Räumen besteht, sondern im endgültigen Eingehen in die höchste Himmelswelt oder Seinsebene, während befristete Jenseitsaufenthalte als grundsätzlich mit "Wiedertod" beziehungsweise zwangsweiser Rückkehr ins Diesseits verbunden und letztlich unbefriedigend gedacht werden.

Nach den verhältnismäßig alten Versionen im **Jaiminīya-Brāhmaṇa**[75] gelangt der Tote mit dem Rauch des Leichenfeuers vor die Sonne bzw. deren Torhüter, die Jahreszeiten. Diese fungieren als Jenseitswächter und fragen den Toten, wer er sei.[76] Antwortet er richtig, d. h. durch Angabe des himmlischen Ursprungs seines Wesens bzw. seiner Identität mit der Sonne, wird er in die unvergängliche Lichtwelt der Sonne eingelassen. Antwortet er aber falsch, wird er von den Jahreszeiten in den Bereich der Vergänglichkeit zurückgestoßen.

---

[74] BĀU 4.4.8: *iti nu kāmayamānaḥ. athākāmayamāno: yo 'kāmo niṣkāma ātmakāma āptakāmo bhavati . . . ; brahmaiva san brahmāpyeti.* Vgl. ŚB 10.5.4.15-16.

[75] JB 1.17-18 und 46 + 49/50; vgl. auch JUB 3.14.1-6 (u. 3.20 ff.? Cp. Anm. 41). Cp. BODEWITZ 1973: 52 ff.; 110 ff.; 245 ff.; MURAKAMI 1979: 36 ff.; FUJII 1990: 43 ff.

[76] Zur Vorstellung des Jenseitswächters in indischen Stammesreligionen s. v. FÜRER-HAIMENDORF 1953: 45 f.

Nach der Darstellung der **Kauṣītaki-Upaniṣad**[77] ist der *Mond* der Jenseitswächter,[78] zu dem die Verstorbenen gelangen und der nur den in die Himmelswelt – letztlich in die Brahman-Welt[79] – durchläßt, der die Frage nach seiner wahren Herkunft und seinem wahren Wesen richtig zu beantworten weiß, die übrigen hingegen mit dem Regen zur Erde zurückschickt.

Auch nach **Jaiminīya-Upaniṣad-Brāhmaṇa** 4.14[80] gelangt – ohne daß ein Jenseitswächter aufträte – nur der Wissende in die Himmelswelt (*svargo lokaḥ*), während der unwissende Tote als Atem in den Wind eingeht, vom Wind in die Wolken, von dort in den Regen und mit diesem zurück auf die Erde.

In der berühmten Zwei-Wege-Lehre in **Chāndogya-Upaniṣad 5** und **Bṛhad-Āraṇyaka-Upaniṣad 6.2**[81] schließlich hat der Jenseitswächter definitiv keinen Platz mehr, da diese Lehre die Wissenden und die Unwissenden nach dem Tode von Anfang an getrennte Wege – den "Götter-" und den "Väterweg" – gehen läßt. Wissen (nach ChU auch Askese *(tapas)*)[82] in *diesem* Leben bewirkt, daß der Tote mit der *Flamme* des Leichenfeuers durch die lichthaften Zeiteinheiten und Räume über die Sonne[83] und den Blitz in die Brahman-Welt gelangt, von wo er nicht mehr wiederkehrt. Die traditionelle Praxis des Rituals hingegen (und nach der BĀU auch Askese *(tapas)*)[84] führt durch den *Rauch*, die dunklen Zeiteinheiten und die Väterwelt[85] zum *Mond*,

---

77 KauṣU 1.1 ff., bes. 1.2.

78 Vgl. ŚB 11.1.1.1 u. FRAUWALLNER 1953: 51 u. 457 Anm. 9 (Neumond als Tor, Vollmond als Sperre).

79 Detaillierte Analyse des betreffenden Textteiles: THIEME 1951-52: 19 ff.

80 JUB 4.14.3-4. Ich lese <*an*>*evaṃvid*; cp. H. OERTEL, The Jaiminīya or Talavakāra Brāhmaṇa. *JAOS* 16/1894: 243; BODEWITZ 1973: 253 Anm. 22; KLAUS 1986: 108.

81 ChU 5.9-10 (vgl. auch 4.15.5); BĀU 6.2.16-19 [K: 13-16]. Literaturhinweise bei SPROCKHOFF 1981: 47 ff. (bes. Anm. 66 u. Anm. 86); vgl. auch MURAKAMI 1980: 2 ff. (Hinweise auf weitere jap. Übers.: p. 12 Anm. 6 u. 7); IKARI 1988: 282 f. u. 287 ff. (Literaturhinweise: p. 302 Anm. 6); zum Verhältnis der beiden Versionen auch KLAUS 1986: 108 ff.

82 Zu *tapas* als Mittel zur Erlangung der Himmelswelt vgl. ṚV 10.154.2. – Zum Begriff *tapas* in der vedischen Literatur s. RÜPING 1977: bes. 84 ff. – Die BĀU-Version ersetzt *tapas* durch *satya* ("Wahrheit").

83 Die ChU-Version nennt, zwischen Sonne und Blitz, auch auf diesem Weg den Mond; zur Erklärung s. KLAUS 1986: 109; beachte aber auch die Tatsache, daß auch KauṣU 1.2 der Mond Station *aller* Verstorbenen ist.

84 Skepsis gegenüber *tapas* als Mittel zum höchsten Heil bzw. zur höchsten Erkenntnis deuten auch andere BĀU-Stellen an (RÜPING 1977: 87). Vgl. auch Y. ŌTOMO, A Note on the Doctrine of pañcāgnividyā and deva-/pitṛ-yāna: on ChU 5,10,1; BĀU 6,2,15 (auf Jap.). *Hokkaido Journal of Indological and Buddhist Studies* 4 (1989): 86-97, bes. 92 f. (den Hinweis verdanke ich Herrn Kollegen Th. Oberlies).

85 Vgl. auch BĀU 1.5.16: . . . *karmaṇā pitṛlokaḥ* | *vidyayā devalokaḥ* | .

von wo der Verstorbene nach Aufzehrung seines Verdienstes mit dem Regen auf die Erde zurückkehrt. Neben diesen beiden Wegen gibt es aber noch eine dritte Möglichkeit, und zwar für diejenigen, die weder auf dem einen noch auf dem anderen der beiden genannten Wege ins Jenseits zu gelangen imstande sind. Sie werden zu Kleingetier: Würmern (Maden/Käfern), Schmetterlingen/Motten,[86] bissigen (/stechenden) [Insekten usw.] (*yad idaṃ danda-śūkam*[87]).[88]

Diese Vorstellung von zwei (bzw. drei) Wegen, auf die sich die Verstorbenen je nach ihrer Qualifikation verteilen, findet sich auch in späteren Quellen in mehr oder weniger modifizierter Form: z. B. **Praśna-Up.** 1.9-10 (zwei Wege); 5.3-5 (drei Wege; cp. 3.7: ethisiert!); **Muṇḍaka-Up.** 1.2.10-11 (zwei Wege); **Maitrāyaṇīya-Up.** 6.30 (drei Wege); **MBh** 12.17.14; 13.16.45 (zwei Wege); 3.2.67 ff.; 12.19.13 ff. (drei Wege); **Bhagavadgītā** 8.23-28 (zwei Wege).

Stellen wir nun zunächst die Frage, *wer* jeweils diese Wege betritt. Im **JB** ist es eindeutig der *Mensch*, und zwar der, der zu Lebzeiten geopfert hat[89] und dessen Leiche nach dem *vedischen Totenritual* verbrannt worden ist. Das gleiche gilt im Prinzip auch für **ChU 5** und **BĀU 6.2**,[90] nur daß sich hier, wie gesagt, die Wege für den (Nur-)Ritualisten und den Wissenden schon zu Anfang teilen. Lediglich die in diesen beiden Texten erwähnte "dritte Möglichkeit" käme theoretisch auch für nichtmenschliche Lebewesen in Betracht. Dies ist aber allenfalls im Wortlaut von **ChU 5.10.8**, wo das Kleingetier als "mehrfach wiederkehrend" charakterisiert wird, impliziert, doch liegt auch hier der Ton wohl eher auf der Kurzlebigkeit dieser Wesen, und sie sind, jedenfalls primär, als mögliche Wiedergeburtsform von M e n s c h e n thematisch,[91] etwa solcher, die außerhalb der arischen Religionsgemeinschaft standen bzw. beim Tode nicht des Ritus der Feuerbestattung teilhaftig geworden waren.[92] Auch **JUB 4.14**, wo es nur heißt: "Wer stirbt, ohne dies so zu wissen . . . ", enthält zumindest keinen Anhaltspunkt dafür, daß hier auch die Tiere (oder gar Pflanzen) eingeschlossen sind, ebensowenig allerdings auch eine Einschränkung auf Feuerbestattete. Gleiches gilt auch für **KauṣU 1.2**, wo

86 Falls nicht allgemeiner an fliegende Insekten gedacht ist.

87 Zur Wortbildung s. WACKERNAGEL/DEBRUNNER, *Altindische Grammatik* II, 2: 498. – Vgl. die *daṃśa* und *maśaka* von ChU 6.9.3.

88 ChU 5.10.8; BĀU 6.2.19 (Ende).

89 JB 1.17 (= p. 9,3 ff.).

90 Vgl. auch SPROCKHOFF 1981: 62. – Auch in den oben angeführten, an die Zwei-Wege-Lehre von ChU und BĀU anknüpfenden Textstücken (Praśna-Up. 1.9-10 etc.) geht es nur, oder doch primär, um das Jenseitsschicksal der (bzw. von) M e n s c h e n .

91 Das gleiche gilt im Prinzip auch noch für MBh 3.2.67 ff., wo aber im übrigen die "klassische" Wiedergeburtslehre zugrundeliegt.

92 Vgl. MORTON SMITH 1965-66: 289 oben.

festgestellt wird, daß "*alle*, die von hier abscheiden, zum Mond gehen", und daß der Mond in der ersten Monatshälfte durch ihre Lebenshauche (*prāṇa*) anschwillt. Daß aber dennoch auch die Tiere eingeschlossen sein könnten, wird durch KauṣU 2.8 nahegelegt, wo der Mond gebeten wird, nicht durch den eigenen Lebenshauch und auch nicht durch die [Lebenshauche der] eigenen Nachkommen und *Nutztiere* (*paśu*) anzuschwellen[93] (sondern durch die der Feinde und ihrer Nachkommenschaft und Nutztiere).[94]

Explizitere Antworten geben die Texte, wenn wir die Frage stellen, *in welche Existenzformen* die einzelnen Wege den Verstorbenen führen. Dabei interessiert in unserem Zusammenhang – Tiere und Pflanzen – nicht so sehr der Weg der Wissenden; denn die gelangen ja, wie gesagt, in die Lichtwelt der Sonne oder in den Bereich des Brahman, von wo sie nicht wiederkehren. Relevant ist vielmehr das Schicksal derjenigen, die in diese Welt zurückkehren müssen, sowie die "dritte Möglichkeit".

Im **JB** heißt es nur, daß der Verstorbene, der die Frage des Jenseitswächters nicht beantworten kann, *in Richtung auf* diese Welt herabsteigt und in dem Bereich haltmacht, den er sich durch seine [Opfer-]Spenden ersiegt hat. Dort, so heißt es weiter, fällt er zu guterletzt dem "Wiedertod" zum Opfer. Aber von einer Wiedergeburt *auf* der Erde sagt der Text nichts.[95]

JUB 4.14 stellt zwar fest, daß der Unwissende mit dem Regen in diese Welt zurückkehre ("mit dem Regen verteilt er sich auf [?] diese Welt"), gibt aber keine Auskunft darüber, was dies genau impliziert.

Es finden sich aber in den Brāhmaṇas mehrfach Stellen, die (mehr oder weniger vollständig) eine Kette Regen → Pflanzen → Nahrung → Sperma → Nachkommenschaft[96] (beziehungsweise Mensch[97], gelegentlich auch Vieh[98])

---

[93] Vgl. auch Taittirīya-Āraṇyaka 1.14.1-2: *asau ya āpūryati, sa sarveṣāṃ bhūtānāṃ prāṇair āpūryati* (BODEWITZ 1987: 308, Anm. 6).

[94] Diese Stelle stützt zusätzlich die von KauṣU 1.2 nur nahegelegte Annahme, daß es die Vorstellung gab, daß *alle* Toten automatisch (unabhängig von der 'Bestattungsweise') zum Mond gelangen. Es ist denkbar, daß diese Vorstellung älter ist als die von ChU 5.10 und BĀU 6.2, und daß erst sekundär in diesen Texten analog zum Zugang zur Sonne auch der Zugang zum Mond vom vedischen Ritual, insbesondere der Feuerbestattung, abhängig gemacht wurde.

[95] Siehe auch BODEWITZ 1973: 248 f.

[96] Kauṣītaki-Brāhmaṇa (ed. S. SARMA, Wiesbaden 1968) II.5.4-13. Weiter zurückgeführt: Aitareya-Āraṇyaka 2.1.3.; ŚB 11.6.2.6-10 (vgl. auch Manu 3.76).

[97] Taittirīya-Upaniṣad 2.1; cp. BĀU 6.4.1.

[98] ŚB 3.7.4.4.

anführen.[99] Gelegentlich wird überdies der Mond als Ursprung des Regens bzw. des Sperma bezeichnet.[100] Die Zwei-Wege-Lehre von **ChU 5.10** und **BĀU 6.2** benutzt nun diese Kette, um die Wiedergeburt der über den Mond in den Regen gelangten Verstorbenen zu konkretisieren. Insbesondere die ChU-Version stellt ausdrücklich fest, daß die Verstorbenen, nachdem sie durch Raum, Wind, Wolken und Regen auf die Erde zurückgekehrt sind, dort zunächst als "Reis und Gerste, Kräuter und Bäume, Sesam und Bohnen" zur Entstehung kommen (*jāyante*!),[101] d. h. als Pflanzen, insbesondere offenbar solche Pflanzen, die unmittelbar oder durch ihre Früchte der *Ernährung* dienen. Daraus aber sei, so der Text, schwer herauszukommen;[102] denn [nur] wenn jemand [eine solche Pflanze als] Nahrung verzehrt und überdies Sperma [in eine Frau] ergießt, wird [der betreffende, irgendwie in der Pflanze steckende Verstorbene] wiedergeboren.[103]

Folgt man der BĀU-Version – deren Formulierung an dieser Stelle allerdings deutlich von dem vorhergehenden Textstück, der Fünf-Feuer-Lehre, beeinflußt ist –, so ist hier in erster Linie an Wiedergeburt als *Mensch* gedacht. Dies wäre ganz im Sinne der von WITZEL und IKARI vorausgesetzten älteren Form der Wiedergeburtslehre, die ja ein *Alternieren* zwischen *menschlicher*

---

[99] Vgl. auch BODEWITZ 1973: 243 ff.; 1987: 310. Sie liegt, weiter zurückgeführt und eingekleidet in Opfersymbolik (oder vielleicht besser: eingebettet in ein ritualistisches Weltverständnis), auch der Pañcāgnividyā zugrunde, die in ChU 5 und BĀU 6 (und schon in JB 1.45 ff.) der Zwei-Wege-Lehre vorangeht. – Zu der von dieser Kette zu unterscheidenden (aber für das Konzept von ChU 5.10 und BĀU 6.2 natürlich ebenfalls relevanten) Vorstellung eines *Kreislaufs* des Wassers bzw. der Feuchtigkeit als Lebensträger vgl. S. 49 + Anm. 26.

[100] Zum Beispiel ŚB 11.6.2.6-10; 6.1.2.4.; JB 1.18 (Vers) u. 45 (Pañcāgnividyā).

[101] ChU 5.10.5-6.

[102] ChU 5.10.6: *ato vai durniṣprāpataram*; so mit THIEME 1966: 57 Anm. 1. H. LÜDERS (*Philologica Indica*, Göttingen 1940: 521; vgl. auch ICKLER 1973: 65; beide mit Angabe früherer Änderungsvorschläge) liest *durniṣprapattaram*. Man erwartet aber wegen der unpersönlichen Konstruktion eher ein gerundiv-artiges Adjektiv nach dem Muster von *duṣkara*; überdies ist eine Verbalpräfixbildung *nis + pra* anderweitig nicht nachzuweisen, so daß **niṣ-pra-pad* überhaupt unwahrscheinlich ist. °*niṣ-prāpa-* hingegen könnte gebildet worden sein, wenn *prāp* wegen seiner Häufigkeit (im Vergleich zu unpräfigiertem *āp*) nicht mehr als Zusammensetzung von *pra + āp* sondern als Wurzel empfunden wurde. [Mündl. Mitteilung von Herrn Professor Thieme]. In meiner Auffassung von *ato* als auf das Wiederentstandensein als Pflanze bzw. den Aufenthalt darin bezogen folge ich HALBFASS 1980: 299. Es muß ja in der Tat als ein eher unwahrscheinlicher Zufall erscheinen, daß der in Frage kommende Pflanzenteil tatsächlich von einem Mann verzehrt wird. Der Text sagt aber nicht, was passiert, wenn dies nicht geschieht (etwa bei Nichtverzehr oder bei Verzehr durch eine Frau). Ist dann die Wiederverkörperung endgültig mißlungen oder besteht eine Möglichkeit erneuter Rückkehr in eine Nahrungspflanze? Zum Problem der Möglichkeit des Verzehrs durch ein Tier s. weiter unten (S. 64 f.).

[103] Meine Auffassung dieses Satzes folgt im wesentlichen THIEME 1966: 57 (6b).

Existenz und Aufenthalt im Himmel bzw. Jenseits beinhaltet. Nur daß an der vorliegenden BĀU-Stelle die Rückkehr in menschliche Existenz, im Gegensatz zum Aufstieg in die Brahman-Welt, kaum noch erwünscht sein dürfte und auch keine Rede mehr davon ist, daß sie in die eigene Familie zurückführt; es scheint eher dem Zufall überlassen, in welche Familie man gerät.

Von der Sache her wäre es sogar denkbar, daß die Pflanze, in der der zurückgekehrte Verstorbene steckt, von einem männlichen *Tier* verzehrt und er, zu *dessen* Sperma geworden und in ein weibliches *Tier* ergossen, als *Tier* wiedergeboren wird. Die BĀU-Version scheint eine solche Möglichkeit aber nicht in Betracht gezogen zu haben. Sie kennt Wiedergeburt als Tier nur im Rahmen der "*dritten* Möglichkeit", also wohl des Schicksals derer, die des arischen Totenrituals nicht teilhaftig werden (s. S. 61). Sie werden nach ChU[104] zu Kleinstlebewesen (*kṣudrāṇi bhūtāni*), nach BĀU zu Würmern, Schmetterlingen und stechenden Insekten, wobei in ChU diese Kleinstlebewesen ausdrücklich als [dem Gesetz] "werde und stirb" [unterworfen] (d. h. kurzlebig?) und "mehrmals [als solche?] wiederkehrend"[105] bezeichnet werden. Diese Vorstellung erinnert an die in und außerhalb Indiens in Stammesreligionen belegte Auffassung, daß Verstorbene die Gestalt von Schmetterlingen, Raupen oder Insekten annehmen bzw. als solche wiedergeboren werden,[106] und sie mag auch eine reale Basis in der Beobachtung haben, daß sich solche Tiere in der Leiche bilden bzw. in ihrer Nähe aufhalten. Was letztendlich aus diesen mehrfach als Kleingetier wiederkehrenden Verstorbenen wird, bleibt in unserem Text unklar.[107]

Während die BĀU-Version Wiedergeburt als Tier nur im Rahmen dieser zweifellos als abschreckend empfundenen "dritten Möglichkeit" kennt, enthält die ChU-Version einen Abschnitt, der die Möglichkeit einer Wiedergeburt als *Tier* auch für diejenigen vorsieht, die die vedischen Rituale vollzogen haben und mit dem Regen vom Mond in diese Welt zurückkehren. Nach **ChU 5.10.7** ist die Art der Wiederverkörperung nämlich nicht etwa dem Zufall überlassen,

---

[104] Siehe Anm. 88.

[105] *asakṛd-āvartīni*.

[106] Vgl. G. PRUNNER in: HÖFER et al., *Die Religionen Südostasiens*, Stuttgart 1975: 195 (Nung: Wiedergeburt als Tier, *sodann als Insekt*, schließlich Verwandlung in rote Erde); BEZACIER, ibid.: 368 (Tai: Wiedergeburt als *Raupen*, sodann Verwandlung in eine Art Moos); HODSON 1921a: 6 (Lushai: *mehrfache* Wiedergeburt als *Schmetterlinge* [hier allerdings anschließend Wiederverkörperung als Mensch]).

[107] HALBFASS (1980: 293) denkt an eine endlose Wiederholung dieses Zustandes. Die in Anm. 106 angeführten Vorstellungen lassen jedoch auch ein letztendliches Abgleiten in pflanzliche oder elementare Seinsformen (oder einfach Verschwinden) denkbar erscheinen. Es sieht aber nicht so aus, als ob unser Text sich diese Frage überhaupt gestellt hätte.

sondern hängt vom üblen oder erfreulichen früheren Wandel des Verstorbenen ab, also von seinem hier doch wohl eher ethisch qualifizierten *Karma*.[108] Diejenigen, deren Wandel erfreulich war, werden in günstiger sozialer Stellung – als Brahmanen, Krieger oder Vaiśyas[109] – wiedergeboren, diejenigen hingegen, deren Wandel übel war, als Outcasts (Caṇḍālas) oder als Hunde oder Schweine, also als *Tiere*, u. zwar offenbar solche, die als unrein gelten. Hier also offensichtlich Wiedergeburt als Tier als *Strafe*, wie im hinduistischen Dharmaśāstra oder auch im Buddhismus[110]. Man hat den Eindruck, daß dieser in der BĀU-Version fehlende Gedanke einen späteren Entwicklungsstand repräsentiert.[111] Die textgeschichtlichen Verhältnisse sind allerdings noch keineswegs mit Sicherheit geklärt.

Aus dem gleichen Grund muß auch die ideengeschichtliche Einordnung von **KauṣU 1.2** vorerst offenbleiben.[112] Nach diesem Text gelangen, wie gesagt, *alle* Verstorbenen *automatisch* zum Mond und, wenn sie dessen Frage nicht richtig beantworten können, mit dem Regen zurück auf die Erde. Auch in diesem Text können sie dort als Mensch *oder Tier* wiedergeboren werden, wobei sowohl Wurm und Motte wie auch Fisch, Vogel, Löwe, Eber, Nashorn[113] und Tiger genannt werden. Von *Pflanzen* ist *nicht* die Rede, auch nicht als Durchgangsstufe.

---

[108] Vgl. auch ChU 5.10.9.

[109] Ob dies als Hinweis auf eine Zeit, in der (wie zu der des Buddha) reiche Kaufleute eine privilegierte soziale Stellung einnehmen, verstanden werden darf?

[110] Siehe S. 71.

[111] Vgl. DEUSSEN 1907: 303; HALBFASS 1980: 299. Die ungewöhnliche Terminologie könnte ein Indiz dafür sein, daß dieser Zusatz immerhin noch in der Frühphase der Ethisierung erfolgte (vgl. MORTON SMITH 1965-66: 288).

[112] Während DEUSSEN (1907: 303 f.) KauṣU 1.2 für später als ChU 5.10 und BĀU 6.2 hält, neigt R. SÖHNEN (Die Einleitungsgeschichte der Belehrung des Uddālaka Āruṇi. *StII* 7/1981: 177 ff., bes. 206 Anm. 40) dazu, die Lehre von KauṣU 1.2 für älter zu halten (vgl. auch FRAUWALLNER 1953: 52 sowie die Abfolge der Darstellung in MURAKAMI 1979: 41 ff.; 1980: 1 ff.). In Anbetracht der komplexen und offenbar nicht allzu früh zum Abschluß gekommenen Textentwicklung der KauṣU (vgl. FRAUWALLNER 1926: vor allem 19 u. 40 ff.; THIEME 1951-52) muß dies aber nicht ausschließen, daß auch in 1.2 einzelne Textelemente später sein können (vgl. MORTON SMITH 1965-66: 284 unten) als das zugrundeliegende Konzept des zunächst für alle Toten einheitlichen Weges (das auch durch die Schilderung des Weges der Verstorbenen im JB als älter bestätigt wird; vgl. auch ŚB 1.9.3.2; MORTON SMITH 1965-66: 283 f.). Terminologisch interessant ist *pratyājāyate* für die Wiedergeburt in dieser Welt (wie im alten Buddhismus! Vgl. auch Anm. 46).

[113] *parasvat*, wozu H. LÜDERS, Von indischen Tieren. *ZDMG* 96 (1942): 50 ff. [= KlSchr., hrsg. O. VON HINÜBER, Wiesbaden 1973: 517 ff.].

Die Qualität der Wiedergeburt läßt die KauṣU von *Werk* und *Wissen*[114] abhängig sein,[115] aber es wird nicht erläutert, was genau damit hier gemeint ist.

Im Śatapatha-Brāhmaṇa[116] bezieht sich diese Verbindung auf rituelles Werk und Ritualwissen. Diese bestimmen aber (abgesehen von Gedeihen und Erfolg im gegenwärtigen Leben) traditionell das Schicksal in *jener* Welt. Da nach KauṣU *alle* Verstorbenen *automatisch* zum Mond gelangen, wäre es denkbar, daß die Wirkung des Rituals (und Ritualwissens?) auf die Wiedergeburt *hienieden* verlagert worden ist.[117] Denkbar wäre aber auch,[118] daß (ähnlich wie ChU 5.10.7) vorwiegend an moralisches Karma gedacht ist (wenngleich dann das Ritual im Konzept der KauṣU keine aus dem Text erkennbare Wirkung für das Nachtodschicksal hätte); mit "Wissen" wäre dann wohl *beschränktes* religiöses Wissen gemeint (vgl. Kaṭha-Up. 5.7 *yathāśrutam*[119], und vielleicht JB 1.46 (7. Zeile) *kiṃvidvān*).

Von den späteren Parallelen (s. S. 61) geht die Praśna-Up. sowohl dort, wo sie zwei Wege unterscheidet (1.9-10), wie auch dort, wo ein dritter – *direkte* Wiedergeburt als Mensch – hinzutritt (3.7; 5.3-5), auf die Möglichkeit einer Wiedergeburt als Tier oder Pflanze überhaupt nicht ein. Das gleiche gilt für Bhagavadgītā 8.24 ff. Die Muṇḍaka-Up. (1.2.10-11) deutet viel-

---

[114] *yathākarma yathāvidyam.* – Ähnlich, aber gewiß später, KaU 5.7 (*yathākarma yathāśrutam*), wo auch die Möglichkeit einer Wiedergeburt als Pflanze (*sthāṇu*) angedeutet wird. Vgl. auch BĀU 4.4.3 *taṃ vidyākarmaṇī samanvārabhete*. Diese Parallelen und vor allem die Verwendung des gleichen Ausdrucks in ŚB (s. Anm. 116) sprechen gegen eine Auffassung von *yathāvidyam* als *yathā + avidyam* (so STUHRMANN 1982: 226).

[115] Wenn die (leider ohne Begründung vorgenommene) Athetierung von *yathākarma yathāvidyam* bei FRENZ 1968-69: 86 berechtigt ist, wäre in der ursprünglichen Fassung die Art der Wiedergeburt entweder ungeklärt bzw. vom Zufall abhängig, oder es könnte gar (im Sinne einer generellen Entsprechung zum Modell der weitgehend automatischen Rückkehr in die eigene Sippe bzw. menschliche Existenz) an eine automatische Wiedergeburt jeweils in der eigenen Spezies gedacht gewesen sein. Zumal die letztere Möglichkeit bedürfte allerdings der Erhärtung durch zusätzliche Evidenz.

[116] Zum Beispiel ŚB 10.4.3.9.

[117] Vgl. MORTON SMITH 1965-66: 288.

[118] Insbesondere wenn (mit DEUSSEN 1907: 303) die Endredaktion von KauṣU 1, und speziell die des vorliegenden Satzes, später als die von ChU 5.10, und insbesondere später als ChU 5.10.7, und eventuell gar als darauf basierend, angesetzt werden dürfte. Das Fehlen von Hund (*śvan*) und Schwein (*sūkara*) in der Liste von KauṣU 1.2 spricht aber eher gegen eine Bekanntschaft mit ChU 5.10.7, während die beiden ersten Glieder (*kīṭa* und *pataṅga*) BĀU 6.2 als Ausgangspunkt haben könnten(?). Wichtiger könnte aber die unbestreitbare Ähnlichkeit der Tierliste von KauṣU 1.2 mit der von ChU 6.9.3 und 6.10.2 sein, zumal wenn man DEUSSENS (1907: 303 f.) Auffassung folgt, daß die Liste in KauṣU der letzteren nachgebildet sei (diese wäre dann umgekehrt und um das im Kontext der KauṣU unabdingbare Glied "Mensch" erweitert worden).

[119] MORTON SMITHS (1965-66: 294 unten) Auffassung von *yathāśrutam* als "as has been scripturally revealed" überzeugt mich nicht; *yathākarma yathāśrutam* ist doch wohl nur eine m.c. gewählte Ausdrucksvariante von *yathākarma yathāvidyam*. Vgl. auch W. RAU, Versuch einer deutschen Übersetzung der Kāṭhaka-Upaniṣad. *AS* 25 (1971): 170.

leicht[120] für diejenigen, welche nach Aufzehren ihrer rituellen Verdienste aus der Himmelswelt zurückkehren, neben menschlicher auch die Möglichkeit "untermenschlicher"[121] (*hīnatara*) Wiedergeburt an. Maitrāyaṇīya-Up. 6.30 stellt dem Weg in die höchste Stätte (= Erlösung) und den Wegen, die in die himmlischen Bereiche führen, diejenigen Wege gegenüber, die abwärts in den Saṃsāra führen, aber ohne genauere Angaben. Ähnlich Mahābhārata (crit. ed.) 3.2.67 ff., wo aber der Saṃsāra explizit als Wiedergeburt in allen möglichen Wesenklassen vom Gott Brahmā bis zu den Pflanzen bestimmt wird. Durch diese Bestimmung wird zwar einerseits das Einbezogensein auch von (Tieren und) Pflanzen explizit gemacht, anderseits aber wegen des Eingeschlossenseins himmlischer Existenzformen zugleich die Abgrenzung gegenüber dem "Väterweg" schwierig. Es stehen sich hier offenbar zwei verschiedene Konzepte – die alte Zwei-Wege-Lehre und die des "klassischen" Saṃsāra – unausgeglichen gegenüber.

Zusammenfassend läßt sich zunächst festhalten, daß die behandelten Stellen offenbar nur am Nachtod-Schicksal des *Menschen* interessiert sind. Die JB-Versionen sogar offenbar nur am Schicksal dessen, der am vedischen Ritual teilnimmt und nach vedischem Ritual bestattet wird. *Pflanzen* (und in gewissem Sinne auch Rauch, Wind, Regen und Erde) treten nur als *Durchgangsstufe* des *menschlichen* Wiedergeburtszyklus auf (allerdings in ChU, so scheint es, mit einem gewissen Risiko des Steckenbleibens). *Tiere* werden an mehreren Stellen als mögliche Formen der Wiederverkörperung (von Menschen) genannt. Eine solche Wiederverkörperung als Tier wird aber zumindest in der "dritten Möglichkeit" von ChU und BĀU deutlich als *Unheil* bewertet, in ChU 5.10.7 sogar als *Strafe*.

In diesem Zusammenhang sei darauf hingewiesen, daß eine *Unterwelt* oder *Hölle* in unseren Textstücken nicht auftritt, ebensowenig übrigens die aus dem brahmanischen Totenkult vertraute Phase einer Existenz als Totengeist (*preta*).

Über das Nachtod-Schicksal der *Tiere* (von den *Pflanzen* ganz zu schweigen) geben die untersuchten upaniṣadischen Texte keine explizite Auskunft, scheinen also an dieser Frage oder an der einer hier erlittenes Leid ausgleichenden Gerechtigkeit überhaupt nicht interessiert zu sein. Man kann somit nur über die tatsächlichen Aussagen der Texte hinausgehende Mutmaßungen oder systematische Extrapolationen anstellen.

Allgemein läßt sich sagen, daß die Entscheidung, ob Tieren (und Pflanzen) die Möglichkeit eines günstigen Nachtodschicksals zugesprochen werden kann, wesentlich davon abhängt, ob ihnen die hierfür erforderlichen Voraussetzungen zuerkannt werden oder nicht. Wenn, wie in **ChU 5.10** und **BĀU 6.2**, sowohl

---

[120] D. h. wenn man die traditionelle Lesung *vā* beibehält (vgl. SPROCKHOFF 1981: 49); W. RAU (Versuch einer deutschen Übersetzung der Muṇḍaka-Upaniṣad. *AS* 18/19 (1965): 220) liest *ca* und übersetzt: "kommen sie wieder in diese tiefere Welt" – womit die Art der Wiederverkörperung ganz offengelassen wäre.

[121] Śaṅkara: *tiryaṅnarakādilakṣaṇam*.

Erlösung wie auch der Aufstieg zum Mond mit anschließender Wiederkehr und Möglichkeit einer Wiedergeburt als Mensch voraussetzt, daß der Verstorbene der vedischen Feuerbestattung teilhaftig geworden ist, so dürften diese beiden Wege den Tieren und Pflanzen normalerweise verschlossen sein, und es bleibt für sie nur die "dritte Möglichkeit", nach dem Tode zu Kleingetier – Würmern und Insekten – zu werden (von denen ihrerseits es ja in ChU 5.10.8 tatsächlich heißt, daß sie "mehrfach [als solche] wiederkehren"). Ausgenommen sein könnten allenfalls die im Rahmen des vedischen Rituals geopferten Tiere (und Pflanzen), aber auch dies deuten die genannten Texte mit keinem Wort an. Eine Sonderstellung könnten vielleicht auch diejenigen Pflanzen einnehmen, die (vorläufige) Verkörperungen wiedergekehrter Verstorbener sind und bei Verzehr durch einen Mann die Chance einer Wiederverkörperung als Mensch haben.[122]

Aber auch dann, wenn man von dem Erfordernis der vedischen Feuerbestattung einmal absieht,[123] bleiben die "Zugangsvoraussetzugen" für Aufenthalt in der Himmelswelt, günstige Wiedergeburt, "Wandern nach Wunsch" oder Erlösung – rituelle bzw., später, moralische Werke, Askese, esoterisches bzw. metaphysisches Wissen – im Falle der Tiere (ganz zu schweigen von den Pflanzen) problematisch. Auch in Indien findet sich neben einer 'populäreren' Vorstellung, die den Tieren (und bisweilen auch Pflanzen) weitgehend die gleichen Fähigkeiten zugesteht wie Menschen, eine eher rationalistische Haltung, die den Unterschied stärker betont und den Tieren vor allem die Fähigkeit zu tieferen Einsichten beziehungsweise esoterisch-metaphysischem Wissen abspricht. Es scheint, daß die hier besprochenen Upaniṣad-Stellen eher diesem Strang angehören, im Gegensatz etwa zu **ChU 4.4-9**,[124] wo *Tiere* einem Veda-Schüler esoterisches Wissen mitteilen – wie auch immer das zu deuten sein mag –.

Anders stellen sich die Dinge dar, wenn Wiedergeburt oder Erlösung nicht an Bedingungen geknüpft sind, sondern automatisch erfolgen. So etwa **JUB 4.14**, wo eine automatische Rückkehr der Lebenskraft nicht nur der

---

[122] In der späteren Auslegungstradition der Upaniṣaden wird eine solche Deutung jedoch abgelehnt; die Pflanzen (obwohl sehr wohl auch Körper von Seelen, die aufgrund ihres Karma ebendarin wiedergeboren wurden) dienen den aus der Himmelswelt in menschliche Existenz herabsteigenden Seelen nur als vorübergehende Unterkunft (HALBFASS 1980: 301).

[123] So vielleicht ChU 4.15.5, sofern man *śavya* trotz SPROCKHOFF 1981: 63 f. im Sinne der traditionellen Auffassung als "Bestattungsritual" fassen darf; die syntaktischen Probleme der Stelle (Subjekts- und Numeruswechsel) ließen sich m. E. durch die Verarbeitung eines fertigen Versatzstückes (ab *arciṣaṃ*, = ChU 5.10.1 ff., mit zum Sg. *asya* des Vordersatzes nicht passenden Pl.) erklären. Vgl. auch ṚV 10.15.14.

[124] Vgl. H. LÜDERS, *Philologica Indica*, Göttingen 1940: 509 ff., bes. 514 f.

unwissenden Menschen, sondern auch der Tiere und Pflanzen auf die Erde denkbar ist, ohne daß dies jedoch unbedingt eine *individuelle* Fortexistenz einschließen müßte.

Eine automatische "Erlösung" aller Wesen beim Tode scheint **ChU 6**, die Belehrung Śvetaketus durch seinen Vater Uddālaka Āruṇi, zu vertreten. Nach diesem Text geht der Mensch im Schlaf[125] vorübergehend, im Tode[126] wohl endgültig in den Ursprung oder Urstoff aller Dinge und Wesen, die höchste "Gottheit" (*devatā*, = kosmische Wesenheit), das [Ur]Seiende (*sat*), ein. Gleiches gilt für alle Lebewesen, auch für die *Tiere* – Tiger und Löwe ebenso wie Wolf und Wildschwein, Wurm und Schmetterling/Motte (*pataṅga*)[127], Bremse (*daṃśa*)[128] und Stechmücke.[129] Sie bestehen dann allerdings nicht als Individuen weiter; der Erwartung einer ausgleichenden Gerechtigkeit für Tiere (und Pflanzen) als Individuen kommt somit auch diese Lehre nicht entgegen. Aber sie ist wenigstens insofern gerecht, als sie alle Arten von Lebewesen, einschließlich des Menschen, gleich behandelt und keine bevorzugt.

Es dürfte, auch im Rahmen der Thematik dieses Vortrages, von Interesse sein, dem Befund der älteren Upaniṣaden kurz den des älteren *Buddhismus* gegenüberzustellen.

Zunächst läßt sich feststellen, daß wir auch hier, wie in der Zwei-Wege-Lehre, den grundsätzlichen Gegensatz von Wiedergeburt und Erlösung antreffen. Die Wiedergeburt beruht im Buddhismus bekanntlich auf dem "Durst" (*taṇhā*, *tṛṣṇā*), der *Begierde*, die Erlösung auf deren restloser Beseitigung, ähnlich wie in BĀU 4.4.7-8. Es gelten aber, ähnlich wie in der Zwei-Wege-Theorie, auch Unwissenheit (*avijjā*, *avidyā*) und *Wissen* oder Einsicht als Grund für Wiedergeburt und Erlösung, insofern sie die Voraussetzung für Begierde bzw. Begierdefreiheit sind.

Auch die *Karma*-Lehre hat im Buddhismus ihren Platz, ist aber strikt *ethisiert*: *moralisch* gutes Karma hat günstige, *moralisch* schlechtes ungünstige Folgen. Es findet sich aber auch die Auffassung, der *Wunsch* bestimme das

---

[125] ChU 6.8.1 (*saṃ-pad* c. Instr.).

[126] ChU 6.8.6 und 6.15.1-2 (*saṃ-pad* c. Lok.).

[127] THIEME 1966: 51: Vogel (altved. Bed.; würde aber die absteigende Klimax stören und KauṣU 1.2 nicht passen, da dort *pataṅga* neben *śakuni* "Vogel" steht).

[128] THIEME 1966: 51: Wanze. Ebenso ICKLER 1973: 17.

[129] ChU 6.9, vor allem 9.3; vgl. auch 6.10. Es ist umstritten, ob sich diese Stellen auf den Tod (so z. B. THIEME 1966: 51; ICKLER 1973: 17-21) oder auf den Tiefschlaf (so HANEFELD 1976: 160 f.) beziehen.

Jenseitsschicksal, und zwar sowohl in dem Sinne, daß der Wunsch entsprechendes moralisches Handeln auslöst,[130] als auch in der Form, daß man durch intensives Kultivieren eines Wunsches oder Vorsatzes eine entsprechende Wiedergeburt (naturgemäß eine günstige) erreichen kann.[131] Zumindest im kanonischen Buddhismus ist allerdings normalerweise der Erfolg eines solchen Vorsatzes an das Vorhandenseins eines entsprechenden sittlichen Fundus, also von gutem Karma, gebunden.[132]

Was den Verlauf der Wiedergeburt im einzelnen angeht, so hat VETTER[133] gezeigt, daß im buddhistischen Kanon verschiedene Modelle belegbar sind, darunter auch das alte Modell eines *Alternierens* von menschlicher Existenz und Aufenthalt im Jenseits, u. zw., je nach der Qualität des Karma, in der Himmelswelt oder an einem schlechten, durch Abstieg oder Absturz charakterisierten Ort oder Zustand (*apāya*, *duggati*, *vinipāta*). Letzterer war nach VETTER zunächst eher als eine düstere Unterwelt gedacht, wurde aber später als Hölle, beziehungsweise als Höllen einschließend, ausgestaltet. Die Rückkehr aus dem Jenseits in menschliche Existenz wird an manchen Stellen offenbar noch als automatisch vorgestellt, an anderen hingegen als ebenfalls vom guten und schlechten Karma geprägt.[134] Einige Stellen kennen (wie die upaniṣadische Eschatologie des "Wanderns nach Wunsch")[135] die Möglichkeit einer *direkten* Wiedergeburt als Mensch.

---

[130] Zum Beispiel SN Nr. 29.11-50; 30.7-46; 31.3 etc.; vgl. Fragmente des Dharmaskandha, hrsg. S. DIETZ, Göttingen 1984: 27 u. 62.

[131] Zum Beispiel MN I 289; III 99 ff.; SN Nr. 29.7-10; 30.3-6; 31.2; AN IV 239. Vgl. L. SCHMITHAUSEN, Beiträge zur Schulzugehörigkeit und Textgeschichte kanonischer und postkanonischer buddhistischer Materialien, in: H. BECHERT (Hrsg.), *Zur Schulzugehörigkeit von Werken der Hīnayāna-Literatur*, 2. Teil (Göttingen 1987): 355 f. – Vgl. auch die spätere Vorstellung des (den anderen Lebewesen zuliebe) nach Wunsch Existenzen annehmenden Bodhisattva (z. B. Pañcaviṃśatisāhasrikā Prajñāpāramitā [ed. DUTT] 185,7 f.; Bodhisattvabhūmi [ed. DUTT] 265,6 f.; vgl. auch HORSCH 1971: 144 Anm. 56).

[132] Siehe die in der vorigen Anm. angeführten Belege. Vgl. auch EDGERTON 1927: 232, aber auch 233 (populärere Vorstellung, nach der die Verwirklichung des Wunsches offenbar nicht an moralisches Verdienst gebunden ist).

[133] VETTER 1988: 78 ff.

[134] Eine sehr ähnliche Vorstellung findet sich im Gautama- und Āpastamba-dharmasūtra. Bei Gautama (11.29-30) wird – ganz im Sinne des auf die Himmelswelt konzentrierten Interesses der vedischen Ritualisten – nur die positive Variante (*dharma* → Himmelswelt und anschließend günstige menschliche Wiedergeburt) ausgeführt, die negative Variante hingegen bloß angedeutet. Bei Āpastamba (2.1.2.2-4) sieht es zunächst genau so aus, doch folgt dann (2.1.2.5) doch noch (in einer späteren Textschicht?) eine Ausführung der negativen Variante, wobei ausdrücklich ein Aufenthalt in der/einer Hölle (*niraya*) als Pendant zu dem in der Himmelswelt genannt ist. Vgl. auch L. ROCHER in: O'FLAHERTY 1980: 79 f.

[135] Und die Praśna-Upaniṣad (3.7 u. 5.3).

Wiedergeburt als *Tier* mag von Anfang an in dem "schlechten Ort" als Möglichkeit vage einbegriffen gewesen sein,[136] wird *explizit* aber offenbar erst im Laufe der Entwicklung im Rahmen der Strafe für schlechtes Karma als Alternative zum Aufenthalt in der nunmehr zu einer regelrechten Hölle ausgestalteten Unterwelt eingeführt.[137] Eine Wiedergeburt als *Pflanze* kennt der Buddhismus ebensowenig wie Regen oder Pflanzen als Durchgangsstadium bei der Wiederverkörperung.

An die "dritte Möglichkeit" der Zwei-Wege-Lehre von ChU und BĀU (und auch an die Bemerkung der ChU zu der Wiederverkörperung in Pflanzen als Durchgangsstadium, aus dem nur schwer herauszukommen sei) erinnert eine Lehrrede,[138] in der es heißt, daß es für jemand, der einmal in schlechte Existenz – wobei der nähere Kontext deutlich auf Existenz als Tier hinweist – geraten ist, außerordentlich schwierig ist, wieder in menschliche Existenz aufzusteigen (nicht zuletzt deshalb, weil Tieren *böses* Verhalten unterstellt wird). Diese Feststellung dürfte allerdings primär pädagogisch motiviert sein (Ansporn zu gutem Handeln); und immerhin impliziert der Text, daß die Rückkehr in menschliche Existenz nicht völlig ausgeschlossen ist.

In einigen (wohl relativ späten) buddhistischen Lehrreden wird dementsprechend ausdrücklich festgestellt, daß im Prinzip von jeder Existenzform ein direkter Übergang in jede beliebige andere möglich ist.[139] Auf diese Weise steht die *Erlösung*, obwohl sie auch im frühen Buddhismus wegen der erforderlichen Einsicht *direkt* normalerweise nur *Menschen* zugänglich ist, doch *indirekt* (d. h. nach einer Wiedergeburt als Mensch) allen Lebewesen offen.

Man hat somit den Eindruck, daß auch im frühen Buddhismus die systematische Einbeziehung der Tiere in die Lehre von Wiedergeburt und Erlösung erst allmählich erfolgt ist. Sie konnte nicht ausbleiben, da auch Tiere leiden und leidbehaftete Existenz nicht zufällig sein darf. Es bleibt aber – wenn wir populäre buddhistische Texte wie die Jātakas einmal beiseite lassen – die *negative* Bewertung einer Existenz als Tier, ferner die Vorstellung, daß sie *als*

---

[136] Für eine solche Möglichkeit spricht die Verwendung des Ausdrucks *vinipātagata* MN III 169 in offenbar auf Wiedergeburt als *Tier* bezogenem Kontext, dagegen aber die *Unterscheidung* von Wiedergeburt als Tier und Wiedergeburt in *vinipāta* = *niraya* an Stellen wie MN I 73 f. u. III 179. Die MN I 73 im Rahmen der vier *yoni*s erwähnten *vinipātikā* hingegen sind von den Höllenbewohnern (*nerayikā*) und wohl auch von den Tieren verschieden (vgl. VETTER 1988: 79 Anm. 2; SCHMITHAUSEN 1991: 79 u. Anm. 442).

[137] Höllenvorstellungen und Wiedergeburt als Tier scheinen zwei ursprünglich eigenständige Stränge darzustellen, deren Entstehung, Entwicklung und (nachträgliche) systematische Verbindung noch mancher Klärung bedarf.

[138] MN III 169; SN V 455 f.

[139] SN V 474 ff.; AN I 37 f.

Tiere – mangels entsprechender intellektueller Fähigkeiten – nicht erlöst werden können, und daß die hierfür erforderliche Wiedergeburt als Mensch nur sehr schwer zu erlangen ist.

Das gleiche dürfte im Prinzip auch für den Jinismus gelten, der aber im Gegensatz zum Buddhismus auch die Pflanzen, z. T. sogar die Elemente in den Kreis der Lebewesen einbezieht. Ich kann aber hier nicht näher darauf eingehen, zumal die Quellenlage im Falle des Jinismus (von den Ājīvikas ganz zu schweigen) für eine Ermittlung der ursprünglichen Auffassung erheblich ungünstiger ist als im Buddhismus.

Es ist also, wenn ich richtig sehe, nicht so, daß die Tiere (und Pflanzen) unter dem Aspekt der ausgleichenden Gerechtigkeit, der *Entschädigung* oder Wiedergutmachung für erlittenes Leid, oder unter dem der Aussicht auf ein glücklicheres Dasein nach dem Tode, in die Wiedergeburtslehre integriert worden wären. Zwar hatte in der Bhṛgu-Geschichte der Aspekt der ausgleichenden Gerechtigkeit wenigstens in Gestalt der *Talion*, der Rache des Opfers am Täter, Ausdruck gefunden. In den früh-upaniṣadischen Fassungen der Wiedergeburtslehre spielt dieser Gesichtspunkt jedoch offenbar keine Rolle. Er taucht jedoch in der ethisierten Wiedergeburtslehre wieder auf. Auch hier werden Tötung und Mißhandlung von Tieren (und manchmal auch Pflanzen) im Jenseits geahndet. Aber nicht vom geschädigten Opfer selbst in der Form der Talion, sondern durch die *Automatik* der *karmischen* Vergeltung; das Opfer hat damit nichts mehr zu tun, aber es hat auch nichts davon. Es wird für seine Leiden nicht entschädigt. Diese werden vielmehr weitgehend als *Strafe* für frühere *eigene* Missetaten gedeutet. Damit ist einer auf das Individuum bezogenen ausgleichenden Gerechtigkeit zwar Genüge getan, und die Wiedergeburtslehre wird wie gesagt schließlich so ausgestaltet, daß auch hinsichtlich der Erlösung *letztlich* (d. h. durch die *grundsätzlich* für alle bestehende Möglichkeit einer Wiedergeburt als Mensch) eine Gleichstellung aller Lebewesen vorliegt. Dennoch bleibt die Entscheidung, das schicksalhafte Leiden der Tiere (und ggf. der Pflanzen, und übrigens auch der Menschen) als Strafe zu deuten, problematisch, nicht zuletzt wegen der naheliegenden Konsequenzen für das praktische Verhalten gegenüber dem leidenden Mitgeschöpf.

Abkürzungen und bibliographische Angaben:

AN	Aṅguttaranikāya (PTS)
ARBMAN 1927,1928	E. ARBMAN, Tod und Unsterblichkeit im vedischen Glauben. *ARW* XXV.3-4 und XXVI.1-2
AV	Atharvaveda. Ed. W. D. WHITNEY, 2nd Indian reprint 1971
BASHAM 1990	A. L. BASHAM, The Development of Philosophy and the Origin of the Doctrine of Transmigration. In: A. L. BASHAM, The Origins and Development of Classical Hinduism, ed. K. G. ZYSK, Delhi
BĀU	Bṛhadāraṇyaka-Upaniṣad (zitiert, soweit nicht anders vermerkt, nach M: BĀU 4.3-4 = ŚB 14.7.1-2; BĀU 6.2 = ŚB 14.9.1)
BODEWITZ 1973	H. W. BODEWITZ, Jaiminīya Brāhmaṇa I,1-65, Leiden
BODEWITZ 1987	Id., The Black Spot in the Moon, Salt, Seed and the devanāya. In: *Kaviraj Comm. Vol.* IV, Benares
BODEWITZ 1992	Id., *Oorsprong en achtergrond van de Indische wedergeboorteleer*. Mededelingen van de Afdeling Letterkunde, Nieuwe Reeks, deel 55 no. 6 (Koninklijke Nederlandse Akademie van Wetenschappen)
ChU	Chāndogya-Upaniṣad (benutzte Ausg.: LIMAYE/VADEKAR 1958)
COLLINS 1982	ST. COLLINS, *Selfless persons*. Cambridge Univ. Press
DEUSSEN 1907	P. DEUSSEN, *Allgemeine Geschichte der Philosophie*, I.2. Die Philosophie der Upanishad's, Leipzig
DN	Dīghanikāya (PTS)
EDGERTON 1927	F. EDGERTON, The Hour of Death. *ABORI* (Poona) 8.3
FRAUWALLNER 1926	E. FRAUWALLNER, Untersuchungen zu den älteren Upaniṣaden. *ZII* 4 [= KlSchr., hrsg. G. OBERHAMMER und E. STEINKELLNER, Wiesbaden 1982: 95-139]
FRAUWALLNER 1953	Id., *Geschichte der indischen Philosophie*, vol. I, Salzburg
FRENZ 1968-69	A. FRENZ, Kauṣītaki Upaniṣad. *IIJ* 11: 79-129
v. FÜRER-HAIMENDORF 1953	CHR. v. FÜRER-HAIMENDORF, The Afterlife in Indian Tribal Belief. *Journal of the Royal Anthropological Institute of Great Britain and Ireland* 83.1
FUJII 1990	M. FUJII, Ni-dō-setsu no seiritsu (The Formation of the *Devayāna* and *Pitṛyāna* Theory). *Nihon Bukkyō Gakkai Nenpō* 55
HACKER 1985	P. HACKER, *Grundlagen indischer Dichtung und indischen Denkens*. Aus dem Nachlass hrsg. v. K. RÜPING, Wien
HALBFASS 1980	W. HALBFASS, Karma, *Apūrva*, and "Natural" Causes: Observations on the Growth and Limits of the Theory of *Saṃsāra*. In: O'FLAHERTY 1980, 268-302
HANEFELD 1976	E. HANEFELD, *Philosophische Haupttexte der älteren Upaniṣaden*, Wiesbaden
HODSON 1921a	T. C. HODSON, The Doctrine of Rebirth in Various Areas in India. *Man in India* 1.2, 1-17
HODSON 1921b	Id., Tree Marriage. *Man in India* 1.2, 202-221
HORSCH 1971	P. HORSCH, Vorstufen der indischen Seelenwanderungslehre. *AS* 25
ICKLER 1973	I. ICKLER, *Untersuchungen zur Wortstellung und Syntax der Chāndogyopaniṣad*, Göppingen
IKARI 1988	Y. IKARI, Rinne to gō. *IK*, Tōyō Shisō 6 (Indo Shisō 2), Tokyo
IKARI 1989	Id., Some Aspects of the Idea of Rebirth in Vedic Literature. *IShK* 6
JB	Jaiminīya-Brāhmaṇa. Ed. RAGHU VIRA and LOKESH CHANDRA, Delhi [2]1986

JUB	Jaiminīya-Upaniṣad-Brāhmaṇa. (benutzte Ausg.: LIMAYE/VADEKAR 1958)
K	Kāṇva-Rezension von BĀU
KauṣU	Kauṣītaki-Upaniṣad (benutzte Ausgg.: LIMAYE/VADEKAR 1958 und FRENZ 1968-69)
KLAUS 1986	K. KLAUS, *Die altindische Kosmologie*. Nach den Brāhmaṇas dargestellt. Indica et Tibetica 9, Bonn
KRICK 1982	H. KRICK, *Das Ritual der Feuergründung*, Wien
LIMAYE/VADEKAR 1958	Eighteen Principal Upaniṣads, Vol. I. Ed. V. P. LIMAYE and R. D. VADEKAR, Poona
LÜDERS 1951,1959	H. LÜDERS, *Varuṇa*. Hrsg. L. ALSDORF, Göttingen
M	Mādhyandina-Rezension von BĀU (= ŚB 10.6.4-5 und 14.4.1 ff.)
MBh	Mahābhārata. Crit. ed., Poona 1927-1961
MN	Majjhimanikāya (PTS)
MORTON SMITH 1965-66	R. MORTON SMITH, Religion of India: Death, Deeds and After. *JOIB* 15: 273-301 (freundl. Hinweis v. Hrn. Kollegen Th. Oberlies)
MS	Maitrāyaṇī Saṃhitā. Hrsg. L. v. SCHROEDER, unveränd. Nachdr. Wiesbaden 1970
MURAKAMI 1979,1980	SH. MURAKAMI, Shigo no unmei to chi to gō (Goka-nidō-setsu-kō). *Bunka* 43.1-2: 30-48 u. 44.1-2: 1-15
OBEYESEKERE 1980	G. OBEYESEKERE, Rebirth Eschatology and Its Transformations: A Contribution to the Sociology of Early Buddhism. In: O'FLAHERTY 1980, 137-164
O'FLAHERTY 1980	W. D. O'FLAHERTY (ed.), *Karma and Rebirth in Classical Indian Traditions*. Berkeley/Los Angeles/London
OLDENBERG 1917	*Die Religion des Veda*. Stuttgart u. Berlin
RÜPING 1977	K. RÜPING, Zur Askese in den indischen Religionen. *ZMR* 61
ṚV	Ṛgveda. Hrsg. M. MÜLLER, Varanasi ³1965
ŚB	Śatapathabrāhmaṇa. Ed. A. WEBER, Varanasi ²1964
SCHMIDT 1968	H. P. SCHMIDT, The Origin of *Ahiṃsā*. In: *Mélanges d'Indianisme à la mémoire de L. Renou*, Paris
SCHMITHAUSEN 1991	L. SCHMITHAUSEN, *The Problem of the Sentience of Plants in Earliest Buddhism*, Tokyo
SCHRADER 1910	F. O. SCHRADER, Zum Ursprung der Lehre vom Saṃsāra. *ZDMG* 64 [= KlSchr., hrsg. J.-F. SPROCKHOFF, Wiesbaden 1983: 148-150
SN	Saṃyuttanikāya (PTS)
SPROCKHOFF 1981	J. F. SPROCKHOFF, Āraṇyaka und Vānaprastha in der vedischen Literatur. *WZKS* 25
STUHRMANN 1982	R. STUHRMANN, *Der Traum in der altindischen Literatur im Vergleich mit altiranischen, hethitischen und griechischen Vorstellungen*, Diss., Tübingen
THIEME 1951-52	P. THIEME, Der Weg durch den Himmel nach der Kaushitaki-Upanishad. *Wiss. Zeitschr. der Martin-Luther-Universität Halle-Wittenberg* 1 [= KlSchr., hrsg. G. BUDDRUSS, Wiesbaden 1971: 82-99)
THIEME 1966	Id., *Upanischaden*, Stuttgart
VETTER 1988	T. VETTER, *The Ideas and Meditative Practices of Early Buddhism*, Leiden
WITZEL 1983	M. WITZEL, *The Earliest Form of the Concept of Rebirth in India*. Paper presented at the 31st International Congress of Human Sciences in Asia and North Africa, Tokyo (unpubl.)

ZUM VERHÄLTNIS VON KARMA UND TOD IM INDISCHEN DENKEN

Von Wilhelm Halbfass, Philadelphia

Die Lehre vom Karma und von der Wiedergeburt gilt weithin als eine gänzlich selbstverständliche und im wesentlichen einheitliche Grundvoraussetzung der indischen religiösen und philosophischen Systeme, und die ihr gewidmeten monographischen Untersuchungen sind relativ vereinzelt geblieben. Zwar wird allgemein zur Kenntnis genommen, daß in den ältesten Texten der brahmanischen Tradition von dieser Lehre noch keine Rede ist, und man hat öfters versucht, ihre allmähliche Entstehung und Entfaltung in den vedischen Texten, namentlich in den Brāhmaṇas und den alten Upaniṣads, nachzuzeichnen.[1] Ihre Maßgeblichkeit für die klassische und spätere Zeit scheint dadurch jedoch in keiner Weise betroffen zu sein. Seit al-Bīrūnī ist sie immer wieder als eine Grundprämisse und ein Zentraldogma indischen religiösen Denkens, ja geradezu als ein indisches Glaubensbekenntnis bezeichnet worden.[2] In der Tat hat, abgesehen von den in den Doxographien stereotyp wiederholten und kaum noch als lebendige Herausforderung akzeptierten Argumenten der materialistischen Cārvākas und einiger weniger anderer Gruppen, im klassischen und späteren indischen Denken niemand mehr die Grundvoraussetzungen der Karma- und Wiedergeburtslehre in Frage gestellt.[3] Es scheint auch keinerlei Bewußtsein oder Nachwirkung der ursprünglichen Abwesenheit oder doch relativen Bedeutungslosigkeit dieser Lehre mehr zu geben. Karma und Geburtenkreislauf (*saṃsāra*) werden in die ältesten Texte hineinprojiziert und gelten als ihre selbstverständliche Voraussetzung; ältere Begriffe und Lehren werden in ihrem Sinne umgedeutet.

---

[1] Vgl. A. M. BOYER, Étude sur l'origine de la doctrine du saṃsāra. *JA* 9/18 (1901, Vol. 2): 451-499; T. SEGERSTEDT, Själavandringslärans ursprung. *Le Monde Oriental* (Uppsala) 4 (1910): 43-87; 111-181; H. G. NARAHARI, On the Origin of the Doctrine of Saṃsāra. *Poona Orientalist* 4 (1939/1940): 159-165; P. HORSCH, Vorstufen der indischen Seelenwanderungslehre. *AS* 25 (1971): 99-157; Y. IKARI, Some Aspects of the Idea of Rebirth in Vedic Literature. *Indo-Shisōshi Kenkyū* 6 (1989): 155-164.

[2] Vgl. E. SACHAU (transl.), *Alberuni's India*, London 1888, Vol. 1: 50.

[3] Vgl. HALBFASS 1991: 292 ff.

Die Karmalehre erscheint insofern als eine fundamentale Intuition, eine umfassende und einheitliche Weise des Denkens, die zugleich frühere Weltsichten in sich aufzunehmen und zu integrieren vermag und zudem einen gemeinsamen Nenner für die ansonsten verschiedenartigen Traditionen des Hinduismus, Buddhismus und Jinismus darstellt. Wie auch immer sie im einzelnen angewandt und ausgelegt werden mag – sie repräsentiert, einem in der neueren Literatur geläufigen Anspruch zufolge, eine im Zentrum und Prinzip einheitliche Art, die Welt und namentlich den Menschen zu verstehen, ein "universales Gesetz, das unterschiedslos die Welt und den Menschen beherrscht",[4] eine gleichermaßen physische wie geistige und moralische Ordnung und Kausalität, die die Aussicht auf eine Synthese von Wissenschaft, Religion und Ethik eröffnet.

Dieses oft beschworene Bild einer universalen und einheitlichen Kausalität überdeckt freilich zahlreiche Spannungen und Probleme begrifflicher wie auch historischer Art. Der Anspruch, daß die Lehre vom Karma zumindest potentiell eine Theorie im wissenschaftlichen Sinne sei, bleibt in der Regel ohne ausreichende Begründung; und ungeklärt bleibt auch, in welchem Sinne das sogenannte Gesetz des Karma von einem bloßen Postulat oder Regulativ zu unterscheiden sei. Was die geschichtliche Rolle des Karma im indischen Denken angeht, so ist daran zu erinnern, daß der dadurch postulierte Typus von Kausalität, d. h. die Vergeltungskausalität, ja keineswegs der einzige im indischen Denken anerkannte Typus und Kontext von Kausalität ist. Es gibt daneben noch mancherlei andere kausale Bezugssysteme, physische, rituelle, kosmologische Wirkungszusammenhänge, die keineswegs einhellig dem Wirkungsbereich des Karma unterstellt sind. Als Beschreibung der geschichtlichen Realität der Karmalehre in der indischen Tradition ist die Rede von einem "universalen Gesetz" unzulänglich und irreführend.

In ihrer konkreten Totalität ist die Karma- und Wiedergeburtslehre ein sehr komplexes Phänomen. Sie fungiert auf verschiedenen Ebenen des Verstehens und der Auslegung – im Volksglauben, in der Mythologie, im philosophischen Denken. Sie ist mit sehr verschiedenartigen theoretischen und metaphysischen Lehren sowie auch mit mancherlei sozialen und religiösen Wertvorstellungen assoziiert und dadurch mehr oder weniger geprägt und variiert worden. In ihren verschiedenen Kontexten und Anwendungsweisen kommen ihr zumindest drei deutlich unterscheidbare Funktionen und Bedeutungsbereiche zu:

---

[4] R. PANIKKAR, The Law of Karman and the Historical Dimension of Man. *PhEW* 22 (1972): 42.

1) Karma dient der Erklärung faktischer Vorgänge und Phänomene, die als Folgen früher begangener Taten gedeutet werden.

2) Karma konstituiert einen Rahmen ethischer Orientierung und einen Erwartungshorizont für die Zukunft, indem es angenehme und unangenehme Tatfolgen in Aussicht stellt.

3) Karma ist, als Grundbedingung welthaft engagierter und verstrickter Existenz, Ausgangspunkt und konstitutives Gegenstück für das Streben nach der Erlösung (*mokṣa*, *apavarga* u. dgl.) und Transzendenz.

Das Verhältnis dieser drei Funktionen zueinander ist komplex und ambivalent. Sie sind auf verschiedene Weise miteinander verschränkt und integriert; es gibt jedoch auch deutliche Spannungen und Diskrepanzen. Offenkundig und für unseren gegenwärtigen Zusammenhang besonders relevant sind die Spannungen und Konflikte zwischen den beiden ersten Funktionen, d. h. zwischen den physisch-kosmologischen und den ethisch-deontologischen Implikationen der Lehre, zwischen dem Anspruch faktischen Erklärens und dem ethisch-legalistischen Postulat einer universalen Gerechtigkeit und Vergeltung. Die Problematik dieses Verhältnisses trägt freilich zugleich auf ihre Weise zur Faszination der Idee karmischer Kausalität bei.[5]

Wie "wirkt" die karmische Kausalität? Was ist ihre Reichweite? Welche Art von Effekten verursacht sie? In welchem Maße kann sie innerhalb der physischen und "natürlichen" Welt lokalisiert werden? Primär ist das Karma mit den Bereichen des Lebens, Erlebens und Empfindens verbunden. Freilich, angenehme und unangenehme Erlebnisse, Erfahrungen und Empfindungen sind in der Regel schwer von äußeren Umständen und Bedingungen zu trennen. Lebewesen sind glücklich oder unglücklich, erleben Freude und Schmerz in einer gemeinsamen, öffentlichen Welt. Wie radikal wirkt das Karma in diese Welt und ihre Abläufe hinein? Sind andere Formen der Kausalität ihm womöglich unterworfen? Wo hat die karmische Kausalität ihren Platz und wo hat sie ihre Grenzen?

Die Antworten sind vielfältig und ambivalent. Sie reflektieren die jeweiligen metaphysischen und kosmologischen Prämissen und zumal die Lehren über Kausalität und kausale Wirkkräfte, die für die verschiedenen Schulen des Denkens Geltung haben. Einige Beispiele mögen dies illustrieren. Im Vaiśeṣika-System finden wir die Lehre vom "kausalen Aggregat" oder "Ursachenkomplex" (*kāraṇasāmagrī*) und von der Notwendigkeit eines Zusammenwirkens verschiedener Faktoren, um das Zustandekommen von Resultaten zu erklären. Das Karma, das hier meist *adṛṣṭa* genannt wird und "Verdienst" und

[5] Vgl. HALBFASS 1991: 295 ff.

"Schuld" (*dharma* und *adharma*) umfaßt, fungiert als Teil solcher Ursachenkomplexe, d. h. als ein kausaler Faktor unter anderen und in der Kooperation und möglichen Konkurrenz mit ihnen. Ganz anders stellt sich die Frage nach der Wirkkraft des Karma im Sāṃkhya-System. Die drei "Eigenschaften" oder Konstituentien (*guṇa*) der "Urmaterie" (*prakṛti*) gelten als die dynamischen Faktoren *par excellence*. Was sind die Möglichkeiten karmischer Wirkkraft gegenüber der Dynamik der *guṇa*s? Andeutungen verschiedener Antworten finden sich im Sāṃkhya wie auch im Yoga; doch gibt es hier keine umfassende Klärung. Wiederum anders verhält es sich in den Kausalitätstheorien des Theravāda-Buddhismus und anderer buddhistischer Schulen. Hier fügt sich das Karma (*kamma*) einem umfassenden und differenzierten Netz kausaler Bedingungen (*paccaya*; *pratyaya*) ein, wobei sich mehrere Möglichkeiten des Zusammenwirkens oder auch der gegenseitigen Obstruktion sowie verschiedene Ebenen kausaler Wirksamkeit ergeben.[6]

Außerhalb des philosophischen Bereiches, in der Medizin, der Astrologie usw., stellen sich gleichfalls Fragen, die mit der Begegnung sowie der möglichen Konkurrenz verschiedener Typen der Kausalität zu tun haben. Welche Rolle spielt das Karma in der Ätiologie von Krankheiten? Wie verhält sich die "Macht der Gestirne" zur Vergeltungskausalität des Karma? In diesem Zusammenhang ist auch an gewisse historische Entwicklungen und Umdeutungen zu erinnern. Im Laufe der Ausbreitung und Konsolidierung der Karmalehre werden mancherlei zunächst als eigenständig geltende kosmische Kräfte mit dem Karma assoziiert oder ihm untergeordnet. So werden z. B. die alten Ideen des Schicksals (*niyati*, *daiva*) und einer als kosmisch-dynamische Potenz verstandenen Zeit (*kāla*) zumindest teilweise im Sinne der Karmalehre umgedeutet oder sogar auf das Karma reduziert.[7]

Was die philosophische Literatur angeht, so ist das Problem einer möglichen Interferenz karmischer und nichtkarmischer Kausalität offenkundig im *kāraṇasāmagrī*-Begriff des Vaiśeṣika impliziert; doch wird das Thema hier kaum je explizit aufgenommen. Man kann, zumal bei Praśastapāda, geradezu den Eindruck gewinnen, daß es bewußt umgangen wird. In jedem Falle, so scheint es, wird vorausgesetzt, daß das Karma (*adṛṣṭa*) bei allen Vorgängen im Bereiche des Lebens und Erlebens in mehr oder weniger signifikanter Weise beteiligt ist, entweder als bloße *conditio sine qua non* oder als aktiv

---

[6] Im Abhidhamma (Abhidharma) erscheinen *kamma* und *vipāka* in einer Liste von 24 "Bedingungen" (*paccaya*; Sanskrit *pratyaya*); s. unten, Anm. 29.

[7] Vgl. J. SCHEFTELOWITZ, *Die Zeit als Schicksalsgottheit in der indischen und iranischen Religion*, Stuttgart 1929: 21 ff.

regulierende Kraft.[8] Weitaus expliziter wird diese Problematik im Buddhismus behandelt, namentlich im Theravāda-Buddhismus und seinen Auseinandersetzungen mit den Auffassungen anderer Schulen. Im Saṃyuttanikāya fragt Moliyasīvaka, ob es wahr sei, daß alle angenehmen, unangenehmen und neutralen Erlebnisse bzw. Empfindungen (*vedanā*) von früher getanen Taten abhängig (*pubbekatahetu*) seien. Der Buddha beantwortet die Frage in der Weise, daß er acht verschiedene Ursachen für Erkrankungen und körperliche Leiden aufzählt; das Karma (*kamma*) ist nur eine unter diesen Krankheitsursachen.[9] Dieselbe Ursachenliste wird vom Milindapañha übernommen; Parallelen finden sich z. B. auch im Aṅguttaranikāya.[10] Mancherlei Reflexionen und Auseinandersetzungen zum Verhältnis von karmischer und nichtkarmischer Kausalität und zur Reichweite und Eigenart karmischer Wirkkraft bietet das Kathāvatthu. Wir werden später näher darauf eingehen.[11]

Vor dem Hintergrund solcher Problematik wenden wir uns nun dem besonderen Thema dieses Aufsatzes zu, nämlich der Frage nach dem Verhältnis von Karma und Tod. In welchem Sinne hängt die Vergeltungskausalität mit dem Verhängnis des Todes, mit dem Zeitpunkt seines Eintretens und mit seinen jeweils besonderen Umständen zusammen? In welchem Maße kann das Karma dazu beitragen, das Phänomen des Todes schlechthin zu erklären?

In einem allgemeinen und grundsätzlichen Sinne ist die für das indische Denken so charakteristische Lehre vom Karma und von der Wiedergeburt einer der maßgeblichen Versuche, die *conditio humana* und insbesondere das Phänomen des Todes zu verstehen und zu rationalisieren.[12] Aber wie ist das Verhältnis von Karma, Tod und Wiedergeburt innerhalb der indischen Tradition im einzelnen konzipiert worden? In welchem Sinne und Maße erklärt das Karma den verschiedenen Systemtraditionen zufolge den Tod? Wir können auch fragen: Was ist, genau genommen, das Verhältnis von Karma und Wiedergeburt? Die geläufige Assoziation dieser beiden Begriffe kann leicht vergessen

---

[8] Zu erinnern ist insbesondere an die Rolle des Karma am Beginn einer neuen Weltperiode (vgl. PDhS 48 f.) sowie bei der Entstehung und Gestaltung von Lebewesen (vgl. NSū, NBh und NV 3.2.60-72). Vaiśeṣikasūtra 5.2.19 (ed. JAMBUVIJAYA, *GOS* 136, Baroda 1961) erklärt: *apasarpaṇam upasarpaṇam aśitapītasaṃyogaḥ kāryāntarasaṃyogaś ca – ity adṛṣṭakāritāni*; die Bedeutung von *adṛṣṭa* ist freilich problematisch.

[9] SN 26.21 [Vol. 4: 230 ff.].

[10] Mil 134 ff.; AN Vol.2: 87, Vol.3: 131, Vol.5: 110.

[11] Vgl. Kathāvatthu 7.7-10; s. u. Anm. 28, 30, 32.

[12] Wir dürfen in diesem Zusammenhang z. B. an den Dialog zwischen Yājñavalkya und Ārtabhāga (Bṛhadāraṇyaka-Upaniṣad 3.2.13) und natürlich auch an die Lehre des Buddha erinnern.

lassen, daß ihre sachlichen Bezüge sich keineswegs von selbst verstehen und keineswegs *eo ipso* geklärt sind.

Wir haben zuvor auf die drei Grundbedeutungen bzw. fundamentalen Funktionen der Karmalehre im indischen Denken hingewiesen. Karma gilt erstens als Prinzip der Erklärung faktischer Phänomene, die als Tatfolgen ausgelegt werden; es bietet zweitens einen Rahmen ethischer Orientierung, indem es angenehme und unangenehme Tatfolgen für die Zukunft in Aussicht stellt; es ist drittens ein konstitutives Gegenstück für die absolute Erlösung und Transzendenz. Welche Bedeutung hat diese Dreiteilung für unsere Frage nach dem Verhältnis von Karma und Tod im indischen Denken?

Für unseren Kontext können wir zunächst davon absehen, auf die dritte Funktion einzugehen, die ja mit der Transzendenz des weltlichen Existierens auch die Transzendenz des Todes impliziert. Wir wenden uns zunächst der ersten Funktion zu, das heißt derjenigen des Erklärens. Erklären in diesem Zusammenhang ist offenbar nicht als Erklären im modernen wissenschaftlichen Sinn zu verstehen. Es ist vielmehr mit so etwas wie einer Theodizee zu assoziieren. Die Erklärungsfunktion des Karma besteht hier vor allem darin, die Mannigfaltigkeit (*vaicitrya*) und die zumindest scheinbare Inkongruenz und Ungerechtigkeit (*vaiṣamya*) der verschiedenen Existenzformen und -bedingungen zu rechtfertigen. Wie kommt es, daß nicht alle Lebewesen, insbesondere nicht alle Menschen mit gleichen Anlagen und Glücksgütern ausgestattet sind? Wie kommt es, daß der eine Mensch gesund ist und ein anderer kränklich, einer schön und ein anderer häßlich, einer aus guter Familie stammend und ein anderer aus einer schlechten? Wie kommt es, daß der eine ein langes und der andere ein kurzes Leben hat? Als Antwort auf solche und ähnliche Fragen wird bekanntlich das Karma präsentiert. Gott, was auch immer seine Rolle sein mag, kann demnach nicht der Ungerechtigkeit oder Grausamkeit (*nairghṛṇya*) bezichtigt werden.[13] Aber die Betroffenheit über den Tod, und zumal die Erfahrung des vorzeitigen Todes in der Blüte des Lebens, das Erlebnis des Verlustes, der Verzweiflung und der scheinbaren Ungerechtigkeit bedürfen ja keiner theistischen Prämissen. Auch im Buddhismus, zum Beispiel im Cūḷakammavibhaṅgasutta des Majjhimanikāya, kann das Karma (*kamma*) als Erklärung für die ungleiche Verteilung von Lebensgütern, und zumal für eine ungleiche Länge des Lebens und vorzeitigen Tod beschworen werden.[14]

[13] Vgl. z. B. Śaṅkara, Brahmasūtrabhāṣya 2.2.34, sowie die Kommentare von Vātsyāyana Pakṣilasvāmin, Uddyotakara *et al.* zu NSū 3.2.60-68 (insb. 3.2.67).

[14] Majjhimanikāya 135; vgl. auch 41 (Sāleyyaka) und 136 (Mahākammavibhaṅga).

Wenden wir uns nun der zweiten Grundfunktion bzw. Grundperspektive des Karma zu, so ist es offenkundig, daß der Zeitpunkt und die Umstände des Todes, insbesondere ein vorzeitiges Sterben sowie grausame und unnatürliche Todesarten, auch im Sinne einer für die Zukunft befürchteten karmischen Vergeltung und somit als Warnsignale für unser gegenwärtiges Verhalten verstanden werden können. Freilich ist es nicht so sehr die Begrenzung des irdischen Lebens und der Zeitpunkt des irdischen Todes, die in dieser Perspektive immer wieder beschworen und als karmische Vergeltung in Aussicht gestellt werden; viel häufiger ist in diesem Zusammenhang davon die Rede, daß als Lohn oder Strafe für bestimmte Handlungsweisen eine bestimmte Existenz- oder Aufenthaltsdauer in Himmeln, Höllen oder anderen Bezirken der Vergeltung zu erwarten sei. Das Ausmaß der Strafe bzw. des Lohnes ist hier jeweils zeitlich quantifiziert; der Zeitpunkt des jeweiligen "Todes", das heißt der Entlassung aus einem bestimmten Existenzbereich, ist genau vorherbestimmt.

Solche für die Frühgeschichte der Karma- und Wiedergeburtslehre wichtigen Texte wie die Chāndogya- und Bṛhadāraṇyaka-Upaniṣad gehen davon aus, daß die Dauer des Aufenthalts in den überirdischen Bereichen sich nach der Menge des zuvor angesammelten rituellen Verdienstes bemißt. Sobald der entsprechende Vorrat erschöpft ist, erfolgt das 'Heraussterben' bzw. Herausfallen aus den himmlischen Sphären, und die Rückkehr in den Bereich des irdischen Daseins wird angetreten.[15] Andere, meist spätere Texte, etwa die Manusmṛti und das Mahābhārata, erklären demgegenüber, wie aufgrund bestimmter verwerflicher Taten ein zeitlich genau bemessener Aufenthalt in Höllen (*naraka*) oder anderen als Formen der Bestrafung verstandenen Daseinsbereichen verhängt wird. An ein vorzeitiges Entkommen aus solchen höllischen Daseinsformen, sozusagen an ein vorzeitiges Sterben, ist nicht zu denken. Die Körper der Hölleninsassen, so wird uns versichert, sind besonders widerstandsfähig und dauerhaft (*dhruva*), so daß sie die ihnen zugefügten extremen Torturen über lange Zeiträume hinweg unbeschadet überstehen können.[16] Auch im Buddhismus ist dieser Gedanke durchaus geläufig. So lesen wir zum Beispiel im Milindapañha, daß die Kraft früherer Taten es verhindere, daß die Körper der Verdammten vom extremen höllischen Feuer, dem sie jahrtausendelang ausgesetzt sind, verzehrt werden. Der Gesprächspartner Nāgasena verweist dazu auf eine Aussage des Buddha, derzufolge der (in diesem Falle ersehnte) Tod als Heraustreten aus einem schlimmen

---

[15] Chāndogya-Upaniṣad 5.10.5 (*yāvatsampātam*), aber auch 5.2.9 (zum Maß des irdischen Lebens: *yāvadāyuṣaṃ jīvati*); vgl. Bṛhadāraṇyaka-Upaniṣad 6.2.16 und 13 (*yāvaj jīvati*).

[16] Vgl. z. B. Manu 12.16.

Daseinszustand nicht eintreten könne, bevor das für diesen Zustand verantwortliche schlechte Karma ausgelöscht sei.[17] In solchen Fällen gilt nicht der Tod selbst, sondern vielmehr sein Ausbleiben als Strafe.

Das Modell eines genau bemessenen Aufenthaltes in Himmeln und Höllen kann auch auf andere Existenzformen, einschließlich des Daseins als Mensch oder Tier, übertragen werden. Ein Menschenleben erscheint dann als ein von der Vergeltungskausalität vorherbestimmter Aufenthalt in einer karmisch relevanten und angemessenen Daseinsform. Auch in diesem Falle, so wird uns zuweilen (etwa im Mahābhārata) versichert, sei eine Einflußnahme auf die vorherbestimmte Lebensdauer, d. h. ein Beschleunigen oder Hinauszögern des Todes, nicht möglich. Das Karma hat hier offenkundig die Funktion eines alten – und im populären Bewußtsein weiterhin geläufigen – Schicksalsbegriffs (*daiva*, *niyati*) übernommen. "Keiner kann einen retten . . . , der seinem Schicksal verfallen ist, und keiner kann einen wegraffen, dem noch länger zu leben bestimmt ist."[18] Freilich ist eine solche rigoros deterministische Deutung der Lebensdauer und der Todesstunde durchaus nicht als Regel anzusehen. Die Nähe zum Fatalismus der Ājīvikas und anderer marginaler Gruppen, die sich hier andeutet, kann keineswegs als Empfehlung einer solchen Position dienen. In den philosophischen Traditionen des Hinduismus und Buddhismus ist die Behandlung dieser Frage im allgemeinen viel ambivalenter und differenzierter. Einige Beispiele, namentlich aus den klassischen hinduistischen Systemen des Yoga und Vaiśeṣika sowie aus dem Theravāda-Buddhismus, mögen dies illustrieren. Die umfangreichen und detaillierten Ausführungen der Jainas über karmische Kausalität und namentlich über das Verhältnis von Karma und Lebensdauer bzw. "Vitalitätsquantum" (*āyus*; Ardhamāgadhī *āuya*) können im Rahmen dieses Artikels nicht erörtert werden.

In der Literatur des klassischen Yoga bietet die mit Vyāsas Yogabhāṣya beginnende Serie von Kommentaren zu Yogasūtra 2.12-15 die wichtigste und kohärenteste Darstellung zur Problematik des Karma, einschließlich der Frage nach dem Zusammenhang von Karma, Lebensdauer und Tod. Sūtra 2.13 stellt fest, daß, solange die "Befleckungen" oder "Heimsuchungen" (*kleśa*) nicht ausgetilgt seien, das Karma die ihm eigentümlichen Folgen zeitigen werde, d. h. die Geburt in einer bestimmten Spezies (*jāti*), eine bestimmte "Lebensspanne" bzw. "Lebensmenge" (*āyus*) sowie einen gewissen Bestand an Erfahrungen oder Erlebnissen (*bhoga*). Sūtra 2.14 fügt hinzu, daß aufgrund von Verdienst und Schuld (*puṇya*, *apuṇya*) diese drei Bereiche karmischer Wirk-

---

[17] Mil 67.

[18] Vgl. DEUSSEN 1894-1917, Vol. I/3: 104.

samkeit Wohlergehen und Leiden (*hlāda*, *paritāpa*; d. h. laut Vyāsa, *sukha* und *duḥkha*) im Gefolge haben. In einem ganz anderem Zusammenhang, nämlich im Abschnitt über die "übernatürlichen Fähigkeiten" (*siddhi*), wird ein weiterer Hinweis zum Thema Karma und Tod gegeben. Hier, in Sūtra 3.22, erfahren wir, daß durch yogische Konzentration (*saṃyama*) auf das Karma die Erkenntnis des eigenen Todes (*parāntajñāna*) möglich wird; dies schließt offenkundig den Zeitpunkt des Todes ein. Weitere Details darüber, wie das Karma die ihm eigentümlichen Wirkungen hervorbringt und insbesondere die Länge des Lebens und damit den Zeitpunkt des Todes bestimmt, finden wir in Patañjalis Sūtren nicht. Wir müssen uns dafür an die Kommentare halten.

Vyāsas Yogabhāṣya erklärt, daß normalerweise das in einer Lebensspanne angesammelte gute und schlechte Karma die Grundbedingungen des unmittelbar folgenden Lebens festlege, und das bedeutet: Zugehörigkeit zu einer bestimmten Spezies, Lebensdauer sowie affektiver Gehalt (d. h. Bestand an angenehmen und unangenehmen Bewußtseinszuständen). Das karmische Potential des zu Ende gehenden Lebens wird mit dem Eintreten des Todes im Sinne einer Gesamtkalkulation zusammengefaßt und aktualisiert und bringt in geballter, kondensierter Form (*saṃmūrcchita*) die genannten Folgen hervor. Vyāsa sagt in seinem Kommentar zu Sūtra 2.13: *tasmāj janmaprāyaṇāntare kṛtaḥ puṇyāpuṇyakarmāśayapracayo vicitraḥ pradhānopasarjanabhāvena-avasthitaḥ prāyaṇābhivyakta ekapraghaṭṭakena militvā maraṇaṃ prasādhya saṃmūrcchita ekam eva janma karoti. tac ca janma tena-eva karmaṇā labdhāyuṣkaṃ bhavati, tasmin āyuṣi tena-eva karmaṇā bhogaḥ sampadyata iti.*

Die Stelle gibt offenkundige Probleme auf. Einerseits wird erklärt, daß das in dem zu Ende gehenden Leben angesammelte Karma "durch den Tod manifestiert" (*prāyaṇābhivyakta*) sei; andererseits legt die Formel *maraṇaṃ prasādhya* nahe, daß es aber auch selbst zum Eintreten des Todes beiträgt. In jedem Falle gilt ja, daß das Karma des vorangegangenen Lebens das Ende des gegenwärtigen Lebens bereits festgelegt haben sollte. Denn daß *āyus* für Vyāsa eine bestimmte Zeitspanne und nicht lediglich eine chronologisch unverbindliche "Lebenskraft" impliziert, ist wohl kaum zu bezweifeln. Die hier gegebene Problematik wird von Vyāsa nicht weiter geklärt. Stattdessen erörtert er, in größerem Detail als die Regel selbst, eine Reihe von Ausnahmen, deren Ausmaß die Norm karmischer Kausalität als einen möglicherweise nicht sehr häufigen Idealfall erscheinen läßt. Zuweilen ist die Kraft des Karma so stark, daß seine Wirkung nicht bis ins nächste Leben, d. h. die Zeit nach dem Tode, aufgeschoben werden kann, sondern bereits in diesem Leben eintreten muß, etwa in Form abrupter und katastrophischer Wandlungen und Verwandlungen. Andererseits gibt es Karma, das so schwach ist, daß seine Wirkung nicht bereits im unmittelbar bevorstehenden Leben eintritt, sondern erst in einem viel späteren Leben, oder daß sie sich geradezu im Zusammenspiel anderer karmischer Kräfte verliert. Nur dasjenige Karma, das zur "regulären Reifung" im unmittelbar folgenden Leben bestimmt ist, wird mit dem Tode aktualisiert: *adṛṣṭajanmavedanīyasya-eva niyata-vipākasya karmaṇaḥ samānaṃ maraṇam abhivyaktikāraṇam uktam, na tv adṛṣṭajanmavedanīyasya-aniyatavipākasya.*[19] Es ist für unseren gegenwärtigen Zusammenhang nicht notwendig, Vyāsas Darstellung und insbesondere seine Sicht des Verhältnisses der karmischen Ausnahmen zur generellen Regel bzw. idealen Norm weiter zu erörtern. Die für uns zentrale Frage ist: Wie ist die hier postulierte Begrenzung des Lebens (und insofern Bewirkung des Todes) durch das Karma genauer zu verstehen? Was ist der *modus operandi* solcher Kausalität? Was sind ihre Prämissen und Implikationen? Geht es hier vor allem darum, daß eine Lebensspanne genügend Zeit für das von der Vergeltungskausalität jeweils geforderte Maß von *sukha* und *duḥkha*, Wohlbefinden und Leiden, gewährt?[20] Ist das Karma des vorangegangenen Lebens (zumindest im Regelfall) der einzige oder jedenfalls ausschlaggebende Faktor für die Länge und das Ende dieses gegenwärtigen Lebens? Gibt es eine "natürliche", "normale" Lebensdauer, abgesehen von den Besonderheiten karmischer Kausalität? Gibt es eine den verschiedenen Spezies bzw. Lebensformen jeweils angemessene Lebensdauer? Wie verhalten sich andere, natürliche oder gewaltsame Todesarten, z. B. Mord oder Selbstmord, zur karmischen Kausalität? Vyāsa beantwortet diese Fragen nicht. Auch die anderen Kommentatoren bieten keine umfassende Erörterung, sondern nur gelegentliche verstreute Hinweise. Das dem Śaṅkara zugeschriebene Vivaraṇa geht vor allem auf die mögliche Interferenz ritueller Wirkkräfte ein. Kann z. B. eine vom Vater durchgeführte, mit der Geburt und Lebenskraft eines Sohnes assoziierte *putreṣṭi*-Zeremonie einen Einfluß auf die Lebensdauer haben, der mit der "regulären" karmischen Kausalität in Konkurrenz zu treten vermag?[21] Die Motivation, solche oder ähnliche Fragen umfassend und systematisch zu erörtern und zu klären, ist bei den Kommentatoren offenbar nicht sehr stark. Dies steht im Einklang mit der Tatsache, daß letztlich in der Meta-

---

[19] Yogabhāṣya 2.13; vgl. auch die in HALBFASS 1991: 232 Anm. 20 diskutierte Stelle.

[20] Vgl. Yogasūtra 2.14 mit Kommentaren; die karmische Relevanz von *jāti* und *āyus* scheint insofern vor allem darin zu bestehen, daß sie ein bestimmtes Quantum an Wohlbefinden und Schmerz (d. h. an *bhoga* im positiven oder negativen Sinne) zu vermitteln vermögen. Die ursprüngliche Nebenordnung von *jāti*, *āyus* und *bhoga* wird dadurch in Frage gestellt; *bhoga* gilt zunehmend als karmisches Resultat par excellence; vgl. Udayana in seinem Vaiśeṣika-Kommentar Kiraṇāvalī: *tasmāt sarveṣāṃ svakarmanibandhano bhogaḥ, tac ca tannāntarīyakatayā* <konj.: °*īkatayā*> *janmāyuṣī ākṣipati* (Kir 38).

[21] Vgl. Vivaraṇa 2.13.

physik des Sāṃkhya und Yoga die Rolle des Karma beschränkt bleibt, und daß sie hinter anderen systematischen Prämissen zurücktritt.

Der Begriff des Karma ist hier letzlich überlagert und aufgehoben durch die Lehre, daß alles vermeintliche Handeln in Wahrheit ein rein objektives, "natürliches", durch die *prakṛti* und ihre drei dynamischen "Eigenschaften" (*guṇa*) verursachtes Geschehen ist. Letzlich gibt es weder ein Handeln noch ein Subjekt des Handelns. Der reine Geist (*puruṣa*), das absolute Subjekt und wahre Selbst, ist rein passiver, seinem eigenen Sein verpflichteter Zuschauer. Es geht am Ende weder um ein Erklären noch um ein Beherrschen und Überwinden des Karma, sondern um die Einsicht, daß der Glaube, unser wahres Selbst sei in Entscheidungen und Handlungen, Lohn und Strafe, Lust und Leid verstrickt, Illusion und Konfusion ist. Historisch gesehen dürfen wir wohl davon ausgehen, daß die Lehre vom Karma gar nicht Teil des ältesten Sāṃkhya war und erst nachträglich im Laufe späterer Entwicklungen eingeführt wurde; dies geschah dann zuweilen in der Form, daß es als Auslöser für das Strömen und scheinbar bewußte Agieren der Urmaterie (*prakṛti*) ausgelegt wurde. Voll integriert wurde das Karma, was das klassische Sāṃkhya betrifft, freilich nicht; das war wohl auch angesichts der Tatsache, daß es sich hier um eine in fundamentalem Sinne auf Transzendenz und Quietismus ausgerichtete Weise des Denkens handelt, nicht zu erwarten. Im Yoga ist die Rolle des Karma allerdings – möglicherweise unter buddhistischem Einfluß – relevanter und erheblich deutlicher ausgeprägt.

Im Vaiśeṣika-System (sowie im assoziierten Nyāya) sind, wie wir bereits angedeutet haben, die Voraussetzungen für die Artikulation der Idee karmischer Kausalität recht verschieden von denen des Sāṃkhya und Yoga. Hier besteht eine andersartige systematische Bereitschaft, das Karma kategorisch und ontologisch zu klassifizieren sowie in ein Gefüge kausaler Faktoren (*kāraṇa-sāmagrī*) einzuordnen. Das klassische Vaiśeṣika ist ein umfassender Versuch, alles, was es in der Welt gibt, aufzuzählen und zu klassifizieren und gewissen fundamentalen Kategorien (*padārtha*), d. h. Substanz (*dravya*), Qualität (*guṇa*) usw., zuzuordnen.[22] In der endgültigen Fassung des Systems, wie sie bei Praśastapāda vorliegt, erscheinen gutes und schlechtes Karma bzw. Verdienst und Schuld (*dharma* und *adharma* – unter dem Begriff *adṛṣṭa* zusammengefasst) in der Liste der 24 "Qualitäten" (*guṇa*); als Spuren früherer Taten inhärieren sie der Seelensubstanz (*ātman*) des Täters. Welche Rolle spielt nun das in diesem Sinne verstandene Karma für die Deutung des Todes?

---

[22] Vgl. W. HALBFASS, *On Being and What There Is: Classical Vaiśeṣika and the History of Indian Ontology*, Albany 1991: 69-87; zur Problematik der Liste von Qualitäten und zur nachträglichen Hinzufügung von *adṛṣṭa* s. besonders ibid.: 73; 134 f. Anm. 66.

Hier ist zunächst daran zu erinnern, daß es im Vaiśeṣika-System nicht so sehr um die Erklärung des Todes als vielmehr des Lebens geht. Das Leben als ein reales, positives, in der Zeit existierendes Phänomen bedarf der Erklärung, und in dieser Erklärung wird dem *adṛṣṭa* eine essentielle Rolle zugewiesen. Karma gehört zu den Faktoren, die die Verbindung einer Seele (*ātman*) mit einem Körper (*śarīra*) und dem "Denkorgan" (*manas*) herbeiführen und aufrechterhalten. Ohne das Karma (*dharma* und *adharma*) könnten diejenigen physiologischen Prozesse – namentlich das Atmen –, die wir als Leben bezeichnen, nicht stattfinden. Insofern ist Karma eine notwendige Mitursache für das Leben (*jīvanasahakārin*). Stellt diese Mitursache ihre Funktion ein, so bleibt das Leben aus, und der Tod tritt ein. Die "Erklärung" des Lebens durch das Karma ist insofern zugleich eine Erklärung des Todes.

Wir brauchen hier nicht im einzelnen zu erörtern, wie Praśastapāda und seine Kommentatoren (namentlich Vyomaśiva und Śrīdhāra) das Zusammenwirken des *adṛṣṭa* mit anderen physiologischen Faktoren beschreiben und wie sie den Beginn bzw. Wiederbeginn einer körperlichen Existenz nach der Unterbrechung durch den Tod darstellen.[23] Die grundsätzlichen Vorstellungen zur Erklärung des Lebens und somit auch des Todes können folgendermaßen zusammengefaßt werden: Ein gewisses Maß an geeignetem Karma (*adṛṣṭa*) muß zur Verfügung stehen, um ein in bestimmter Weise quantitativ und qualitativ ausgestattetes Leben zu ermöglichen. Das Karma ist, zusammen mit der Nahrung usw., ein Faktor innerhalb des Ursachenkomplexes (*kāraṇasāmagrī*), der notwendig ist, um den Lebensprozeß über einen gewissen Zeitraum hinweg aufrechtzuerhalten. Sobald das Karma erschöpft ist und als Mitursache nicht mehr zur Verfügung steht, geht das Leben zu Ende. Dies scheint vorauszusetzen, daß das Karma sozusagen in bestimmte Einheiten oder Quantitäten aufgeteilt ist, die am Beginn eines Lebens zugewiesen werden und eine jeweils kürzere oder längere Lebensspanne ermöglichen. Karma wird nicht beschworen, um gewaltsame, auffällige oder ungewöhnliche Todesfälle zu erklären. Es erklärt überhaupt nicht das Abschneiden des Lebensfadens, sondern seinen Bestand. Es tritt auch nicht in Konkurrenz zum "natürlichen" Ablauf des Lebens und zum "normalen" Eintreten des Todes. Es ist vielmehr, zumindest der Intention nach, ein in die natürliche Welt und ihre regulären Abläufe

[23] Vgl. besonders PDhS: 308 f. (Praśastapāda); 310 (Śrīdhara). Laut Praśastapāda kann der Bestand an *dharma* und *adharma* sowohl durch entsprechendes positives und negatives Erleben als auch durch gegenseitige Aufhebung erschöpft werden (*yadā jīvanasahakāriṇor dharmādharmayor upabhogāt prakṣayo 'nyonyābhibhavo vā* . . .) und dadurch das Lebensende herbeiführen. Der Tod selbst wird als Austritt (*apasarpaṇa*) des Denkorgans (*manas*) aus dem Körper beschrieben.

integrierter Faktor. Zusammen mit Nahrung, Klima usw. soll es dazu beitragen, das Leben als einen von mancherlei Bedingungen abhängenden und zugleich auf natürliche und reguläre Art zu Ende gehenden bzw. in gewissen zeitlichen Abständen unterbrochenen Vorgang zu erklären. In diesem Sinne trägt es auch dazu bei, den Kreislauf der Wiedergeburt als solchen, den Rhythmus von Leben und Tod, verständlich zu machen.

Die Ausführungen, die wir in den Vaiśeṣika-Texten finden, werden im übrigen in etwas modifizierter Form und z. T. andersartiger Terminologie durch ausführliche Erörterungen in der Literatur des älteren Nyāya ergänzt.[24] Der Vaiśeṣika-Begriff des *adṛṣṭa* ist dem Nyāyasūtra und Nyāyabhāṣya noch fremd; stattdessen ist von *karman* als einer der Seele inhärierenden "Disposition" (*saṃskāra*) die Rede.

Die im klassischen Yoga vertretene Auffassung, daß im Regelfall das während eines einzigen Lebens angesammelte Karma die Dauer des unmittelbar folgenden Lebens festlege, finden wir im Vaiśeṣika und Nyāya nicht. Solche zumindest dem Anschein nach teleologische oder antizipatorische Kausalität wird hier vermieden. Dennoch besteht keineswegs eine radikale Unverträglichkeit zwischen den beiden Modellen, wenn wir von der verschiedenartigen Terminologie und den ungleichen systematischen Prämissen absehen. Auch im Vaiśeṣika muß ja am Ende eines Lebens die für das folgende Leben als "Mitursache" verfügbare karmische Energie auf gewisse Weise quantifiziert werden. Anderenfalls wäre nicht verständlich, warum sie zu einer bestimmten Zeit erschöpft ist und dadurch den Tod herbeiführt. Andererseits dient auch im Yoga das Karma eher der Erklärung des Lebens als des Todes, wobei freilich die Rede von der Lebensspanne (*āyus*) den Tod als Grenze des Lebens impliziert.

Durch seinen Begriff des Ursachenkomplexes (*kāraṇasāmagrī*) verfügt das Vaiśeṣika über ein Mittel, die karmische Energie zumindest scheinbar in das Weltgeschehen und in das Gefüge "natürlicher" Kausalität zu integrieren. Freilich gelingt die Integration nur dadurch, daß mancherlei Fragen und Probleme umgangen werden. Wie steht es mit dem Fall einer Konkurrenz oder Gegenläufigkeit karmischer und nichtkarmischer Kausalitätsfaktoren? Kann das, was im Sinne der Vergeltungskausalität geschehen sollte, durch faktische Umstände verhindert werden? Greift die karmische Kausalität in reguläre kosmische und physische Abläufe verändernd ein? Positive Antworten auf beide Fragen deuten sich an, werden jedoch nicht explizit und systematisch

---

[24] Vgl. NSū und NBh 3.2.26 f.; 3.2.60-72. *adṛṣṭa* hat hier eine andere Bedeutung als im Vaiśeṣika und wird offenkundig noch nicht im Sinne einer Eigenschaft der Seele verstanden.

ausgeführt. Offenkundig ist jedoch, daß die postulierte Integration durchaus problematisch bleibt.[25]

Eine präzise Bestimmung der Lebensdauer durch das Karma ist im Nyāya und Vaiśeṣika gewiss nicht intendiert. Dies wäre kaum mit der Idee der *kāraṇasāmagrī* zu vereinbaren und stünde auch im Widerspruch zu der grundsätzlich stets vorausgesetzten Fähigkeit der Seele, Entscheidungen zu treffen und Initiativen zu ergreifen. Anders als der *puruṣa* des Sāṃkhya-Yoga ist der *ātman* des Nyāya-Vaiśeṣika kein rein passiver und transzendenter Zuschauer, sondern, im Bunde mit dem Denkorgan (*manas*) und dem Körper, ein agierendes Subjekt, das gewiß Einfluß auf die Gestaltung des Lebens und den Zeitpunkt des Todes nehmen kann. Explizitere Erörterungen über die Möglichkeiten, die Lebensdauer zu beeinflussen, sowie über das Verhältnis von karmischem "Schicksal" (*daiva*) und menschlicher Initiative (*puruṣakāra*) finden sich in der medizinischen Literatur, namentlich bei Caraka, der ja mit systematischen Prämissen des Vaiśeṣika arbeitet. Die Lebensdauer hängt solchen medizinischen Aussagen zufolge gleichermaßen von menschlicher Initiative – einschließlich medizinischer Maßnahmen – wie vom ererbten Karma ab. Anderenfalls wäre die Medizin als Wissenschaft von der Lebensdauer (*āyurveda*) ja nutzlos und überflüssig.[26] Und obschon *āyus* hier wie auch im Yoga offenbar eine bestimmte Lebensspanne impliziert, darf doch nicht vergessen werden, daß im Bedeutungsfeld dieses Wortes auch die Idee einer "Lebenskraft" und "Lebensmenge" liegt, deren tatsächlicher Verbrauch nicht *eo ipso* auf einen bestimmten Zeitraum festgelegt ist.

Wie schon bemerkt, bieten die Vaiśeṣika- und Nyāya-Texte kaum Einzelheiten über die Frage, wie das Karma innerhalb des "Ursachenkomplexes" mit anderen Faktoren kooperiert bzw. konkurriert. Deutlichere Konturen gewinnt das Thema im Buddhismus, namenlich in der Auseinandersetzung des Theravāda-Buddhismus mit anderen Traditionen.

Die Idee, daß das Karma (*kamma*) eine Rolle bei der Bestimmung der Lebensdauer zu spielen habe, wird, wie wir gesehen haben, in solchen Texten wie dem Cūḷakammavibhaṅgasutta des Majjhimanikāya offenbar vorausge-

---

[25] Vgl. z. B. Uddyotakara NV 4.1.46 zur Rolle des Karma beim Wachsen eines Baumes; es handelt sich hier keineswegs *eo ipso* um das Karma, das dem Baum selbst oder demjenigen, der ihn pflanzt, zugehörig ist. Zur Interferenz karmischer Einflüsse vgl. NV 3.2.61 [p. 442]; vgl. auch den Ausdruck *niyāmaka* NV 3.2.66. Praśastapāda verwendet ambivalente Ausdrücke wie *adṛṣṭāpekṣā* oder *dharmādyapekṣā*; PDhS 207; 259.

[26] Vgl. M. G. WEISS, Caraka Sāṃhitā on the Doctrine of Karma. In: W. D. O'FLAHERTY (ed.), *Karma and Rebirth in Classical Indian Traditions*, Berkeley 1980: 94 ff.

setzt.[27] Aber was ist damit im einzelnen gesagt? In welchem Sinne ist das Karma hier als kausaler Faktor wirksam? Wie verhält es sich zum Sterben als einem "natürlichen" Vorgang? Verursacht es nur besondere, ungewöhnliche, vorzeitige Todesfälle? Ist es Ursache oder Mitursache für den Tod und das Sterben schlechthin? Auf welche Weise fügt es sich den anderen Ursachen ein, denen ein Einfluß auf die Dauer des Lebens und den Eintritt des Todes zugeschrieben wird?

In den Jahrhunderten nach dem Auftreten des Buddha werden solche und ähnliche Fragen aufgenommen und von den verschiedenen Sekten und Schulen mit zunehmender Intensität diskutiert. Verschiedene Antworten und Lösungsversuche werden vorgetragen. Das dem Theravāda-Kanon eingefügte Kathāvatthu bietet uns eine Reihe von Hinweisen und Zusammenfassungen zu diesem Thema, das in verschiedenen Kontexten explizit hervortritt. Abschnitt VII.8 diskutiert die These, daß Altern und Sterben (*jarāmaraṇa*) schlechthin eine Form "karmischer Reifung" (*kammavipāka*) darstellen. Diese Ansicht wird mit den sogenannten Andhakas assoziiert.[28] Im vorhergehenden Abschnitt (VII.7) vertreten die Andhakas die Ansicht, daß die "Erde" (*paṭhavī*) selbst, d. h. das bewohnte Land, in seiner materiellen Existenz und Struktur und zugleich in seiner Nutzung durch und Bedeutung für empfindende Lebewesen eine Manifestation karmischer Reifung (*kammavipāka*) sei. Dies ist für die Theravādins nicht akzeptabel. Karma "reift" im Bereich subjektiven Erlebens, in Form von Bewußtseins- und Empfindungszuständen, in Schmerz und Freude und Emotionen (freilich nicht in Intentionen und Entscheidungen, die ihrerseits neues Karma erzeugen; was Karma erzeugt, darf nicht seinerseits *kammavipāka* sein). Nach Auffassung des Theravāda entsprechen Altern und Tod als objektive, physische Vorgänge ebensowenig wie die "Erde" in ihrer materiellen Struktur diesen Kriterien. Sie bieten vielmehr einen objektiven Rahmen und eine physische Grundlage für die inneren Vorgänge und Zustände, in denen das Karma heranreift. Sie sind keineswegs selbst *kammavipāka*. Gleichwohl ist das von den Andhakas formulierte und ins Licht gerückte Problem auch für die Theravādins durchaus relevant. Sie wollen ja keineswegs bestreiten, daß die Vergeltungskausalität des Karma die physische Welt, das heißt den objektiven Rahmen, innerhalb dessen *kammavipāka* stattfindet, beeinflussen und sogar prägen und gestalten kann. Dies gilt insbesondere für den eigenen Körper, der als Vehikel und Medium karmisch konstituierter

27 MN 135; vgl. auch 41 (Sāleyyaka) und 136 (Mahākammavibhaṅga).

28 Die Bezeichnung "Andhaka", die auf Āndhra und möglicherweise auf Entwicklungen in der Früh- und Vorgeschichte des Mahāyāna verweist, erscheint in der Aṭṭhakathā.

angenehmer und unangenehmer Erlebnisse fungiert. Damit ist vorausgesetzt, daß *kammavipāka* nicht die einzige Form karmischer Wirkkraft oder vom Karma ausgehender Kausalität ist. In der Tat finden wir im Abhidhamma (namentlich im Paṭṭhāna) und in der Kommentarliteratur neben der Bedingtheit im Sinne von Reifungskausalität (*vipākapaccaya*) auch eine durchaus andersartige karmische Bedingtheit (*kammapaccaya*).[29] Während die Reifungskausalität im eigentlichen Sinne an die mental-subjektive Sphäre gebunden ist, kann die anders geartete karmische Bedingtheit sich sehr wohl im physisch-materiellen Bereich manifestieren und zur Gestaltung materieller Verhältnisse beitragen. Die Aṭṭhakathā zu den zitierten Stellen im Kathāvatthu nimmt auf diese Unterscheidungen explizit Bezug. Das Karma kann durchaus in eine physische Gegebenheit, wie die "Erde" (*paṭhavī*), hineinwirken; es handelt sich dann aber nicht um *kammavipāka*. Und dies gilt auch für die physischen Abläufe des Alterns und Sterbens (*jarāmaraṇa*).[30]

Wie auch immer die begriffliche Unterscheidung von *kammapaccaya* und *vipākapaccaya* im einzelnen durchgeführt und ausgelegt werden mag, die karmische Kausalität ist in jedem Falle in ein Netz von Kausalzusammenhängen eingefügt, von dem sie nicht isoliert werden kann. Die Idee ausnahmsloser, legalistisch verstandener karmischer Gerechtigkeit hat insofern ihre Grenzen. Die Geltung der beiden Postulate, daß dem karmischen Subjekt nichts Unverdientes zustoßen sollte (*akṛtābhyāgama*) und daß es andererseits kein Ausbleiben von Tatfolgen (*kṛtavipraṇāśa*) geben sollte, scheint in Frage gestellt.[31] Freude und Schmerz sind keineswegs in allen Fällen Reflexionen und Resultate früherer Taten, sind keineswegs in allen Fällen karmisch "verdient" (ganz abgesehen davon, daß Bewußtseinszustände, die mit karmisch relevanten Entscheidungen und Intentionen zu tun haben, ja nicht bloßes karmisches Resultat oder *kammavipāka* sein können). Und dies gilt auch für Krankheit, Altern und Tod und die sie begleitenden Erlebniszustände.

Besondere Aufmerksamkeit gilt in diesem Falle dem Buddha selbst bzw. den Arhats. Kann den Arhats noch neues Leid zugefügt werden? Können sie, die in eine von weltlichen Fesseln und von der Aussicht auf Wiedergeburt freie soteriologische Bahn eingetreten sind, "zur Unzeit", d. h. ohne die Spuren ihres Karma vollständig getilgt zu haben, getötet werden? Nicht nur die im

---

[29] Vgl. NYANATILOKA, *Buddhistisches Wörterbuch*, Konstanz o.J.: 145-152 (s.v. *paccaya*).

[30] Vgl. Kathāvatthuppakaraṇa-Aṭṭhakathā (ed. N. A. JAYAWICKRAMA), London 1979: 101 (zu VII.8); Buddhaghosa, Visuddhimagga XVII.88 ff.

[31] Zu diesen Postulaten vgl. HALBFASS 1991: 329 Anm. 5.

Kathāvatthu präsentierten und in der Aṭṭhakathā namentlich identifizierten Rājagirikas und Siddhatthikas, auch andere Gruppen postulieren, daß es für den Arhat keinen "unzeitigen" (*akāla*) Tod durch Unfall, Mord usw. geben könne.[32] Die Theravādins betonen demgegenüber, daß auch Arhats wie die übrigen Lebewesen nicht gegen solche Formen physischer, keineswegs *eo ipso* karmisch gesteuerter Kausalität wie Gift, Waffen oder Feuer gefeit seien. Wir haben bereits auf die Stellen im Saṃyutta- und Aṅguttaranikāya sowie im Milindapañha hingewiesen, denen zufolge es mancherlei Ursachen für Krankheiten geben kann. Karma (*kamma*) ist nur eine unter diesen Ursachen, die z. T. rein "natürlicher", physischer oder physiologischer Art sind. Wir verweisen hier insbesondere auf den mit dem Terminus *utu* (Sanskrit *ṛtu*) bezeichneten Ursachentypus. *utu* ist zunächst "Jahreszeit", "rechte Zeit", "Regelmäßigkeit" und sodann, in abstrakterem Sinne, "natürliche Ordnung" (namentlich im Bereich unorganisch-physischer Kausalität) schlechthin.[33] In diesem Sinne erscheint *utu* auch in einer seit dem Abhidhamma geläufigen Liste von fünf Regelmäßigkeiten (*niyama*), denen das Weltgeschehen im allgemeinen unterworfen ist. Es handelt sich dabei um die Regelmäßigkeiten des *kamma* (*kammaniyama*), der normalen unorganischen, physischen Ordnung (*utuniyama*), des organischen, biologischen (*bījaniyama*) und des psychologisch-mentalen (*cittaniyama*) Bereichs, und schließlich um die Ordnung, die mit der Wahrheit, Perfektion und Transzendenz zu tun hat (*dhammaniyama*). Ganz offenkundig hat diese Liste auch ihre Relevanz für die kausale Erklärung des Alterns und Sterbens (*jarāmaraṇa*).[34]

Daneben finden wir in der Kommentar- und Kompendienliteratur auch eine Liste von vier Faktoren, die ganz speziell der kausalen Erklärung des Todes dient. Der Tod tritt dieser Liste zufolge aus einem der folgenden Gründe ein: 1) Die Kraft des Karma, das eine bestimmte Existenz innerhalb einer bestimmten Lebensform initiiert hat, ist erschöpft (das entspricht der Funktion, die uns auch im Vaiśeṣika begegnet ist und im Yoga impliziert scheint).

---

[32] Kathāvatthu XVII.2. Zur willentlichen Verlängerung oder Verkürzung des "Lebensquantums" durch Arhats vgl. L. SCHMITHAUSEN, *Der Nirvāṇa-Abschnitt in der Viniścayasaṃgrahaṇī der Yogācārabhūmiḥ*, Wien 1969 (die im Register p. 204 zu *āyuḥsaṃskārāḥ* genannten Stellen).

[33] Vgl. The PTS Pali-English Dictionary s.v. *utu*; sowie die oben Anm. 9 f. genannten Stellen über Krankeitsursachen.

[34] Vgl. C. A. F. RHYS DAVIDS, *Buddhism*: A Study of the Buddhist Norm, New York o. J.: 118 f. Statt *niyama* erscheint auch *niyāma*; z. B. The Atthasālinī. Buddhaghosa's Commentary on the Dhammasaṅgani, ed. E. MÜLLER, London 1897: 272. Vgl. auch Anuruddha, Abhidhammatthasaṅgaha VI.6 ff. (vier Ursachen für materielle Phänomene, darunter *utu* und *kamma*).

2) Die der jeweiligen Lebensform bzw. Spezies von Natur aus angemessene Lebensdauer ist erreicht.
3) Eine Kombination beider Kausalitätsfaktoren stellt sich ein.
4) Der destruktive Einfluß eines besonderen und stärkeren *kamma* hebt die übrigen Faktoren auf und führt dadurch einen vorzeitigen Tod herbei.

Es besteht insofern eine durchaus wesentliche, sehr relevante Beziehung zwischen Karma und Tod. Jedoch wird auch in dieser Liste wiederum bestätigt, daß das Karma keineswegs die einzige für die Länge des Lebens und den Eintritt des Todes entscheidende Ursache ist.[35]

Es ist nun an der Zeit für einige abschließende und zusammenfassende Beobachtungen und zugleich für einige Fragen und Perspektiven, die über das bisher Gesagte hinausführen mögen. Warum tritt der Tod eines Lebewesens, eines Menschen zumal, zu einem bestimmten Zeitpunkt ein? Was sind die Faktoren, die über die Länge eines Lebens entscheiden? Warum müssen Lebewesen überhaupt sterben? In welchem Sinne und Maße entscheidet das Karma über die Dauer des Lebens? Inwiefern trägt es zum Phänomen des Alterns und Sterbens überhaupt bei? Wir haben eine Reihe von Antworten und Erörterungen zu diesen Fragen diskutiert und uns dabei auf hinduistische wie auch auf buddhistische Quellen bezogen. Dagegen haben wir die reichhaltigen Jaina-Quellen ausgespart. Wie wir gesehen haben, ist die Ansicht, daß das Karma allein und im Sinne eines unabänderlichen Schicksals über die Lebensdauer und somit über den Zeitpunkt des Todes entscheide, relativ selten. Sie erscheint als Extrapolation der Lehre, die besagt, daß der Aufenthalt in Höllen oder Paradiesen zeitlich genau bemessen und durch Verdienst und Schuld prädeterminiert ist. In Analogie dazu gilt das Erdendasein selbst als jeweils zeitlich begrenzte Phase karmischer Vergeltung, die weder verkürzt noch verlängert werden kann. Wir fanden diese für das Gesamtbild keineswegs repräsentative Position z. B. im Mahābhārata.[36]

---

[35] Vgl. Abhidhammatthasaṅgaha V.12; Buddhaghosa, Visuddhimagga VIII.2 f. (wo die Kombination der ersten beiden Faktoren nicht separat genannt ist und der Tod durch destruktives Karma als *akāla* bezeichnet wird). Vgl. hierzu auch Vasubandhu, Abhidharmakośabhāṣya II.45 (ed. P. PRADHAN, Patna 1967: 74): der Tod tritt "durch Erlöschen der Lebensspanne bzw. Lebenskraft" (*āyuḥ-kṣayād*), d. h. aber letztlich "durch Erschöpfung des Karma, das in der Lebensspanne seine Reifung hat" (*āyurvipākasya karmaṇaḥ paryādānāt*). Damit sind alle hier genannten Todesursachen letztlich im Karma begründet. Vgl. auch II.10 (ed. PRADHAN: 43 f.) zur Beeinflussung der Lebenskraft durch die übernatürlichen Kräfte (*ṛddhi*) von Arhats. Vgl. auch S. COLLINS, *Selfless Persons*, Cambridge 1982: 227 ff.; zum Gebrauch von *āyus/āuya* bei den Jainas vgl. W. SCHUBRING, *Die Lehre der Jainas*, Berlin und Leipzig 1935: 120 ff.

[36] Vgl. DEUSSEN 1894-1917, Vol. I/3: 104.

Als Idealfall erscheint das Postulat einer karmisch prädeterminierten Lebensdauer freilich auch im klassischen Yoga-System. Wie wir gesehen haben, soll das am Ende eines Lebens gleichsam "zusammengeballte" (*saṃmūrcchita*) Karma im Regelfall die Dauer und das Ende des unmittelbar folgenden Lebens bestimmen. Jedoch werden so viele Ausnahmen hierzu angenommen, daß der Sinn der Regel selbst in Frage gestellt scheint. Indes stammen die Einflüsse, die die Ausnahmen herbeiführen, ihrerseits durchwegs aus dem karmischen Bereich. Die Frage, inwieweit natürliche Kausalfaktoren in die durch das Karma bestimmten Abläufe einzugreifen und zum Eintreten des Todes beizutragen vermögen, wird nicht explizit diskutiert.[37] Im Vaiśeṣika erscheint das Karma (d. h. *dharma* und *adharma*, zusammengefaßt als *adṛṣṭa*) als unerläßlicher Faktor innerhalb des Ursachenkomplexes (*kāraṇasāmagrī*), von dem das Leben zusammen mit seinen konstitutiven physiologischen Funktionen, besonders der Atemfunktion, abhängt. Ist das für eine bestimmte Lebensspanne zureichende Karma erschöpft, so tritt der Tod ein. Wie das Karma mit den übrigen Faktoren im Ursachenkomplex (z. B. Nahrung, Lebensweise usw.) zusammenwirkt oder konkurriert, und wie dadurch das Ende des Lebens möglicherweise beschleunigt oder verzögert wird, wird nicht im einzelnen erörtert. Jedoch dürfen wir davon ausgehen, daß im Vaiśeṣika (und ähnlich auch im Nyāya) das Karma bzw. *adṛṣṭa* keineswegs die allein ausschlaggebende Ursache für die Dauer des Lebens und somit den Zeitpunkt des Todes ist.

Deutlicher und expliziter wird das Thema im Theravāda-Buddhismus behandelt. Radikalere Versuche, den Zeitpunkt des Todes wie auch die Phänomene der Sterblichkeit und des Todes als solche grundsätzlich aus dem Karma herzuleiten, werden abgelehnt. Neben dem Karma gibt es auch andere, "natürliche" und empirische Kausalfaktoren, die den Tod herbeiführen können. Auch ganz abgesehen von allen gewaltsamen und vorzeitigen Todesarten gilt, daß das Leben eines Menschen, wie auch anderer Spezies, auf natürliche Art begrenzt ist und eine bestimmte Länge nicht überschreiten kann. Dem Leben selbst ist ein gewisser zeitlich bestimmter Rhythmus des Sterbens und der Regeneration zu eigen. Dieser Rhythmus kann freilich von Fall zu Fall durch karmische Kausalität modifiziert werden. Auch die besonderen Umstände des Sterbens, namentlich das Ausmaß des dabei zu erduldenden Leidens, gelten als Wirkungsfeld des Karma. Wir dürfen freilich nicht vergessen, daß die Theravādins keineswegs den Buddhismus insgesamt repräsentieren, und daß die Tendenz, das Altern und Sterben schlechthin durch das Karma zu erklären, nicht auf die im Kathāvatthu auftretenden und in der Aṭṭhakathā namentlich

---

[37] Siehe oben Anm. 19 f. (zu YSū 2.13 mit Kommentaren).

genannten Schulen beschränkt ist. Dies ist im Einklang mit einer zumindest als Möglichkeit des Denkens sichtbaren Tendenz, das kosmische Geschehen insgesamt als ein karmisches Drama zu konzipieren und die Realität der Welt auf karmisch relevante, durch die Handlungskausalität konstituierte Erfahrungs- und Erlebnisbestände zu reduzieren.[38]

Im übrigen gilt auch im Theravāda nicht weniger als in den anderen Schulen des Buddhismus und Hinduismus, daß es ohne Karma (im Bunde mit dem als *avidyā / avijjā* bekannten fundamentalen Mißverstehen der Welt und unserer selbst) keine Wiedergeburt und somit auch keinen Wiedertod gibt.[39] Bedeutet dies, daß das Karma letztlich doch den Tod als solchen erklärt? Wenn wir einen minimalistischen Sinn von "Erklären" zugrundelegen und nicht vergessen, daß solches "Erklären" nicht vom Interesse theoretischen Begreifens, sondern von der Therapie und Transzendenz geleitet ist, mögen wir diese Frage bejahen. Jedoch gilt ja zumal im Buddhismus, daß es nicht so sehr der Tod ist, der einer wie auch immer zu verstehenden Erklärung bedarf, sondern das Leben – ein Leben freilich, dem der Tod zugehörig und immanent ist, innerhalb dessen das Sterben beständig wiederholt wird. In welchem Sinne kann hier davon die Rede sein, daß der Tod, der doch das Ende und die Negation des Lebens ist, ihm zugleich immanent sei?

Die Lehrer des Theravāda, z. B. Buddhaghosa, weisen uns darauf hin, daß es neben der geläufigen Bedeutung des Todes als Ende oder zumindest tiefgreifende Unterbrechung des Lebens eine ganz andere und letztlich doch eng verwandte Bedeutung gibt: das Sterben (*maraṇa*), das in jedem Augenblick des Lebens stattfindet, die Zeitlichkeit und Sterblichkeit als solche, der fortgesetzte Verlust der Identität, der eine zentrale Verfassung unseres Daseins ist. Das im normalen und alltäglichen Bewußtsein als Tod bezeichnete, als fundamentalste Bedrohung unserer Existenz erlebte und gefürchtete Ereignis ist nur eine besonders auffällige, für das Alltagsbewußtsein einzigartige Manifestation dieser immer gegenwärtigen Grundverfassung.[40]

Es charakterisiert den Buddhismus, daß er diese im Sein selbst und namentlich in unserem eigenen Sein angelegte Sterblichkeit, Zeitlichkeit und Vergänglichkeit (*vināśitva*) als eine Grunderfahrung auslegt, die allem Erklären immer

---

[38] Wir dürfen hier an das Yogācāra-System erinnern; vgl. auch z. B. Yogabhāṣya 4.15: *kecid āhuḥ. jñānasahabhūr eva-artho bhogyatvāt sukhādivat*; im Vivaraṇa wird dies als buddhistische Ansicht erklärt; sowie P. GRIFFITHS, Karma and Personal Identity. *Religious Studies* 20 (1984): 481-485.

[39] Dies ist z. B. in der Lehre vom *pratītyasamutpāda* und entsprechenden hinduistischen Formeln (z. B. NSū 1.1.2) impliziert.

[40] Vgl. z. B. Buddhaghosa, Visuddhimagga VIII.1; 10 ff.; 33.

schon zuvorkommt und das Interesse am Erklären selbst grundsätzlich überschreitet und aufhebt. Wenn etwas der kausalen Erklärung bedarf, so ist es nicht das beständige Verschwinden (*vināśa*), sondern das stets erneute Entstehen (*utpāda*). Erklären selbst ist letztlich eine Form des Besitzanspruches und der Selbstbehauptung, die im Strom der einmal anerkannten Vergänglichkeit und Sterblichkeit hinfällig wird. Der Tod als Epiphanie der Zeitlichkeit und Vergänglichkeit ist dem Begreifen und Erklären entzogen, und er ist unserem eigenen Dasein nicht fremd. Eben diese Einsicht hilft uns zugleich, die Idee seiner Furchtbarkeit und damit auch unsere eigene Furcht zu überwinden.[41]

Abkürzungen und bibliographische Angaben:

AN	Aṅguttaranikāya. Ed. R. MORRIS and E. HARDY, London 1885-1900
DEUSSEN 1894-1917	P. DEUSSEN, *Allgemeine Geschichte der Philosophie*, Leipzig
HALBFASS 1991	W. HALBFASS, *Tradition and Reflection*: Explorations in Indian Thought, Albany
Kir	Praśastapādabhāṣyam. With the Commentary Kiraṇāvalī of Udayanācārya. Ed. J. S. JETLY, GOS 154, Baroda 1971
Mil	Milindapañha. Ed. V. TRENCKNER, London 1880
NV	Nyāyadarśanam. With Vātsyāyana's Bhāṣya, Uddyotakara's Vārttika, Vācaspati Miśra's Tātparyaṭīkā and Viśvanātha's Vṛtti. Ed. TARANATHA NYAYA-TARKATIRTHA and AMARENDRAMOHAN TARKATIRTHA, CSS 18 und 19, Calcutta 1936-1944 (repr. Kyoto 1982)
PDhS	The Bhāṣya of Praśastapāda together with the Nyāyakandalī of Śrīdhara. Ed. V. DVIVEDIN, VSS 6, Benares 1895
SN	Saṃyuttanikāya. Ed. L. FEER, London 1884-1898

[41] Zur Todesfurcht im frühen Buddhismus vgl. P. SCHMIDT-LEUKEL, *Den Löwen brüllen hören*. Zur Hermeneutik eines christlichen Verständnisses der buddhistischen Heilsbotschaft, Paderborn 1992: 457-476.

DER TOD ALS MITTEL DER ENTSÜHNUNG

(GEMÄSS DEM DHARMAŚĀSTRA)

Von A. Wezler, Hamburg

1.

Die indische Kultur selbst[1] hat bekanntlich weder eine direkte Entsprechung zu unserem Begriff des "Rechts" noch zu dem der "Religion" hervorgebracht. Beide Begriffe sind aber – freilich ohne, daß völlige inhaltliche Übereinstimmung bestünde – in dem des altindischen *dharma*[2], jedenfalls teilweise[3], enthalten, wenn sie diesen auch keineswegs ausschöpfen[4]. Es liegt für den Indologen deshalb nahe, im Zusammenhang mit der Themenstellung dieses Symposions – im Sinne eines möglichst unvoreingenommenen induktiven Ansatzes – den Blick auch auf die Literatur des Dharmaśāstra, des "Lehrwerks über den Dharma", zu richten, deren Anfänge in vorchristliche Jahrhunderte zurückreichen und deren einzelne Texte in vier[5], in etwa

---

[1] "Selbst" heißt in etwa soviel wie "vor-islamisch"; die intendierte Abgrenzung ist keine Ausgrenzung, insofern der Begriff der indischen Kultur natürlich auch den indischen Islam, Parsismus, Sikhismus usw. mit einschließt. – Das Fehlen dieser beiden Begriffe – wie zahlreicher anderer 'importierter' – hat bekanntlich dazu geführt, daß die Lexik nahezu aller neuindischen Sprachen meist aus dem Sanskrit entlehnte Worthülsen aufweist, die mit einem dem zu ersetzenden englischen/europäischen Wort entsprechenden begrifflichen Inhalt gefüllt sind.

[2] Vgl. z. B. den – freilich revisionsbedürftigen – Aufsatz von P. HACKER, Dharma im Hinduismus. *ZMR* 49 (1965): 93-106 (= KlSchr., hrsg. L. SCHMITHAUSEN, Wiesbaden 1978: 496-509) oder LINGAT 1973: 3 ff. bzw. W. HALBFASS, *India and Europe*. An Essay in Understanding, New York 1988: 310 ff.

[3] Zum Problem der Grenzziehung s. z. B. L. ROCHER, Hindu Law and Religion: Where to draw the Line. In: S. A. J. ZAIDI (ed.), *Malik Ram Felicitation Volume* . . . , Delhi 1972: 167-194.

[4] Insofern einerseits Dharmaśāstra-Texte durchaus auch anderes enthalten – etwa Regeln über Sitte und Anstand – und es andererseits eine außerhalb des Dharmaśāstra liegende umfangreiche religiöse Literatur (eigentlich müßte man den Plural gebrauchen) gibt.

[5] Trotz der typologischen Nähe jener Unterart von Nibandhas, deren Verfasser DERRETT 1973: 52 treffend als "digesters of conflicting views" bezeichnet, zu den Kommentarwerken, gilt es ja, der im systematisch-dispositionellen Aufbau liegenden Besonderheit der Nibandhas Rechnung zu tragen, – die dann ihrerseits zur Entstehung juristischer Spezialabhandlungen (mit) beigetragen haben dürften.

historisch aufeinanderfolgende Entwicklungsstufen repräsentierende Gruppen eingeteilt zu werden pflegen, die Sūtras, die Smṛtis, die Kommentare und die Nibandhas ('Digesten').[6]

Die wichtigsten der erhaltenen Texte dieses Teils der Sanskrit-Literatur, aber eben keineswegs alle, liegen inzwischen ediert vor, kaum einer aber in einer kritischen Ausgabe[7]. Die Hilfsmittel, die für die Erschließung dieses Materials zur Verfügung stehen, können trotz bemerkenswerter Fortschritte[8] nur als unzureichend bezeichnet werden: Die Aushebung der für einen bestimmten Fragenkomplex relevanten Textstellen aus der Dharmaśāstra-Literatur wird immer noch in einem gewissen Maße vom Zufall bestimmt,[9] so daß der Bearbeiter nicht absolut sicher sein kann, dabei Vollständigkeit erreichen zu können bzw. erreicht zu haben.

Auf Sterben[10] und Tod – und damit zusammenhängende Fragen und Vorstellungen – kommt das Dharmaśāstra bei gar zu vielen Gelegenheiten zu sprechen, als daß es möglich wäre und als sinnvoll erschiene, wenigstens in dieser Hinsicht Lückenlosigkeit anzustreben.[11]

---

[6] Für einen Überblick über die Literatur des Dharmaśāstra s. z. B. LINGAT 1973: 18-122 oder – knapper – DERRETT 1973. P. V. KANES *History of Dharmaśāstra*, Vol. I (revised and enlarged), Poona 1968 (Pt. I) und 1975 (Pt. II), wird man eher zum Nachschlagen über einzelne Autoren/Werke benutzen.

[7] Eine rühmliche Ausnahme bildet die Ausgabe der Nāradasmṛti von R. W. LARIVIERE (Philadelphia 1989, Pt. 1: Text, Pt. 2: Translation).

[8] P. V. KANES fünfbändige *History of Dharmaśāstra* wäre hier vor allem zu nennen sowie LAXMANSHASTRI JOSHIS enzyklopädischer, wenn auch noch nicht vollständig vorliegender *Dharmakośa*, Wai 1937 ff.

[9] Man bräuchte wohl Jahre, wollte man die gesamte Primär- und Sekundärliteratur durchlesen, und könnte auch dann noch nicht sicher sein, daß man nicht etwas übersehen hat.

[10] Man beachte, daß *maraṇa*, wenn es explizit oder implizit in Opposition zu *mṛtyu* steht, den Vorgang des "Sterbens" bezeichnet – ebenso wie *jarā* unter solchen Bedingungen "Altern" bedeutet (letzteres von P. THIEME, mündlich).

[11] Worauf ich z. B. nicht eingehe, sind die – unseren Gottesurteilen ähnlichen – Ordalien (*divya*), von denen einige (Wasser- und Giftordal), wenn man sie nicht 'besteht', d. h. sich nicht als unschuldig erweist, schon selbst den Tod zur Folge haben können. (Zu den Ordalien, auch der älteren Literatur, s. "Introduction" in: *The Divyatattva of Raghunandana Bhaṭṭācārya.* Ordeals in Classical Law, critically ed. with English translation by R. W. LARIVIERE, Delhi 1981: 1-54 bzw. neuerdings R. W. LARIVIERE, The Last Resort for Dispute Settlement in Classical India. *Droit et Cultures* 22 (1991): 25-32, speziell 26 ("ordeals . . . occasionally life-threatening"). Unberücksichtigt bleiben auch die Verse Manu 11.31-33 (Rede als Waffe des Brahmanen, der selbst berechtigt ist zu töten [s. dazu LINGAT 1973: 219]) und ähnliches (etwa Manu 5.2 ff.). – Man beachte, daß ich der Einfachheit halber bei Stellenangaben der Zählung der Übersetzungen folge. – Anderes bedürfte erst der genaueren Untersuchung, z. B. die von der Wiedergeburt bzw. den Höllenqualen handelnden Verse der Manusmṛti.

Da also Einschränkung geboten ist, konzentriere ich mich im Folgenden auf drei Problemkreise, nämlich

1) den Tod durch Krankheit, d. h. den natürlichen Tod, jedoch infolge schlechten *karmans*,
2) den Tod im Verlauf bzw. als Ende einer Sühnehandlung (*prāyaścitta*) und
3) den Tod durch Hinrichtung als Strafe für ein todeswürdiges Verbrechen.

Die Unterscheidung dieser drei verschiedenen Formen des Todes ist – das sei betont – dem Textmaterial nicht aufgezwungen, aber auch nicht in eigentlichem Sinne des Wortes abgewonnen: Ich befinde mich hier in der glücklichen Situation einer grundsätzlichen Übereinstimmung zwischen einer möglichen, ja plausiblen westlich-systematischen ('etischen') Kategorisierung und einer dem Dharmaśāstra immanenten ('emischen') thematischen Differenzierung. Daß ich mich mit diesen drei Untersuchungsgegenständen nicht bloß am Rande des Themas unseres Symposions – und des von mir zugrundegelegten Textkorpus – bewege, darf ich wohl behaupten, wenn ich mir auf der anderen Seite auch durchaus der Tatsache bewußt bin, daß ich nicht alles für das Thema Wichtige erfassen und behandeln werde. Aber ich gestehe freimütig, daß ich damit nicht nur einer gewissen Not gehorche, sondern ein wenig auch der Maxime *non multa, sed multum* folge. Die Nicht-Indologen sollten sich gegenwärtig halten, daß, was ich zu bieten vermag, lediglich einen Ausschnitt aus nur einer Tradition des Hinduismus darstellt, – womit bekanntlich eine Vielzahl von indischen Religionen bezeichnet wird, deren erstes und wesentlichstes, wenn nicht gar einziges,[12] Element der Gemeinsamkeit darin zu sehen ist, daß andere, autochthone wie nicht-autochthone Religionen sich – jedenfalls ursprünglich und über längere Zeit hin – als selbst von ihnen verschieden verstanden haben.

---

[12] D. h. ich kann mir die von BRIAN K. SMITH (Exorcising the Transcendent: Strategies for Defining Hinduism and Religion. *HR* 27 (1987): 32-55) vorgeschlagene "working definition" ("Hinduism is the religion of those humans who create, perpetuate, and transform traditions with legitimizing reference to the authority of the Veda") nicht zu eigen machen, so sehr ich auch mit seiner Kritik an älteren Definitionen übereinstimme.

Schon der Singular ist falsch und "legitimizing reference . . . " schließt solche religiösen Texte und Traditionen aus, die gerade auf ablehnend-kritische Distanz zum Veda gehen, in denen der Veda also nur mehr ein kritisch zu bewältigendes, aber nicht einfach mit Schweigen zu übergehendes Ärgernis darstellt. Zum Hinduismusbegriff vgl. auch TH. OBERLIES' Rezension der Einführung in den Hinduismus von U. SCHNEIDER, Darmstadt 1989 (*Die Welt des Orients* 23 (1992): 220 f.), sowie ARVIND SHARMA, What is Hinduism? A Sociological Approach. *Social Compass* LXXXIII (1986): 177-183.

Noch zwei weitere Vorbemerkungen sind erforderlich, um möglichen Mißverständnissen vorzubeugen bzw. meine Weise des Umgehens mit dem Textmaterial zu erklären:

1. Schon die einzelnen Dharmasūtras bzw. Smṛtis, geschweige denn ihre Gesamtheit, sind alles andere als ein konsistentes, homogenes Ganzes;[13] sie konfrontieren den Bearbeiter vielmehr mit den verschiedensten Formen und Graden von 'Inkongruenzen' – von leichten inhaltlichen oder sprachlich-terminologischen 'Unebenheiten' bis hin zu eklatanten Widersprüchen –, die ihren Grund in der Entstehung[14] bzw. Entstehungsgeschichte und in der Tradierung dieser Texte haben. Diese besonders intrikaten Probleme der höheren Textkritik – soweit es sich dabei um solche handelt – werden vermutlich noch Generationen von Indologen beschäftigen, wenn denn etwas, das den Namen 'Lösung' verdient, in diesem Bereich überhaupt möglich ist. Ich selbst werde es dabei bewenden lassen, gegebenenfalls von verschiedenen Strängen[15] zu sprechen.

Die einheimischen Kommentatoren und Verfasser der Nibandhas waren durchaus nicht blind, was diese 'Inkongruenzen', diese verschiedenen Stränge anbelangt; im Gegenteil, als Juristen und gestützt auf eine bemerkenswerte allgemeine philologisch-exegetische Tradition erweisen sie sich immer wieder als scharfe und genaue Beobachter der Texte; ihre Einstellung zu diesen Texten insgesamt und ihre Interessenlage ist aber solcher Art, daß sie die 'Inkongruenzen' letztlich erklärend zu beseitigen, das heißt – vor allem unter Anwendung bestimmter, ursprünglich in der Mīmāṃsā entwickelter hermeneutisch-exegetischer Kategorien – als eine differenzierte Hierarchie allgemeiner(er) oder spezieller(er) Normen darzustellen bestrebt sind.

---

[13] Daß neuerdings W. D. O'FLAHERTY und B. K. SMITH (*The Laws of Manu*, New Delhi etc. 1991, "Introduction", p. XLIV ff.) die These von "the coherence of Manu" wieder aufgewärmt haben, verstärkt eher das Gefühl von Niedergeschlagenheit und Frustration, das so manche Neuerscheinung (grundsätzlich deutschsprachige Sekundärliteratur ignorierender?) Indologen hervorzurufen angetan ist; auch O'FLAHERTYS und SMITH' eigene Einschätzung ihrer Leistung in Gestalt der neuen englischen Übersetzung dieses besonders wichtigen Werkes der Dharmaśāstra-Literatur ist entschieden höher als der tatsächlich von ihnen erzielte Fortschritt. Vielleicht sollte man im Zeitalter der Werbung dazu übergehen, die Autoren ihre Werke gleich selbst rezensieren zu lassen.

[14] Siehe dazu den sehr interessanten Beitrag "Dharmaśāstra, Custom, 'Real' Law and 'Apocryphal' Smṛtis" von R. W. LARIVIERE zu: B. KÖLVER (Hrsg.), *Recht, Staat und Verwaltung im klassischen Indien. The State, the Law and Administration in Classical India*, München 1993.

[15] Dieser Begriff ist neutral und dehnbar genug, um auch Widersprüchliches in den Werken eines einzigen Autors abzudecken (s. z. B. Voltaire betreffend K.-H. KOHL, *Entzauberter Blick*. Das Bild vom Guten Wilden und die Erfahrung der Zivilisation, Frankfurt 1986: 153 ff.).

2. Die Fragen der relativ-chronologischen Reihung der Texte, namentlich der älteren Dharmaśāstra-Literatur, sind, soweit sie überhaupt sinnvoll mit Bezug auf Texte als Ganze gestellt werden können, – anders als manches Handbuch suggeriert[16] – noch keineswegs endgültig gelöst. Auch mit Blick auf den Charakter des Rahmenthemas des Symposions – und nicht nur, um philologische Exkurse zu vermeiden – halte ich es deshalb für besser, einer systematisch-inhaltlichen Betrachtung den Vorrang gegenüber einer historisch-genetischen Analyse zu geben.

2.

Daß Krankheit durch ein "Vergehen"[17] verursacht sein kann, glaubten schon die frühen vedischen Inder.[18] Diese Vorstellung reicht mit anderen Worten in eine Periode zurück, als die Theorie vom *karman* und von der Wiedergeburt[19] noch gar nicht entstanden war, die im Dharmaśāstra den theoretisch-doktrinären Rahmen bildet, in den sie in entwickelter Form fort-

[16] Ich denke hier z. B. an DERRETTS (1973: 28) höchst angreifbare Behauptung, daß "the Gautamadharma-Sūtra is generally agreed to be the oldest dharma-sūtra (600-400 B.C.)", mit der ich mich jedoch anderenorts etwas eingehender auseinandersetzen werde. – Daß ich gleichwohl vor allem diesen Text heranziehe, hat also nur praktische und darstellungsökonomische Gründe.

[17] Eine genaue und zugleich umfassende semantische Untersuchung der verschiedenen Sanskrit-Ausdrücke wie *enas, agha, pāpa, kilbiṣa* usw. fehlt noch, so daß die deutschen Äquivalente eher als tastende, jedenfalls unscharfe Versuche anzusehen sind. Zu einer Analyse der Verteilung und Bedeutung von *enas* und *kilbiṣa* bei Manu s. FEZAS 1990: 47-95, insbesondere 63-75. Vgl. auch LINGAT 1973: 232 ff. – Den Gegensatz zwischen "sinner" und "offender", von dem J. N. C. GANGULY (Hindu Theories of Punishment. *ABORI* VIII (1926): 72-92, insb. 81 mit Bezug auf Manu 9.308) spricht, scheint mir in den Text hineingelesen zu sein: Es geht im Text (vgl. 9.303 ff.) eher um die 'Herleitung' – und Legitimierung (?) – der königlichen Strafgewalt aus der Bestrafung von Personen, die sich gegen die "Wahrheit" vergangen haben, durch Gott Varuṇa (im Veda).

[18] Vgl. KANE IV: 174 ff.; GAMPERT 1939: 207 f.; K. G. ZYSK, *Religious Healing in the Veda* (*Transactions of the American Philosophical Society,* Vol. 75, Pt. 7), Philadelphia 1985: 13, 164 und 250.

[19] Der Singular täuscht eine Einheit(lichkeit) vor, die in Wahrheit so nicht gegeben ist. Schon bei ihrer Entstehung lassen sich unterschiedliche Denkansätze ausmachen (s. L. SCHMITHAUSENS Beitrag zu dem vorliegenden Band), erst recht in späterer Zeit ganz verschiedene Theorien, und durchaus auch in einem einzigen Text wie z. B. der Manusmṛti; diese betreffend s. ROCHER 1980: 61-89 sowie A. GLÜCKLICH, *Theories of Karma in the Dharmaśāstra*, Harvard Univ. Diss. 1983. – Gleichwohl gibt es, worauf HALBFASS in der Diskussion hinwies, einen gemeinsamen Kern dieser Theorien, der in der Grundüberzeugung besteht, daß nichts, was man nicht selbst getan hat, im Sinne der Wirkung einen treffen könne (*akṛtābhyāgama*), und nichts, was man getan habe, folgenlos bleiben könne (*kṛtavipraṇāśa*); cf. W. HALBFASS, *Tradition and Reflection*. Explorations in Indian Thought, Albany 1991: 292.

lebend eingeordnet ist. "In entwickelter Form" deshalb, weil diese Vorstellung dort Teil einer umfassenderen 'Lehre' von allerlei Gebrechen und unangenehmen körperlichen Eigenschaften darstellt, denen gemeinsam ist, daß sie karmisch bedingt sind – wobei es unerheblich ist, daß hinsichtlich der speziellen Ursache-Wirkung-Relation, also zum Beispiel der Frage, durch welches 'Vergehen' fauliger Atem verursacht ist, keine völlige Übereinstimmung zwischen den Texten besteht[20]. W i r würden diese 'Gebrechen', wie sie etwa in Manu(smṛti) 11.48-53, man muß wohl sagen, aufgezählt werden[21], in die zwei Gruppen von angeborenen und erst später auftretenden einteilen; aber diese Distinktion ist für die Inder selbst offenkundig nicht von Bedeutung; worum es ihnen vielmehr geht – und in dieser Hinsicht werden sie geradezu emphatisch –, ist eben, daß diese 'Gebrechen' durch schlechtes *karman* bedingt und insofern von dem, der an ihnen leidet, selbst verschuldet sind, wobei bezeichnenderweise allerdings unterschieden wird zwischen "schlechten Handlungen in diesem Leben" und solchen, "die vorher, d. h. in der/einer früheren Geburt(en)" begangen wurden.[22] Die einschlägigen Texte gebrauchen entsprechend deutliche und zugleich sehr griffige Termini, nämlich *pāparoga*[23] für die durch "eine verwerfliche"[24] Tat

---

[20] Vgl. dazu KANE IV: 174 ff.

[21] Vgl. u. a. VāsDhS I 18; XX 6; XXI 43-44; Viṣṇu XLV und Yājñ. III 207-215.

[22] BÜHLERS Auffassung des Wortlauts von Manu 11.48, in der er Medhātithi zu folgen scheint, nämlich *duścaritaiḥ* mit dem ersten *kecit* und *pūrvakṛtais* mit dem zweiten zu verbinden, ist in der Tat die natürlichste (cf. *The Laws of Manu*, (SBE XXV) [Nachdruck], Delhi/Varanasi/Patna 1964 [etc.]: 439 f.).

[23] Expliziert durch *pāpajanyaroga* im Vācaspatya (p. 4310) bzw. *pāpodbhavo rogaḥ* im Śabdakalpadruma (Nachdruck), Vol. 3, Varanasi 1967: 118. Im Vācaspatya wird unter Zitierung aus dem Śuddhitattva-Kapitel des (mir nicht zugänglichen) Smṛtitattva des Raghunandana klargestellt, daß, "obwohl sämtliche Krankheiten durch Hervorrufen von Schmerzen ihre Ursache in einer schlechten Tat haben, gleichwohl [nur] acht Krankheiten, [nämlich] 'Verrücktsein' usw., weil sie hauptsächlich durch eine große Übeltat bedingt sind, *pāparogas* [im technischen Sinn] darstellen" (*yady api sarveṣāṃ rogāṇāṃ duḥkhadāyakatvena pāpahetukatvaṃ tathāpi unmādādyaṣṭarogāṇāṃ prādhānyena mahāpāpajatvena pāparogatvam* . . .); den Verweis auf Nārada in dem anschließenden Zitat (Aufzählung dieser 8 Krankheiten) konnte ich nicht verifizieren. – Belegt Manu 9.30 = 5.164; in Govindarājas Kommentar zu ersterem Vers (s. V. N. MANDLIK, *The Commentary of Govindarāja on Mānava-Dharma Śāstra* . . . ed. with Notes, Bombay 1886 bzw. [gerade nachgedruckt] Delhi 1992) lies: . . . *antakaraiś ca kuṣṭādirogādibhiḥ* oder (s. Rāghavānanda zu 5.165, ed. DAVE) *atyantakrūraiś ca* . . .

[24] Damit gebe ich den Ausdruck *yāpya karman* wieder (s. z. B. GautDhS XIX [= 3.1.] 2), wobei ich mir klar bin, daß etwas semantisch Wesentliches nicht eingefangen wird, eben die durch das Gerundivum ausgedrückte Idee, daß es sich um etwas handelt, das bzw. dessen Folgen man (ursprünglich auch: als Gemeinschaft?) loswerden will. Trotzdem scheint mir diese Wiedergabe noch passabler als etwa GAMPERTS (1939: 200) "gemeine Handlung" oder BÜHLERS (1965: 274) "vile action".

verursachte Krankheit und *pāparogin*[25] für eine Person, die mit ihr behaftet ist.[26]

Besonders wichtig ist nun, daß unter diesen ‘Gebrechen’ nicht nur von Kommentatoren, sondern auch schon in den Grundtexten selbst auch Krankheiten genannt werden, die gemessen an dem damaligen Stand der Medizin (nicht nur in Indien) als in den meisten Fällen über kurz oder lang zum Tode führend anzusehen sind wie etwa Lepra[27] oder Tuberkulose.[28] Die implizierte Abhebung bestimmter und letaler Krankheiten von anderen erinnert daran, daß auch die indische Medizin Krankheiten kennt, gegen die im buchstäblichen Sinne kein Kraut gewachsen ist und als deren Ursache “die in einer früheren Geburt begangene(n) schlechte(n) Tat(en)” (*pūrvakṛtaṃ karma*) angesehen wird.[29] “Sie hören mit dem Tode auf”, sagt der

---

[25] Belegt z. B. Manu 3.92, 3.159; in 3.177 allerdings neben dem *śvitrin* genannt.

[26] Zu untersuchen wäre u. U. auch der Ausdruck *roga*, d. h. was alles unter diesen Begriff fällt.

[27] Vgl. z. B. Manu 11.51 *śvaitrya*, erklärt als *svetakuṣṭhatva*, bzw. die Kommentare zu Manu 5.1, 3.92 etc., die meist *kuṣṭha* (als Beispiel oder allein nennen). Mit R. E. EMMERICK (Some Remarks on the History of Leprosy in India. *Ind.Taur.* 12 (1984): 93-105 sowie ders., Die Lepra in Indien. In: J. H. WOLF (Hrsg.), *Aussatz. Lepra. Hansen-Krankheit*. Ein Menschheitsproblem im Wandel, I. II, Aufsätze, Würzburg 1986: 185-199) ist davon auszugehen, daß beide Ausdrücke a u c h die Lepra bzw. tuberkuloide Lepra bezeichnen, die von den Indern wahrscheinlich gar nicht als von anderen Hautkrankheiten mit ähnlichen Symptomen verschieden (z. B. Leukoderma) erkannt wurden. Im Kontext der Vorstellung von *mahāpāpaja*-Krankheiten (s. Anm. 23) darf man aber wohl davon ausgehen, daß eben “besonders schreckliche” unter der jeweils möglichen tatsächlich gemeint sind.

[28] *kṣaya(roga)*, vgl. z. B. Yājñ. III 209 oder Kullūka zu Manu 3.92. Die Wiedergabe durch “Tuberkulose”, die auf den Ansatz “Auszehrung, Lungenauszehrung” des PW (s.v. 2.) zurückgeht, ist freilich problematisch, wie aus G. J. MEULENBELD, *The Mādhavanidāna and its Chief Commentary*. Chapters 1-10. Introduction, Translation and Notes, Leiden 1974: 458 f. und 629 hervorgeht (“state of decline respresents a wide variety of disorders”). Es gilt aber auch hier das zu *śvaitrya/kuṣṭha* (am Ende von Anm. 27) Angemerkte, verstärkt noch durch die Ausgangsbedeutung von *kṣaya*, die wohl auch auf einen letalen Verlauf hinweist.

[29] Vgl. meinen Aufsatz “On Two Medical Verses in the Yuktidīpikā”. *JEĀS* 1 (1990): 127-148, insb. 132. – Ich benutze die Gelegenheit, auch hier darauf hinzuweisen, daß dort 132,19 *pratyakṣata* und 136,16 member (statt: number) zu lesen ist. – Nachzutragen wäre zu diesem Aufsatz noch folgendes: Der Ṭippaṇī-artige Subkommentar zur Yuktidīpikā – der durch die von mir in Zusammenarbeit mit Shujun Motegi vorbereitete kritische Ausgabe dieses Textes, die in den *ANIST* erscheinen soll, erstmals zugänglich gemacht wird – erklärt *vihāra* durch *vyāyāma*. Interessant in Zusammenhang mit der in dem Aufsatz behandelten Frage auch Car., Sūtrasth. 28.45ab:

āhārasaṃbhavaṃ vastu rogāś cāhārasaṃbhavāḥ | ;

vgl. auch 28.41. Meine Übersetzung eines Satzes aus dem Yogabhāṣya zu YS 4.10 (*l.c.*, 137) ist auf einige – konstruktive – Kritik gestoßen: Mein Freund LAMBERT SCHMITHAUSEN gab (mündlich) zu bedenken, ob *vihāra* in diesem Fall nicht doch “Verweilen (in einem Versenkungszustand)” bedeutet, und T. GELBLUM (Notes on an English translation of the *Yogasūtra*-

Mediziner, das heißt führen zum Tode, wirken aber nicht über ihn hinaus. Für den Vertreter des Dharmaśāstra dürfte auch in Hinsicht auf das Ende und die Folge dieser Art von Krankheit ein ganz anderer Aspekt im Vordergrund stehen, obwohl es die einschlägigen Texte an der erwünschten Explizitheit fehlen lassen.[30] Der Terminus *karmavipāka*, "Reifung [der Wirksubstanz, die durch] eine [frühere gute/schlechte] Tat [produziert wurde]", ist zwar bei Manu nicht bezeugt,[31] die durch ihn bezeichneten bzw. mit ihm verbundenen Vorstellungen dürfen aber, zumindest in ihrem Kern, auch für diesen Smṛti-Text vorausgesetzt werden, d. h. es besteht Grund zu der Annahme, daß sie dem Verfasser/den Verfassern von auf die *karman*-Theorie abhebenden Versen bekannt waren[32]. Eine "verwerfliche Tat" bzw. eine bestimmte Menge solcher bewirkt nicht sofort, nicht unmittelbar, nachdem sie begangen wurde, einen *pāparoga*, sondern erst dann, wenn ihre Wirksubstanz reif geworden ist, d. h. für ihre substanzhafte Wirkung der Zeitpunkt gekommen ist, ihrerseits eine Wirkung zu entfalten. Diese Wirkung z. B. in Gestalt einer schrecklichen Krankheit zu erfahren, bedeutet aber gemäß der *karman*-Lehre für das verantwortliche Subjekt nicht nur die Konfrontation mit Folgen eigenen schlechten Handelns, sondern auch die 'Abgeltung' dieser Folgen, den allmählichen 'Verzehr' der schlechten *karman*-Substanz. Der *pāparoga* und der Tod, zu dem er schließlich nach mehr oder minder langen Qualen führt, sind demnach eine Form der Beseitigung von schlechter – und das heißt letztlich: unheilvoller – *karman*-Substanz, wobei offen bleiben muß, wie die Relation qualitativ gedacht worden ist.[33]

---

bhāṣyavivaraṇa. *BSOAS* 55 (1992): 76-89, insb. 81 Anm. 19) schlägt "exertion" vor, d. h. geht von einer Quasi-Synonymie von *vihāra* und *ceṣṭā* aus. Ich will hier nur soviel dazu sagen, daß ich das Nyāyabhāṣya zu NS 1.1.11 nicht als relevante Parallele werten kann (dort geht es um den Körper als "Sitz" *(āśraya)* u. a. von *ceṣṭā*) und daß der Vers aus dem Yogabhāṣya eine Aussage über die "nicht-sichtbaren" *dharmas* des *citta* schlechthin ist. – Zu "*Caraka Saṃhitā* on the Doctrine of karma" s. den Beitrag von M. G. WEISS in O'FLAHERTY 1980: 90-115, insb. 109.

[30] Einiges dazu findet sich aber bei KANE IV: 174 ff.

[31] Laut KANE IV: 174 ff.; der Begriff begegnet aber bei Yājñ., 3.133, (wo das davon abhängige *karmaṇām* vom Verfasser der Mitākṣarā allerdings als "(ved.) Opfer" verstanden wird). Vgl. auch z. B. Manu 12.61 ff. – eine der sechs *karman*-Theorien in dieser Smṛti gemäß ROCHER 1980 – bzw. A. GLÜCKLICH, *Theories of Karma in the Dharmaśāstra*, Harvard Univ. Diss. 1983.

[32] Zu den *karman*-Theorien im Dharmaśāstra s. die bereits in Anm. 19 genannten Werke, die aber durchaus noch Raum für ein 'Nacharbeiten' lassen.

[33] Theoretisch denkbar ist alles von einem bestimmten Teil bis zur totalen Übereinstimmung. Es war diese 'Elastizität' der *karman*-Theorie, die es erlaubte, eine religionsgeschichtlich jüngere Idee, die von den Höllen und den dort zu erleidenden Qualen nämlich, (freilich nur in diesem Teilbereich) scheinbar glatt mit ihr zu verbinden: Man nahm einfach

Betrachtet man noch einmal den Gesamtkomplex dieser Vorstellungen, dann läßt sich allerdings nicht übersehen, daß der Tod als Folge einer durch das *karman* bedingten Krankheit nur einen Teilaspekt – und gewiß nicht das Zentrum – darstellt. Im Vordergrund steht ersichtlich der durch körperliche Behinderung bzw. Krankheit freudlos-beschwerliche oder gar höchst leidvoll-schreckliche L e b e n s v o l l z u g – um einen Begriff OBERHAMMERS aus seinen "Religionshermeneutischen Bemerkungen zum Phänomen des Todes" aufzugreifen – als *karman*-verursacht. Was an diesem zentralen Inhalt ein wenig irritiert, sind – nicht die Arten von körperlicher Behinderung, die aufgezählt werden, sondern – die Krankheiten, die genannt werden. Daß in Indien daneben die Idee bezeugt ist, daß eine jegliche Krankheit ihre – letzte – Ursache im *karman* des an ihr leidenden Individuum hat,[34] stellt offenbar einen anderen Strang dar und kann insofern hier außer Betracht bleiben. Warum aber sind es nur bestimmte, wenn auch als "überaus schrecklich" gekennzeichnete Krankheiten, die in dem in Rede stehenden Vorstellungskomplex als durch frühere – nicht gesühnte – schlechte Taten bedingt angesehen werden und die zu erleiden die schlechte Tatsubstanz tilgen soll? Selbst wenn – ganz gegen die Erwartung – jede dieser Krankheiten medizinisch eindeutig identifiziert werden könnte – sich also nicht ergeben sollte, daß einzelne der Sanskrit-Bezeichnungen durchaus mehreren verschiedenen Krankheiten / chronischen Leiden entsprechen –, dürfte zumindest ein Restzweifel bestehen bleiben, ob die Erklärung für den 'Katalog' überhaupt bzw. allein im Medizinischen, Symptomatischen zu suchen ist. Ist nicht *a priori* oder aufgrund gewisser Parallelen in der europäischen

---

an, daß nach der "Erfahrung" der "Reifung" der Folgen guter/schlechter Taten im Himmel/Hölle ein R e s t (*śeṣa*) von *karman* übrigbleibt, der die nächste Geburt determiniert (s. z. B. GautDhS XI [= 2.2] 29-30, ĀpDhS II 1.2.2 (ff.) und Kommentatoren zu Manu 11.53). Es wäre möglich, daß sich die Dharmaśāstrins hier der Vorstellung des *karman*-Restes, sie freilich übertragend, bedient haben so, wie sie zur Erklärung des Lebens-'restes' des *jīvanmukta* bzw. des buddhistischen Mönches, der das Nirvāṇa erreicht hat, entwickelt worden ist. Oder verhält es sich genau umgekehrt? ROCHERS Besprechung dieses Elements der *karman*-Lehre (ROCHER 1980: 79 f.) bleibt an der Oberfläche. – Neben der '*pāparoga*-Theorie' ist die Vorstellung bezeugt (z. B. Manu 12.52 f.), daß solche 'Sünder' in einer niedrigen 'Kaste' oder als Tiere bzw. Pflanzen wiedergeboren werden (vgl. GAMPERT 1939: 209). Erwähnung verdient schließlich auch die Idee, die an einer solchen Krankheit leidenden Personen sollten ein *prāyaścitta* durchführen, wobei – wie GAMPERT (1939: 202) anmerkt – die *karman*-Lehre dazu dient, dieser Sühnehandlung "eine ethische Grundlage zu geben". – M. HULIN lenkte, zum Stichwort des *karman*-Restes, meine Aufmerksamkeit (in einem Brief vom 24.1.1993) dankenswerterweise auf Śaṅkaras Bhāṣya zu BS 3.1.8 und zu ChU 5.10.5.

[34] Worauf mich freundlicherweise W. HALBFASS in der Diskussion hingewiesen hat, was aber auch schon aus Anm. 23 hervorgeht.

Tradition[35], wenn nicht eher dann doch zumindest auch, mit der Möglichkeit zu rechnen, daß sich dabei mehrere Faktoren, abstoßender Charakter der Krankheit, mit ihr verbundenes langes Siechtum, Unheilbarkeit, aber auch traditionelle soziale Ächtung oder gar Absonderung des Kranken, miteinander vereinigt haben – wobei es dahingestellt bleiben kann, ob der 'Katalog' diachron der gleiche geblieben ist oder nicht?

Als Stichwort bleibt im Hinblick auf das Rahmenthema gleichwohl festzuhalten: Tod als das Ende eines durch das *karman* zeitlich befristeten, durch es auch in anderer Hinsicht qualitativ-existentiell bestimmten[36] Lebens, herbeigeführt durch eine ebenfalls karmisch bedingte Krankheit, mit der zusammen er aber die Wirkung des *karman* in einem bestimmten Maße neutralisiert und damit den Weg bahnt zu besserer W i e d e r g e b u r t und letztendlich zur B e f r e i u n g aus dem Kreislauf der Geburten.

Ich kann mich aber dem nächsten Kapitel nicht zuwenden, ohne vorher noch die Aufmerksamkeit, wenn auch nur kurz, auf einen ideengeschichtlich wichtigen Aspekt dieser Vorstellungen über bestimmte 'Gebrechen' und körperliche Behinderungen zu lenken. In Manu 11.53 heißt es von den Menschen, die mit ihnen geschlagen sind, sie würden "von den Guten verachtet" (*sadvigarhita*); sie gehören zu derjenigen Gruppe von Personen, die der Veranstalter eines *śrāddha*, einer religiösen Zeremonie für die Verstorbenen, nicht als von ihm zu bewirtende Gäste einladen darf, für die umgekehrt vom frommen "Hausvater"[37] bei der täglichen Darbringung bestimmter Opfer[38] etwas Speise auf die Erde gelegt wird wie gleichzeitig für Hunde, Parias, Caṇḍālas[39], Krähen und Insekten[40]. Diese Hinweise genügen, um der Phantasie nötigen-

---

[35] Ich denke z. B. daran, daß Syphiliskranke in Europa noch im 18. und 19. Jhdt. als "schlechte Menschen" galten, oder daraus, daß Krankheiten als "Strafe Gottes" für begangenes Unrecht betrachtet wurden/werden.

[36] Siehe dazu, da besonders explizit, auch YS 2.13 sowie das Yogabhāṣya dazu.

[37] Skt. *gṛhastha*, für das ich kein besseres, d. h. weniger altväterliches Äquivalent kenne.

[38] Für ersteres s. Manu 3.159, für letzteres 3.92 (Kontext: täglich darzubringende *pañca mahāyajñas*, speziell: *baliharaṇa*).

[39] Bezeichnung einer bestimmten, noch unterhalb des 4. 'Standes' (der *śūdras*) hierarchisch eingeordneten Gruppe von 'Unberührbaren', die aber auch von den *patitas*, den aus der Gemeinschaft der "Zweimalgeborenen" Verstoßenen (s. dazu WEZLER, "*Patana* = exclusion from caste?" [Erscheinungsorgan noch nicht bekannt]) [von mir hier durch "Parias" wiedergegeben], verschieden sind.

[40] Beiläufig möchte ich auf Medhātithi zu Manu 3.92 hinweisen, weil einige Aussagen im Hinblick auf den Umgang mit nicht-menschlichem Leben bemerkenswert sind. So expliziert M. *śanakair* des Grundtextes durch *bhūmyutthitarajasā yathā na saṃsṛjyeta* und schließt aus

falls aufzuhelfen, so daß man sich ein wirklichkeitsnäheres Bild davon machen kann, wie diese Menschen von der Gesellschaft behandelt worden sind. In Wahrheit kann man sich statt auf die Vorstellungskraft auch auf Anschauung stützen, denn selbst im heutigen Indien lassen sich immer wieder einschlägige Beobachtungen machen. Die zitierte Bemerkung von Manu kann deshalb nicht als Ausdruck eines – vom Typ her wohlbekannten – (moralischen) Pharisäertums abgetan werden, sondern stellt einen Fingerzeig für die Erkenntnis dar, daß sich der Hinduismus vor allem durch diese Anschauung über die *karman*-Bedingtheit von bestimmten 'Gebrechen' selbst den Weg zur Entwicklung einer Ethik des Mitleids mit und der helfenden Zuwendung zum leidenden Menschen[41] verbaut hat, ungeachtet der unstreitig vorhandenen, hier und dort bezeugten – z. T. allerdings durch den Buddhismus 'inspirierten' – gedanklichen Ansätze dazu. Diese – aus unserer, von christlichen ethischen Grundsätzen geprägten Sicht[42], beziehungsweise aufgrund des phylogenetisch zu erklärenden 'Instinkts' des Menschen, Artgenossen oder Gruppenmitgliedern schützend zur Hilfe zu eilen – empörend gleichgültige Haltung gegenüber Menschen, die zum Beispiel blind oder lahm geboren sind beziehungsweise an "überaus schrecklichen Krankheiten" leiden, ist insofern allerdings theoretisch konsequent[43], als die Nicht-Einmischung, gleichgültig ob bewußt oder unbewußt, dem Betroffenen objektiv hilft, sein schlechtes *karman* zu tilgen. Außerdem aber gilt es zu verzeichnen, daß die doch so ausgeprägte Privatheit der hinduistischen Ethik[44] ersichtlich keinen Einbruch in diese Haltung erzielt hat, von einer Aushöhlung ganz zu schweigen: Die Möglichkeit, durch

---

der Feststellung *upakāravidhānaṃ cedam*, daß *ata eva ṣaṣṭhyāyāṃ ślokaḥ paṭhyate, na caturthyantena*, aber auch, daß *pakṣiṇāṃ tādṛgdeśe vidhātavyaṃ yatrābibhyataḥ śvādibhyaḥ khādanti* !

[41] Bezeichnenderweise bezieht sich das Ideal des "Nichtverletzens/Nichttötens", jedenfalls in erster Linie, auf tierische und pflanzliche Lebensformen: für den Asketen ergab sich kaum eine Situation, in der er gegen Menschen hätte Gewalt anwenden können oder müssen.

[42] Man assoziiere hier ruhig auch den biologischen Begriff der "Prägung"! Auf plastisch-metaphorische Weise hat MEYER (1902: 114) den Sachverhalt, der heute für eine Mehrzahl von Christen charakteristisch ist, höchst trefflich so ausgedrückt: "Außerdem trägt der Mensch die Fetzen des ihm in seiner Jugend verfertigten Kirchenrocks durchs ganze Leben, wenn er sich auch sonst keinen Deut um so etwas kümmert."

[43] Eine 'Konsequenz' aber, wie sie, wenn auch noch schrecklicher, etwa in Form des Röstens usw. von heidnischen Indianern im Zuge der Eroberung der 'Neuen Welt' auch aus katholischem Denken gezogen wurde. – Zur Behandlung von Blinden und Krüppeln in Indien vgl. übrigens auch J. STRATTON HAWLEY, *Sūr Dās. Poet, Singer, Saint*. Delhi/Bombay/Calcutta/Madras 1984: 3.

[44] Dieser widmet mein Freund S. A. SRINIVASAN eine eingehende Untersuchung, die aber noch nicht abgeschlossen ist.

mitleidsvoll-tätige, den so leidenden Mitmenschen gewährte Hilfe für sich selbst gutes *karman*, religiöses Verdienst zu sammeln, spielt grundsätzlich keine Rolle. Die Leidenden werden auf eine Stufe gestellt mit verachteten Personen "at the bottom of society" und gewissen Tieren, denen ein wenig Futter hinzulegen zu den täglichen Pflichten des "Zweimalgeborenen" gehört, der damit allerdings einem *dharma*-Gebot entspricht und insofern "gutes *karman*" erwirbt. Die Ethisierungstendenzen in diesem Bereich betreffen bezeichnenderweise in erster Linie die Tiere.[45]

3.

Die erwähnte Aufzählung von 'Gebrechen' in der Manusmṛti steht dort jedoch in dem weiteren Kontext der Lehre von den "Sühnehandlungen" (*prāyaścitta*).[46] Darauf wird im Vers 11.54[47] ausdrücklich hingewiesen, wenn es heißt: "Deshalb muß unbedingt zur Reinigung eine Sühnehandlung durchgeführt werden; denn [Leute], die sich [ihrer eigenen] Schuld nicht entledigt haben, werden [wieder-]geboren versehen mit tadelnswerten [körperlichen] Merkmalen (d. h. solchen, die sie zum Gegenstand vorwurfsvoller Ablehnung durch die anderen machen)." Zweifellos liegen die Kommentatoren richtig, wenn sie *aniṣkṛtainasaḥ* durch *akṛtaprāyaścittāḥ*, "[Leute], die keine Sühnehandlung durchgeführt haben", explizieren.[48]

Es bleibe dahingestellt, ob diese textlich-argumentative Verbindung zwischen den Dharmaśāstra-Sachthemen "*karman*-bedingte 'Gebrechen'" und "Sühnehandlungen" ursprünglich ist oder erst sekundär entstanden[49]; mit dem Stichwort *prāyaścitta* ist nicht nur der Übergang zum nächsten Kapitel gewonnen, sondern auch ein für die Geschichte des indischen Rechts besonders bedeutender Begriff genannt. GÖSSELS Feststellung,[50] daß "beides, weltliche

---

[45] Vgl. Anm. 40 und Anm. 41.

[46] Siehe dazu vor allem GAMPERT 1939, ein leider nicht befriedigend rezipiertes Werk von großer grundsätzlicher, allgemeiner wie spezieller Bedeutung. Außerdem U. C. SARKAR, Socio-legal importance of prāyaścitta. *VIJ* 1 (1963): 91-101 sowie (wenn auch teilweise abwegig bzw. irreführend) G. T. DESHPANDE, Prāyaścitta as a Theory of Punishment. *Nagpur Univ. J.* (Humanities) 15 (1964): 8-24.

[47]

caritavyam ato nityaṃ prāyaścittaṃ viśuddhaye |
nindyair hi lakṣaṇair yuktā jāyante 'niṣkṛtainasaḥ || .

[48] Wie es z. B. Kullūka und Sarvajñārāyaṇa tun.

[49] Das ist sowohl generell als mit Blick auf die Manusmṛti gemeint.

[50] GÖSSEL 1914: 78-84, insbes. 79; zu diesem Aufsatz s. auch Anm. 183. Die angeführte Feststellung wird übrigens auch von GAMPERT 1939: 244) zustimmend referiert.

und geistliche Ahndung im indischen Recht besser auseinander gehalten wird als im abendländischen", wird man gewiß auch heute noch zustimmen; aber trotz mancher inzwischen erschienener Untersuchung[51] sind die Probleme des Unterschieds zwischen beziehungsweise der Berechtigung der Unterscheidung von 'geistlichem' und 'weltlichem' Recht, ihrer jeweiligen Wurzeln und vor allem ihres Nebeneinanders in theoretischer und praktischer Hinsicht bis auf den heutigen Tag noch nicht umfassend und völlig befriedigend gelöst. Der Hinweis auf große inhaltlich-materielle Ähnlichkeit einzelner 'geistlicher' und 'weltlicher' Strafen[52] kann, so berechtigt er auch ist,[53] nicht darüber hinwegtäuschen, daß die Inder gleichwohl, und eben nicht nur terminologisch,[54] strikt zwischen "Sühnehandlung" (*prāyaścitta*) und "['weltlicher' (das heißt von König beziehungsweise Organen des Staates verhängter und in seinem/ihrem Auftrag vollzogener)] Strafe" (*daṇḍa*) unterschieden haben,[55] so daß es mehr als berechtigt ist, hier von zwei verschiedenen Strängen zu sprechen, – zumal dadurch allfällige Formen wechselseitiger Beeinflussung, ja von Verflechtung und Überlappung nicht ausgeschlossen werden.[56]

Der eine Strang, die "Sühnehandlung", läßt sich wiederum weit in die vedische Zeit zurückverfolgen. Ursprünglich vielleicht ein Mittel zur Wiedergutmachung von Fehlern, die beim Vollzug von Ritualhandlungen unterlaufen sind,[57] wird das *prāyaścitta* infolge einer Verschiebung, die man zögert

---

[51] Vgl. GAMPERT 1939: 68 und 242-253 sowie R. LINGAT 1973: 207-256 (dort auch weitere Sekundärliteratur verzeichnet).

[52] Darauf wies mich J. FEZAS in einer Diskussionsbemerkung im Anschluß an einen Vortrag hin, den ich am 19. Mai 1992 an den Instituts d'Extrême-Orient du Collège de France gehalten habe. Schon LINGAT (1973: 234) hat übrigens darauf hingewiesen, daß "certain penances are already equivalent to veritable punishments" und vor ihm GAMPERT 1939 (vor allem 242-253; s. auch "Index" s.v. *prāyaścitta*) bzw. noch früher JOLLY 1896: 123 ff.

[53] Ein Beispiel unter mehreren, die sich anführen ließen, ist die (unten S. 114 f.) erwähnte "Sühne" für den *gurutalpaga*.

[54] Siehe auch § 5; schließlich gibt es auch ganze Rechtsgebiete (z. B. Grenzverletzungen), für die überhaupt nur eine 'weltliche' Strafe bezeugt ist – und offenbar auch allein erwogen wurde, wie umgekehrt bestimmte 'Sünden', z. B. Unreinheit, nur durch ein *prāyaścitta* entsühnt werden können.

[55] Gleiches läßt sich allerdings nicht für die Begriffe sagen, auf die sich "Sühnehandlung" und "Strafe" als sie verursachend bzw. provozierend beziehen; s. oben Anm. 17.

[56] Siehe oben S. 100 f.

[57] Vgl. etwa J. GONDA, *Vedic Literature (Saṃhitās and Brāhmaṇas)* (A History of Indian Literature I 1), Wiesbaden 1975: 308 ("atonements for various mistakes or ominous events in the ritual"). Es hat freilich den Anschein, als habe GONDA seinen Blick dabei einseitig nur auf bestimmte, für ihn besonders interessante und auch objektiv ja sehr wichtige Teilbereiche des *prāyaścitta* gerichtet, beziehungsweise nicht in Rechnung gestellt, daß der Gesichtskreis

als "Säkularisierung" zu bezeichnen, schließlich zu dem entscheidenden[58] Instrument eigenständiger, das heißt letztlich ausschließlich selbstvollzogener[59] "Sühne" für Verfehlungen ganz anderer Art, nämlich Verletzungen von Vorschriften des *dharma*. Im Prozeß dieser Entwicklung muß es, selbst wenn sie anhand von textlicher Evidenz nicht nachweisbar sein sollte, zeitlich vor der Entwicklung der *karman-* und Wiedergeburtslehre eine Stufe gegeben haben, die dadurch charakterisiert war, daß Sühnehandlung als ein Mittel eingesetzt wurde, um ein ungünstiges Nachtodschicksal abzuwehren – und eventuell auch, um sich dadurch indirekt ein günstiges (im Sinne des andauernden Fortlebens in einer anderen Welt) zu sichern. Zu dem Zeitpunkt, da sich die *karman*-Lehre durchzusetzen begann oder durchgesetzt hatte, kam es zu einer Verbindung zwischen beiden Ideen, die in der Tat ja auch nicht in unüberwindlichem Widerstreit zueinander stehen, wenn diese Aufnahme neuen Gedankenguts auch nicht ganz so selbstverständlich und unstrittig war, wie es im Hinblick auf ihren Inhalt erscheinen könnte.[60] Die Fähigkeit der Inder, in erster Linie wohl der Brahmanen, mit Herausforde-

---

der Ritualisten vergleichsweise eng ist. Beachtung verdient in diesem Zusammenhang jedenfalls GAMPERT, der (1939: 264) mit (auch durch Sperrung des ganzen Satzes deutlich gemachtem) Nachdruck feststellt: "Alles, was eben vom normalen Ablauf des Lebens abwich, beinhaltete eine Schädlichkeit, die durch ein *prāyaścitta* zu entfernen war." Im Hinblick darauf halte ich meine eigene, im folgenden dargelegte Hypothese über die Entwicklung des *prāyaścitta*-Begriffs für zumindest partiell kritischer Überprüfung bedürftig, wenn auch die Frage nach seinem Ursprung für mich hier nicht relevant ist.

[58] Der Aspekt der 'Heilung' von Fehlern, die man bei einer Opferhandlung begangen hat, bzw. der 'Beschwichtigung' von ungünstigen Vorzeichen bzw. (gemäß HEESTERMAN, mündlich) der Kompensierung des ursprünglich blutigen Opfers agonalen Charakters (man beachte, daß die Grenze zwischen *prāyaścitta* und *śānti* [wo verläuft diese überhaupt?] hier durchlässig wird – wie in umgekehrter Richtung in dem Idiom *śāntaṃ pāpam*) tritt immer stärker in der Hintergrund, nicht nur im Dharmaśāstra.

[59] Was natürlich nicht heißt, daß die Durchführung von *prāyaścitta*s nicht von den Verfassern von Dharmaśāstra-Werken mit allerlei Gründen und Mahnungen nachdrücklich empfohlen wird, und wodurch ebensowenig übersehen werden soll, daß die Familie bzw. Gesellschaft, etwa die Dorfgemeinschaft oder Kaste, massiven Druck auf den 'Sünder' ausgeübt hat (vgl. unten S. 117) – sofern die 'Sünde' bekannt geworden ist und der Verantwortliche deshalb keine Wahl mehr zwischen einer "öffentlichen" (*prakāśa*°-) oder einer "geheimen" (*rahasyaprāyaścitta*) [zu diesem Unterschied vgl. z. B. VāsDhS XXV 1 (f.)] hatte. Hinzu kommt die Rolle des Königs (s. dazu Anm. 101).

[60] Dies geht u. a. klar aus GautDhS XIX [= 3.1.] 3 ff. hervor; vgl. auch GAMPERT 1939: 201; (Parallelen: BaudhDhS 3.10.3 ff.); zumindest als *pūrvapakṣa* lebt der Gedanke, daß *karman* gar nicht vernichtet werden kann außer durch "Erfahrung" seiner Folgen, scholastisch auch später noch fort (s. z. B. Sāyaṇa Mādhavas Kommentar zur Parāśarasmṛti, Prāyaścittakāṇḍa, Bombay 1898, 10 ff.). Verbirgt sich ideengeschichtlich hinter dieser expliziten Rechtfertigung des *prāyaścitta* ein Angriff von *karman*-Theoretikern? Siehe auch § 6.

rungen verschiedenster Art gedanklich, ideologisch, mythologisch usw. fertig zu werden, ist ja besonders, wie GAMPERT meint: "virtuos"[61], ausgeprägt und mit dem HACKERschen Begriff des "Inklusivismus" – selbst wenn eindeutig klar wäre, wann er verwendet werden darf[62] – ganz und gar nicht erschöpfend erfaßt.[63]

Um verstehen zu können, warum "Sühnehandlungen" in Indien als Mittel zur Beseitigung des Wirkstoffes von schlechtem *karman* angesehen wurden – und immer noch werden –, muß man wissen, worin sie bestehen. In dem entsprechenden Abschnitt des Gautama-Dharmasūtra, der deutliche Züge eines Bemühens um Systematik aufweist, obwohl diese nicht voll erreicht wird,[64] wird definiert[65]: "Reciting the Veda" – beziehungsweise bestimmte vedische Texte[66] –, "austerity, a sacrifice,[67] fasting, giving gifts are the means of expiating[68] such a (blamable act)".[69] BÜHLERS[70] Wiedergabe von *tapas* durch "austerity" ist akzeptabel, wenn von der Bedeutung "rigidly abstemious, self-denying", die "austere" unter anderem hat, ausgegangen wird. Üblich ist

---

[61] GAMPERT 1939: 261.

[62] Ich habe bei dieser Bemerkung eine längere kritische, freilich analytisch-philosophisch sehr technische und in der Destruktion steckenbleibende, noch unpublizierte Auseinandersetzung meines Kollegen OETKE mit dem Inklusivismus-Begriff HACKERS im Sinn, in der OETKE m. E. überzeugend nachweist, daß aus den verschiedenen Äußerungen und Quasi-Definitionen HACKERS nicht klar hervorgeht, welche Bedingungen denn mindestens erfüllt sein müssen, daß von "Inklusivismus" gesprochen werden darf.

[63] Fruchtbarer als Auseinandersetzungen mit HACKERS Begriff "Inklusivismus" wäre es, evtl. von seinen ja oft sehr scharfsichtigen Beobachtungen ausgehend, die verschiedenen Lösungen in einem Inventar beschreibend zu erfassen und sie auf ihnen vielleicht gemeinsame 'Modelle' – oder "strategies", wie SMITH treffend sagt – hin zu analysieren (B. K. SMITH, Exorcising the Transcendent: Strategies for Defining Hinduism and Religion. *HR* 27 (1987): 45 ff.).

[64] Zum Beispiel werden nicht alle zur Definierung von *niṣkrayaṇa* in GautDhS XIX [= 3.1.] 11 aufgezählten Begriffe anschließend auch ihrerseits definiert, was Haradatta (s. seinen Kommentar zu sūtra 15) einige Schwierigkeiten bereitet bzw. dazu veranlaßt, seinerseits *homa* und *upavāsa* zu erklären.

[65] In GautDhS XIX [= 3.1.] 11.

[66] Siehe sūtra 12 und dazu auch BÜHLER 1965: 275.

[67] Gemäß Haradatta zu sūtra 15 (s. Anm. 64 und 71) sind gemeint "*kūṣmāṇḍa-, gaṇahoma* usw."

[68] Mit dem hier von Gautama (noch) verwendeten Ausdruck *niṣkrayaṇa* werde ich mich gesondert beschäftigen.

[69] *tasya* des sūtra 11 bezieht sich in der Tat eindeutig trotz der Entfernung auf *yāpya karman* (s. dazu Anm. 24) von sūtra 2.

[70] BÜHLER 1965: 275.

heute das Äquivalent “Askese”.[71] Von den rituellen beziehungsweise mit dem Ritual zusammenhängenden Mitteln einmal abgesehen – ihnen nachzugehen würde mich auf Abwege führen –, handelt es sich bei den Sühnehandlungen also um verschiedene Formen von Selbstversagungen: Wer sich einer “verwerflichen Tat” schuldig gemacht hat, fügt sich selbst psychischen (durch Verschenken von Eigentum)[72] beziehungsweise körperlichen Schmerz zu (durch allerlei, ihrerseits wieder traditionell festgelegte und benannte Selbstkasteiungen).[73] In genau welcher Weise – wenn die Inder selbst überhaupt versucht haben, sich diesen Prozeß im einzelnen klar zu machen – diese selbstquälerischen Praktiken, die mindestens rezeptionsgeschichtlich gesehen die bei weitem wichtigste Form eines *prāyaścitta* darstellen, nun die substanzhafte Wirkung einer “verwerflichen Tat” beseitigen, so daß der Täter von ihr schließlich frei wird, wird, soweit ich sehe, in den Texten (der Dharmaśāstra-Literatur) nicht wirklich expliziert. Naheliegende alternative Vermutungen sind unter anderem die beiden folgenden:

1. Durch *tapas* wird in Übereinstimmung mit dem ursprünglich rein magischen indischen “Askese”-Begriff[74] eine – ihrerseits auch wieder substanzhafte – Kraft akkumuliert, durch die endlich die Tat-Wirkungssubstanz auf einmal verbrannt oder auf andere Art vernichtet wird;

---

[71] Daß *upavāsa*, gewiß = “Fasten” und nicht = *indriyanigraha* (s. Haradatta zu sūtra 15), neben *tapas* in sūtra 11 genannt wird und in der Definition von *tapas* in sūtra 15 u.a. *anāśaka*, “Nicht-Essen”, als Definiens erscheint, stellt ein weiteres Indiz für das Fehlen systematischer Geschlossenheit dar, mit dem nicht so leicht fertig zu werden ist wie mit dem Nebeneinander von *tapas* und *anāśaka* in BĀU 4.4.22, das RÜPING (Zur Askese in indischen Religionen. *ZMR* 61 (1977): 87) schlagend als Glosse erklärt hat.

[72] Siehe z. B. GautDhS XIX [= 3.2.] 16.

[73] Diese Dichotomie scheint in den Texten selbst keine oder allenfalls eine ganz untergeordnete Rolle zu spielen: (Auch) beim *tapas* steht für die Inder das, was man sieht/sehen kann, auffällig im Vordergrund. – Zu *tapas* als einem bzw. einem besonders wichtigen oder d e m Mittel der Entsühnung s. auch Manu 11.230, Medhātithi zu M. 8.316 . . . (*tatra vadhas tāvad brāhmaṇasya nāsti* |) *tapas tu prāyaścittam* (unter Verweis auf M. 11.100, wozu vgl. S. 109) sowie den von Haradatta zu GautDhS XIX [= 3.1.] 3 zitierten, auch in einigen Ausgaben der Manusmṛti enthaltenen (nach 11.47) Vers

prāyo nāma tapaḥ proktaṃ
cittaṃ niścaya ucyate |
taponiścayasaṃyogāt (Manu: °*saṃyuktaṃ*)
prāyaścittam iti smṛtam ||.

Vgl. auch GAMPERT 1939: (vor allem) 254 ff.

[74] Siehe, außer dem Index zu HACKERS Kleinen Schriften (Hrsg. L. SCHMITHAUSEN, Wiesbaden 1978) und dem wichtigen Aufsatz von RÜPING (Zur Askese in indischen Religionen. *ZMR* 61 [1977]), die Dissertation von M. SHEE, *tapas* und *tapasvin* in den erzählenden Partien des Mahābhārata, Reinbek 1986 (mit Angabe weiterer relevanter Literatur).

2. durch die Selbstkasteiung wird von Anfang an schrittweise die Tat-Wirkungssubstanz neutralisiert, d. h. abgetragen, und zwar entweder direkt oder indirekt, d. h. durch Hervorbringung einer ihrem Charakter nach entgegengesetzten Substanz, – wobei dahingestellt bleiben möge, ob man diese Vorstellung auch magisch nennen sollte.[75]

Als wesentlich muß jedenfalls festgehalten werden, daß es sich nicht um eine "Wiedergutmachung" des einer anderen Person oder dem Staat zugefügten Schadens durch einen Versuch der Ersetzung oder Kompensation handelt, sondern um einen Weg, der von dem Täter beschritten wird, um die substantialistisch verstandenen schädlichen Tatfolgen für sich selbst zu eliminieren, bei dem freilich die quantitative Relation zwischen Tatwirkungssubstanz und Dauer sowie Schwere der Sühnehandlung 'stimmen' muß. Daß dieser Weg als eine Art von Selbstbestrafung betrachtet werden kann, daß er Reue, Zerknirschung, guten Vorsatz usw. nicht ausschließt, steht auf einem anderen Blatt; ein ganz wesentlicher Unterschied zu der im vorangehenden Kapitel besprochenen Vorstellung – und zugleich eine signifikante Übereinstimmung mit der vom König verhängten "Strafe" (*daṇḍa*), auf die ich gleich noch zu sprechen kommen werde – besteht darin, daß durch ein *prāyaścitta* – und durch eine "Strafe" – das schlechte *karman* beseitigt wird, b e v o r es reifen und seine schädliche Wirkung entfalten kann.[76]

In der systematischen Behandlung der "Sühnehandlungen" im GautDhS wird nun von den "Zeiten" (*kālāḥ*) gesprochen, die ein *prāyaścitta* dauern kann. Sie reichen von einem Jahr bis zu 24 Stunden.[77] sūtra XX [= 3.2.] 15 andererseits bezieht sich auf eine, "mit dem Tod endende, d. h. bis zum Tod andauernde, Sühnehandlung", und einer der Kommentatoren[78] erwähnt in diesem Zusammenhang ein "zwölfjähriges *prāyaścitta*". Es stellt sich somit die Frage, was *maraṇāntika prāyaścitta* bedeutet: eine auf jeden Fall bis zum

---

[75] Siehe dazu vor allem GAMPERT 1939: 254 ff.

[76] Siehe z. B. den oben (S.108) übersetzten Vers Manu 11.54 sowie 11.44 f.

[77] Vgl. GautDhS XIX [= 3.1.] 17: *saṃvatsaraḥ ṣaṇ māsāś catvāras trayo vā dvau vaikaś caturviṃśatyaho dvādaśāhaḥ ṣaḍahas tryaho 'horātra iti kālāḥ* ‖ . Da bei den Monaten und Tagen jeweils ganz bestimmte Größen genannt werden, zögert man, *saṃvatsara* als Angabe nur der Maßeinheit aufzufassen; gleichwohl ist auch das möglich, da es keine den Einteilungen des Jahres in kleinere Einheiten entsprechenden Größen von mehreren Jahren (in Indien) gibt.

[78] GautDhS XX [= 3.2.] 15 lautet: *yasya tu prāṇāntikaṃ prāyaścittaṃ sa mṛtaḥ śudhyet* ‖ . – Gemeint ist Haradatta, der in seinem Kommentar zum nächsten Sūtra u. a. bemerkt: *yo 'pi dvādaśavārṣikādau prāyaścitte pravṛtto madhye mriyeta tasya viṣaye vyāsa āha* . . . (nachfolgendes Zitat nicht identifiziert).

Tod durchzuführende, also lebenslängliche bzw. in einer Form von Selbsttötung bestehende Sühnehandlung oder eine länger andauernde Sühnehandlung, die durch den (kontingenten) Tod des sich ihr Unterziehenden vorzeitig beendet wird, wobei es vergleichsweise unwichtig ist, ob die maximale Dauer ein Jahr oder viele Jahre betragen kann.[79] Die Belege für *maraṇānta* in Śrauta- und Gṛhyasūtras deuten, wenn ihre Zahl auch recht beschränkt ist,[80] auf die zweite Alternative als die wahrscheinlichere Bedeutung hin.[81] Andererseits soll ebenfalls dem GautDhS[82] zufolge ein *gurutalpaga*, "einer, der mit der Frau seines Lehrers beziehungsweise seines Vaters[83] Ehebruch getrieben hat", "sich entweder auf ein glühend heißes eisernes Bett legen oder eine rotglühende eiserne Frauenfigur[84] umarmen oder seinen Penis samt den Hoden abschneiden, in seinen beiden zusammengelegten Händen vor sich hertragen und in südöstlicher Richtung[85] geradeaus gehen, bis sein Körper [tot] niederstürzt". Im Falle der beiden ersten Sühnehandlungen fügt der Kommentator Haradatta, das ohnehin Offenkundige sicherheitshalber doch noch explizierend, an, daß das Bett "so erhitzt sein soll, daß der Tod eintritt", beziehungsweise daß der Übeltäter die Figur umarmen soll, "bis der Lebensodem sich von ihm trennt".[86] Hier wird offenbar ein 'tödliches' *prāyaścitta* vorgeschrieben, das aber mit dem 'lebenslänglichen' eine wesentliche Gemeinsamkeit hat,

---

[79] Mehrjährige *prāyaścitta*s z. B. auch in GautDhS XXII [= 3.4.] 6 (s. Haradatta) und 14.

[80] Es sind dies ŚāṅkhŚS 4.14.1, KātyŚS 25.7.9, Kauśītaki GS 5.1.2 und Karmapradīpa 3.3.8.

[81] Vgl. auch Anm. 87 und 91 sowie z. B. Maskarin zu GautDhS XX [= 3.2.] 15 (*prāṇāntikaṃ prāyaścittam* erklärt als *maraṇāntikaṃ p., yatamāno mriyeta . . .*).

[82] Nämlich XXIII [= 3.5.] 8 ff.

[83] Haradatta behauptet, *guru* bedeute hier Vater – im Unterschied zu seiner Erklärung zu XXI [= 3.3.] 1 (*guruḥ pitācāryaś ca*) (vgl. Haradatta ĀpDhS I 9.25.1). Zur Erklärung s. BÜHLER 1965: 82 (Fußnote); der genaue Grund ist aus Maskarin zu GautDhS XXIII [= 3.5.] 11 ersichtlich: VāsDhS XX 15.

[84] Wenn das wirklich mit *sūrmī* gemeint ist, wie beide Kommentatoren behaupten (Maskarin allerdings alternativ zu der Meinung "anderer", der Ausdruck bezeichne eine *antaḥsuṣirakāṣṭhā*).

[85] Haradattas Ersetzung von *dakṣiṇāpratīcī* des sūtra durch *nairṛtī* erklärt die Wahl der Himmelsrichtung als der traditionell dem "Verderben" zugeordneten. Er verweist außerdem auf den letzten Satz von VāsDhS XX 13, den er aber in einer von dem dortigen Wortlaut leicht abweichenden Form zitiert (*kūpādy apariharan* allerdings ist Explikation von *ajihmam*, gehört also noch nicht zu dem Vāsiṣṭha-Zitat, das erst mit *yatraiva* beginnt).

[86] Zu dem ersten sūtra erklärt er *lohaśayane*[=]*kṛṣṇāyasanirmite tapte* [=] *yathā maraṇaṃ bhavati tathā tapte*, zu dem zweiteren . . . *śliṣyed ā prāṇaviyogāt*.

die Vorstellung nämlich, daß die Entsühnung erst durch/mit/nach den/dem Tod erfolgt.[87]

Von einer Person, deren Sühnehandlung in dem einen oder anderen Sinne "mit dem Tod endet", wird in dem fraglichen sūtra des GautDhS nun ausgesagt, daß "er, wenn er gestorben ist, rein wird".[88] Ob Haradatta, der Kommentator, (im Sinne philologisch-historischer Interpretation) recht hat mit seiner Meinung, dieses *sūtra* werde hier nur gelehrt, um die Aussage des nächsten machen zu können, also gewissermaßen als Aufhänger für GautDhS XX [= 3.2.] 16,[89] muß nicht untersucht werden; Aufmerksamkeit verdient hingegen auf jeden Fall die Begründung, die er anführt, nämlich daß die Reinigung von den Folgen der verwerflichen Tat, deretwegen eine Sühnehandlung überhaupt durchgeführt wird, "erwiesen/klar/jenseits jeden Zweifels" (*siddhā*) ist "allein schon deshalb, weil eine Sühnehandlung [diese] Reinigung zum Zweck hat"[90]. Was er damit offenbar sagen will, ist: Ob der Tod nun intendierter Endpunkt der Sühnehandlung ist oder ihre unvorhergesehene kontingente Beendigung darstellt, der Zweck wird auf jeden Fall erreicht. Im letzteren Fall ersetzt der Tod sozusagen den noch fehlenden Teil des *prāyaścitta*, ihn quantitativ aufwiegend.[91]

Von einem ganz bestimmten, konkreten Vergehen (das die Brahmanen in verdächtiger Weise gefesselt zu haben scheint) und der zu seiner Sühnung erforderlichen Handlung ist in GautDhS XXIII [= 3.5.] 1 die Rede[92]: "They shall pour hot spirituous liquor into the mouth of a Brahmaṇa who has drunk

[87] GAMPERT 1939 unterscheidet (s. Index s.v. *prāyaścitta*) richtig zwischen "tödlichen", d. h. in alsbald nach der Tat zu vollziehender Selbsttötung bestehenden, Sühnehandlungen und "lebenslänglichen" (nämlich für "unsühnbare Sünden"); zu "unsühnbaren Sünden" wie Brahmanenmord s. GAMPERT 1939: 209 f.

[88] *(yasya tu prāṇāntikam prāyaścittaṃ) sa mṛtaḥ śudhyet* | (GautDhS XX [= 3.2.] 15). – Die Optativform hat hier eine indikativische, evtl. sogar emphatisch-indikativische ("wird zweifellos rein") Funktion oder eine futurische (zu letzterer s. L. RENOU, *Grammaire Sanscrite*, Paris 1961, § 292 [p. 411 f.]).

[89] Indem er einleitend in seinem Kommentar feststellt: *uttaravivakṣayedam ucyate*. N.B.: So ist m. E. auch *uttaravivakṣārthaḥ* in Bhārucis Kommentar zu Manu 8.77 (*Bhāruci's Commentary on the Manusmṛti*. (The Manu-Śāstra-Vivaraṇa, Books 6-12) Text, Translation and Notes, ed. J. D. M. DERRETT, Vol. I, Wiesbaden 1975: 101, 36) zu verstehen.

[90] *prāyaścittasya śuddhyarthatvād eva siddhā śuddhiḥ* | .

[91] Der anschließende, Vyāsa zugeschriebene Vers (s. Anm. 78) (*yatamānaḥ* [nicht *yajamānaḥ*, wie in der KSS-Ausgabe von 1966] *sadā dharmye mriyate yadi madhyataḥ* | *prāpnoty eva tu tat sarvam atra me nāsti saṃśayaḥ* ||) könnte sich auch auf andere als Sühnehandlungen, z. B. Opfer, beziehen, falls nicht die Wurzel *yat* ein eindeutiges 'Signal' darstellt.

[92] *surāpasya brāhmaṇasyoṣṇām āsiñceyuḥ surām āsye mṛtaḥ śudhyet* || .

such[93] liquor; he will be purified after death."[94] Was die Kommentatoren[95] an diesem sūtra ein wenig irritiert, ist der Plural des Verbums und die Konstruktion, die den Alkohol trinkenden Brahmanen zum indirekten Objekt macht, so als werde hier seine Bestrafung gelehrt und nicht vielmehr eine Sühnehandlung, die er selbst zu vollziehen hat. Ob sie mit ihrer Interpretation der ursprünglichen Bedeutung dieses Satzes gerecht werden oder sie gerade verfehlen, muß wieder nicht erörtert werden; entscheidend ist, wie die Kommentatoren die im Kontext offenkundige Schwierigkeit zu überwinden suchen. Haradatta, der stellvertretend für alle einheimischen Interpreten[96] zu Wort kommen soll, erklärt: "Dies ist eine Projektion des Gießens auf diejenigen, die [die entsprechende] Belehrung geben; denn diese gießen in der Tat den Alkohol in den Mund, insofern sie [die Menschen dahingehend] belehren, daß einer, der Alkohol getrunken hat, heißen Alkohol trinken muß [und daß] dies für ihn [das Mittel] der Befreiung [von der dadurch bewirkten schlechten *karman*-Substanz] darstellt. Er selbst und sonst niemand aber ist der, welcher die Handlung des Gießens [konkret] ausführt."[97] Es folgt das Zitat von ĀpDhS I 9.25.3[98], das in dieser Hinsicht an Klarheit nicht zu wünschen läßt, und schließlich die Bemerkung, daß der Plural darauf hinweise, daß es sich um eine Vielzahl von belehrenden Personen handele.[99]

---

[93] Von BÜHLER wohl unter dem Eindruck der Erläuterungen Haradattas ergänzt; müßte in Klammern gesetzt sein.

[94] Zitiert aus BÜHLER 1965: 287.

[95] Schließt die zu Yājñ. 3.253 f. mit ein, die ihrerseits eine Fülle von weiteren relevanten Textstellen aus Dharmaśāstra-Texten heranziehen, – um dann zu versuchen, in alle diese ja keineswegs miteinander übereinstimmenden Aussagen ein 'System' hineinzubringen, d. h. sie verschiedenen Teilbereichen des Komplexes 'verbotener Genuß von Alkohol' zuzuordnen.

[96] Einige ihrer Diskussionen des Gesamtkomplexes könnten geradezu als Paradebeispiel für das oben (S. 100 f.) Gesagte dienen; vgl. auch Anm. 107 und 109. – Eindeutig eine (königliche) Strafe ist Nārada 15-16, 24.

[97] . . . *upadeṣṭṛṣv ayam āsecanāropaḥ* | *āsiñcanty eva hi te surām āsye* | *yena surāpeṇa suroṣṇā pātavyā tasyeyaṃ niṣkṛtir ity upadiśantīti* | *svayam eva tv āsecanakartā* | .

[98] *surāpo 'gnisparśāṃ surāṃ pibet* || .

[99] In diesem Zusammenhang sei dann als Beleg auch Manu 11.85 zitiert:
teṣāṃ vedavido brūyus trayo 'py enaḥsu niṣkṛtim |
sā teṣāṃ pāvanā yasmāt pavitraṃ viduṣāṃ hi vāk || ,
dessen letzter pāda – unabhängig von der Frage, worauf der ganze Vers abzielt (gemäß z. B. Medhātithi nur auf den Fall eines Vergehens, für das ein *prāyaścitta* nicht bekanntermaßen vorgeschrieben ist) – gewiß nicht wörtlich genommen werden darf, d. h. dahingehend verstanden werden darf, daß die – Festlegung und – Verkündung eines bestimmten *prāyaścitta* durch drei des Veda kundige Brahmanen (als Sprechakt) selbst bereits reinigende Wirkung

Hier wird – noch einmal – ganz deutlich, wodurch sich “Strafe” (*daṇḍa*) grundsätzlich bzw. idealtypisch von “Sühnehandlung” unterscheidet (obwohl beiden gemeinsam ist, noch sozusagen rechtzeitig, das heißt vor der Reifung des schlechten *karman*, also noch während des Lebens, in dem auch die “verwerfliche Tat” begangen wurde, die gefährliche Substanz zu vernichten): In beiden Fällen besteht zwar eine Abhängigkeit desjenigen, der sich eines Vergehens/Verbrechens schuldig gemacht hat, von bestimmten gebildeten Spezialisten, die aber einerseits zur Verkündung eines U r t e i l s beitragen beziehungsweise sie vornehmen, das am Täter vollstreckt wird, andererseits aber sozusagen ein R e z e p t an die Hand geben, durch dessen Anwendung der Übeltäter in der Lage ist, sich selbst durch eigenes Handeln von den Folgen seiner Tat zu befreien, – wobei hier dahingestellt bleiben kann, ob die Brahmanen-Versammlung (*pariṣad*) im Falle eines jeden *prāyaścitta* aktiv wird oder nur dann, wenn es sich um besondere ‘Sünden’ handelt, für die in der Tradition keine bestimmte “Sühnehandlung” gelehrt ist;[100] Gewiß, in der Praxis, etwa des indischen Dorfes, kann der Druck der ‘anständigen’ Bewohner beziehungsweise der Familie und der Mitglieder des gleichen ‘Standes’ (*varṇa*) auf den Betroffenen, ein *prāyaścitta* durchzuführen, oder generell die Aufsicht des Königs[101] so groß beziehungsweise streng gewesen sein, daß die Grenze zwischen “Sühnehandlung” und “Strafe” fragwürdig geworden sein könnte,[102] und von einem freiwilligen Sichunterziehen nicht mehr gesprochen werden könnte. Die Bedeutung mindestens der theoretischen Unterscheidung bleibt davon aber unbetroffen und wird auch dadurch nicht gemindert, daß die Inder terminologisch nicht zugleich auch klar “Sünde” einerseits und “Vergehen/Verbrechen” andererseits auseinandergehalten haben.[103]

---

hätte. Sie hat sie vielmehr nur insofern, als sie über das Mittel zur Reinigung belehrt und damit indirekt zu dieser beiträgt (wenn der ‘Sünder’ sich ihr unterzieht). Analog ist gewiß auch PārS VI 35 zu interpretieren.

[100] Hinsichtlich der Frage, ob die *pariṣad* (etc.) in jedem Fall, wenn ein *prakāśa-prāyaścitta* (s. Anm. 59) vorliegt, die auszuführende Sühne auferlegt oder nur, wenn die ‘Sünde’ im Dharmaśāstra nicht genannt ist, gehen die Ansichten der Dharmaśāstrins auseinander; vgl. GAMPERT 1939: 215 ff.

[101] Zur Verantwortung des Königs für die Durchführung von *prāyaścittas* s. LINGAT 1973: 232 ff.

[102] Daß Sühnehandlung und Strafe nicht immer klar voneinander abzugrenzen sind, hat schon W. FOY, *Die königliche Gewalt nach den altindischen Rechtsbüchern, den Dharmasūtren und älteren Dharmaśāstren*, Leipzig 1895: 20 ff. bemerkt. Besonders wichtig aber ist GAMPERT 1939: 242 ff.

[103] Vgl. Anm. 17.

Haradatta expliziert außerdem, daß die Worte des sūtra, die wörtlich wiederzugeben wären als "gestorben wird er rein"[104], ausdrücken, daß der Alkohol so stark zu erhitzen ist, daß derjenige, der ihn zur Sühne trinkt, stirbt.[105] Zu den gedanklichen Grundlagen und theoretischen Voraussetzungen dieser "Reinigung aufgrund des Sterbens"[106], äußert er sich ebensowenig wie die anderen Kommentatoren, deren Interesse ganz anderen Fragen gilt.[107]

Es böte sich, so könnte man meinen, für den westlichen Interpreten an, über die Gründe dieses Schweigens zu spekulieren; mir erscheint es aber entschieden wichtiger, zu versuchen, diesen Hintergrund selbst, soweit möglich, etwas auszuleuchten. Denn auch das, was Haradatta zu GautDhS XXIII [= 3.5.] 11[108] – wo im direkten Anschluß an die vorher bereits erwähnten drei alternativen Sühnehandlungen des *gurutalpaga*[109] wieder gelehrt wird: "gestorben wird er rein" – zu sagen hat, ist in dieser Hinsicht unergiebig, abgesehen davon, daß er betont, daß das Sterben eine notwendige Bedingung für das Reinwerden ist.[110] "Askese" (*tapas*) ist zwar nicht das einzige Mittel der Entsühnung, aber zweifellos das wirksamste. Es nimmt deshalb nicht wunder, daß Dharmaśāstra-Autoren – indem sie von einem Prinzip der Angemessenheit (freilich auch in einem sehr wörtlichen Sinne im Rahmen ihres Substantialismus) ausgehen, das als solches von uns durchaus nachvollzogen werden kann – dieses Mittel immer dann empfehlen, wenn ihnen das Vergehen, die "Verwerflichkeit" einer Tat als besonders schwer erscheint, – und das ist vergleichsweise oft der Fall und durchaus auch in für uns heute manchmal nicht sofort verständlicher Weise.

---

104 Zum Optativ vgl. Anm. 88.

105 . . . *mṛtaḥ śudhyet iti vacanāt tathā surā tāpayitavyā yathā pātur maraṇaṃ bhavati* | . Im weiteren Fortgang seines Kommentars zu GautDhS XXIII [= 3.5.] 1 nimmt Haradatta auf die in ihm gelehrte Sühnehandlung mit dem Ausdruck *maraṇāntika (prāyaścitta)* Bezug.

106 Siehe Yājñ. 3.253 d: *maraṇāc chuddhim ṛcchati* || .

107 Zum Beispiel, ob vorsätzliche Tat oder nicht, für welchen *varṇa* die Regel gilt, für welche Art von Alkohol, was mit einer Brahmanin geschieht, die sich dieses Verbrechens schuldig macht, usw. usw.

108 *mṛtaḥ śudhyet* || .

109 Maskarin allerdings möchte differenzieren, indem er das zuerst gelehrte *prāyaścitta* auf die Situation bezieht, daß der Ehebruch aufgrund gemeinsamen Wollens begangen wurde, das an zweiter Stelle gelehrte auf die Situation, daß **er** durch **sie** verführt worden ist (*protsāhita*), und schließlich das dritte und letzte *prāyaścitta* auf den umgekehrten Fall, daß **sie** durch **ihn** verführt worden ist.

110 Vgl. den Anfang seines Kommentars: *sarvaśeṣo 'yam* | *pūrvokteṣu prakāreṣv anyatamena mṛta* ***eva*** *gurutalpagaḥ śudhyen* ***nānyatheti*** | .

Der Tod aber stellt für den Asketen nicht nur ein mögliches Risiko dar oder gar ein bewußt anvisiertes Ziel,[111] sondern dürfte auch ganz allgemein als die höchste Steigerung der Selbstkasteiung, der gegen den eigenen Leib gerichteten Aggression angesehen worden sein. Es liegt dann aber in der Logik der Anschauungen über die (magische beziehungsweise moralische) Qualität von Handlungen, ihre Folgen für den Täter und die Möglichkeit, ihnen wirksam zu begegnen, daß auch bestimmte *prāyaścitta*s, 'tödliche' sowie 'lebenslängliche', letztlich verdeckte Formen der Selbsttötung sind: Nur durch dieses Äußerste an Sich-Selbst-Schmerzen-Zufügen gelingt es, die zur Vernichtung des schlechten *karman* erforderliche Menge an Askese-Substanz zu produzieren und somit in der Tat "rein", also befreit von der Wirksubstanz der jeweiligen "verwerflichen Tat" in die andere Welt jenseits des Todes zu gehen,[112] nachdem die üblichen Bestattungsriten am Täter vollzogen wurden,[113] und ebenso 'logisch' ist dann die Vorstellung, daß der Tod, wenn er denn zufällig während der Periode einer Sühnehandlung eintritt, die 'Restschuld' zu tilgen vermag. Ein Problem freilich verbirgt sich hier auch: Die Konzeption des *prāyaścitta* als solche hat[114] zur Voraussetzung, daß noch zu Lebzeiten, das heißt indisch gesprochen: während (numerisch) einer Geburt, eine Vernichtung von schlechtem *karman*, sei es schrittweise, sei es mit Beendigung der Sühnehandlung gewissermaßen auf einen Schlag, erzielt

---

[111] Siehe (u. a.) B. KÖLVER, *Textkritische und philologische Untersuchungen zur Rājataraṅgiṇī des Kalhana* (VOHD, Supplementband 12), Wiesbaden 1971: 161-172; J. BRONKHORST, *The Two Traditions of Meditation in Ancient India,* Stuttgart 1986 (Delhi ²1993) bzw. z. B. Manu 6.31; wichtig auch GAMPERT 1939: 256 ff. – der übrigens, offenbar anders als LINGAT (1973: 222 Anm. 39) in der Praxis des *prāyopaveśa* eine Art von Nötigung sieht (1973: 258); außerdem zu beachten H. KRICK, Nārāyaṇabali und Opfertod. *WZKS* 21 (1977): 71-142, MICHAELS 1992 (in dem auch weitere einschlägige Literatur genannt ist) vor allem 97, sowie KANE II: 927; generell zu nennen auch UPENDRA THAKUR, *The History of Suicide in India. An Introduction*, Delhi 1963. Zum jinistischen 'Sterbefasten' (*sallekhanā*) cf. PADMANABH S. JAINI, *The Jaina Path of Purification*, Berkeley/Los Angeles/London 1979: 228 ff.

[112] So daß auch für sie Manu 4.241 (ff.) gilt (*mṛtaṃ śarīram utsṛjya kāṣṭhaloṣṭasamaṃ kṣitau | vimukhā bāndhavā yānti dharmas tam anugacchati*); vgl. 8.17 bzw. zu Manu 4.241 die Parallele bei Mātṛceta (M. HAHN, Matṛceṭas Brief an den König Kaniṣka. *AS* XLVI (1992) (Festschrift für J. MAY): 175 [Vers 63]).

[113] Vgl. GautDhS XX [= 3.2.] 16: *sarvāṇy eva tasminn udakādīni pretakarmāṇi kuryuḥ* ‖ . Haradatta bemerkt dazu u. a. *sarvagrahaṇād āśaucam api*, während Maskarin aus der 'Redundanz' des sūtra XX [= 3.2.] 15 (s. Anm. 90) schließt, daß es dazu diene, *sapiṇḍatāpratiṣedha* zu lehren, "auch wenn ein 'Wiederherausnehmen' stattgefunden hat (d. h. wenn er durch einen vorzeitigen Tod während der Sühnehandlung an deren vollen Ausführung gehindert wurde)" (vgl. Maskarin zu sūtra 16).

[114] Vgl. z. B. GautDhS XIX [= 3.1.] 3 ff. (s. Anm. 60) oder Manu 11.54 (s. oben S. 103), 4.243 und 11.239 ff. bzw. GAMPERT 1939.

werden kann, daß, um es mit einem Bild zu sagen, ein Ausgleich zwischen den beiden Konten zu Lebzeiten zumindest möglich ist, wenn nicht gar fortlaufend vorgenommen wird, d. h. automatisch geschieht.[115] Das *maraṇāntika* ebenso wie das 'tödliche' *prāyaścitta* jedoch impliziert *per definitionem*, daß dieser 'Ausgleich' erst bei oder nach dem Tod eintritt. Daß während eines Lebens in der Tat beide Substanzen voneinander getrennt akkumuliert werden, ist aber nicht nur eine Denkmöglichkeit, ja (wie entgegen dem oben, Seite 113, gesagten jetzt deutlich wird) eine notwendige Annahme – denn anderenfalls könnte der Mensch während des Lebens und nach dem Tod nur entweder über gutes *karman* allein oder über schlechtes *karman* allein verfügen, von der in vielerlei Hinsicht unwahrscheinlichen dritten Alternative des 'Null-Kontostandes' abgesehen –; sondern diese Vorstellung ist auch durch textliche Evidenz bezeugt.[116] Zur Erklärung dieses Spannungsverhältnisses[117] wäre gewiß auf die – in sich aber problematische – Herkunft der *prāyaścitta*-Idee und ihr höheres Alter gegenüber der *karman*-Lehre zu verweisen. Aber was wird damit eigentlich erklärt? Nur das Spannungsverhältnis als solches, und als durch Fortleben der *prāyaścitta*-Idee bedingtes, aber doch nicht die Tatsache des Fortlebens selbst und des Nebeneinanders, der 'Koexistenz' beider Ideen! Es müssen stärkere Motive gewesen sein, und man darf sie wohl im Bereich der (Religions-) Psychologie vermuten: Dem Wunsch, es solle ein Mittel geben, die Folgen eigenen schlechten Handelns 'loszuwerden', steht der nicht weniger verständliche Gedanke entgegen, daß die Verschiedenheit der Lebewesen und ihrer Schicksale der Erklärung bedarf und geschehenes Unrecht nicht ungestraft/ungesühnt bleiben darf. Es darf wohl davon ausgegangen werden, daß auch den Indern selbst dieses Spannungsverhältnis bewußt wurde und daß sie über Möglichkeiten seiner Minderung bzw. Auflösung nachgedacht haben; aber auf relevantes Material dazu bin ich bisher

---

[115] Auch die eigentliche Funktion des *prāyaścitta* bzw. seine Durchführung auch in solchen Fällen (s. oben S. 110 und Anm. 57) weist klar in diese Richtung; es wird ja durchgeführt, um einen (z. B. beim Opfer) begangenen Fehler möglichst u m g e h e n d zu beseitigen bzw. zu 'heilen'.

[116] Siehe z. B. Mahābhārata (Poona) 12.279.17 (auch 18 f. wichtig):
kadācit sukṛtaṃ karma
kūṭastham eva tiṣṭhati |
majjamānasya saṃsāre
yāvad duḥkhād vimucyate ||
(zitiert auch von Śaṅkara zu BS 3.1.8), oder Yogabhāṣya zu YS 2.13 bzw. das von mir in "The warrior taking to flight in fear – Some remarks on Manu 7.94 and 95 (Beiträge zur Kenntnis der indischen Kultur- und Religionsgeschichte III)" (*Ind.Taur.* XIV (1987-88) Professor Colette Caillat Felicitation Volume: 391-432) besprochene Material.

[117] Ich ziehe diesen Ausdruck, da neutraler, dem von O'FLAHERTY 1980, "Introduction", p. XIX f. vorgeschlagenen ("basic opposition") vor.

noch nicht gestoßen und möchte deshalb die Untersuchung dieses Teilproblems hier abbrechen, um endlich zum Gegenstand des nächsten Kapitels zu kommen.

4.

Im allgemeinen Zusammenhang der Behandlung des Delikts des Diebstahls (*stena*)[118] und im speziellen der Verpflichtung des Königs zur Bestrafung von Übeltätern bzw. der 'Übertragung' (√ *mṛj*) der Schuld (*kilbiṣa*) auf andere Personen (wörtlich: ihrem "Abwischen" an anderen), der Übernahme (√ *āp*) von Schuld durch den König, wenn er dem Dieb Pardon gewährt, der mit aufgelösten Haaren, eine Keule oder einen Mörserstößel auf der Schulter tragend, zu ihm geeilt ist, um seine Tat zu bekennen,[119] – in diesem Zusammenhang also heißt es bei Manu (8.318):[120]

---

[118] Vgl. Manu 8.301 cd.:
stenasyātaḥ pravakṣyāmi
vidhiṃ daṇḍavinirṇaye ‖ .
– Diebstahl wird nicht zufällig zuerst behandelt, denn L. RENOU hat wohl recht, wenn er bemerkt (*La civilisation de l'Inde ancienne d'après les textes sanskrits*, Paris 1950: 117): "Le vol est le delit type, dont la description sert de base au reste."

[119] Die jüngste Diskussion des Gesamtkomplexes des "Diebs, Königs und der Keule" bietet FEZAS, der auch den fraglichen Vers von Manu erwähnt (1990: 58). – Das Buch von CHANDRAL A. BHATTACHARYA, *The Concept of Theft in Classical Hindu Law*. An Analysis and the Idea of Punishment, Delhi 1990, gelangte zu spät in meine Hände, um es noch zu berücksichtigen.

[120] Identisch mit VāsDhS XIX 45, Nārada 19.55, Mbh. (Poona) 12.24.30*. 9-10 und Rām. (Baroda) 4.18.30 (im Kontext der von S. A. SRINIVASAN, *Studies in the Rāma Story*. On the irretrievable loss of Vālmīki's original and the operation of the received text as seen in some versions of the Vālin-Sugrīva episode, Stuttgart 1984: 126 ff. analysierten Vālin-Sugrīva-Episode bei der Rechtfertigung Rāmas gegenüber Vālin, den er aus dem Hinterhalt tödlich mit seinem Pfeil getroffen hat). Einige Handschriften des Rām. fügen nach 4.18.30 einen Vers ein (398*), dessen Identität mit Manu 8.316 nicht in der kritischen Ausgabe, wohl aber bei GAMPERT (1939: 124) vermerkt ist. – Zu Rām. 4.18.31 wird in der kritischen Ausgabe ("Critical Notes" p. [485]) bemerkt: "This reference to Māndhātā having punished a Śramaṇa for his son is obscure. No such incident is found in his life in any of the known Purāṇas or in the Mbh.", vgl. auch S. A. SRINIVASAN, *o.c.* Note 283. Von den Problemen, wie der Wortlaut aufzufassen ist (*mama*, wie Srinivasan meint, mit *kule* zu verbinden oder mit *āryeṇa*, "für mich ein edler Herr", oder – trotz Stellung – zu *īpsitam*? *īpsitam* selbst Attribut oder Prädikat, seine Bedeutung "anerkannt" und *kṛtam* als Prädikat zu ergänzen?), einmal abgesehen, möchte ich doch folgenden Hinweis anfügen: Laut V. MANI, *Purāṇic Encyclopaedia*, Delhi/Patna/Varanasi 1975: 476 gibt es im Padmapurāṇa eine Erzählung des Inhalts, daß es im Reich des M. drei Jahre lang nicht geregnet hat, weil ein Śūdra Askese treibt. M. wird von *maharṣis* **aufgefordert, den Übeltäter zu töten, lehnt das aber entschieden ab** und wird dann über das *ekādaśī-vrata* belehrt, das sich von ihm, M., **und seinen Untertanen eingehalten,** dann in der Tat auch als Regenzauber bewährt. Diese – doch sehr seltsame – Geschichte erinnert stark an die Episode von Śambūka (Rām. 7.65 ff.), ist anderer-

rājabhir dhṛtadaṇḍās[121] *tu*
kṛtvā pāpāni mānavāḥ |
nirmalāḥ svargam āyānti
santaḥ sukṛtino yathā ||.

BÜHLER übersetzt[122]: "But men who have committed crimes and have been punished by the king, go to heaven, being pure like those who performed meritorious deeds." Die anderen Übersetzer weichen nicht substantiell ab in ihrer Auffassung.[123] Die Kommentatoren, zumindest die wichtigeren unter ihnen, divergieren in ihren Deutungen nicht unerheblich; die Zeit erlaubt es nicht, ihre Interpretationen und die von ihnen für sie aufgeführten Gründe zur Kenntnis zu nehmen und zu würdigen.[124] Ich muß mich auf die für mein

---

seits aber höchst verdächtig wegen ihrer signifikanten Abweichungen, die gänzlich den Eindruck einer bewußten, 'reformatorischen' Bearbeitung machen – mit dem offenkundigen Ziel der Propagierung des o. g. *vrata*. Es ist deshalb sehr gut möglich, daß es eine ältere, 'verschüttete' Fassung der Geschichte von M. gegeben hat, die so endete wie die von Śambūka, d. h. mit der – *dharma*-gemäßen – Tötung des Śūdra.

[121] Die Lesart *kṛtadaṇḍās*, bezeugt sowohl in Handschriften der Manusmṛti bzw. ihrer Kommentare als auch des Rām., halte ich für sekundär; vgl. PW s.v. *dhar* 3).

[122] BÜHLER 1965: 309.

[123] Andere Übersetzungen, die ich eingesehen habe, sind – in chronologischer Reihenfolge – die von LOISELEUR-DELONGCHAMPS (1833), JOLLY (1882), BURNELL and HOPKINS (1891) – die *iva* als "as if they were" wiedergeben –, JHĀ (1920), IL'JIN (1960), DERETT (1975) und O'FLAHERTY/SMITH (1991).

[124] Zu Medhātithi s. aber S. 126 f. – Bhārucis Erläuterungen scheint DERRETT (*Bhāruci's Commentary on the Manusmṛti* . . ., Vol. II: The Translation and Notes, Wiesbaden 1975: 186 f.) nicht voll verstanden zu haben; jedenfalls ist seine Wiedergabe so wenig klar, daß ich es für sinnvoll halte, unter Voranstellung des Textes (*o.c.*, Vol. I: 141) ihn selbst noch einmal zu übersetzen.

yatra ayaṃ yatna āsthīyate tad upakāra-sambandhāpekṣayaivam (lies: *eva*?) –
rājabhir dhṛta-daṇḍās tu kṛtvā pāpāni mānavāḥ |
nirmalāḥ svargam āyānti santaḥ sukṛtino yathā ||.
prakaraṇāt steya-pāpa-nirharaṇa-viṣayam eva nirmala-vacanaṃ, yena steya-nimittam evedam asya prāyaścittam. ato yuktam idam, yat te n i r m a l ā ḥ s v a r g a m *āgaccheyuḥ, pūrvopāttena svargārohaṇikeṇa kuśala-karmaṇā. evaṃ ca saty ubhayor apy anayā śiṣṭa-kriyayā tat-kālopakāra-saṃbandhāpekṣāyām idaṃ rājābhigamana-pakṣe praśaṃsā-vacanaṃ, na nirbījam iti.*

"Insofern sich [Manu] dieser Mühe unterzieht (nämlich dies explizit zu lehren), [geschieht] dies im Hinblick auf die Verbindung [zwischen König und Dieb] des (d. h. die besteht in) [wechselseitig Sich-]Einen-Dienst-Erweisens, [und zwar] folgendermaßen: 'Menschen aber, die schlechte Taten begangen haben [und dafür] von (den) Königen bestraft wurden, gehen in den Himmel wie (die) Gute(n), die über Gutgetanes (d. h. Verdienst) verfügen'. Die Lehraussage, daß [diese Menschen] rein [sind], bezieht sich aufgrund des Kontextes, [der beginnend mit Manu 8.314 von einem Dieb handelt, der zum König geht und um Bestrafung bittet], allein auf die Beseitigung der Wirkung der Übeltat des Diebstahls, weil diese Sühnehandlung für den [Diebstahl] ausschließlich durch den Diebstahl bedingt ist. Deshalb

Thema besonders relevanten Punkte beschränken, das heißt zunächst auf die plausibelste Deutung des Wortlauts und seine Exegese.

Nachdrücklich Zustimmung verdienen meines Erachtens diejenigen Kommentatoren, die den Vers als generelle Aussage auffassen,[125] und nicht als nur auf den um Bestrafung bittenden Dieb bezogen verstehen.[126] Dies ist nicht nur die 'natürlichste', eigentlich völlig selbstverständliche Deutung des Wortlauts,[127] sondern auch kontextuell sehr wohl zu verteidigen. Selbst wenn die Verbindung mit Versen über den besagten Dieb intendiert ist, bleibt doch die Möglichkeit gegeben, daß hier aus speziellem Anlaß eine allgemeine Feststellung getroffen wird, die nicht nur diesen speziellen Fall, aber eben auch ihn abdeckt.[128] Mit "Strafe" ist – entsprechend der kategoriellen Un-

---

ist es stimmig [zu sagen], daß sie (d. h. diese Menschen) rein in den Himmel gelangen, [nämlich] dank [ihres] zuvor erworbenen guten, den Aufstieg in den Himmel bewirkenden *karman*. Und da das so ist, ist dieser [Vers 8.318] nicht ohne [Entstehungs-]Grund, [denn] er stellt [als *arthavāda*] lehrend einen Preis [von Manu 8.314 ff., das folglich den Status eines *vidhi* hat,] dar, – [allerdings] im Hinblick auf die Alternative, daß [der Dieb von sich aus] zum König geht, – [und zwar] mit Bezug darauf, daß alle beide (d. h. König und Dieb) durch diese [in jenen Versen] gelehrte Handlung insofern miteinander verbunden sind, als sie sich [wechselseitig] zu diesem Zeitpunkt/in diesem Moment einen Dienst erweisen."

Zur Erklärung bzw. Rechtfertigung nur so viel:
yatna verstehe ich – wie DERRETT selbst im Falle von p. 252, 26 (*apare tv etasmād yatnād brāhmaṇasyaivaikasya tapaḥ netareṣāṃ varṇānām iti manyante*) – als "Anstrengung in Gestalt der Formulierung [eines Verses]". Man vergleiche Pat.s Mahābhāṣya, wo *yatnaḥ kriyatām* mit Bezug auf Pāṇini bedeutet, daß eine Anstrengung in Form einer Änderung/Reformulierung eines sūtra gemacht werden muß. – Für *upakārasambandha* bzw. °*sambandhāpekṣā* sei auf p. 140, 31 (*tathā ca rājābhigamanaṃ svayam anayor arthavad bhavatīti* |) bzw. p. 141, 2 f. (*ataḥ sthitaprajñena rājñā niḥśaṅkena tadanigrahadoṣam ātmanaḥ pariharatā stenanigrahe yathāśāstraṃ vartitavyam ātmaparānugrahārtham*) verwiesen. Dem König wird wohl insofern ein Dienst erwiesen, als er durch die Bestrafung seinem eigenen *dharma* gemäß handeln und damit verhindern kann, daß die Tat, wenn ungestraft, auf ihn selbst anteilig 'zurückfällt' (vgl. Manu 8.304 f.); zu 8.316(cd) s. auch GAMPERT 1939: 120 ff.

Der Dieb, der selbst zum König gekommen ist (*svayamāgata*), steht in Opposition zu dem, der mit Gewalt herbeigeschafft und – bestraft wurde (*haṭhadaṇḍita*) (s. Govindarāja zu Manu 8.318).

[125] Wie z. B. Medhātithi und Kullūka.

[126] Wie etwa Bhāruci (s. Anm. 124).

[127] Wegen des Ausdrucks – und des Plurals – *mānavāḥ* und des Fehlens eines Demonstrativpronomens, von den Parallelen im Epos – und ihrem jeweiligen Kontext – ganz zu schweigen; vgl. Medhātithi: . . . *mānavagrahaṇān na prakaraṇāc caurāṇām eva* . . . !

[128] So daß man nicht unbedingt annehmen muß, daß der Vers erst sekundär an dieser Stelle eingefügt worden ist. Offen muß bleiben, wie der Übergang vom speziellen Fall zur generellen Aussage, wenn er nicht nur zufällig sich ergeben haben sollte, was wenig wahrscheinlich ist, 'motiviert' ist: durch bloße Gedankenassoziation oder durch die Überlegung, daß hier der geeignete Platz dafür ist, oder durch etwas anderes?

terscheidung des Dharmaśāstra selbst[129] – "Körperstrafe" gemeint; die Aussage des Verses insgesamt zeigt, daß dabei – zumindest unter anderem auch[130] – an die Todesstrafe gedacht ist.

Die Vollstreckung einer solchen Strafe nun bewirkt, wie der Kommentator Rāghavānanda[131] besonders klar feststellt,[132] nicht mehr – aber auch nicht weniger – als das "Freiwerden von den Folgen des begangenen Verbrechens", wobei dieser Vorgang mit unterschiedlichen, zum Teil metaphorischen Ausdrücken expliziert wird, nämlich als "Herausnehmen/Entfernen" (*nirharaṇa*),[133] "Auswerfen/Hinauswerfen" (*nirasta°*),[134] und "Zerstörung" (*kṣaya*).[135] Dadurch wird, wie zum Beispiel Kullūka klarstellt,[136] ein Faktor beseitigt, der die Entfaltung der Wirkung von vorher akkumuliertem Verdienst der Täter be- bzw. verhindert; kraft dieses guten *karman* "gehen" hingerichtete Verbrecher "wie gute Menschen, die [nur] Gutes getan haben,

---

[129] Auch in der Sekundärliteratur wird in diesem Zusammenhang regelmäßig (u. a.) auf Manu 8.129 (f.) verwiesen; vgl. z. B. GÖSSEL 1914: 81 f. oder LINGAT 1973: 242. Zu einem bemerkenswerten Versuch, diese Gliederung in die Jaina-Universalgeschichte einzubauen, s. KALIPADA MITRA, Crime and Punishment in Jaina Literature. *IHQ* XV (1939): 75; vgl. auch A. METTE, *Indische Kulturstiftungsberichte und ihr Verhältnis zur Zeitaltersage*, ([Mainzer] Akad. d. Wissenschaften u. d. Lit., Abh. d. geistes- u. sozialwiss. Klasse, Jhg. 1973, Nr. 1) Wiesbaden 1973: 8 Anm. 22.

[130] Man darf wohl annehmen, daß in diesem Vers nicht die Vorstellung ausgedrückt werden soll, die z. B. Nārada 15-16.20 indirekt bezeugt ist, nämlich daß jemand, der sich einem *prāyaścitta* unterzogen hat oder vom König bestraft worden ist, damit seine 'Schuld' beglichen hat und deshalb nicht beschimpft werden darf. Deshalb ist *daṇḍa* in Manu 8.318 höchst wahrscheinlich im engeren Sinn von "Körperstrafe" verwendet, und ist dabei wegen der Gesamtaussage vor allem an die Todesstrafe zu denken.

[131] Laut KANE I: 348 "later than 1400 A.D.", aber p. 1210 "later than 1350".

[132] *daṇḍena na kevalaṃ pāpān muktir api tu svargādy apīty āha r ā j a b h i r iti* | ; zitiert nach MANDLIK, *Mānava-Dharma Śāstra*, Bombay 1886 (s. auch Anm. 23).

[133] Siehe Bhāruci (Anm. 124).

[134] Vgl. Medhātithi zu Manu 8.318.

[135] Vgl. Kullūka and Sarvajñanārāyaṇa zu Manu 8.318.

[136] . . . *rājabhir vihitadaṇḍā manuṣyāḥ santaḥ pratibandhakaduritābhāvāt pūrvārjitapuṇyavaśena sādhavaḥ sukṛtakāriṇa iva svargaṃ gacchanti* | ; vgl. auch Medhātithi: . . . *apagate ca pāpe yad eṣāṃ svargārohakaṃ karma tena svargaṃ prāpnuvanti, mahad dhi pāpaṃ śuddhasya karmaṇaḥ phalasya pratibandhakam* | . . . *(satām adharmo naivotpadyata eṣām* [d. h. *pāpāni kṛtvā rājabhir dhṛtadaṇḍānām*] *utpanno nigrahaṇena vināśita iti prākpradhvaṃsābhāvayor viśeṣaḥ* | *)*, bzw. Rāghavānanda (im Anschluß an das in Anm. 132 zitierte Textstück): *pāpanirmuktimātram atra vivakṣitaṃ, svargāvāptis tu pūrvakṛtasukṛtakarmaṇaḥ duradṛṣṭapratibandharahitāt* | *(na ca pāpinaḥ kutaḥ sukṛtam iti vācyam* | *'kadācit sukṛtaṃ karma kūṭastham iva tiṣṭhati'* (Mbh. 12.279.17ab, s. Anm. 116) *iti smṛter anārabdhaphalakarmaṇaḥ sattvapratīteḥ* ||).

in den Himmel". Die "Körperstrafe" hat also keine direkte heilbringende Wirkung, sie macht nur den Weg frei für das Sich-Auswirken des guten *karman*, über das der Übeltäter, das wird offenbar unterstellt,[137] auch verfügt als "früher", d. h. gewiß: in einer früheren Geburt, "gesammeltes". Dadurch wird aber zugleich verständlich, daß und warum für die Dharmaśāstrins mit diesem Teil der Ausübung der Strafgewalt seitens des Königs, ungeachtet ihres eindeutigen *hiṃsā*-Charakters[138], die Vorstellung verbunden ist, daß der König dem Übeltäter einen Gefallen erweist, seinen "Interessen" dient,[139] sein "Heil" bewirkt,[140] usw.[141] Die Diskussion bei Medhātithi über die Frage, ob der König nicht auch in diesen Fällen ausschließlich im eigenen Interesse handelt, indem er seiner Verpflichtung zum Schutz genügt,[142] kann als Indiz dafür gewertet werden, daß diese Vorstellung nicht unumstritten war. Aus Medhātithi selbst, von anderen Kommentatoren ganz zu schweigen,[143] geht aber unmißverständlich hervor, daß dies die vorherrschende Anschauung ist, jedenfalls die, welche sich durchgesetzt hat. Ideengeschichtlich genügt im übrigen völlig, daß sie als solche bezeugt ist.

Wieder wissen bzw. haben die Kommentatoren nichts Genaues zu dem Verfahren zu sagen, durch das die "Zerstörung" des schlechten *karman* eigentlich zustande gebracht wird. Nur bei Medhātithi klingt an,[144] daß man sich natürlich bewußt war, daß für diese Strafe körperlicher Schmerz konstitutiv ist. Dies erinnert sofort an die "Sühnehandlungen", bzw. was sie zentral ausmacht: selbstquälerische Askese, und auf eben diese Entsprechung weist Kullūka hin, indem er am Schluß seines Kommentars zu Manu 8.318 zusammenfassend

---

[137] Siehe Rāghavananda (Anm. 136) bzw. Anm. 124.

[138] MICHAELS (1992: 97) weist richtig darauf hin, daß die Tötung "im Dharmaśāstra nur in fünf Fällen erlaubt" ist: "im Krieg bzw. bei Jagd und Opfer, als Todestrafe, als Notwehr, als Selbsttötung sowie mit Einwänden bei der Exilierung von Alten". Ich darf bei dieser Gelegenheit anmerken, daß ich eine umfangreichere Monographie über die (alt)indische Vorstellung über das Recht auf Tötung in Notwehr in Arbeit habe.

[139] Vgl. Medhātithi zu Manu 8.318: . . . *śārīre tu daṇḍe daṇḍyamānārthatā na śakyate nihnotum | tvaksaṃskāro hi sā | . . .*

[140] Vgl. Nandana zu dem in Rede stehenden Vers: *pāpakṛtām api śreyaskaro rājadaṇḍaḥ | (tenāpy avaśyaṃ te daṇḍyā ity āha r ā j a b h i r d h ṛ t a d a ṇ ḍ ā s t v iti | na kevalaṃ nirmalatvam eva kiṃ tu s v a r g a m , ā y ā n t i ca ||).*

[141] Siehe etwa Bhārucis Kommentar (Anm. 124).

[142] Siehe dazu unten S. 127 Anm. 155.

[143] Vgl. Anm. 136 und 138 sowie 124, bzw. unten § 6.

[144] Vgl. den in Anm. 136 zitierten Abschnitt.

feststellt[145]: "Auf diese Weise ist [von Manu] gelehrt, daß auch die Strafe wie eine Sühnehandlung Ursache für die Vernichtung von Üblem ist", wobei er natürlich auch bestimmte andere relevante Aussagen dieses Textes im Auge hat.[146] Es verbirgt sich hier aber doch ein komplexeres Problem, als auf den ersten Blick erkennbar ist. LINGAT ist bereits auf es eingegangen, und zwar in dem Abschnitt seines Handbuches über "The Classical Law of India", der "The King's Role relative to Penance"[147] überschrieben ist. Er stellt dort nämlich nicht nur dar, daß der König – der ihm zufolge eigentlich nur über "temporal power" verfügt im Unterschied zu der "spiritual power" der Brahmanen[148] – für die Durchführung[149] von "Sühnehandlungen" verantwortlich Sorge zu tragen hat, sondern bespricht auch im Zusammenhang des 'Zusammenfalls' von "Sühne" und "Verbrechen" den Vers Manu 8.318, namentlich Medhātithis kommentierende Ausführungen zu ihm (die ich selbst bisher nur gestreift habe).[150] LINGAT resümiert[151]: "Medhātithi believed that punishment, when corporal, is a real chastisement which is not a simple punishment: it wipes out the sin and purifies the culprit". Er fährt dann fort[152]: "It is difficult not to see in this text," also dem besagten Vers aus der Manusmṛti, "so understood, a trespass on the part of the temporal power over the spiritual, for when the two sanctions are called into play, the king has either had the case brought before him or he has taken the case up of his own motion.[153] T h e k i n g s u b s t i t u t e s h i m s e l f f o r t h e

[145] *evaṃ prāyaścittavad daṇḍasyāpi pāpakṣayahetutvam uktam* ‖ . – Die Bemerkung Kullūkas am Ende seiner Manvarthamuktāvalī (vgl. KANE I: 756 f. nebst Fußnote 1128) ist ersichtlich nicht so zu verstehen, daß er für seine Erläuterung von *prāyaścitta* ein besonderes Maß von Originalität beansprucht; im Gegenteil, er betont ja gerade, daß dieses *vyakhyānaṃ* von ihm *bahumunimatālocanād* gegeben ist. Seine Behauptung, Medhātithi und Govindarājā hätten nichts Vergleichbares zu bieten, ist gewiß – wie auch oft sonstige Ausfälle gegen beide bzw. einen der beiden – *cum grano salis* zu nehmen.

[146] Nämlich Manu 11.45 (f.), 54, 72 und vor allem 11.99 ff.

[147] LINGAT 1973: 232 ff. – Seltsamerweise erwähnt er aber mit keinem Wort GAMPERT, der sich seinerseits (1939: 146 ff.) auch direkt mit Manu 8.318 und seinen Parallelen befaßt hat.

[148] LINGAT 1973: 216.

[149] LINGAT hebt zu Recht hervor, daß für die Festsetzung von Sühnehandlungen jedoch nur die Brahmanen als kompetent gelten.

[150] Anm. 127, 136 und 138.

[151] LINGAT 1973: 234 ff.

[152] LINGAT 1973: 234 f.

[153] Das trifft für den Fall des 'Diebes mit der Keule' nicht unmittelbar zu; die zwangsweise "Vorführung" (Medhātithi, zu Manu 8.318, gebraucht den Ausdruck *ānīta*) steht aber auch dabei als (theoretische) Alternative im Hintergrund.

B r a h m i n ;[154] by fixing the punishment he chastises the sinner and so absolves him. – But why does punishment operate as a penance? Medhātithi speaks of an invisible effect produced in the person of the convict by the application of the punishment,[155] and this is an effect analogous in its result to the act of *dharma*. But this effect results from the execution of the sentence pronounced by the king, and not from actions performed voluntarily by the convict himself, as the case with penances usually is. Should we attribute a purifying effect to chastisement (*daṇḍa*) when it personifies *dharma*, i. e. when it is employed conformably to the precepts of *smṛti*? Or should we simply admit that the king here has a religious power which permits him to wash away sins?"

LINGAT ist der Meinung, daß eher die zweite Alternative zutrifft, und lenkt dabei die Aufmerksamkeit auf Manu 8.314-316 und einige ihrer Parallelen, das heißt Aussagen über den – uns bereits bekannten – Dieb, der zum König geht und ihn um Bestrafung bittet, das Exekutionsmittel schon selbst mitbringend. Aus dem Umstand, daß dieser Dieb, ob er nun nach Zahlung einer Geldstrafe[156] vom König in Gnaden entlassen oder einmal mit der Keule geschlagen wird, und diesen Schlag, möglicherweise nur verletzt, überlebt, als "gereinigt" angesehen wird, möchte LINGAT folgern, daß wir nicht darum herumkommen zuzugeben, "that the king appears here endowed with a religious power, the penance no less than the punishment emerging from his own unaided power."[157]

---

[154] Hervorhebung von mir.

[155] Bei Medhātithi: . . . *tasmād iyaṃ hiṃsā rakṣā satī hiṃsyamānasaṃskāra iti mantavyam* | *ataś ca kāraṇā* (lies: *kārā* oder: *kārapādā*) °*dicchedane niyamaḥ* | *hastyādividhiś ca daṃḍyeṣv evādṛṣṭam ādhāsyati, na rājārtho bhaviṣyati* | . Der Ausdruck *hastyādividhi* bezieht sich auf Methoden der Hinrichtung, bei denen Elefanten und andere Tiere eingesetzt werden (vgl. z. B. Manu 8.34, Yājñ. II 279 bzw. MEYER 1902: 35 ff., 199 ff., 206 und 230).

[156] Siehe LINGAT 1973: 235. – Der Dieb stellt dann einen *'jīvanmukta'* ganz besonderer Art dar. Vgl. Yājñ. 3.248d (*jīvann api viśudhyati*, freilich vom *brahmaghna*, zitiert auch von Kullūka zu M. 8.316) sowie Medhātithi zu M. 8.316: . . . *pāpān mucyate* . . . – Zu Geldstrafe nach Vollzug eines *prāyaścitta* s. z. B. Manu 9.235 ff., zur Akkumulierung beider – generell – (u. a.) GAMPERT 1939 (vor allem 242 ff).

[157] LINGAT 1973: 236. – Daß J. HEESTERMAN, wie auch in der Diskussion deutlich wurde, die Position LINGATS vertritt, wenn auch mit eigenen Gründen, die aus dem Zusammenhang seiner Theorie über das vedische Opfer bzw. das ursprüngliche vedische Opfer zu verstehen sind (Brahmanen 'delegieren' alles blutige Tun usw.), sei hier nur erwähnt; eine Auseinandersetzung auch mit ihm ist hier nicht möglich. Auch daß bestimmte Aspekte der Hinrichtung (insgesamt) an eine Art Opferhandlung denken lassen – was sicher anders zu beurteilen ist als die von MICHAELS (1992: 116 ff.) beobachtete Ritualisierung des Selbstmordes –, könnte zugunsten LINGATS ins Feld geführt werden – ist aber, soweit ich sehe,

LINGAT – ob nun von Dumézils Drei-Funktionen-Theorie beeinflußt oder nicht – vernachlässigt dabei jedoch nicht nur, wie FEZAS im Rahmen seiner eigenen Kritik nachgewiesen hat,[158] die diachrone Dimension und mißt nicht nur der räumlichen Nähe der in Rede stehenden Verse bei Manu – und Nārada[159] – eine allzu große Bedeutung zu,[160] sondern richtet seinen Blick auch einseitig nur auf den König und den Brahmanen beziehungsweise ihre jeweilige "Rolle". Ich will natürlich meinerseits nicht behaupten, daß die höchst komplexe, supplementäre, aber auch durch Wettstreit und Gegensätze charakterisierte Beziehung der beiden höchsten 'Stände' (*varṇas*) nicht ein gesteigertes Maß von Aufmerksamkeit in der Forschung verdiente, noch die Ansicht vertreten, daß das Problem des Ursprungs der – gleich noch genauer zu beschreibenden – Vorstellung nicht noch sorgfältiger Überlegung bedürfte. Aber unterem anderem das bereits zitierte Zeugnis Kullūkas[161] scheint mir ein ausreichender Grund für die Feststellung, daß jedenfalls ideengeschichtlich eindeutig auch die Vorstellung einer Ähnlichkeit der Wirkung von "Sühne" und "Strafe" belegt ist und daß es deshalb – ebenso wie aufgrund allgemeiner Erwägungen – naheliegt, sich die Frage vorzulegen, ob die "reinigende" Kraft beider nicht als in ihnen selbst – und eben nicht den Personen, die sie empfehlen bzw. verhängen – liegend angesehen wurde (nämlich von Dharmaśāstra-Autoren, zu einer bestimmten Zeit). Daß ein *prāyaścitta* "reinigt", hat seinen Grund ja nicht darin, daß nur ein Brahmane einen 'Sünder' über die für die vorher begangene 'Sünde' richtige "Sühnehandlung" belehren kann, sondern in dieser "Sühnehandlung" selbst und ihrem vorschriftsgemäßen und vollständigen Vollzug –, über den erforderlichenfalls der König wacht. Ein gleiches müßte für die "Strafe" gelten,

---

bisher von niemand geltend gemacht worden –, zumal es sehr fraglich ist, ob die Bestimmung als "un spectacle judiciaire qui parodie le 'religieux'", die FEZAS gibt (1990: 87), zutrifft [Dazu mehr andernorts, d. h. in einem "An internal contradiction in the Mṛcchakaṭika? Some remarks on impalement in Ancient and Mediaeval India" betitelten Aufsatz, der in den *StII* erscheinen wird]. U. a. die Rechtsvergleichung spricht jedoch entschieden dafür, daß es sich dabei um sehr altertümliche Züge des Hinrichtungs-'Spektakels' handelt, so daß sie für eine in historischer Zeit, d. h. in der mittel- oder spätvedischen Epoche vollzogene 'Funktionsübertragung' nicht argumentativ in Anspruch genommen werden können.

[158] FEZAS 1990: 80 ff.

[159] Vgl. Anm. 120.

[160] Siehe auch oben S. 123. Zum Problem der Beziehung zwischen Nārada- und Manusmṛti s. jetzt LARIVIERE 1989, Pt. 2: XX f.; ein eigenständiger Zeugniswert kommt dem entsprechenden Abschnitt bei Nārada (19.53-56) jedenfalls nicht zu.

[161] Anm. 145. – Auch Manu 11.101 zeigt m. E. mit seiner Unterscheidung der Strafe (*vadha* oder *tapas*), daß nicht der Person des Königs das Hauptgewicht zukommt.

und zwar nicht (nur) aufgrund einer bloßen Übertragung der *prāyaścitta*-Idee, sondern in Ansehung ihrer – hier in Rede stehenden – wesentlichen inhaltlichen Übereinstimmung, dem Leid des Sterbens und des Todes, dem gegenüber der Unterschied von freiwilligem Aufsichnehmen und Verhängung – und der "verwerflichen beziehungsweise strafwürdigen Taten", deren Folgen es jeweils zu beseitigen gilt – verblaßt.[162] Die Qual als solche, ob nun selbst zugefügt oder dem *dharma* gemäß von einem anderen, ist es, die in beiden Fällen die schlechte *karman*-Substanz beseitigt.[163] Auch wenn, wie gesagt, die genaue Weise dieses Wirkens nicht hinreichend klar wird beziehungsweise klar ist,[164] vorausgesetzt sie ist überhaupt von den Indern klar gedacht worden, die Vorstellung als solche ist nicht nur nachvollziehbar, sondern auch von einiger Plausibilität[165] und 'logischen' Konzinnität. Die kausale Beteiligung von Brahmane und König an dem behaupteten Effekt der Befreiung von schlechter Tatsubstanz ist nur eine sehr indirekte. 'Oberste Instanz' für beide ist zudem – idealiter – der *dharma*!

---

[162] Beim 'Dieb mit der Keule' wäre auch denkbar, daß er sich an den König wendet, weil er der Hilfe einer anderen Person bei der Ausführung eines *prāyaścitta* bedarf und der König außerdem die einzige Person ist, die ihm die 'Schuld', indem er sie selbst durch Freilassung des Diebs übernimmt, auch anders abnehmen kann (vgl. Anm. 165).

[163] Auch beim *prāyaścitta* ist es ja so, daß es selbst nicht zur Vermehrung des allfälligen guten *karman* beiträgt, sondern der Beseitigung des schlechten *karman* dient, auf daß danach das bereits früher angesammelte *sukṛta* seine Wirkung entfalten kann.

[164] Bei GAMPERT (1939: 254 ff.) allerdings gewichtige Argumente dafür, daß weithin – er unterscheidet systematisch mehrere Typen von Sühnehandlungen – Vorstellungen über Zauberkraft ('Magie') die Grundlage bilden.

[165] Soweit ich sehe, haben sich die Dharmaśāstrins bzw. *karman*-Theoretiker freilich keine Gedanken darüber gemacht, wie eine Hinrichtung im Falle der – offenbar gar nicht seltenen (der *locus classicus* ist wohl Mṛcchakaṭika 9.41: *īdṛśaiḥ śvetakākīyaiḥ rājñaḥ śāsanadūṣakaiḥ | apāpānāṃ sahasrāṇi hanyante ca hatāni ca* ‖, eine Aussage, die, abgesehen von dem schwierigen, von den Kommentatoren sicher nicht richtig erklärten *śvetakākīya* (= "[besonders] selten", ironisch gemeint?), an Klarheit nichts zu wünschen übrig läßt) – Fehlurteile (vgl. u. a. J. N. C. GANGULY, Hindu Theories of Punishment. *ABORI* VIII (1926): 89 [zur Einschätzung dieses Aufsatzes s. aber GAMPERT (1939: 258 Anm. 4]) hinsichtlich ihres karmischen Effekts zu beurteilen ist. Diese Feststellung trifft aber für die Opfer von 'Justizirrtümern' zu, nicht den König selbst. Dieser nämlich ist in der Lage, **sich** selbst von den Folgen gerechter Gewaltausübung zu reinigen (GautDhS XII [= 2.3.] 48, VāsDhS XIX 40 und 43, PārS XII 70 und IX 53); er ist ja derjenige, der 'de jure' (auch im Sinne der *karman*-Lehre als Verantwortlicher) die Strafe vollzieht (vgl. FOY, *Die königliche Gewalt nach den altindischen Rechtsbüchern, den Dharmasūtren und älteren Dharmaśāstren*, Leipzig 1895: 25), und insofern auch letzte Instanz. Gemäß Viṣṇu XXII 48 kann der König im Rahmen seiner Pflichtausübung – und das "right to punish" gehört dazu (vgl. LINGAT 1973: 207-250, insb. 214) – gar nicht "unrein" werden, und, wenn er es wünscht, gilt das auch für seine Befehlsempfänger (XXII 52).

Eine Frage, die sich schon im Zusammenhang des 'Todes als Sühnehandlung' aufdrängte, obwohl in dem entsprechenden Kapitel von ihr noch nicht direkt die Rede war, muß allerdings spätestens jetzt in aller Schärfe gestellt werden: Wie kommt es, daß der Tod gerade in diesen beiden Fällen als 'Mittel der Entsühnung' angesehen wird, nicht aber auch sonst? Die naheliegendste Antwort scheint mir die zu sein, daß – von Begleitumständen abgesehen,[166] deren Bedeutung keineswegs geleugnet oder heruntergespielt werden soll – in der Verkürzung der "Lebensspanne" (*āyus*), die dem Menschen nach indischer Anschauung idealiter zugemessen ist bzw. dem Individuum aufgrund seines *karman* sozusagen theoretisch 'zusteht', das heißt in der Vorzeitigkeit des Lebensendes der entscheidende Faktor, die zentrale "reinigende", das heißt gutes *karman* produzierende Kraft zu sehen ist, wobei im Falle des 'lebenslänglichen' *prāyaścitta*, wie gesagt,[167] der kontingente, wenn auch wahrscheinlich durch die Askese (usw.) schneller herbeigeführte Tod das Quantum an erforderlicher Verdienst-Substanz entsprechend 'auffüllt'.

Eine ganz andere Frage ist, wie die Beziehung zwischen tödlichem *prāyaścitta* und Todesstrafe historisch zu beurteilen ist. Da für mich das ideengeschichtlich relevante Faktum der Bezeugung bestimmter Vorstellungen – und diese selbst – im Vordergrund steht, hat die entwicklungsgeschichtliche Problematik – ebenso wie die Frage nach der Verallgemeinerbarkeit einzelner Aussagen in Dharmaśāstra-Texten (ein besonders intrikates Problem) –, wie gesagt, eine nur nachgeordnete Bedeutung. Ich will aber doch wenigstens erwähnen, daß GAMPERT[168] JOLLY[169] die Ansicht zuschreibt, die Anerkennung der reinigenden Kraft der Strafe im Dharmaśāstra gehe auf die Vermischung beider Strafsysteme, des 'geistlichen' und des 'weltlichen', zurück; vor allem aber muß mit Nachdruck auf GAMPERTS eigene Diskussion[170] hingewiesen werden, d. h. die starken Argumente, die er für seine

---

166 Zu denken wäre – beim Hinzurichtenden ebenso wie bei demjenigen, der sich einer Sühnehandlung unterziehen muß, u. a. an die öffentliche Schande, Ausstoßung aus der Gesellschaft – die bemerkenswerterweise offenbar nicht völlig deckungsgleich ist mit dem *patitatva* –, d. h. an Aspekte, auf die im Hinblick auf den "Dieb mit dem Stößel" auch J. FEZAS 1990: 60 ff. hinweist.

167 Siehe oben S. 115 f.

168 GAMPERT 1939: 243.

169 Er verweist auf JOLLY 1896: 121 ff., wo ich diese Ansicht aber nicht klar ausgesprochen finde.

170 GAMPERT 1939: 259 f.

These ins Feld führt, daß das 'tödliche' *prāyaścitta* der Todesstrafe nachgebildet ist, ohne dabei doch zu übersehen, daß es daneben auch den anderen Strang der Anerkennung der weltlichen Strafe als "Sühnehandlung" gegeben hat. M e i n e Vermutungen gehen freilich in eine etwas andere Richtung: Ich glaube, daß die Idee des 'tödlichen' *prāyaścitta* unabhängig entstanden ist, und zwar unter dem Einfluß entsprechender Askesevorstellungen, und möglichweise sekundär mit der von der Todesstrafe verquickt wurde. Aber selbst falls GAMPERTS Ansicht Bestand haben sollte, müßte ergänzend betont werden, daß diese 'Nachbildung' zugleich eine Auffüllung der Vorstellungen über die Todesstrafe mit einem zentralen Element des Inhalts des *tapas*-Begriffes mit eingeschlossen haben dürfte.

Zu wenig Beachtung hat in der Diskussion von Manu 8.318 bisher auch der Teil des Verses gefunden, der davon spricht, daß die bestraften Menschen wörtlich "in den Himmel gehen". Wie ist denn diese Aussage zu verstehen? Als ein Indiz dafür, daß die im Kern vedische, das heißt in vedischer Zeit entstandene, Vorstellung noch lebendig war, daß man dank seiner 'Werkfrömmigkeit' beziehungsweise seines akkumulierten guten *karman* – oder gar automatisch (im Falle korrekter Totenriten) – in die/eine himmlische Welt (*loka*)[171] gelangt und, wenn ja, für immer ('ewiges Heil') oder – und nur dies ließe sich mit der *karman*-Lehre auf die eine oder andere Weise vereinbaren – für eine bestimmte, aber eben befristete Zeit ('zeitweilige Seligkeit')? Oder sollen wir darin nicht eher eine Chiffre oder Metapher für ein gutes Nachtodschicksal im Sinne einer guten Wiedergeburt sehen? – Wie immer die richtige Antwort lauten mag, so viel wird deutlich: Die Vorstellungen darüber, was nach dem Tod mit demjenigen[172] geschieht, der durch ihn erst völlig "gereinigt" wird, fließen aus anderen Quellen und dürften sich im Laufe der Jahrhunderte, ja Jahrtausende zu unterschiedlichsten Gesamtvorstellungen mit den *prāyaścitta*- und *daṇḍa*-Ideen verbunden haben.

---

[171] Siehe zu diesem Begriff zuletzt E. STEINKELLNER, *Anmerkungen zu einer buddhistischen Texttradition: Paralokasiddhi*. Anz. d. phil.-hist. Klasse d. ÖAW, 121. Jhg. 1984 (So. 5): 87 unter Verweis auf J. GONDA, *Loka: World and Heaven in the Veda*, Amsterdam 1966 sowie ("zuletzt") STEVEN COLLINS, *Selfless persons*, Cambridge 1982: 44.

[172] Die Unterscheidung von Körper und Seele muß nicht unbedingt (schon) gemacht (worden) sein! – Die Antwort ist hier entschieden schwieriger als im Falle des von mir in dem Aufsatz "The warrior taking to flight in fear – Some remarks on Manu 7.94 and 95 (Beiträge zur Kenntnis der indischen Kultur- und Religionsgeschichte III)" (*Ind.Taur.* XIV (1987-88) *Professor Colette Caillat Felicitation Volume*: 391-432) behandelten Textmaterials, – und das Problem insgesamt komplexer als aus den "Religionshermeneutischen Bemerkungen zum Phänomen des Todes" ersichtlich ist.

5.

Die enge Beziehung zwischen *prāyaścitta* und *daṇḍa* wird auch im GautDhS angesprochen, und bezeichnenderweise gleichfalls im Hinblick auf das zentrale Ideologem der Schutzgewährung in doppeltem Sinne des Wortes, also der Aufrechterhaltung der gesellschaftlichen, ja kosmischen[173] Ordnung und der behütenden Hilfe für Missetäter. Die Ausdrucksweise ist freilich weniger explizit, wenn es im sūtra XI [= 2.2.] 31 heißt[174] "The advice of the spiritual teacher and the punishment (inflicted by the king) guard them", und zwar diejenigen, von denen im unmittelbar vorangehenden sūtra gelehrt worden war,[175] daß "those who act in a contrary manner perish, being born in various (evil conditions)."[176] Nachdem uns vorhin schon[177] "diejenigen, die Unterweisung geben", begegnet waren, kann es keinem Zweifel unterliegen, daß der Begriff "Unterweisung" auch hier auf – natürlich – brahmanische Lehrer und, wenn auch nicht nur, auf ihre Kenntnisse, ihr "Wissen" überhaupt abzielt.[178] Durch das GautDhS wird zugleich aber auch der Blick darauf gelenkt, daß das – ja ganz und gar nicht spannungsfreie – Nebeneinander von *prāyaścitta* einerseits und *daṇḍa* andererseits (im Hegelschen Sinne des Wortes) aufgehoben ist in der umfassenderen Ideologie von der gemeinsamen Verantwortung von Brahmanen- und Kriegerstand für Welt und Kosmos,[179] und ihrer daraus abgeleiteten herausragenden, der Kritik

---

[173] Vgl. Anm. 179.

[174] *tān ācāryopadeśo daṇḍaś ca pālayate* ‖. Der Singular des Verbums veranlaßt Haradatta zu der Auffassung, daß das zweite Mittel dann zur Anwendung kommt, wenn das erste nicht 'gegriffen' hat, d. h. eine Art von Instanzenweg für "Sühnehandlung" und "Strafe" zu behaupten, wobei offensichtlich aber gemeint ist, daß die "Unterweisung seitens des Lehrers" nicht beachtet wird.

[175] *viṣvañco viparītā naśyanti* ‖.

[176] Übersetzungen zitiert aus BÜHLER 1965: 238. – Haradatta erklärt *naśyanti* durch *anarthaparamparām anubhavanti*, Maskarin aber – der hier drei Gruppen unterscheidet, nämlich die *svakarmaniṣṭha* mit einer *uttamagati*, die, welche *rājñā svadharme sthāpyante*, mit einer *madhyamagati*, und schließlich die, die weder in die eine noch in die andere Kategorie fallen, mit einer *adhamagati* – fügt nur hinzu die Begründung *viśiṣṭadeśādisambandhābhāvāt*.

[177] Siehe oben § 3.

[178] Vgl. die Parallele ĀpDhS II 5.10.12 ff.

[179] Wie sie etwa in GautDhS XI [= 2.2.] 27 (*brahma kṣatreṇa (saṃ)pṛktaṃ devapitṛmanuṣyān dhārayatīti vijñāyate*) oder VIII [= 1.8.] 1 f. zum Ausdruck kommt.

entzogenen Stellung[180] hoch über allen anderen Menschen beziehungsweise Lebewesen.[181] Aber dieser Faden kann hier nicht weiterverfolgt werden.[182] Ebensowenig ist es leider möglich, auf die indischen Strafrechtstheorien insgesamt einzugehen.[183]

Daß es die Todestrafe gab – und durchaus nicht nur bei Verbrechen gegen den König/Staat –, daß sie auf verschiedene Weise vollzogen wurde,[184] daß

---

[180] Vgl. z. B. GautDhS XI [= 2.2.] 32: *tasmād rājācāryāv anindyāv anindyau* ‖ . (Die Wiederholung des gleichen Ausdruckes dient – wie in älteren Upaniṣads etc. – dazu, das Ende des *adhyāya* zu markieren; vgl. Haradatta). – Als "menschliche Götter" (*manuṣyadeva*, wörtl. "Götter, die in Wahrheit Menschen sind") werden die Brahmanen schon ŚPB 2.2.2.6 bezeichnet; vgl. A. WEBER, *Indische Studien*, Leipzig 1868: 35 ff. und H. ZIMMER, *Altindisches Leben*. Die Cultur der vedischen Arier nach den Saṃhitā dargestellt, Berlin 1879: 205 ff.

[181] Die Schutzpflicht erstreckt sich bemerkenswerterweise auch auf Tiere und Pflanzen (vgl. LINGAT 1973: 223 und 227 ff.), wobei allerdings durchaus mit einer impliziten anthropozentrischen Begründung zu rechnen ist. Vgl. Manu 9.327, 8.306 (und Kullūka).

[182] Ich beabsichtige immer noch, einen Vortrag über bestimmte Aspekte des indischen Anthropozentrismus, den ich vor Jahren in Wien gehalten habe, auszuarbeiten und zu publizieren.

[183] Grundlegend – und immer noch sehr lesenswert: GÖSSEL 1914 [manches aber doch überholt bzw. höchst anfechtbar wie z. B. das p. 80 zum 'Talionsprinzip', der Vergeltung von Gleichem mit Gleichem, Gesagte: Manu 8.279 – auf das auch z. B. R. S. BETAI (State of Criminal Law in Manusmṛti. *JGJhRI* XXIV, 1968: 291) verweist – handelt vielmehr von der Bestrafung an dem Glied, mit dem man gesündigt hat, wie auch GAMPERT 1939: 254 feststellt] bzw. RAMAPRASAD DAS GUPTA, *Crime and Punishment in Ancient India*, Books I & II [Nachdruck], Varanasi 1973: 60 (allerdings im Rahmen einer wütend-apologetischen Auseinandersetzung mit JOLLYS Artikel über "Crime and Punishment" in *ERE* IV). Zu nennen wären außerdem J. N. C. GANGULY, Hindu Theory of Punishment. *ABORI* VIII (1926): 72-92 (s. aber Anm. 165), L. ROCHER, Ancient Hindu Criminal Law. *JOR* Madras XXIV (1954-1955): 15-34, J. VARENNE, Le Jugement des morts dans l'Inde. In: *Sources Orientales. Le Jugement des Morts*, Paris 1961: 207-230, TERENCE P. DAY, *The Conception of Punishment in Early Indian Literature*, Waterloo (Ontario) 1982 sowie TARAPADA LAHIRI, *Crime and Punishment in Ancient India,* New Delhi 1986. – Die verschiedenen Bemühungen, indische "Non-violent Theories of Punishment" (dies der Titel des Buches von U. TÄHTINEN, Delhi/Varanasi/Patna 1982) herauszuarbeiten und zur Grundlage weiterführender straftheoretischer Überlegungen zu machen – erste (?) Anfänge übrigens schon bei G. T. DESHPANDE, Prāyaścitta as a Theory of Punishment. *Nagpur Univ. J.* (Humanities) 15 (1964): 8-24 –, sind zweifellos legitim und interessant, aber nur solange, als nicht durch (wie immer motivierte) Einseitigkeit das Gesamtbild der alten und mittelalterlichen Straftheorie und -praxis massiv verzerrt wird (wie das m. E. gilt z. B. für SUKUMAR BOSE and PARIPURNANAND VARMA, Philosophical Significance of Ancient Indian Penology. *JIPh* 10 (1982): 61-100).

[184] Vgl. z. B. TARAPADA LAHIRI, *Crime and Punishment in Ancient India*, New Delhi 1986: 170, bzw. JOLLY 1896: 121-131 und KANE III: 394 ff. – Vgl. andererseits aber auch K. R. NORMAN, Aśoka and Capital Punishment: Notes on a Portion of Aśoka's Fourth Pillar Edict, with an Appendix on the Accusative Absolute Construction. *JRAS* (1975): 16-24 [= Collected Papers Vol. I, Oxford 1990: 200-213].

sie wohl nicht gerade selten war,[185] bezeugen einschlägige Textstellen schon in der Dharmaśāstra-Literatur. Um ein vollständigeres und realistischeres Bild von ihrem Vollzug zu gewinnen, muß man sich – erwartungsgemäß – allerdings in anderen Texten umsehen; der Sadismus aber, auf den man dann stößt,[186] läßt einen nicht nur erschaudern, sondern bedarf – ähnlich wie das Verhalten Aussätzigen und anderen Kranken und Behinderten gegenüber – auch wieder der relativierenden Reflexion: Das zusätzliche Quälen des zum Tode Verurteilten in all seiner 'Nacktheit' durch Zufügung fürchterlichster körperlicher, aber auch seelischer Schmerzen vor der Hinrichtung, dient offenbar nicht nur der Abschreckung, sondern auch dazu, die auf die Vernichtung des gesamten schlechten *karman* abzielende reinigende Wirkung[187] sicherzustellen und dem Übeltäter insofern zu einem guten Nachtodschicksal zu verhelfen – wie schon die Todesstrafe als solche. Der vorzeitige Verlust des Lebens – im Rahmen der *prāyaścitta*-Praxis freiwillig, als vom König verhängte und in der Regel von einem *caṇḍāla*[188] vollzogene, zu erleidende Strafe im Rahmen des Strafrechts – als äußerste denkbare Steigerung der Schmerzzufügung, so scheinen die Inder gedacht zu haben, eliminiert eben darum endgültig und vollständig die Folgen von als besonders verwerflich

---

[185] Vgl. z. B. aus Medhātithis Kommentar zu Manu 8.318: . . . *atha tān* (d. h. *pāpān*) *nigṛhītān dṛṣṭvā bhayād anye na pravartayiṣyanta iti dhanadaṇḍenāpi sakyate duḥkhayitum* | *hanyamāneṣv api sahasraśaḥ pravartante* | . . .

[186] Vgl. z. B. RATILAL N. MEHTA, Crime and Punishment in the Jātakas. *IHQ* XII (1936): 432-442, KALIPADA MITRA, Crime and Punishment in Jaina Literature. *IHQ* XV (1939): 75-89 sowie DEV RAJ CHANAṆA, The Vinaya Piṭaka and Ancient Indian Jurisprudence. *JBORS* XLIV (1958): 22-36. – Um apologetische Angriffe wie den von BETAI gegen JOLLY (s. Anm. 183) zu vermeiden, sei betont, daß ich mir durchaus bewußt bin, daß es sich bei diesem Sadismus nicht um ein spezifisch indisches Phänomen handelt. – "Verschiedene, meist sehr grausame Hinrichtungsarten" werden erwähnt bei MEYER 1902: 35 ff., 199f., 206 und 230 (Gewährung der Gnade durch Mauryas an Kaufleute, daß sie bei bestimmten Verbrechen nicht hingerichtet werden).

[187] Vgl. FEZAS 1990: 58 ff.

[188] Siehe Anm. 39 sowie die in Anm. 183 und 186 genannten Aufsätze. – Daß in Indien Caṇḍālas als Henker fungierten, liegt wohl kaum daran, daß der König eine Unreinheit/Schuld abwälzen mochte. Von einem entsprechenden 'transfer of demerit' ist, soweit ich sehe, nirgendwo in den Texten die Rede, obwohl die *hiṃsā*, die der König, aber signifikanterweise er (und nicht notwendig nur durch Fehlurteil) begeht, durchaus diskutiert wird (vgl. auch Anm. 165). Moderne Praxis läßt aber vermuten, daß es die Brahmanen sind, die als 'Sündenböcke' herhalten müssen, wenn *adharma* des Königs 'abgeleitet' werden soll: Nach dem Tod des Königs Mahendra von Nepal mußte der Hauspriester ein Stückchen dessen Gehirns verzehren, um sich selbst allfälligen *adharma* seines verstorbenen Herrschers 'einzuverleiben' und ihn selbst davon zu befreien.

angesehenen (Un-) Taten. Nicht die 'Todeswürdigkeit' eines Verbrechens / einer Sünde steht für den Inder im Vordergrund, sondern der Gedanke, daß es/sie nur durch den Verlust des Lebens – das allen Lebewesen lieb ist, auch wenn es ganz und gar nicht einmalig ist – in seinen Folgen für den Täter 'wieder gutgemacht' werden kann. Es ist deshalb mindestens sehr wahrscheinlich, daß diese 'reinigende', die zerstörerische Wirkung besonders schlechter Handlungen beseitigende Funktion des Todes auch bei solchen Aussagen hinzuzudenken ist, in denen kontextbedingt stärkeres Gewicht auf dem Aspekt der Bestrafung liegt. Als ein instruktives Beispiel will ich nur einen Vers aus dem Mahābhārata zitieren (Poona-Ed. 5.35.61), der aber nicht nur in einem Dharmasūtra wiederbegegnet,[189] sondern außerdem auch alle drei von mir behandelten Vorstellungen über den Tod zusammenführt.[190] Ich übersetze in Anlehnung an BÜHLER[191]:

"Der (geistige) Lehrer maßregelt diejenigen, die über Selbst-Kontrolle / Charakterstärke verfügen, [indem er ihnen die erforderliche Sühnehandlung anweist]; der König[192] maßregelt die von schlechtem Wesen/Charakter, [indem er Strafen über sie verhängt]; diejenigen [schließlich], deren Übeltaten verborgen (das heißt nicht bekannt) sind, werden gemaßregelt vom [Todesgott] Yama, dem Sohn des Vivasvant, [indem er sie zu sich holt]."[193]

Die letztere Gruppe ist zugegebenermaßen nicht völlig identisch mit der der *pāparogin*s, "der an 'Gebrechen' [diverser Art] aufgrund [früher begangener] Übeltaten Leidenden", deckt sich aber wenigstens teilweise mit ihr.[194]

---

[189] VāsDhS XX 3 und Nārada 19.55 (vgl. LARIVIERE 1989: 217). – Siehe dazu auch GAMPERT 1939: 246 ff.

[190] *gurur ātmavatāṃ śāstā*
śāstā rājā durātmanām |
atha pracchannapāpānāṃ
śāstā vaivasvato yamaḥ || .

[191] BÜHLER 1965: 102.

[192] Den Chiasmus des Originals habe ich nicht versucht wiederzugeben.

[193] Die Idee in Naiṣadhīyacarita 13.15 ist wohl eine andere, die nämlich, daß man sich aus Angst vor dem Tod bzw. vor Höllenstrafen im Leben richtig, also dem *dharma* gemäß verhält.

[194] Gemeint ist gewiß auch (ein) *pāpa(s)* in einer früheren Geburt – und nicht nur eines, das in dieser begangen wurde und geheim gehalten werden konnte; vgl. außerdem LINGAT 1973: 232 ff.

6.

Im Bemühen, zu dem vorher von mir ausgebreiteten und teilweise auch diskutierten Material aus Dharmaśāstra-Texten wie aus der Sekundärliteratur so weit auf Distanz zu gehen, daß eine erneute Besinnung und vertiefende Betrachtung bzw. Problematisierung möglich wird, möchte ich zunächst an GAMPERT[195] anknüpfen, der in seinem abschließenden, "Das Wesen des *prāyaścitta*" überschriebenen Kapitel unter anderem folgendes schreibt: "Wir haben gesehen, daß es im wesentlichen die Karmanlehre war, welche die P.-Lehre" (= Prāyaścitta-Lehre) "mit ethischem Gehalt gefüllt hat.[196] Solange das P.-System nur auf der Auffassung der Sünde als schädlicher Substanz aufgebaut war, läßt sich in ihm beim besten Willen keine Ethik entdecken.[197] Nun ist es bekannt, daß sich in verschiedenen Hymnen des Ṛ̣V. noch eine andere Sündenauffassung von bereits ethischem Gehalt kundgibt, nämlich als Verletzung des Ṛta, der transzendentalen Weltordnung, als deren Hüter die Götter die Sünder bestrafen. Neben anderen Göttern sind es vor allem Varuṇa und die übrigen Āditya . . . , die von Sündern um Vergebung angefleht werden . . . Freilich äußert sich hier noch kein Bewußtsein einer p e r s ö n l i c h e n Schuld gegenüber der Gottheit, das Einbekenntnis der Sünde erfolgt eher aus Angst vor der Strafe denn aus wirklicher Reue. Darin aber liegt die Schwäche dieser Sündenauffassung, die unpersönlich Strafe heischende Verletzung des Ṛta konnte nur zu leicht zur schädlichen Sündensubstanz werden." GAMPERT sieht darin – gewiß zu Recht – eine Folge der allgemeinen Veränderung der vedisch-brahmanischen Religion, hin zu der von 'magischen' Anschauungen bestimmten Vorstellungswelt der Brāhmaṇa-Texte, und meint schließlich: Damit "kam auch die Ethik des Ṛ̣V. zu Fall, die Auffassung der Sünde als schädlicher Substanz siegte und es bedurfte erst einer langen Entwicklung, ehe die Lehre von den Sühnungen einen ethischen Gehalt auf einer neuen, aber ähnlichen gedanklichen Grundlage gewann".[198]

Man kann GAMPERTS Rekonstruktion der frühen Entwicklung weder eine hohe Plausibilität noch auch eine generelle Richtigkeit absprechen, fühlt sich aber doch zu Widerspruch im einzelnen in mehrfacher Hinsicht

---

[195] GAMPERT 1939: 262 f.

[196] Dies ist offensichtlich ein Verweis auf *o.c.*: 201 ff.

[197] Man beachte auch Anm. 1 auf Seite 263.

[198] Anm. 4 auf Seite 263 verweist für die "Parallelität von Ṛta und Karman" auf B. HEIMANN, *Studien zur Eigenart indischen Denkens,* Tübingen 1930: 32.

herausgefordert. Ich meine nicht in erster Linie die m. E. aber auch nicht mehr vertretbare Auffassung des *ṛta* als "transzendentaler Weltordnung" – statt "Wahrheit" –, sondern:

1. die Behauptung des Fehlens des Bewußtseins einer persönlichen Schuld und also Reue: Daß in den relevanten Textstellen die Angst vor der Strafe dominant ist – wenn sie es denn wirklich ist –, berechtigt keineswegs zu diesem Schluß.

2. Die implizite Annahme, die Vorstellung einer schädlichen Sündensubstanz sei erst infolge der Entwicklung des *ṛta*-Begriffs ausgebreitet worden: Es ist sehr wohl möglich, daß sie als eigener Strang, etwa im Zusammenhang mit Gedanken über das Wesen von Krankheit, selbst alt ist und unabhängig bestanden hat.

3. Die weitere implizite Annahme, das 'magische' *prāyaścitta* sei *per se* nicht ethisch: Man muß doch zwischen Mittel der Beseitigung und Vorstellung über die Entstehung der schädlichen Substanz unterscheiden: Warum wird die Folge einer Handlung überhaupt als schädlich angesehen? W i r k l i c h n u r, weil sie als Verletzung unpersönlicher Mächte aufgefaßt wurde?

Abgesehen davon aber wird durch GAMPERT eine Frage virulent, die freilich ohnehin im Raum steht, d. h. sich förmlich aufdrängt, nämlich die, ob bzw. inwieweit die behandelten Vorstellungen vom Tod als Ende einer Sühnehandlung und vom Tod durch Hinrichtung als ethisiert bzw. ethisch angesprochen werden dürfen. Daß beide Vorstellungen aufs engste zusammengehören, darf ja nun als erwiesen gelten, wobei die Richtigkeit von GAMPERTS These über die Beeinflussung der entsprechenden Sühnetheorien durch die weltliche Gerichtsbarkeit sogar offen bleiben kann. Das Vorhandensein ethischer Aspekte bzw. Dimensionen – auch unabhängig von der *karman*-Lehre –, namentlich im Rahmen des *dharma*-Begriffs selbst, steht außer Frage. Auf der anderen Seite bleibt aber der auch dem *karman*-Begriff inhärente Substantialismus zu bedenken, der die Ethisierung eher behindert als gefördert haben dürfte, jedenfalls das Weiterleben entsprechender Zauber-'Beseitigungstechniken' zur Folge hatte, die ganz und gar nicht *in toto* ethischer Natur sind. Man hat m. a. W. mindestens den Eindruck – einen weitergehenden, positiveren Ausdruck will ich vermeiden –, als seien eben beide Elemente, Ethik und Nicht-/Vor-Ethik, in diesem Bereich noch vermischt vorhanden.

Noch etwas anderes fällt auf: Trotz der Lehre von der Wiedergeburt wirkt die Vorstellung vom Tod nicht – z. B. durch die Wiederholung und den Gedanken an die nächste Geburt – relativiert, sondern hat umgekehrt nahezu völlig ihren alten Schrecken bewahrt: Das mehr oder minder gewaltsame Ende[199] der körperlichen Existenz – das offenbar als T e i l , ja V o l l - e n d u n g des Lebens aufgefaßt wird – ist Leid in höchster Steigerung – so als handele es sich um das endgültige Ende des Lebens als eines einmaligen Daseins. Es ist die Leidhaftigkeit des Aktes des Sterbens selbst, und nicht sein "Woraufhin" und sein "Danach", durch die die Entsühnung bewirkt wird. Diese ihrerseits wird allerdings erst mit Sinn erfüllt, weil es auch für die Verfasser der Dharmaśāstra-Texte ein solches "Woraufhin" des Menschen gibt; und hierhin wird man denn doch auch einen integralen Bestandteil ihrer religiösen Deutung dieser Arten des Todes sehen müssen.

7.

Vom König, der durch Verhängung der Todestrafe das Heil des Übeltäters entscheidend befördert, eröffnet sich ein ideengeschichtlich faszinierender Ausblick auf ein Element viṣṇuitischer Mythologie und Theologie; ich meine die Vorstellung von Viṣṇu als "der Heilssubstanz selbst", der z. B. den zur Wiedergeburt in aufeinanderfolgenden Existenzen als Titanen und Dämonen verfluchten himmlischen Türhütern Jaya und Vijaya, indem er sie tötet, Heil bringt oder dadurch, daß er als Kṛṣṇa Śiśupāla tötet, dessen Erlösung herbeiführt. HACKER hat u. a. in seinem Aufsatz "Magie, Gott, Person und Gnade im Hinduismus"[200] auf entsprechende purāṇische Mythologeme hingewiesen. Es drängt sich nämlich der Verdacht auf, daß diese Vorstellung, jedenfalls neben anderen Wurzeln, auch auf die besagte strafend-heilbringende Funktion des menschlichen Königs zurückgeht, also eine Hypostasierung jener darstellt, – wobei allerdings, wenn auch höchst verständlicherweise, der königlichen / göttlichen Person selbst nun doch die größte Bedeutung zukommt und die 'Hilfe' direkt erfolgt. Die Annahme dieser Hypostasierung könnte wohl auch eine Erklärung für eine weitere wichtige Beobachtung liefern, die HACKER in diesem Zusammenhang gemacht hat, und zwar die, daß "der Begriff einer Umwandlung der Person durch das persönliche Angesprochenwerden von

---

[199] Im Hinblick auf den von OBERHAMMER (Religionshermeneutische Bemerkungen zum Phänomen des Todes, in diesem Band, S. 11 passim) hervorgehobenen Wesenszug des "Todes als Grenze" ist es vielleicht nicht überflüssig anzumerken, daß eines der Sanskrit-Äquivalente für "Tod", nämlich *anta*, eben auch "Rand, Saum, Grenze" bedeutet.

[200] Erschienen in: *Kairos* 4 (1960): 225-233 [= *KlSchr.*, hrsg. L. SCHMITHAUSEN, Wiesbaden 1978: 428-436] (s. insbesondere 227 [= 430]). – Vgl. auch ders., *Prahlāda*. Werden und Wandlungen einer Idealgestalt. Beiträge zur Geschichte des Hinduismus, Wiesbaden 1960: 203 ff.

Gott fast zu fehlen scheint", daß "was erlöst, mehr die Heilssubstanz des Gottes ist als sein gnädiger Heilswille"[201]. Innerhalb des weiten Feldes des altindischen und hinduistischen Substantialismus darf man hier wohl – trotz auch signifikanter Unterschiede – eine besondere Übereinstimmung in der Heilsbewirkung durch eine Person in Wahrnehmung ihrer gesellschaftlich-kosmischen bzw. universalen Aufgaben sehen, eine Übereinstimmung, die sich in die besondere, bisher freilich kaum beachtete Beziehung zwischen Viṣṇu und König weiter verfolgen und durch sie zusätzlich bestätigen ließe:[202] Stoff für mindestens einen weiteren Vortrag, den ich aber nicht nur deshalb jetzt nicht halten werde, weil ich Ihre Geduld ohnehin schon über Gebühr in Anspruch genommen habe.

Abkürzungen und bibliographische Angaben:

BÜHLER 1965 — G. BÜHLER, *The Sacred Laws of the Āryas as taught in the Schools of Āpastamba, Gautama, Vāsiṣṭha and Baudhāyana*, Pt. 1 (SBE II), Pt. II (SBE XIV), [Nachdruck] Delhi/Varanasi/Patna 1965 (etc.)

DERRET 1973 — J. D. M. DERRETT, *Dharmaśāstra and Juridical Literatur* (A History of Indian Literature V,1), Wiesbaden

FEZAS 1990 — J. FEZAS, Le voleur, le roi et la massue. Expiation et châtiment dans les textes normatifs sanskrits. *Bulletin d'Etudes Indiennes* 7-8 (1989-1990)

GAMPERT 1939 — W. GAMPERT, *Die Sühnezeremonien in der altindischen Rechtsliteratur*, Prag

GÖSSEL 1914 — H. GÖSSEL, Indische Strafrechtstheorien. In: *Festschrift Ernst Windisch*, Leipzig

JOLLY 1896 — J. JOLLY, *Recht und Sitte*, Straßburg

KANE [I-V] — P. V. KANE, *History of Dharmaśāstra*, Vols. I-V, Poona ²1968 f.

LARIVIERE 1989 — R. W. LARIVIERE (ed., transl.), *The Nāradasmṛti*. Critically edited with an introduction, annotated translation and appendices, Philadelphia

LINGAT 1973 — R. LINGAT, *The Classical Law of India*, transl. from the French with additions by J. DUNCAN M. DERRETT, Berkeley/Los Angeles/London

MEYER 1902 — J. J. MEYER, *Daṇḍins Daśakumāracaritam*. ein altindischer Schelmenroman aus dem Sanskrit ins Deutsche übersetzt, Leipzig

---

[201] Zitiert aus HACKERS Aufsatz, p. 230 [= *KlSchr.*: 433].

[202] Ich hoffe, dies bei anderer Gelegenheit eingehender darstellen zu können, d. h. im Rahmen eines geplanten Aufsatzes über "Gott Viṣṇu, die Erde und der König" (Arbeitstitel).

MICHAELS 1992 A. MICHAELS, Recht auf Leben und Selbsttötung in Indien. In: B. MENSEN SVD (hrsg.), *Recht auf Leben, Recht auf Töten. Ein Kulturvergleich* (Akademie Völker und Kulturen St. Augustin, Bd. 15), Nettetal 1992: 95-124

O'FLAHERTY 1980 W. D. O'FLAHERTY (ed.), *Karma and Rebirth in Classical Indian Traditions*, Berkeley/Los Angeles/London

ROCHER 1980 L. ROCHER, Karma und Rebirth in the Dharmaśāstras. In: O'FLAHERTY 1980

DER TOD IN DER SPIRITUALITÄT DES PĀŚUPATA[1]

von Gerhard Oberhammer, Wien

In einer religionshermeneutischen Betrachtung der Lehre von der Emanzipation, sowohl jener, die eine Emanzipation bereits zu Lebzeiten annimmt (*jīvanmukti*), als auch jener, die eine solche erst mit dem Tod des Menschen eintreten läßt (*videhamukti*), muß ein Wandel der Wertigkeit und des Verständnisses dieser Lehre sichtbar gemacht werden, der nicht unmittelbar ins Auge fällt und doch für die hinduistische Spiritualität prägend war. Daß der Begriff der Emanzipation (*mukti, jīvanmukti*) ursprünglich tatsächlich als "Aufhebung des Daseins" und als "Ende des Leides" verstanden wurde, zeigt die Rede vom *nirvāṇa* im alten Buddhismus ebenso wie das Verständnis des *apavarga* als unwiderrufliches Ende der Leiden im Nyāya, oder auch Śaṅkaras Überzeugung, daß der zu Lebzeiten Emanzipierte (*jīvanmukta*) "ohne Körper" und "nicht mehr im Saṃsāra befindlich ist" (*asaṃsāritva*).

Im Laufe der Entwicklung bahnte sich jedoch eine gewisse Akzentverschiebung an, und zwar schon sehr früh, etwa wenn das Sāṃkhya lehrt, daß die Aufhebung des "Daseins" und damit die Beseitigung des "dreifachen Leides" (vgl. SK 1) durch die Erkenntnis der wahren Natur der transzendenten Geistseele (*puruṣa*) des Menschen verursacht ist und so nichts anderes als deren bleibendes "Allein für sich Sein" (*kaivalya*). Aber auch bei Śaṅkara bereitet sich dieser Wandel in der Wertung der Emanzipation vor, wenn er von der Erfahrung, die zur Emanzipation führt, sagt, daß sie das Thematischwerden der Identität von Ātman und Brahman ist. In beiden Fällen wirkt sich die Erkenntnis, die zur Aufhebung des Daseins führt, in ihrem positiven Inhalt auf die Wertung der Emanzipation aus. Hier wird anders als beispielsweise im alten Nyāya, wo im Zusammenhang mit der Emanzipation nur vom "Aufhören der Leiden" die Rede ist, und vom Ātman in diesem Zustand nur gesagt ist, daß er zur "Ruhe gekommen" (*śānta*) und ohne Erkenntnis ist,[2] das Ereignis

---

[1] Eine französische Fassung dieses Beitrages erschien in: G. OBERHAMMER, *Un Problème d'herméneutique des religions: La délivrance en cette vie même* (jīvanmuktiḥ) *dans l'hindouisme*. Paris 1994.

[2] Vgl. NBh 82,8 f. u. 809,4 ff.

der Emanzipation als ein über das Aufhören des Leides hinausgehender Wert gesehen, der auch in sich angestrebt werden konnte und die Spiritualität prägte.

Es ist dieser positive Aspekt, der im Laufe der Entwicklung immer stärker als der eigentliche Wert der Emanzipation gesehen wird. Er ersetzt zwar nicht das sich in der Negation des Daseins ausdrückende alte Verständnis der Emanzipation. Dieses bleibt bewußt, wird aber deutlich in den Hintergrund gedrängt. Damit wird die "Emanzipation" in erster Linie nicht mehr als ein "Freiwerden von" gesehen, sondern als das Erlangen eines endgültigen "Heiles", nach dem der Mensch in seinem Leben ausschaut, und das er als positive Wirklichkeit zum Ziel seines Lebens macht. Es ist daher kein Zufall, daß die Emanzipation nunmehr vom Tod als Ende des Lebens abgehoben wird und schon im Leben als mystische Erfahrung des Absoluten (in welcher Mythisierung auch immer) zu verwirklichen gesucht wird. Natürlich kann im Horizont advaitischen Denkens diese mystische Erfahrung letztlich nur als gleichzeitige Aufhebung von Welt und Dasein verstanden werden. Der eigentliche Sinn und Wert der Emanzipation aber liegt darin, daß in ihm das Absolute (*brahman, puruṣa* etc.) selbst oder die Vereinigung (*sāyujya*) mit ihm als Sinnmitte des menschlichen Lebens unwiderruflich Wirklichkeit wird. Dieses bleibende Heil des Menschen legt sich in den tantrisch geprägten, theistischen Traditionen, vor allem des Śivaismus, auch als gnadenhaftes Einbrechen göttlichen Wirkens und damit als Fülle göttlichen Seins in der Vollendung (*siddhi*) des Menschen aus.

Es mutet wie die bewußte Reflexion dieses Wandels der Spiritualität an, wenn die Ratnaṭīkā (ein Text der Pāśupata-Tradition um 900 n. Chr.) den Endzustand des menschlichen Heils in einer Doppeldefinition zu fassen sucht: "Das 'Ende des Leides' ist die Beseitigung jedes Leides.[3] Dieses ist zweifach, [nämlich] ein 'wesenloses' (*anātmaka*) und ein 'wesenhaftes' (*sātmaka*) 'Ende des Leides'. Davon ist das 'wesenlose' die völlige Tilgung aller Leiden. Das 'wesenhafte' [Ende des Leides hingegen] ist die durch das 'Herrsein' des Maheśvara (= Śiva) gekennzeichnete Vollkommenheit. Diese ist [ihrerseits] ebenfalls zweifach, [nämlich] 'Erkenntniskraft' (*jñānaśakti*) und 'Wirkkraft' (*kriyāśakti*)."[4]

---

[3] Hier zeigt sich deutlich, daß auch für das Pāśupatam die Vorstellung der Emanzipation als Aufhebung des leidhaften Daseins zunächst wie in den alten klassischen Systemen im Vordergrund stand. Vgl. auch PSū V 40.

[4] RṬ 9,26-28: *sarvaduḥkhāpoho duḥkhāntaḥ. sa dvividho 'nātmakaḥ sātmakaś ceti. tatrānātmakaḥ sarvaduḥkhānām atyantocchedaḥ, sātmakas tu maheśvaraiśvaryalakṣaṇā siddhiḥ. sā dvirūpā jñānaśaktiḥ kriyāśaktiś ceti.*

1.

Um die in dieser Definition zum Ausdruck kommende Spiritualität zum Zweck der hier unternommenen religionshermeneutischen Untersuchung in den Blick zu bringen, ist es notwendig, den Heilsweg des Pāśupatam, wenigstens in jenen Abschnitten, in denen das Heil des Menschen zum Durchbruch kommt, kurz zu skizzieren.

Zunächst fällt auf, daß Kauṇḍinya, ein Pāśupata-Lehrer vielleicht des 6. Jh. n. Chr., in seinem Kommentar zu den Pāśupata-Sūtren seine Tradition ganz bewußt gegen das Sāṃkhya und den sāṃkhyistischen Yoga abzugrenzen sucht. Man kann daraus schließen, daß diese zu seiner Zeit die wichtigsten gegnerischen Schulen waren, wenn man von Buddhismus und Jinismus absieht, deren Spiritualität für den Pāśupata-Aszeten gefährlich sein konnte. Sowohl Sāṃkhya wie Yoga suchen das Absolute im eigenen Sein des nach Heil strebenden Subjektes, eine Position, die im krassen Gegensatz zum Glauben des Pāśupata steht, zur Zeit Kauṇḍinyas aber in Aszetenkreisen eine ernsthafte Alternative zur theistischen Spiritualität des Pāśupata dargestellt haben dürfte. Wenn man den sāṃkhyistischen Einfluß auf die jüngeren Upaniṣaden und die Purāṇen in Betracht zieht, dürfte das Sāṃkhya, damit aber auch das sāṃkhyistische Yoga des Patañjali, das philosophische Denken und das aszetische Emanzipationsstreben der Zeit beherrscht haben. So ist es verständlich, daß Kauṇḍinya jedesmal, wo in den Pāśupatasūtren das Wort *yoga* im Sinne einer spirituellen Haltung verwendet wird, bemerkt, daß dieses Wort in der Schule des Pāśupata nur im Sinne einer Verbindung der Seele mit Gott zu verstehen sei, wodurch er offensichtlich vermeiden will, daß der Praktizierende die Rede des Pāśupata vom "Yoga" im Sinne der "meditativen Versenkung" (*samādhi*), wie sie der sāṃkhyistische Yoga lehrte, mißverstehen würde.[5] In der gleichen Weise hebt er auch hinsichtlich des vom Schüler anzustrebenden Zustandes des Heils den Unterschied zum *kaivalya* des Sāṃkhya und Yoga hervor.

Das Wort *yoga* ist für Kauṇḍinya ganz im Sinne der Sūtren die Verbindung (*yoga*) der Seele mit Gott.[6] Diese Definition des *yoga* modifiziert Kauṇḍinya im Hinblick auf dessen letzte Radikalisierung am Ende des Heilsweges in einer bemerkenswerten Weise, ohne sie jedoch wirklich zu verändern: "Die

---

[5] Vgl. Śaṅkaras YBhVi 5,5 f., wo eine Abgrenzung in umgekehrter Richtung vorgenommen wird.

[6] PBh 6,8 f.: *atrātmeśvarasaṃyogo yogaḥ*; PBh 41,13: *atrātmeśvarasaṃyogo yogaḥ pratyetavyaḥ*; PBh 110,19: *atra yogī nāma ātmeśvarasaṃyogo yogaḥ pratyetavyaḥ*; PBh 118,2 u. 124,9 f.: *ātmeśvarasaṃyogo yogaḥ*; PBh 122,1: *yogo nāmātmeśvarayor yogaḥ*.

[bleibende] Vereinigung ist die unmittelbare Verbindung mit Rudra."[7] Und in nochmaliger Bemühung weist er den Terminus der 'Vereinigung' (*sāyujya*) als Synonym von *yoga* aus, indem er bemerkt: "'Vereinigung' ist die Vollendung (*saṃyaktva*) dieser Verbindung [mit Gott]. [In diesem Sinne] versteht man [den Ausdruck 'Vereinigung'] als Synonym von 'Verbindung'."[8]

Das Pāśupatam als Heilsweg ist eine Schule der Einung mit Gott.[9] Er geht von der Bemühung um die gedenkende Hingabe an Gott (*bhaktisamīpa*) aus und führt über das beständige Vergegenwärtigen Gottes in der Meditation (*devanityatā*) und die habituelle Gegenwart Gottes (*nityayuktatā*) zur Vereinigung (*sāyujya*), in der der Aszet Vollendung erlangt.[10] In dieser Weise ist zwar auch das Pāśupatam ein "Weg nach innen" wie die Heilswege des Sāṃkhya und Yoga – denn er verwirklicht sich als eine geistig durchgehaltene Begegnung mit Gott –, aber nicht ein Weg nach innen im Sinne eines "*regressus in se ipsum*", auf dem das meditierende Subjekt das Absolute als wahre Natur seiner selbst erfährt und so, als im Grunde immer schon dem Saṃsāra transzendent, zur Emanzipation gelangt.

Die dynamische Struktur des von Aszese und Meditation bestimmten Heilsweges des Pāśupatam kommt in den drei letzten Stadien (*avasthā*) dieses Weges zum Ausdruck. In der etwas scholastisch-pedantischen Darstellungsweise der Schule bringt Kauṇḍinya diese Dynamik folgendermaßen zum Ausdruck: "Mit 'wohnen' ist [im dritten Stadium unseres Weges] ein leeres Haus oder eine Höhle gemeint. Lebensunterhalt [des Aszeten] sind [in diesem Stadium] die Almosen. Seine spirituelle Kraft (*bala*) ist der Gleichmut [hinsichtlich gegensätzlicher Empfindungen] wie er Kühen und Antilopen [eigen ist]. Seine Tätigkeit (*kriyā*) ist Mantramurmeln, Meditation usw. Seine Reinheit (*śuddhi*) besteht in der Enthaltung von unkontrollierter Tätigkeit der Sinne. Der Gewinn (*lābha*) aber ist [in diesem Stadium] das beständige Denken an Gott (*devanityatā*) und die Beherrschung der Sinne. [Im vierten Stadium] ist mit 'wohnen' (*vasatyartha*) der Leichenverbrennungsplatz gemeint. Die Kraft (*bala*) [des Aszeten ist in diesem Stadium] ein [nur noch] der Pflicht [hingegebenes] Selbst. Sein Lebensunterhalt (*vṛtti*) ist das, was sich zufällig findet

---

[7] PBh 131,15 f.: *sākṣād rudreṇa saha saṃyogaḥ sāyujyam*.

[8] PBh 131,16 f.: *yogasya samyaktvaṃ sāyujyam iti yogaparyāyo 'vagamyate*.

[9] Vgl. PBh 42,1 f.: *kiṃ prayojananiṣṭhaṃ tantram? ucyate na. yoganiṣṭham*. "Ist dieses Tantram auf einen [welthaften] Zweck hingeordnet? Antwort: Nein. Es ist auf die Vereinigung [mit Gott] hingeordnet."

[10] Vgl. PBh 110,4 f. – Vgl. auch PSū V 10; V 21 ff. V 33 f.; V 40 sowie PBh 71,2 u. 12.

(*yathālabdha*). Seine Tätigkeit (*kriyā*) ist das Gedenken (*smṛti*) Gottes. Seine Reinheit (*śuddhi*) ist das sich Enthalten vom Nichtgedenken. Der Gewinn (*lābha*) aber ist die [bleibende] Vereinung mit Gott (*sāyujya*). Ebenso ist im nächsten [und letzten Stadium] mit 'wohnen' (*vasatyartha*) der Ṛṣi (= Gott) gemeint. Die Kraft (*bala*) ist die 'Achtsamkeit' (*apramāda*). Das Mittel (*upāya*) ist Gottes Gnade. Die Reinheit (*śuddhi*) ist die Beseitigung des Leides und der Gewinn (*lābha*) ist die Erlangung der [göttlichen] Eigenschaften."[11]

Schon in der Abfolge des jeweiligen "Ortes" der Existenz (*vasatyartha*) und des dazugehörigen Lebensunterhaltes (*vṛtti*) wird, vor allem wenn man sich vergegenwärtigt, daß der Aszet den Leichenverbrennungsplatz nicht mehr verlassen soll, und daß für das fünfte und letzte Stadium überhaupt kein Lebensunterhalt mehr erwähnt wird, ein Grundzug dieses Heilsweges deutlich: In konsequenter Abtötung lebt der Pāśupata-Aszet auf den Tod zu.

Gleichzeitig fällt aber auf, daß der Tod, und zwar nicht nur in dem zitierten Textabschnitt, überhaupt nicht in den Blick kommt. Der Tod als solcher bildet keine Zäsur. Er ist, wenn er erwähnt wird, lediglich der Zeitpunkt, bis zu dem der Aszet den Leichenverbrennungsplatz nicht verlassen soll.[12] Der Grund dafür liegt darin, daß die spirituelle Dynamik grundsätzlich vom Streben nach "Einung" mit Gott (*sāyujya*) bestimmt ist, sodaß der Ablauf des Lebens unbeachtet zurücktritt, und diese "Einung" in ihrer Auswirkung auf das bleibende Heil des Menschen allein Beachtung findet. Damit wird aber der Zustand bleibenden Heils wie in der Lehre von der *jīvanmukti* als letztes Stadium in den Heilsweg eingebunden und verliert der Tod letztlich jede Bedeutung.

In dieser doppelten Orientierung der Spiritualität wird aber eine merkwürdige Ambivalenz sichtbar, die die religionshermeneutische Betrachtung vor die Frage stellt, wie das letzte Stadium des Heilsweges im Pāśupata zu beurteilen ist. Handelt es sich um die gläubige Aussage über das nach dem Tod zu erwartende Heil des Menschen, oder um die Erfahrung des Einsseins mit Gott schon im Leben, sodaß dieser Zustand als theistische Variante der in der *jīvanmukti*

---

[11] *tathā vasatyarthaḥ śūnyāgāraguhā vṛttir bhaikṣyaṃ balaṃ gomṛgayoḥ sahadharmitvaṃ kriyā adhyayanadhyānādyā ajitendriyavṛttitāpohaḥ śuddhiḥ lābhas tu devanityatā jitendriyatvaṃ ceti. tathehāpi śmaśāne vasatyarthaḥ vasan* <konj. HARA 1975: 76 *balan*> *dharmātmā yathālabdham iti vṛttiḥ kriyā smṛtiḥ asmṛtyapohaḥ śuddhiḥ lābhas tu sāyujyam. tathottaratra ṛṣir iti vasatyarthaḥ balam apramādaḥ prasāda upāyaḥ duḥkhāpohaḥ śuddhiḥ guṇāvāptiś ca lābha iti.* PBh 129,15-130,3.

[12] Vgl. RṬ 17,4: *tasya ca na guhāvad deśatvaṃ, kiṃ tv ā dehapātāt tatraivānirgacchatā stheyam* "Der Leichenverbrennungsplatz ist aber [für den Aszeten] nicht [in gleicher Weise] "Ort" wie die Höhle [es im dritten Stadium] ist. Vielmehr soll er dort bis zu seinem Tode bleiben, ohne ihn zu verlassen." – s. dazu auch PBh 131,8-10.

des Advaitavedānta faßbaren "*unio mystica*" mit dem Absoluten interpretiert werden muß? Erschwert wird die Antwort auf diese Frage dadurch, daß das Pāśupata, offenbar alter śivaitischer Tradition verpflichtet, lehrt, daß die Vollkommenheit (*siddhi*) des Menschen im Zustand bleibenden Heils, wenn sie eintritt, von übernormalen geistigen Kräften begleitet ist, die als Erscheinungen des gnadenhaft verliehenen "Herrseins" (*aiśvarya*) des Maheśvara und damit seiner Erkenntniskraft (*jñānaśakti*) und Wirkkraft (*kriyāśakti*) verstanden werden. Damit stellt sich aber die konkrete Frage, wann nach der Lehre des Pāśupata diese Kräfte im Laufe des Heilsweges auftreten.

Kauṇḍinya macht in seiner Einleitung zur Darstellung dieser Wunderkräfte und der mit ihnen verbundenen Anzeichen (*lakṣaṇāni*) eine interessante Bemerkung: "Ist nun dieses Tantram", fragt er und meint seine eigene Tradition, "auf einen [bestimmten] Zweck (d. h. den Erwerb dieser Wunderkräfte) hin orientiert? Antwort: Nein. Es ist auf die Einung [mit Gott] hingeordnet (*yoganiṣṭha*). Weil er sagt, selbst wenn auch [der Zustand der Seele] in dem auf das [Stadium eines Gottverbundenen] folgenden [fünften] unbeschreibbar ist (wörtlich: "der Gegenstand der Worte anders ist" *padārthavailakṣanye*), so wird dies (= die Darstellung der Wunderkräfte in PSū I 21 ff.) [doch] wie eine in das Drama eingeschobene Episode [darzustellen] unternommen, um den Schüler anzuspornen."[13]

Die Bemerkung ist aus einem doppelten Grunde wichtig. Sie relativiert nämlich die Bedeutung der vom Sūtrenverfasser in PSū I 21 ff. behandelten Wunderkräfte, indem sie darauf hinweist, daß es auf dem Heilsweg des Pāśupatam (anders als in anderen śivaitischen Traditionen?) in erster Linie nicht um den Erwerb dieser außernormalen Kräfte geht, sondern um die "Einung" mit Gott. Sie legt selbst den Gedanken nahe, es sei die Rede von diesen Wunderkräften unzulänglich, um jenen Zustand des bleibenden Heils wirklich in Worte zu fassen.

Kauṇḍinyas Bemerkung ist aber noch aus einem zweiten Grund wichtig. Denn sie nennt das Stadium, in welchem diese Kräfte auftreten; nämlich jenes, in dem der Aszet in bleibender Vereinigung mit Gott (*nityayuktatā*) Śiva selbst als "Ort" (*deśa*) seines Seins besitzt und die Eigenschaften göttlichen Seins erlangt.[14] Dieser Hinweis wird von Kauṇḍinya nochmals, und zwar am Ende seiner Darstellung dieser Wunderkräfte wiederholt, indem er abschließend bemerkt: "In solcher Weise treten in dem auf das [Stadium der

---

[13] PBh 42,1-3: *kiṃ prayojananiṣṭhaṃ tantram? ucyate na, yoganiṣṭham . . . yuktottare saty api padārthavailakṣaṇye raṅgapatākādivac chiṣyapralobhanārtham idam ārabhyate.*

[14] Vgl. PBh 141,6 f.: *tathā vartamānena māheśvaram aiśvaryaṃ prāptam evety uktam.*

Gott]-Verbundenheit folgenden durch die Gnade [Gottes] die [genannten] Eigenschaften auf."[15] Man möchte daher annehmen, daß das Auftreten der Wunderkräfte und die Erlangung der göttlichen Eigenschaften im letzten Stadium des Heilsweges, also beim Eintreten des bleibenden Heils, identisch sind. Und dies, selbst wenn die Darstellung dieser Wunderkräfte in den Pāśupatasūtren im ersten Kapitel vorweggenommen wird und im fünften Kapitel im Rahmen der Besprechung des dritten Stadiums ihr Auftreten erörtert wird (PSū V 12 f.), wodurch man unter Umständen den Eindruck gewinnen könnte, diese Kräfte würden bereits im Laufe jenes Stadiums eintreten, in welchem der Aszet in einem verlassenen Haus oder einer Höhle der Meditation obliegt. Tatsächlich bemüht sich Kauṇḍinya diesen möglichen Eindruck zu beseitigen, indem er in der Einleitung seines Kommentars zu PSū V 12 f. den Terminus *devanityatā*, d. h. das beständige Gottes Gedenken im dritten Stadium, dem Terminus *nityayukta*, d. h. ein in habitueller Verbindung mit Gott Stehender, (fünftes Stadium) gegenüberstellt: "Ist nun das beständige an Gott [Denken in der Meditation] für ihn die höchste Vereinigung, die Vollendung [bedeutet]? Antwort: Nein, weil er sagt: 'Während sechs Monaten kommt dem habituell [mit Gott] Verbundenen der größte Teil (*scil.* die göttlichen Eigenschaften) zu.' (PSū V 12 u. 13)."[16]

Wenn dies richtig ist, dann ist man versucht, einen Schritt weiterzugehen und diese Wunderkräfte im Lichte von Kauṇḍinyas Bemerkung, daß der Zustand der Seele im letzten Stadium des Heilweges letztlich "unbeschreibbar" ist (*padārthavailakṣaṇye sati*), zu verstehen. Man könnte dann nämlich in der Darstellung dieser "Wunderkräfte" in den Pāśupatasūtren (oder wenigstens in ihrer Wertung durch Kauṇḍinya), den eingestandenermaßen unzulänglichen Versuch sehen, mit Hilfe der alt-śivaitischen Vorstellung von den außerordentlichen Kräften eines Vollendeten (*siddha*) jenen "unvergleichlichen" Zustand der Vollendung unter Worte zu bringen. Nicht, daß man an diese Wunderkräfte nicht mehr geglaubt hätte; dann wären sie ungeeignet gewesen, jenen Zustand auszudrücken. Aber sie waren nicht mehr als "welthafte" Phänomene im Sinne von "Zauberkräften" des auf dem Leichenverbrennungsplatz lebenden Siddha (ein Thema der "Folklore") verstanden.

Um diesen Gedanken weiterzuentwickeln, ist es nicht notwendig, auf die Lehre von diesen "Vollkommenheiten" im einzelnen einzugehen. Sie machen den Eindruck von unsystematisch aufgezählten Kräften, deren ideelle Struktur

---

[15] PBh 46,9: *etad yuktottare prasādād guṇāḥ pravartanta . . .*

[16] PBh 117,6-8: *kiṃ devanityataivāsya paro niṣṭhāyogaḥ? ucyate na, yasmād āha* '*ṣaṇmāsān nityayuktasya*' (12) [PBh 118,5:] '*bhuyiṣṭaṃ saṃpravartate*' (13).

nur sehr undeutlich faßbar wird.[17] Nicht die Wunderkräfte als Einzelphänomene sind für die vorliegende Überlegung wichtig, sondern wann und wie sie eintreten.

Die erste Frage ist bereits insofern geklärt, als Kauṇḍinya ausdrücklich lehrt, daß sie zu Anfang des letzten Stadiums des Heilsweges (*yuktottare*) auftreten. In seiner Kommentierung von PSū I 12 und 13 präzisiert Kauṇḍinya dieses Auftreten der "Wunderkräfte" folgendermaßen:

"Innerhalb welcher Zeit treten diese Eigenschaften auf? Kommen sie einem zu, der [mit Gott habituell] verbunden ist, oder einem der [dies noch] nicht ist? [Treten sie] gleichzeitig oder nach und nach auf? Kommen sie dem [Aszeten] zu, [solange] er mit Daseinselementen versehen ist, oder wenn er ohne diese ist? . . . [Der Sūtrenverfasser sagt:] 'Während sechs Monaten für den, der habituell [mit Gott] verbunden ist.' . . . Daher [treten sie] zwischen dem ersten und dem sechsten [Monat auf; und zwar nur] für den, der habituell [mit Gott] verbunden ist. ['Habituell'] bedeutet [hier] 'beständig' und 'ununterbrochen' . . . 'der größte Teil' (*bhūyiṣṭa*) ist im Sinne von 'nach und nach' bzw. von 'fast zur Gänze' [zu verstehen], wie z. B.: 'er gibt nach und nach' bzw. 'die Sonne ist fast ganz untergegangen'. Das ist der Sinn [des Sūtram], daß [die Eigenschaften] 'weit-Entferntes-Sehen' usw. nach und nach eintreten, wie man mit der Spitze einer Nadel hundert [aufeinanderliegende] Lotosblätter nach und nach [aber doch alle zusammen] durchbohrt . . . und zwar für einen, der ohne Daseinselemente ist (*niṣkala*), d. h. einen, der ohne Körper und ohne Sinnesorgane ist. [Die Vorsilbe] *pra* [in *pravartate* 'sie treten auf'] ist im Sinne einer ersten Tätigkeit [und] des Beginnens [zu verstehen]. [Mit anderen Worten:] Diese Eigenschaften treten [erstmals] durch die Macht [Gottes] in jenem [Stadium] auf, das auf das des habituell [mit Gott] Verbundenen folgt. . . . Daher treten diese Eigenschaften zwischen dem ersten und dem sechsten Monat nach und nach auf, [und zwar] für den, der habituell [mit Gott] verbunden ist. [Und] wodurch? Durch die Gnade des Maheśvara."[18]

---

[17] Wenn der Eindruck, den man aus Kauṇḍinyas Kommentierung gewinnt, richtig ist, dann scheint die ihnen zugrundeliegende Vorstellung von der Vollendung die einer "Machtfülle" zu sein. Vielleicht ähnlich wie sie auch in Patañjalis Meditationstypus des *saṃyama* faßbar wird. Vgl. OBERHAMMER 1977: 209 ff.

[18] PBh 117,14-118,12: *kiyatā kālenāsya te guṇāḥ pravartante? kiṃ yuktasya, kiṃ viyuktasya? kiṃ yugapat, kramaśo vā? kiṃ sakalasya niṣkalasya veti?* . . . *yasmād āha ṣaṇmāsān nityayuktasya.* . . . *tasmāt ṣaṣṭhaprathamamāsayor abhyantare nityayuktasya. (nityaṃ) santatam avicchinnam ity arthaḥ.* . . . *tad ucyate 'bhūyiṣṭhaṃ sampravartate.'* (13) *atra bhūyiṣṭham iti krame prāye ca bhavati, yathā kramaśo dadāti, ādityo vā gato bhūyiṣṭham. tasmāt sūcyagreṇotpalapatraśatabhedanakramavat kramād dūradarśanādayaḥ pravartanta ity arthaḥ.* . . . *niṣkalasya kāryakaraṇarahitasyety arthaḥ. pra ity ādikarmaṇy ārambhe bhavati. yuktottare prabhāvād guṇāḥ pravartante ity arthaḥ.* . . . *tasmāt ṣaṣṭhaprathamamāsayor abhyantare nityayuktasya kramaśo guṇāḥ sampravartante. kutaḥ? maheśvaraprasādāt.*

Die Stelle ist in mehrfacher Hinsicht für das Verständnis des Zustandes eines Vollendeten wichtig. Zunächst verwundert die doch sehr konkrete Zeitangabe des Auftretens der wunderbaren Eigenschaften, nämlich "innerhalb der ersten sechs Monate".[19] Die Frage ist nur, welchem Stadium des Heilsweges sind sie zuzurechnen? Sicher ist, daß diese "Wunderkräfte" im letzten Stadium des Heilsweges auftreten. Bedeutet dies aber, daß diese sechs Monate dem vorletzten Stadium angehören, in welchem sich der Aszet auf dem Leichenverbrennungsplatz um die Vereinigung mit Gott bemüht? Dann würde das Auftreten dieser Eigenschaften den Beginn des letzten Stadiums kennzeichnen. Wenn man bedenkt, daß der Beginn dieser Periode von maximal sechs Monaten im Grunde gar nicht angegeben werden kann, dann müßte man glauben, daß diese Periode von sechs Monaten vom Eintreten dieser Eigenschaften zurück gerechnet werden muß.[20] Damit stellt sich aber die Frage, ob das tatsächliche Auftreten dieser "wunderbaren Eigenschaften" innerhalb dieser sechs Monate in Wirklichkeit nicht den Zeitpunkt des Todes meint.

Wann beginnt nämlich für den Pāśupata-Aszeten das letzte Stadium des Heilweges? Jedenfalls fordert das letzte Stadium den "Gewinn" (*lābha*) des vorletzten Stadiums, nämlich das habituell Verbundensein mit Gott (*sāyujya*). Wir werden darauf zurückkommen. Die Aussagen der Texte über dieses Stadium sind relativ dürftig. PSū V 40 umschreibt den Übergang zu diesem Stadium mit den Worten: "Wachsam geht er dank der Gnade des Herrn zum Ende der Leiden."[21] Dies bedeutet, daß das letzte Stadium der Zustand des Heils und der Vollendung ist. Ein von Kauṇḍinya zitierter älterer Text der Schule weist diesem letzten Stadium als "Gewinn" (*lābha*) das Auftreten der "wunderbaren Eigenschaften" zu und als Mittel (*upāya*) dafür die Gnade Gottes und als "Ort" (*deśa*) des Aszeten Rudra selbst.[22] In ähnlicher Weise nennt auch die spätere Ratnaṭīkā in diesem letzten Stadium Rudra als "Ort" des Aszeten und begründet dies folgendermaßen: "Im fünften Stadium ist Rudra der Ort des Aszeten. Rudra ist der erhabene Maheśvara. Schon vorher ist [natürlich] Rudra der Ort des Aszeten, weil [dieser] auf Rudra hingeordnet

[19] Diese Vorstellung ist übrigens, wie HARA 1975: 75 gezeigt hat, möglicherweise alt, denn sie begegnet bereits MBh 12.232.30cd: *ṣaṇmāsān nityayuktasya śabdabrahmātivartate*; bzw. MBh 14.19.60: *ṣaṇmāsān nityayuktasya yogaḥ, pārtha, pravartate*. Man könnte daher annehmen, daß die Angabe von sechs Monaten unter Umständen keine sachliche Angabe ist, sondern ein Topos der Überlieferung.

[20] Dafür spricht vielleicht auch die Bemerkung Kauṇḍinyas (PBh 118,11: *ṣaṣṭhaprathamamāsayor abhyantare*), die man sonst in umgekehrter Reihenfolge erwarten würde.

[21] *apramādi duḥkhānām antam gacched īśvaraprasādāt.*

[22] Siehe PBh 130,7 sowie 130,11 u. 13.

[und von ihm abhängig] ist. Doch vorher wird auch anderes [als Ort] genannt. Von jetzt an aber macht [der Verfasser der Gaṇakārikā] die Einschränkung 'nur Rudra', weil [der Aszet, sofern er] keinen Körper usw. [mehr] hat, ohne jeden [welthaften] Ort ist."[23]

Nimmt man diese Aussage ernst, dann muß man annehmen, daß der Aszet Rudra zum einzigen "Ort" deswegen hat, weil er einerseits zufolge der Dynamik des Heilweges als ganzem allein [noch] auf Gott hingeordnet ist und zum anderen, weil jede räumliche Einordnung des Aszeten unmöglich geworden ist, insofern er keinen Körper etc. mehr hat. Ist der Aszet in diesem Stadium daher tot?

Die Antwort wäre leicht, wenn nicht die achte wunderbare Eigenschaft des Vollendeten (*siddha*) gerade darin bestünde, daß er ohne psychische Organe und daher auch ohne Körper Erkennender und Handelnder ist.[24] Ist der Vollendete daher ohne Körper, weil er die Vollendung erreicht hat (also noch zu Lebzeiten) oder ist er ohne Körper und daher vollendet, weil der Tod eingetreten ist? In seinem Kommentar zu PSū V 39 (*eko kṣemi san vītaśokaḥ*), in welchem vier Merkmale eines mit Gott habituell Vereinigten aufgezählt sind, erklärt Kauṇḍinya das Wort *eka* des Sūtram folgendermaßen: "Wenn das Wirken von Dharma und Adharma zur Ruhe gekommen ist, weil [deren] Zweck erfüllt ist, [und] Körper und psychische Organe wie eine reife Frucht oder die Haut einer Schlange fast zur Gänze dahingegangen sind, wird er, dessen Denken in Rudra feststeht, *eka* 'allein [für sich', d. h.] einer der ohne Daseinselemente ist, genannt."[25]

Gerade diese letzte Bemerkung Kauṇḍinyas über den physischen Zustand des Aszeten am Ende jenes Stadiums, während dem er auf dem Leichenverbrennungsplatz in habitueller Vereinigung mit Gott lebt, vermittelt den

---

[23] RṬ 17,5-7: *pañcamāvasthasya deśo rudraḥ. rudro bhagavān maheśvaraḥ. prāg api rudrāyattatvāt sādhakasya rudro 'sty eva deśas tathāpi prāg anyavyapadeśo 'py asti, sāmprataṃ punaḥ śarīrādirahitasya sarvadeśavikalatvād avadhāraṇaṃ karoti rudra eveti.*

[24] Vgl. PSū I 25 f. *vikaraṇaḥ* (25) *dharmitvam ca* (26); PBh 45,9 f.: *vikaraṇo bhavati, viśikhavirathavat, karaṇapratiṣedhāt kāryapratiṣedhaḥ kṛto bhavati*; sowie PBh 46,5 f.: *ṛte 'pi kāryakaraṇe jñātā kartā ca bhavati. tataś ca kaivalyādyāḥ sarvaniṣṭhā viśeṣitā bhavanti.* "Auch ohne Körper und ohne psychische Organe ist er Erkennender und Handelnder; und daher sind alle [Zustände der] Vollendung wie z. B. [das] *kaivalyam* [des Sāṃkhya etc.] [von diesem Zustand] unterschieden."

[25] PBh 139,10-12: *atra dharmādharmayor vṛttyor uparame avasitaprayojanatvāt pakvaphalavat sarpakañcukavad gataprāyeṣu kāryakaraṇeṣu rudre sthitacitto niṣkala eka ity abhidhīyate.* – *niṣkala* 'ohne Daseinselemente' bedeutet aber nichts anderes als ohne Körper etc.; s. PBh 118,9.

Eindruck, daß das Leben der Aszeten zuende geht. Sein Körper und seine psychischen Organe sind "fast zur Gänze dahingeschwunden" (*gataprāyeṣu*) wie eine reife Frucht sich vom Baum löst oder die Schlange ihre alte Haut abstreift. Tatsächlich verwundert dies auch nicht, wenn man daran denkt, daß der Aszet während dieses Stadiums den Leichenverbrennungsplatz, auch zum Almosensammeln nicht [mehr] verlassen soll, und so von dem lebt, was sich dort zufällig findet.[26] Darüber hinaus gibt es auch noch eine knappe Bemerkung Kauṇḍinyas, die auch ausdrücklich zu lehren scheint, daß der Tod des Aszeten in der Tat das Ende dieses Stadiums und der Beginn des letzten Stadiums der Vollendung ist. Im Zusammenhang mit der Frage, warum die Leiden nicht schon während des zweiten Stadiums des Heilsweges, da der Aszet, bewußt Unbill und Verachtung hervorrufend, unter den Leuten umherwandert, völlig beseitigt werden, antwortet er: "Da der Aszet die außergewöhnlichen Eigenschaften im Zustand der 'Befreiung' (*muktau*) erlangt, [nachdem er] wie [ein Gefangener,] der berechtigt ist, von den Fesseln befreit zu werden, den Tod erlangt hat, sagt [der Sūtrenverfasser in PSū V 40] 'er geht zum Ende der Leiden'. Nachher [tritt] unwiderruflich die völlige Beseitigung der Leiden und die Erlangung der [außergewöhnlichen] Eigenschaften ein."[27]

Faßt man dies alles zusammen, dann kann man annehmen, daß es der Tod des Aszeten ist, der den Zeitpunkt des Überganges in das letzte Stadium des Heilsweges und damit des Eintretens der Vollendung angibt.[28] Wenn aber solcher Art Tod und Erlangung der "Wunderkräfte" zusammenfallen, dann folgt religionshermeneutisch gesehen, daß die Lehre von diesen außergewöhn-

---

[26] Vgl. PBh 131,7-10: *atra yathā iti samānārthe, amlādiṣu, jitendriyatvāt. labdham āsāditam aprārthitam ity arthaḥ. upa iti samīpadhāraṇe. tad yathālabdham annapānaṃ śmaśānād anirgacchatā. divase divase jīvanāya sthityarthaṃ, tadupajīvan yathālabdhopajīvako bhavatīty arthaḥ.* "*yathā* 'wie' [im Kompositum *yathālabdhopajīvakaḥ* PSū V 32] hat den Sinn von 'Indifferenz' [und zwar] hinsichtlich Tamarinden[-Früchten] usw., da seine Sinne bezwungen sind. '*labdham*' [hat die Bedeutung] von ['zufällig] erlangt', ohne daß er [danach] ausgeschaut hat. [Die Vorsilbe] *upa* hat den Sinn der Beschränkung auf die Nähe. [Es handelt sich also um] Speise und Trank, wie sie von ihm zufällig [in der Nähe] erlangt werden, ohne daß er den Leichenverbrennungsplatz verläßt. Indem er, um das Leben von einem Tag zum anderen zu erhalten, so lebt, ist er ein *yathālabdhopajīvakaḥ*."

[27] PBh 143,17-19: *saṃhāraṃ prāptasya nigaḷamuktādhikāravan muktāv atiśayitaguṇaprāptyartham ucyate gacched duḥkhānāntam. duḥkhānām atyantaṃ paramāpoho guṇāvāptiś ca paraṃ bhavatīti.*

[28] Sekundär kann man dann vielleicht auch sagen, daß die Zeitangabe von PSū V 12 "innerhalb von sechs Monaten" einen gewissen Erfahrungswert haben dürfte und gleichsam die Maximaldauer des Lebens auf dem Leichenverbrennungsplatz angibt.

lichen Kräften nicht eine Beschreibung tatsächlich auftretender Phänomene ist, sondern nur eine Glaubensaussage über den Seinszustand des Vollendeten nach dem Tode sein kann.[29]

Bevor die Dynamik des Pāśupata Heilsweges, bisher faßbar als ein bewußt auf den Tod Zuleben, in ihrer spirituellen Dimension sichtbar gemacht werden kann, und dieser Heilsweg so mit der Lehre von der *jīvanmukti* religionshermeneutisch in Beziehung gebracht werden kann, muß wenigstens kurz auf diese außergewöhnlichen Kräfte und Fähigkeiten in ihrer Konkretheit eingegangen werden. Denn diese scheinen Fähigkeiten zu sein, die zunächst eigentlich nur zu Lebzeiten des Aszeten sinnvoll ausgesagt werden können. Auch fragt man sich, in welchem Sinne diese Eigenschaften, wie oben angedeutet wurde, als "Mythisierung" des Zustandes der Vollendung nach dem Tod verstanden werden können.

Die außerordentlichen Fähigkeiten, ursprünglich wohl alt-śivaitische Vorstellungen vom Zustand eines Vollendeten, die als solche Ausdruck einer ganz anderen Spiritualität sind, werden in der Tradition des Pāśupata, wie sie in den Texten Kauṇḍinyas greifbar wird, doch schon begrifflich-theologisch reflektiert. Aber noch in Kauṇḍinyas Darstellung dieser Fähigkeiten zeigt sich ein merkwürdiger Aspekt dieser Fähigkeiten, von dem man nicht recht weiß, wie man ihn beurteilen soll. So ist die erste dieser wunderbaren Eigenschaften die Fähigkeit, alle Gestalten wahrzunehmen, auch wenn sie weit entfernt oder verborgen sind. Auffallend ist, daß selbst bei der Erörterung dieser Fähigkeit bereits das scholastische Schema "richtiger, methodischer Erkenntnis" angewendet wird, das mit der Fähigkeit des Sehens an sich nichts zu tun hat, sondern bereits die Rezeption einer alten, eher archaischen Vorstellung in das scholastisch-begriffliche Verständnis einer späteren Zeit dokumentiert: "Das zu Sehende sind die Formen und Gestalten. Daher tritt das Sehen hinsichtlich aller Gegenstände ein, und zwar global, ausführlich im Detail und in den Unterschieden."[30] Ebenso wird die Fähigkeit, alle Töne und Worte zu hören, beschrieben: "Das zu Hörende sind die Töne und Worte.

---

[29] Inwieweit sich hinter diesen außergewöhnlichen Eigenschaften des Vollendeten nicht auch psychische Erlebnisse des Aszeten während seines Aufenthaltes auf dem Leichenverbrennungsplatz verbergen, kann und braucht hier nicht entschieden zu werden. Es ist nicht unmöglich, insofern jede Glaubensüberzeugung gleichzeitig auch zum Entwurf einer spirituellen Erfahrung werden kann.

[30] PBh 42,11 f.: *draṣṭavyāni rūpāṇi. tat kṛtsneṣu viṣayeṣu samāsavistaravibhāgaviśeṣataś ca darśanaṃ pravartate.* – Der Ausdruck *samāsavistara-vibhāga-viśeṣataḥ* nennt das Schema richtiger Methodik und Erkenntnis, das für das Pāśupata charakteristisch ist (vgl. beispielsweise PBh 6,21 f.), und wendet es an, um die außerordentliche Fähigkeit dieses Sehens zu kennzeichnen.

Daher tritt für den Vollendeten das Hören hinsichtlich [alles], was zu hören ist, ein, und zwar global, ausführlich, im Detail und in den Unterschieden."[31]

In der Folge werden aber nicht die weiteren Sinne in ihrer übernormalen Funktion beschrieben, sondern die nächste Fähigkeit besteht im Wissen, was andere Wesen denken: "Das, was Objekt des denkenden Erfassens ist, ist das Denken der anderen. [Der Aszet] erfaßt denkend das auf Dharma, Wohlstand, sexuelle Lust und Emanzipation (d. h. die vier Ziele des menschlichen Lebens) [gerichtete] Denken der Götter, Menschen und Tiere."[32] Was die vierte Fähigkeit betrifft, nämlich 'Erkennen' (*vijñāna*) fehlt die entsprechende Stelle im überlieferten Text des Pañcārthabhāṣyam. Wenn die Doxographie in Mādhavas Sarvadarśanasaṃgraha richtig ist, handelt es sich um das Wissen aller Lehrsysteme, dem Wortlaut und der Sache nach.[33] Nach diesen vier, im Grunde unter keinen gemeinsamen Blickpunkt zu bringenden Fähigkeiten wird die "Allwissenheit" (*sarvajñatā*), die "Schnelligkeit, wie sie dem Manas zukommt" (*manojavitva*) und die Fähigkeit, "Gestalten nach Wunsch zu haben" (*kāmarūpitva*) genannt.

Diese drei Fähigkeiten scheinen gleichsam ein neuer Gesichtspunkt zu sein, unter dem die außerordentlichen Fähigkeiten des Vollendeten zusammengefaßt werden. Dennoch stehen sie neben den vier erst genannten, als ob es sich um weitere gleichartige Fähigkeiten handeln würde. Die Allwissenheit ist das Wissen von allem, was sichtbar und hörbar usw. ist, sowie [das Wissen von] allen Vollendeten, von Gott dem Herrn und von allen Geschöpfen: "Das, was zu wissen ist, ist die Wirkung, die Ursache (= Gott) und die Vollendeten. Daher wird die eine Erkenntniskraft in einem übertragenen Sinne wegen der unbegrenzten [Zahl] des zu Wissenden als vielfältig bezeichnet."[34] In Zusammenhang mit der Allwissenheit macht Kauṇḍinya eine Bemerkung, die vielleicht für die Gesamtheit der außerordentlichen Fähigkeiten eines Vollendeten, wenn auch nur als theologische Reflexion einer späteren Zeit Geltung hat: "Hier wird die Fähigkeit der Allwissenheit [vom Vollendeten] ausgesagt, da sie ihm [sekundär] zukommt (*āgantukatvāt*), nicht aber wie das Ṛṣi-Sein und Vipra-Sein [Gottes, das Gott aus seinem Wesen zukommt]."[35]

---

[31] PBh 42,14 f.: *śravyāḥ śabdāḥ. tadasya siddhasya śrāvyeṣv artheṣu samāsavistaravibhāgaviśeṣataś ca śravaṇaṃ pravartate.*

[32] PBh 42,18: *mantavyāni paracittāni. devamanuṣyatiryagyonīnāṃ dharmārthakāmamokṣacittānāṃ mantā bhavati.*

[33] Vgl. SDS 62,22: *granthato 'rthataś ca*. Man fragt sich, ob dies wirklich die ursprüngliche Bedeutung gewesen sein kann.

[34] PBh 43,8 f.: *jñeyaṃ kāryaṃ kāraṇaṃ siddhāś ceti. tasmād ekā jñānaśaktir aparimitena jñeyenānekenānekadhopacaryate.*

[35] PBh 43,14 f.: *atrāgantukatvāt sarvajñānaśaktir uktā, na tu ṛṣitvavipratvavat.*

Die Schnelligkeit, wie sie dem Manas eigen ist (*manojavitva*), meint die Fähigkeit des Vollendeten, mit der Schnelligkeit, die dem Denkorgan eigen ist, zu handeln: "[Wenn er denkt]: 'ich tue dies', [so] ist es getan. [Wenn er denkt]: 'ich vernichte [dies]', [so] ist es vernichtet. Und warum? Weil das Erkennen und Handeln [des Vollendeten] nicht behindert werden kann."[36]

Mit der Fähigkeit, "nach Wunsch Gestalten zu haben" (*kāmarūpitva*) verändert sich die Perspektive, in der die Fähigkeiten des Vollendeten gesehen werden. Es geht nicht mehr darum, eine vorgegebene Wirklichkeit erkennend und handelnd zu bewältigen, sondern darum, daß der Vollendete selbst neue Gestalten schaffen kann: "Wieviele Gestalten und welcher Art [der Vollendete zu schaffen] wünscht, soviele und solcher Art schafft er. Die psychischen Organe und die Materialien dieser Gestalten [wie] Erde usw. sind seinem Selbst (*ātman*) unterworfen. Weil [nämlich] die psychischen Organe unendlich sind, nehmen seine psychischen Organe wie das 'Erkennen' überall dort, wo er [diese] Gestalten ins Dasein treten läßt, ihre Funktion auf."[37]

Merkwürdigerweise sieht Kauṇḍinya die letzte der außerordentlichen Eigenschaften eines Vollendeten, nämlich im Sinne der bisher besprochenen Fähigkeiten ohne psychische Organe wirken zu können, in Zusammenhang mit der Fähigkeit "nach Wunsch Gestalten zu haben" (*kāmarūpitva*).[38] Er leitet nämlich PSū V 25 mit den Worten ein: "Ist der Vollendete fähig, die von ihm geschaffenen Gestalten zu vernichten, oder ist er [dazu] wie Viśvāmitra unfähig? Antwort: [Er ist dazu fähig], weil [der Sūtrenverfasser] sagt: 'Er ist ohne Organe'."[39] Wenn auch dieses "ohne-Organe-Sein" in der Deutung Kauṇḍinyas erklären soll, warum der Vollendete fähig ist, die von ihm geschaffenen Gestalten wieder zu vernichten, nämlich weil er, ohne psychische Organe etc., unabhängig von seinen körperlichen Begrenzungen und den von ihm geschaffenen Gestalten ist, so ist mit diesem Sūtram aber

---

[36] PBh 44,4 f.: *karomīti kṛtam eva bhavati. vināśayāmīti vinaṣṭaṃ vā. kasmāt? dṛkkriyayor apratīghātatvāt.*

[37] PBh 44,13-17: *rūpāṇi yāvanti yādṛśāni cecchati tāvanti tādṛśāni ca karoti. ātmāyattāni cāsya rūpakaraṇāni pṛthivyādīni. vibhutvāc ca karaṇānāṃ yatra yatra rūpāṇy abhinirvartayati tatra tatra cāsya buddhyādīnāṃ karaṇānāṃ vṛttilābho bhavati.*

[38] Kauṇḍinya liest den Namen dieser Eigenschaft *vikaraṇadharmitvam*, die in dieser Form RṬ 10,5 belegt ist, als zwei Sūtren: *vikaraṇaḥ* (I 25) und *dharmitvam* (I 26). Vgl. dazu HARA 1975: 66.

[39] PBh 45,6 f.: *kim ayaṃ siddhas teṣāṃ svakṛtānāṃ rūpāṇāṃ saṃhāre śaktaḥ, uta viśvāmitravad aśaktaḥ iti? ucyate, yasmād āha vikaraṇaḥ.*

doch gelehrt, daß der Vollendete in allem seinem Erkennen und Tun nicht mehr von Körper und Organen eines Menschen abhängt: "Er ist ohne [welthafte] Organe . . . ", sagt Kauṇḍinya und fährt fort: "Da die Organe [vom Sūtrenverfasser] negiert wurden, ist auch ein Körper negiert. Warum? Weil [für diesen Zustand] die Mittel seines Wirkens (*karaṇāṇi*) besonderer Art (*viśiṣṭatvāt*), [ihren Gegenstand überall] erfassend (*grahakatvāt*) und subtil (*sukṣmatvāt*) sind, ist [sein emanzipiertes] 'Für-sich-allein-Sein' (*kaivalya*) im Sinne eines Organlosen [zu verstehen und nicht im Sinne eines, der ohne Erkennen und Tun wäre]."[40]

Analysiert man Kauṇḍinyas Erklärung des von ihm wohl absichtlich in zwei selbständige Aussagen zerlegten Ausdruckes *vikaraṇadharmitva* vor allem im Hinblick auf das mit dem zweiten Kompositions-Element *dharmitva* Gemeinte, dann kann man sich des Eindruckes nicht erwehren, daß Kauṇḍinya den Zustand des Vollendeten (*siddha*), wie ihn das Pāśupata lehrt, einerseits von dem Zustand der Eigenschaftslosigkeit des *kaivalya* in Sāṃkhya und Yoga, wie auch der Emanzipation advaitischen Denkens abheben will, andererseits, wohl in Übereinstimmung mit der Schultradition seiner Zeit, die hier beschriebenen acht außergewöhnlichen Eigenschaften eines Vollendeten in einer stärker theologisch geprägten Spiritualität zu deuten sucht (freilich ohne sie an sich aufzugeben), indem er sie als "Herrsein" Gottes in den Blick bringt: "Wegen dieses Herrseins des Maheśvara (*māheśvaram aiśvaryam*), [dessen Aufzählung] mit der [Fähigkeit], weit Entferntes zu sehen beginnt und mit 'Organlosigkeit' endet, das dank der Gnade Gottes seine Eigenschaft geworden ist, ist der [Vollendete, sofern] er diese Eigenschaften als Beschaffenheit besitzt, [auch in der Vollendung nach dem Tode] Träger dieser Eigenschaften. . . . Auch ohne Körper und psychische Organe ist er Erkenner und Wirker. [Daher] sind aber alle Zustände der Vollendung wie z. B. das *kaivalya* [des Sāṃkhya, in denen es kein Erkennen und Wirken gibt] von diesem verschieden. Das Wort *ca* ('und') im Sūtram hat den Sinn einer Übertragung der Erkenntnis- und Wirkkraft [Gottes] auf den [Vollendeten]. So ist denn dadurch, daß das "nach Wunsch Gestalten Haben" und das "ohne Organe [Sein]" [von ihm] ausgesagt ist, dargelegt, daß der Vollendete (*siddhasya*) Herr (*prabhutva*) der von ihm geschaffenen Gestalten ist, daß er unendlich (*vibhutva*) und Träger

[40] PBh 45,9-12: *vikaraṇo bhavati . . . karaṇapratiṣedhāt kāryapratiṣedhaḥ kṛto bhavati. kasmāt? viśiṣṭatvād grāhakatvāt sūkṣmatvāc ca karaṇānām. tasmād vikaraṇa iti kaivalyam.* – Die Deutung dieser für ein gesichertes Verständnis zu knappen Erklärung Kauṇḍinyas folgt im wesentlichen jener SCHULTZ' 1958: 126 f.; man vergleiche übrigens die hier verwendete Formulierung: *vikaraṇa iti kaivalyam* mit Kauṇḍinyas Erklärung des Wortes *eka* (PSū V 39) PBh 139,10 f. u. oben S. 150 f.; die Übereinstimmung kann wohl nicht zufällig sein.

[dieser] Eigenschaften (*guṇadharmitva*) ist. So kommen ihm im Stadium, das auf jenes [der habituellen Vereinigung] folgt, aufgrund der Gnade [diese außergewöhnlichen] Eigenschaften zu."[41]

Damit endet die Darlegung der wunderbaren Kräfte des Vollendeten. Im Anschluß daran werden nur noch zehn Eigenschaften erörtert, die den Zustand des Vollendeten charakterisieren. Sie werden von der Ratnaṭīkā (RṬ 10,5 ff.) als Merkmale der Vollendung (*siddhilakṣaṇāni*) aufgezählt und definiert. Sie verändern aber das Bild des Vollendeten nicht wesentlich und brauchen daher hier nicht weiter untersucht zu werden.

Versucht man das in dem zuletzt zitierten Text Kauṇḍinyas Gesagte in seiner Tragweite zu verstehen, so fällt zunächst auf, daß alle acht außergewöhnlichen Eigenschaften des Vollendeten zusammen als das "Herrsein" (*aiśvarya*) Gottes verstanden werden und als Formen der Erkenntniskraft (*jñānaśakti*) und Wirkkraft (*kriyāśakti*) Gottes erklärt werden. Es ist sicher kein Zufall, daß hier durch die Rede von dem Herrsein Gottes die außergewöhnlichen Eigenschaften des Vollendeten als eine Einheit gesehen werden, und diese als das Herrsein des Maheśvara bezeichnet wird. Anders als die achtfache "Herrscherlichkeit" des sāṃkhyistischen Yogin, zum Teil triviale "Wunderkräfte"[42], wie dies im gewissen Sinne auch vom ursprünglichen Verständnis alt-śivaitischer Wunderkräfte gilt, handelt es sich im Pāśupata zur Zeit Kauṇḍinyas nicht mehr primär um irgendwelche außernormale Eigenschaften des Aszeten. In der theologischen Intention Kauṇḍinyas (vielleicht schon der Pāśupatasūtren) ist das "Herrsein" des Maheśvara im etymologisch engeren Sinne jene Seinsweise, die das Herrsein (*aiśvarya* als Vṛddhibildung zu *īśvara*) des Maheśvara ausmacht. Als solches kommt es aber primär nur dem Maheśvara zu und erst sekundär auch dem Vollendeten (*siddha*). Wenn Kauṇḍinya ausdrücklich auch nur von der Allwissenheit (*sarvajñatva*) sagt, daß sie vom Vollendeten nur im Sinne einer ihm von außen, sekundär zukommenden Eigenschaft ausgesagt wird,[43] so gilt dies sinngemäß für alle acht Eigenschaften des Vollendeten. Wenn daher in dieser theologischen Sicht diese außergewöhnlichen Eigenschaften zum (sprachlichen) Ausdruck der Seinsweise

---

[41] PBh 46,2-9: *yad etad darśanādyaṃ vikaraṇāntaṃ māheśvaram aiśvaryam asyeśaprasādāt svaguṇasaṃvṛttaṃ tenāyaṃ guṇadharmeṇa dharmī bhavati. . . . ṛte 'pi kāryakaraṇe jñātā kartā ca bhavati. tataś ca kaivalyādyāḥ sarvaniṣṭhā viśeṣitā bhavanti. caśabdo 'tra jñānakriyāśaktisamāropaṇārthaḥ. evam atrāsya siddhasya kāmarūpivikaraṇavacanāt svakṛteṣu rūpeṣu prabhutvaṃ vibhutvaṃ guṇadharmitvaṃ ca vyākhyātam. etad yuktottare prasādād guṇāḥ pravartante.*

[42] Es handelt sich um *aṇimā, mahimā, garimā, prāpti, prakamya, īśitva* und *vaśitva*.

[43] Vgl. PBh 43,14 f.: *āgantukatvāt sarvajñānaśaktir uktā, na tu ṛṣitvavipratvavat*.

Gottes geworden sind, von der das Pāśupata glaubt, daß sie dem Vollendeten nach dem Tode durch die Gnade Gottes[44] geschenkt wird, dann sind sie damit letztlich nicht mehr empirisch überprüfbare Eigenschaften, als welche sie vielleicht ursprünglich gesehen wurden, sondern sind zur "Mythisierung" eines dem Menschen nur im Glauben erschlossenen Zustandes geworden.

Damit erscheint jedoch jene oben zitierte Bemerkung Kauṇḍinyas, die zunächst nur als Relativierung der Eigenschaften eines Vollendeten vor dem Hintergrund des endgültigen Zieles des Heilsweges in den Blick kam, in einer neuen Wertung: Kauṇḍinya hatte einleitend zur Darstellung dieser Eigenschaften bemerkt: "Wenn auch in jenem Stadium, das auf jenes der [habituellen] Vereinigung [mit Gott] folgt, [der Zustand des Menschen] nicht zu beschreiben ist, so wird dies doch wie eine in das Drama eingeschobene Episode [darzustellen] unternommen, um den Schüler anzuspornen."[45] Wenn die hier gebotene religionshermeneutische Interpretation der besonderen Eigenschaften des Vollendeten richtig ist, sind diese Eigenschaften für den Aszeten nicht in sich interessant. Sie sind jedoch gültige "Mythisierung" jenes dem Menschen außer im Glauben nicht wirklich zugänglichen Zustandes bleibender Einung mit Gott, auf den der Heilsweg des Pāśupata als ganzer hingeordnet ist. Dank ihrer kann von ihm im Glauben in Begriffen der Tradition gesprochen werden und kann sich der Schüler diesem Ziel zuwenden.

Die in dieser "Mythisierung" zum Ausdruck kommende Vorstellung wird von Kauṇḍinya auch außerhalb der traditionellen Rede von den außergewöhnlichen Eigenschaften eines Vollendeten begrifflich-abstrakter ausgedrückt. Besonders deutlich geschieht dies, wenn er die eigene Vorstellung der Emanzipation mit jener anderer Systeme vergleicht: "Die Emanzipierten (*muktā*) des Sāṃkhya und Yoga sind im [Zustand des] *kaivalya* wie Ohnmächtige, ohne [jede] Erkenntnis des eigenen oder fremden Ātman. Der [Vollendete des Pāśupata] aber besitzt [volle] Erkenntnis."[46] Die Emanzipationsvorstellung des Pāśupata ist nicht die eines inhaltlosen und tatenlosen Bewußtseins, sondern die eines sich im Vollbesitz des Erkennens und Wirkens erfüllenden

---

[44] PBh 143,21: *prasādo nāma saṃpradānecchā*; "Gnade ist das Verlangen [Gottes] zu schenken."

[45] PBh 42,2 f.: *yuktottare saty api padārthavailakṣaṇye raṅgapatākādivac chiṣyapralobhanārtham idam ārabhyate*. – Die hier gebotene Übersetzung des Ausdruckes *padārthavailakṣaṇye sati* versteht das Wort *vailakṣaṇya* etymologisch als "Ohne [angebbares] Merkmal Sein" daher "nicht zu beschreiben". Das Wort *padārtha*, das zunächst "(Lehr)gegenstand" meinen dürfte, wurde als "Zustand des Menschen" wiedergegeben, insofern es hier um die Lehrgegenstände gehen dürfte, die für den Menschen in jenem Zustand bestimmend sind.

[46] PBh 140,12 f.: *sāṃkhyayogamuktāḥ kaivalyagatāḥ svātmaparātmajñānarahitāḥ saṃmūrchitavat sthitāḥ. asya tu jñānam asti.*

Seins. Es ist daher kein Zufall, daß der Pāśupata-Aszet als ein "Vollendeter", "Verwirklichter" (*siddha*) in die Emanzipation eingeht: "Auch ohne Körper und ohne psychische Organe ist er Erkennender (*jñātṛ*) und Wirkender (*kartṛ*). Dadurch unterscheidet sich [sein Zustand] von allen anderen wie etwa dem *kaivalya* [des Sāṃkhya und Yoga] usw."[47] Das Sein des Vollendeten erfüllt sich in der bleibenden Vereinigung mit dem Maheśvara: "Das was Sāṃkhya und Yoga lehren, daß die [Seelen], die Begierdelosigkeit besitzen (*asaṅgādi-yukta*), emanzipiert (*mukta*), das heißt zu friedvoller Ruhe (*śānti*) gelangt sind, ist eine unrichtige (*aviśuddha*) Anschauung ihrerseits, wie das Sehen von Monden, wenn das Auge an der Timira-Krankheit leidet. Die Ansicht aber, daß der [Vollendete mit Gott] vereint ist und nicht [nur] emanzipiert ist, ist als richtige [Lehre] zu betrachten."[48] "Auf Grund seiner Unendlichkeit (*vibhutva*) ist er vom Maheśvara nicht geschieden. Dies erkennt man, weil die '[bleibende] Vereinigung' (*sāyujya*) mit Rudra gelehrt ist."[49] In dieser zuletzt zitierten Textstelle scheint die Sprache eines spirituellen Sprachspiels in die Sprache rational argumentierender Philosophie umzuschlagen, ganz ähnlich wie dies auch im Begriff des "Vollendeten" (*siddha*) zu geschehen scheint, wo die ethisch-spirituelle Bedeutung dieses Begriffes immer wieder eine ontologische Konnotation erhält. Gerade diese Ambivalenz der Aussagen über den Zustand des Vollendeten macht aber vielleicht deutlich, wodurch die spirituelle Dynamik des Heilsweges des Pāśupata, der eingangs als ein "Weg der Einung" charakterisiert wurde, ausgelöst wird. Der Pāśupata-Aszet erwartet sich von der "[bleibenden] Vereinigung mit Rudra" (*rudrasāyujya*), wenn auch aus Gnade, die Seinsfülle eines Vollendeten, eine Seinsfülle, die letztlich die Seinsfülle Gottes ist.[50]

Wie verhält sich aber zu dieser Erwartung die tatsächlich erreichte Vereinigung mit Gott, die in den verschiedenen Stadien des Heilsweges trotz aller Ähnlichkeit der Grundstruktur unterschiedlich zu sein scheint? Zur Beantwortung dieser Frage soll im Folgenden versucht werden, diesen Heilsweg unter

---

[47] PBh 46,5 f.: *ṛte 'pi kāryakaraṇe jñātā kartā ca bhavati. tataś ca kaivalyādyāḥ sarvaniṣṭhā viśeṣitā bhavanti.*

[48] PBh 115,10-13: *evaṃ yat sāṅkhyaṃ yogaś ca varṇayati asaṅgādiyuktāḥ muktāḥ śāntiṃ prāptā iti, tad aviśuddhaṃ teṣāṃ darśanam, taimirikasya cakṣuṣaś candradarśanavat. ayaṃ tu yukta eva na mukta iti viśuddham etad darśanaṃ draṣṭavyam.*

[49] PBh 45,1f.: *vibhutvād abhinno maheśvarāt. idaṃ ca rudrasāyujyanirdeśād gamyate.*

[50] Vgl. PBh 141,6f.: *tasmād yuktenaivāpramādinā stheyam. tathā vartamānena māheśvaram aiśvaryaṃ prāptam eva.* "Daher soll er achtsam in [habitueller] Vereinigung [mit Gott] verweilen. Wenn er sich so verhält, erlangt er das 'Herrsein' des Maheśvara." – Hier wird im Übergang von der habituellen Vereinigung mit Gott zur Erlangung des "Herrseins des Maheśvara" nochmals der Wechsel des Sprachspiels deutlich.

dem Gesichtspunkt der Vereinigung der Seele (*ātman*) mit Gott zu skizzieren. Daß diese Perspektive nicht willkürlich gewählt wird, sondern dem Wesen dieses Weges entspricht, ergibt sich unter anderem aus Kauṇḍinyas Bemerkung, daß das Heilssystem (*tantra*) des Pāśupatam auf die Vereinigung der Seele mit Gott hingeordnet ist, bzw. auf ihr beruht (*yoganiṣṭha*).

2.

Für die Untersuchung selbst ist zunächst das Verständnis des Phänomens des Pāśupata-Yoga, das eine ganz analoge Funktion wie das System Patañjalis hat, und dennoch zufolge des personal strukturierten Monotheismus des Pāśupatam ein völlig anderes Phänomen ist als die Yoga-Meditation des Patañjali. Wir sagten schon, daß Kauṇḍinya den Terminus *yoga*, wo immer er begegnet, als "Verbindung der Seele mit Gott" (*ātmeśvarasaṃyoga*) definiert und so die Wichtigkeit dieses besonderen Verständnisses von "Yoga" betont. Offen bleibt freilich, was in den jeweiligen Stadien des Heilsweges mit "Verbindung" (*saṃyoga*) gemeint ist. Dennoch setzt die spirituelle Praxis im Horizont dieser Definition immer schon einen Entwurf der "Einungserfahrung" und ihrer sekundären Reflexion voraus, der nicht das Thematischwerden einer transzendenten Wirklichkeit im Innern des Menschen vermittelt, sondern grundsätzlich mit einer objektiven Beziehung von Seele und Gott arbeitet, die spirituell-psychologisch im Phänomen des "Gedenkens" (*smṛti, anusmarana* etc.) oder des "Vergegenwärtigens" (*bhāvanā*) faßbar wird und gelegentlich sogar in eine fast naturphilosophische Reflexion dieser Beziehung umschlagen kann (vgl. *vibhutvād abhinno maheśvarāt*).

Erstmals wird der *yoga* in den Pāśupatasūtren zu Beginn des Heilsweges erwähnt: "Für ihn, der mit unbeflecktem Gemüt dem [vorgeschriebenen] Wandel obliegt, [beginnt] auf Grund dessen der *yoga* einzutreten."[51] Für das Verständnis dieses Textes ist zunächst Kauṇḍinyas Erklärung des Wortes *akaluṣamati* wichtig: Es ist nämlich diese "Unbeflecktheit des Gemütes" im Wandel, die das den *yoga* bedingende Element ist. "Wenn [in PSū I 12] gesagt ist: 'er möge nicht [auf Kot und Urin] hinsehen' [bzw. in PSū I 13] 'er möge nicht [Frauen und Śudras] anreden', dann ergibt sich der Sache nach, daß hinsichtlich des Gesehenen bzw. des Gesprochenen Haß, Begehren oder Zorn entstehen. Sind diese aber einmal entstanden, dann treten sie im Gemüt in Erscheinung, wie das Sichtbarwerden schwarzer Pusteln auf der Haut usw. Auf Grund [ihres] In-Erscheinung-Tretens sagt man: 'Ich bin [dadurch] verunreinigt', 'ich bin damit geschlagen' [oder] 'ich bin [dadurch] beschmutzt'. Daher wird [das Anschauen von] Urin und Kot [beziehungsweise

[51] PSū I 18-20: *akaluṣamateḥ carataḥ tato 'sya yogaḥ pravartate.*

der Umgang mit Frauen und Śudras] verboten, weil sie Ursache von Abneigung, Begehren und Zorn sind. Wenn diese Zustände aber nicht auftreten und [ihr] Keim vernichtet ist, dann ist dies als die höchste [Form der] Reinheit des Gemütes zu wissen."[52] Das Hervorgehen des *yoga* aus dem vorgeschriebenen Wandel deutet uns Kauṇḍinya nur kurz in seinem Kommentar zu PSū I 20 an: "Wenn er dem [vorgeschriebenen] Wandel obliegt, dann setzt [die Verbindung mit Gott] durch Tun, nämlich Mantramurmeln, Meditation usw. ein."[53] Dies ist Hinweis auf die Aktivität des Menschen, durch die und in der sich diese Verbindung vollzieht.[54] Im Anschluß daran scheint Kauṇḍinya jedoch auch auf den inneren Zusammenhang von Wandel und *yoga* einzugehen: "Wenn er reinen Gemütes dem Wandel obliegt, dann tritt die Verbindung [der Seele mit Gott] ein. . . . Auf Grund wessen tritt [diese] ein? Wenn [der Aszet] sein Denken von den Gegenständen abgewendet hat, ist [das], was [dann] eintritt, die Verbindung [mit Gott]. Wie tritt diese ein? Nach und nach. Wodurch tritt sie ein? Durch Abtötung (*tapasā*) tritt sie ein. . . . Das Ātmasein (*ātmabhāva*) im Ātman greift auf den Maheśvara aus."[55]

Im Sinne dieses Textes scheint daher die entscheidende Bedingung für die Vereinigung der Seele mit Gott die emotionelle Abwendung von den Dingen der Welt, einschließlich des Mitseienden zu sein. Der Anklang an Patañjalis Yogaterminologie (vgl. *pratyāhṛtacitta*) ist vielleicht mit Absicht nicht vermieden. Bemerkenswert ist hier die Funktion der Abtötung. Sie bewirkt nämlich, wie Kauṇḍinya sagt, Verdienst (*dharma*), durch das die Vereinigung mit Gott eintritt.[56]

---

[52] PBh 40,7-13: *nāvekṣed nābhibhāṣed ity ukte arthād āpannaṃ dṛṣṭe cābhibhāṣite ca dveṣecchākrodhā utpadyante. te cotpannā matāv abhivyajyante, kālatilakādidarśanavat. abhivyakteś cocyate kaluṣito 'haṃ vyāhato 'haṃ malinīkṛto 'ham iti. ato dveṣecchākrodhanimittatvān mūtrapurīṣastrīśūdrapratiṣedhaḥ kriyate. yadā tv ete dveṣādayo bhāvā bījakṣaye sati notpadyante, tadā paraṃ bhāvaśaucaṃ pratyavagantavyam.*

[53] PBh 41,12: *adhyayanadhyānādilakṣaṇaḥ kriyāyogaś carataḥ pravartate.*

[54] Im Endstadium des Heilsweges kann der Mensch diese Verbindung nur passiv geschehen lassen, ohne selbst aktiv zu sein. Vgl. *kriyoparamalakṣaṇam*, PBh 148,10; RṬ 14,25-28.

[55] PBh 41,13-18: *atrātmeśvarasaṃyogo yogaḥ pratyetavyaḥ. . . . yadā akaluṣamatiś carati tadā pravartata ity arthāt. tatra yataḥ pravartate? viṣayebhyaḥ pratyāhṛtacittasya yat pravartate tadyogaḥ. yathā pravartate? kramaśaḥ. yena pravartate? tapasā pravartate. . . . yo 'yam ātmany ātmabhāvaḥ, sa maheśvare pravartate.*

[56] Vgl. PBh 41,9 f.: *tataḥ caryābhiniveśād anantaraṃ tajjanyadharmād ity arthaḥ*. "Auf Grund dessen, d. h. unmittelbar im Anschluß an die andauernde Bemühung im Wandel, [nämlich] auf Grund des Dharma, der aus diesem [Wandel] entsteht, [tritt der *yoga* ein]." Vgl. auch PBh 41,4 f.: *atra carataḥ iti dharmārjanam adhikurute. bhaikṣyacaraṇavat tapaś caritavyaṃ, vihartavyaṃ tapaso 'rjanaṃ kartavyaṃ*. "Hier gibt [das Wort] *carataḥ* (in PSū I 19) die Verpflichtung an, Dharma zu erwerben. Wie die Praxis des Almosenbettelns ist die Abtötung zu üben. Man muß umherwandern [und] durch Abtötung [Dharma] erwerben."

Dennoch wird in dieser Funktion der Abtötung auch die Dimension einer spirituellen Kausalität faßbar, wenn Kauṇḍinya sagt, daß es beim Eintreten der Vereinigung mit Gott das Ātmasein im Ātman ist, das auf den Maheśvara ausgreift.[57] Wenn man diese Aussage als Charakterisierung des geistigen Vorganges der Vereinigung verstehen darf, dann kann dies nur bedeuten, daß die "Abtötung" (*tapas*) durch den Wandel nur dann das geforderte Verdienst (*dharma*) wachsen und so die Vereinigung eintreten läßt, wenn sie in Erfüllung der Vorschrift um des Maheśvara willen unternommen wird, und so der Ātman des Aszeten im Vollzug der Abtötung, die so zum Mittel der Vereinigung mit Gott wird, sein innerstes Ātmasein dem Maheśvara zuwendet.

Kauṇḍinya drückt diesen Gedanken mit geringfügiger Abwandlung nochmals aus, wenn er PSū II 20[58], das vom Aszeten in jenem zweiten Stadium handelt, in welchem dieser Unbill und Verkennung ertragend umherwandert, folgendermaßen kommentiert: "Hingabe (*bhakti*) bedeutet Vergegenwärtigung (*bhāvanā*). . . . Inwiefern? Jene, die an den 'Freuden' (*harṣeṣu*) hängen . . . [und so] gleichsam zu Dieben geworden sind, sind aber besonders von Śaṅkara (= Śiva) weit entfernt (*dūrasthā*). . . . [Mit dem Lokativ] '*śaṅkare*' [drückt er] die Nähe unmittelbaren Kontaktes aus (*aupaśleṣikam sannidhānam*), d. h. daß das Vergegenwärtigen (*bhāvanā*) nur bezüglich Śaṅkara ausgeführt wird, nicht hinsichtlich [irgend] eines anderen (*nānyatra*). . . . Wenn er geht, steht oder liegt, wenn er wacht oder schläft, soll er Śaṅkara vergegenwärtigen, wenn er die Vereinigung seines Ātman [mit ihm] begehrt. . . . In dieser Weise soll das Sein [des Ātman] mit Śaṅkara [allein] verbunden werden."[59]

Hier wird deutlich, daß die Verbindung des Ātman mit dem Maheśvara auf dieser Stufe des Heilsweges nicht ein formeller Akt der Meditation ist (jedenfalls ist auf dieser Stufe die Meditation noch nicht zur spirituellen Lebensform geworden), sondern jene Haltung, in welcher der Aszet sich bei seinem Wandel in der Gegenwart Gottes hält und diesen Wandel um seinetwillen auf sich nimmt. Jene, die um anderer Motive willen, nämlich der "Freuden", wie Kauṇḍinya sagt, diesen Wandel auf sich nehmen, sind von Śaṅkara weit entfernt. Hier unterscheidet Kauṇḍinya ausdrücklich die Gesinnung des Pāśupata-Aszeten von jener anderer Aszeten, die den Wandel um

---

[57] PBh 41,17 f.: *yo 'yam ātmany ātmabhāvaḥ sa maheśvara pravartate.*

[58] *nānyabhaktis tu śaṅkare.* "Seine Hingabe aber gilt Śaṅkara, nichts anderem".

[59] PBh 71,2-15: *bhaktir bhāvanety arthaḥ. . . . katham? ye harṣeṣv abhisaktāḥ . . . taskaratvam āpannāḥ te viśeṣeṇa tu śaṅkarād dūrasthā bhavanti. . . . śaṅkare ity aupaśleṣikaṃ sannidhānam. śaṅkare bhāvanā kartavyā nānyatra . . . gacchaṃs tiṣṭhan śayāno vā jāgrac caiva svapaṃs tathā | śaṅkare bhāvanāṃ kuryād yad icched yogam ātmanaḥ || . . . evaṃ śaṅkare bhāva upaśleṣitavyaḥ.*

wunderbarer Kräfte willen auf sich nehmen. Denn mit "Freude" (*harṣa*) wird im Pāśupatam jene achtfache "Herrscherlichkeit" (*aiśvarya*) bezeichnet, die im Sāṃkhya und Yoga gelehrt wird.[60]

Die "Verbindung der Seele mit Gott" intensiviert sich auf der nächsten Stufe des Heilsweges, wenn der Aszet in einem leeren verlassenen Gebäude oder einer Höhle ausschließlich der Meditation lebt. Soll er doch am Ende dieser Stufe einer sein, der "Beständigkeit hinsichtlich Gott" (*devanityatā*) besitzt: "Wie ist es, wenn [der Aszet] Beständigkeit hinsichtlich Gott [besitzt]? Wenn er berechtigt ist, sich Gott mit Mantramurmeln und Meditation [zu nähern], kommt ihm im ganzen die Fähigkeit zu, [von Gott] nicht abzuweichen. Selbst bei geringfügiger Unterbrechung erlangt er sie gleich wieder, wenn er die Vereinigung weiter übt (*atiyogābhyāsa*). 'Beständigkeit hinsichtlich Gott' aber ist Gedenken (*smṛti*)."[61] Zeichen und Voraussetzung dieser Stufe der Beschaulichkeit ist die "Fähigkeit, [die Objekte] loszulassen und [die Sinne] zu beherrschen. . . . Wenn die [Sinne], nachdem sie von den unheilvollen [Gegebenheiten] abgewendet wurden, nach Wunsch Heilvollem zugewendet sind [und so wie eine] Schlangenhaube ohne Gift[zähne] sind, dann ist er, dessen Sinne [in dieser Weise] beherrscht sind, ein 'hinsichtlich Gott Beständiger'."[62]

Es handelt sich hierbei um einen Zustand der "Verbindung mit Gott" (*ātmeśvarasaṃyoga*), der durch den Existenzmodus beständiger Meditation (*dhyāna*) gekennzeichnet ist und nicht mehr durch ungeordnete Begierden und Emotionen gestört wird. Bemerkenswert ist jedoch, daß dieser Zustand jedenfalls von der Anstrengung und dem Wollen des Aszeten abhängig bleibt und dadurch ermöglicht wird, daß der Aszet wie Rind und Antilope allen Gegensätzen gegenüber indifferent geworden ist. Der Aszet wohnt auf dieser Stufe

---

[60] Vgl. PBh 65,11-20, im besonderen PBh 65,18 f.: *yad anyeṣām aṇimādyaṣṭaguṇaṃ catuṣṣaṣṭivikalpaṃ dharmakāryam aiśvaryaṃ tad iha śāstre harṣa iti saṃjñitam.* "Hier [in unserem] System wird die achtfache Herrschermacht wie Atomkleinheit usw. mit ihren 64 Unterteilungen, die das Ergebnis von Verdienst ist (*dharmakāryam aiśvaryam*) 'Freude' (*harṣa*) genannt."

[61] PBh 116,16-19: *tatra yadāsya bhagavati deve nityatā katham? adhyayanadhyānābhyāṃ deve 'dhikṛtasya prādhānyena niścalatā vartate. svalpataravyavadhāne 'pi atiyogābhyāsanirantaraprāptiḥ. smṛtis tu devanityatā.*

[62] PBh 117,2-5: *utsarganigrahayogyatvam. . . . tāni [= indriyāṇi] yadākuśalebhyo vyāvartayitvā kāmataḥ kuśale yojitāni hataviṣadarvīkaravad avasthitāni bhavanti, tadā devanityo jitendriya ity arthaḥ*; bzw. PBh 116,18: *svalpataravyavadhāne 'pi atiyogābhyāsanirantaraprāptiḥ*; PBh 121,3 f.: *tayos [= gomṛgayoḥ] tu sati dharmabahutve samāno dharmo gṛhyate, ādhyātmikādidvandvasahiṣṇutvam*; PBh 121,11 f.: *āh iti . . . adhikurute gomṛgavad dvandvasahiṣṇutvamaryādāyāṃ ca.*

des Heilsweges einsam in einem verlassenen Haus oder einer Höhle und lebt von erbettelter Nahrung oder von Blättern und Früchten, die er ohne Schädigung von Lebewesen und ohne Stehlen erlangen kann (vgl. PBh 118,18 ff.) in beständiger Meditation.[63] Um jedoch den Zustand der "Beständigkeit hinsichtlich Gott" (*devanityatā*) in seiner spirituellen Wertigkeit zu beurteilen, genügt es, kurz die Funktion des Mantra in der Meditation in den Blick zu bringen.

Wenn man bedenkt, daß der in der Meditation verwendete Mantra der Meditation nur dann einen Inhalt verleiht, wenn er in seiner "mythischen" Sinndimension verstanden wurde, dann muß man jedenfalls sagen, daß der Mantra inhaltlich nichts in die Meditation einbringt, was der gläubige Pāśupata nicht schon von vornherein als Glaubensüberzeugung mitbringen würde und was er, sofern er nur über einen bestimmten Glaubensinhalt meditierend nachdenken wollte, nicht auch in anderer sprachlicher oder gedanklicher Form vergegenwärtigen könnte. In erster Linie geht es daher in der Meditation des Pāśupata nicht um das Aneignen von Glaubenswahrheiten noch um die existenzielle Erfahrung theologischer Einsichten. Vielmehr wandelt der Mantra die apriorische Möglichkeit der Erfahrung der Transzendenz in die Aktualität eines Ereignisses. Dies bedeutet, daß in der Meditation der im Glauben immer schon gewußte Gott durch den Mantra in eine tatsächliche Begegnung vermittelt wird. Der Mantra ist letztlich "sakramentale", das heißt raum-zeitlich in Erscheinung tretende Gegenwart Gottes zum Heil, indem er dank seiner Formelhaftigkeit ein in seiner Sinnhaftigkeit eindeutiges, in einem bestimmten Zeitpunkt konkret gegebenes Phänomen darstellt, das dem Gläubigen Gottes Gegenwart selbst bedeutet und so Gottes "mythische Gegenwart" zum Ereignis einer Begegnung werden läßt, sodaß die Meditation vom Wesen ihres Vollzuges her Begegnung mit Gott im Modus der Verehrung (vergleiche *upāsanā* PBh 124,13) wird.[64]

Mit Hilfe einer solchen immer wieder geübten Meditation erlangt der Aszet auf dieser Stufe des Heilsweges die "Beständigkeit hinsichtlich Gott" (*devanityatā*), die von Kauṇḍinya als ein immerwährendes "Im-Gedächtnis-Behalten" Gottes bestimmt wird.[65] Man muß daher annehmen, daß dieses

---

[63] Vgl. PBh 122,19 ff. Es ist hier nicht möglich, die Meditation des Pāśupatam, die grundsätzlich mit Hilfe von Mantren geschieht, in ihrem Vollzug darzulegen. Vgl. dazu OBERHAMMER 1989.

[64] Zur sakramentalen Verfaßtheit der Gegenwart der Transzendenz zum Heil s. OBERHAMMER 1987: 42 ff.

[65] Vgl. PBh 116,18 *smṛtis tu devanityatā* und RṬ 21,23: *devanityatvam eva sadāsmṛtir ity ucyate*.

"Im-Gedächtnis-Behalten" seinem Inhalt nach durch die bisher geübte Meditation geprägt ist. Gott muß daher dem Aszeten beständig in der vollen Konkretheit des in meditativer Erfahrung angeeigneten Glaubens bewußt sein, sodaß der Aszet dieser Gegenwart gegenüber im Modus habitueller Verehrung verharrt. Man muß dabei jedoch im Auge behalten, daß die durch den Glauben "mythisch" strukturierte Vorstellung von Gott in der Meditation zwar zur ereignishaften Begegnung mit Gott führt, daß aber dieselbe Meditation in ihrer höchsten Form Gottes Gegenwart als jedem Wort und jeder Vorstellung transzendent erweist und diese daher gleichzeitig auch wieder "entgegenständlicht". Wird doch in ihr durch die Verwendung verschiedener Mantren mit ihrer jeweilig anderen Sinndimension der mythische Entwurf der Gegenwart Gottes als Mahādeva, Śiva, Rudra etc. nach und nach so strukturiert, daß die mythische Dimension ihrer Erfahrung am Ende in der Erfahrung der Gegenwart des Vorstellung und Sprache transzendierenden Gottes (*niṣkala* und *vāgviśuddha*) zurückgelassen wird.[66] Daraus folgt aber auch, daß das "Im-Gedächtnis-Behalten", das für die "Beständigkeit hinsichtlich Gottes" (*devanityatā*) kennzeichnend ist, Gottes Gegenwart ebenfalls in einer dynamischen Schwebe zwischen der "mythischen" Konkretheit der Glaubensvorstellung Gottes und seiner diese immer wieder aufhebenden Transzendenz hält.

Wenn dies so ist, dann scheint die meditative Vermittlung von Gottes Gegenwart in ihrer inhaltlichen und formalen Struktur jedoch nicht mehr überboten werden zu können. Sie ist an die Grenze des ihr Möglichen gelangt, und man fragt sich, in welcher Weise sich dann der *meditative* Habitus des Aszeten noch ändern kann, wenn er zu Beginn des vierten Abschnittes des Heilsweges im Besitz der "Beständigkeit hinsichtlich Gott" auf den Leichenverbrennungsplatz zieht. Tatsächlich scheint sich dieser strukturell auch nicht zu verändern. Dennoch erfährt das spirituelle Bemühen des Aszeten eine definitive Wende, die auch eine qualitativ neue Dimension seines meditativen Lebens mit sich bringt. Denn warum zieht der Aszet in diesem Stadium des Heilsweges auf den Leichenverbrennungsplatz? Kauṇḍinya beantwortet diese Frage mit einer kurzen Nebenbemerkung: "Um zu vermeiden, daß [sein]

---

[66] PBh 128,1-3:

'ākṛtim api parihṛtya dhyānaṃ nityaṃ pare rudre |
yena prāptaṃ yoge muhūrtam api tat paro yogaḥ || '

paramayoga ity arthaḥ. "'Die beständige Meditation Rudras [in seiner] höchsten [Form] ohne jede Gestalt ist, wenn man durch sie – und sei es nur für einen Augenblick – in Vereinigung [mit dem Gott] gewesen ist, der höchste Yoga', d. h. die höchste [Form der] Vereinigung." – Zur Verwendung der Mantren in der Meditation s. PBh 124,12-128,16.

Festhalten an der Vereinigung [mit Gott] beeinträchtigt wird."[67] Wie ist dies zu verstehen? Hielt sich der Aszet doch vorher einsam in einem leeren Gebäude oder einer Höhle auf; offenbar um in seinem meditativen Leben nicht gestört zu werden.[68] Kauṇḍinyas Bemerkung kann daher nicht so gemeint sein, daß der Aszet jede äußere Störung vermeiden will, indem er auf den Leichenverbrennungsplatz zieht. Warum sollte es außerdem auf einem solchen weniger Störung geben als in einer einsamen Höhle? Man kann sich des Eindruckes nicht erwehren, daß es einen tieferen Zusammenhang gibt (auch wenn dies Kauṇḍinya nirgends ausspricht) zwischen der Wahl des Leichenverbrennungsplatzes als Aufenthaltsort des Aszeten und der von Kauṇḍinya gegebenen Begründung für sie, durch den diese ihren eigentlichen Sinn erhält.

Denkt man an die emotionale Wertigkeit eines Leichenverbrennungsplatzes und versucht man diese vor dem Horizont dessen zu sehen, was oben (S. 145) über das "Auf-den-Tod-Zuleben" des Aszeten gesagt wurde[69], dann wird es unmöglich, Kauṇḍinyas Begründung für die Wahl dieses Platzes als Aufenthaltsort des Aszeten trivial so zu verstehen, daß dadurch Störungen der Meditation vermieden werden sollten. Vielmehr scheint sich in dieser Wahl zunächst das "Auf-den-Tod-Zuleben" des Pāśupata-Aszeten in erschreckender Deutlichkeit zu konkretisieren. Dies kann kein Zufall sein, und man fragt sich, ob Kauṇḍinyas Begründung nicht damit in Beziehung steht. Man möchte daher einen Schritt weitergehen und annehmen, daß der Aszet diesen Platz in erster Linie im Hinblick auf seinen zu erwartenden Tod zum Aufenthaltsort wählt und die Übersiedlung des Aszeten nichts anderes bedeutet als die Antizipation der Überbringung seiner Leiche auf den dafür bestimmten Platz.

Wenn dies richtig ist, dann drückt sich in dieser Wahl die endgültige Entschlossenheit des Aszeten aus, den letzten Schritt seines "Auf-den-Tod-Zulebens" zu unternehmen und sich unwiderruflich dem Geschehen des Todes auszusetzen. Im Horizont dieser Deutung kann Kauṇḍinyas Begründung nur so verstanden werden, daß der Aszet auf den Leichenverbrennungsplatz zieht, weil er jenen Zustand verlassen will, in welchem ein "Abfall" von der Vereinigung mit Gott noch möglich ist, und in jenen eintreten möchte, in welchem dank der Gnade Gottes die Vereinigung mit Gott bleibend und unwiderruflich ist, wobei dieser Zustand nur äußerlich im Ereignis des Todes faßbar ist.

---

[67] PBh 129,7: *yogavyāsaṅgaparihārārthatvāt*.

[68] Vgl. PBh 116,2: *śūnyaṃ viviktaṃ nirjanam ity arthaḥ*.

[69] Kauṇḍinya deutet diese Wertigkeit PBh 130,15 f. nur kurz mit den Worten an: *śmaśānaṃ nāma yad etal lokādiprasiddhaṃ laukikānāṃ mṛtāni śavāni parityajyanti.* "Der Leichenverbrennungsplatz ist [der Ort], der jedermann bekannt ist; [wo] man sich der toten Leichen der Leute in der Welt (nicht der Sannyāsis!) entledigt."

Diese Deutung erhärtet sich, wenn Kauṇḍinya in seiner Erklärung von PSū V 31: "Er ist einer [, dessen] Selbst [nur mehr] der Pflicht [hingegeben ist]", sagt: "'Pflicht' ist hier jene Beschaffenheit der 'Hochherzigkeit' etc., die als Folge aszetischer Praktiken (*niyama*) und ewiger Gelübde (*yama*) zur Entfaltung kommt. Diese wurde schon früher (im Kommentar zu PSū II 14) erklärt. Diese ist in seiner Seele [jetzt] reichlich vorhanden. Wegen dieser Beschaffenheit wird er [im Sūtram] 'ein [nur] der Pflicht Hingegebener' (*dharmātmā*) [genannt]."[70] Die Hochherzigkeit (*māhātmya*) ist jene Tugend, die den Aszeten befähigt, den aszetischen Heilsweg des Pāśupata zu gehen und ihrerseits aus der gelebten Spiritualität dieses Weges entsteht. In diesem Sinn definiert Kauṇḍinya die Hochherzigkeit im Hinblick auf den ganzen Heilsweg: "Dank des Besitzes welcher [Beschaffenheit] der Brahmane (i. e. Pāśupata-Aszet) [mit Asche] zu baden, [in Asche] zu liegen, [mit Asche] sich immer wieder zu reinigen, [den Schein des] Schnarchens und Zitterns [zu erwecken], Mantren zu rezitieren, zu meditieren und [Gottes] zu gedenken fähig ist und mit höchstem Vertrauen [in Gott und das von ihm verkündete Pāśupata] erfüllt ist, das ist die Hochherzigkeit. . . . Der Mut (*vīrya*) zur Aszese eines, der [zunächst] in der Irre ist (*prabhraṣṭa*), seine Stärke in der Aszese [und] die Kraft zur Aszese, das ist die Hochherzigkeit."[71] Diese Tugend der Hochherzigkeit entsteht aus der beständigen Bemühung um die Spiritualität des Pāśupata, die durch eine Aszese bestimmt wird, die sich in der Gesinnung 'überragenden Gebens' (*atidāna*) und 'überragenden Opferns' (*atiyajana*) verwirklicht. Es ist hier nicht möglich, diese Spiritualität ausführlich darzustellen. Dennoch soll wenigstens Kauṇḍinyas Erklärung zweier ihrer zentralsten Haltungen analysiert werden, um die Tugend der Hochherzigkeit in ihrer spirituellen Konkretheit verstehen zu können.

"Die [üblichen Gaben] wie Kühe, Land, Gold usw. sind fragwürdige Gaben", meint Kauṇḍinya, "weil ihr Ergebnis nicht sicher, nicht bleibend und nicht unüberbietbar ist. . . . Daher ist hier das Wort 'überragend' (*ati-*) als besondere Bestimmung [hinzugefügt]. 'Überragendes Geben' (*atidāna*) ist nämlich das Geben seiner selbst. Warum? Weil man Geber seines Selbstes ist, weil es keinen Sinn hat, [darüber hinaus] mehr zu geben, [und] weil es nicht [das Erlangen von] Stand, Körper, Sinnesorganen und Sinnesgegenständen [hier oder im Himmel] betrifft. Weil man [dadurch] sicher und bleibend die

---

[70] PBh 131,2-4: *atra dharmo nāma ya eṣa yamaniyamapūrvako 'bhivyakto māhātmyādidharmaḥ, sa pūrvoktaḥ. so 'syātmani pracitaḥ. tena dharmeṇa dharmātmā bhavati.*

[71] PBh 67,13-17: *yasya sānnidhyād ayaṃ brāhmaṇaḥ snānaśayanānusnānādikrāthanaspandanādhyayanadhyānasmaraṇakaraṇasamartho bhavati parayā śraddhayā yuktas tan māhātmyam. . . . yad etat prabhraṣṭasya tapaso vīryaṃ tapobalaṃ tapaśśaktis tanmāhātmyam.*

Nähe Rudras erlangt, weil die Frucht [dieses Gebens] ist, daß man mit Sicherheit nicht [in den Saṃsāra] zurückkehrt und man [dadurch etwas, was durch andere Gaben] nicht [erlangt wird], erlangt, ist das Geben seiner selbst 'überragendes Geben'."[72] In diesem Text Kauṇḍinyas werden zwei Aspekte des für die Aszese und Spiritualität des Pāśupata charakteristischen Begriffes des "überragenden Gebens" (*atidāna*) faßbar. Zunächst läßt die Erwähnung der "fragwürdigen Gaben" (*kudāna*) erkennen, daß Kauṇḍinya, vielleicht ohne sich darüber Rechenschaft zu geben – deswegen aber nicht weniger bezeichnend –, in der juridischen Dimension einer Schenkung denkt. Man kann nicht Kühe oder Land ohne rechtliche Implikationen schenken. Dies bedeutet jedenfalls, daß der Empfänger ab dem Zeitpunkt der Schenkung rechtmäßiger Eigentümer ist. Wenn der Geber dem Empfänger das Geschenkte vorenthält, begeht er ein Unrecht. Diese Sicht des "überragenden Gebens" scheint sich in gewissem Sinne zu verdeutlichen, wenn man die Begründung betrachtet, die Kauṇḍinya dafür gibt, daß die üblichen Gaben fragwürdig und "das Geben seines Selbstes" an Gott ein "überragendes Geben" ist. Der entscheidende Grund dieser Wertung liegt in der jeweiligen "Frucht" des Gebens (*-phalatva*). Dies impliziert eine intendierte Beziehung des Gebens zu dem, um dessentwillen die Gabe gegeben wird, also dem, was man durch die Gabe erlangen will: im Falle des *atidāna* die bleibende Nähe Śivas, das nicht mehr in den Saṃsāra Zurückkehren und die spezifische Frucht, nämlich das Erlangen des "Herr-Seins" des Maheśvara. Beides, die Verbindlichkeit des Gebens als auch das durch die Gabe zu erreichen Gewünschte, entspricht der erwähnten quasi-juristischen Konnotation des *atidāna*.

Seine spirituelle Dimension wird deutlich, wenn man Kauṇḍinyas Aussage, es sei das Geben seiner selbst oder richtiger "das Hingeben [seines] Selbstes" (*ātmapradāna*) mit einer anderen Aussage von ihm in Beziehung setzt, die erklärt, mit wem die "Verbindung" (*yoga*), von der PSū I 20 (*tato 'sya yogaḥ pravartate*) spricht, eintritt. Sie lautet: "Das Sein des Selbstes greift [dabei] im Selbst auf den Maheśvara aus."[73] Daß man berechtigt ist, diese Aussage mit Kauṇḍinyas Erklärung des *atidāna* in Beziehung zu setzen, erhellt, abgesehen von der inhaltlichen Übereinstimmung, schon daraus, daß Kauṇḍinya die Funktion des Wortes "Verehrung" (*namas*) in den vom Aszeten zum

---

[72] PBh 68,8-13: *atra kudānāni gobhūhiraṇyasuvarṇādīni. ... anaikāntikānātyantikasātiśayaphalatvāt . . . tasmād atra atiśabdo viśeṣaṇam. atidānaṃ cātmapradānam. kasmāt? ātmanaḥ dātṛtvād, bhūyo dānaprayojanābhāvāt, sthānaśarirendriyaviṣayādyaprāpakatvāt. aikāntikātyantikarudrasamīpaprāpter ekāntenaivānāvṛttiphalatvād asādhāraṇaphalatvāc cātmapradānam atidānam.*

[73] PBh 41,17 f.: *yo 'yam ātmany ātmabhāvaḥ, sa maheśvare pravartate.*

Zweck der Verbindung mit Gott zu rezitierenden Mantren folgendermaßen erklärt: "[Das Rezitieren des Wortes] '*namas*' [hat den Sinn] des Hingebens [seines] Selbstes und der Verehrung."[74] Der Gedanke, daß sich das geistige Sein des Selbstes Gott, auf ihn ausgreifend, zuwendet, wird im Lichte eines Zitates aus einem älteren Pāśupata-Text bei Kauṇḍinya deutlich. Dort heißt es: "Das ist dieses ewige Geheimnis: [Jemandes] Sein wird so, wie das worauf sein Geist [gerichtet] ist. Wenn [jemand daher] die Verbindung [seines] Selbstes [mit Gott] wünscht, dann soll er im Gehen, Stehen und Liegen, wenn er wacht oder wenn er schläft Śaṅkara [voll Vertrauen] vergegenwärtigen."[75] Wenn es berechtigt ist, diesen Text zur Interpretation des spirituellen Vollzuges des *atidāna* heranzuziehen, dann wird dieser zunächst im Begriff der in jeder Lebenssituation geübten "Vergegenwärtigung" (*bhāvanā*) des Maheśvara sichtbar. Zu beachten ist, daß Kauṇḍinya die erwähnte Stelle in seinem Kommentar zu PSū II 20 (*nānyabhaktis tu śaṅkare*) zitiert, die in jenem Abschnitt des Pāśupatasūtram steht, wo die Spiritualität des *atidāna* etc. dargelegt wird. Dort paraphrasiert Kauṇḍinya den Begriff der "Hingabe" (*bhakti*) selbst mit dem der *bhāvanā*. Was er damit meint, wird deutlich, wenn er dort sagt: "Jene [nämlich], die den Freuden (= dem achtfachen *aiśvarya* des Yoga etc.) verfallen sind und in schändlicher Weise [an Gott] zu Dieben geworden sind, die sind in besonderer Weise von Śaṅkara entfernt."[76]

Hier scheint Kauṇḍinya von Aszeten zu reden, die, beeindruckt von den Wunderkräften, die durch ihre Aszese auftreten, um dieser Wunderkräfte willen Aszese treiben, nicht um Śaṅkaras willen. Sie sind gleichsam Diebe (weil sie das Geben ihres Selbstes an Gott zurücknehmen?) und sie sind daher besonders weit weg von Gott. Wenn Kauṇḍinya berechtigter Weise so zu verstehen ist, dann kann man den Begriff der *bhakti* und den mit diesem gleichgesetzten Begriff der *bhāvanā* durch den negativen Ausdruck *abhisaktā* bzw. den im gleichen Kontext begegnenden positiven Ausdruck *upaśleṣitavya*[77] interpretieren. Der Begriff der *bhāvanā* wäre demnach hier die wertschätzende

---

[74] PBh 53,16 f.: *nama ity ātmapradāne pūjāyāṃ ca*. Vgl. auch Kauṇḍinyas Bemerkung, daß es kein Unterschiedensein von "Selbst" und "Sein des Selbstes" gibt (PBh 123,15: *ātmātmabhāvayor avyucchedāt, guṇaguṇinor api tathā yugapadbhāvaḥ*.).

[75] PBh 71,10-12:

' . . . *yaccittas tanmayo bhāvo guhyam etat sanātanam* ||
gacchaṃs tiṣṭhan śayāno vā jāgrac caiva svapaṃs tathā |
śaṅkare bhāvanāṃ kuryād, yadīcched yogam ātmanaḥ || '.

[76] PBh 71,3 f.: *ye harṣeṣv abhisaktāḥ duṣyataḥ* <konj.: *dūpyataḥ*> *taskaratvam āpannāḥ, te viśeṣeṇa tu śaṅkarād dūrasthā bhavanti*.

[77] Vgl. PBh 71,15: *evaṃ śaṅkare bhāva upaśleṣitavyo nānyatra*. "In dieser Weise ist das Sein [des Ātman] mit Śaṅkara zu vereinen, mit nichts anderem."

Zuwendung des Selbstes in Form einer Vergegenwärtigung, durch die das Selbst gleichsam in den Besitz des Gottes übergeht.[78]

Diese Deutung läßt sich konkretisieren, wenn man die Erklärung heranzieht, die die Ratnaṭīkā unter Verwendung des *bhāvanā*-Begriffes für den Begriff der *gurubhakti* gibt: "Die *bhakti* zu ihm (= Lehrer) ist das Vertrauen (*śraddhā*) eines, der von allen Leiden [menschlichen Daseins] überwältigt ist. Folgendes muß er sich [im Sinne dieses Vertrauens] vergegenwärtigen: 'Dieser allein ist mein Retter [aus diesem Leiden]'."[79] In dieser Stelle, die sicher auch für den vorliegenden Zusammenhang der *bhakti* Gott gegenüber Geltung hat, wird deutlich, wie die Forderung, das Sein des Selbstes (*ātmabhāva*) auf den Gott zu richten, in Beziehung zu setzen ist zum Vollzug des Hingebens des Selbstes (*ātmapradāna*) im Akt des *atidāna*; anders ausgedrückt, in welchem Modus Gott in dieser Vergegenwärtigung (*bhāvanā*) zu vergegenwärtigen ist, damit in ihrem Vollzug der Aszet sein Selbst an den Gott hingibt: Die wertschätzende Zuwendung, von der zunächst oben die Rede war, bricht, wie sich im Licht der Stelle der Ratnaṭīkā zeigt, aus der totalen Abhängigkeit von dem rettenden Gott auf, an den sich der Aszet allein hält, indem er sich ihm zuwendet. Im vertrauenden Bejahen dieser totalen Abhängigkeit verwirklicht sich das im *atidāna* intendierte "Hingeben des Selbstes" an den Maheśvara, das in dieser Absolutheit gewollt, nicht mehr zurückgenommen werden kann, ohne daß der Aszet an Gott "zum Dieb" wird und das auch durch keine andere Gabe ersetzt oder überboten werden könnte.[80]

Das zweite im Zusammenhang mit der "Hochherzigkeit" (*māhātmya*) zu besprechende Element der spirituellen Praxis des Pāśupatam, das "überragende Opfern" (*atiyajana*), fügt dieser Spiritualität im Grunde keinen neuen Aspekt hinzu: "In der gleichen Weise [wie die üblichen Gaben]", meint Kauṇḍinya, "sind [auch die Opfer] wie das Agniṣṭoma usw. fragwürdige Opfer (*kuyojanāni*). Warum? Weil man beobachtet, daß sie aufgrund des vedischen Gebotes (*śraveṇa*) erfolgen, das verbunden ist mit Ansammeln [von Mitteln], Annehmen [von Geschenken] und Verletzung [von Lebewesen], weil [sie] eine Frucht [zeitigen], die der Gattin [des Opfernden], dem Soma, der Gottheit u. a. gemeinsam ist, [und] weil die Frucht [, die sie hervorbringen,] ver-

---

[78] Vgl. PBh 71,10: *yaccittas tanmayo bhāvaḥ*; bzw. die Bemerkung, daß jene, die sich anderem zuwenden, an ihm zu Dieben werden.

[79] RṬ 5,28 f.: *tasya* (= *guroḥ*) *bhaktiḥ śraddhā sarvaduḥkhābhibhūtasya, mamāyam eva trātety eṣā bhāvanā kāryā*.

[80] Vgl. PBh 68,10 f.: *atidānaṃ cātmapradānam. kasmāt? ātmanaḥ dātṛtvād bhūyo dānaprayojanābhāvāt*. "*atidāna* ist das Dahingeben des [eigenen] Selbstes. Warum? Weil man das [eigene] Selbst gibt und es keinen Sinn hätte, [darüber hinaus] mehr zu geben."

gänglich, überbietbar und [mit Unerwünschtem (?)] vermengt ist, sind [die Opfer] wie Agniṣṭoma etc. fragwürdige Opfer. Daher wird [zur Bezeichnung des Pāśupata-Opfers] das Wort 'überragend' (*ati-*) als besondere Bestimmung [hinzugefügt]. – 'Überragendes Opfern' (*atiyajana*) ist dasjenige [, welches vom Pāśupata-Aszeten] im Tempel oder unter den Leuten [ausgeführt wird]. Unter diesen ist das im Tempel[ausgeführte] die [dem Aszeten] vorgeschriebene Tätigkeit [der Verehrung Gottes] wie [Asche-]Bad, Lachen usw., das unter den Leuten [ausgeführte] die [dem Aszeten] vorgeschriebene [aszetische] Praxis des Schnarchens, Zitterns usw. Warum [ist dies alles ein 'überragendes Opfern']? Weil [hier] in einer Weise geopfert wird, die frei ist vom Ansammeln, Annehmen und Verletzen von Lebewesen, [nämlich] mit Hilfe körperlichen Tuns, Sprechens und Denkens, das [alles] dem eigenen Körper entstammt. Deshalb wird es 'überragendes Opfern' genannt."[81]

Vergleicht man diesen Text mit Kauṇḍinyas Darlegung des *atidāna*, so fällt auf, daß die Begründungen für die Ablehnung der vedischen Opfer ähnlich sind wie jene, die für die Ablehnung des gewöhnlichen Schenkens vorgebracht werden. Die Frucht der vedischen Opfer ist so wie jene der Schenkungen nicht bleibend (vgl. *anitya* gegenüber *anātyantika*), überbietbar (*sātiśaya*) und vermischt (*saṅkīrṇa* gegenüber *anaikāntika*). Der Pāśupata-Aszet strebt aber nach bleibender und nicht in Frage zu stellender Nähe zu Rudra (vgl. *aikāntikātyantikarudrasamīpa*), nach Sicherheit, nicht wiedergeboren zu werden (vgl. *ekāntenaivānāvṛtti*) und nach der Erlangung der spezifischen Frucht des Herrseins des Maheśvara (vgl. *asādhāranaphalatva*). Wenn man von der Begründung absieht, daß die vedischen Opfer Taten erfordern, die dem Pāśupata-Aszeten nicht möglich sind (vgl. *saṃgrahapratigrahahiṃsādiyuktena*), bleibt noch eine Begründung der Fragwürdigkeit vedischer Opfer, die für die Spiritualität des Pāśupata kennzeichnend ist, nämlich die Feststellung, daß die Opfer gemäß vedischer Vorschrift ausgeführt werden (vgl. *śraveṇābhinirvṛttidarśanāt*). Die Formulierung ist verhalten und impliziert nur die wirkliche Begründung, nämlich, daß die Ausführung der vedischen Opfer nicht vom Maheśvara vorgeschrieben sind, sondern von der Śruti. Wenn der Aszet diese Opfer ausführte, würde er die Ausschließlichkeit seiner Hingabe an Rudra in

---

[81] PBh 68,14-21: *tathā kuyajanāny agniṣṭomādīni. kasmāt? saṅgrahapratigrahahiṃsādiyuktena śraveṇābhinirvṛttidarśanāt patnī* <konj.: *patrī*> *rātrijadevatādisādhāraṇaphalatvād anityasātiśayasaṅkīrṇaphalatvāc ca kuyajanāny agniṣṭomādīni. tasmād atrātiśabdo viśeṣaṇam. atiyajanaṃ nāma yad āyatane loke vā. tatrāyatane snānahasitādyā, loke ca krāthanaspandanādyā vidhikriyā. kasmāt? saṅgrahapratigrahahiṃsādirahitena krameṇa svaśarīrasamutthābhiḥ kāyikavācikamānasikābhir ijyate yasmāt. ataś cety ucyate atiyajanam.*

Frage stellen, da er dann seine Zuflucht beim Wort des Veda suchen und daher die Hingabe seines Selbstes an Rudra zurücknehmen würde.

Nimmt man alles in allem, so gewinnt man den Eindruck, daß das *atiyajana* dieselbe Spiritualität zum Ausdruck bringt wie das *atidāna*. Denn letztlich ist dieses "Opfer" des Pāśupata-Aszeten nichts anderes als das uneingeschränkte Aufsichnehmen der von Rudra geoffenbarten aszetischen Disziplin, um das "Hingeben des eigenen Selbstes" (*ātmapradāna*) als Verehrung Gottes konkret werden zu lassen.[82] Auch wenn Kauṇḍinya es nicht ausdrücklich sagt, scheint das im *atidāna* auf den eigenen Ātma als Gabe Verwiesensein des Aszeten eine Verehrung Gottes durch ein "Opfer" zu fordern, welches den eigenen Ātman einbezieht und mit dem eigenen Körper ohne Vertretung durch anderes vollbracht wird, und dies nicht nur deshalb, weil dadurch ein "Ansammeln, Annehmen und Verletzen von Lebewesen", wie es den vedischen Opfern eigen ist, vermieden wird. Dies ist wohl der Sinn des letzten Satzes der oben zitierten Stelle Kauṇḍinyas.

Im *atidāna* und *atiyajana* zusammen verwirklicht sich die aszetische Spiritualität der Schule, auf die schon in Kauṇḍinyas Erklärung des Sinnes des Wortes *namas* in den vom Pāśupata von der ersten Stufe des Heilsweges an zu rezitierenden Mantren hingewiesen wird, nämlich daß es Ausdruck der Hingabe seiner selbst und der Verehrung (*ātmapradāne pujāyāṃ ca*) ist. Die Übung solcherart spiritualisierter Aszese (*atitapas*) erfordert einerseits die Haltung der "Hochherzigkeit" (*māhātmya*), indem diese Aszese vom Schüler fordert, um des Gottes willen von sich selbst und seiner "bürgerlichen" Integrität Abstand zu tun. Andererseits wird sie als durchgehaltene, dadurch daß sie immer von neuem verwirklicht wird, zur endgültig erworbenen Tugend. "Wenn durch diese drei Mittel (= *atidāna, atiyajana* und *atitapas*) . . . Dharma zuströmt und Adharma schwindet, dann entstehen diesem Brahmanen (= Pāśupata-Aszet) auf Grund der durch *atidāna* etc. entfalteten Aszese die 'Freuden' (nämlich die achtfache Herrschermacht *(aiśvarya)* des Sāṃkhya, von der er sich abwenden muß) und er erlangt die 'Hochherzigkeit'."[83]

[82] "Im Tempel", d. h. auf der ersten Stufe des Heilsweges, Aschebad etc. und die vorgeschriebene, wohl anstößige Art der Verehrung des Gottesbildes durch Singen, Tanzen, Lachen etc.; "unter den Leuten" außerhalb des Tempels, d. h. auf der zweiten Stufe des Heilsweges, das Vorgeben von Schnarchen, Zittern, unsinniges Reden und Tun etc., um Schmähung und Unrecht zu erleiden.

[83] PBh 69,12-14: *yadā ebhis tribhir upāyair . . . dharmasyāyo 'dharmasya vyayo bhavati, tadātidānādiniṣpannena prakṛṣṭena tapasā asya brāhmaṇasya harṣotpattir māhātmyalābhaś ca sambhavati.*

Es ist diese Hochherzigkeit, die Frucht des *atidāna* und *atiyajana* ist,[84] die den Aszeten die Freiheit zu dem letzten Schritt auf dem Heilsweg des Pāśupata und der dort geforderten Form der Spiritualität gibt. Das Leben auf dem Leichenverbrennungsplatz fordert die letzte Radikalisierung dieser "Hochherzigkeit", insofern sich der Aszet dort Gott endgültig als Gabe darbringt, und ihn mit dem Opfer des Dahinschwindens seines Körpers verehrt. "Dort [am Leichenverbrennungsplatz] soll er am Fuße eines Baumes an der [äußersten] Grenze möglicher Entsagung leben, in [gleichmütiger] Überwindung der Gegensätze [und] in seinem Tun [ausschließlich] dem Gedenken [Gottes] hingegeben."[85]

Die geistige Situation des Aszeten, in der das "Ende seiner Leiden" im ruhigen Durchhalten der einmal gewonnenen Freiheit herankommt, wird von den Pāśupatasūtren in einfachen, fast banalen Worten angedeutet: "Auf dem Leichenverbrennungsplatz, seine Seele dem Dharma hingegeben, [nur] von dem lebend, was sich [dort] findet, erlangt er die [bleibende] Vereinigung mit Rudra. [Zu diesem Zweck] soll er allzeit Rudra gedenken. Nachdem er die Wurzel des Ursachengeflechtes der Fehler zertrennt hat . . . und sein [ganzes Denken] in Rudra gegründet hat, dürfte er, allein [er selbst seiend], geborgen, [ohne jede Aktivität aktuell] seiend und ohne jede Bekümmerung, [wenn er] achtsam [bleibt], durch die Gnade Gottes zum Ende der Leiden gehen."[86]

War auf der vorhergehenden Stufe des Heilsweges, sieht man von der Notwendigkeit ab, sich den Lebensunterhalt zu erbetteln, die Mantren-Meditation die das Leben des Aszeten beherrschende Aktivität, die ihn durch ihre "mythische" Vermittlung in die habituelle Gegenwart Gottes (*nityayuktatā*) versetzen sollte, so ist nunmehr keine formelle Meditation mehr erforderlich,[87] sondern nur mehr das sich durch das beständige Gedenken Gottes in dieser habituellen Gegenwart Erhalten: "Allzeit möge er Rudras gedenken", sagt PSū V 34 und Kauṇḍinya kommentiert: "Hier [hat] 'allzeit' [die Bedeutung] von 'beständig' (*nitya*), 'andauernd' (*satata*) [und] 'ununterbrochen' (*avyucchinna*). 'Rudra' ist die Bezeichnung für die Ursache (nämlich Gott).

[84] Vgl. PBh 131,2: *atra dharmo nāma ya eṣa yamaniyamapūrvako 'bhivyakto māhātmyādidharmaḥ . . . so 'syātmani pracitaḥ.*

[85] PBh 130,16 f.: *tasminn ākāśe vṛkṣamūle yathānabhiṣvaṅgamaryādayā jitadvandvena smṛtikriyāniviṣṭena vastavyam.*

[86] PSū V 30-40: *śmaśānavāsī dharmātmā yathālabdhopajīvakaḥ labhate rudrasāyujyam. sadā rudram anusmaret. chittvā doṣāṇāṃ hetujālasya mūlam . . . saṃcittam sthāpayitvā ca rudre ekaḥ kṣemī san vītaśokaḥ apramādī gacched duḥkhānām antam īśaprasādāt.*

[87] Vgl. PBh 131,19 f.

. . . Die [Vorsilbe] *anu-* [im Wort *anusmaret* hat die Bedeutung] des "Gerne Tuns" von etwas. Andauernd soll [daher] des zuvor genannten Meditationsgegenstandes (= Gott) gedacht werden. [Das im Kompositum *anusmar* enthaltene Wort] 'Erinnern' (*smṛti*) hat den Sinn von 'Gedenken' (*cintā*). Seiner (= Gottes) ist [nun auf dieser Stufe] andauernd zu gedenken, um das in feiner Form [noch] bestehende Karma, das Ursache eines [allfälligen] Abweichens sein [könnte], zu vernichten. Dieses Gedenken (*smṛti*) ist aber die habituelle Gegenwart Gottes (*devanityatā*).[88] Wenn dieses Karma geschwunden ist, und [der Aszet], der von der Wurzel des Ursachengeflechtes der Fehler geschieden ist, dadurch die bleibende Vereinigung [mit Gott] erlangt hat (*sāyujyaprāptau*), weil es die einzige [ihr] entgegenstehende(?) Ursache nicht [mehr] gibt, [dann] gibt es für ihn keinen Wesenskreislauf (*saṃsāra*) mehr."[89]

Der Text spricht für sich selbst. Dennoch bedarf ein Gedanke einer näheren Erklärung. Als Grund dafür, daß das beständige Gedenken jedes Abweichen von der habituellen Gegenwart Gottes unmöglich macht, wird merkwürdigerweise keine spirituelle Begründung gegeben, sondern eine eher dogmatische (unter Umständen eine tiefenpsychologische). Durch das beständige Gedenken Gottes werden die noch vorhandenen Spuren früheren Karmas, die Ursache für ein gelegentliches Aufgeben der Gegenwart Gottes sein könnten, zum Schwinden gebracht. Dies ist zunächst Glaubensaussage der Tradition und konsistent mit dem, was Kauṇḍinya auch an anderer Stelle z. B. vom Mantramurmeln und von der Aszese (*tapas*) im allgemeinen sagt. Dennoch scheint noch eine andere Dimension hinter dieser Aussage sichtbar zu werden, wenn man dieses beständige Gedenken Gottes und seine Wirkung, das Schwinden der letzten Karma-Spuren vor der Tatsache des kontinuierlichen Schwächerwerdens der physischen Kräfte des Aszeten sieht. Man kann sich nämlich des Gedankens nicht erwehren, daß dieses ständige Gedenken Gottes in seiner seinsmäßigen Zustandshaftigkeit immer mehr zur einzigen, dem Dahinsterben des Aszeten möglichen Existenzform wird, die durch die früher geübte Meditationspraxis zum spirituellen Habitus geworden ist und keiner Aktivierung durch eine formelle Meditation mehr bedarf. Damit scheint aber der Glaube an das Schwinden der letzten Karma-Spuren durch das Verharren

---

[88] Dieser Satz könnte, worauf schon HARA 1975: 64 hinweist, eine Interpolation sein. Vgl. PBh 116,18 f., wo er am Platz ist.

[89] PBh 132,2-7: *atra sadā nityaṃ satatam avyucchinnam iti. rudram iti kāraṇāpadeśe. . . . anu pṛṣṭhakarmakriyāyām. pūrvokto dhyeyo 'rthaḥ satatam anusmartavyaḥ. smṛtiḥ cintāyām. ūṣmavad avasthitasya karmaṇaś cyutihetoḥ kṣapaṇārthaṃ satatam anusmartavyaḥ. smṛtis tu devanityatety arthaḥ. tataḥ kṣīṇe karmaṇi taddoṣahetujālamūlaviśiṣṭasya pratyāsaikanimittābhāvāt sāyujyaprāptau na punaḥ saṃsāraḥ.*

in diesem meditativen Zustand auch noch in einem anderen Sinn verstehbar zu sein. Wenn nämlich das Karma durch diesen tatsächlich völlig beseitigt werden soll, dann wird nicht nur die Ursache eines möglichen Abweichens von der habituellen Gegenwart Gottes ausgeschaltet, sondern in gleicher Weise auch die Ursache eines möglichen Verbleibens des Aszeten im Saṃsāra, sieht man von der notwendigen Beseitigung des *aṇavamala* ab, die mit der Erlangung der bleibenden Vereinigung mit Gott durch die Gnade Gottes bewirkt wird. Dies deutet auch Kauṇḍinya an, wenn er an der zitierten Stelle sagt, daß es für den Aszeten, wenn er die bleibende Vereinigung mit Gott erlangt hat, keinen Wesenskreislauf mehr gibt. (*sāyujyaprāptau na punaḥ saṃsāraḥ*. PBh 132,7) und damit, wie man schließen muß, sein Tod eingetreten ist.

Die Aussagen Kauṇḍinyas über den Zustand der "bleibenden Vereinigung" (*sāyujya*) sind wenige und erschöpfen sich letztlich in der Erörterung und Erklärung von Glaubensinhalten der Tradition, wie z. B. seine Darlegung der außergewöhnlichen Eigenschaften des Vollendeten, die jedoch weder von den Sūtren noch von Kauṇḍinya in Zusammenhang mit diesem Zustand erwähnt werden. Sie werden von Kauṇḍinya nur kurz als gnadenhafte Gabe Gottes in Verbindung mit dem Ende der Leiden (*duḥkhānām antaḥ*) erwähnt (vgl. PBh 141,17 ff.). Anders als man erwarten würde, setzt aber Kauṇḍinya nirgends die Erlangung dieser Eigenschaften sachlich mit dem Zustand der "bleibenden Vereinigung mit Gott" in Beziehung, indem er etwa die Erlangung dieser Eigenschaften aus dieser Vereinigung ableiten, oder die bleibende Vereinigung als Erlangung des Herrseins Gottes verstehen würde. Es ist daher anzunehmen, daß im Pāśupata jener Zeit beides nebeneinander, ohne aufeinander bezogen zu sein, gelehrt wurde. Damit blieb aber auch umgekehrt offen, in welcher Weise die "bleibende Verbindung mit Gott" (*sāyujya*) gedacht und verstanden wurde.

Zur Erklärung dieses Begriffes gibt Kauṇḍinya eine Definition, die jedoch wenig geeignet ist, diesen in seinem inhaltlichen Verständnis zu erhellen: "Die bleibende Vereinigung ist die tatsächliche [unvermittelte] Verbindung mit Rudra."[90] In einer Umformung dieser Definition setzt er ihn an derselben Textstelle in Beziehung zu dem sonst verwendeten Begriff der Verbindung, nämlich *yoga*, indem er zeigt, daß das *sāyujya* gleichsam die höchste Aktualisierung dieser Verbindung ist: "Die Verwendung des Suffixes [*-ya* im Wort *sāyujya*] hat den Sinn, [die Verbindung] von anderem als [die] von Seele und Gott zu verneinen. Die bleibende Vereinigung ist [daher] die Vollendung (*saṃyaktva*) der Verbindung [mit Gott]. In dieser Weise erkennt man, daß

---

[90] PBh 131,15 f.: *sākṣād rudreṇa saha saṃyogaḥ sāyujyam*.

[*sāyujya*] ein Synonym [des Wortes] *yoga* ist; heißt es doch [im PSū V 31], '[sein] Selbst ist [nur mehr] vom Dharma [erfüllt]', wie 'im Falle des [letzten] Hinganges' (*atigati*) bzw. der 'Unendlichkeit' (*ānantya*)."[91] In Zusammenhang mit den außergewöhnlichen Eigenschaften des Vollendeten macht Kauṇḍinya eine kurze Nebenbemerkung, die geeignet ist, auf den Begriff der bleibenden Verbindung etwas Licht zu werfen: "Da [der Vollendete] alldurchdringend ist, ist er vom Maheśvara nicht getrennt. Dies erkennt man, weil [in PSū V 33] die bleibende Verbindung mit Rudra gelehrt ist."[92] Faßt man diese wenigen Aussagen zusammen, so scheint Kauṇḍinya die bleibende Vereinigung der Seele mit Gott im Grunde unreflektiert als tatsächliche Vereinigung mit Gott verstanden zu haben, die im Unterschied zu der auf den anderen Stufen des Heilweges intentionell vollzogenen, meditativ vermittelten Verbindung mit Gott nicht mehr vermittelt ist und die Seele und Gott nunmehr unwiderruflich und als solche direkt miteinander vereint sind.

Den Aszeten, der den Zustand erreicht hat, in dem Gott ihn zum "Ende der Leiden" und zur bleibenden Vereinigung gehen läßt, beschreibt Kauṇḍinya, indem er die alten Begriffe von PSū V 39 (*ekaḥ kṣemī san vītaśokaḥ*), alte Aussagen der Tradition über den Zustand des Vollendeten, im Lichte der Heilslehre des Pāśupata erklärt: "Wenn das Wirken von Dharma und Adharma zur Ruhe gekommen ist, weil [deren] Zweck erfüllt ist, [und] Körper und psychische Organe wie eine reife Frucht oder die abzustreifende Haut einer Schlange fast zur Gänze vergangen sind, wird er, dessen Denken in Rudra feststeht, 'für sich allein' (*eka*) genannt, d. h. einer, der ohne Daseinselemente ist (*niṣkala*). Ebenso wird er, da der Adharma, der bewirkt, daß man keine Neigung zur Vereinigung [mit Gott] verspürt, geschwunden ist, [und er daher] von den Fehlern geschieden ist, und sein Denken in Rudra feststeht, 'geborgen' (*kṣemin*) genannt, wie jemand der einen großen Wald durchquert hat. In gleicher Weise wird er, der in Rudra feststeht, einer genannt, der [nur noch] seiend (*san*), d. h. ohne Aktivität ist, da [jede seiner Tätigkeiten] die feinen [und] groben, die äußeren und inneren, die kenntlichen und die nicht kenntlichen aufgehört haben. – Frage: Wie erkennt man, daß dieser ohne Tätigkeit ist, beziehungsweise gibt es für den [mit Gott] Vereinten nur [diese] drei Merkmale? – Antwort: Nein, weil [der Sūtrenverfasser auch noch] sagt: Er ist ohne Bekümmerung (*vītaśoka*). Hier ist 'Bekümmerung'

---

[91] PBh 131,16-18: *bhāvagrahaṇam ātmeśvarābhyām anyatra pratiṣedhārtham. yogasya saṃyaktvaṃ sāyujyam iti yogaparyāyo 'vagamyate, dharmātmavacanād atigatyānantyavad ity arthaḥ*. Vgl. dazu PBh 69,20: *atigatir iti yogaparyāyaḥ*; und PBh 92,18 f.: *ānantyam ity api niṣṭhāyogaparyāyo gamyate, tapaḥkāryatvād atigatisāyujyavat*.

[92] PBh 45,1 f.: *vibhutvād abhinno maheśvarāt; idaṃ ca rudrasāyujyanirdeśād gamyate*.

nichts anderes als [der Vorgang des] Denkens (*cintā*). Der Vorgang im Denken ist zweifach, nämlich heilsam und nicht heilsam. Heilsame [Vorgänge im Denken] sind das Rezitieren [von Mantren], die Meditation, das Gedenken [Gottes] usw.; nicht heilsame sind das Nicht-Rezitieren [von Mantren], das Nicht-Meditieren, das Nicht-Gedenken usw. Wenn [dieser] vielfältige Vorgang des Denkens, wie zum Beispiel 'ich werde Mantren murmeln, [ich werde] die Sinne [von den Gegenständen] abziehen [und] meditieren', bzw. ìch werde [all dies] nicht tun', aufgehört hat, dann wird [der Vollendete], dessen Bekümmerung verschwunden ist, einer genannt, der ohne Bekümmerung ist (*vītaśoka*)."[93]

Dieser Text ist beachtenswert, weil er letztlich vom Tod spricht, jedoch in einer Sprache, für die es keinen Tod gibt. Lebt der Aszet noch oder ist er bereits tot? Die Aussagen Kauṇḍinyas bleiben in einer merkwürdigen Schwebe. Fest steht, daß von einem Zustand die Rede ist, in welchem der Aszet – wohl im Augenblick des Sterbens – für das Gnadenhandeln Gottes vollkommen disponiert ist. Er ist wie einer, der einen großen Wald mit seinen Gefahren durchquert hat und nun geborgen ist. Sein Körper und seine psychischen Organe sind "fast vergangen" wie die tote Haut einer Schlange, die der Schlange auch schon nicht mehr gehört, obwohl sie ihr noch teilweise anhaftet. In einem Zustand geistigen Seins erwartet er, ohne noch aus welthaftem Dasein heraus handeln zu können, das Tun Gottes, der ihn aus Gnade ans "Ende der Leiden" und so zur Fülle "göttlicher Seins-Herrlichkeit" (*aiśvaryaṃ māheśvaram*) gelangen läßt.[94] Von nun an wird er, zur letzten Stufe des Heilsweges gelangt, seinen "Aufenthaltsort" (*deśa*) nur noch in Gott

---

[93] PBh 139,10-140,5: *atra dharmādharmayor vṛttyor uparame avasitaprayojanatvāt pakvaphalavat sarpakañcukavad gataprāyeṣu kāryakaraṇeṣu rudre sthitacitto niṣkala eka ity abhidhīyate. tathā yogavyāsaṅgakare 'dharme nivṛtte doṣādiviśliṣṭo nistīrṇakāntāravad avasthito rudresthitacittaḥ kṣemī ity abhidhīyate. tathā sūkṣmasthūlasabāhyābhyantarasalakṣaṇavilakṣaṇāsu kriyāsu vinivṛttāsu rudre sthitacitto niṣkriyaḥ san ity abhidhīyate. āha atha niṣkriyo 'yam iti katham avagamyate? kiṃ cātra yuktasya lakṣanatrayam eva? ucyate na. yasmād āha vītaśokaḥ. atra śokaś cintety anarthāntaram. sā ca cintā dvividhā bhavati. kuśalā cākuśalā ca. tatra kuśalā nāma adhyayanadhyānasmaraṇādyā, akuśalā nāma anadhyayanādhyānāsmaraṇādyā. evaṃ japayantraṇadhāraṇādīṃś ca kariṣyāmi na kariṣyāmīty evam anekavidhāyām api cintāyāṃ vinivṛttāyāṃ vyapagataśoko vītaśoka ity abhidhīyate.*

[94] Vgl. PBh 143,21 f.: *prasādo nāma sampradānecchā. tasmāt prasādāt sarvaduḥkhāpoho guṇāvāptiś ca* . . . "Gnade ist [Gottes] Verlangen zu schenken. Auf Grund dieser Gnade ergibt sich das Aufhören allen Leides und die Erlangung der [wunderbaren] Eigenschaften [Gottes]." PBh 141,6 f.: *tasmād yuktenaivāpramādinā stheyam. tathā vartamānena māheśvaram aiśvaryam prāptam evety uktam*. "Daher wird gesagt, daß er in der habituellen Gegenwart [Gottes] wachsam verharren soll. Wenn er sich so verhält, wird von ihm das Herr-Sein des Maheśvara erlangt werden."

selbst haben, wie das Pāśupata mit einer anderen Metapher zur Umschreibung des Todes sagt: "Für [den Aszeten], der sich auf der fünften Stufe [des Heilsweges] befindet, ist der 'Ort' Rudra [selbst]. Rudra, das ist der erhabene Maheśvara. Auch schon früher ist [natürlich] Rudra der 'Ort' für den Aszeten, weil er auf Rudra hingeordnet ist; doch wird vorher auch noch ein anderer [Ort] angegeben. Nunmehr macht der [Verfasser der Gaṇakārikā aber] eine Einschränkung, [wenn er sagt:] 'nur Rudra', [und dies deshalb], weil es für [den Aszeten], der [nunmehr] ohne Körper usw. ist, keinen [anderen] Ort [mehr] gibt."[95]

Nochmals fällt die eigentümlich schwebende Ausdrucksweise im Reden vom Tod auf, die den Tod als solchen nicht zur Sprache bringt, obwohl sie eindeutig von ihm spricht. In der Sicht des Pāśupata ist der Tod kein eigenständiges Phänomen. Die Tatsache, daß der Aszet im Augenblick des Todes "ohne Körper und ohne psychische Organe" (*vikaraṇa*) ist, kommt nicht als Privation in den Blick, nicht als Erscheinung dessen, was üblicherweise als Tod bezeichnet wird, und so muß man denn wohl auch weiter sagen, daß es für den Aszeten den "Tod" letztlich nicht gibt. Das was als "Tod" erscheint, ist für ihn nicht der Tod als Ende eines der vielen Leben im Wesenskreislauf, sondern das unwiderrufliche Anheben des Heils, das In-Erscheinung-Treten der Seinsweise eines Vollendeten (*siddhi, aiśvaryaṃ māheśvaram*), die ihm von Gott her zukommt, wenn dieser ihn ans Ende der Leiden gelangen läßt. Der Heilsweg des Pāśupata hat durch seine Perspektive das Phänomen des Todes radikal umgewertet und so sein Wesen verändert. Durch diese Perspektive ist der Tod zum Eintritt in das letzte Stadium des Heilsweges geworden, und die Zäsur zwischen Leben und Leben nach dem Tode besteht im Grunde nicht mehr.

Es nimmt daher in dieser Sicht auch nicht wunder, daß Kauṇḍinya nur selten vom Saṃsāra und der Aufhebung des Saṃsāra spricht. Sie ist letztlich unwichtig geworden, weil das Pāśupata das Leben nicht mehr als biologisches Phänomen des Wesenskreislaufes sieht, sondern als spirituellen Prozeß der Einung mit Gott, der den Aszeten von Anfang an linear zum Heil führt. Daher

---

[95] RṬ 17,5-7: *pañcamāvasthasya deśo rudraḥ. rudro bhagavān maheśvaraḥ. prāg api rudrāyattatvāt sādhakasya rudro 'sty eva deśas; tathāpi prāg anyavyapadeśo 'py asti. sāmprataṃ punaḥ śarīrādirahitasya sarvadeśavikalatvād avadhāraṇaṃ karoti rudra eveti.* Vgl. auch PBh 130,12 f.:

vāsārtho lokaś ca śūnyāgāraṃ tathā śmaśānaṃ ca |
rudraś ca pañca deśā niyataṃ siddhyartham ākhyātāḥ ||.

"Zum Zweck der Vollendung sind genau fünf 'Orte' genannt, nämlich der Aufenthaltsplatz [des Lehrers], das Treiben der Welt, ein leeres Gebäude, ebenso der Leichenverbrennungsplatz und Rudra."

dient auch die Beseitigung des Karma nicht eigentlich der Ausschaltung des Wiedergeborenwerdens, sondern in erster Linie der Beseitigung jener psychischen und ethischen Dispositionen und Dynamismen, die der bleibenden Vereinigung mit Gott entgegenstehen. Und so kann man sich des Eindruckes nicht erwehren, daß das Pāśupata, auch wenn es keine *jīvanmukti* im eigentlichen Sinn des Wortes gelehrt hat, dennoch ganz ähnlich wie der Advaitin, den Weg zum Heil als einen einheitlichen vom Tod unberührten spirituellen Prozeß gesehen hat. In dieser Sichtweise konnte der Advaitin die Emanzipation in das Leben hereinnehmen, das Pāśupata aber mußte in seiner Spiritualität den Tod aus dem Blick verlieren und aus dem Leben, das seiner Intention nach ein Leben mit Śiva auf Śiva hin war, eliminieren.

Abkürzungen und bibliographische Angaben:

HARA 1975 — M. HARA, [Review of] H. CHAKRABORTI, Pāśupata Sūtram with Pañchārtha-Bhāṣya of Kauṇḍinya, transl. with an Introduction on the history of Śaivism in India, Calcutta 1970. *IIJ* 16 (1975): 57-80

MBh — Mahābhārata. The Mahābhārata, Crit. Ed. by V. S. SUKTHANKAR – S. K. BELVALKAR, 19 Vols., Poona 1933-1966

NBh — Nyāyabhāṣya s. NSū

NSū — Nyāyasūtra. Nyāyadarśanam with Vātsyāyana's Bhāṣyam, Uddyotakāra's Vārttika, Vācaspatimiśra's Tātparyaṭīkā and Viśvanātha's Vṛtti, 2 Vols., (Chapter 1, Section 1). Crit. Ed. with Notes by TARANATHA NYAYA-TARKATIRTHA and (Chapters I.ii-V) by AMARENDRAMOHAN TARKATIRTHA. (CSS 18, 19) Calcutta 1936, 1944. Repr. (Rinsen Sanskrit Text Series I/1-2) Kyoto 1982

OBERHAMMER 1977 — G. OBERHAMMER, *Strukturen yogischer Meditation. Untersuchungen zur Spiritualität des Yoga* (SBph 322 = Veröffentlichungen der Kommission für Sprachen und Kulturen Südasiens 13), Wien

OBERHAMMER 1987 — Id., *Versuch einer transzendentalen Hermeneutik religiöser Traditionen* (Publications of the De Nobili Research Library. Occasional Papers 3), Wien

OBERHAMMER 1989 — Id., The Use of Mantra in Yogic Meditation. The Testimony of the Pāśupata. In: H.P. ALPER (ed.), *Understanding Mantras*, New York 1989: 204-223

PBh — Pañcārthabhāṣya. Pasupata Sutras with Pancharthabhashya of Kaundinya. Ed. by R. ANANTHAKRISHNA SASTRI (TSS 143. Sri Chitrodayamanjari 32. University Series 1), Trivandrum 1940

PSū — Pāśupatasūtra s. PBh

RṬ — Ratnaṭīkā. Gaṇakārikā of Ācārya Bhāsarvajña (with Four Appendices Including the Kāravaṇa-Māhātmya). Ed. by CHIMANLAL D. DALAL. (GOS 15). Baroda ²1966

SCHULTZ 1958 — F. A. SCHULTZ, *Die philosophisch-theologischen Lehren des Pāśupata-Systems nach dem Pañcārthabhāṣya und der Ratnaṭīkā* (Beiträge zur Sprach- u. Kulturgeschichte des Orients 10), Waldorff 1958

SDS — Sarvadarśanasaṃgrahaḥ. Mādhavācāryapraṇītaḥ Sarvadarśanasaṃgrahaḥ. etat pustakam ānandāśramapaṇḍitaiḥ saṃśodhitam (Ānandāśramasaṃskṛtagranthāvaliḥ 51), Poona [4]1977

SK — Sāṃkhyakārikā s. YD

YBhVi — Yogabhāṣyavivaraṇa. Pātañjala-Yogasūtra-Bhāṣya-Vivaraṇam of Śaṅkara. Crit. Ed. with Introduction by P. RAMA SASTRI and S.K. KRISHNAMURTHI SASTRI. (MGOS 94). Madras 1952

ŚAṄKARAS LEHRE VON DER EMANZIPATION ZU LEBZEITEN

Eine religionshermeneutische Untersuchung

Von Gerhard Oberhammer, Wien

Anders als in den modernen Naturwissenschaften, wo Erkenntnisse und Einsichten in die Naturgesetze letztlich unabhängig davon, ob sie in Indien, China oder Europa gewonnen wurden, problemlos miteinander in Beziehung gesetzt werden können, gewinnen die Geisteswissenschaften ihre Kenntnis des wahren Inhaltes und der eigentlichen Tragweite eines aus anderer Denktradition stammenden Wissens immer nur durch eine sehr differenzierte hemeneutische Analyse der Texte. Eine Hermeneutik solcher Art kann sich nicht, wie dies in philologischen Untersuchungen oft der Fall ist, in der sprachlichen Interpretation der Textaussagen oder in der quellenkritischen Rückführung des Textes auf Aussagen früherer Texte erschöpfen, sondern muß, um den Text in seinem Sinngehalt zu erschließen, darüber hinaus auch den Wirklichkeitsbezug der Aussagen in den Blick bringen, sodaß die Wirklichkeit, von der der Text spricht, in das Verstehen der Aussagen mit eingebracht werden kann. Der Prozeß dieser geisteswissenschaftlichen Hermeneutik darf freilich nicht dahin führen, daß diese Gegebenheiten ihrer spezifischen Wertigkeit als geistige Realitäten einer bestimmten Tradition entkleidet werden, und dieser Prozeß so den Charakter einer willkürlichen subjektiven Deutung erhält.

Eine der vielleicht interessantesten Dimensionen des heutigen Aufeinandertreffens abendländischer und asiatischer Kultur ist die Gegenwart asiatischer Religionstraditionen im Bewußtsein Europas; dies ist für die Geisteswissenschaften und die Theologie in erster Linie nicht deshalb interessant, weil sich das Abendland dieser Traditionen in so breiter Streuung heute erstmals bewußt wird, sondern vor allem deshalb, weil hier die Gegenwart fremder Religionstraditionen in ihrer geistigen Valenz und Herausforderung nicht mehr wie im umgekehrten Falle der Gegenwart des Christentums in Asien durch die vereinnahmende Euphorie des Kulturbringers verdeckt, sondern als solche bewußt wird.

So war es wohl auch die Gegenwart unterschiedlicher Religionen als reale Gegebenheit unserer Welt, die etwa in der christlichen Theologie, und dies anders als in den asiatischen Glaubenstraditionen, eine neue Wertung der Vielfalt der Religionen herbeigeführt hat. In diesem Sinne scheint sich auch eine neue Sicht des Phänomens der Religion überhaupt anzubahnen, indem die einzelnen Religionen nicht mehr nur als verschiedene Kulturgebilde gesehen werden, die in den Kompendien der Theologie als Religionen der *gentes* beziehungsweise als *adversarii* angeführt und dem Christentum als der "absoluten Religion" dialektisch gegenübergestellt werden. Liest man nicht eigene Vorstellungen unberechtigt in die heutige Sicht christlicher Theologie hinein, so scheint sich mehr und mehr der Gedanke durchzusetzen, daß die einzelnen Religionen geschichtlich oder besser "heilsgeschichtlich" bedingte Gestalten der einen, durch die transzendentale Struktur des menschlichen Geistes und die reale Begegnung mit dem mitseienden Anderen gesetzten Religion des Menschen sind, und konsequenterweise das Christentum dann auch nicht mehr das "Ende" der Religion bedeuten kann. Ebenso wenig wie man heute wohl kaum mehr den "Logos" der Offenbarung dem "Mythos" einfach als Gegensatz gegenüberstellen kann. Beides, Logos und Mythos, stellen zwei notwendige Aspekte der einen, unvermeidbar mythisierenden Sprache dar;[1] ein Phänomen, in dem der Gegensatz von Mythos und Logos in die tiefere Einheit hinein aufgehoben wird, die für das Wesen der Religion konstitutiv ist.[2]

Eine solche Idee der Religion als geistige Realität des Menschen impliziert vor der Herausforderung durch die Völker und Kulturen Asiens notwendig die Forderung nach einer wissenschaftlichen Hermeneutik, durch die die aufeinandertreffenden religiösen Traditionen einander in einem gemeinsamen Verständnishorizont begegnen können. Solcher gemeinsamer Horizont kann nicht der einzelne Glaube der jeweiligen Tradition sein, etwa eine christliche oder eine hinduistische Theologie oder sonst eine bestimmte Heilslehre, geht es doch nicht um einen Dialog der Religionen, in welchem Menschen der verschiedenen Religionen einander aus ihrem Glaubensverständnis heraus ihre Heilshoffnung bezeugen. Es geht um weniger und dennoch um viel mehr; nämlich darum, zu verstehen, nicht nur w a s der andere sagt, sondern auch w o v o n er spricht; selbst wenn das, wovon er spricht abermals nur in Sprache ausgedrückt werden kann. In einer Sprache allerdings, die als eine wissenschaftliche gemeinsam ist oder wenigstens gemeinsam sein kann, ohne das traditionsinterne Sprachspiel einer religiösen Tradition stören zu müssen.

---

[1] Vgl. OBERHAMMER 1987: 19 ff. und 25 ff.

[2] Vgl. OBERHAMMER 1988: 15-26.

In diesem Sinne sollen die folgenden Ausführungen am Beispiel einer sehr spezifischen Lehre indischer Heilstradition, nämlich der Lehre von der Emanzipation zu Lebzeiten (*jīvanmukti*), zeigen, was eine wissenschaftliche Hermeneutik im Hinblick auf einen gemeinsamen Verständnishorizont zu leisten vermag. Aus praktischen Gründen werden sich diese auf die Lehre von der *jīvanmukti*, der Lehre von der Emanzipation zu Lebzeiten, beschränken, wie sie in den Aussagen des älteren Advaitavedānta mit seinem illusionistisch-monistischen Weltbild, konkret in den Aussagen Śaṅkarācāryas (8. Jh. n. Chr.), faßbar ist.

Diese Lehre besagt, wenigstens ihrem Wortsinn nach, daß der Mensch durch das Wissen von der wahren Natur seines Daseins schon zu Lebzeiten einen Zustand erreicht, in welchem er dem welthaften Dasein unwiderruflich entzogen, eines endgültigen und unrelativierbaren Heils teilhaftig ist. Damit thematisiert diese Lehre aber auch die Beziehung von bleibendem Heil und Tod des Menschen, indem sie nämlich den Tod zu einem Phänomen des welthaften Daseins macht und diesem jede Bedeutung für dieses Heil abspricht. Es ist die Brahma-Erkenntnis allein, welche den Menschen in ein bleibendes Heil hinein befreit und so zu jenem "Ereignis der Grenze" wird, das in anderer Tradition in der Rede vom "Tod" mythisiert wird.[3] Um jedoch den spezifischen Charakter dieser Lehre zu erfassen ist festzuhalten, daß diese wahre Wirklichkeit des menschlichen Daseins oder, wie die Vedānta-Tradition sagt, das "Selbst" (*ātman*), nichts anderes ist als das eine, unveränderlich ewige, geistige Absolute, das Śaṅkara in Übereinstimmung mit der vedischen Offenbarung mit dem alt-ehrwürdigen Namen "Brahman" bezeichnet. Damit ist aber dieser Zustand des Heils, der durch die wahre Erkenntnis erreicht wird, letztlich auch selbst nichts anderes als die Wirklichkeit dieses Brahman.

Dem gegenüber ist das welthafte Dasein des menschlichen Individuums, sofern es sich als unterschieden vom Brahman erfährt, ein unreales Phänomen, das – jedenfalls bei Śaṅkara – nur insofern existiert, als es durch die irrtümliche Übertragung des Selbstes (*ātman*, *brahman*) auf das, was nicht das Selbst ist (beispielsweise die eigene Körperlichkeit), und umkehrt, im Geiste des Menschen zu Bewußtsein gelangt. Śaṅkara drückt dies am Anfang seines Kommentars zu den Brahmasūtren so aus: "Da es offenkundig ist, daß Objekt und Subjekt . . . deren Eigenwesen gegensätzlich wie Licht und Dunkel ist, unmöglich wechselseitig das andere sein [können], ist es erst recht nicht möglich, daß deren Eigenschaften wechselseitig das andere sind. Daher ist es logisch konsistent, daß die Übertragung des Objektes . . . und seiner

[3] Vgl. Einleitung zu diesem Band, S. 11 ff.

Beschaffenheiten auf das Subjekt, das Gegenstand der Ich-Vorstellung und geistiger Natur ist, und umgekehrt die Übertragung des Subjektes und seiner Beschaffenheiten auf das Objekt, irrtümlich ist. – Dennoch ist der natürliche Denk- und Sprachgebrauch des Menschen[, wenn man denkt:] 'das bin ich' [oder:] 'das ist mein' durch das falsche Wissen verursacht, indem man Wahres und Falsches [miteinander] verquickt und ohne zu unterscheiden das gegenseitige Wesen und seine Eigenschaften, die völlig voneinander geschieden sind, aufeinander überträgt."[4]

Versucht man Śaṅkaras Lehre vom welthaften Dasein und der gegenseitigen Übertragung von Selbst und Nichtselbst als dessen apriorische Bedingung logisch konsistent nachzuvollziehen, so stellt sich die Frage, wie denn das Nichtselbst (*anātman*) im Horizont von Śaṅkaras illusionistischem Monismus zu denken ist. Im Lichte der eben zitierten Stelle ist das Nichtselbst jedenfalls alles das, was im Bewußtsein des Menschen als ein bestimmter Inhalt erscheint und so dem Subjekt objekthaft gegenübersteht. Denn nur wenn das Nichtselbst ein Phänomen im Bewußtsein ist, kann das Subjekt seine Geistigkeit auf dieses und umgekehrt das Objektsein des im Bewußtsein Erscheinenden auf das Selbst übertragen, sodaß der Mensch sich seiner selbst als vereinzeltes Objektphänomen bewußt wird.[5]

Das Nichtselbst, d. h. die im Bewußtsein objekthaft erscheinenden Phänomene als solche, haben nur ein Sein, das unabhängig von ihrem Bewußtwerden nicht besteht und sind daher, sofern sie von sich aus keine eigene Wirklichkeit sind, nichtseiend. Ihr Sein erschöpft sich darin, daß sie nur in Abhängigkeit von einem anderen (= Selbst) bewußt werden können.

Diese objekthaften Phänomene des Nichtselbst treten selbstverständlich auch für Śaṅkara nicht willkürlich auf, sondern in einer ihnen eigenen Gesetzmäßigkeit, die letztlich nur durch ihre tatsächliche Abfolge und in ihren tatsächlichen Zusammenhängen abgelesen werden kann und in sich unbegründbar ist. Sie kann nur pragmatisch hingenommen werden.

---

[4] BrSūBh 1,9-16: . . . *viṣayaviṣayinos tamaḥprakāśavad viruddhasvabhāvayor itaretarabhāvānupapattau siddhāyāṃ taddharmāṇām api sutarām itaretarabhāvānupapattir ity ato 'smatpratyayagocare viṣayiṇi cidātmake* . . . *viṣayasya taddharmāṇaṃ cādhyāsas tadviparyayeṇa viṣayinas taddharmāṇāṃ ca viṣaye 'dhyāso mithyeti bhavituṃ yuktam. tathāpy anyonyasminn anyonyātmakatām anyonyadharmāṃś cādhyasyetaretarāvivekenātyantaviviktayor dharmadharmiṇor mithyājñānanimittaḥ satyānṛte mithunīkṛtya, aham idaṃ mamedam iti naisargiko 'yaṃ lokavyavahāraḥ.*

[5] Vgl. US II § 106 f.: *nanu dehasyāvagatau na kaścid pratyakṣādipratyayāntaram apekṣate.* (106) *bādham, jagrati evaṃ syāt. mṛtisuṣuptyos tu dehasyāpi pratyakṣādiprāmāṇāpekṣaiva siddhiḥ, tathaiva indriyāṇi. bāhyā eva hi śabdādayo dehendriyākāraparinatā iti. pratyakṣādipramāṇāpekṣaiva hi siddhiḥ. siddhir iti ca pramāṇaphalam avagatim avocāma.*

Diese Gesetzmäßigkeit läßt sich dann auch kosmologisch in einer Lehre von der Weltentstehung, bei Śaṅkara wohl eine theistisch-viṣṇuitische,[6] ausdrücken. Denn bei der Weltentstehung wiederholt sich letztlich, wenn es in ihrer gegenseitigen Übertragung zur "Welt" als Phänomen kommt, dasselbe Verhältnis von Selbst und Nichtselbst wie auf der Stufe des individuellen Menschen. Das Nichtselbst des Ursprungs, Śaṅkara nennt es "unentfaltete Name und Gestalt" (*avyākṛte nāmarūpe*), scheint letztlich nichts anderes zu sein als die "Möglichkeit zu allem", was nicht Selbst (= Brahman) ist,[7] und läßt sich logisch nicht aus dem Brahman ableiten, sondern muß auf Grund der Tatsächlichkeit der Welt und des menschlichen Daseins postuliert werden. Sie läßt sich als solche begrifflich nur durch die Negation des Selbstes fassen und ist weder als ein Dies noch als ein Das zu bestimmen.[8] Diese "Möglichkeit zu allem"[9] wird zum "Urphänomen", wenn sie das Brahman dadurch, daß es sich mit seinem Bewußtsein dieser "anschließt"[10], zu Bewußtsein bringt und ihr so Phänomencharakter verleiht, wodurch sie gleichsam als eine Art "Urmaterie" erscheint.[11] Dieses "sich Anschließen" des Brahma an die "unentfalteten Name und Gestalt" bedeutet jedoch nicht, daß das Brahma sich in einer falschen Übertragung als *īśvara* mit diesem Urphänomen identifiziert und so selbst zu einer "wandernden Seele" (*jīva*) wird. Die Unbestimmtheit dieses Urphänomens ist für eine solche Identifikation ungeeignet, sodaß dieses "sich Anschließen" für Śaṅkara den Charakter des "Spiels" (*līlā*)[12] besitzt, wodurch zum Ausdruck gebracht ist, daß die Freiheit des Brahman von jeder Art welthafter Zwecksetzung und damit jedweder Bindung gewahrt ist.[13]

Entsprechend der diesem Urphänomen und den sich daraus entfaltenden Einzelphänomenen eigenen Gesetzmäßigkeit des Entstehens differenziert sich

---

[6] Vgl. P. HACKER: Relations of Early Advaitin to Vaiṣṇavism. *WZKS* 9 (1965): 147-154.

[7] Ihr entspricht in theistischer Sicht die "Allmacht" des Brahman als Weltenschöpfer und Herr (*īśvara*); vgl. *asti . . . brahma . . . sarvaśaktisamanvitam* (BrSūBh 6,9).

[8] *tattvāntyatvābhyām anirvacanīyā*; vgl. HACKER 1950: 262.

[9] Vgl. BrSūBh zu I 4.3, p. 148,18 ff.

[10] *tadanurodhi*; vgl. BrSūBh zu II 1.14, p. 201,9: *evam avidyākṛtanāmarūpopādhyanurodhīśvaro bhavati.* Siehe auch BrSūBh zu I 3.22, p. 117,22 f.: *sarvasyaivāsya nāmarūpakriyākārakaphalajātasyābhivyaktiḥ sā brahmajyotiḥsattānimittā.* Vgl. auch BrSūBh 201,2-4.

[11] Vgl. BrSūBh zu I 4.3, p. 149,1 ff.

[12] Vgl. BrSūBh zu II 1.33.

[13] In diesem Sinn muß hier der Begriff der im Spiel implizierten "Freiheit" wohl verstanden werden und nicht im Sinne eines freien Wollens, das bei Śaṅkaras Brahma-Begriff nicht denkbar wäre.

das ursprüngliche Nichtselbst der "unentfalteten Name und Gestalt" (*avyākṛte nāmarūpe*) zu Name und Gestalt (*vyākṛte nāmarūpe*) der vereinzelten Phänomene, die in der empirischen Erfahrung durch die fälschliche Übertragung von Selbst und Nichtselbst Bewußtsein erlangen.

Wenn in dieser Weise die Einzelphänomene, d. h. der individuelle Körper, die Sinnesorgane etc. bewußt geworden sind, ergibt sich durch deren Erscheinen im Bewußtsein der Phänomenkomplex eines individuellen Menschen,[14] dem der Ātman, d. h. das Brahman, wegen der Eindeutigkeit und individuellen Bestimmtheit dieses Komplexes die diesem, indem es sich ihm "anschließt", Bewußtheit, d. h. die phänomenale, irreale Wirklichkeit einer im Saṃsāra wandernden Seele verleiht, die der wahren Erkenntnis ihrer eigentlichen Wirklichkeit bedarf, um zur Emanzipation, konkret zur *jīvanmukti*, zu gelangen.

Den Zustand der Emanzipation zu Lebzeiten (*jīvanmukti*) seinerseits umschreibt Śaṅkara, ohne ihn allerdings ausdrücklich zu definieren, mit folgenden Worten: "Daher ist, weil die falsche Erkenntnis Ursache des Körper-Besitzens ist, gewiß, daß der Wissende, auch wenn er [noch] lebt, ohne Körper ist. In diesem Sinne gibt es Offenbarungsaussagen . . . wie z. B.: 'Dieser ist ohne Körper, unsterblich, Leben. Brahman ist er.'[15] . . . Daher befindet sich einer, der erkannt hat, daß das Brahman das Wesen des Ātman ist, nicht [mehr] wie früher im [welthaften Dasein des] Wesenskreislaufes (*saṃsāritva*). Wer aber wie früher im [welthaften Dasein des] Wesenskreislaufes befangen ist, der hat nicht erkannt, daß das Brahman das Wesen des Ātman ist (*nāvagatabrahmātmabhāvasya*)."[16] Und an anderer Stelle sagt Śaṅkara über die für die *jīvanmukti* konstitutive Erfahrung: "Denn der Brahma-Kenner gelangt zur Erkenntnis: 'Ich bin das Brahman, dessen Eigenform das Nicht-Täter-Sein in allen drei Zeiten ist, und das [meinem] früher [geglaubten] Täter- und Genießersein entgegengesetzt ist. Von nun an war ich nie Täter und Genießer [meiner Taten], selbst wenn [dies] früher [gegolten hat], noch bin ich es jetzt, noch werde ich es in Zukunft [je] sein.'"[17]

---

[14] Vgl. US II § 106 f. (oben S. 184 Anm. 5).

[15] Bṛhadāraṇyaka-Upaniṣad 4.4.7.

[16] BrSūBh 22,23-23,7: *tasmān mithyāpratyayanimittatvāt saśarīratvasya siddhaṃ jīvato 'pi viduṣo 'śarīratvam. tathā ca brahmavidviṣayā śrutiḥ ' . . . athāyam aśarīro 'mṛtaḥ prāṇo brahmaiva teja eva'* (BĀU 4.4.7) *iti. . . . tasmān nāvagatabrahmātmabhāvasya yathāpūrvaṃ saṃsāritvam. yasya tu yathāpūrvaṃ saṃsāritvaṃ. nāsāv avagatabrahmātmabhāvaḥ* . . .

[17] BrSūBh 473,25-74,1: *pūrvasiddhakartṛtvabhoktṛtvaviparītaṃ hi triṣv api kāleṣv akartṛtvābhoktṛtvasvarūpaṃ brahmāham asmi netaḥ pūrvam api kartā bhoktā vāham āsaṃ nedānīṃ nāpi bhaviṣyatkāla iti brahmavid avagacchati.*

In solcher Weise bestimmt Śaṅkara den Zustand der *jīvanmukti* in sich als das Eins-Sein von Ātman und Brahman. In ihm gibt es kein anderes Sein als das Brahman, auch nicht das menschliche Subjekt selbst. Damit kann Śaṅkara aber andererseits diesen Zustand der *jīvanmukti* auch durch die Negation der Phänomene welthafter Existenz fassen. Er, der erkannt hat, daß das Brahman seine wahre Wirklichkeit und nicht jenes vereinzelte, welthafte Individuum ist, das zunächst in der Erfahrung gegeben war, ist daher ohne Körper, dem Leiden nicht mehr unterworfen; er ist weder Handelnder noch Genießender. – Soweit die Lehre Śaṅkaras. Was sie lehrt, scheint weitgehend klar zu sein; offen bleibt, wovon diese Lehre handelt.

Ist die *jīvanmukti*, um nur eine Möglichkeit zu nennen, ein ontologischer Zustand *sui generis*, der vom Menschen ausschließlich durch die Aneignung der illusionistisch-monistischen Lehre des Advaitavedānta erreicht werden kann? Darauf könnte die Aussage hinweisen, daß der zu Lebzeiten Emanzipierte (*jīvanmukta*) ohne Körper ist. Oder handelt es sich bei ihr lediglich um eine ideologische Manipulation des Bewußtseins, um eine andere Möglichkeit zu erwähnen? Wovon spricht die Lehre von der *jīvanmukti*? Welches ist das Phänomen menschlichen Daseins, das in ihr zur Sprache kommt?

Der Schlüssel zur Antwort auf diese Frage ist die Rede von der "wahren Erkenntnis", dem "wahren Wissen" (*vidyā*) einerseits und von der "falschen Erkenntnis", dem "falschen Wissen" andererseits. Sie eröffnet nämlich den hermeneutischen Zugang zum Phänomen der *jīvanmukti*. Denn diese Rede spricht schließlich von einem Phänomen, das als ein allgemein menschliches jedermann zugänglich sein sollte. Die Schnittstelle zwischen unserem Sprachspiel von "richtiger" und "unrichtiger" Erkenntnis mit dem der advaitischen Rede vom "wahren" und "falschen" Wissen legt gleichsam den Horizont frei, in welchem das Phänomen der *jīvanmukti* verstehbar wird. Versuchen wir diesen Ansatz zu entfalten.

Die advaitische Rede von einem "wahren" Wissen (*vidyā, tattvajñāna*) meint jedenfalls nicht das, was im abendländischen Denken der Neuzeit unter "Wissen" oder unter "richtiger Erkenntnis" verstanden wird. Denn "richtiges Erkennen" im heutigen abendländisch-landläufigen Sinne, also das durch Wahrnehmung und logische Ableitung vermittelte Wissen von Welt und Dasein bedarf nach Śaṅkara als apriorische Bedingung seiner Möglichkeit auch selbst dessen, was der Advaitavedānta unter "falschem Wissen" versteht, und betrifft daher grundsätzlich nur den durch das "falsche" Wissen (*avidyā, mithyājñāna*) gesetzen Bereich vereinzelten Seins und damit nur den Bereich möglicher Objektphänomene.

"Denn", meint Śaṅkara, "der Denk- und Sprachgebrauch, der auf den Erkenntnismitteln wie Wahrnehmung und so weiter beruht, ist unmöglich, wenn [das transzendente Subjekt] nicht die Sinne [als die seinen] angeeignet hat (*upādāya*); und der Denk- und Sprachgebrauch, [der sich] durch die Sinne [ergibt], ist ohne eine [ihnen] übergeordnete Kontrolle [durch das Denken] nicht möglich. Auch wird niemand [im Sinne des Denk- und Sprachgebrauchs] tätig, ohne daß [das Subjekt] das Sein des Selbstes (*ātman*) auf den Körper übertragen hat. Wenn dies aber so ist, dann ist es unmöglich, daß der allem transzendente Ātman (*asaṅgasya*) zum Subjekt einer [Objekt-]Erkenntnis wird. Denn ohne daß er [in der genannten Weise] [vereinzeltes] Subjekt einer Erkenntnis geworden ist, gibt es kein Funktionieren der Erkenntnismittel [wie Wahrnehmung usw.]."[18]

Wenn man diesen Text ernst nimmt, gibt es keinen Zweifel daran, daß das, was Śaṅkara mit "wahrer Erkenntnis" meint, jedenfalls nicht Wissen im Sinne empirischer Erkenntnis noch auch im Sinne des durch Schlußfolgerung, logischer Ableitung und anderem gewonnenen rationalen Wissens ist. Alles dies setzt, wie gesagt, bereits "falsches" Wissen voraus. Was haben wir aber dann unter seinem "wahren" Wissen zu verstehen?

Bevor wir diese Frage beantworten, müssen wir noch bei der advaitischen Rede vom "Nicht-Wissen", das heißt von der "falschen Erkenntnis", bleiben und auf Grund des eben Gesagten festhalten, daß das, was der Advaitavedānta "Nicht-Wissen" nennt, nicht mit dem gleichgesetzt werden darf, was im abendländischen Denken das Gegenteil einer "richtigen" Erkenntnis ist. Sowohl unsere "richtige" Erkenntnis wie auch unsere "falsche" Erkenntnis sind im Sinne des Advaitavedānta als "falsches Wissen" einzustufen, weil beides, wie Śaṅkara in dem eben zitierten Text sagt, das "Nicht-Wissen", nämlich die falsche Übertragung von Selbst und Nichtselbst als apriorische Bedingung seiner Möglichkeit voraussetzt und nicht, wie Śaṅkara es fordern würde, allein die Wirklichkeit zur Norm hat und nur von dieser bestimmt wird. Kehren wir nunmehr zu der vorhin gestellten Frage zurück. Was haben wir zu verstehen, wenn Śaṅkara von "wahrer" Erkenntnis oder "wahrem" Wissen (*vidyā*) spricht?

Bemerkenswerter Weise nennt Śaṅkara diese, wenn er von dieser Erkenntnis nicht im Horizont von "wahr" und "falsch" handelt, sondern den geistigen Vollzug selbst charakterisieren will, ein "Innewerden" oder "Innesein" (*anubhava, avagati*) und meint damit jenes zu jeder Erkenntnis gehörende zu Bewußtsein Gelangtsein des Gegenstandes, das auch der empirischen Erkenntnis

---

[18] BrSūBh 2,18-3,3: *na hīndriyāṇy anupādāya pratyakṣādivyavahāraḥ saṃbhavati. na cādhiṣṭhānam antareṇendriyāṇāṃ vyavahāraḥ saṃbhavati. na cānadhyastātmabhāvena dehena kaścid vyāpriyate. na caitasmin sarvasminn asti asaṅgasyātmanaḥ pramātṛtvam upapadyate. na ca pramātṛtvam antareṇa pramāṇapravṛttir asti.*

eigen ist und in seiner inhaltlichen Konkretheit von diesem Gegenstand abhängt, selbst wenn dieser durch das apriorische "Nicht-Wissen" gesetzt ist. Im Unterschied zum "wahren" Erkennen allerdings ist der Gegenstand dieses falschen Wissens nicht die Wirklichkeit als solche, sondern der zufolge der falschen Übertragung von Selbst und Nichtselbst nur als irreales "Phänomen", lediglich als subjektiv strukturierte "Erscheinung", ins Bewußtsein tretende Gegenstand der empirischen Welt.

In diesem Sinne schreibt Śaṅkara in seiner Upadeśasāhasrī: "Wenn dies so ist . . . , dann ist das unveränderlich ewige Inne-Sein des [Selbstes], das als solches das Licht des Selbstes ist, aus sich heraus offenkundig (*svayaṃsiddhā*), weil es hinsichtlich seiner selbst von keinem Erkenntnismittel abhängt. Das von diesem Unterschiedene (*anyat*), das Ungeistige, ist, weil es nur in Verbindung mit anderem zur Wirkung gelangt, [um offenkundig zu sein] auf [dieses] andere hingeordnet. Und nur dadurch, daß es als solches in Vorstellungen von Lust, Leid und Irrtum Bewußtheit erlangt, ergibt sich das Vorhandensein des Nicht-Selbst, in keiner anderen Form. Und daher ist sein Vorhandensein nicht im eigentlichen Sinne wirklich."[19]

Das wahre Wissen besteht daher im "Inne-Werden" bzw. "Inne-Sein" der Wirklichkeit ohne Prägung durch die auf der falschen Übertragung beruhende Subjektivität des Menschen. Der Unterschied von "wahrem" und "falschem" Wissen liegt in dem, w a s im Innewerden thematisch wird und dann allerdings auch darin, w i e dieses thematisch wird. Nicht die epistemologische Richtigkeit entscheidet über Wahrheit und Falschheit, sondern der Umstand, ob die Wirklichkeit selbst Norm und Inhalt des Wissens ist, wie es bereits angeklungen ist.

Im "wahren Wissen" wird, wie gesagt, die Wirklichkeit nicht durch die irrtümliche Übertragung von Selbst und Nicht-Selbst als Objektphänomen im Bewußtsein gesetzt, sondern man muß ihrer als solcher, nämlich ohne apriorische Konditionierung durch das Nicht-Selbst, inne werden, will man zum wahren Wissen gelangen. Daraus folgt aber ein Doppeltes: Einmal, daß die Wirklichkeit im Sinne des "wahren" Wissens nur im Selbst, nicht im Nicht-Selbst der Objektphänomene gefunden werden kann, und das heißt nur im Rückgang in die eigene Subjektivität, indem man ihrer ohne Vermittlung von Objektphänomenen als die eigentliche, unaufhebbare Wirklichkeit des Selbstes inne wird. – Zum zweiten bedeutet dies daher, daß dieses Innewerden weder

---

[19] US II § 109, p. 215: *yady evam . . . kūṭasthanityāvagatir ātmajyotiḥsvarūpaiva svayaṃsiddhā, ātmani pramāṇanirapekṣatvāt tato 'nyad acetanaṃ saṃhatyakāritvāt parārtham. yena ca sukhaduḥkhamohapratyayāvagatirūpeṇa pārārthyaṃ tenaiva svarūpeṇātmano 'stitvaṃ nānyena rūpāntareṇa; ato nāstitvam eva paramārthataḥ.*

durch einen Erkenntnisvorgang im Sinne der Erkenntnismittel vermittelt werden kann, noch auch von selbst eintreten kann, weil dies bei Erhaltenbleiben der durch das Apriori des Nichtwissens gesetzten Subjektivität des erkennenden Subjektes gar nicht möglich wäre. Es muß durch das Herantreten von etwas anderem an das Subjekt ausgelöst werden, nämlich durch das "Hören" des Wortes der Offenbarung, konkret der Aussagen der Upaniṣaden, die das Subjekt auf diese Wirklichkeit hinweisen, sodaß es diesem gleichsam wie Schuppen von den Augen fällt und diese Wirklichkeit unvermittelt und ohne ein zweites als bleibende Wirklichkeit des Selbstes ins Bewußtsein getreten ist.

Mit diesen zwei Folgerungen unserer Analyse wird jedoch deutlich, daß die advaitische Rede vom "wahren" Erkennen oder Wissen nichts anderes meinen kann, als die mystische Erfahrung, der der rational denkende Theologe Śaṅkara die Erfahrung des Alltags, damit aber auch die wissenschaftliche Reflexion, nur als "Nicht-Wissen" oder eben "falsche" Erkenntnis gegenüberstellen kann. Im Unterschied zur Alltagserkenntnis mit Hilfe der Erkenntnismittel bricht nämlich diese Erfahrung des Brahman aus der Glaubensüberzeugung auf, sofern sie von einer entsprechenden Lebensführung begleitet ist: "Was ist es . . . , [von dem] gelehrt wird, daß im Anschluß daran der Wunsch, das Brahma zu erkennen [möglich ist]?", fragt sich Śaṅkara und antwortet: "Es ist die Unterscheidung zwischen der ewigen und der nichtewigen Wirklichkeit (*nityānityavastuviveka*), die Indifferenz gegenüber dem Genuß diesseitiger und jenseitiger Güter (*ihāmutrārthabhogavirāga*), der Erwerb der [dazu förderlichen] Mittel wie [innerer] Friede, Beherrschung [seiner selbst] usw. (*śamadamādisādhanasampat*) und [schließlich] das Verlangen nach Emanzipation (*mumukṣutva*). . . . Wenn dies [alles] gegeben ist, kann man danach streben, das Brahman zu erkennen beziehungsweise kann man dieses [auch] erkennen."[20]

Deutlicher drückt Śaṅkara dies in seinem Kommentar zu Muṇḍaka-Upaniṣad III 2.2 aus, indem er auch die existenzielle Dynamik offenlegt, die zur Erkenntnis des Brahman und damit zur Emanzipation führt: "Das wichtigste Verwirklichungsmittel des nach Emanzipation Strebenden ist der Verzicht auf jedes Verlangen (*kāmatyāga*). Wer nach . . . den sichtbaren oder unsichtbaren Gütern (*viṣayāḥ*), . . . deren Vorzüge bedenkend, ausschaut, der wird mit diesen Wünschen, die in der Form des Begehrens [dieser] Güter, die Ursache des Tätigseins von Dharma oder Adharma sind, hier [oder] dort

[20] BrSūBh 5,4-7: *yad anantaraṃ brahmajijñāsopadiśyate . . . nityānityavastuviveka ihāmutrārthabhogavirāgaḥ śamadamādisādhanasampad mumukṣutvaṃ ca. teṣu hi satsu . . . śakyate brahmajijñāsituṃ jñātuṃ ca.*

[wiedergeboren]. . . . Wer aber dank des Wissens um [seine] eigentliche Wirklichkeit jemand ist . . . , dessen Wünsche zufolge des [allein noch] vorhandenen Verlangens nach dem Ātman völlig zu Ende gekommen sind, für diesen, der keine [offenen] Wünsche mehr hat [und daher] in seinem Ātman bereit ist, das heißt nachdem sein [Ātman] von der niederen Form des Nichtwissens abgekommen ist, einen Ātman besitzt, der durch seine höchste Form des Wissens bereit ist, diesem . . . schwinden schon hier, während [noch] der Körper besteht, sämtliche Ursachen des Tätigseins des Dharma oder Adharma . . . "[21]

Die Haltung, die den Menschen zur Erfahrung des Brahman bereit macht, ist der völlige Verzicht auf alle Güter, die nicht das Brahman selbst sind. Damit wird dieses aber als einzige unrelativierbare Heilswirklichkeit des Menschen zur ausschließlichen Sinnmitte des menschlichen Daseins: "Objekt des durch die Desiderativ-Bildung [Wunsch Brahman zu erkennen] ausgedrückten Wunsches", meint Śaṅkara, "ist ein Erkennen, das mit dem Inne-Werden [des Brahman] zur Erfüllung kommt. . . . Denn [höchstes] Ziel des Menschen (*puruṣārtha*) ist es, des Brahman inne zu werden (*brahmāvagati*), da dieses [Innewerden] restlos alles Unheil, beginnend mit dem Nichtwissen, das Samen des Wesenskreislaufes ist, beseitigt."[22]

In dieser Erfahrung der eigentlichen Wirklichkeit des Selbstes wird, um in Śaṅkaras Terminologie zu bleiben, das menschliche Subjekt jenes in jedem Menschen als dasselbe anwesenden, selbstleuchtenden, und das heißt aus sich selbst und durch sich selbst thematisch werdenden Absoluten inne. Aus den Aussagen der Offenbarung weiß Śaṅkara, daß diese Wirklichkeit das Brahman ist, "dessen Eigenwesen", wie er sagt, "ewig rein (*nityaśuddha-*; d. h. frei von jedem Phänomen welthafter Existenz), ewig bewußt (*nityabuddha-*) und zu jeder Zeit ohne Bindung [in den Wesenskreislauf] (*[nitya]mukta-*; d. h. dem welthaften Dasein grundsätzlich transzendent) ist, allwissend (*sarvajña-*) und zu allem mächtig ist (*sarvaśaktisamanvita-*)".[23] Und Śaṅkara fügt hinzu:

---

[21] Upaniṣadbhāṣyam I, p. 157,5-10: *mumukṣoḥ kāmatyāga eva pradhānaṃ sādhanam ity etad darśayati. . . . yo dṛṣṭādṛṣṭeṣṭaviṣayān . . . tadguṇāṃś cintayānaḥ prārthayate, saḥ taiḥ kāmabhiḥ kāmair dharmādharmapravṛttihetubhir viṣayecchārūpaiḥ saha jāyate tatra tatra. . . . yas tu paramārthatattvavijñānāt . . . ātmakāmatvena . . . samantata āptāḥ kāmā yasya, tasya paryāptakāmasya kṛtātmano 'vidyālakṣaṇād apararūpād apanīya svena pareṇa rūpeṇa kṛta ātmā vidyayā yasya, taysa . . . ihaiva tiṣṭhaty eva śarīre sarve dharmādharmapravṛttihetavaḥ pravilīyanti . . .*

[22] BrSūBh 6,4-6: *avagatiparyantaṃ jñānaṃ sanvācyāyā icchāyāḥ karma phalaviṣayatvād icchāyāḥ. jñānena hi pramāṇenāvagantum iṣṭaṃ brahma. brahmāvagatir hi puruṣārtho niḥśeṣasaṃsārabījāvidyādyanarthanibarhaṇāt.*

[23] BrSūBh 6,9 f.

"Seine Existenz ist für jeden gewiß, weil es das Selbst jedes [Wesens] ist. Denn jeder ist sich des Seins seiner selbst gewiß, [wenn er denkt]: 'Ich bin nicht nicht.' Wenn nämlich das Selbst nicht wirklich wäre, müßte jedermann die Erkenntnis haben: 'Ich bin nicht.' Das Selbst ist [aber nichts anderes als] das Brahman."[24]

Im Rahmen dieses Beitrages ist es nicht möglich, Śaṅkaras Lehre vom Brahman als Ganze darzulegen. Dennoch muß wenigstens ein Aspekt dieser Lehre zur Sprache kommen, der für das Verständnis der *jīvanmukti* unerläßlich ist: Das Brahman, das allein die eigentliche Wirklichkeit des Selbstes (*ātman*) ist, darf nicht mit dem empirischen Subjekt, das als "Ich" erfahren wird, gleichgesetzt werden; schon deshalb nicht, weil es, sofern es die Bewußtheit dieses Subjektes grundlegt, dessen apriorische Bedingung ist. Vielmehr ist das Brahman jene im Rückgang in die Subjektivität des Subjektes zwar erfahrbare, dem empirischen Subjekt aber dennoch transzendente absolute Wirklichkeit.

Es ist dieses Brahma, das – und dies ist für das Verständnis der *jīvanmukti* entscheidend – als eigentliche, dem empirischen Subjekt transzendente Wirklichkeit die letzte und unrelativierbare Sinnmitte des welthaften Daseins ist und so für den Menschen unwiderrufliches und unüberbietbares Heil bedeutet: "Brahma-Sein ist die Emanzipation [aus dem welthaften Dasein]",[25] sagt Śaṅkara und führt diesen Gedanken weiter aus, indem er die Emanzipation als das Zu-sich-Kommen des Subjektes als das eine, welttranszendente Brahma versteht. Folgerichtig bestimmt er daher die Emanzipation auch als jenen Zustand, in welchem das Subjekt ohne Körper und daher frei von jeder Vereinzelung und ohne Leid ist. In diesem Sinne kann er von diesem Zustand, der im letzten Verstande auch das Aufhören des vereinzelten, empirischen Subjektes bedeutet, dieselben Aussagen machen wie vom Brahman. "Dieser [Zustand]", sagt er, "ist im eigentlichen Sinne wirklich, er ist aktuell ewig, wie der Raumäther jedes [Wesen] umfassend, frei von jedweder Veränderung, ewig befriedet, unteilbar und seinem Wesen nach selbstleuchtendes [Bewußtsein] . . . Dieser Zustand des Ohne-Körper-Seins wird Emanzipation genannt."[26]

---

[24] BrSūBh 6,11-13: *sarvasyātmatvāc ca brahmāstitvaprasiddhiḥ. sarvo hy ātmāstitvaṃ pratyeti na nāham asmīti. yadi hi nātmāstitvaprasiddhiḥ syāt, sarvo loko nāham asmīti pratīyāt. ātmā ca brahma.*

[25] BrSūBh 18,7.

[26] BrSūBh 14,16-18: *idaṃ tu pāramārthikaṃ, kūṭasthanityaṃ, vyomavat sarvavyāpi, sarvavikriyārahitaṃ, nityatṛptaṃ, niravayavaṃ, svayaṃjyotiḥsvabhāvam. . . . tad etad aśarīratvaṃ mokṣākhyam.*

Mit diesen Aussagen über die Emanzipation im allgemeinen, die auch von der *jīvanmukti* gelten,[27] da die emanzipierende Erfahrung bereits in ihrem Falle in gleicher Weise eingetreten sein muß, haben wir unserer Untersuchung vorgegriffen, und es ist notwendig, gleichsam nachtragend die zu diesem Zustand führende Erfahrung, die von ihrem Typus und dem ihr entsprechenden Existenzvollzug her als mystische Erfahrung verstanden wurde in einem zweiten Durchgang in ihrem "Wie" deutlich zu fassen.

In einem früher zitierten Text hieß es: "Daher befindet sich einer, der erkannt hat, daß das Brahman die Seins[-Wirklichkeit] des Ātman ist (*avagatabrahmātmabhāvasya*), nicht mehr wie früher im [welthaften Dasein des] Wesenskreislaufes;" ein Gedanke, den Śaṅkara an anderer Stelle leicht modifiziert wiedergibt: "Das Aufhören der falschen Erkenntnis", wir könnten nunmehr sagen: das Aufhören der profanen Alltagserkenntnis, "ergibt sich auf Grund der Einsicht, daß der Ātman und das Brahman eine einzige [Realität] sind."[28]

Beide Formulierungen legen dem unbefangenen Leser den Gedanken nahe, es könnte sich bei dieser zur *jīvanmukti* führenden Erkenntnis um einen Akt rational-diskursiven Denkens handeln, in welchem der Begriff des Ātman und der des Brahman im Sinne einer Identifikation gleichgesetzt werden. Tatsächlich leugnet Śaṅkara aber jede Art einer derartigen Identifikation:

"Würde man annehmen, daß die Erkenntnis des Einsseins von Ātman und Brahman den Charakter einer Entsprechung usw. hat, dann wäre der Sinnzusammenhang der Worte in den [Offenbarungs-]Aussagen, wie z. B.: 'Das bist du', 'Ich bin das Brahman', 'Dieser Ātman ist das Brahman' usw., der darauf abzielt, das Einssein von Ātman und Brahman als eine Realität zu lehren, unstimmig, und würden Aussagen wie z. B.: 'Der Knoten des Herzens wird gelöst, der Zweifel behoben', in denen das Aufhören des Nichtwissens als Ergebnis geoffenbart ist, unverständlich sein. Auch würden Aussagen wie z. B.: 'Das Brahman kennt er, zum Brahman wird er' . . . nicht zutreffend sein. Deshalb hat die Erkenntnis des Einsseins von Ātman und Brahman nicht den Charakter einer Entsprechung usw.; und daher hängt das [wahre] Wissen vom Ātman auch nicht vom Denk- und Sprachgebrauch des Menschen ab, sondern hat, wie das Wissen von einem Ding, das Objekt der Wahrnehmung usw. ist, [einzig und allein] das Reale selbst zur [bestimmenden] Norm."[29]

---

[27] Vgl. oben S. 183 und BrSūBh 22,23 ff.

[28] BrSūBh 15,17 f.

[29] BrSūBh 16,1-9: *saṃpadādirūpe hi brahmātmaikatvavijñāne 'bhyupagamyamāne 'tat tvam asi'* (ChU 6.8.7) *'ahaṃ brahmāsmi'* (BĀU 1.4.10) *'ayam ātmā brahma'* (BĀU 2.5.19) *ityevamādīnāṃ vākyānāṃ brahmātmaikatvavastupratipādanaparaḥ padasamanvayaḥ pīḍyeta. 'bhidyate hṛdayagranthiś chidyante sarvasaṃśayaḥ'* (MuṇḍU 2.2.8) *iti caivamādīnyavidyāni-*

Der Text ist eindeutig und klar. Das Wissen, das die *jīvanmukti*, diese herbeiführend, prägt, ist kein Wissen, das im begrifflich-diskursiven Denk- und Sprachgebrauch des Menschen Gestalt gewinnt und so ein begrifflich-vorstellendes Wissen vom Ātman und seiner Identifizierbarkeit mit dem Brahman wäre. Vielmehr handelt es sich bei diesem, wie wir bereits wissen, um ein Innewerden des Brahman als alleinige Wirklichkeit. Ein solches Innewerden kann aber nicht anders gedacht werden, denn als eine existenzielle Umwandlung des erfahrenden Subjektes selbst. Indem nämlich das Brahman durch den Hinweis der Offenbarung im Bewußtsein des Menschen als dessen ureigenste und eigentliche Wirklichkeit thematisch wird, muß das erfahrende Subjekt sich in seinem Bewußtsein insofern neu vollziehen, als es seine vereinzelte Subjektivität restlos auf die Wirklichkeit des Brahman hin transzendieren muß, um diese als seine eigene, weil einzige Wirklichkeit in ihr Wesen treten zu lassen. Ein solcher existenzieller Neuvollzug des Subjektes ist aber nicht notwendigerweise schon eine ontologische Veränderung, auch für Śaṅkara nicht. Denn für ihn ist das Selbst in Wirklichkeit immer schon das Brahman und verändert sich daher nicht ontologisch.

Wenn aber ein Verständnis der *jīvanmukti* als mystische Erfahrung des Menschen berechtigt sein soll, dann muß doch noch in einem letzten hermeneutischen Schritt gezeigt werden, daß Śaṅkaras Aussagen auch dann konsistent bleiben, wenn sie im Sinne dieses Verständnisses als Aussagen über einen Wandel der Existenzerfahrung, nicht der Existenz, interpretiert werden. Kehren wir daher abschließend zu jenem eingangs zitierten Text Śaṅkaras zurück, in dem es hieß: "Daher befindet sich einer, der erkannt hat, daß das Brahman die Wirklichkeit des Ātman ist, nicht mehr wie früher im Wesenskreislauf [welthaften Daseins]." Diese Formulierung könnte durchaus so verstanden werden, daß die *jīvanmukti* sehr wohl auch eine ontologische Umgestaltung des Menschen darstellt. Zumal derselbe Gedanke an der genannten Stelle konkreter und für unser Verständnis noch radikaler formuliert in folgender Form wiederholt wird: "Daher ist, weil die falsche Erkenntnis Ursache des Körperbesitzens ist, gewiß, daß der Wissende, selbst wenn er lebt, ohne Körper ist."[30]

Die Aussage läßt an Deutlichkeit nichts zu wünschen übrig. Der zu Lebzeiten Emanzipierte ist ohne Körper. Der Zustand des Ohne-Körper-Seins

---

vṛttiphalaśravaṇānyuparudhyeran. 'brahma veda brahmaiva bhavati' (MuṇḍU 3.2.9) *iti caivamādīni . . . vacanāni . . . na . . . upapadyeran. tasmān na saṃpadādirūpaṃ brahmātmaikatvavijñānam. ato na puruṣavyāpāratantrā brahmavidyā. . . . pratyakṣādipramāṇaviṣayavastujñānavadvastutantrā.*

[30] BrSūBh 22,23 f.

ist für Śaṅkara gleichsam der phänomenologische Aspekt der tatsächlich eingetretenen *jīvanmukti*. Freilich sollte schon der Gedanke, daß der Wissende im Zustand der *jīvanmukti*, selbst wenn er noch lebt, dem Wesenskreislauf entzogen und ohne Körper ist, ein wenig befremden. Denn was bedeutet hier noch "zu Lebzeiten", wenn er keinen Körper mehr hat? Hier weist Śaṅkaras Sprache in ihrer Befremdlichkeit selbst den Weg, seinen Begriff der Körperlosigkeit des zu Lebzeiten Emanzipierten im Kontext seiner Lehre so zu interpretieren, daß er das mit ihm Gemeinte auch außerhalb der advaitischen Sprachregelung verstehen läßt.

Nimmt man nämlich Śaṅkaras Hinweis ernst, daß der Besitz eines Körpers, das heißt die individuelle körperliche Existenz des Menschen, durch das Nichtwissen verursacht ist, dann ist die Tatsache des Körperbesitzens für Śaṅkara tatsächlich nur als Phänomenkomplex im Bewußtsein des Menschen zu deuten, der letztlich, weil es sich um Objektphänomene handelt, aus der Subjektivität des Subjektes herausfällt und sich so als "Nichtselbst" zeigt, das wegen der fälschlichen Übertragung von Selbst und Nichtselbst mit dem Selbst identifiziert wird, ohne daß es tatsächlich an der Wirklichkeit des Selbstes teil hätte. Śaṅkara scheint dies auch ausdrücklich zu bestätigen, wenn er von dem, der die Einheit des Selbstes mit dem Brahman erkannt hat, offenbar mit dem Blick auf dessen "Körperlosigkeit" sagt: "Denn gerade für einen [der begriffen hat, daß der Ātman das Brahman ist,] kann man sich nicht vorstellen, daß er noch Leid Furcht usw. besitzt, wenn der Wahn [, daß das Selbst mit der körperlichen Wirklichkeit des Menschen eine Einheit ist,] beim Innewerden des Brahmaseins des Selbstes . . . geschwunden ist. Beobachtet man doch, daß nur einem, der fälschlicherweise das Selbst als Körper usw. wähnt, [Zustände wie] Leid, Furcht usw. zukommen."[31]

Wenn dies alles richtig ist, dann darf man Śaṅkaras Rede von Körperlosigkeit und Körperbesitzen des Subjektes nicht als Aussage über ein von außen verifizierbares Faktum werten. Wenn nämlich die entscheidende Erfahrung des zu Lebzeiten Emanzipierten in der Erfahrung des Brahman zu sehen ist, dann kann Śaṅkara den Zustand der *jīvanmukti* nicht anders als durch den Modus der Körperlosigkeit bestimmen; nicht weil es in diesem Zustand tatsächlich keinen Körper und keine Individualität des Subjektes mehr gäbe, sondern weil die Phänomene der Körperlichkeit in der Erfahrung des Brahman nicht mehr in den Blick kommen.

---

[31] BrSūBh 21,16-19: *na hi śarīrādyātmābhimānino duḥkhabhayādimattvaṃ dṛṣṭam iti tasyaiva . . . brahmātmāvagame tadabhimānanivṛttau tad eva mithyājñānanimittaṃ duḥkhabhayādimattvaṃ bhavatīti śakyaṃ kalpayitum.* Vgl. auch und vor allem US II § 106 f.

Damit können wir zusammenfassend sagen, daß die Rede von der *jīvanmukti* im advaitischen Sprachspiel nichts anderes meint, als das, was wir uns in der theistischen Sprachregelung angewöhnt haben, als "*unio mystica*" zu bezeichnen; nämlich die letzte Radikalisierung der mystischen Erfahrung als unwiderrufliche Begegnung mit der sich selbst mitteilenden Transzendenz, von der beispielsweise Meister Eckhart als "Gottes Geburt" in der Seele reden würde, und die Therese von Avila als "divino y espiritual matrimonio", als mystische Vermählung bezeichnen würde, die letztlich auch von ihr als bleibendes Einssein mit Gott erfahren wird.[32] Ich zitiere aus ihrer Seelenburg: "Man kann darüber nicht mehr sagen, als daß nun die Seele oder vielmehr der Geist der Seele . . . eins mit Gott geworden ist; . . . Denn er hat sich in einer Weise mit dem Geschöpfe verbinden wollen, daß er sich nicht mehr von ihm trennen will, sowie auch die Verehelichten untrennbar miteinander verbunden sind. . . . Es ist, wie wenn Wasser vom Himmel in einen Fluß oder in einen Brunnen fällt, wo die beiden Wasser so eins werden, daß sie nicht mehr voneinander geschieden werden können."[33]

Vielleicht ist es nützlich, am Ende dieses Versuches, Śaṅkaras Rede von der *jīvanmukti* religionshermeneutisch zu erschließen, über das vom Indologen Einzubringende hinaus einige Bemerkungen hinzuzufügen, die das erreichte Ergebnis deutlicher machen können, insofern sie das philosophische Grundverständnis betreffen, das auch im Hintergrund der indologischen Untersuchungen gestanden ist und diese sachlich erst möglich gemacht hat.

Wenn gesagt wurde, daß das Brahman die im Rückgang in die Bewußtheit des Subjektes erfahrbare, und ihm dennoch transzendente Wirklichkeit ist, die für den Menschen unwiderrufliches, unüberbietbare und daher auch dem welthaften Dasein entzogenes Heil bedeutet, so ist damit eine in Śaṅkaras Ansatz enthaltene, von ihm selbst aber nicht mehr thematisierte Problematik zum Ausdruck gebracht, die in einer Hermeneutik der *jīvanmukti* wenigstens

---

[32] Man darf allerdings nicht vergessen, daß diese Erfahrung bei Śaṅkara zufolge ihres Entwurfes aus dem Sprachspiel des Advaita-Vedānta selbstverständlich dazu führt oder führen kann, daß die advaitische Erfahrung der Identität mit dem Absoluten psychologisch sehr wohl eine Verfremdung der historisch-körperlichen Existenz gegenüber bewirkt, die ein anderes psychologisches "Erleben" der Person ermöglicht, als dies bei Theresa der Fall ist. Schon das Sprachspiel der "Liebe" bei Theresa, das bei Śaṅkara fehlt, weist darauf hin.

[33] Die Seelenburg: 209 ("No se puede decir más de que – a cuanto se puede entender – queda el alma, digo el espiritu de esta alma, hecho una cosa con Dios . . . porque de tal manera ha querido juntarse con la criatura, que asi como los que ya no se pueden apartar, ni se quiere apartar El de ella. . . . Acá es como si cayendo agua del cielo en un rio o fuente, adonde queda hecho todo agua, que no podrán ya dividir ni apartar cuál es el agua, del rio, o lo que cayó del cielo; Santa Teresa de Jesus, Obras. Texto revisado y anotado por TOMAS DE LA CRUZ, Burgos 1971: 999).

angedeutet, wenn nicht gelöst werden sollte: nämlich die Frage, wie im Zustand der *jīvanmukti* das für die mystische Erfahrung doch wohl notwendige Erhaltenbleiben des erfahrenden Subjektes zu denken ist, wenn dieses Subjekt das Brahman als seine eigentliche und einzige Wirklichkeit erkannt hat, und daher, wenn man Śaṅkara beim Wort nimmt, das Subjekt als von Brahman unterschiedenes Seiendes gar nicht existiert.

Vom Standpunkt philologisch-historischer Betrachtung muß man sagen, daß Śaṅkara sich dieser Schwierigkeit entzieht, indem er das Brahman einerseits als apriorische Bedingung der Möglichkeit des menschlichen Subjektes versteht, das eben deshalb dem welthaften Dasein entzogen ist, zum anderen aber dieses selbe Brahman dann gleichzeitig auch als jene Wirklichkeit denkt, mit der das welthafte Subjekt immer schon, und zwar substanzhaft gegenständlich, identisch war und die daher im Zustand der *jīvanmukti* als einzige erhalten bleibt.

Im Hinblick auf unsere Deutung der *jīvanmukti* als letzte Radikalisierung mystischer Erfahrung in einer "*unio mystica*" muß daher gezeigt werden, wie die Brahma-Erfahrung als Erfahrung des menschlichen Subjektes möglich ist, ohne daß dieses Subjekt im Zustand der *jīvanmukti* illusionistisch eliminiert wird, und dieser Zustand dennoch in der von Śaṅkara beschriebenen Weise erfahren werden kann.

Eine Lösung dieses Problemes scheint möglich, wenn man davon ausgeht, daß Śaṅkara einerseits das Phänomen der *jīvanmukti* gültig, wenngleich natürlich im advaitischen Sprachspiel beschreibt, man aber andererseits seine Lehre vom Brahman als "eigentliche Wirklichkeit" des Ātman oder, wie Śaṅkara sagt: "das Einssein des Ātman und des Brahman", als eine historisch bedingte Verkürzug einer vom heutigen Problemverständnis geforderten philosophischen Reflexion betrachtet, und dieses "Einssein von Ātman und Brahman" daher auf seine tiefere Struktur, d. h. auf die Bedingungen seiner Möglichkeit hin, hinterfragen muß.

Was bedeutet hier "eigentliche Wirklichkeit" bzw. "Einssein mit", wenn beides im Sinn des erwähnten Widerspruches zwischen der Transzendenz des Brahman als apriorische Bedingung der Möglichkeit des menschlichen Subjektes einerseits und der immanenten Substanzfähigkeit des in der *jīvanmukti* gleichsam als Subjekt gesetzten Brahman andererseits im Grunde unmöglich ist?

Es ist hier nicht möglich, im einzelnen darzulegen, wie man sich eine Grundlegung der menschlichen Transzendenzerfahrung als solche denken könnte.[34] Dennoch läßt sich wenigstens die Richtung skizzieren, in der eine Antwort auf die Frage gesucht werden könnte, auch wenn man sich bewußt sein muß, daß die diesbezüglichen Gedanken nicht sachlich, aber in ihrer Explizität, weit über Śaṅkara hinausgehen und möglicherweise im advaitischen Sprachspiel ursprünglich nicht intendiert waren.

Wenn der Mensch in der Erkenntnis Bewußtsein von allem sein kann, dann darf der Mensch in seinem "Offensein für" nicht auf ein bestimmtes Seiendes festgelegt sein. Seine "Offenheit" muß auf alles gehen können, was begegnen kann; und dies bedeutet weiter, daß der Mensch, um in dieser Weise offen sein zu können, als Bedingung der Möglichkeit auf eine "Wirklichkeit" ausgreifen muß, die selbst kein bestimmtes Einzelseiendes ist, andererseits aber auch nicht ein "Nichts" im logischen Sinne sein darf, weil ein solches "Nichts" nicht ontologische Bedingung einer derartigen Offenheit sein könnte.

Die tatsächliche Offenheit des menschlichen Bewußtseins ist daher nur dann denkbar, wenn ein "Jenseits des Seienden" als eine "sich selbst mitteilende Offenheit" den Horizont menschlicher Offenheit aktualisiert, indem es durch seine Offenheit zum "Woraufhin" dieses Ausgriffes des transzendentalen Subjektes des Menschen wird. In dieser Weise, nämlich als das die Offenheit des menschlichen Geistes und damit dessen Subjektsein *a priori* grundlegendes "Woraufhin" des transzendentalen Ausgriffes, wird dieses "Jenseits des Seienden" notwendiger Weise auch die unrelativierbare Sinnmitte des menschlichen Daseins. Die aposteriorische Begegnung mit diesem "Jenseits des Seienden" im tatsächlichen Einholen eines Erfahrungsentwurfes scheint so Möglichkeit und Intention der mystischen Erfahrung zu sein, die, vom Menschen her gesehen, die tragende Tiefenstruktur der Religion des Menschen zu sein scheint, wenn das Gesagte richtig ist.

In diesem Sinne ist die Subjektivität des Subjektes nichts anderes als die Spontaneität des in Freiheit immer schon Ausgreifens auf dieses "Jenseits des Seienden". Indem dieses "Woraufhin" in den Ausgriff, diesen ermöglichend, eingeht, sich ihm gewährt, wird diese Spontaneität zum tatsächlichen menschlichen Subjektsein, das sich im Sinne dieses Ausgriffes *a posteriori* im Modus des "Daseins für" verwirklichen muß; nämlich im "Mitsein" mit anderen in der Welt und in der unrelativierbaren Hingabe an jenes schlechthin Andere, welches das "Jenseits des Seienden" ist.

Kehren wir mit diesem Ergebnis zu Śaṅkara und der mystischen Erfahrung zurück. Wenn Śaṅkara vom Brahman als der "eigentlichen Wirklichkeit" des Ātman spricht, dann legt sich dieser Begriff der eigentlichen Wirklichkeit im

---

[34] Vgl. dazu OBERHAMMER 1987 und OBERHAMMER 1989.

Horizont des bisher Gesagten so aus, daß das Subjekt durch den apriorischen Ausgriff auf das "Jenseits des Seienden" zu sich kommt, und so dieses "Jenseits des Seienden" tatsächlich die eigentliche Bedingung der Möglichkeit für dessen Existenz als "Bei-sich-Seiendes" und so dessen "eigentliche" Wirklichkeit ist.

Damit löst sich aber die statische und undifferenzierte Identität des Ātman mit dem Brahman in einer dynamischen Einheit auf, die ein Thematischwerden des Brahman in der *jīvanmukti* möglich macht, ohne daß das Brahman die Subjektivität des Menschen ontologisch aufheben würde.

Denn wenn es richtig ist, daß die Subjektivität des menschlichen Subjektes in der Spontaneität des apriorischen Ausgriffes grundgelegt ist, und so das Subjekt auf die aposteriorische Begegnung mit dem "Woraufhin" des transzendentalen Ausgriffes hin angelegt ist, dann läßt sich die aposteriorische Erfahrung dieses "Woraufhin" in ihrer vorbehaltslosen Verwirklichung in der Mystik nur als die letzte Radikalisierung dieser Subjektivität verstehen, in der die eigene Subjektivität im Einholen des "Erfahrungsentwurfes" nicht mehr verfremdend thematisch wird, und das Subjekt selbst nur noch beim "Woraufhin" seines Ausgriffes ist und zur Einheit mit diesem gefunden hat.[35]

Abkürzungen und bibliographische Angaben:

BrSūBh — Śaṅkarācārya, The Brahmasūtrabhāṣya. Text with Footnotes and variants etc. Ed. by NĀRĀYAN RĀM ĀCHĀRYA. Bombay ³1948

HACKER 1950 — P. HACKER, Eigentümlichkeiten der Lehre und Terminologie Śaṅkaras: Avidyā, Nāmarūpa, Māyā, Īśvara. *ZDMG* 100 (1950): 246-286 [= KlSchr., pp. 69-109]

HACKER 1972 — Id., Notes on Māṇḍūkyopaniṣad and Śaṅkara's Āgamaśāstravivaraṇa. In: *India Maior*. Congratulation Volume to J. Gonda. Leiden [= KlSchr., pp. 252 ff.]

OBERHAMMER 1987 — G. OBERHAMMER, *Versuch einer transzendentalen Hermeneutik religiöser Traditionen*. (Publications of the De Nobili Research Library. Occasional Papers 3) Wien

OBERHAMMER 1988 — Id., Mythos – woher und wozu? Zur Rationalität des Mythos. In: H. H. SCHMID (Hrsg.), *Mythos und Rationalität*. Gütersloh

OBERHAMMER 1989 — Id., *'Begegnung' als Kategorie der Religionshermeneutik*. (Publications of the De Nobili Research Library. Occasional Papers 3) Wien

[35] Vgl. OBERHAMMER 1989: 51-55. – Eine leicht abweichende und an einigen Stellen sprachlich unbefriedigende englische Fassung dieses Beitrages erschien in: *Studies in interreligious Dialogue* 2/1 (1992): 65 ff.

Die Seelenburg	THERESE VON AVILA: *Sämtliche Schriften der hl. Theresia von Jesu*. 5. Bd.: Die Seelenburg der hl. Theresia von Jesu. Neue deutsche Ausgabe übers. nach der spanischen Ausgabe des P. SILVERIO DE S. TERESA von P. ALOYSIUS AB IMMACULATA CONCEPTIONE. Darmstadt [5]1973
US	Śaṅkarācārya, Śaṅkara's Upadeśasāhasri. Crit. ed. with introduction and indices by SENGAKU MAYEDA. Tokyo 1973

ERLÖSUNG ZU LEBZEITEN (*JĪVANMUKTI*) UND SOLIPSISMUS (*EKAJĪVAVĀDA*) IM SPÄTEREN ADVAITAVĀDA (PRAKĀŚĀTMAN UND SARVAJÑĀTMAN)

Von Michel Hulin, Paris

Jede philosophische Fragestellung hinsichtlich des Todes, oder genauer des Schicksals der Seele im Zustand des Totseins, muß davon ausgehen, daß wir es hier mit einem Unwiderruflichen schlechthin zu tun haben, das sich zugleich prinzipiell der äußeren Beobachtung entzieht. In der altindischen Perspektive kann aber von einem so verstandenen Tode kaum die Rede sein, da dort jede endgültige Entrückung der Verstorbenen aus unserer Welt infolge des Glaubens an die Seelenwanderung (*saṃsāra*) von vornherein ausgeschlossen wird. Nur die sogenannte Erlösung (*mukti*) geschieht ein für allemal. Und schon der Umstand, daß man sowohl von einer "Erlösung zu Lebzeiten" (*jīvanmukti*), als auch von einer "Erlösung nach dem Tode" beziehungsweise "körperlosen Erlösung" (*videhamukti*) zu sprechen pflegt, deutet darauf hin, daß in Indien dem Tode und dem Ereignis des Sterbens nicht dieselbe Bedeutung wie bei uns beigemessen wird. Gemäß der Logik des *saṃsāra* haben die Toten und wir noch an einer gemeinsamen Welt teil. Die Toten leben auch "jetzt", nur anderswo – im Kosmos oder in einer andersartigen leiblichen Hülle. Sie sind durch keine unüberwindbare Schranke von uns getrennt. Nicht im Tode, sondern in der Erlösung geschieht nach indischer Auffassung die Begegnung mit dem "ganz Anderen". Der Unterschied aber zwischen dem *jīvanmukta* und dem nach dem Tode völlig Erlösten besteht eigentlich nur darin, daß im Wach- und Traumzustand ein dünner Schleier karmisch verursachter und körperlich bedingter Empfindungen den ersteren noch vom *brahman* trennt.

Unter diesen Voraussetzungen möchte ich versuchen festzustellen, ob und inwiefern die Wesenszüge des europäisch verstandenen Totseins – also Unzugänglichkeit und dergleichen – mit dem brahmanisch aufgefaßten Erlösungszustand verglichen werden können. In diesem Zusammenhang werde ich einige entscheidende Stellen aus zwei verschiedenen Advaita-Texten als

Belege heranziehen.[1] Diese scheinbar willkürliche Auswahl wird sich hoffentlich rückblickend rechtfertigen lassen.

Die grundlegende Paradoxie der für den Advaitavedānta charakteristischen Heilslehre ließe sich etwa so formulieren: Die Erlösung wird hier durch eine besondere metaphysische Erkenntnis vermittelt, deren Inhalt und Intentionalität die immanente Logik des *saṃsāra* jeden Augenblick umzustürzen drohen. Nach der allgemeinen Auffassung sind nämlich die Einzelseelen im Kreislauf der Wiedergeburten seit ewigen Zeiten befangen. Dann und wann gelingt es jedoch dieser oder jener Seele – sei es durch Wissen, Werke oder Gottes Gnade – diesem Kreis zu entfliehen. Fortan verharrt sie unbeweglich "in ihrer eigenen Herrlichkeit" (*svamahimni*), der Herrlichkeit des *brahman* selbst, während alle anderen Seelen weiterhin wandern. Diese harmlose Schilderung einer kosmischen Koexistenz der Erlösten und der Nichterlösten gerät aber in Gefahr, sobald man auf den vedāntisch verstandenen I n h a l t jener erlösungsträchtigen Erkenntnis verweist. Die Erfahrung des *ahaṃ brahmāsmi* ("Ich bin eigentlich das *brahman*") reduziert sich nämlich nicht darauf, die eigene Einswerdung mit dem *brahman* als sozusagen privates Erlebnis auszudrücken: sie offenbart darüber hinaus, daß j e d e Einzelseele von je her und auf immer mit dem *brahman* eins ist. Das hat aber zur Folge, daß auch die "anderen", die Nichterlösten, als nur scheinbar in der Seelenwanderung verstrickt zu betrachten sind.

Der Erlöste – sei er verstorben oder noch am Leben – kennt keine Mitmenschen mehr. Er hat höchstens solche "einmal" gehabt oder genauer, zu haben gewähnt, als er noch nicht erwacht, noch nicht zu sich zurückgekommen war. Die gleichzeitige Existenz von Erlösten und Nichterlösten kann man sich also nicht mehr naiv kosmologisch vorstellen. Nur für den Nichterlösten gibt es so etwas wie eine objektive "Weltzeit", innerhalb derer es etwa möglich wäre, den Zeitpunkt, an dem eine bestimmte Person das *brahman* "erreicht" hat, nach Tag und Stunde zu bestimmen und chronologisch einzuordnen. Erlöstsein und Nichterlöstsein können also nicht wie Licht und Schatten ruhig nebeneinander fortbestehen.

Nach diesen einleitenden Bemerkungen möchte ich jetzt einen ersten Passus untersuchen, in dem eben diese und verwandte Schwierigkeiten in einem besonders grellen Licht auftreten. Die betreffende Stelle befindet sich am Ende des Pañcapādikāvivaraṇa und läßt sich ungefähr folgendermaßen übersetzen:

---

[1] Nämlich: das Pañcapādikāvivaraṇam des Prakāśātman und das Saṃkṣepaśārīrakam – "Kurzgefaßte [Abhandlung] über das inkarnierte [Prinzip]" – des Sarvajñātman. Es wird angenommen, daß die Autoren jeweils im 10. bzw. 11. Jahrhundert nach Chr. gelebt haben.

"Derjenige, der durch Preisgabe jeder zusätzlichen Bedingung (*upādhi*) seine eigene Brahmannatur unmittelbar erkennt, ist mit den anderen Seelen und ihrer Wanderung ebenso wenig verbunden wie das Gesicht mit den auf der Spiegelfläche befindlichen dunklen Flecken. Seine Erkenntnis des realen Sachverhaltes erlaubt es ihm, alle diese [Erscheinungen] als bloße Trugbilder abzuweisen. Er ist also im Stande, wie ein aus dem Schlaf [Erwachender], sich von der Gesamtheit der zusätzlichen Bedingungen zu befreien.

– [Gegner:] Demnach sollte die Erlösung [in der Vergangenheit] von Leuten wie Vāmadeva und anderen jede gegenwärtige Wahrnehmung des Weltenlaufs (*saṃsāra*) ausschließen!

– [Antwort:] Wenn nun die Seelen die Erlösung eine nach der anderen erreichten, hätte das auch zur Folge, daß man zur Zeit den Weltenlauf nicht mehr wahrnehmen würde. In den vorausgegangenen unendlich vielen Zeitaltern hat nämlich eine ebenso unendliche Anzahl Seelen die Erlösung erlangt. Man stößt also auf beiden Seiten auf die selbe Unmöglichkeit. Für dich aber, dem die Bindung durch das Nichtwissen (*avidyā*) in Dir selbst, dem bedingungsfreien Geistigen, dem *brahman*, unmittelbar gegeben ist, beruht die Erscheinung einer Erlösung in dem mit zusätzlichen Bedingungen versehenen Geistigen auf einem Irrtum. Die diesbezüglichen Aussagen der Offenbarung können daher, da sie der inneren Erfahrung widersprechen, nur als Auslegungen (*arthavāda*) gelten. Die Unterschiedlichkeit des durch zusätzliche Bedingungen als Einzelseelen gekennzeichneten Geistigen erfolgt in Dir, dem bedingungsfreien Geistigen auf Grund einer Einbildung. Die Frage, wer nun eigentlich gebunden bzw. befreit wird, brauchst Du also nicht mehr zu stellen (d. h. Du bist selbst diese Person)."[2]

Eine Person, die z. B. aus einem Alptraum plötzlich erwacht, hat sich den dort drohenden Gefahren auf eine viel radikalere Weise entzogen als derjenige, dem es *ohne* zu erwachen, also im Rahmen des Traumes selbst und seiner immanenten Logik, irgendwie gelungen ist, durch Flucht usw. seinen angeblichen "Feinden" zu entrinnen. Gleicherweise kann die Erlösung nicht als bloß

[2] PPV 758: *mama punar ekopādhiparityāgena bimbabhūtabrahmātmatāparokṣāva bhāsino 'pi pratibimbaśyamatvādibhir iva jivasaṃsārair na saṃbandhaḥ* | *mithyātvena tattvajñānapratihatatvāt* | *svapnādivaccatattvajñānenasarvopādhivinirmokṣaścayujyate* | *vāmadevādimuktyā idānīṃ saṃsārānupalabdhiḥ syād iti cet ekaikamuktāvapy anantair eva yugaiḥ anantānāṃ jīvānāṃ muktatvāt tulyedānīṃ saṃsārānupalabdhiḥ* | *idānīṃ saṃsāradarśanaṃ tu parasyāpi tulyam* | *anupapattiścavayoḥ samānā* | *ato nirupādhikacaitanye tvayi brahmaṇi pratyakṣe bandhāvabhāse sopādhikacaitanyeṣu tava muktatāvabhāso vibhramaḥ* | *tadviṣayaśrutyādīnāṃ pratyakṣaviruddhatayā arthavādatvāt* | *nirupādhikacaitanyapratibhāse tvayi sopādhikacaitanyabhedānāṃ kalpitatvāt* | *kasyaikasya bandhamokṣau iti tava tāvat sandoha na jāyate* | .

"lokales" Ereignis im Rahmen einer sonst unveränderten Welt geschehen. In einer gewissen Hinsicht ist sie dem Weltuntergang selber gleichzusetzen. "Nun" – erwidert der Gegner – "die in den Upaniṣaden belegte Erlösung von Weisen der alten Zeit hätte diesen Weltuntergang schon lange hervorbringen müssen." Die Antwort darauf mag zunächst unbefriedigend erscheinen: begnügt sie sich doch, auf eine ähnliche Schwierigkeit in der Position des Gegners hinzuweisen! Dennoch, die Anspielung auf die angeblich unendliche Zahl der Einzelseelen kann uns hier als Leitfaden dienen. Beide Ansichten (eine unendliche Anzahl Seelen oder eine einzige), stimmen nämlich darin überein, daß sie die "realistische" Auffassung einer bestimmten Anzahl von Seelen – deren Gang zur Erlösung eine bestimmte, wenn auch unberechenbare, Fortdauer des Universums erforderte – von vornherein ausschließen. Die Erlösung läßt sich also weder privat-subjektiv noch öffentlich-objektiv erdenken.

In einem solchen Zusammenhang läßt sich die Einführung des *ekajīvavāda* wohl rechtfertigen. Diese Lehre hat mit dem gewöhnlichen Solipsismus, wie er in Europa seit langem in üblem Ruf steht, überhaupt nichts zu tun. Ihre Bedeutung bezieht sich nicht auf die empirische Ebene (indisch auf den Bereich der sinnlichen Wahrnehmung: *pratyakṣa*), wo alle Subjekte zunächst den gleichen Rang einnehmen, bis eines von ihnen den Anspruch erhebt, alle anderen zu bloßen Bildern innerhalb seines eigenen Blickfeldes herabzusetzen. Dagegen entspricht sie der phänomenologischen Notwendigkeit, einerseits den Untergang der Welt "nach mir" nicht als faktischen Zusammenbruch, andererseits aber ihren Fortbestand nicht als spurloses Verschlingen meiner Individualität aufzufassen. Der *ekajīvavāda* bezeichnet also keinen stabilen Sachverhalt. In seiner inneren Widersprüchlichkeit spiegelt sich vielmehr die äußerste Labilität einer paradoxen Durchgangsform der Erfahrung: der Prozeß der Selbstaufhebung und Brahmawerdung der Einzelseele, in dessen "noch nicht und doch schon" empirische Einzelheit und geistige Alleinheit heftig aufeinander stoßen. Dieser Zusammenprall hinterläßt in der kühnen Formel (*nirupādhikacaitanye tvayi brahmaṇi pratyakṣe bandhāvabhāse*) im Text noch seine Spuren.

Während diese Problematik des transzendentalen Solipsismus bei Prakāśātman noch einen bescheidenen Platz einnimmt, tritt sie im Saṃkṣepaśārīraka des Sarvajñātman entschiedener in den Vordergrund. Das mag wohl daran liegen, daß Sarvajñātman das Nichtwissen direkt der *citi*, d. h. dem reinen Bewußtseinsprinzip, und nicht etwa dem *brahman* oder dem *jīva* als solchem zuweist.[3] Wenden wir uns zunächst einem kleinen Dialog zwischen

---

[3] Das heißt, er steuert einen Mittelkurs zwischen den beiden Hauptströmungen der nichtdualistischen Heilslehre, nämlich dem *jīvāśrityāvidyāvāda* und dem *brahmāśrityāvidyāvāda*. Siehe SŚ II vv. 208-211 und III vv. 13-15.

einem Meister und einem Schüler zu, worin der letztere seine Zweifel am Solipsismus ganz offen zum Ausdruck bringt: "Diese Lehre, nach welcher es außer mir keinen Gefesselten sowie keinen Befreiten je gab, gibt und geben wird, kann ich mir nicht zu eigen machen, denn sie widerspricht meiner inneren Erfahrung."[4]

Was der Schüler mit seiner "inneren Erfahrung" (*svānubhūti*) meint, entspricht wahrscheinlich seiner Wahrnehmung einer menschlichen Umwelt, zu der er in einem ständigen sprachlich-praktischen wechselseitigen Verhältnis steht, alles also, was mit dem Sanskritwort *vyavahāra* bezeichnet wird. Dazu kommt natürlich noch der mythisch-historische Zugang zur kollektiven Vergangenheit, die ihm die vedische Offenbarung verschafft. Seiner Meinung nach ist dieser ganze Beziehungszusammenhang, in den sich auch der Dialog mit dem Meister einfügt, mit jeder Abkapselung des Ichs klar unvereinbar.

Der Meister antwortet zunächst in typisch alt-indischem Stil mit einer ganzen Reihe von Gegenfragen: "Entspringt jener Widerspruch aus der Erfahrung der Zweiheit? Oder aus [der Erfahrung:] 'Ich bin selbst das höchste [*brahman*]'? Oder gibt es noch irgendeine andere Erfahrung, die den Widerspruch hier hervorbringt?"[5] Die zwei ersten Hypothesen werden unmittelbar darauf vom Meister selbst in Erwägung gezogen: "Es wäre unvernünftig zu behaupten, die Erfahrung der Zweitlosigkeit sei hier der widersprechende Faktor. Aber die Erfahrung der Zweiheit kann auch nicht [diese Rolle spielen], denn sie wird von der ersteren (der Erfahrung der Zweitlosigkeit) vereitelt."[6]

---

[4] SŚ II v. 218: *nanu madanyo bandhamokṣādibhāgī bhūto bhāvi vartate vā na kaścit* | *ityuktārthaṃ svānubhūtyā virodhān nāhaṃ jātu protsahe saṃgrahitum* || – Bei jeder Art von Dialog über den Solipsismus liegt natürlich der Einwand nahe, daß ein solches Zwiegespräch notwendigerweise von einem inneren Widerspruch geplagt sei. Wie könnte auch ein Gesprächspartner – hier der Meister – den Versuch machen, den anderen von der Wahrheit des Solipsismus zu überzeugen? Bei einem solchen Versuch muß er doch unbedingt den anderen a l s anderen behandeln und eben dadurch seine eigene Lehre widerlegen! Wir haben aber schon angemerkt, daß der *ekajīvavāda* dem empirischen Solipsismus keineswegs gleichzusetzen sei. Als Übergangsstufe im Prozeß der Erleuchtung kann er doch keine dogmatische Behauptung über die exklusive Wirklichkeit dieser oder jener Person einschließen. Seine eigene Widersprüchlichkeit wird sich im Schüler, der immanenten Dynamik der Erleuchtung gemäß, von selbst aufheben, und zwar durch wortloses Eingehen in das *brahman*. Das einzige also, was hier vorausgesetzt wird, ist beim Lehrer die Fähigkeit, sich nach Belieben entweder auf die "normale" Erfahrungsebene des *vyavahāra* oder Miteinanderseins zu stellen oder auf die transzendentale Ebene des *brahman*, wo Schüler und Meister, jenseits jeder Ich/Du-Beziehung, eins sind. Diese Fähigkeit der "metaphysischen Allgegenwart" zählt wiederum unter die fragwürdigen Aspekte der *jīvanmukti*, ist aber nicht dem *ekajīvavāda* speziell zuzuschreiben.

[5] SŚ II v. 219a: *kiṃ dvaitānubhavo virodhapādabhāk kimvā paro 'smītyayaṃ yadvā kaścid ihāparo 'styanubhavo yas te virodhāvahaḥ* | .

[6] SŚ II v. 219b: *nādvaitānubhavaḥ kṣatiṃ vitanute tasyeti yuktaṃ vaco nāpi dvaitam upollikhann anubhavaḥ tenāsya bādho yataḥ* || .

Daß die Erfahrung der Zweitlosigkeit den *ekajīvavāda* nur bestätigen kann, fern davon ihn zu widerlegen, versteht sich von selbst. Was aber die "Erfahrung der Zweiheit" betrifft, ist es zunächst nicht leicht einzusehen, warum gerade sie durch die Erfahrung der Zweitlosigkeit widerlegt werden sollte und nicht etwa das Gegenteil. Schließlich steht man doch vor einem wechselseitigen Widerspruch und verfügt anscheinend über kein Mittel, sich zugunsten der einen oder anderen Seite zu entscheiden. Es wäre also möglich, daß die beiden Erfahrungstypen nebeneinander bestehen, einander einschränkend und relativierend.

Diese Möglichkeit deckt sich aber genau mit dem Inhalt der dritten Hypothese: "Wirst Du etwa sagen, [dem *ekajīvavāda*] werde noch von einer anderen Erfahrung widersprochen, die sowohl Zweiheit als auch Zweitlosigkeit umfaßt?"[7] Nun will der Meister den Schüler darauf aufmerksam machen, daß diese Hypothese wiederum einen Widerspruch enthält: "Solch eine Erfahrung wird in den drei Bewußtseinszuständen keinem Lebewesen zuteil. Zu der Erfahrung der sonnenhellen Nacht hat auf dieser Welt kein Mensch Zugang. Wenn so etwas wie die [duale sowie nicht-duale Erfahrung] möglich wäre, warum dann nicht auch die letztere?"[8]

Das möchte man wohl dahingehend interpretieren, daß die Erfahrung der Zweitlosigkeit in keinem Fall mit der Erfahrung der Zweiheit, also dem normalen empirischen Bewußtsein, gleichzeitig und gleichberechtigt bestehen kann. Entweder sie hat nur eine potentielle Existenz als reines Versprechen der Offenbarung, dem es zunächst jeder Anschaulichkeit mangelt, oder sie tritt in den Vordergrund unmittelbar nach Verstehen der sogenannten "Großen Worte" der Upaniṣaden (wie *tat tvam asi* usw.), und zwar unter Verdrängung des anderen dualistischen Erfahrungstyps. Dies kann aber nie rückgängig gemacht werden, denn das Primat der dualistischen Erfahrung beruht ja auf einer gewissen unkritischen "Selbstverständlichkeit", die, wenn sie einmal erschüttert worden ist, nie wieder gänzlich herzustellen ist.

Eine Aussage wie "Ich allein existiere auf dieser Welt" läßt sich dann an der Schwelle dieser Wandlung als eine Kompromißbildung fast im Freudschen Sinn deuten. In ihr verbindet sich nämlich das individuelle "In der Welt sein" mit dem aufdämmernden Bewußtsein der Alleinheit. Man sollte also den *ekajīvavāda* keineswegs als festen Glaubensartikel der Advaita-Lehre betrachten. Wir haben es hier vielmehr mit einem pädagogischen Kunstgriff zu tun, der darauf angelegt ist, die ganze rohe Bejahungskraft des ursprünglichen Ich-

---

[7] *dvaitādvaitaniveśino 'nubhavanād vā bādhodbhavo 'syeti cet,* . . . SŚ II v. 220a.

[8] SŚ II v. 220b: *tādṛṇ nānubhavo 'sti kasyacid api sthānatraye jīvataḥ* | *bhāsvacchārvaragocaraṃ hyanubhavaṃ bibhraj jano dṛśyate nāsmin saṃsṛtimaṇḍale sa na bhavet kasmād ayaṃ ced bhavet* ‖ .

bewußtseins zugunsten eines ganz anderen, zunächst völlig unvorstellbaren Erfahrungstyps umzulenken. Insofern aber das Meister-Schüler-Verhältnis sich jenseits dieser "Bekehrung" nur noch formal fortsetzen kann – da die beiden in einem gewissen Sinn zu einem verschmolzen sind – wird das Auftauchen der Ekajīvavorstellung im Schüler zum Schwanengesang ihres Dialogs. Solche Vorstellungen könnten wir mit einer morschen Brücke vergleichen, über welche man noch irgendwie das andere Ufer des Flusses erreicht, die aber unmittelbar darauf zusammenbricht.[9] Der *ekajīvavāda* trägt also den Charakter einer vorläufigen, sich selbst aufhebenden These, die höchstens als vorletzte Stufe der Wahrheit zu bezeichnen ist.[10]

Zum Schluß möchte ich noch ein paar Verse aus dem SŚ anführen, in denen Sarvajñātmans Standpunkt besonders schön und treffend zum Ausdruck kommt: "Der Erlöste sowie der Nichterlöste, beide von Dir [scheinbar] verschieden, das ganze Universum vom Weltraum bis hinab zur Erde, alles das regt sich in Dir, aus Deinem eigenen Nichtwissen entsprungen. Die Zeit hat keinen Beginn in der Vergangenheit gehabt und wird kein Ende in der Zukunft haben. Darin haben Erlöste und Nichterlöste existiert und werden auf immer bestehen. Betrachte es nicht anders. Wenn so eine Lehre für Dich schwer anzunehmen ist, brauchst Du nur an das Paradigma des Traumes zu denken, um die ganze Schar Deiner Zweifel zu verscheuchen. Innerhalb eines äußerst kurzen Zeitraums erschaut der Träumende Millionen vergangener sowie künftiger Jahre. Alles dies sollte mit der Zeit des Wachseins in Verbindung gebracht werden. Unendlich ist die vergangene Zeit, in deren Verlauf Śuka und andere zur Erlösung gelangt sind. Unendlich ist die zukünftige Zeit, in deren Verlauf noch andere zur Erlösung gelangen werden. So wird für Dich die Unterschiedlichkeit des Erlöst- und des Nichterlöstseins bestehen, bis Du zum Bewußtsein des höchsten Selbsts erwachst."[11]

---

[9] SŚ I v. 317 vergleicht Sarvajñātman selber, wohl auf das Agnihotra-Ritual anspielend, das Nichtwissen mit einem Klumpen Butter, der die lodernde Flamme vorübergehend zudeckt und dämpft, bevor er darin wegschmilzt. Zum Thema des illusorischen und doch vorläufig unentbehrlichen Meisters siehe noch SŚ II v. 227 und II v. 163.

[10] Dieser Umstand mag vielleicht dafür Rechenschaft ablegen, daß viele Vertreter des Advaita diese Lehre oft als eine bloß annehmbare Einstellung, fast als ein "Sprachspiel" unter anderen, gelten lassen möchten. Man vergleiche z. B. Prakāśātmans PPV 269-270.

[11] SŚ II vv. 128-131: *muktāmuktau vidvadajñau tvadanyau ākāśādi kṣamāvasānaṃ viśvam* | *svāvidyotthasvāntaniṣpandanaṃ tad vijñātavyaṃ mā grahīr anyathaitat* ‖ *kālo 'tito 'nādir eṣyann ananto muktāmuktau tatra pūrvaṃ tathordhvam* | *tasmād etad durghaṭam śaṅkase cet mā saṅkiṣṭhāḥ svapnadṛṣṭāntadṛṣṭeḥ* ‖ *supto jantuḥ svalpamātre 'pi kāle koṭīḥ paśyed vṛttasaṃvatsarāṇām* | *paśyet koṭīr evam āgāmunāṃ ca jāgratkāle yojayet sarvam etat* ‖ *kālo 'nādis tatra muktaḥ śukhādiḥ kālo 'nanto mokṣyate tatra cānyaḥ* | *ityevaṃ te bandhamokṣavyasthāsaṃsiddhiḥ syād āparātmaprabodhāt* ‖ .

Es ist von vornherein klar, daß hier dem Śuka genau dieselbe Bedeutung zukommt wie oben dem Vāmadeva im Text des PPV. Das heißt Sarvajñātman bezweifelt auch nicht die fromme Überlieferung, es seien viele Weisen der Vergangenheit zur Erlösung gelangt. Aber die Kluft zwischen dem innerlichen Ereignis der Erlösung selbst und seiner theoretischen Eintragbarkeit in die Weltgeschichte ist hier noch breiter als bei Prakāśātman. Dies hängt wohl mit der ganz eigenartigen Berufung auf ein Traumparadigma zusammen, nach dem die träumende Seele nicht nur einer subjektiven Verkürzung bzw. Verlängerung der objektiv gemessenen Zeit fähig sei, sondern darüber hinaus buchstäblich weit in die Zukunft oder in die Vergangenheit vor- und rückblicken könne.[12] Eine solche Lehre läuft, indem sie das "noch nicht" des Zukünftigen sowie das "nicht mehr" des Vergangenen als solche verleugnet, darauf hinaus, die Dreidimensionalität des äußeren Zeitverlaufs in die Scheinwelt zu verweisen. Daher die Mahnung, alles derart Erschaute wieder an die lebendige Gegenwart ("die Zeit des Wachseins") anzuknüpfen. Nur die Gegenwart sei wirklich da. Die beiden anderen Dimensionen der Zeit würden nur intentional, und zwar unter dem Einfluß des Nichtwissens, projiziert. Wenn dem so ist, kann man schon verstehen, warum ihr Verschwinden keine Spur in der Weltzeit hinterlassen kann und warum es zugleich philosophisch unbefriedigend ist, so ein Ereignis als "nur privat" zu bezeichnen. Denn eben der Unterschied zwischen privat und öffentlich, subjektiv und objektiv, wird hier aufgehoben.

Der *ekajīvavāda* läßt sich ausschließlich auf jene Seele anwenden, die eben damit beschäftigt ist, ihre ganze Subjektivität, ihre "Ichheit", abzulegen. In einer besonderen, höchst kritischen Phase dieses Prozesses dehnt sich die Seele sozusagen ins Unendliche aus, als schließe sie das ganze Universum in sich ein. Ist dies einmal geschehen, dann steht der Erlöste jenseits des "Einer oder Viele"-Dilemmas. Er ist niemand mehr und doch zugleich jeder. Diese Anonymität führt wiederum zu vielen anderen Paradoxien, deren nähere Untersuchung uns jedoch weit über die Grenzen des jetzigen Beitrags fortreißen würde.[13]

---

[12] Vgl. Śaṅkaras Brahmasūtrabhāṣyam III 2.4, worin den Träumen unter Umständen ein gewisser prophetischer Wert zuerkannt wird.

[13] Ich möchte nur abschließend darauf aufmerksam machen, daß Sarvajñātman in einem anderen Zusammenhang (SŚ II 86-90) einen gewissen Parallelismus zwischen drei abgestuften ontologisch-metaphysischen Thesen einerseits und drei ebenso abgestuften "Seelenlehren" andererseits aufstellt. Dem Standpunkt der realen Weltentfaltung (*pariṇāmavāda*) z. B. entspräche die Vielfältigkeit der Seelen (*anekajīvavāda*). Der Standpunkt der Scheinentfaltung (*vivartavāda*) würde mit dem der einzigen Seele (*ekajīvavāda*) übereinstimmen. Dem höchsten metaphysischen Standpunkt schließlich, dem sogenannten "Akosmismus" (*ajātivāda*) sollte etwas wie ein *ekānekātītajīvavāda* entsprechen (letztere Wortbildung findet sich jedoch nicht im SŚ).

Zum Schluß seien nur noch einige Bemerkungen zum Thema *jīvanmukti* angeführt, und zwar in der Absicht, die eschatologische Relevanz eines solchen Begriffs zu unterstreichen. Die Frage ob, wie und inwiefern der Tod schon im Diesseits vorweggenommen werden kann, spielt in jeder Eschatologie eine entscheidende Rolle. In dieser Hinsicht könnte man vielleicht ein Modell entwerfen, nach dem alle historisch belegten Jenseitsvorstellungen sich auf einer kontinuierlichen Skala einordnen ließen, deren Extreme einerseits mit der indischen *jīvanmukti*, andererseits mit der christlichen bzw. islamischen Auferstehungslehre zu identifizieren wären.

Im ersten Fall wird an die Möglichkeit geglaubt, den je eigenen Tod, sei es durch Meditation oder Askese, Yoga-Übungen und dergleichen, zu antizipieren. Das Sterben einüben aber heißt, den eigenen Geist derart "manipulieren", daß er seiner Ewigkeit, seiner prinzipiellen Unbeflecktheit, seiner Erhabenheit über jede Form des Übels wieder bewußt wird, und in dieser Gewißheit den herankommenden Tod nur noch als trivialen Zwischenfall betrachtet. Dieser Weg der vorwiegend innerlichen Askese als Vorwegnahme des Todes läßt sich vielleicht am besten am Falle des berühmten indischen Weisen Ramana Maharshi verbildlichen, der mit siebzehn Jahren zur *mukti* gelangt sein soll, indem er eine plötzlich hereinbrechende Todesangst dadurch überwand, daß er sich buchstäblich "tot stellte", das Versagen aller seiner körperlichen Funktionen antizipierend feststellte (oder festzustellen glaubte?) und in diesem Zustand der totalen Ohnmacht die Unversehrtheit, besser Unversehrbarkeit seines eigentlichen Wesens entdeckte.

Eine mildere, nicht so konsequent durchgeführte Version der selben Einstellung zum Tode finden wir etwa im alten Griechenland, besonders in der orphisch-platonischen Tradition. Phaïdon 64a z. B. heißt es von der philosophischen Lebensweise: "Das Volk hat davon keine Ahnung, daß ein solcher Mensch gar keine andere Beschäftigung hat, als zu sterben und tot zu sein."[14] Solche Formeln wurden meistens erbaulich-abschwächend im Sinne einer bloßen Vorbereitung auf den Tod (*meditatio mortis*) umgedeutet. Sie zielen jedoch ursprünglich auf eine antizipierende Einübung des Todes ab. Eine gewisse Abweichung von der eigentlichen indischen *jīvanmukti*-Auffassung läßt sich allerdings aus dem Verhalten des Sokrates selbst, wie es eben im *Phaïdon* zum Vorschein kommt, vermuten. Kurz bevor er den Schierlingsbecher leert, rekapituliert Sokrates seine ganze Beweisführung im Dienst der Unsterblichkeit der Seele. Aber auf einmal scheint er von der Trefflichkeit seiner eigenen Argumente nicht mehr so fest überzeugt: es könnte schließlich der Fall sein

---

[14] *oti ouden allo autoï épitèdeuousin è apothneskein kai tethnanai.*

– gibt er zu verstehen –, daß sich die Seele doch im Tode auflöse. Dennoch "an das Gegenteil zu glauben und sein Leben dementsprechend zu gestalten, heißt ein schönes Risiko hinnehmen".[15] Hier offenbart sich eine letztlich unüberwindbare Dunkelheit des Todes, in die man schweigend, wenn auch mit offenen Augen, hineinzutreten hat.

Nach der christlichen Auferstehungslehre hingegen – und besonders in ihrer zeitgenössischen Form – besteht überhaupt keine Möglichkeit, über die Schranke des Todes hinüberzublicken. In unserer Zeit, am Ende eines fast zweitausendjährigen Entwicklungs- und Zerfallprozesses, sind die mittelalterlichen Paradies-, Höllen- und Fegefeuerbilder praktisch spurlos verschwunden. Die christlichen Jenseitsvorstellungen sind jeder Anschaulichkeit verlustig geworden. Was bleibt, ist nur der nackte Glaube an Gott als die Allmacht und die absolute Liebe. Der sterbende Christ kann sich in der Finsternis nur der göttlichen Gnade anheimgeben, auf daß sie ihn "eines Tages", in einer ganz unbestimmten Zukunft und auf völlig unvorstellbare Weise, zum ewigen Leben erwecke. Zwischen diesen beiden Gegenpolen erstreckt sich die ganze Spannweite unserer möglichen Einstellungen zu Tod und Jenseits.

Abkürzungen und bibliographische Angaben:

PPV — Prakāśātmans Pañcapādikāvivaraṇam (ed. CHANDRASEKHARAN), MGOS 155, Madras 1958

SŚ — Sarvajñātmans Saṃkṣepaśārīrakam (ed. and transl. N. VEEZHINATHAN), Madras University Philosophical Series 18, Madras 1972

[15] *Phaidon* 114d.

BEI LEBZEITEN DAS TODLOSE ERREICHEN[1]

ZUM BEGRIFF AMATA IM ALTEN BUDDHISMUS

Von Tilmann Vetter, Leiden[2]

Zuerst will ich auf die Schwierigkeiten eingehen, die entstehen, wenn man die Ideen unseres Gastgebers auf buddhistische Texte anwenden will.

In diesen Texten gibt es aber doch einiges, was zumindest halbwegs paßt. Dazu gehören Sätze im Pāli-Kanon, die das Wort *amata* verwenden. Der Hauptteil meines Vortrags konzentriert sich auf die historisch wohl wichtigste dieser Stellen und streift einige andere.[3]

Diese philologisch-hermeneutische Untersuchung wird schließlich im Hinblick auf die angebotene Religionshermeneutik zusammengefaßt.

Eine Bemerkung für Nichtindologen: zum Zwecke einer möglichst unvoreingenommenen Behandlung bleibt das Wort *amata* oft unübersetzt. Als Anhaltspunkt sei daher die Etymologie gegeben, wie sie von der Tradition in bezug auf die behandelten Sätze angenommen und von modernen Gelehrten nicht in Frage gestellt wird. *amata* ist da eine Verneinung von *mata*, des Verbaladjektivs der Wurzel *mar* (sterben), also nicht der Wurzel *man* (denken), und bedeutet wörtlich: das, woran der Vorgang des Sterbens nicht stattfindet und sein Resultat, der Tod, nicht eintritt.[4]

---

[1] Das sind Worte, die NYANATILOKA (in seiner 1927 entstandenen und 1941 revidierten Übersetzung des Visuddhi-Magga [Konstanz 1952]: 279) benutzt hat, um den Nebensatz "*sace diṭṭhe va dhamme amataṃ nādhigameti*" am Ende des *maraṇasati*-Abschnitts im achten Kapitel (ed. WARREN and KOSAMBI, Cambridge Mass. 1950: 197,25) wiederzugeben: "sollte er nicht schon bei Lebzeiten das Todlose erreichen" [lies mit C: *nārādheti*?]. Dieser Nebensatz erinnert an die Stelle im Vinaya, die unten zentral steht. Übrigens bleibt unberücksichtigt, was der Visuddhi-Magga sonst noch zum Thema des Todes zu sagen hat.

[2] Für Anregungen zur Verbesserung des Vortrags sei Henk Blezer, Jan de Breet, Lambert Schmithausen und Albrecht Wezler herzlich gedankt.

[3] Mehr Stellen sind mittels des Critical Pāli Dictionary (CPD) und der Pāli Tipiṭakam Concordance s.v. *amata* zu finden. Im folgenden werden für Texte die Abkürzungen des CPD benutzt. Wenn dabei nicht der Zusatz "Nal." (= Nālandā-Devanāgarī-Pāli-Series, 1956 ff.) erscheint, handelt es sich um Ausgaben der Pali Text Society (PTS).

[4] In D II 336 findet sich einmal die Bedeutung "noch nicht eingetreten ist". Hier muß aber wohl *āmata* gelesen werden; siehe CPD s.v. *āmata* – Die Bedeutung des Adjektivs *amata* wird vom CPD als "free from death, beyond the reach of death" angegeben. Daneben ist ein substantivischer Gebrauch registriert, zu dem drei Bedeutungen gegeben werden:

Zuerst also etwas zu den Ideen unseres Gastgebers und den Möglichkeiten, in buddhistischen Texten etwas Entsprechendes zu finden.

In den vorbereitenden Gedanken zu diesem Symposium behandelt GERHARD OBERHAMMER[5] den Tod auf eine beeindruckende und wohl in hohem Maße christlicher Tradition verpflichteten Weise. Den in dieser Tradition früher sehr einflußreichen Dualismus von Seele und Körper weist er aber ab. Dies öffnet Möglichkeiten der Anwendung auf buddhistische Texte. Probleme bleiben indes.

Weder das Erhaltenbleiben der je eigenen Existenz, wie vorsichtig auch von OBERHAMMER gedacht, noch ein bejahendes Verhältnis zur Körperlichkeit gehören zu derjenigen Zielsetzung, welche buddhistische Texte mit dem Wort Nirvāṇa andeuten.

Wo es in ihnen jedoch um eine bessere Wiedergeburt oder um zukünftige Buddhaschaft geht – die je eigene Existenz also irgendwie erhalten bleibt –, gilt der Tod nicht als ein einmaliges Phänomen und soll auch nicht so erfahren werden.

Wo es ihnen nämlich um eine bessere Wiedergeburt geht, spielt der Tod nur in dem Sinn eine Rolle, als er für den Toren, der schlecht gehandelt hat, den unumkehrbaren Übergang zu einer leidvollen Existenz bedeutet.[6]

Und wo es ihnen um zukünftige Buddhaschaft geht, ist zwar bisweilen ein Verhältnis zur Körperlichkeit da, das sich in positiver Weise von dem bei der Zielsetzung des Nirvāṇa abhebt.[7] Dabei wird aber der Tod nicht sehr ernst genommen.

Um beim Thema des Todes auf dem von unserm Gastgeber erwarteten Niveau zu bleiben, sehe ich im Rahmen meiner eigenen Kenntnisse die besten Möglichkeiten beim alten Buddhismus.

---

1. celestial food, nectar, 2. meton. for salvation, a synonym of nibbāna, 3. water. Unter Punkt zwei erscheint der Satz *amataṃ adhigataṃ* in Vin I 9,15-30, der uns vor allem beschäftigen wird. Im Lichte dieser Beschäftigung muß der Vorschlag "meton. for salvation, a synonym for nibbāna" als ziemlich oberflächlich bezeichnet werden. Er könnte allerdings die Funktion des Wortes an andern Stellen gut wiedergeben. Bei den Punkten 1. und 3. des substantivischen Gebrauchs hat man sich, wenn man ihnen wirklich gerecht werden will, der Konnotationen bewußt zu werden, die damit gegeben sind. Die meisten der erwähnten Stellen stützen sich zwar auf die Vorstellung einer den Tod aufschiebenden Flüssigkeit, welche die Götter trinken oder womit sie einander oder sich selbst besprengen. Die unter 1. erscheinenden spielen aber nur damit, um etwas zu übermitteln, was weniger konkret ist; die unter 3. genannten mögen zwar nur Wasser meinen, lassen mit dem Wort *amata* aber eine Wertschätzung mitklingen, die in andern Wörtern für Wasser fehlt.

[5] 'Religionshermeneutische Bemerkungen zum Phänomen des Todes' in diesem Band.

[6] Vgl. hierzu, was unten über die "drei Götterboten" gesagt ist.

[7] Zum Beispiel, wenn in der Ratnāvalī (ed. M. HAHN, Bonn 1982, 2.75 ff.) dem Bodhisattva die 32 Merkmale eines großen Mannes versprochen werden.

Damit komme ich zum Hauptteil meines Vortrags, in dem ich mich auf die historisch wohl wichtigste *amata*-Stelle im Pāli-Kanon konzentriere. Sie findet sich in der Einleitung eines Berichts am Anfang des Vinaya, dem die Tradition den Titel "das Inbewegungsetzen des Rades des Dhamma" (*dhammacakkappavattana*) gegeben hat.[8] In dieser Einleitung ist sie der erste inhaltlich relevante Satz.

Die Stelle soll zuerst von dieser Einleitung und den ersten Sätzen des Berichts (bis Nal. 13,12) her verstanden werden; dann mit Hilfe der nach den ersten Sätzen folgenden vier edlen Wahrheiten. Zuletzt werden noch ein paar andere Stellen über *amata* herangezogen.

Diese Einleitung beginnt damit, daß der Buddha nach Benares geht und in einem Park fünf Asketen aufsucht, die er von früher kannte.[9] Sie hatten sich,

---

[8] Im Nal. Mahāvagga ist dem Textstück pp. 13,3-16,11 (PTS pp. 10-13), das mit dem Vermeiden der zwei Extreme beginnt, der Titel Dhammacakkappavattana gegeben (der Ausdruck *dhammacakkaṃ pavattetuṃ* ist p. 11,18 im Text selbst zu finden). Dies geschah wohl im Anschluß an Saṃyutta Nikāya 56.11 (S V 420).

Als "Einleitung" zu diesem "Drehen des Dhamma-Rades" kann man zwar alles, was im Mahāvagga vorhergeht, auffassen, hier ist aber damit nur das Textstück 11,25 - 13,2 gemeint, das mit der Ankunft des Buddha in Benares beginnt.

Parallelstellen in anderen kanonischen Schriften sind behandelt in A. BAREAU, *Recherches sur la biographie du Buddha dans les Sûtrapiṭaka et les Vinayapiṭaka anciens: De la quête de l'éveil à la conversion de Śāriputra et de Maudgalyāna*, Paris 1963: 161-182. Von den von BAREAU herangezogenen chinesischen Versionen unterstützt übrigens nur der Vinaya der Dharmaguptakas die Auffassung, der Buddha habe zuallererst nur die Erlangung des Amata verkündet (T. 1428 p. 788a1). In T. 1421 p. 104b18 wird von einer Überwindung von Geburt und Tod gesprochen und in T. 26 p. 888c13-16 vom Suchen und Finden des krankheitslosen, alterslosen, todlosen höchsten Heils, was ich im Lichte untenstehender Ausführungen als eine Angleichung an das Schema der vier edlen Wahrheiten betrachte. Nichts erbringen in dieser Hinsicht E. WALDSCHMIDTS Edition des Catuṣpariṣatsūtra (Berlin 1962: 444-445) und *The Gilgit Manuscript of the Sanghabhedavastu* (Part I, ed. R. GNOLI with the assistance of T. VENKATACHARYA, Roma 1977: 134); es wird aber wohl kaum jemand behaupten wollen, daß diese Texte überall einen älteren Stand der Überlieferung widerspiegeln als die erstgenannten. Vgl. auch Lalitavistara (ed. LEFMAN, p. 409): *amṛtaṃ mayā bhikṣavaḥ sākṣātkṛto* [sic!].

Mehr Literatur ist zu finden in L. SCHMITHAUSEN, On some Aspects of Descriptions or Theories of 'Liberating Insight' and 'Enlightenment' in Early Buddhism. In: *Studien zum Jainismus und Buddhismus*. Gedenkschrift für Ludwig Alsdorf, hrsg. K. BRUHN und A. WEZLER. Wiesbaden 1981: 202 Anm. 8.

Meine eigene Darstellung des Berichts in VETTER 1988, Chapters II-IV wird durch untenstehende Ausführungen in dem Sinn revidiert, daß die vier edlen Wahrheiten nun nicht mehr als ein theoretischer Rahmen aufgefaßt werden, der auch für das vorhergehende Textstück gilt; sie werden nun als Ergänzung zu diesem Stück angesehen.

[9] Davor (Nal. 11, 8-24; auch in M I 170,33 - 171,17) wird übrigens erwähnt, daß der Buddha auf dem Wege den Asketen Upaka traf und ihm unter anderem, ohne damit viel Eindruck zu machen, in Versen mitteilte, daß er in Benares die Trommel des *amata* schlagen werde. Und davor wiederum (Nal. 7,10 [8,11; 9,11] und 10,6; Parallelstellen sind zu finden

während er sich extreme Entbehrungen auferlegte, in seiner Nähe aufgehalten, offensichtlich erwartend, daß er damit etwas entdecken würde, wovon auch sie profitieren könnten. Nachdem er diese Kasteiungen aufgegeben hatte, hatten sie sich enttäuscht von ihm abgewandt; in ihren Augen war er lax geworden und zu nichts mehr imstande.

Es macht ihnen nun Mühe, ihn höflich zu empfangen. Das geschieht schließlich, ist dem Buddha aber nicht genug. Er fordert sie auf, ihn, der sich nun Tathāgata nennt[10], nicht mehr mit dem Namen[11] oder mit *āvuso*, einem Titel, den man Gleichen gab, anzureden. Nämlich, so spricht er[12]:

"Ein Arhat ist der Tathāgata [jetzt], Bhikkhus, völlig erwacht. Hört zu, Bhikkhus, das *amata* ist erlangt (*adhigata*). Ich belehre, ich verkünde den Dhamma. Wenn ihr der Belehrung entsprechend handelt, wird es nicht lange dauern, bis ihr jenes höchste Ziel des heiligen Wandels (*brahmacariya*), um dessentwillen Angehörige besserer Familien[13] (*kulaputta*) völlig[14] aus dem

---

in E. LAMOTTE, *Le Traité de la Grande Vertu de Sagesse*, Tome 1, Louvain-Leuven 1949, réimpr. 1966: 55-62) wird in Versen, welche die umgebende Prosa dem Brahmā Sahāmpati zuschreibt, die Öffnung des Tors des *amata* erbeten, und in einem dem Buddha zugeschriebenen Vers versprochen. Von einer Auswertung dieser Verse möchte ich vorläufig absehen. Es ist für uns schwer, uns ein Gespräch in Versen vorzustellen. Als Resümee könnten Verse allerdings von hohem Alter sein und wegen der geschlossenen Form den Eingriffen Späterer weniger ausgesetzt als Prosa. Sollte es sich hier um eine spätere Konstruktion handeln – man beachte, daß der Vers über die Öffnung der Tore des *amata* auch in der Vipassin-Legende (D II 39) erscheint, die neue Elemente in die Gotama-Legende einführt (siehe unten) –, so bliebe doch bemerkenswert, daß *amata* noch immer mit dem Anfang der Lehrtätigkeit des Buddha verbunden wird.

[10] In Anbetracht der Tatsache, daß der Ausdruck *tathāgata* bei seinem ersten Erscheinen im Mahāvagga (Vin I 4) in der Mehrzahl vorkommt (*na kho tathāgatā hatthesu paṭigganhanti*, was bedeutet, daß Tathāgatas eine Essensgabe nicht mit den Händen in Empfang nehmen, also erst eine Schale haben müssen), müßte man hier eigentlich sagen: "sich einen Tathāgata nennt" (vgl. auch T. 26 p. 777c12: "Ich [bin ein] Tathāgata . . . "). Der Ausdruck scheint hier aber wie ein Eigenname gebraucht; vgl. VETTER 1988: 8, Anm. 2.

[11] Daß hiermit der Name Gotama gemeint sein dürfte, kann man dem ersten Satz der Entgegnung der fünf Asketen entnehmen (Nal. 12,12: *tāya pi kho tvaṃ āvuso Gotama cariyāya*, . . .), mit welchem sie zunächst noch ihr Nichtüberzeugtsein zum Ausdruck bringen.

[12] Nal. 12,8-11: *arahaṃ, bhikkhave, tathāgato sammāsambuddho, odahatha, bhikkhave, sotaṃ, amatam adhigatam, aham anusāsāmi, ahaṃ dhammaṃ desemi | yathānusiṭṭhaṃ tathā paṭipajjamānā na cirass'eva yass'atthāya kulaputtā sammad eva agārasmā anagāriyaṃ pabbajanti tad anuttaraṃ brahmacariyapariyosānaṃ diṭṭhe va dhamme sayaṃ abhiññā sacchikatvā upasampajja viharissathā ti |* .

[13] *kula* kann auch für arme Familien verwendet werden, bekommt dann aber das Adjektiv *nīca*, z. B. Th 620 (*nīce kulaṃhi*) oder M III 205 (*nīcākulīnasaṃvattanikā*).

[14] *sammad eva*: indem sie alle Beziehungen abbrechen?

Haus in die Hauslosigkeit ziehen, schon in diesem Leben, es selbst gewahrwerdend, es verwirklichend, erwerben werdet[15]."

Es wird erzählt, daß dies zweimal wiederholt werden mußte, bevor die fünf Asketen bereit waren, offenen Geistes weitere Belehrung zu empfangen. Zu dieser weiteren Belehrung dürfte zumindest der Anfang des Abschnitts gehört haben, der jetzt mit "Drehung des Dhamma-Rades" überschrieben wird.

In diesem Anfang wird vor den Extremen der Sinnenlust und der Selbstquälung gewarnt, und auf die Entdeckung eines Weges in der Mitte (*majjhimā paṭipadā*) hingewiesen, der Sicht und Erkenntnis gewähre und zu Beruhigung, Gewahrwerdung, Erwachen (*sambodha*), Erlöschen (*nibbāna*) führe. Es liegt nahe, was hier als Resultat genannt wird, mit dem bereits erwähnten Ziel, das als schon hier und jetzt zu erlangen bezeichnet wurde, zu verbinden.[16] Ich vermute, daß dieser Weg in der Mitte für den Buddha selbst eine Entdeckung darstellte und sich ursprünglich auf die Dhyāna-Meditation bezog.[17] Er steht jedoch hier im Kontext einer Belehrung von Menschen, die sich in einer ähnlichen Situation befinden, und wird nun mit den dazu gehörigen Vorbereitungen erklärt, nämlich als ein achtgliedriger Pfad (*aṭṭhaṅgiko maggo*), dessen letztes Glied der rechte Samādhi (meditative Konzentration) ist.

Was im Vorhergehenden Brahmacariya genannt wurde, ist in diesem Pfad unter den Gliedern rechte Überzeugung, rechter Entschluß, rechte Rede, rechtes Handeln und rechte Lebensweise[18] wahrscheinlich enthalten. Dies

---

[15] 'Erwerben werdet' soll den durativen Ausdruck *upasampajja viharissatha* wiedergeben; er wird auch meistens für das Eintreten und Verweilen in einem Jhāna verwendet (z. B. M I 247).

[16] Daß auch *nibbāna* zum Hier und Jetzt gehört oder gehören kann, wird durch einen Satz wie *so diṭṭheva dhamme nicchāto nibbuto sītibhūto sukhapaṭisaṃvedī brahmabhūtena attanā viharati* (A I 197) bestätigt. Zu *brahmabhūta* siehe unten.

[17] Vgl. D III 113: *na ca bhante bhagavā kāmesu kāmasukhallikānuyogam anuyutto . . . , na ca attakilamathānuyogam anuyutto . . . , catunnaṃ ca bhagavā jhānānaṃ ābhicetasikānaṃ diṭṭhadhammasukhavihārānaṃ nikāmalābhī akicchalābhī akasiralābhī.*

[18] Nal. 13,10: *sammā-diṭṭhi, sammā-saṃkappo, sammā-vācā, sammā-kammanto, sammā-ājīvo. Sammā-diṭṭhi* müßte dann (im Sinne der stereotypen Beschreibung des Dhyāna-Wegs) die Überzeugung sein, daß das Asketenleben notwendig ist, um in spiritueller Hinsicht etwas zu erreichen. Sie führt zum "rechten Entschluß" (*sammā-saṃkappo*), das Hausleben zu verlassen und sich strengen Vorschriften in Bezug auf Sprechen, Handeln und Lebensunterhalt zu unterwerfen. Weniger günstig ist die Auslegung (VETTER 1988: 12 Anm. 4) von *sammā-diṭṭhi* im Anschluß an die Erklärung, die eine Reaktion gegen Ajita Kesakambala (vgl. D I 55) zu sein scheint und die Vergeltung ritueller und ethischer Taten und das Vorhandensein eines Jenseits verteidigt (z. B. A I 269-270: *atthi dinnaṃ atthi yiṭṭhaṃ atthi hutaṃ atthi sukata-dukkaṭānaṃ kammānaṃ phalaṃ vipāko atthi ayaṃ loko atthi paro loko* etc.). Das letzte Stück dieser Erklärung hat allerdings mit unserm Text den Ausdruck *sayaṃ abhiññā sacchikatvā* gemeinsam. Es sagt, daß es hochentwickelte Asketen und Brahmanen gibt, welche diese Welt

sind Elemente, die auch bei anderen Asketen anzutreffen sind; vielleicht waren den Zuhörern auch die Begriffe rechte Anstrengung und rechte Bewußtheit[19] bekannt.

Neu und unerwartet muß aber für sie der rechte Samādhi gewesen sein. Dabei spielen nämlich, wenn man die Beschreibung der Jhāna-stufen heranzieht, am Anfang nichtsinnliche Glücksgefühle eine Rolle.[20] Ihnen waren jedoch, wie ihrer kritischen Haltung zu entnehmen ist, nur Glücksgefühle bekannt, die mit Sinnlichkeit verbunden waren.[21] Neu und unerwartet wird für sie auch gewesen sein, daß die von ihnen so hochgeschätzten Kasteiungen[22] nicht empfohlen werden. Auf beide Erneuerungen werden sie vorbereitet, indem zuerst von einem Weg in der Mitte zwischen Sinnenlust und Selbstquälung gesprochen wird.

Bis hierher macht der Bericht (Einleitung und erste Sätze des Stücks, das Drehung des Dhamma-Rades genannt ist) einen ziemlich kohärenten Eindruck.[23] Dann kommen die vier edlen Wahrheiten, worüber später.

Was hat man sich nun von diesem Kontext aus bei dem am Anfang auftretenden *amata*, das als erlangt bezeichnet wird, zu denken?

---

und jene Welt aus eigener Erfahrung beschreiben (*atthi loke samaṇabrāhmaṇā sammaggatā sammāpaṭipannā ye imaṃ ca lokaṃ paraṃ ca lokaṃ sayaṃ abhiññā sacchikatvā pavedenti*).

19 *sammā-vayāmo, sammā-sati.*

20 In D III 222 sogar bis zuletzt: *katamā . . . samādhibhāvanā bhāvitā bahulīkatā diṭṭhadhammasukhavihārāya saṃvattati? idha . . . bhikkhu vivicc'eva kāmehi vivicca akusalehi dhammehi savitakkaṃ . . . pe . . . catutthaṃ jhānaṃ upasampajja viharati*. Beim vierten Jhāna geht es wohl um eine andere Art Glück; zu diesem übertragenen Gebrauch des Wortes *sukha* vgl. Th 220a: *taṃ sukhena sukhaṃ laddhaṃ*; 227a/263a: *susukhaṃ vata nibbānaṃ*; 884cd: *appamatto hi jhāyanto pappoti paramaṃ sukhaṃ.*

21 Man vergleiche hierzu D III 130-132, wo zwischen niederem und höherem *sukhallikānuyoga* unterschieden wird. Das niedere "Hingegebensein an das Angenehme" entspricht dem *kāmasukhallikānuyoga* der ersten Predigt, das höhere wird mit den vier Jhānas gleichgesetzt, wobei allerdings *sukha* im Falle des vierten Jhāna nur eine übertragene Bedeutung haben kann.

22 Vgl. Nal. 12,13 . . . *tāya dukkarakārikāya nevajjhagā uttarimanussadhammaṃ . . . , kiṃ pana tvaṃ etarahi . . . adhigamissasi . . .*

23 Der Eindruck der Kohärenz wird nicht gefährdet durch die Vermutung, daß zumindest von der Einführung des achtfachen Pfads ab die Predigt des Buddha schon eine leicht entwickelte und zugleich auch schon komprimierte Form zeigt. Der Pfad braucht nicht von Anfang an genau acht Teile enthalten zu haben; auch hat sich der Buddha wahrscheinlich nicht mit der Nennung einiger abstrakter Termini für die Teile des Pfads begnügt. Man beachte eine Passage in M I 173, die mit dem Anfang des Vinaya-Bericht identisch ist. Anstelle der Lehre des Wegs der Mitte und des achtgliedrigen Pfads wird da aber von einer intensiven Schulung berichtet, die tagelang dauerte (abzuleiten aus der Mitteilung, daß immer nur ein Teil der Mönche um Essen bettelte).

Vorausgeschickt sei eine isolierte Betrachtung des Satzes *amatam adhigatam*. *Amata* gehört wahrscheinlich zu den ersten Begriffen, die der Buddha verwendete. Es hatte nämlich später wenig Einfluß. Und ein Motiv der Nachfolger, um es selbst an diesen prominenten Platz zu setzen, ist mir nicht bekannt.

Es könnte daher in der Nähe vedischer Verwendungen des Wortes *amṛta* stehen. Drei Möglichkeiten der Auslegung von *amatam adhigatam* scheinen sich von daher anzubieten:

Der Buddha könnte gesagt haben,

1) daß er nicht sterben werde,[24]

2) daß er nach dem Tode in einer Himmelswelt unsterblich sein werde,[25] oder

3) daß er unsterblich sei, insofern er in sich selbst eine Entität gefunden hat, die unvergänglich ist[26].[27]

Für den ersten Vorschlag ist im Pāli-Kanon insofern eine Art Bestätigung zu finden, als zumindest die Idee vorkommt, man könne den Tod sehr lange aufschieben. Man muß dann allerdings das Wort *kappa* in Dīgha-Nikāya II 103 als "Weltperiode" auffassen und nicht, wie einige wollen, als "century". An der Stelle sagt der Buddha, daß jeder, der die vier Grundlagen übernormaler Macht intensiv geübt hat, wenn er will, einen *kappa* oder selbst noch über einen *kappa* hinaus am Leben bleiben könne.[28]

---

[24] Auf diesen vedischen Hintergrund wird von S. COLLINS (*Selfless Persons*, Cambridge 1982: 42-44) unter Berufung auf J. GONDA und einige andere Autoren hingewiesen.

[25] Vgl. hierzu etwa Aitareya-Upaniṣad 4,6 = II 1. 6: *sa evaṃ vidvān asmāc charīrabhedād ūrdhva utkramyāmuṣmin svarge loke sarvān kāmān āptvā 'mṛtaḥ samabhavat samabhavat*.

[26] Vgl. die Frage Maitreyīs in Bṛhadāraṇyaka-Upaniṣad II 4. 2: *kathaṃ tenāmṛtā syām* (und IV 5 3: *syāṃ nv ahaṃ tenāmṛtā*), die mit dem Hinweis auf *vijñānaghana* (in II 4. 12) und den unerkennbaren Erkenner (*vijñātṛ*, in II 4. 14) eine positive Antwort zu erhalten scheint.

[27] Man könnte bei *amṛta/amata* auch an ein Mittel für eines dieser drei Ziele denken, wie es der Nektar für die Vermeidung des Todes bei den Göttern war.

[28] Übersetzung im Anschluß an F. EDGERTON, *Buddhist Hybrid Sanskrit Dictionary* s.v. *kalpāvaśeṣam* und L. SCHMITHAUSEN, *Der Nirvāṇa-Abschnitt in der Viniścayasaṃgrahaṇī der Yogācārabhūmiḥ*, Wien 1969: 59-61; vgl. O. FRANKE, *Dīghanikāya*, Göttingen-Leipzig 1913: 205. Dagegen M. WALSHE, *Thus Have I Heard*, London 1987: 246: " . . . whoever has developed the four roads to power, . . . could undoubtedly live for a century, or the remainder of one"; in Note 400 beruft sich WALSHE auf die Sumangalavilāsinī, die *kappa* hier als " . . . 'the full life-span' (i. e. in Gotama's day, 100 years: cf. DN 14.1.7)" interpretiere, er folgt dem Kommentar jedoch nicht in der Deutung von *avasesa* als "was darüber hinausgeht", sondern bleibt bei der üblichen Bedeutung "the remainder".

Zum zweiten Vorschlag könnte aus dem Pāli-Kanon angeführt werden, daß den Himmelsbewohnern manchmal eine sehr lange Lebensdauer zugesprochen wird.[29]

Für den dritten Vorschlag könnten kanonische Sätze genannt werden, die sagen, daß eine Person in diesem Leben schon frei von Verlangen ist, erloschen, kühl geworden, Glück erfahrend mit einem das Brahman seienden (oder: zum Brahman gewordenen?) Selbst verweilt[30].[31]

Nun zum angedeuteten Kontext. Mit ihm haben die zwei ersten Vorschläge nichts zu tun. Der dritte hat die Beziehung des Hier und Jetzt, setzt aber eine ewige Entität voraus, mit der man sich identifizieren kann. Eine solche Entität erscheint hier nicht; sie ist als etwas objektiv Gegebenes[32] sogar ausgeschlossen, wenn man den Abschnitt heranzieht, der im Vinaya direkt auf den Abschnitt, der "Drehen des Dhamma-Rades" genannt wird, folgt. In diesem sogenannten Anattapariyāya wird gesagt, daß alles, was irgendwie gegeben ist, sei es außen oder innen, vergänglich und daher leidvoll sei und somit nicht das Selbst sein könne.

Der Einsicht, daß *amata* im angedeuteten Kontext (und seiner Fortsetzung) nicht in einem herkömmlichen Sinn aufgefaßt werden kann, braucht jedoch

---

[29] Zum Beispiel in D III 111, wo gesagt wird, daß es Götter gebe, deren Lebensdauer nicht gemessen werden könne; oder in A I 267-268, wo es heißt, die Lebenszeit der Götter der Sphäre der Raumunendlichkeit sei 20.000 *kappa*s, die der Sphäre der Unendlichkeit der Perzeption 40.000 und die der Sphäre der Nichtsheit 60.000 *kappas*. Dies ist auch dann extrem lang, wenn *kappa* nur "century" bedeuten sollte.

[30] Zum Beispiel A I 197: *so diṭṭheva dhamme nicchāto nibbuto sītibhūto sukhapaṭisaṃvedī brahmabhūtena attanā viharati*. In einem Sanskritfragment der Viniścayasaṃgrahaṇī (St. Petersburg MS. Ind. VII.23), das zur Zeit von KAZUNOBU MATSUDA bearbeitet wird, findet sich die folgende auf das *vijñāna* zu beziehende Aussage: *dṛṣṭa eva dharme niśchāyaṃ* [sic!] *nirvṛtaṃ śāntaṃ śītibhūtaṃ brahmībhūtam*. Weitere Stellen zu *brahmabhūtena attanā viharati* sind gesammelt in J. PÉREZ-REMÓN, *Self and Non-Self in Early Buddhism*, The Hague-Paris-New York 1980: 113-118. Vgl. auch Th 831: *brahmabhūto . . . modāmi akutobhayo*.

Buddhistische Dogmatik gibt dem *brahman* zwar nicht die Bedeutung einer kosmischen Entität. Das schließt aber nicht die Möglichkeit aus, daß ursprünglich ein mit *ātman* oder *vijñāna* verbundenes *brahmabhūta* einen geistigen Zustand mit Bezug auf upaniṣadische Vorstellungen würdigte oder empfahl.

[31] Zur möglichen Auffassung als eines Mittels für "Unsterblichkeit", könnte man an einen Satz wie *"idānāhaṃ bhante bhagavatā dhammiyā kathāya amatena abhisitto"* (S III 2) denken, zumindest wenn man ihn im Sinne von Milindapañha, 335-336 liest: *amataṃ . . . Bhagavatā akkhātaṃ, yena amatena so Bhagavā sadevakaṃ lokaṃ abhisiñci, yena amatena abhisittā devamanussā jāti-jarā-byādhi-maraṇa-soka- . . . -upāyāsehi parimucciṃsu. katamaṃ taṃ amataṃ: yad-idaṃ kāyagatāsati*.

[32] Man beachte jedoch, daß Bṛhadāraṇyaka-Upaniṣad II 4. 14 den Erkenner unerkennbar, und III 9. 26 das Selbst unfaßbar nennt.

nicht zu folgen, daß man nur eine rein metaphorische Verwendung annimmt und dann etwa, ohne mehr zu meinen als Vorzüglichkeit, mit "Nektar"[33] oder "Ambrosia"[34] übersetzt.

An unserer Stelle ist die Sache, die gemeint ist, noch nicht bekannt; *amata* kann dann schwerlich bloß auf ihre Vorzüglichkeit bezogen werden. Die nächsten Sätze legen nahe, daß es um etwas eminent Praktisches geht. Es ist daher zu erwarten, daß hier ein bekannter Begriff mit einer neuen und zugleich greifbaren Bedeutung versehen wurde. Sie zu erschließen, stehen uns vorläufig der kleine Kontext und die Etymologie von *amata* zur Verfügung. Die daraus hervorgehende Hypothese wird dann an anderen Teilen des Kanons geprüft.

Umdeutung eines bekannten Begriffs kommt öfter im Kanon vor. Es geht dabei meist um etwas für die Praxis Brauchbares. Das bekannteste Beispiel ist wohl der althergebrachte Titel Brahmane. Alle Vorrechte, die unter diesem Titel aufgrund von Abstammung beansprucht werden, sollen nur dem zukommen, der sich dafür durch ein deutlich umschriebenes Betragen und damit verbundene geistige Errungenschaften qualifiziert[35].

Kontext und Etymologie führen mich nun zu der Annahme, der Ausspruch "*amata* ist erlangt" bedeute, daß der Tod nicht mehr gefürchtet wird, weder hier und jetzt, noch in einem Jenseits; und auch, daß aktuelle Todesangst ausgeschlossen ist.[36] Wichtigster Grund für diese Annahme ist die meditative

---

[33] Wie etwa in der chinesischen Übersetzung des Vinaya der Dharmaguptakas, wo in dem Stück, das dem Pāli-Bericht entspricht, *amata* mit "süßer Tau" (*gān lù*) wiedergegeben ist (T. 1428 p. 788a1).

[34] Vgl. C. RHYS DAVIDS, *Kindred Sayings*, 1: 174: "Open for them the doors stand to Ambrosia." (zitiert nach E. LAMOTTE, *Le Traité de la Grande Vertu de Sagesse*, Louvain-Leuven 1949, réimpr. 1966: 61); so auch *The Pali Text Society's Pali-English Dictionary* (1921-1925) s.v. *amata* bei den meisten Composita.

[35] Viel Material hierzu ist im Vāsetthasutta des Suttanipāta zu finden, z. B. v. 629:
nidhāya daṇḍaṃ bhūtesu tasesu thāvaresu ca |
yo na hanti na ghāteti tam ahaṃ brūmi brāhmaṇaṃ ||.
Vgl. Th 631 und die Ajapālakathā, die zweite Geschichte des Mahāvagga (Vin I 2-3).

[36] Es gibt einige Theragāthā-Verse, in denen das Gehen des (achtgliedrigen) Pfads oder das Meditieren als Mittel für die Erlangung des *amata* und/oder die Überwindung von Furcht angedeutet sind. Die Tatsache, daß die Sammlung als solche und in vielen Teilen keinen sehr alten Eindruck macht, schließt nicht aus, daß an Punkten wie den hier zu nennenden Altes bewahrt oder reproduziert ist. – Das interessanteste Dokument ist wohl der einzeln stehende Vers Th 21:
nāhaṃ bhayassa bhāyāmi, satthā no amatassa kovido |
yattha bhayaṃ nāvatiṭṭhati tena maggena vajanti bhikkhavo ||
(NORMAN 1969: 3: "I am not afraid of fear [Gefahr, T.V.]; our teacher is well-skilled in the undying; where fear does not remain, there by the (eightfold) road the bhikkhus go."). –

Erfahrung, die am Ende des in der Nähe stehenden achtgliedrigen Pfads angezeigt ist.

Ich denke also hier nicht nur an eine Beendigung zukünftiger Tode. Das würde dem auf *amatam adhigatam* folgenden Satz kein Recht tun, der von einem hier und jetzt schon verwirklichten Erwerb jenes Ziels spricht, um dessentwillen Leute, die das nicht nötig haben, Kulaputtas, die Lebensweise hausloser Bettler wählen.

Hier-und-Jetzt und *amata*-Erfahrung kommen im Kanon auch in einem einzigen kurzen Satz zusammen vor. Dazu will ich am Ende dieser Untersuchung noch ein beeindruckendes Zeugnis vorlegen.

Zuerst möchte ich aber in einem erweiterten Kontext prüfen, ob das in *amata* verneinte *mata* den antizipierten Tod betreffen kann, und nicht vielleicht nur den aktuellen Sterbeprozeß. Ist das so, und wird andererseits der wirkliche Tod nicht geleugnet, dann kann der Hinweis auf die Erlangung des *amata* bedeuten, daß man sich nicht mehr vor dem Totsein fürchtet.

Dafür werden nun die auf den behandelten Abschnitt folgenden vier edlen Wahrheiten herangezogen, die bekanntlich bei der ersten Wahrheit *maraṇa*

Ferner wären zu nennen: Th 69cd:

maggaṃ papajjiṃ amatassa pattiyā; so yogakkhemassa pathassa kovido ||

(NORMAN 1969: 9: "I entered on the road for the attainment of the undying. He [d.h. der in 69ab genannte Lehrer, T.V.] is well-skilled in the path to rest-from-exertion."), Th 980cd:

bhāveth' aṭṭhaṅgikaṃ maggaṃ phusantā amataṃ padaṃ |

(NORMAN 1969: 91: "develop the eight-fold way, attaining the undying state" [wobei "attaining" nicht falsch ist, aber die stärkere wörtliche Bedeutung von *phusati*, "berühren", nicht von vornherein ausgeschlossen sein sollte, T.V.]), Th 1059 (Nal. 1062):

piṇḍapātapaṭikkanto selam āruyha Kassapo |
jhāyati anupādāno pahīnabhayabheravo ||

(NORMAN 1969: 97: "Returned from alms-begging, climbing the rock Kassapa meditates, without grasping, with fear and dread eliminated") und Th 1115 (Nal. 1118)a-c:

bhāvehi maggaṃ amatassa pattiyā niyyānikaṃ sabbadukkhakkhayogadhaṃ |
aṭṭhaṅgikaṃ sabbakilesasodhanaṃ

(NORMAN 1969: 102: "Develop the way for the attainment of the undying, leading on to salvation, plunging into the annihilation of all pain, eight-fold, purifying all defilements"). – Es sei auch ein Vers, Th 7, zitiert, der impliziert, daß Überwindung des Todes und Parinirvāṇa schon hier und jetzt erlangt sind:

yo pānudī maccurājassa senaṃ naḷasetuṃ va sudubbalaṃ mahogho |
vijitāvī apetabheravo hi danto so parinibbuto ṭhitatto

(NORMAN 1969: 1: "He who has thrust away the army of king death, as a great flood pushes down a very weak bridge of reeds, is victorious, with fears truly gone, tamed, quenched, with steadfast self."). Vgl. S I 1: *cirassaṃ vata passāmi brāhmaṇaṃ parinibbutaṃ.*

Zur Bedeutung der Todesfurcht für gewöhnliche Wesen schließlich noch ein Hinweis auf den nichtkanonischen Milindapañha, wo (148,14 - 149,14) behauptet wird, daß mit Ausnahme der Arhats alle Wesen den Tod fürchten, selbst Wesen in der Hölle, von denen man doch erwarten sollte, daß sie so schnell wie möglich daraus entrinnen wollen.

nennen, das Sterben und Tod bedeuten kann. Daß von diesen zwei Bedeutungen die des Todes, und zwar des eigenen, den man antizipiert, möglich ist und mehr Gewicht hat, werde ich nach einer Erörterung der vier edlen Wahrheiten mit vergleichbaren Aussagen im Kanon aufzuzeigen versuchen.

Zuerst also eine Bemerkung zu den vier edlen Wahrheiten. In unserem Bericht folgen sie direkt auf die Einführung des achtgliedrigen Pfads (Nal. 13,13); sie enthalten ihn auch als viertes Element. Insofern sind sie wohl das Beste, was man zur Bestimmung von *amata* heranziehen kann.

Schaut man auf das, was vorhergeht und folgt, dann empfiehlt sich jedoch, sie nicht als einen theoretischen Rahmen zu sehen, dem der achtgliedrige Pfad schon immer eingefügt war. Sinnvoller scheint es, sie als Ergänzung zu dem zunächst allein hervortretenden Diesseits-Aspekt des achtgliedrigen Pfads zu sehen, und zwar wie folgt:

Ein Gefühl, daß man sich vor dem Tod nicht mehr zu fürchten braucht, betrifft auch die ferne Zukunft. Zu diesem Gefühl sollte aber eine Einsicht kommen, die es absichert. Wie der Bericht über die Drehung des Dhamma-Rades am Ende sagt (Nal. 14,22), gab erst das Überdenken der vier edlen Wahrheiten unter drei Aspekten, also wohl vor allem die Entdeckung der Ursache der Wiedergeburt und das Bewußtsein, diese Ursache eliminiert zu haben, dem Buddha die Gewißheit, zur allerhöchsten vollen Erwachung gekommen und unerschütterlich erlöst zu sein.[37] Es geht dann nicht nur um die Überwindung von Furcht vor dem, was unvermeidlich kommt, sondern auch um die Gewißheit, daß es dieses Beängstigende und andere unangenehme Dinge in Zukunft nicht mehr geben wird.

Zur Erinnerung kurz die Struktur dieser Wahrheiten. Die erste edle Wahrheit, die im Pāli mit dem Wort *dukkha* angedeutet ist, zählt auf, worunter man leidet. Die zweite zeigt, daß das, worunter man leidet, eine Ursache hat; diese wird als "Durst" bestimmt. Die dritte zeigt, daß man diese Ursache und damit ihre Folgen, eliminieren kann. Und die vierte, daß dies mit Hilfe des in Samādhi endenden Pfads geschieht.

Dazu noch die Details der ersten edlen Wahrheit: Als das, worunter man leidet[38] erscheinen Geburt (*jāti*), Altern (*jarā*), Krankheit (*vyādhi*), *maraṇaṃ*,

---

[37] Nal. 14,24: *anuttaraṃ sammāsambodhiṃ abhisambuddho ti*, und 14,28: *akuppā me vimutti*.

[38] So muß man *dukkha* übersetzen, wenn man der Aufzählung, die Ereignisse nennt und keine Gefühle, gerecht werden will. Auch ist *dukkha* hier ein Adjektiv, das wörtlich mit "quälend" oder "leidverursachend" übersetzt werden könnte: *jāti pi dukkhā* etc. So auch in M I 49, M III 249 und Vibhaṅga 99. Jedoch nicht in *The Gilgit Manuscript of the Saṅghabhedavastu* (ed. by R. GNOLI, Part 1, Roma 1977: 137): *jātir duḥkhaṃ, jarā duḥkhaṃ*, etc. In bezug auf die älteste Zeit würde ich nun nicht mehr wie in VETTER 1988: 14 mit "suffering" übersetzen.

Zusammensein (*sampayogo*) mit Unlieben (*appiyehi*, eine Mehrzahl, die – gegen Vibhaṅga 100 – eher auf Personen als auf Sachen weist), Trennung (*vippayogo*) von Lieben (Personen, wohl einschließlich i h r e s Tods, eher als Sachen), nicht bekommen, was man wünscht (*yaṃ p-icchaṃ na labhati*). Zum Schluß heißt es, was aber wohl kaum zum ältesten Text gehörte: in Kürze (*saṃkhittena*) die fünf Massen des Ergreifens (*pañcupādānakkhandhā*) sind das, worunter man leidet (hierbei handelt es sich nicht mehr um Ereignisse, sondern um die immer vorhandenen fünf Konstituenten der Person).

Kein ausdrücklicher Verweis auf das Hier und Jetzt ist vorhanden, nur ein Jenseitsaspekt erscheint. Er ist aus folgendem evident. Die Anfangsposition des Ereignisses Geburt bei der ersten Wahrheit legt ein im Kanon oft zu findendes Kausalverhältnis zum Rest der genannten Ereignisse nahe: Alter, Krankheit, Tod sind unvermeidlich, wenn man geboren ist; nur wenn man nicht mehr geboren wird, können sie nicht mehr auftreten.

Darauf weist auch das Adjektiv *ponobbhavika* (etwa: für das Wiedergeborenwerden verantwortlich), das den Durst, der bei der zweiten Wahrheit als Ursache für diese Ereignisse genannt ist, erläutert.

Wie gesagt, die vier edlen Wahrheiten sind am besten als Ergänzung zum vorhergehenden Diesseitsaspekt aufzufassen, nicht als ein alles umfassender Rahmen. Auch nennen sie, neben *maraṇa*, noch andere Ereignisse, die zu überwinden sind. Dies alles schließt aber nicht aus, daß mit *maraṇa* dasselbe gemeint sein könnte, wie das, was in *amatam adhigatam* als überwunden angedeutet wird. Von dieser Annahme gehe ich aus und versuche nun, zum Zwecke der Bestimmung von *a-mata* die Bedeutung von *maraṇa* bei der ersten edlen Wahrheit zu erfassen.

Es steht in der Aufzählung von Ereignissen, unter denen man leidet, vor dem Zusammensein mit unlieben (Personen), der Trennung von lieben (Personen) und dem Nichtbekommen dessen, was man wünscht.

Wenn man, was naheliegt, beim Zusammensein mit Unlieben usw. mehr an die Ereignisse selbst als an ihre Antizipation denkt, wird man, von daher in der Reihe nach vorn gehend, bei *maraṇa* eher an den Sterbeprozeß als an den Tod denken. Es ist auch nicht auszuschließen, daß die Begriffe, die vor *maraṇa* stehen, Ereignisse meinen, die Schmerzen bereiten: das Hervorkommen aus dem Mutterleib, gewisse Folgen des Alterns und Krankheiten.

Dies kann in der Tat alles mitgemeint sein, ist aber wahrscheinlich für die Gruppe von Geburt bis *maraṇa* nicht das eigentlich Gemeinte. Als ganzes oder teilweise kommt sie nämlich im Pāli-Kanon immer wieder gebündelt vor und macht an expliziten Stellen einen andern Eindruck. Da erscheinen diese Ausdrücke nicht so sehr als Erweiterung des Sterbeprozesses, sondern des Todes. Bei Alter, Krankheit und *maraṇa* geht es dabei um Dinge, die mit dem Beginn des Daseins drohen; und v o r a l l e m in der Voraussicht ihres Eintretens Ereignisse sind, unter denen man leidet.

Gebündelt kommen sehr oft die Elemente *jarā* und *maraṇa* vor. In Verstexten findet man dafür öfter die Form *jarā-maccu*, wobei *maccu* nicht leicht als Vorgang zu deuten ist.[39] Von daher gesehen, geht es auch bei *jarā* nicht so sehr um Schmerzen, die den Prozeß des Alterns begleiten können, sondern um die Unvermeidlichkeit des Verfalls.

Es gibt auch die Verbindung *jāti-maraṇa*[40], die zwar schmerzliche Phasen des Lebens meinen könnte: Geborenwerden und Sterben; aber als Andeutung des Beginn- und Endpunktes einer Existenz oder, besonders in Ostasien,[41] des immer wieder Zurückkehrens eines kurzfristigen Daseins oft mehr Sinn gibt.[42]

Die Annahme, daß diese Ereignisse vor allem *dukkha* sind, insofern sie drohen, kann ein Theragātha-Vers (450) bestätigen: Tod (*maccu*), Krankheit und Altern, diese drei nähern sich wie Feuermassen; man ist nicht stark genug, ihnen entgegenzutreten; nicht schnell genug, ihnen zu entrinnen.[43]

Das sieht man wohl, wenn man um sich schaut. Man soll sich aber dieser Ereignisse als auf einen s e l b s t zukommend bewußt werden[44] und bleiben und dadurch zu einem Handeln kommen, das die Furcht vor ihnen wegnimmt.

An einigen Stellen hat man nicht nur Verfall, Krankheit und Tod anderer als auch auf einen selbst zukommend zu erkennen, sondern auch die damit verbundene Entwürdigung.[45]

---

[39] Zum Beispiel in Th v. 751 oder Ap v. 390; in Th v. 1093 (Nal. 1096) kommt auch *maccu-jarā* vor.

[40] Zum Beispiel A I 142, 162; Th v. 1022 (Nal. 1025).

[41] So wahrscheinlich schon in AN SHIGAOS Übersetzung des Mahānidānasūtra (T. 14 p. 242a2 ff.), vgl. *saṃsāra* in D II 55 (Nal. D II 44,10).

[42] Vgl. Th v. 553ab:
anantaraṃ hi jātassa jīvitā maraṇaṃ dhuvaṃ |
(NORMAN 1969: 56: "For death is certain immediately after life for anyone who is born.").

[43] Th v. 450:
āgacchant' aggikhandhā va maccubyādhijarā tayo |
paccuggantuṃ balaṃ n' atthi, javo n' atthi palāyituṃ ‖ .

[44] Man beachte hierzu auch das jeweils die Betrachtung eines Zerfallstadiums einer Leiche abschließende: *ayam-pi kho kāyo evaṃdhammo evaṃbhāvī etaṃ anatīto ti*, z. B. in M I 58-59.

[45] Vgl. hierzu NYANATILOKAS Übersetzung von A I 145-146: "Wahrlich, der unkundige Weltling, selber dem Alter, . . . der Krankheit, . . . dem Tode unterworfen, . . . ist bedrückt, entsetzt und ekelt sich, wenn er einen Gealterten . . . einen Erkrankten . . . einen Gestorbenen sieht . . . " (*Die Lehrreden des Buddha aus der Angereihten Sammlung*, Neue Gesamtausgabe in fünf Bänden [3. revidierte Neuauflage], hrsg. NYANAPONIKA, Verlag DuMont Schauberg Köln 1969, Band 1: 134).

Abgesehen von den im Satipatthāna-Kontext (etwa M I 58) stehenden Betrachtungen von Leichen, stehen die ausführlichsten Mahnungen, den Tod anderer auf sich selbst zu beziehen, allerdings in einem legendarischen oder mythologischen Rahmen; sie passen jedoch zur ersten edlen Wahrheit und dürften die alten Intentionen gut konkretisiert haben.

Ich meine die Beobachtung eines alten, eines kranken und eines toten Mannes und dazu noch eines religiösen Bettlers. Sie erscheint im Pāli-Kanon (Dīgha-Nikāya II 21 ff.) als Motiv für den *Gang in die Hauslosigkeit* bei einer Erzählung über die Jugend des Buddha Vipassin,[46] wobei die Jugend des Buddha Gotama impliziert scheint, und in der nichtkanonischen Legende des Buddha Gotama.[47]

An andern Stellen im Kanon werden eine Frau oder ein Mann, die alt, krank oder tot sind, Götterboten genannt, die zum rechtzeitigen *Tun von guten Taten* anspornen sollen; Gestorbene werden vom Höllenkönig Yama gefragt, ob sie diese Boten nicht gesehen hätten.[48]

Von den in den verschiedenen Versionen längeren oder kürzeren Beschreibungen eines alten, kranken oder toten Menschen möchte ich einen Eindruck

---

[46] Im Kern auch in Th 73 vorhanden, das vielleicht Ausgangspunkt der Legende war:
jiṇṇañ ca disvā dukkhitaṃ ca byādhitaṃ matañ ca disvā gataṃ āyusaṃkhayaṃ |
tato ahaṃ nikkhamitūna pabbajiṃ pahāya kāmāni manoramāni ||
(NORMAN, 10: "Having seen an old man, and a miserable diseased one, and having seen a dead one come to the end of his life, then having gone forth I became a wanderer, abandoning mind-beguiling sensual pleasures.").

[47] Der Name Siddhattha/Siddhārtha, der in diesem Zusammenhang oft fällt und manchmal auch von namhaften Gelehrten dem jungen Buddha zugeschrieben wird (z.B. H. OLDENBERG, *Buddha*, hrsg. H. v. GLASENAPP, Stuttgart o.J.: 107; oder E. LAMOTTE, *Histoire du Bouddhisme Indien*, Louvain-Leuven [1958] réimpr. 1967: 16), kommt im Pāli Kanon als Eigenname Gotama Buddhas nicht vor. Erst in der Jātakatthavaṇṇanā wird er ein paarmal erwähnt (siehe G. P. MALALASEKERA, *Dictionary of Pāli Proper Names*, [1937-1938] Repr. London 1960, vol. 2: 1135). In Lalitavistara (ed. S. LEFMAN, Halle 1902: 95,22) und Mahāvastu (ed. E. SENART, Tome deuxième, Paris 1890: 26,15) hat er den Namen Sarvārthasiddha.

[48] Ein klares Urteil, welche von diesen zwei Zielsetzungen die eigentliche Absicht des Buddha wiedergebe, findet man in zwei Versen in S I 2 (vgl. I 3 und 55), zumindest wenn man der Zuteilung der Verse an eine Gottheit und an den Buddha folgt. W. GEIGER (Saṃyutta-Nikāya, Erster Band, München-Neubiberg 1930: 3) übersetzt:
Zur Seite stehend sprach dann die Devatā zu dem Erhabenen die folgende Strophe: "Es vergeht das Dasein, kurz ist die Lebenszeit; Wer dem Alter nahegerückt, für den gibt's keinen Schutz; So die Gefahr des Todes im Auge behaltend sollte man glückbringende verdienstliche Werke tun."
(Der Erhabene:) "Es vergeht das Dasein, kurz ist die Lebenszeit; Wer dem Alter nahegerückt, für den gibt's keinen Schutz;
So die Gefahr des Todes im Auge behaltend sollte man wohl die Lockung der Welt meiden, auf den seligen Frieden schauend."

geben, indem ich ein paar Worte aus der Anguttara-Nikāya Übersetzung[49] NYANATILOKAS zitiere, der sich da bemüht, das ganze diesbezügliche Register der deutschen Sprache zu ziehen:

"Yama spricht: O Mensch, sahest du nie eine Frau oder einen Mann von achtzig, neunzig, oder hundert Jahren, abgelebt, gekrümmt wie Dachsparren, gebückt, auf eine Krücke gestützt, schlotternden Ganges dahinschleichend, siech, mit verwelkter Jugend, mit abgebrochenen Zähnen und ergrautem Haar oder kahl, mit wackelndem Kopfe, voller Runzeln, die Glieder mit Flecken bedeckt? Und dachtest du nicht, auch ich bin dem Alter unterworfen, kann dem Alter nicht entgehen.

Yama fragt weiter: O, Mensch, sahest du nie eine Frau oder einen Mann, krank, elend, schwer leidend, sich im eigenen Kot und Urin herumwälzend, die von dem einen aufgerichtet, von einem andern wieder niedergelegt[50] wurden? Und dachtest du nicht: auch ich bin der Krankheit unterworfen, kann der Krankheit nicht entgehen?

Yama endet mit der Frage: O Mensch, sahest du nie eine Frau oder einen Mann einen oder zwei Tage nach dem Tode, aufgeschwollen, von blauschwarzer Farbe, mit Eiter bedeckt? Und dachtest du nicht: auch ich bin dem Tode unterworfen, kann dem Tode nicht entgehen?"

Eine abstrakter gehaltene, aber wohl wesentlich ältere Passage soll uns nun zu unserem Ausgangsproblem zurückführen: was bedeutet es, wenn der Buddha sagt, daß er das *amata* erlangt habe und danach von einem schon hier und jetzt erworbenen Besitz spricht.

In Majjhima-Nikāya 26, wo ja auch berichtet wird, daß der Buddha mit *amatam adhigatam* und dem Hinweis auf die baldige Verwirklichung des Ziels hier und jetzt seine Belehrung in Benares begann, erzählt der Buddha, wie er früher vergeblich versucht habe, das Heil (*kusala*) zu finden, und jetzt den unvergleichlichen inneren Frieden (*yogakkhema*),[51] das Nirvāṇa erlangt habe.

---

[49] NYANATILOKA, *Die Lehrreden des Buddha aus der Angereihten Sammlung*, Neue Gesamtausgabe in fünf Bänden (3. revidierte Neuauflage), hrsg. NYANAPONIKA, Schauberg Köln 1969, Bd. 1: 128 (A I 138-140).

[50] Die ursprüngliche Übersetzung "niedergelegt" wurde bei der dritten Auflage durch "ins Bett gelegt" ersetzt; dies scheint hier aber weniger sinnvoll.

[51] So übersetzt W. GEIGER (Saṃyutta-Nikāya, München-Neubiberg, Bd. 1: 270; Bd. 2: 255) *yogakkhema* in S I 173 und in S II 196 (hier zusammen mit *anuttara* "unvergleichlich"). – *yogakkhema* wird im PTS Dictionary folgendermaßen erklärt: "[already Vedic yoga-kṣema exertion & rest, acquisition & possession] rest from work or exertion, or fig. in scholastic interpretation 'peace from bondage,' i. e. perfect peace or 'uttermost safety' . . . ; a freq. epithet of nibbāna . . . " – In A I 50 (Nal. 48,22 [2.1.5]) kommt *anuttaro yogakkhemo* vor im Zusammenhang mit dem jetzt schon möglichen Erlangen des Ziels, um dessentwillen Kulaputtas aus dem Haus in die Hauslosigkeit ziehen (Nal. 48,26-29 ist identisch mit dem oben zitierten Satz Mahāvagga Nal. 12,9-11).

Das, wovon er sich nun befreit fühlte, deutet er mit den ersten vier Instanzen an, mit denen im Vinaya-Bericht die erste Wahrheit erläutert wird. Er bedient sich außerdem noch des Ausdrucks *soka* (Kummer), unter den man das Zusammensein mit Unlieben, die Trennung von Lieben[52] und das Nichtbekommen dessen, was man wünscht, fallen lassen kann (nicht jedoch die fünf Konstituenten der Person). Dazu kommt am Schluß der Ausdruck *saṅkilesa* (Befleckung); er könnte auf die zweite edle Wahrheit, die Ursache der *dukkha* genannten Ereignisse, hinweisen.

Der Buddha sagt da (M I 167, vgl.173, etwas abgekürzt): "Ich, der ich der Geburt unterworfen war und den Nachteil in diesem Unterworfensein sehend, den geburtlosen höchsten Frieden, das Nirvāṇa suchte, hatte nun den geburtlosen höchsten Frieden, das Nirvāṇa erlangt (*ajjhagamaṃ*)." Und genauso mit den andern Begriffen: "Ich, der ich dem Altern, der Krankheit, dem Tode (*maraṇa*), dem Kummer und der Befleckung unterworfen war, . . . hatte nun den alterlosen, krankheitlosen, todlosen (*amata*), kummerlosen, unbefleckten höchsten Frieden, das Nirvāṇa erlangt. Das Wissen, das Sehen entstand mir: Unerschütterlich ist meine Erlösung, dies ist meine letzte Existenz, es gibt nun keine Wiedergeburt mehr."

Das Stück enthält sowohl *amata* (als Gegenbegriff von *maraṇa*) als auch das Verbum *adhi-gam* (erlangen). Es endet, wie bei einer teilweisen Verwendung der vier edlen Wahrheiten erwartet werden kann, mit einem Hinweis auf das Bewußtsein, daß es eine zukünftige Geburt nicht mehr geben wird; womit auch ein zukünftiger Tod ausgeschlossen ist.

Die vier edlen Wahrheiten wurden oben als Zusatz zum vorhergehenden Text aufgefaßt und nicht als ein alles umfassendes Schema. Dasselbe ist hier möglich. In M I 173 beschreibt die ganze Passage, allerdings so verändert, daß nun alle Aussagen auf die fünf Zuhörer bezogen werden, das Resultat des nicht näher bestimmten tagelangen Unterrichts durch den Buddha. Dies alles folgt auf den mit dem Vinaya identischen Bericht über den Versuch des Buddha, die fünf Asketen zum Zuhören zu bringen, wobei auf seine Erlangung des *amata* und die Möglichkeit baldiger Verwirklichung hier und jetzt durch sie selbst hingewiesen wird.

Dies voraussetzend darf man wohl annehmen, daß hier ebenfalls zum Ausdruck kommt, daß der Tod nicht mehr zu fürchten ist, auch der jetzige nicht. Dafür dürfte auch die Verwendung des Wortes *yogakkhema* sprechen.

---

52 In M III 249 steht *sokaparidevadukkhadomanassupāyāsā* an der Stelle, an der man diese zwei Aspekte erwartet.

Mit diesem Textstück wäre dann nicht nur die Deutung von *maraṇa* in der ersten edlen Wahrheit als in erster Linie den Tod meinend bestätigt. Auch der Hypothese über den Vinaya-Satz *amatam adhigatam* als weder bloß noch vor allem einen zukünftigen Tod betreffend könnte dadurch verstärkt werden; es steht ihr jedenfalls nichts entgegen.

Wem die Verbindung mit dem benachbarten Satz über das jetzt schon zu erreichende Asketenziel als Stütze für den geltend gemachten Hier-und-Jetzt-Aspekt des *amatam adhigatam* nicht überzeugend genug erscheint, dem kann nun noch (wie angekündigt) ein einziger Satz angeboten werden, in dem die alte Meditationstradition ihren diesseitigen Erfahrungen einen handfesten Ausdruck verliehen hat:

In Anguttara-Nikāya 6.5.4 (A III 356) wird gesagt, daß diejenigen unter den Mönchen, welche zu meditieren verstehen, die todlose Sphäre (*amataṃ dhātuṃ*) mit dem K ö r p e r (*kāyena*) berühren und in diesem Zustand eine Zeitlang verbleiben (*phusitvā viharanti*).[53]

Es gibt auch einige Stellen, die beinahe dasselbe mit dem Ausdruck *amatam padam* (todlose Stätte) sagen[54]; das geschieht übrigens soweit ich sehe immer in Versen an einem Punkt, wo *dhātu* schlechtes Metrum ergeben würde[55].

Es wäre noch mehr über *amata* zu sagen, es wird aber Zeit, daß ich dieses philologisch-hermeneutische Exerzitium beende. Dann kann ich zum Schluß noch das erreichte Resultat in Hinsicht auf die angebotene Religionshermeneutik zusammenfassen.

Ich hatte mir nur vorgenommen, einige Stellen zu besprechen, wo der Tod ernst genommen wird. Es zeigte sich aber, daß sie alle in einem kleinen Kontext stehen, der dem personalistisch existenziellen Ansatz OBERHAMMERS, wenn nicht entgegenkommt, so doch nicht feindlich ist.

---

[53] Vgl. Itivuttaka 46 and 62: . . . *te janā maccuhāyino* | *kāyena amataṃ dhātuṃ phassayitvā nirupadhim* (Nal. 213,14 und 225,4 [die in 225,5 gewählte Lesart *amatadhātuṃ* ist aus metrischen Gründen abzuweisen] lesen *phusayitvā*, v.l. *phussayitvā*). – A I 282 beschreibt, wie Anuruddha seinen Geist auf die todlose Sphäre richtete (*amatāya dhātuyā cittaṃ upasaṃhari*) und es nicht lang dauerte, bis er schon in diesem Leben das höchste Ziel des heiligen Wandels erwarb . . . (Text wie im Vinaya-Bericht) und erkannte, daß er nicht mehr wiedergeboren werden würde (*khīṇā jāti . . . ti abbhaññāsi*).

[54] Th v. 980cd: *bhāveth' aṭṭhaṅgikaṃ maggaṃ phusantā amataṃ padaṃ*, und v. 947d: *phuseyya amataṃ padaṃ*. Ähnliches ist in Apadāna v. 371d zu finden: *phusanti amataṃ padaṃ*. *amataṃ padaṃ* ist ferner zu finden in Apadāna vv. 24, 63, 112, 150, 163, 225, 364, 367, 549, 607, überall am Ende eines Śloka-pāda d.

[55] Dies gilt auch für den Triṣṭubhvers Th v. 1110d (Nal. 1113d): *abhinikkhamiṃ amataṃ padaṃ jigīsaṃ*; auch hier würde, zumindest wenn man NORMANS Erklärung folgt (NORMAN 1969: 275-276), *dhātu* stören.

Existieren in einem normalen Sinn soll beendet werden. Es fehlt hier aber jeder Hinweis auf die Auffassung, daß die Person, der es um diese Beendigung geht, in diesem Prozeß total vernichtet wird oder sich als nie vorhanden gewesen erweist. Sie wird freilich auch nicht hypostasiert.

Die vier edlen Wahrheiten setzen jemanden voraus, der unter allerlei als quälend (*dukkha*) bezeichneten Ereignissen leidet und von ihnen befreit werden kann. Als *pudgala*, Mönch, edler Zuhörer, Wesen, usw. erscheint dieser Jemand tausendfach in den kanonischen Texten.

Von den hier behandelten Stellen aus gesehen ist er keine definierbare Entität. Aber auch kein bloßer Name für die fünf Konstituenten der Person, wie uns die spätere Dogmatik glauben lassen möchte.

Diese Konstituenten erschienen übrigens kurz im Zusammenhang mit der ersten Wahrheit. Ich sagte, daß ich sie nicht als zum ältesten Bestand gehörend betrachte. Sie sind nämlich keine Ereignisse, sondern die verschiedenen Aspekte des Existierens selbst: Körper, Gefühl, sprachlich bestimmtes Bewußtsein, Willensregungen, noch nicht sprachlich bestimmtes Wahrnehmen.

Im Anattapariyāya (siehe oben) dient das Wort *dukkha* (im Sinn von unbefriedigend), zusammen mit den Worten vergänglich und Nichtselbst, dazu, diese Konstituenten zu beurteilen, ihrer dadurch überdrüssig und dadurch des zur Wiedergeburt führenden Verlangens ledig zu werden. Die so beurteilten Konstituenten wurden offensichtlich wegen der Verwendung des Wortes *dukkha* der Explikation der ersten edlen Wahrheit zugefügt, schließen sich nun aber an Ereignisse an, während sie selbst das nicht sind, und sollen so zur Motivation für das Gehen des edlen achtgliedrigen Pfads beitragen, während sie selbst ursprünglich Teil einer der vierten Wahrheit parallelen praktischen Methode waren.

Systematisch ist diese Hinzufügung kein Problem, solange die Existenz eines Selbst nicht ausdrücklich geleugnet wird und dann nur noch sie selbst als dasjenige genannt werden können, das unter ihnen leidet. Wie man zum Beipiel aus Majjhima-Nikāya 22 entnehmen kann, ist dies zunächst nicht so. Da (M I 140) wird gesagt: " . . . laßt hinter euch, was euch nicht angehört (*yaṃ na tumhākaṃ taṃ pajahatha*); . . . Und was . . . gehört euch nicht an? Der Körper . . . gehört euch nicht an, laßt ihn hinter euch!" Dasselbe bezüglich des Gefühls, des sprachlich bestimmten Bewußtseins, der Willensregungen, und des noch nicht sprachlich bestimmten Wahrnehmens. Dann heißt es: die Konstituenten eurer Person sollten euch genauso gleichgültig lassen wie Gras, Holz, Zweige und Blätter des Jeta-waldes, wenn sie von jemand mitgenommen oder verbrannt oder anderweitig verwendet werden.

Das zeigt auch, daß man bezüglich des Anfangs ruhig von einem Subjekt sprechen kann, das den Tod ernst nimmt. Es ist auch noch kein Versuch festzustellen, den Tod durch Berufung auf sein unendliches Wiederholtwerden zu bagatellisieren.

Zur Überwindung dieses und damit natürlich auch eines folgenden Todes, strebt das Subjekt nach einem abgeklärten Zustand, welcher diesem Ereignis seinen Einfluß auf den Geist nimmt und es zu etwas rein Objektivem macht.

Das Verweilen in diesem abgeklärten Zustand wird bisweilen ein Berühren der todlosen Sphäre/Stätte genannt. Hypostasierung dieser Sphäre scheint ebenfalls nicht beabsichtigt zu sein. Wohl aber wird ein derartiger Nachdruck auf die geistige Realität gelegt, daß auch hier eine rein metaphorische Deutung auszuschließen ist.

Wegen der Ausschließung von Verdinglichung und ausschließlicher Metaphorik könnte das Berühren der todlosen Sphäre mit der OBERHAMMERschen Kategorie der Begegnung[56] deutbar sein. Es ist eine Begegnung, die den Dingen ihre normal geltende Macht nimmt.

Das später weithin geltende Dogma der Nichtexistenz eines Selbst erscheint von der angebotenen Hermeneutik aus gesehen ebenso unangemessen wie die Trennung von Leib und Seele im Christentum (oder noch unangemessener). Es ist aber wohl kein Zufall, daß man im Buddhismus immer mehr zu diesem Dogma hinneigte (was äußere Einflüsse betrifft, hätte man auch zu einer Seelenlehre übergehen können).

Der Nirvāṇa-Buddhismus sucht eine Erlösung, die zwar keine Vernichtung sein soll, aber dem Individuum seine Individualität nicht garantiert und keinen handgreiflichen Trost bietet. Hieraus kann eine nihilistische Interpretation entstehen, muß aber nicht.

Im Christentum sucht man Erlösung im allgemeinen mit Bewahrung der Person und kommt dabei manchmal zu Zukunftvisionen, die genau durchdacht absurd sind und so zu einer nihilistischen Haltung beitragen.

Es ist offensichtlich schwer, nicht nach einer dieser beiden Seiten zu neigen. Von einem Nichtbeobachtetwerden des Erlösten zu sprechen, wie der alte Buddhismus manchmal tut, ist wohl eine der besten Lösungen, wenn man doch etwas sagen und dabei die Balance nicht verlieren will. Es sind aber auch hier gleich wieder Interpreten da, welche darin ein Nichtsein sehen.[57] Versuchen wir, das nicht zu tun.

---

[56] GERHARD OBERHAMMER, *'Begegnung' als Kategorie der Religionshermeneutik*, (Publications of the De Nobili Research Library. Occasional Papers 4) Wien 1989.

[57] Siehe ERNST STEINKELLNERS Beitrag zur Festschrift Jaques May: Lamotte and the Concept of Anupalabdhi. *AS* 46 (1992): 398-410.

In diesem Sinn könnten wir auch die plattdeutsche Grabinschrift lesen, die Theodor Storm in der Erzählung "Der Amtschirurgus" notiert, wenngleich er selbst sie als Bekenntnis zur Vernichtung auslegt:

Het Liden hier geleden,
Het Striden hier gestreden,
Ick was het Leven möd;
Ick zegg Adies min Vrienden,
Gy zelt mi niet mer vinden;
- - - - - - - - - - - - - - - -

Abkürzungen und bibliographische Angaben:

A	Aṅguttara-Nikāya
D	Dīgha-Nikāya
NORMAN 1969	K. R. NORMAN (transl.), The Elders' Verses I, Therāgathā, London
M	Majjhima-Nikāya
S	Saṃyutta-Nikāya
T.	Taisho shinshū daizōkyō, Tokyo 1924-1934
Th	Theragathā
VETTER 1988	T. VETTER, *The Ideas and Meditative Practices of Early Buddhism*, Leiden

HERMENEUTIK DES WEGES DURCH DEN TOD

Von Shizuteru Ueda, Kyoto

1. Vorbemerkungen zur Problematik

Religionshermeneutik, wie sie von Oberhammer vertreten wird und wie ich sie verstehe und aufnehme, ist in dreifacher Hinsicht als Verfahrensweise sowohl für das Religionsverständnis als auch für das Selbstverständnis des menschlichen Daseins methodisch sehr fruchtbar:

a) als die durch das Religionsverständnis vermittelte Hermeneutik des menschlichen Daseins,
b) als die durch das Selbstverständnis des menschlichen Daseins vermittelte Hermeneutik der Religion inmitten des Pluralismus der Religionen und schließlich
c) als der durch die Zirkelbewegung zwischen a) und b) vermittelte Ort der gegenseitigen Verständigung der Religionen bei ihrer Begegnung.

Nun ist gerade das Phänomen Tod dasjenige, an dem sich das Selbstverständnis des menschlichen Daseins und das Religionsverständnis, einander in ausgezeichneter Weise erhellend und ergründend, durchdringen. Damit aber wird dieses Phänomen zu einem Grundthema der Religionshermeneutik. Im Folgenden möchte ich als eine vorbereitende Grundarbeit zur Religionshermeneutik versuchen darzustellen, *wie* und *als was* der Zen-Buddhismus das Phänomen Tod und die durch den Tod wesenhaft be-grenzte Struktur des menschlichen Daseins sieht, wobei auch das Charakteristische des Zen-Buddhismus als Religion gerade am Problem des Todes sichtbar werden sollte.

2. Sterben und Tod im Zen-Buddhismus

Ein Sterblicher kann nicht über den Tod sprechen, als handelte es sich dabei um das Thema einer Betrachtung oder Erörterung. Vom Tode kann er nur betroffen sein und in Ehrfurcht schweigen. Der Tod läßt schweigen. Wenn bei einem Sterbenden am Ende seines Lebens der Tod vollendet ist, dann waltet jedesmal jene ungeheure Stille, in der der Tod selber zu schweigen scheint; jene ungeheure Stille, die die Dableibenden zum tiefen Schweigen durchdringt und die unsere Welt verschwinden läßt. Der Tod läßt schweigen.

Um so schwerer wiegt die dann aufbrechende Frage: Was bedeutet es, daß wir in den Tod sterben müssen? Was heißt leben, um sterben zu müssen? Der Tod ist eben die Grenze der Sinnfrage. Wie können wir überhaupt den Tod denken? Der Tod ist eben das Undenkbare. Der Tod läßt die Metaphysik und die Theologie mit je ihrem Begriffsapparat und auch die Mythologie mit ihren bildhaften Vorstellungen schweigen. Umso dringlicher wird die Frage des Todes. Wie können wir unter der ungeheuren Fragekraft des Todes, der alle möglichen Antworten im voraus zum Schweigen bringt, entsprechend leben?

Trotz meiner Verlegenheit angesichts des Ernstes und der Schwierigkeit des Problems möchte ich nun doch die Aufgabe übernehmen darzustellen, was der Zen-Buddhimus zur Frage des Sterbens und des Todes sagt, um am Bau einer gemeinsamen Grundlage zur Religionshermeneutik teilzunehmen.

Im Laufe der Geschichte des Mahāyāna-Buddhismus, wie er sich während seiner Ausbreitung in Indien, Tibet, China, Korea und Japan entwickelte, war es der Zen-Buddhimus, der den inzwischen spekulativ wie auch rituell hoch entfalteten Buddhismus wieder unmittelbar in die Existenz zurückholte, indem er auf charakteristische Weise die mahāyānabuddhistische *śūnyatā*-Ansicht mit chinesischem Wirklichkeitssinn verband. Was der Zen-Buddhimus sagt, ist im Grunde äußerst einfach und schlicht; manchmal sehr nüchtern und ohne Färbung, manchmal aber auch sehr paradox und beinahe verrückt. Daher befindet man sich oft in einem Zustand der Verwirrung, wenn man etwas über Zen sagen soll. So sei das folgende als ein Versuch, der sich am primitiv Grundlegendsten der zenbuddhistischen Aussage zu unserem Thema hält, zu verstehen.

Der *Weg* ist unendlich, und der Tod ist das Tor zur Verwandlung in die unsichtbare Unendlichkeit. Der Mensch als ein Sterblicher wandelt auf dem unendlichen *Weg* durch das Sterben in den Tod. Daraus ergibt sich für den Zen-Buddhimus ein dringendes Problem, nämlich wie wir Menschen lebend sterben können, d. h. aus dem Tode leben können. Und auf dieses Problem konzentriert sich der Zen-Buddhismus, gerade weil er den Tod am Ende des menschlichen Lebens ohne Illusion ganz ernst nimmt.

Zunächst sei nun eine kurze allgemeine Einführung vorausgeschickt. Der Tod sammelt das einmalige Ganze des Lebens, um es, so wie es zunächst vom Leben her scheint, unwiderruflich dem Nichts zu überantworten. Angesichts des Todes befindet sich der Mensch in einer doppeldeutigen, in sich widersprüchlichen Situation. Einerseits ergreift er im Zurückschrecken vor dem Tode um so leidenschaftlicher sich selbst und steigert sich so in seiner Ichverhaftetheit. Andererseits erfährt der Mensch durch den Tod, wenn auch nur ahnungsweise, eine Ichlosigkeit und damit eine neue Beziehung zu sich selbst, zu seinen Mitmenschen und zur Natur. Es ist nicht selten, daß einer in der Ahnung sei es seines eigenen Todes oder des Todes eines anderen, zwar flüchtig aber doch, eine offenere, intimere Beziehung erfährt. Der Tod läßt dann ahnen, daß die Ichlosigkeit die Bestimmung des Menschen sei. Die gesteigerte Ichheit einerseits und die erahnte Ichlosigkeit andererseits, diese beide sind in unserem Leben als Sein zum Tode untrennbar und ambivalenterweise miteinander verbunden. Um leben zu können, das heißt zugleich: um sterben zu können, müßte nun aber eine solche ambivalente Existenzweise irgendwie zu einer Wahrheit des Lebens und des Todes entschieden werden.

Entsprechend der geahnten erfahrungsmäßigen Doppeldeutigkeit des Lebens angesichts des Todes, aber zugleich diese radikalisierend spricht der chinesisch-japanische Mahāyāna-Buddhismus, insbesondere der Zen-Buddhismus vom "Leben-Sterben" als *ein* Wort, und das extrem ambivalenterweise: vom Leben-Sterben als einem ungeheuer großen Problem einerseits und andererseits vom Leben-Sterben *sive* Nirvāṇa. Im folgenden sollen einige Erklärungen zu drei Punkten im betreffenden Zusammenhang versucht werden.

1) Der Buddhismus faßt das Leben und den Tod zu einem Wort, "Leben-Sterben" (*shōji*), zusammen, und sagt: "Das Leben-Sterben, das ist die große Sache (*shōji jidai*)." Nicht der Tod alleine, sondern das Leben-Sterben in einem ist für uns Menschen das einzig kritische große Problem.

Der Tod kommt nicht von außen unserem Leben zu. Zum Leben gehört von Anfang an wesenhaft das Sterbenmüssen. Im Grunde genommen sind wir lebend im Sterben, sterbend im Leben. Wenn der Tod auch uns, die wir denken, daß er uns in die Nichtigkeit stellt, bedroht, so ist doch unser Leben, wie es in der Drohung der Nichtigkeit durch den Tod steht, seinerseits als solches schon fragwürdig. Nicht erst der Tod, sondern das Leben und der Tod in ihrer Zusammengehörigkeit machen das Grundfragwürdige unseres Daseins aus. Es geht also darum, dem Leben-Sterben zu entkommen, des Leben-Sterbens ledig zu werden. Es geht nicht darum, den Tod zu überwinden; es geht einzig darum, die Wurzel des Leben-Sterbens abzuschneiden.

Worin sieht der Buddhismus die Wurzel des Leben-Sterbens als des großen Problems? In der Ich-heit des Menschen. *Ich* lebe. *Ich* sterbe. In diesem Ich steckt für den Buddhismus die Grundfragwürdigkeit des menschlichen Daseins überhaupt. Das Ich meint das Ich-Bewußtsein, und die elementarste Weise des Ich-Bewußtseins heißt: Ich bin ich, und zwar *Ich bin ich, denn ich bin ich.* Das Ich will immer ich sein und zwar vom Ich aus. Dieses Ich-bin-ich, das seinen Grund wieder im Ich-bin-ich haben will und derart in sich verhaftet und verschlossen ist, dieses Ich-bin-ich gilt mit seiner sogenannten dreifachen Selbstvergiftung, d. h. der Habgier, dem Haß und der Blindheit sich selbst gegenüber, als die Grundverkehrtheit und der Unheilsgrund des Menschen. Der Buddhismus ist in bezug auf das Ich-Bewußtsein sehr empfindlich.

Es handelt sich hier, so könnte man sagen, um eine Problemverschiebung, um eine Problemradikalisierung vom Problem des Todes zum Problem des Ichs als des Unheilgrundes, der schon das Leben nicht heil sein läßt – vielleicht ähnlich wie es im Christentum bei der Steigerung des Todesproblems zum Sündenproblem der Fall ist. Wenn ein Mensch z. B. nach der Möglichkeit eines Fortlebens nach dem Tode sucht, so gilt dies für den Buddhismus als nur ein anderer ichverhafteter Versuch des Ichmenschen.

Übrigens ist "Leben-Sterben" als Doppelbegriff in einem Wort eine sino-japanische Prägung. Es handelt sich dabei urprünglich um eine chinesische Übersetzung des indischen Terminus *saṃsāra*, des endlos wiederkehrenden Leidenskreislaufes von Leben und Tod in stets wechselnden Gestalten. Es gibt für *saṃsāra* zwei verschiedene Übersetzungen, nämlich *rinne* (aus *rin* = Ring bzw. Kreis und *e* = drehen, kreisen, also eine fast sinngemäße Übersetzung) und eben *shōji* (aus *shō* = Leben und *ji* = *si* = Tod, Sterben: also Leben-Sterben), wobei der Zen-Buddhimus die Übersetzung *shōji* vorzieht. Diese ist von der indischen mythischen Bildhaftigkeit abgelöst und entspricht vielleicht unmittelbar dem dabei zugrundeliegenden Existenzverständnis. Ich lebe, ich sterbe. Um das Ich kreisen das Leben und der Tod, so daß der Kreislauf von Leben und Tod das Ich packt und es unentrinnbar mitkreisen läßt.

Was überwunden werden muß, ist also nicht der Tod, sondern die Ich-heit, das an sich klebende Ich-bin-ich, die Ichverhaftetheit. Es kommt einzig darauf an, aus dem Ich-Wahn zu erwachen.

2) Wie ist es dann mit der Lösung des großen Problems des Leben-Sterbens? Darauf weist die eigentümliche Wendung "das Leben-Sterben *sive* Nirvāṇa" (*shōji soku nehan*) hin. Nicht das ewige Leben, das Leben über den Tod hinaus ist die konkrete Erlösung, sie ist vielmehr nichts anderes als das Leben-Sterben als solches ohne Ichverhaftetheit. Ein Zen-Spruch lautet: "Leben, Sterben, Kommen, Gehen – so ist es mit dem wahren Menschen." Das könnte vielleicht wieder als eine zenbuddhistische Übersetzung des Wortes Tathāgata, einer Bezeichnung des Buddha (*tathāgata* = derjenige, der so, d. h. in der So-heit gekommen, gegangen ist). In dieser Hinsicht heißt es auch: Das Leben-Sterben ledig des Leben-Sterbens.

3) Es handelt sich also um das Leben-Sterben und zwar in einer charakteristischen Ambivalenz: einerseits nämlich um das Leben-Sterben als großes Problem, andererseits um das Leben-Sterben *sive* Nirvāṇa. Es kommt dann auf eine Umkehr an, eine Grundumkehrung von Leben-Sterben als Problem

zu Leben-Sterben als dessen Lösung. Die entscheidende Umkehrung hängt dabei grundsätzlich mit der Auflösung des geschlossenen und verschlossenen an sich haftenden Ich-bin-ich zusammen. Der Ichmensch soll sterben, soll des Ichs gründlich sterben. In diesem Zusammenhang setzt der Zen-Buddhimus betont wiederholt das Wort "sterben" ein. Ein Grundwort des Zen-Buddhismus lautet *tai-shi* (*tai* = groß, *si* = sterben) d. h. einen großen Tod sterben. "Junge Leute, wenn ihr nicht sterben wollt, sterbt jetzt. Wenn ihr jetzt gestorben seid, sterbt ihr nicht, wenn ihr sterbt," sagt Meister Hakuin (1689-1768).

Meister Shidō Bunan (1603-1678) sagt: "Wer lebend gestorben, einen Grundtod gestorben ist und tut, was ihm gefällt, der ist ein wahrer, freier Mensch." Eine Aufgabe, die ein Zenmeister seinen Jüngern auch heute häufig stellt, lautet: "Stirb deinen Tod gründlich und komme zu mir."

Sterben meint, wie es an diesen Beispielen deutlich wird, die absolute Negation des Ichs als der Wurzel des Leben-Sterbens *qua* großen Problemes. Im volkstümlichen Buddhismus übrigens wird ein Toter wegen der buchstäblichen anschaulichen Ichlosigkeit oft als "Hotoke" (Buddha) bezeichnet. Denn er ist, von der Ichlosigkeit gereinigt, in die unsichtbare unendliche Versenkung in der Stille ohne Boden eingegangen.

Nun enthalten all die Zitate zugleich mit der Rede vom Sterben einen Hinweis auf einen weiteren Zusammenhang. Es heißt z. B.: "Stirb gründlich deinen Tod und komme zu mir." "Komme zu mir", das ist wieder ein Leben. Es geht also im dynamischen Gesamtzusammenhang darum, jetzt zu sterben, jetzt lebend zu sterben, d. h. zugleich aus dem Tod zu leben. So spricht der Zen-Buddhimus nun ausdrücklich von einer Auferstehung (*yomigaeru*). Es geht darum, jetzt das Leben-Sterben zu leben, aus dem Tode umso lebendiger zu leben in der Bereitschaft, das Leben-Sterben zu sterben, wenn die Zeit kommt, zu sterben. Also heißt es das Leben-Sterben ledig des Leben-Sterbens oder die Freiheit vom Leben-Sterben zum Leben-Sterben.

Wie unternimmt man es praktisch und konkret, das Leben-Sterben zu sterben und aus dem Tod zu leben? Ein einfaches Beispiel aus der chinesischen Zen-Geschichte soll hier angeführt werden: Ein Jünger fragte den Meister Daizui (10. Jh): "Das große Leben-Sterben bedrängt mich. Wie kann ich daraus entkommen?" Darauf antwortete der Meister: "Beim Tee Tee trinken, beim Essen essen." Teetrinken, dieses einfache, unauffällige Tun im Alltag ist als "ganz Tee trinken", als eine ichlose Versenkung ins Teetrinken beim Teetrinken schon ein Schwert, das Ich abzuschneiden und zugleich eine höchst lebendige Tätigkeit der Auferstehung. Aber auch das allereinfachste Atmen selbst gilt z. B. als "Sterben und aus dem Tode leben." Ausatmen heißt, sich selbst erschöpfend und restlos aus sich selbst heraus in das unendlich weite

Offene auszuatmen – das ist schon ein Sterben. Einatmen heißt, das Weite wieder in sich hineinzulassen – das ist schon eine Auferstehung. Von innen nach außen unendlich weit und von außen unendlich tief. Das Ereignis, wie es sich schon im einfachsten Atmen auf diese Weise verwirklicht, kreist in immer größeren Kreisen, so daß es alles und jedes Tun umfaßt. "Tag für Tag", so sagt Shaku Sohen (1859-1919), ein moderner japanischer Meister, "abends zu Bett zu gehen und mich hinzulegen – das heißt, in den Sarg zu steigen. Morgens aufzustehen heißt auferstehen." So ist es Jahr um Jahr bis zum Tode.

Es kommt also einzig und allein auf das Sterben als Existenzvollzug und auf das Leben aus dem Tode an. Angesichts des Todesproblems legt der Zen-Buddhismus auf diese Weise die Betonung auf eine Art "mythischer Gegenwart des Todes" im Leben und zwar ohne Mythos, nicht wegen der Einübung in den Tod, sondern wegen des Lebens in der Wahrheit des Leben-Sterbens und wegen der Bereitschaft, in eben dieser Wahrheit zu sterben.

Nun taucht immer wieder die Frage auf, ob und wie es für den Menschen, den sterblichen und doch lebenden Menschen, überhaupt möglich sei, aus dem Tod zu leben. Als eine mögliche, nicht theoretische, sondern unmittelbare Antwort aus der Lebenserfahrung möchte ich hier ein Gedicht im Waka-Stil der modernen Dichterin Yosano Akiko (1878-1942) anführen:

> Im Gefühl, daß der Tag nah ist,
> an dem ich irgendwohin zurückkomme,
> stehen mir die Dinge der Welt näher.

Die Dichterin lebt in der Welt, indem sie im Geist und Gefühl beinahe tot ist. Sie befindet sich dabei zugleich in der Welt und in dem Irgendwo, in das sie geht. Dann sind ihr die Dinge der Welt näher und intimer aus der Tiefe, nicht mehr als bloß innerweltlich vorhandene und zuhandene. "Irgendwo" sagt die Dichterin, ohne es zu benennen. Sie braucht es nicht zu benennen, weil sie es bereits fühlt.

Zum Grundanliegen, aus dem Tode zu leben, bietet der Zen-Buddhismus ein anschauliches Modell als Vollzugsanweisung an, das sehr einfach, aber mit den notwendigen Zusammenhängen konkret vollständig ist, so daß alles, worüber der Zen-Buddhismus etwas aussagt und auszusagen hat, irgendwie von diesem Modell ablesbar ist.

Das betreffende Modell ist in einem kleinen altchinesischen Bildertext aus dem zwölften Jahrhundert enthalten. Der Text ist unter dem Titel "Der Ochs und sein Hirte" in deutscher Übersetzung zugänglich. In Japan ist dieser Text unter dem Titel "Zehn Ochsenbilder" (*jūgyūzu*) verbreitet. In diesem Text wird die Selbstverwirklichung des Menschen auf dem Zen-Weg in zehn Stationen anschaulich dargestellt. Zu jeder Station gehören ein kurzes Vorwort, eine Tuschezeichnung und deren bündige Erklärung in Gedichtform. Jedes Bild zeigt jeweils eine bestimmte Weise und Dimension der Existenz auf dem Weg der Verwirklichung des wahren, d. h. im buddhistischen Sinne selbstlosen, Selbst. Für unseren Zusammenhang greife ich die letzten drei Bilder, das achte, neunte und zehnte, als diejenige Bildertriade, die erkennen läßt, was der Zen-Buddhismus zu unserem Thema "Sterben und aus dem Tode leben" sagt, heraus.

Das achte Bild, die achte Station veranschaulichend, ist ein leerer Kreis, in den nichts gezeichnet ist – also das absolute Nichts. Vorher waren in stufenweiser Steigerung – wie es die sieben Bilder eines nach dem anderen zum Ausdruck bringen – sieben Stationen durchschritten worden, das heißt der Beginn der Selbstsuche, das Studium der buddhistischen Lehren, die anstrengende und spannende Zucht, die Einübung in die Meditation, die Einigung in Glückseligkeit usw. Das Nichts in der achten Station besagt in diesem Zusammenhang zunächst, daß der Mensch, um zum Durchbruch zum wahren Selbst zu gelangen, alle bis dahin erreichten Früchte seiner Wanderung auf dem Weg zur Gänze lassen soll, seiner selbst wie auch des Buddha ganz ledig werden soll und ein für alle Mal ins lautere Nichts springen, das heißt "groß sterben" (einen großen Tod sterben) soll. Im Vorwort zu dem Bild heißt es: "Alle weltlichen Begierden sind abgefallen. Zugleich hat sich auch der Sinn der Heiligkeit völlig entleert. Mit einem Mal bricht der große Himmel in Trümmer. Heiliges, Weltliches – spurlos entschwunden."

In diesem absoluten Nichts ereignet sich nun eine grundlegende Wendung und völlige Umkehr wie bei Tod und Auferstehung. Das nächste, neunte Bild zeigt nämlich einen blühenden Baum am Fluß. Dazu heißt es im erklärenden Gedicht: "Die Blumen blühen, wie sie von sich selbst aus blühen. Der Fluß fließt, wie er von sich selbst aus fließt." Hier, auf dem Weg des Selbst, handelt es sich bei dem Bild nicht um die Darstellung einer äußeren Landschaft, auch nicht einer metaphorische Landschaft als Ausdruck eines inneren Zustandes oder als Projektion einer inneren Seelenlandschaft. Da auf der achten Station des absoluten Nichts aller Dualimus, die Subjekt-Objekt-Spaltung endgültig zurückgelassen wurde, so ist hier auf der neunten Station das Sein der Natur, wie "Die Blumen blühen" und "Der Fluß fließt", nichts anderes als das Sein des Menschen, jedoch nicht im Sinne einer Vereinigung des Menschen mit der Natur, sondern in dem Sinne, daß ein blühender Baum, wie er blüht, ein Fluß, wie er fließt, Vögel, wie sie fliegen, die Ichlosigkeit des Menschen, der, zum Nichts geworden (im achten Bild), jetzt aus dem Nichts durch die Dynamik des Nichts-des-Nichts aufersteht, auf nichtgegenständliche Weise verleiblichen. Die Natur, wie sie aus sich selbst heraus naturt, ist jetzt eben

der erste Auferstehungsleib des ichlosen Selbst. Das Blühen des Baumes, das Fließen des Flusses ist, wie es ist, das Spiel der ichlosen Freiheit des Selbst.
Das ist auch der Grund dafür, warum hier in der neunten Station der Mensch gerade nicht erscheint. Es handelt sich um die Auferstehung vom Nichts zum ichlosen Selbst. Die Ichlosigkeit als Grundbedingung des wahren Selbst wird nämlich zunächst in einer Wirklichkeit und als eine Wirklichkeit, in welcher der Mensch als solcher gerade nicht vorkommt, hier in dem blühenden Baum und dem fließenden Wasser realisiert, was zugleich besagt, daß der Mensch als "der Nichts" erscheint, dessen Positivität gerade die Natur dar-stellt. Erst dann, auf Grund der die Ichlosigkeit gewährenden und sie bewahrenden Verleiblichungswirklichkeit als grundsätzlicher Vorbeugung gegen den Rückfall in das geschlossene Ich-bin-ich, kommt das ichlose Selbst als Mensch zum Vorschein, das in seiner Ichlosigkeit jetzt das Zwischen von Mensch und Mensch zu seinem ek-statischen Innenraum macht. Das zeigt die zehnte Station.

Das zehnte Bild zeigt, wie ein Greis und ein Junge auf der Weltstraße sich begegnen. Hier ist das Dazwischen von Mensch und Mensch ausdrückliches Thema. Der Mensch, der vorher die sieben Station hinter sich gebracht hatte, und der nun die achte und die neunte Station erfahren hat, erscheint hier als Greis, und zwar als Greis, der "ein Greis und ein Junge" ist. Hier wirkt und spielt das wahre Selbst, aus dem Nichts auferstanden, zwischen Mensch und Mensch, wobei dieses "Dazwischen" ein eigener Spielraum des ichlosen Selbst ist. Der Zwischenmensch ist der zweite Auferstehungsleib des wahren Selbst, das aus dem Nichts aufersteht. Wie es einem anderen geht, das ist für das Selbst in seiner Ichlosigkeit seine eigene Sache. Die Art und Weise der Begegnung und der Kommunikation ist hier wiederum sehr charakteristisch. Der Alte predigt nicht, sondern fragt zum Beispiel einfach: "Wie geht es dir?" oder "Woher bist du?", "Was ist dein Name?", "Hast du schon gegessen?", "Siehst du diese Blumen?", um einige Beispiele aus der Geschichte des Zen-Buddhismus anzuführen. Dies alles mögen unauffällige alltägliche Fragen sein. Ob aber der andere in Wirklichkeit und in Wahrheit weiß, woher er überhaupt kommt? Ob der andere die Blumen wirklich so sieht, wie sie von sich selbst aus blühen? Der Alte fragt, und bei dem Jungen kann die Frage nach sich selbst, nach seinem wahren Selbst geweckt werden: "Wer bin ich eigentlich?" Der Junge fängt an, selber nach seinem wahren Selbst zu suchen. Die zehnte Station ist also nicht der Abschluß, sondern Anlaß zur ersten Station für einen anderen. Selber zum wahren Selbst zu erwachen, das bewährt sich darin, den anderen erwachen zu lassen, und zwar so, daß dieser selber erwacht. Es handelt sich um die Überlieferung des Selbst, von Selbst zu Selbst.

Blicken wir zurück: Während es sich von der ersten bis zur siebten Station um eine stufenweise Steigerung, um das Vorankommen auf dem Zen-Weg handelt, so stellen die letzten drei Stationen keine Steigerung mehr dar. Diese drei Bilder bilden eine Triade, zeigen je eine eigentümliche Perspektive des Ganzen, in der jeweils das Selbe in einer eigenen Verwandlungsweise ganz gegenwärtig ist. Dieses Selbe, das ichlose Selbst, ist seinerseits nur insofern voll wirklich, als es sich in dreieiniger Verwandlung jeweils vollkommen anders realisieren kann: Das absolute Nichts, die Natur und der Zwischenmensch; diese drei bilden gleichsam eine Trinität des wahren Selbst im zen-buddhistischen Sinne. Das Selbst ist dabei nirgends *da*, sondern bewegt sich in Verwandlung dreieinig, einmal spurlos ins Nichts entwerdend, einmal angesichts der Blume z. B. ichlos mitblühend, einmal bei der Begegnung sich selbst zu dem Zwischen öffnend und die Begegnung zu seinem inneren Wesen machend. Im freien Wechsel der Verwandlungsweise bewährt sich die Nicht-Substanzialität des Selbst, das wegen der unsichtbaren Bewegung wieder als das absolute Nichts bezeichnet wird. Wenn im Zen-Buddhismus von dem absoluten Nichts die Rede ist, so besagt das eigentlich diese unsichtbare Bewegung des selbstlosen Selbst.

Mit der betreffenden Bildertriade zeigt der Zen-Buddhismus sein Grundanliegen, aus dem Tode zu leben. Das achte Bild zeigt "den großen Tod sterben ins absolute Nichts." Das neunte Bild zeigt die Auferstehung zum Urleben als Natur, die als erster Auferstehungsleib gilt. Das zehnte Bild zeigt die Auferstehung zum lebendigen Leben als Zwischenmensch, der als zweiter Auferstehungsleib gilt.

Wie ist es überhaupt für den Menschen in seiner Endlichkeit möglich, zu sterben, um aus dem Tode zu leben? Auf der Grundlage der Versenkung ist die wirklich geschehende Begegnung gerade der Ort, der eigentliche Urort für das Ereignis vom Sterben/Auferstehen. Nicht *in* dem endlichen Menschen als solchem und nicht *an* ihm, sondern im dynamischen Zwischen bei der Begegnung ereignet sich etwas unbedingtes, das sich zu dem In- und Miteinanderzusammenhängen von absolutem Nichts, Natur und dem Zwischenmenschen untereinander artikuliert. Meister Reiun Shigon (9. Jh) kam durch den unerwarteten Anblick der Pfirsichblüten bei einer Wanderung im Wald zum Erwachen. Nicht durch sich selbst, sondern durch einen Anblick der Pfirsichblüten. Dieses Ereignis artikuliert sich bildlich zum Zusammenhang des achten mit dem neunten Bild. Ein anderes Beispiel: Ein Jünger fragt Meister Daitō (1282-1337): "Wie kann ich dem Leben-Sterben enkommen?" "Hier bei mir ist es kein Leben-Sterben", war unverzüglich die Antwort des Meisters. In diesem Augenblick kam der Jünger zum Erwachen. Nicht durch sich selbst, sondern durch die Antwort des anderen im Zwischen. Dieses

Ereignis artikuliert sich zum Zusammenhang des achten mit dem zehnten Bild. So ereignet sich in der Begegnung etwas Unbedingtes, das sich, voll entwickelt, zum Gesamtzusammenhang der Bilder 8, 9, und 10 untereinander artikuliert. Der Zen-Buddhismus stellt mit dieser Bildertriade nicht nur das wahre, d. h. selbstlose Selbst in seinem Leben aus dem Tode dar, sondern zeigt auch, wie es sich ereignet, wie es für einen Menschen überhaupt möglich ist, zu sterben und aus dem Tode zu leben.

Im Zusammenhang mit der genannten Bildertriade, in der das Leben aus dem großen Tod ausdrücklich das Thema ist, möchte ich hier, über den Rahmen des Zen-Buddhismus hinaus, die fundamentale Verfassung bzw. Struktur des menschlichen Daseins kurz, aber allgemein und grundsätzlich erörtern, um auf dieser Grundlage auf das hinzuweisen, was so etwas wie "Religion" für die Menschen sein kann.

Der Mensch, der in der Welt wohnt, und zwar in der Weise, daß er aus dem Tode lebt, befindet sich nicht nur in der Welt, sondern zugleich in einer unendlichen Offenheit des Nichts, wohin er geht, wohin er nur durch das Sterben in den Tod geht. Der Mensch wohnt in der Welt und befindet sich zugleich, durch die Welt hindurch bzw. über die Welt hinaus, in einer unendlichen Offenheit. Der Mensch wohnt in der Welt, und zwar in der Weise, daß er zugleich außerhalb der Welt ist. Zu dieser Seinsweise kommen wir auch von der philosophischen Erhellung der Welt als solcher, so daß wir die betreffende Seinsweise grundsätzlich gerade für entsprechend der fundamentalen Struktur unseres Daseins halten können.

Die Grundverfassung des menschlichen Daseins sehen wir, wie allgemein angenommen wird, im In-der-Welt-Sein, wobei die Welt als der umfassende Sinnraum, als der Gesamtzusammenhang der Bedeutungszusammenhänge gilt, in welchem Seiendes überhaupt Bedeutung für den Menschen erhält. Nun ist die Welt wegen dieser ihrer Seinsweise als Gesamtzusammenhang wesenhaft begrenzt. Die Welt als solche ist be-grenzt und das heißt in religiöser Sprache, endlich. Be-grenzt heißt im Grenzfalle wie bei der Welt: vom Jenseits der Grenze, d. h. vom Un-begrenzten begrenzt und eben an der Grenze von der un-begrenzten Offenheit umgriffen, ohne daß die Grenze verwischt würde. Wir wohnen in der Welt als dem umfassenden Sinnraum für uns, in der wesenhaft be-grenzten Welt, die eben in ihrer Be-grenztheit vom Un-begrenzten begrenzt und an der Grenze von der un-endlichen Offenheit umgriffen und durchdrungen ist. Wir wohnen in der Welt, die sich ihrerseits in der unendlichen Offenheit befindet.

Diese unsere Welt nennen wir, und zwar als vorläufige Bezeichnung, eine Doppelwelt. Es handelt sich dabei nicht um zwei Welten, sondern um eine Doppelheit der Welt als solcher. Welt heißt für uns ohne weiteres und wesenhaft: Die Welt *und* die unendliche Offenheit, die die Welt umgreift. Damit möchten wir die Ansicht HEIDEGGERS vom *In-der-Welt-Sein* als der Grundverfassung des menschlichen Daseins grundsätzlich zu einem *In-der-Doppelwelt-Sein* bzw. *In-und-zugleich-außerhalb-der-Welt-Sein* modifizieren.

Die Welt als der umfassende Sinnraum für uns gilt in der gegenwärtigen Philosophie oft auch als der Welthorizont der Erfahrung; die Welt ist der umfassende Sinnhorizont der menschlichen Erfahrung und nur das, was innerhalb des Horizontes der Welt erscheint, wird uns zugänglich und gilt als etwas. Doch scheint die gegenwärtige Philosophie bei dieser ihrer Ansicht des Welthorizontes doch ein einfaches Moment des Phänomenes "Horizont" außer acht zu lassen, nämlich das Moment des Jenseits des Horizontes. Wenn wir dieses Problem erhellen, kann uns die Metapher "Horizont" zum Verständnis der Doppelwelt anschaulich helfen.

Zum Horizont als solchem gehört unmittelbar das unsichtbare Jenseits ebensosehr wie das sichtbare Diesseits, das der offene Raum für uns darstellt. Das Jenseits ist zwar keine Voraussetzung für das Verstehen, das erst der Horizont ermöglicht; es gibt aber keinen Horizont ohne Jenseits. Ohne Jenseits gibt es keinen Welthorizont der Erfahrung, innerhalb dessen etwas überhaupt als etwas verstanden werden könnte. Das Jenseits entzieht sich zwar grundsätzlich unserer Erkenntnis, das nicht erkennbare Jenseits aber ist notwendig für die Erschließung eines Erkenntnisraumes. Für denjenigen, der dieser Struktur des Welthorizontes in seiner eigenen Existenz gewahr wird, wird das Jenseits des Horizontes zum "anderen Horizont des Verstehens", und zwar in der Weise, daß er etwas, das ihm innerhalb des Welthorizontes begegnet, als dieses etwas begreift und daß er zugleich weiß, daß er nicht weiß, was dieses betreffende etwas im Jenseits des Horizontes ist, wobei aber gerade eben dieses Nicht-wissen den Zugang zur Unendlichkeit bereitet: es geht um das Verstehen im Wissen des Nicht-wissens. Auf diese Weise bildet uns der sichtbare Horizont vor dem Hintergrund des unsichtbaren Jenseits des Horizontes (d. h. der sichtbare Horizont, der eins mit dem unsichtbaren Jenseits als "anderem" Horizont ist) ein Art von Doppelhorizont, der uns auch die Dimension der Tiefe erschließt. In diesem Sinne ist der Horizont eigentlich immer in diesem Sinne ein Doppelhorizont, obgleich wir zunächst und zumeist nur das, was innerhalb des Horizontes erscheint, sehen und, vom gesehenen erfüllt, das zum Horizont gehörende unsichtbare Jenseits einfach übersehen. Nun ist das Jenseits als solches eine un-endliche Offenheit; diese aber ist nicht nur im Jenseits, es umgreift in ihrer Un-endlichkeit auch das Diesseits, so daß sowohl das Diesseits als auch das Jenseits des Horizontes gleichermaßen von der un-endlichen Offenheit umgriffen sind. So kommen wir wieder zu unserer Ansicht der "Doppelwelt", von der weiter oben die Rede war.

Damit haben wir die fundamentale Struktur des menschlichen Daseins in einer entscheidenen Hinsicht von HEIDEGGERS *In-der-Welt-sein* zum *In-der-Doppelwelt-sein* modifiziert. Für diese Modifikation liefert HEIDEGGER selber einen Ansatz – den er aber in unserem Sinne nicht weiter verfolgt -, wenn er sagt: "Da-sein heißt: Hineingehaltenheit in das Nichts." Das "Da" des menschlichen Daseins besagt, ist es erst in das Nichts hineingehalten, die Faktizität und die Erschlossenheit in einem. Dann heißt "Da" eigentlich "Da in dem Nichts." Hier sehen wir eine Doppelheit des "Da", die der Doppelheit der Welt genau entspricht, da die Erschlossenheit des "Da" als solche bei HEIDEGGER nichts anderes als die Welt bedeutet.

Der Mensch wohnt in der wesenhaft be-grenzten, endlichen Welt, die sich ihrerseits in der un-endlichen Offenheit befindet. Der Mensch wohnt also in der Doppelwelt. Der Mensch erfährt dann ein Seiendes in der Welt als etwas bestimmtes, als ein Zuhandenes z. B. zum praktischen Gebrauch, und zugleich begegnet ihm dasselbe Seiende aus der Tiefe, die sich un-endlich in die un-endliche Offenheit vertiefen kann, als etwas unsagbares, unerschöpfliches. Nishida sagt: "Die Dinge sind da und leuchten mich an."

Die Welt, in der der Mensch wohnt, befindet sich auf diese Weise in der un-endlichen Offenheit. Er wohnt in der Doppelwelt, wobei es sich um eine *unsichtbare* Doppelwelt handelt. Die Welt ist nichts anderes als die Welt in der unsichtbaren un-endlichen Offenheit. Das Da ist nichts anderes als das Da im unsichtbaren Nichts. Der Horizont ist nichts anderes als der Horizont mit dem unsichtbaren Jenseits. Diese unsichtbare Doppelheit der Welt, des Da, des Horizontes ist als solche so unauffällig, daß wir ihrer zunächst und zumeist nicht gewahr werden, somit nur das Sichtbare sehen, d. h. uns somit im Alltag mit innerweltlich Seiendem beschäftigen, um schließlich auch in der philosophischen Reflexion den Welthorizont als die Grundbedingung für eine Beschäftigung mit dem innerweltlich Seienden zu thematisieren, ohne das Jenseits mit zu thematisieren. Weltverschlossenheit, gebunden durch die Ich-verhaftetheit, heißt im Grunde existenziell nichts anderes als: der unsichtbaren Doppelheit nicht gewahr zu werden. Damit kommt es, um zur Wahrheit des Lebens zu gelangen, einzig auf das Aufschneiden der verschlossenen Welt an, das eins ist mit der Auflösung der Ich-verhaftung, ohne daß es der Welt den Charakter des Sinnraumes für uns abspricht.

Hier haben wir wieder den Ort erreicht, wo wir dem Tod ins Gesicht blicken. Denn die un-endliche Offenheit als solche, die die Welt umgreift, das Nichts als solches, worin das Dasein enthalten ist, das Jenseits des Horizontes als solches: das ist für uns gerade das Wo, wohin wir nur durch das Sterben in den Tod gehen, wo wir nur durch den Tod hingelangen können.

Uns kommt es einzig und allein darauf an, aus dem Tode zu leben, um nicht in Weltverschlossenheit, sondern der Wahrheit der Welt entsprechend in der Welt, die sich in der un-endlichen Offenheit befindet, zu wohnen, d. h. es kommt darauf an, zugleich in und außerhalb der Welt zu sein.

Erinnern wir uns an dieser Stelle des Gedichtes von Yosano Akiko:

> Im Gefühl, daß der Tag nah ist,
> an dem ich irgendwohin zurückkomme
> stehen mir die Dinge der Welt näher.

Im Gefühl der Doppelzugehörigkeit sowohl zu der Welt als auch zum "Irgendwo" drückt sich das Leben aus dem Tode aus: Nicht nur durch die Welt zu laufen, sondern zugleich in der un-endlichen Offenheit spurlos und still zu schweben. Es heißt einfach: "irgendwohin." Das Irgendwo für das Hingehen ist eigentlich nicht zu benennen. Sobald man es mit beim Namen genannt hat, gehört dieses Irgendwo bereits zur Welt.

Es geht also darum, aus dem Tod zu leben, gegenwärtiges Leben als auferstandenes Leben aus dem Tode zu leben, um dann, wenn die Zeit gekommen ist, am Ende dieses Lebens zu sterben. Nun sind wir an dem Punkt angelangt, an dem sich die Frage erhebt, was der Zen-Buddhismus zum faktischen Tod am Ende des Lebens eines jeden Menschen sagt. Dazu sagt er weniges, einfach schlicht und entschieden: "Wer jetzt gestorben ist", so sagt zum Beispiel Meister Hakuin, "der stirbt nicht, wenn er stirbt." Es heißt: "Wenn er stirbt." Das heißt, er stirbt doch! Auf welche Weise? Er stirbt, wie er stirbt, wenn er stirbt. Das ist für den Zen-Buddhismus nichts anderes als Nicht-sterben.

Der Zen Dichter-Mönch Ryōkan (1757-1831), eine der beliebtesten Gestalten in Japan, sagt: "Es ist gut, beim Sterben zu sterben, das ist der einzige Weg, des Todes ledig zu werden." Während es im Leben darauf ankommt, das Leben-Sterben zu leben, geht es nun beim Sterben darum, das Leben-Sterben zu sterben. Beim Sterben zu sterben, d. h. sterben zu können, das gilt als "gut sterben", als eine Vollendung. So bezeichnet man den Buddha auch als "*sugata*", d. h. als denjenigen, der gut dahingegangen ist.

Eine Vollzugsweise dieses "gut Sterbens" zeigt das sogenannte "hinterlassene Gedicht" (*yui-ge*). In Zen-Kreisen ist es Sitte, auf dem Sterbebett ein ganz kurzes Gedicht zu dichten. Dabei handelt es sich nicht um ein Testament, einen letzten Willen, es handelt sich um einen allerletzten Abschiedsgruß des Sterbenden, um die Zusammenfassung seines gesamten Lebens. Dem Sterbenden ist im Sterben das Gesamt seines Lebens in seiner Ganzheit abschließend und gesammelt ganz gegenwärtig. Im Sterben gefaßt, faßt er dieses Ganze zu seinem eigenen Selbstgewahrsein in Gedichtform zusammen, um es wie ein großes dichterisches Ausatmen des ganzen Lebens zu lassen –

und zugleich, um es als allerletzten Gruß an die Mitmenschen zu richten, für die es als die Überlebenden und auch als die Mitsterblichen nun Auftrag ist, diese letzten Grüße verantwortungsvoll ins eigene Leben aufzunehmen und sie auf eigene Weise zu erwidern. Ein solches Gedicht lautet:

"Vorderseite, Rückseite – Herbstblätter fallen ab."

Im Grunde genommen ist das hinterlassene Gedicht aber nichts anderes als der abschließende Vollzug dessen, was bereits im Leben, vor dem Tod, aus dem Tode gelebt worden war.

Auf diese Weise stirbt er, wie er in den Tod stirbt. Er ist gestorben. Er ist tot. Im Tode waltet nun die Stille, die ungeheure, unergründliche tiefe Stille. Ein sino-japanisches Wort des Zen-Buddhismus für den Tod lautet *ji-jaku*, d. h. die Stille zeigen, die Stille walten lassen. Im Walten der Stille bleibt uns, den Hinterbliebenen, die von der Stille durchdrungen und von ihr gereinigt sind, doch die letzte Frage: wohin gehen die Verstorbenen, unsere Toten? Was nach dem Tode? Darauf zu antworten, bleibt für uns die Aufgabe unseres Lebens. Wir können darauf schließlich nur mit unserem eigenen Sterben, unserem eigenen Wohin-gehen antworten. Wir sind Mitsterbliche. Der Tod, der durch das "Wohin" für immer trennt, der verbindet durch das "Woher" am innigsten.

Die Frage nach dem "Wohin" taucht doch immer wieder auf. Wohin mit der faktischen Auflösung des Ich-bin-ich? Dazu äußert sich der Zen-Buddhismus nicht im Sinne eines Lehrprogrammes, sondern verhält sich dem Beipiel Gotama Buddhas entsprechend, der auf die Frage, ob die Seele ewig sei oder nicht, nichts sagte. Der Zen-Buddhismus weist weder auf das Reine Land hin, wie der Amida-Buddhismus, noch betreibt er eine Metaphysik der Seele über den Tod hinaus. Stattdessen stellt er einem jeden umso dringlicher die Frage: "Wohin?" Ein Kōan fragt: "Wo west dein Wesen in dem Augenblick, da dein Augenlicht erlischt?"

Er stirbt, wie er stirbt, wie er in den Tod stirbt – das ist für den Sterbenden die einzige, ganze Wirklichkeit. Die einzige, ganze Wirklichkeit und doch das einzige letzte Fragen: "Wohin?!" – "Was dann?!" Aber hier handelt es sich nicht mehr um eine Frage, die nach einer Antwort sucht, sondern um die große Frage als ausatmend letzte Exklamation des ganzen Lebens. Es ist jedoch nicht so, daß es kein Wo, kein Wofür und kein Wohin gäbe. Nur überläßt der Zen-Buddhismus einem jeden als letzte Freiheit sein eigenes Wohin. Ein jeder stirbt seinen eigenen Tod. Ein jeder darf sein Wohin selber träumen. Ein jeder muß, im großen Wissen um die "Nicht-Wissbarkeit" des Wohin, sein eigenes Wohin selber träumen können. Das ist seine letzte eigene Freiheit. Jeder träumt ganz individuell, d. h. es ist er, niemand anderer, der jetzt stirbt;

genauso wie er es ist, der gelebt hat und niemand anderer. Doch hört jeder gerne den Traum eines anderen, als eine Art Traumsymphonie im leeren Raum, in der un-endlichen Offenheit. Einige Beipiele für Träume des Todes, des Wohin bzw. Was dann:

Ich verstreue mich überall im Kosmos, um den Menschen bei der Erlösung behilflich zu sein.

Ich werde ein Ochs für den Nachbar, und mache gerne die Feldarbeit mit.

Ich sterbe nicht.

Bitte verstreut meine Asche auf dem Acker. Meine Asche düngt gut, wie ich hoffe.

Das alles könnte man Traum nennen, Phantasie, Märchen. Nun ist das aber unmittelbar angesichts des eigenen Todes doch eine Wirklichkeit oder vielmehr *die* Wirklichkeit angesichts des Nichts, umgriffen vom Nichts, während das ganze Leben, das nun vom Nichts zurückblickt, in seiner Wirklichkeit doch als Traum im Nichts vergegenwärtigt ist. Traum als Wirklichkeit, Wirklichkeit als Traum. Das Schriftzeichen *yume* (Traum) ist ein Lieblingsthema der Zen-Kalligraphie.

3. Einige religionshermeneutische Bemerkungen.

Oben wurde der Versuch unternommen, das, was der Zen-Buddhismus zum Leben-Sterben als dem "Sich-Ereignen der unrelativierbaren Grenze"[1] sagt, soweit zu artikulieren, als es der religionshermeneutischen Sicht zugänglich ist. Die "begrenzend abgrenzende Grenze" gilt dabei in einer doppelten Hinsicht, nämlich zunächst als radikale Negativität für das Leben, dann aber auch gerade deswegen zugleich als mögliches "transitorisches Moment des Daseins"[2] zum Transzendieren "über das Ende hinaus." Wenn von der "realen Möglichkeit, im Vergehen des Lebens der Sinnlosigkeit des eigenen Daseins ausgeliefert zu sein"[3] die Rede ist, bezieht sich das auf ersteres. Wenn aber von einer "Begegnung mit dem Jenseits des Seienden"[4] "in der Erwartung und Hoffnung, die den Menschen als ganzen meint"[5] die Rede ist, so bezieht es sich auf letzteres. Dieselbe doppelte Sicht bezüglich des Phänomenes der

---

[1] G. OBERHAMMER, Religionshermeneutische Bemerkungen zum Phänomen des Todes, in diesem Band, S. 9.

[2] OBERHAMMER, a.a.O.: S 11.

[3] OBERHAMMER, a.a.O.: S. 10.

[4] OBERHAMMER, a.a.O.: S. 11.

[5] OBERHAMMER, a.a.O.: S. 10.

"Grenze" wird auch im Zen-Buddhismus als wesentlich konstatiert, der vom Leben-Sterben als der "großen Sache" (*dem* Problem) einerseits und vom Leben-Sterben als Nirvāṇa (der Lösung des Problems) andererseits spricht. Nur scheint im Zen-Buddhismus die betreffende doppelte Sichtweise in ihrer Zusammengehörigkeit unmittelbarer zu sein, dies wahrscheinlich im Zusammenhang mit der Erfahrensweise der "Grenze", mit der Grenz-Erfahrung.

An dieser Stelle ist es nun angebracht, noch einmal kurz zur religionshermeneutischen Hauptlinie bei OBERHAMMER[6] zurückzukehren. Der Tod ist "das Sich-Ereignen unrelativierbarer Grenze." Der Tod ist das Ereignis der Grenze, "dem Leben ein Ende zu setzen und dadurch ein Anderes in den Blick zu bringen." Als Ereignis ereignet sich dabei etwas mehr, nämlich "das Umschlagen des Lebens in ein In-Erscheinung-Treten einer Offenheit für ein Anderes", d. h. "für eine alles erfassende Transzendenz jenseits des Seienden." Das betreffende Umschlagen erschließt also die Offenheit für das Umfassende, die "zum transitorischen Moment wird, welches diese Offenheit als bleibende Gegenwart der eigenen Existenz thematisch macht." Die Transzendenz, das Andere im Jenseits, wird auf diese Weise durch den Tod als dem Ereignis der Grenze "aus der das Dasein als ganzes deutenden Überzeugung und Hoffnung heraus redend vergegenwärtigt und so mythisiert." Mythisierung besagt dabei, "ein Ereignis zur Sprache bringen."[7] Es handelt sich um das "Zur-Sprache-finden einer Gegebenheit, die durch dieses Zur-Sprache-finden erst als Phänomen zur Erscheinung kommt."[8] Hier sehen wir die Grundzüge eben desjenigen Existenzvollzuges, der Religion genannt wird. Der Tod, soweit wir, die wir leben, überhaupt vom Tode reden können, ist in diesem Zusammenhang "nichts anderes als die Mythisierung des Endes des menschlichen Daseins in einem Entwurf der Erwartung und der Hoffnung, die den Menschen als ganzen meint."[9]

Der Zen-Buddhismus zeigt dieselben Grundzüge und würde in grundsätzlicher Übereinstimmung mit OBERHAMMER und mit dessen eigenen Worten sagen, Religion sei Leben umgriffen von dem, was erst durch den Tod erschlossen ist und Sterben des so gelebten Lebens in den Tod als eine Vollendung. Es handelt sich, um eine vorher angeführte Formulierung zu wiederholen, darum, das Leben-Sterben zu leben (das heißt soviel wie *jīvanmukti*) und das Leben-Sterben zu sterben (und das besagt mehr als *jīvanmukti*).

---

[6] Vgl. OBERHAMMER, a.a.O.: S. 11.

[7] OBERHAMMER, a.a.O.: S. 10.

[8] OBERHAMMER, a.a.O.: S. 10.

[9] OBERHAMMER, a.a.O.: S. 10.

Das Umgriffensein von dem, was erst durch den Tod erschlossen ist, geschieht dabei durch die Mythisierung im OBERHAMMERschen Sinne, die der Zen-Buddhismus mit der genannten Bildertriade, insbesondere mit dem leeren Kreis vollzieht, um nur ein Beispiel zu nennen. Die Einfachheit und Schlichtheit der Mythisierung, sowie die Unmittelbarkeit, mit der er sie von Anfang an nicht mit Worten, sondern, wie wir oben gesehen haben, mit Bildern zur Sprache bringt, ist für den Zen-Buddhismus sehr bezeichnend. Das hängt mit einem Grundanliegen zusammen, von dem her die religionshermeneutische Bestimmung der Religion bei OBERHAMMER in bezug auf den Zen-Buddhismus ein bißchen modifiziert werden sollte.

Es handelt sich beim Tod um die unrelativierbare Grenze. Gerade deshalb kommt es auch auf das "Jenseits" der Grenze an, und zwar das "Jenseits" gesehen vom "Diesseits" der Grenze. Das Ereignis der Grenze läßt offen sein für ein "Anderes". So heißt es bei OBERHAMMER: "eine Offenheit für ein Anderes", und dann: "Offensein für eine alles umfassende Tanszendenz jenseits des Seienden." Das heißt, daß das Andere im Jenseits also zugleich das Allumfassende ist. Im Zen-Buddhismus könnte das folgendermaßen ausgedrückt werden: Das, was vom Diesseits der Grenze her als Anderes im Jenseits betrachtet wird, umfaßt auch das Diesseits, so daß das Andere im Jenseits kein Anderes mehr ist. Der Diesseits/Jenseits-Unterschied ist auf diese Weise eben von der Selbstaufhebung des Jenseits, die sich aus der Unendlichkeit des Jenseits ergibt, überholt. Damit kommt auch die un-endliche Offenheit, worin sich das Diesseits-Jenseits befindet, in Frage. Das gehört für den Zen-Buddhismus auch zur "Grenz"-Erfahrung. Umso mehr hebt er das Moment der un-endlichen Offenheit hervor. Ohne Offenheit der un-endlichen Offenheit gegenüber würde das Jenseits und das Andere – auch das ganz Andere – irgendwie in den Welt-Rahmen zurückgezogen. Das Mythisierte würde, im Vergessen des ursprünglichen Motives zur Mythisierung, in die Welt als Sprachwelt einbezogen.

So kommt es beim Zen-Buddhismus wesenhaft auf die ek-statische Offenheit für eine un-endliche Offenheit an, d. h. 1) nicht primär für ein Anderes, ein anderes transzendentales Seiendes, sondern für eine un-endliche Offenheit als solche, ohne jedoch dabei ein transzendentales Seiendes als mögliches Subjekt der un-endlichen Offenheit auszuschließen, und 2) nicht nur auf das un-endliche "Jenseits" vom be-grenzten Diesseits, sondern auf die gerade wegen ihrer Un-endlichkeit auch das Diesseits umfassende, d. h. das Diesseits-Jenseits umfassende Offenheit, ohne jedoch den Schnitt zwischen Diesseits und Jenseits zu verwischen. Der Tod ist die unrelativierbare Grenze für die menschliche Existenz. Gerade durch den Tod als die unrelativierbare Grenze ist die Existenz offen für die un-begrenzte, un-endliche Offenheit.

Es bleibt noch zu fragen und zu überlegen, ob das Gesagte nur für den Zen-Buddhismus charakteristisch sei, oder ob es der Religionshermeneutik nicht behilflich sein könnte, grundsätzliches für die Bestimmung der Religion als solcher innerhalb der größten Verschiedenheit der Religionen zu erkennen und im Rahmen der Typologie der Religionen in ihrer kulturell-geschichtlichen Bedingtheit weiteres zu erörtern.

RELIGION ALS DEUTUNG DES TODES

Über die Anknüpfungspunkte der Religion im menschlichen Dasein anhand von Gebeten beim Sterben

Von Hendrik M. Vroom, Amsterdam

I. Einleitung

Wir werden liturgische Gebete aus fünf religiösen Traditionen hinsichtlich des Sterbens besprechen – Gebete, die Teil in den Niederlanden praktizierter religiöser Riten sind. Wir werden (a) der Weise nachgehen, auf die die menschliche Existenz in diesen Gebeten gedeutet wird und (b) den spezifischen Aspekten dieser Existenz nachgehen, an welche die Gebete anknüpfen.

So werden wir uns also mit dem, was in der Apologetik die Frage des Anknüpfungspunktes oder aber auch der anthropologische Boden genannt wird, beschäftigen. Im Hinblick auf die Religionsphilosophie im engeren Sinne, auf die Theorie der Religion, geht es um die Elemente der menschlichen Existenz, woran religiöse Traditionen anknüpfen.

Namentlich über die Frage des Anknüpfungspunktes hat man sich vielfach den Kopf zerbrochen. Die Diskussion wird meist auf einem ziemlich abstrakten Niveau geführt; oft wird die Frage gestellt, ob die christliche Verkündigung nun an allgemein menschliche Erfahrungen anknüpfen dürfe oder nicht, wobei meist an der Frage vorbeigegangen wird, auf welche Weise ein solches Anknüpfen denn genau stattfindet. Wir werden diese Frage ins Zentrum unserer Überlegungen stellen. Unser Ansatz ist, so weit ich weiß, neu. Bevor wir an die Arbeit gehen, erst noch einige Worte im voraus, um den Hintergrund etwas zu erhellen, vor welchem sich unsere Textbesprechung abzeichnet.

Wir werden nach der Basis der Religion im menschlichen Dasein fragen. Merkwürdigerweise ist umstritten, ob die Religion denn eine solche Basis hat. Der niederländische Theologe KUITERT spricht von einem anthropologischen Boden, aber er wurde von denjenigen scharf kritisiert, die meinen, daß unser Dasein keinen einzigen Anknüpfungspunkt für das Evangelium biete. So etwas macht dann auf diesen Boden neugierig. Könnte ein solcher Anknüpfungspunkt eine Grundmauer mit einem Stückchen Wand sein, eine Art Halbprodukt der Religion, auf dem die Religionen dann weiterbauen? Oder besteht er aus

Elementen des menschlichen Daseins, die durch eine Religion besonders angesprochen werden? Meiner Meinung nach ist letzteres der Fall. Will eine Religion Menschen ansprechen – und das müßte sie ja doch wollen –, dann muß die Religion an menschliche Bedürfnisse anknüpfen. Es muß doch Elemente im menschlichen Leben geben, die einen geeigneten Anknüpfungspunkt für Religionen bieten? Die Frage ist allerdings, welche Elemente dies sind. Eine weitere – viel zu wenig erforschte – Frage ist die, ob die verschiedenen religiösen Traditionen Menschen auf die gleichen oder auf andere Aspekte des Lebens hin ansprechen. Für die Einsicht in Religionen und in ihr Verhältnis untereinander ist dies außergewöhnlich interessant. Manch einer behauptet, daß es solche Anknüpfungspunkte für den christlichen Glauben nicht gäbe. Sie haben sicher schon gemerkt, daß sie im Folgenden anhand der Texte ins Unrecht gesetzt werden. Jedoch auch der anthropologische Boden könnte ins Wanken geraten. Wir werden sehen.

Es gibt noch eine andere Diskussion, die durch unsere Analyse erhellt werden kann. Wir kennen die Dinge aus unserer Interpretation – so wird oft gesagt. Wir nehmen die Dinge nicht wahr, wie sie in sich selbst sind, sondern als Abbild der Dinge, geformt in unserer Kultur und in unserer eigenen Lebensgeschichte. Etwas kennen, das ist: es benennen und erleben. Die Dinge existieren so, wie sie in unserer Lebenswelt erscheinen. Die große Frage ist daher, wie diese Lebenswelt entsteht. Man hat dafür alle möglichen Begriffe geprägt; neben Lebenswelt auch Verstehenshorizont, Sprachspiel, Lebensform, Weltbild – Begriffe, die unterschiedliche Aspekte der Weise andeuten, auf die die Welt in unserem Handeln und Erleben anwesend ist. Die Dinge, die wir wahrnehmen, sind mit Werten und Idealen verknüpft. Was wir kennen, ist eingebunden in eine bestimmte Sicht der Dinge, in eine Lebensanschauung. Eine solche Lebensanschauung ist keine geschlossene Theorie, sondern ein reichlich buntes Beieinander an Einsichten und Lebensweisen, um mit der sich ereignenden Wirklichkeit leben zu können.[1] Zum Teil sind wir uns unserer Lebensanschauung bewußt, zum Teil ist sie unausgesprochen und tragend anwesend. Die Frage ist, wie eine Lebensanschauung zustande kommt und wie sie 'wirkt'.

Es ist ziemlich üblich zu sagen, daß auch Religionen ein Weltbild liefern und also die Wirklichkeit interpretieren. Weniger üblich ist es, näher hinzusehen, *wie* das geschieht. Religiöse Traditionen haben Mittel zur Verfügung, immer wieder neu und immer anderen Menschen ein Bild der Wirklichkeit zu vermitteln.

---

[1] S. E. FARLEY, Truth and the Wisdom of Enduring. In: D. GUTERRIERE (ed.), *Phenomenology of the Truth Proper to Religion*, Albany 1990: 73 f.

Zu den stärksten Instrumenten, durch die das religiöse Bild der Wirklichkeit übertragen wird, gehören die Riten, die Liturgie und die Meditation. Ein Element des menschlichen Daseins, das von jeher einen wirksamen Anknüpfungspunkt für Religionen bietet, ist der Tod.[2] Dem Tod kann man nicht entgehen; von ihm geht eine permanente Bedrohung aus. Es gibt Hypothesen darüber, was nach dem Tod folgen könnte, aber es fehlt an direkten empirischen Möglichkeiten, diese Frage zu beantworten. In den Augenblicken, in denen wir nachdrücklich mit dem Tod konfrontiert werden, entsteht die Frage nach dem Wert des Lebens, und nach dem Beziehungsrahmen, in den wir das Leben stellen müssen. Religiöse Traditionen 'beantworten' diese Frage mit Geschichten, Ritualen und Anweisungen zur Vorbereitung auf den Tod. Sie tun außerdem viel mehr, aber lassen Sie uns heute unsere Aufmerksamkeit hierauf lenken. Wir werden einige Textfragmente aus Riten, die den Tod zum Anlaß haben, analysieren.

Nun noch etwas zu unserem Experiment. Wir werden im Folgenden in einigen Gebeten und meditativen Texten erkunden, auf welche Punkte im menschlichen Leben sie sich richten. Wir fragen nicht nach ihrer direkten Bedeutung – als zum Beispiel einer Klage, einem Lobgesang oder einer Bitte –, sondern nach dem, was in diesen Texten vorausgesetzt wird. Am Anfangswort des evangelischen Gottesdienstes können wir unsere Arbeitsweise demonstrieren. Die kurze Version lautet:

Unsere Hilfe steht im Namen des Herrn,
Der Himmel und Erde gemacht hat.

Diese Formel geht von einem bestimmten Aspekt des menschlichen Daseins aus: der Hilfsbedürftigkeit. Denn nur wer Hilfe braucht, kann bekennen, daß seine Hilfe im Namen des Herrn ist. Die Formel sagt etwas über Gott und gleichzeitig etwas über den Menschen: Gott ist ein Helfer, und der Mensch braucht einen Helfer. Die Tradition, die diese Formel überliefert, lehrt Menschen also zwei Dinge gleichzeitig: sie verschafft Menschen ein Bild von sich selbst, nach dem sie nicht alles selbst können, und sie verkündigt, daß Gott ein Helfer ist. Wenn Sie nun sagen würden, daß hieraus deutlich würde, daß es keinen Anknüpfungspunkt gäbe, dann hätten Sie in gewissem Sinne

---

[2] Siehe J. BOWKER, *The Meanings of Death*, Cambridge 1991: 7 (unter Hinweis auf Malinowski). BOWKER zeigt hier die Verschiedenheit der religiösen Interpretationen des Todes. Mit Nachdruck verweist er auf die Tatsache, daß das anthropologische Material es ihm unmöglich mache, die Kompensation des Todes für die Wurzel der Religion zu halten (p. 23); die frühesten religiösen Überlieferungen enthielten keinen Glauben an ein Leben mit Gott jenseits des Todes (p. 29). Vergleiche auch K. KRAMER, *The Sacred Art of Dying.* How World Religions Understand Death, New York 1988; C. J. JOHNSON – M. G. MCGEE (eds.), *Encounters with Eternity.* Religious Views of Death and Life After-Death, New York 1986.

durchaus recht: die christliche Tradition verkündigt den Menschen, daß ihnen geholfen werden muß (und daß Gott die Hilfe leistet). Aber so einfach entkommen wir dem anthropologischen Boden nicht. Menschen etwas beizubringen gelingt auf die Dauer nur, wenn es glaubwürdig ist. Nur wenn das menschliche Leben so funktioniert, daß es diese Interpretation zuläßt – wenn wir mit diesem Entwurf des Mensch-Seins tatsächlich entdecken, daß wir Hilfe benötigen –, kann die religiöse Deutung wirklich gelingen. Kurz und gut: es gibt etwas, das Menschen dazu bringt zu denken, daß sie nicht alles selber können; das führt zu der Deutung: wir brauchen einen Helfer. Daran knüpft die Verkündigung an: diesen Helfer gibt es auch. Eine religiöse Tradition verfügt über eine Lehre von der Wirklichkeit und (zumeist) von Gott; sie verfügt über ein dazugehöriges Menschbild, und sie knüpft an an gewisse Aspekte des menschlichen Daseins, die sich für diese Deutung besonders eignen. Dies ist also das Verfahren. Im Prinzip ist es sehr einfach; Sie können es ohne Probleme mit- und nachmachen. Auf diese Weise erkunden wir Gebete hinsichtlich des Sterbens aus fünf Traditionen. Wir bleiben ganz in der Nähe: wir benutzen Texte von niederländischen Vertretern der jüdischen, der katholischen, der moslemischen und der hinduistischen Glaubensgemeinschaft sowie eine Übersetzung eines tibetischen Textes. Diese Textfragmente werden in selbstgewählte und numerierte Passagen eingeteilt. Im Kommentar wird auf jeweils neue Aspekte des menschlichen Lebens, an die angeknüpft wird, eingegangen; im selben Gebet bereits genannte Aspekte werden nicht wieder aufgegriffen.

II. Das Kaddisch

Wir beginnen mit dem Kaddisch, dem wichtigsten jüdischen liturgischen Text beim Begräbnis und in der darauffolgenden Periode.[3] Am Grab wird das Kaddisch vor Waisen und Trauernden von einem der Kinder oder eventuell

---

[3] Beim Sterben eines Menschen kommen Menschen der jüdischen Glaubensgemeinschaft, deren spezielle Aufgabe es ist, Sterbenden und Trauernden beizustehen, im Hause des Betreffenden zusammen. Für die liturgischen Gebete ist die Anwesenheit von zehn Menschen erforderlich. So wird das Haus des Sterbenden ein Ort, an dem die Gemeinschaft im Gebet versammelt ist; ebenfalls liest man aus der Thora (W. ZUIDEMA, *Gods partner*. Ontmoeting met het jodendom, Baarn [3]1977: 189-191). Der Verlust der Verstorbenen wird sehr ernst genommen; so lange der Verstorbene nicht begraben ist – die Bestattung erfolgt kurz nach dem Tode –, tröstet man die Hinterbliebenen nicht; auch danach ist man sparsam mit Trost (für die Formulierung siehe: ZUIDEMA, a.a.O.: 109 f.). Ergreifend ist die Klage über einen verlorenen Sohn oder eine Tochter – von einem Elternteil am Grabe ausgesprochen –, die im Sefer Chajim Lanefesj (*Het Joodse Begrafeniswezen te Amsterdam*, bearbeitet und übersetzt von A. W. ROSENBERG, Amsterdam 5749/1989: 252-255) aufgenommen ist.

von anderen Verwandten gesprochen.[4] Im Sterbefall eines Elternteiles beten die Kinder elf Monate lang jeden Tag das Kaddisch.[5] Das Kaddisch ist ein altes aramäisches Gebet, das in einer kürzeren oder längeren Form einen Platz im jüdischen Gottesdienst hat.[6] Wir halten uns hier an den Text des Amsterdamer *Sefer Chajim Lanefesj*. Für die nachfolgende Besprechung teilen wir den Text in numerierte Teile ein.

In diesem Gebet wird das Leben des Trauernden in Beziehung gesetzt mit Gott, der Welt, dem Haus Israel, der Leitung durch die Thora und dem messianischen Heil. In der Verbundenheit mit der jüdischen Gemeinschaft wird der Trauernde an die gemeinsame Hoffnung auf die Zukunft des Reiches Gottes erinnert.[7]

1. *Gerühmt und geheiligt werde Sein großer Name*

Dieser Lobgesang fällt auf den Beter zurück. Gottes großer Name wird am Grabe des sterblichen und relativ wehrlosen Menschen genannt. Der Lobgesang setzt voraus, daß der Mensch Grund hat, Gott zu rühmen. Der Mensch erfährt, daß er oder sie nicht alles kann; wir nennen dies im folgenden 'begrenztes Vermögen'. Für ein 'Extra', das das menschliche Vermögen übersteigt, wird Gott gedankt.

2. *In der Welt, die Er in Zukunft erneuern wird*

Diese Welt ist unvollkommen. Menschen reiben sich an dieser Unvollkommenheit. Notwendigerweise stehen wir vor der Frage, ob wir uns mit dieser Unvollkommenheit abfinden sollen oder nicht; so leben wir zwischen Hoffnung, Verzweiflung und Gleichgültigkeit. Das Bekenntnis, daß Gott die Welt in Zukunft erneuern wird, stellt eine Deutung dieses unvermeidlichen Charakterzuges des Mensch-Seins dar. Auch wenn Verzweiflung und Gleichgültigkeit verständliche Reaktionen sind auf die Unvollkommenheit, dann liegt hier in der impliziten Erinnerung an Gottes Verheißungen doch der Nachdruck auf der Hoffnung.

---

[4] Sefer Chajim Lanefesj: 58 f.

[5] Sefer Chajim Lanefesj, Teil II: 33.

[6] Siehe MARCUS VAN LOOPIK, *Het messiaanse perspektief van de synagogale liturgische cyclus*, (diss.) Amsterdam 1992: 159-162. Für die Antike und das Gewicht des Kaddisch siehe auch I. ELBOGEN, *Der jüdische Gottesdienst in seiner geschichtlichen Entwicklung*, Hildesheim 1967: 92-98.

[7] MARCUS VAN LOOPIK, a.a.O.: 162.

Wer glaubt, daß Gott die Welt erneuern wird, legitimiert den Unfrieden mit dieser Weltordnung. Mehr als dies, implizit gibt man eine Beurteilung der Mängel dieser Welt ab: die Unvollkommenheit ist so schwerwiegend, daß nicht der Mensch, sondern Gott die Erneuerung bewerkstelligen muß. Der Glaube an die Hilfe Gottes beinhaltet, daß man sich nicht in das Elend ergibt. Wer lernt, nach der guten Welt Gottes zu verlangen, wird sich weiterhin am Bösen reiben: keine Unermüdlichkeit, sondern Trauer; keine Gelassenheit, sondern Protest. Zu Recht reibst du dich am Elend, so lautet die implizite Botschaft der jüdischen Tradition, die den Trauernden diesen Passus in den Mund legt.

Hintergrund dieser Interpretation des menschlichen Daseins sind die Lehrstücke der jüdischen Tradition, namentlich die Eschatologie und die Lehre von Gott. Diese Glaubensstücke sind der Grund, das menschliche Dasein in der vorgeführten Weise zu interpretieren. Vor dem Hintergrund dieses Glaubens werden in der Situation des Todes eines Menschen die Kennzeichen menschlichen Daseins in genannter Weise gedeutet.

3. *Wenn Er die Toten wiedererwecken wird*
Um sie zu erhöhen zum ewigen Leben.

Hier wird ein ewiges Leben in Aussicht gestellt, zu dem man erhoben wird; es ist also besser als das heutige, unvollkommene Leben. Die Unzufriedenheit mit dieser Welt, die implizit im vorangegangenen Passus vorhanden war, wird hier auf den Tod bezogen. Am Grabe wird verwiesen auf die Auferstehung der Toten und auf ein Leben ohne Ende. Damit wird der Tod als ein Übel gekennzeichnet, das zwar mit diesem unvollkommenen Leben gegeben ist, aber nicht unlösbar zum Leben gehört. Der Anknüpfungspunkt für den Glauben an ein Wiedererstehen der Toten liegt in der Sterblichkeit des Menschen und in dem Verlust von Menschen, die man liebt. Jeder Mensch muß angesichts des eigenen Todes und der Trauer über den Verlust eines Nächsten eine Haltung zu finden suchen. Lebensanschauungen haben auch ganz andere Möglichkeiten, den Tod zu deuten. Der Tod kann auch als unvermeidlich angesehen werden, und die Begrenztheit der Lebenszeit als ein Segen, der zwar schmerzlich, aber im tiefsten Wesen gut ist. Es gibt total andere Deutungen des Todes. Diese aber ist der Weg der rabbinischen Religion. Diese Tradition lehrt das ewige Leben; so bejaht sie die Trauer um den Verstorbenen und bietet Trost mit der Aussicht eines neuen, unsterblichen Lebens; so verstärkt sie das Gefühl, daß der Tod normalerweise nicht wirklich zum Leben gehört.

4. *Dann wird Er den Wiederaufbau der Stadt Jerusalem*
Vollenden, indem Er seinen Tempel dort errichtet;

Mit dieser Aussage werden die Beter in das jüdische Volk und seine Geschichte gestellt. Die Zukunftsperspektive wird über die Auferstehung der Toten hinaus bis zur Errichtung von Jerusalem durch die Wiederherstellung des Tempels ausgedehnt. Implizit wird an die Verwüstung des Tempels und die weiteren Tragödien erinnert, die dem jüdischen Volk widerfahren sind. So nimmt das Kaddisch das Leben des Verstorbenen und der Trauernden in einen größeren Verband auf. Das Dasein als Mensch inmitten von anderen – der soziale Aspekt des Daseins – wird primär auf die jüdische Nation bezogen: ein Dasein als Mitglied eines Volkes mit einer langen Geschichte. Das Leben individueller Personen bekommt so einen Platz: man lebt nicht allein; man lebt als Volk; man hat einen Platz in einer langen Geschichte.

5. *Die Abgötterei wird Er vom Erdboden verbannen*
Und den Dienst für den wahren Gott
Auf Seinem Platz errichten.
Dann wird der Heilige, gepriesen sei Er,
Als König in Seiner Herrlichkeit herrschen über Sein Reich,
Noch während eures Lebens und des Lebens des ganzen Hauses Israel,
In Kürze . . .

Auch dieser Verweis auf die Abgötterei und den wahren Gottesdienst hat seinen Anknüpfungspunkt im menschlichen Dasein, und zwar in der Frage nach den wahren und guten Überzeugungen. Wie von einer prophetischen Religion erwartet werden darf, wird Relativismus abgewiesen – es gibt sehr wohl einen guten Dienst für den wahren Gott, und Irrungen können schwerwiegend sein. Das menschliche Orientierungsbedürfnis in Sachen der Religion und Moral wird ins Bewußtsein gerufen, und Orientierung wird geboten. Wer den guten Dienst erfüllt, wird ermutigt: letztendlich wird die Abgötterei überwunden werden, und der wahre Dienst an Gott wird siegen. Der große Rahmen, in den das eigene Leben des Menschen eingepaßt wird, ist der des Reiches Gottes. Hinsichtlich dessen wird ausgesprochen, daß die Verheißung des Gottesreiches über kurze Zeit Wirklichkeit werden wird.

6. *Mögen Israel,*
Den Lehrern und ihren Schülern,
Allen Schülern ihrer Schüler,
Allen, die sich mit der Thora beschäftigen,
Sowohl hier wie auch an anderen Orten,
Ihnen wie auch euch . . .

Das soziale Element des Daseins wird hier ebenso durchgezeichnet, wie die Möglichkeit, von anderen zu lernen. Auf der Basis dieses Lernens wird die Weisheit der Tradition legitimiert.[8] Hinsichtlich des Bedürfnisses an 'Weisung' wird in diesem Gebet auf die Thora und ihre Auslegungsgeschichte hingewiesen. Es wird vorausgesetzt, daß nicht jeder Mensch selbst zur wahren Einsicht kommt; im Mangel an Einsicht treffen wir eine allgemein menschliche Erscheinung an. Einsicht findet sich in der Thora, die unter der Leitung von Lehrern innerhalb der historischen Gemeinschaft aller Schüler studiert werden muß.

7. . . . *viel Frieden, Gnade und Wohlergehen, Barmherzigkeit,*
Ein langes Leben und reichliche Güter zum Leben zuteilwerden.

Eine solche Aufzählung an Segnungen verschafft Einsicht in die Weise, wie die Tradition das Dasein deutet. Man nennt schließlich, was man für begehrenswert hält. Die Kehrseite ist die Beschreibung der harten Wirklichkeit. Sehnt man sich nach Frieden, dann sieht man um sich herum Kriege und Konflikte, und weigert sich, dies für normal zu halten. Menschen kennen oft das Unglück; deshalb ist Wohlergehen gut und begehrenswert. Härte und Grausamkeit müssen Platz machen für Barmherzigkeit und Gnade. Ein langes Leben ist im Prinzip besser als ein kurzes Leben. Eine großzügige Existenzgrundlage ist – so sagt die Tradition – zurecht ein begehrenswertes Gut. Aus der Realität, in der viele in Armut und Mangel leben, wird Wohlstand als positiv empfunden.

8. *Möge ihr himmlischer Vater ihnen Rettung senden.*
Antworte hierauf: Amen . . .

Die abschließende Bitte knüpft bei dem Bewußtsein an, daß man die eigene Situation nicht in der Hand hat. Rettung ist nur sinnvoll, wenn es Not gibt. Dieses Gefühl wird als zurecht bestätigt; es wird nicht korrigiert, sondern verstärkt. Menschen haben ihr Geschick nicht unter Kontrolle. Sie sind auf Rettung von Gott her angewiesen.

Dies war also ein großer Teil des Kaddisch, das von den Kindern am Grabe ihrer Eltern, und noch elf Monate danach täglich gebetet wird. Es ist der zentrale Text, der den Tod deutet und in Beziehung zur gesamten Lebens-

---

[8] Vergleiche KUITERTS Darstellung lebensanschaulicher Traditionen als Suchentwürfe, und SMITH' Skizzierung derselben als kumulative Erfahrung: KUITERT 1977: 150; WILFRED C. SMITH, *The Meaning and End of Religion*, New York 1964: 139 ff.

anschauung bringt. Ein Bild des Mensch-Seins wird skizziert, das sich derjenige, der das Kaddisch betet, aneignen soll. Auffällige Elemente dieser Lebensanschauung sind eine positive Einschätzung des weltlichen Lebens – am liebsten lang, in Frieden und Wohlergehen mit reichlichen Gütern, barmherzig gegenüber Dritten; großer Nachdruck ruht auf der Teilhabe an einer Gemeinschaft von Menschen (dem Volk Israel); eine Bejahung der Hoffnung auf eine bessere Welt und die Ablehnung des Todes als selbstverständlichem Lebensende. Weiters: Menschen sind sterblich und beschränkt; sie leben mit anderen zusammen; sie verfügen über ungenügend Einsicht und benötigen Orientierungshilfe, und sie können das Leben nicht immer nach Belieben einrichten.

III. Messe für die Verstorbenen

Das katholische Gesangbuch 'Gezangen voor de Liturgie' enthält – in lateinischer und in niederländischer Sprache – die Texte für eine Messe für Verstorbene.[9] Die darin aufgenommenen Schriftlesungen sind Stücke von Psalm 41 ([42]: "Wie der Hirsch lechzt nach frischem Wasser . . . ") und 129 ([130]: "Aus der Tiefe rufe ich, Herr, zu Dir . . . "). Im Folgenden zitiere ich die übrigen Texte.

1. *Herr, gib ihnen die ewige Ruhe;*
   Und das ewige Licht erleuchte sie.

Diese Bitte knüpft an negative Erfahrungen an, die wir mit den Worten Unruhe und Finsternis umschreiben können. Wegen der Unruhe ist die Bitte um Ruhe sinnvoll; wegen der Finsternis kann man um Licht beten. 'Ewig' kontrastiert mit dem heutigen Dasein, dem der Tod ein Ende macht. Die Unruhe wird später in der Liturgie in (einer christlichen Auslegung von) Psalm 41 [42]: 1-7 weiter herausgearbeitet; es geht um ein Verlangen nach einer Erfüllung des Daseins, die nicht in diesem Leben, sondern in der Nähe Gottes erreicht werden kann; hier wird sowohl von der Trauer um die Abwesenheit Gottes gesprochen, als auch von der Frage, die ihnen von anderen Menschen gestellt

---

[9] *Gezangen voor de liturgie*, Abt. 'Gregoriaans voor volkszang', Nr. 827-837, Hilversum 1984: 25-33. In der Numerierung der Psalmen steht die evangelische Zahl in Klammern. Für Betrachtungen über das Leben nach dem Tode in der christlichen Theologie siehe G. GRESHAKE – J. KREMER, *Resurrectio Mortuorum.* Zum theologischen Verständnis der leiblichen Auferstehung, Darmstadt 1986; A. W. MUSSCHENGA – H. M. VROOM (eds.), *Houdt het op met de dood?*, Kampen 1989.

wird: 'Wo ist dein Gott?'. Diese Bitte schließt bei mindestens vier Kennzeichen menschlichen Daseins an: Dunkelheit, Unruhe, Endlichkeit und der Idee einer *Bestimmung,* die in der gebrochenen Wirklichkeit nicht erreicht werden kann.

2. *Dir muß alles singen, Gott auf dem Zion,*
Dir seine Dankbarkeit erweisen.
Zu Dir, der uns gibt, worum wir bitten,
Zu Dir kommt alles, was lebt.

In diesem Lobgesang werden die Menschen auf ihre *Abhängigkeit* hin angesprochen. Menschen sind dahingehend abhängig, daß sie nur sehr unvollständig über das, was sie zum Leben brauchen, verfügen können. Das Leben und das Glück sind nicht 'machbar'. Die wichtigsten Dinge scheinen uns in den Schoß zu fallen.[10] Diese Zu-fälle werden (christlich) gedeutet als eine Gottesgabe, über die man dankbar sein kann und sein sollte.

Ein nächster Anknüpfungspunkt findet sich in der Tatsache, daß der Mensch Teil eines größeren Ganzen – 'alles, was lebt' – ist, *dessen Sinn unsicher ist.* Der Sinn des Seins ist unsicher.[11] Die Sinnfrage wird implizit gestellt und mit einem Verweis auf Gott und in die Zukunft beantwortet: 'zu Dir kommt alles, was lebt'.

3. *. . . ewig währt das Andenken des Gerechten:*
Er braucht kein Mißgeschick zu fürchten.

Hier wird der Unterschied zwischen Gerechten und Ungerechten eingeführt. Man achte darauf, daß nicht gesagt wird: 'ewig währt das Andenken des Glücklichen'. Im Scheinwerferlicht stehen Recht und Unrecht (und nicht ein schwieriges oder einfaches, armes oder reiches Leben). Vor dem Hintergrund der christlichen Zukunftserwartung wird behauptet, daß der Gerechte Mißgeschicke nicht zu fürchten braucht; stillschweigend bedeutet dies, daß der Ungerechte die Folgen seiner Taten zu tragen haben wird. Die menschliche Verantwortung wird hier betont. Der Unterschied zwischen gerecht und ungerecht ist mit vielen weiteren Aspekten menschlichen Daseins verbunden. Um gut leben zu können, brauchen Menschen schließlich eine Einsicht in das, was gerecht ist, und auch das Vermögen, nach ihrer Einsicht zu handeln

[10] Siehe W. PANNENBERG, *Was ist der Mensch?,* Göttingen ^{3}1968: 22.

[11] Vgl. THEO DE BOER, *De God van de filosofen en de God van Pascal*, Den Haag ^{2}1991: 49-54.

und sich gegenüber dem Bösen zu behaupten. In dieser Umschreibung wird ein bestimmter Komplex von Aspekten menschlichen Daseins für relevant angesehen; diese Aspekte sind ausschlaggebend. Für das ewige Leben ist der Unterschied Recht/Unrecht wichtiger als andere Aspekte des menschlichen Daseins.

4. *Herr, entlasse die verstorbenen Gläubigen*
Aus allen Banden der Sünde.
Gib, daß sie mit der Hilfe Deiner Gnade
Der Verurteilung entrinnen
Und teilhaben am Glück des ewigen Lichtes.

Die Rede von der Sünde schließt an bei menschlichen Versäumnissen und Unvermögen. Die Fähigkeit des Unterscheidens zwischen Gut und Böse ist vorausgesetzt. Unterlassungen und Unvermögen werden nicht mit einem 'nobody is perfect' abgetan, sondern als Sünde abgestempelt. Unwille und Versagen werden nicht für Zufall gehalten, sondern als ein Netz angesehen, in dem man festsitzt: die Bande der Sünde. Falsches Handeln ist ernstzunehmen: auf Sünden wartet die Verurteilung; hiermit wird an das ziemlich verbreitete Bewußtsein, daß wie die Arbeit, so der Lohn sei, angeschlossen – dies wird jedoch nicht mit einem Mangel an Einsatz, mit Faulheit und Dummheit verbunden, sondern primär mit Sünden, und von Sünden ist nach dem Gegensatz gerecht/ungerecht die Rede. Die allgemein menschliche Tatsache, daß (so gut wie?) niemand das Leben meistert, ohne zu versagen und sich die Hände schmutzig zu machen, wird hier gedeutet, indem den Verstorbenen ohne nähere Erklärung Sünden zugeschrieben werden, worauf entweder Vergebung oder Verurteilung folgt.[12] Bei dieser Deutung der *conditio humana* schließt die Bitte an, daß die verstorbenen Gläubigen Vergebung und im ewigen Leben Glück finden mögen.

5. *Aus der Tiefe rufe ich zu Dir, Herr.*
Herr, höre meine Stimme.
Höre doch aufmerksam die Stimme meines Flehens.
Wie froh war ich, als man mich rief:
Wir ziehen zu Gottes Haus!

Der Lesung eines Teiles von Psalm 129 [130] geht die erste Zeile des Psalms voraus, die Klage aus der Tiefe, womit die vorherigen impliziten Gedanken

---

[12] Vergleiche Psalm 129 [130]: 3: "Wenn du, Herr, Sünden anrechnen willst – Herr, wer wird bestehen?"

von Dunkelheit, Unruhe, Unvollkommenheit und die ganze Gebrochenheit des Daseins zusammengefaßt werden. Die Freude über den Gang zu Gottes Haus weist auf frühere Erfahrungen hin, und so auf den Platz, den Kirche und Liturgie in der Suche und dem Finden von Licht, Ruhe und Weisheit usw. einnehmen. Die christliche Deutung wird auf diese Weise mit Verweis auf frühere Erfahrungen legitimiert. In den letzten Worten werden die Beter (und die Verstorbenen) aufgenommen in ein 'wir'; der Einzelne steht in einer Gemeinschaft und wird aufgenommen in eine neue Gemeinschaft, wie auch aus den nun folgenden Fragmenten deutlich wird.[13]

6. *Herr Jesus Christus, König der Ehren,*
Rette die verstorbenen Gläubigen
Aus dem Elend und dem Abgrund des Todes,
Aus dem Maul des Löwen;
Mache sie nicht zur Beute von Tod und Finsternis,
Sondern laß den heiligen Michael als Fahnenträger
Sie zum ewigen Licht führen,
Das Du damals Abraham
Und seinem Geschlecht verheißen hast.

Mit Hilfe biblischer Bilder, so z. B. Erzählungen über Engel und vor allem des Engels Michael, wird hier der Tod als eine Katastrophe und Entsetzlichkeit betrachtet: ein Abgrund, das Maul des Löwen. Das Gestorben-Sein, Nicht-mehr-Leben, wird als eine Katastrophe gedeutet (und nicht als ein normaler Übergang in eine nachfolgende Phase des Lebens, oder als ein Nicht-mehr-Sein, das als natürliche Gegebenheit zur *conditio humana* gehört).

7. *Die Engel, sie mögen euch zum Paradies geleiten,*
Die Märtyrer mögen euch empfangen bei eurer Ankunft
Und euch in die heilige Stadt Jerusalem bringen.
Der Chor der Engel möge euch empfangen
Und mögt ihr, zusammen mit dem armen Lazarus,
Die ewige Ruhe finden.

Der Tod wird als Übergang skizziert, und zwar als ein Übergang zum Paradies; auf dem Wege dorthin ist Begleitung unabkömmlich. Der Gedanke der Begleitung auf dem Wege nach dem Tod knüpft an bei der Furcht nach dem Unbekannten nach dem Tod.

---

[13] Siehe bereits in 1.: "Gib *ihnen* die ewige Ruhe."

8. *Ich bin die Auferstehung und das Leben.*
Wer an mich glaubt, der wird leben, auch wenn er gestorben ist.
Ein jeder, der lebt im Glauben an mich,
Wird in Ewigkeit nicht sterben.

Als Antwort auf die menschliche Unsicherheit gegenüber dem, was nach dem Tod kommt, wird an die Auferstehung Jesu Christi erinnert. Wer an ihn glaubt, wird leben, so daß Finsternis, Unruhe, Sünde und Unbekanntheit überwunden werden. Der Hinweis auf Jesus Christus ruft viele andere Gefühle und Erzählungen ins Leben.

Der anthropologische Boden aller Lebensanschauungen wird in dieser Messe für die Verstorbenen in bestimmten Bereichen angesprochen: der Mensch ist ein endliches Wesen, das Teil eines größeren Ganzen ist; die Gebrochenheit des Daseins wird mit den Metaphern Finsternis und Unruhe gekennzeichnet; das angefochtene Leben; der Mensch kann das Leben nicht gänzlich bestimmen, er ist abhängig; die Bestimmung und der Sinn des Lebens sind unsicher; der Mensch ist verantwortlich für sein Handeln, und im Besonderen für Recht und Unrecht; Menschen sitzen gefangen in und fest an Dingen, die ihr Handeln und ihr Verlangen bestimmen; der Mensch lebt in Gemeinschaft; der Tod ist eine Katastrophe; was nach dem Tode kommt, ist unbekanntes Gebiet. An diese Elemente des menschlichen Daseins knüpfen diese Gebete vor allem an; sie entfalten ihre Bedeutung im Rahmen eines christlichen Glaubensinhaltes.

IV. Das Gebet des Abraham und das Gebet für den Toten

Auch bei islamitischen Begräbnissen werden Gebete gesprochen.[14] Wenn sich das Ende nähert, wird der Sterbende mit dem Gesicht nach Mekka gelegt. Ihm oder ihr wird das Glaubensbekenntnis – Es gibt keinen Gott außer Gott, und Mohammed ist sein Prophet – vorgesagt, so daß die letzten Worte sind:

---

[14] Siehe zum Folgenden: A. G. VAN GILSE, Officiële richtlijnen uit de tijd van de Profeet voor de zorg bij het sterven van een moslim, voor het lichaam van een overleden moslim en rond de begrafenis. In: ders., *Keerzijde*. Omgaan met ernstig zieken en stervenden. Geloofs- en levensbeschouwingen, Amersfoort 1981: 122-138; KERKHOF 1982: 30-34; 'ABD AR-RAHIM 1981 – nach K. WAGTENDONK eine moderne Auswahl prophetischer Traditionen über den Tod und das Jenseits (s. ders., Mercy to the deceased, patience and consolation to the family. In: *Funerary Symbols and Religion*. Essays dedicated to Prof. M. S. H. G. Heerma van Voss, Kampen 1988: 138); A. A. ROEST CROLLIUS, Death as a Theme in Qur'anic Preaching. *Sens de la mort, Studia missionalia* 32 (1982), Universita Gregoriana, Roma: 161-185; für eine Anthropologie des Islam siehe J. BOUMAN, *Gott und Mensch im Koran*, Darmstadt 1977); SHADID/KONINGSVELD 1983: 18-25.

Es gibt keinen Gott außer Gott.[15] Während des Begräbnisses werden einige Texte gesprochen: im Ganzen viermal das Takbîr – Gott ist der Allergrößte –, die Al-Fatiha (die Eröffnungssure des Koran), das Gebet des Abraham und das Gebet für den Toten. An Stelle dieses letzten Gebetes kann ein anderes gesprochen werden.

Diesen Gebeten ist ein Gottesbild und ein korrelatives Menschbild eigen. Das Gottesbild steht im Vordergrund: im Takbîr und in der Al-Fatiha werden die Eigenschaften Gottes genannt, die für den Islam fundamental sind:

1. Takbîr:
   Gott ist der Allergrößte.

2. Al-Fatiha:
   Im Namen des barmherzigen und gnädigen Gottes,
   Lob sei Gott, dem Herrn der Menschen in aller Welt,
   Dem Barmherzigen und Gnädigen,
   Der am Tag des Gerichts regiert!
   Dir dienen wir, und Dich bitten wir um Hilfe.
   Führe uns den geraden Weg,
   Den Weg derer, denen Du Gnade erwiesen hast,
   Nicht (den Weg) derer,
   Die D(ein)em Zorn verfallen sind und irregehen![16]

Gott wird mit folgenden Prädikaten bedacht: der Allergrößte; barmherzig; voll Erbarmen; preisenswürdig; regierend; herrschend; urteilend; Hilfe gebend; Wohltaten schenkend; im Stande, Menschen gut zu führen; zornig über die, die irren. Die Kehrseite dieses Gottesbildes ist ein gewisses Menschbild: Menschen leben in Gottes Welt; sie müssen Gott dienen, auf dem rechten Wege gehen und nicht irren; am Ende ihres Leben wird über sie geurteilt. Menschen können Gott um Hilfe und Leitung bitten und sie annehmen; sie dürfen auf Gottes Barmherzigkeit und Hilfe rechnen. In der ersten Sure des

---

[15] Einer der nahen Verwandten ist bei dem Sterbenden, um ihn an die guten Taten des Erhabenen zu erinnern und ruft ihn auf, Reue über die Sünden zu zeigen. Die wachenden Menschen beten viel und rezitieren stillschweigend aus dem Koran. Nach dem Sterben wird der Verstorbene gewaschen und in Tücher gewickelt; das Grab wird gehauen. Aus Ehrfurcht vor dem Verstorbenen (und namentlich vor dessen Seele) erfolgt schnell die Bestattung; siehe KERKHOF 1982; A. VAN BOMMEL, Rouwgebruiken bij moslims. In: *Afscheid nemen van onze doden*, Kampen 1988: 108.

[16] Der Koran, übers. RUDI PARET, Stuttgart [5]1989.

Koran wird eine bestimmte Seite des Mensch-Seins angesprochen; das Dasein wird gedeutet, indem Akzente gesetzt werden. Die menschliche Verantwortung für die richtige Lebensweise wird stark betont. Mit dem Hinweis auf das Gericht wird sie zusätzlich unterstrichen. In der Beziehung zwischen Gott und Mensch liegt die Betonung auf der Hingebung im Glauben und in Vertrauen und Verantwortlichkeit. Gerade eben diese Gedanken treten auch in den weiteren Gebeten stark in den Vordergrund.

Gebet des Abraham:

3. *O Gott, schenke Mohammed und seinen Anhängern Heil,*
So wie Du Abraham und seinen Anhängern Heil geschenkt hast;

4a. *Du bist glaubwürdig und wohltätig;*

5. *Und segne Mohammed und die Nachfolger Mohammeds,*
So wie Du Abraham und die Nachfolger Abrahams gesegnet hast.

4b. *Denn Du bist lobenswert und wohltätig.*[17]

Das menschliche Dasein wird hier gekennzeichnet als soziales Dasein, das näher bestimmt wird als ein Leben innerhalb der islamitischen Gemeinschaft. Dabei wird eine heilshistorische Verbindung gelegt zwischen Mohammed und seinen Anhängern und Abraham und dessen Anhängern.[18] In dieser Passage wird auf die Geschichte von Abraham und Mohammed verwiesen, so wie sie in den heiligen Schriften dargelegt wird. Dadurch schwingt mit dem, was explizit gesagt wird, viel mehr mit. Explizit wird die Aufmerksamkeit auf die Zugehörigkeit zur islamitischen Gemeinschaft gerichtet; den Betern wird vorgehalten, daß sie treue Anhänger Mohammeds seien (oder doch sein sollten); am Ende des Lebens ist dies das Wichtigste. Die Bitte um Heil setzt voraus, daß der Verstorbene nicht sein eigenes Heil erwerben kann. Auf diese Weise knüpft das Gebet an an die folgenden Kennzeichen menschlichen Daseins: Soziabilität, und die letztendliche Unfähigkeit, die Erfüllung des Lebens selbst zu bewerkstelligen.

Nach dem Gebet des Abraham folgt das überlieferte Gebet für den Toten:

6. *O Gott, vergib unseren Lebenden und unseren Toten,*
Unseren An- und Abwesenden,
Unseren Jungen und unseren Alten,
Unseren Männern und unseren Frauen.

---

[17] Nach der niederländischen Übersetzung von SHADID/KONINGSVELD 1983: 23.

[18] Man achte auf den Gebrauch von 'Anhänger' anstelle von 'Nachkommenschaft'.

7. *O Gott, bring diejenigen von uns, die Du ins Leben rufst,*
   Zum Leben dem Islam gemäß;
8. *Und laß diejenigen von uns, die sterben,*
   Sterben im Glauben.
9. *O Gott, entsage uns nicht seinen Lohn,*
10. *Und stelle uns nach ihm nicht auf die Probe.*[19]

Das Dasein des Menschen als sozialem Wesen wird hier stark betont; die Gläubigen sind Teil der Gemeinschaft. Man betet für die Lebenden und die Toten, und bittet darum, daß der Lohn des Verstorbenen der Gemeinschaft nicht vorenthalten werde (9): die Gemeinschaft tritt so nahezu vermittelnd auf zwischen dem Verstorbenen und Gott. Das Bekenntnis, daß man das Leben von Gott empfängt, knüpft an bei der Kontingenz des menschlichen Daseins (7). Der Mensch lebt zwischen Gut und Böse, er ist dazu fähig, verkehrte Entscheidungen zu treffen, und benötigt darum Hilfe, um sein Leben nach dem Islam (d. h. gut) einzurichten (7). Daß man gut und schlecht handeln kann, wird eingerahmt von einer Lehre der Verdienste: wie die Arbeit, so der Lohn (9). Der Mensch ist endlich, sterblich und verantwortlich.[20] Der Mensch ist für seine Entscheidungen verantwortlich; an dieses menschliche Bewußtsein schließt die Sündenlehre an. Man beachte, daß die Sterbestunde für das letztendliche Urteil einen besonderen Wert erhält; darum ist es so wichtig, im Glauben zu sterben (8). Trotz der Tatsache, daß die Todesstunde bei der Endabrechnung den Ausschlag gibt, sind auch die guten Taten zu Lebzeiten von Bedeutung. Schließlich wird gebetet, daß man selbst nicht auf die Probe gestellt werden möge. Der Anknüpfungspunkt liegt hier in den Schwierigkeiten, denen sich Menschen, der eine wohl etwas mehr als der andere, auf ihrem Lebensweg gegenübersehen können. Diese Mühen des Daseins werden als Probe gedeutet; hinsichtlich ihrer ungleichmäßigen Verteilung wird auf den Willen Gottes verwiesen (10). Tatsächlich wird so das ganze Leben als Probe interpretiert.

Während des Sterbens rezitieren die Anwesenden die 36. Sure. Durch diesen Brauch wird der Seele des Toten, die sich im Übergang vom irdischen zum himmlischen Leben befindet, geholfen zu realisieren, daß der Tod ein-

---

[19] Nach der Übersetzung ins Niederländische von SHADID/KONINGSVELD 1983: 23.

[20] Beim Tod eines Kindes wird nicht um die Vergebung der Sünden des Toten gebetet, sondern gesagt: "O Gott, mache ihn für seine beiden Eltern zu einer Belohnung und zu einem Schatz, der ihnen jetzt schon zugedacht ist" (SHADID/KONINGSVELD 1983: 23).

getreten ist.[21] Auch in dieser Sure werden die menschliche Verantwortlichkeit und das letzte Urteil zur Sprache gebracht (vv. 45-68). Das Urteil wird den Menschen überfallen: ein einziger Ruf, ein Stoß in die Posaune, und dann das Urteil. Weiterhin wird die Allmacht und die Güte Gottes gepriesen, der alle Dinge geschaffen hat, den Garten und die Dattelpalme, die Weinrebe, die Quellen und die Reittiere; es gibt ebensoviele Gründe zur Dankbarkeit (vv. 33-44). Die Sure endet mit den folgenden Worten: "Gepriesen sei er, in dessen Hand die Herrschaft über alles liegt (was existiert), und zu dem ihr (dereinst) zurückgebracht werdet!" (v. 83).[22] Die Gebete am Grabe stellen eigentlich eine Zusammenfassung dieser Sure dar.

In diesem Ritual werden die Scheinwerfer auf die menschliche Verantwortlichkeit und auf die Kontingenz gelenkt. Diese wird noch durch den Verweis auf das Urteil unterstrichen. Der Tod ist nicht das Ende des ganzen Lebens, sondern der Übergang zum Urteil, und über das Urteil zum Paradies. Für den Gläubigen ist das Sterben also ein Zwischenstadium auf dem Weg zu einer höheren Form des Lebens, das sogenannte *barach*-Stadium, in dem er unmittelbar nach dem Eintritt des Todes von zwei Engeln zur Rechenschaft über die guten und schlechten Taten während des irdischen Lebens gezogen werden wird.[23] Im Zusammenhang mit dem Glaubensinhalt wird primär bei diesen Elementen der menschlichen Existenz angeknüpft.

V. Die hinduistische Feuerbestattung

Die Todesriten der surinamischen Hindus sind nach C. J. M. DE KLERK die gleichen wie die in Nord-Indien.[24] Gemäß den in Surinam geltenden Gesetzen werden die Toten nicht eingeäschert, sondern erdbestattet, schreibt DE KLERK 1951. Später wurde die Leichenverbrennung auch in Surinam ermöglicht. In den Niederlanden werden die Möglichkeiten ausgenutzt, die die Krematorien bieten; sie verlangen aber wesentliche Anpassungen des Rituals. Die Einäscherung wird von einem ausführlichen Ritual umgeben. Auch gibt es danach noch rituelle Zusammenkünfte, wobei Opfer gebracht

---

[21] 'ABD AR-RAHIM 1981: 189.

[22] Koran, 36. Sure, Vers 83.

[23] KERKHOF 1982: 32.

[24] C. J. M. DE KLERK, *Cultus en ritueel van het orthodoxe Hindoeisme in Suriname,* Amsterdam 1951: 227. Für den Hindu-Ritus siehe auch Swami ADISWARANANDA, Hinduism. In: *Encounters with Eternity*: 172 f. und auch W. D. O'FLAHERTY, Karma and Rebirth in the Vedas and Puranas. In: W. D. O'FLAHERTY (ed.), *Karma and Rebirth in Classical Indian Traditions*, Berkeley 1980: 3-37.

und Texte gesprochen und gesungen werden, die *śrāddhas*.[25] Einige Elemente des Rituales beruhen auf der Vorstellung, daß der Geist des Toten sich noch einige Zeit in der Umgebung aufhält und hilfebedürftig ist. Der Pandit liest die offiziellen Texte in Sanskrit; danach übersetzt er sie in das Hindi. In der hinduistischen Deutung des Todes ist der Reinkarnationsglauben vorherrschend.

Die Gebete, von denen wir einige hier lesen werden, werden während der Bestattungsfeierlichkeit vom Pandit begonnen. Danach sprechen und singen alle Anwesenden die Gebete mit. Es folgt eine Übersetzung des Informationsblattes *Lalla Rookh,* in das eine Reihe der bekanntesten Gebete, die in den zwei größten Strömungen innerhalb des Surinamischen Hinduismus, dem Sanatan Dharm und dem Arya Samaj gebräuchlich sind, aufgenommen ist.[26] Einige davon werden oft bei einer Bestattungsfeierlichkeit gebetet.

1. *Erlöse uns vom Leiden,*
O Schöpfer des Weltalls,
Komm' uns zu Hilfe,
Denn mein Lebensboot fährt auf rauher See.

Der Mensch wird hier als ein kontingentes und abhängiges Wesen skizziert, das das eigene Leben nicht in der Hand hat und deshalb der Hilfe und Erlösung bedarf inmitten des Daseins, daß durch Mühen und Unbeständigkeit gekennzeichnet ist.

2. *Mit Ausnahme von Dir habe ich keinen Beschützer;*
Überall habe ich gesucht;
Unsere Freunde sind nicht unsere Mütter, Väter und Brüder;
In guten Tagen sind all meine Freunde um mich;
Du bist der einzige, der uns behütet vor Leid und Elend;
Ich habe mich mit dieser Welt beschäftigt,
Aber das Ergebnis ist nihil;
Mit Ausnahme von Dir neigt niemand sein Ohr unserem Rufen.

Die menschliche Verletzlichkeit wird betont. Der Text kann unterschiedlich interpretiert werden. Auf der Hand liegt die Bedeutung, daß man letztendlich keine Hilfe von Menschen erwarten kann, weil in schwierigen Tagen niemand

---

[25] DE KLERK, a.a.O.: 233.

[26] Siehe das Vorwort der Herausgeber in: Hindoegebeden, Bhajans en Mantra's. *Lalla Rookh*, 5. Jg (ohne nähere Angaben; Adresse: Postfach 416, 3500 AK Utrecht; diese Ausgabe ist eine Neuauflage einer Ausgabe von ca. 1980).

das Rufen des Bedürftigen hört.[27] Nur Gott bietet Schutz gegenüber Leid und Ohnmacht. Wir können dies die menschliche *Verlassenheit* nennen, an die das Auf-Gott-angewiesen-Sein anknüpft.

3. *Von allen Seiten hängen Wolken des Elends über meinem Kopf;*
Laß' die Sonne des Glückes einmal scheinen,
O Bringer des Lichtes;
Sei es nun gut oder schlecht,
Ich setze mein Vertrauen in Aum;
Das ist Dein Symbol,
O Helfer, laß' mich nicht alleine.

Man könnte dies eine 'gefährdete Existenz' nennen; einerseits die Sehnsucht nach Licht und Glück, andererseits ein Dasein, das sich durch Finsternis und Unglück auszeichnet. Dann umfaßt das Gebet das Bekenntnis, daß der Beter das Dasein unabhängig vom Lauf der Dinge betrachtet; er setzt sein Vertrauen in *aum*, ob es nun gut geht oder schlecht.[28] Hierin äußert sich ein weitverbreitetes menschliches Verlangen nach Unverwundbarkeit durch Unerschütterlichkeit; man trifft es sowohl bei religiösen als auch bei nicht-religiösen Lebensanschauungen an. Ein solch weit verbreitetes Phänomen muß auf einen festen Aspekt des menschlichen Daseins zurückzuführen sein. Ich würde es die *Unbeständigkeit* des Lebens nennen: dieser bekommt mehr zu verarbeiten als jener; Anstrengung und Aufopferung lohnen bei weitem nicht immer. Auf Grund dessen kommt manch einer zu dem Schluß, daß Wohlergehen oder Mißgeschick, Reichtum oder Armut, Erfolg oder Scheitern keine zuverlässigen Instrumente seien, um den Wert eines Lebens zu messen. Eine typisch religiöse Deutung ist es, wenn der letztendliche Wert und Sinn des Lebens hierin nicht gesehen wird. In diesem Hindu-Gebet wird dazu auf das Symbol des Göttlichen verwiesen, auf *aum*, auf das der Beter lernt zu vertrauen in guten und in schlechten Zeiten. In *aum*, dem Symbol des umfassenden Göttlichen, findet man Halt und ist man sicher vor der Unbeständigkeit des Lebens.[29] Daß dieser Halt nötig sei, ist schon eine Deutung dieser Unbeständigkeit.

---

[27] Man vergleiche den Passus aus dem 'Morning Prayer' der Anglikanischen Liturgie: "Because there is none other that fightest for us, but only thou, O Lord," *The Book of Common Prayer of the Church of England* (Oxford o. J.); diese Bitte steht nach dem Vaterunser, in der Einleitung zur Fürbitte.

[28] Vgl. die Bitte 'Dein Wille geschehe' im christlichen 'Vaterunser'.

[29] Zu *Aum* s. R. FERNHOUT, *Woord en naam in de religies*, Kampen 1979: 172, 178, 302.

4. *Sie, die sich an Ihn wenden,*
Verlieren ihr geistiges Leid.
Glück und Wohlergehen treten ein,
Während man erlöst wird von körperlichem Leid . . .

Der Anknüpfungspunkt im menschlichen Dasein ist, daß geistiges Leiden keinen Raum für Glück und Wohlergehen läßt. Geistiges Leid ist nicht dasselbe wie körperliches Leid. Inmitten der Ungewißheit des Lebens schenkt Gott Glück und Wohlergehen.

5. *Du bist allmächtig und universal,*
O Par Brahma, Allgeist,
Du bist der Lenker aller.
Du bist der See der Gnade,
Du bist der Fürsorger.
Ich bin der untertänige Knecht,
Du der Meister, sei uns gnädig, O Herr.
Du bist unendlich,
Der Meister aller Seelen.
Wie kann ich zu Dir kommen,
O gnädiger Herr?
Nichts bin ich ohne Dich . . .

Der Mensch wird hier wiederum als kontingent, nicht aller Dinge mächtig, abhängig und endlich gekennzeichnet, und auf Grund dessen innerhalb des Hindu-Glaubens als angewiesen auf Beistand und Hilfe von höherem Stelle skizziert. Die menschliche Abhängigkeit wird hier so radikal interpretiert, daß der Mensch direkt von der gnädigen Zuwendung Gottes abhängig ist.

6. *Erlöse mich von meinen schlechten Gewohnheiten und Gedanken,*
Erlöse mich von der Sünde;
Schenke mir Liebe und Ergebenheit,
Möge ich mit Deinem Willen den Geistlichen dienstbar sein.

Der Mensch lebt zwischen Gut und Böse; der Mensch kennt schlechte Gewohnheiten und Gedanken, und vernachlässigt oft die Liebe. Die Pflichten und Tugenden werden religiös geprägt und mit Ergebenheit verbunden. Zur Erlösung von allen Qualen muß dem Menschen die Erlösung geschenkt werden. Letzteres ist wiederum eine religiöse Deutung menschlichen Unvermögens.

In diesen beiden Hindu-Gebeten werden dem Menschen die folgenden Kennzeichen zugeschrieben (und danach religiös interpretiert): Endlichkeit; Kontingenz; Verletzbarkeit; Verlassenheit; den Mühen des Daseins unterworfen; in einem unbeständigen Dasein befindlich; nicht aller Dinge mächtig; zwischen Gut und Böse; abhängig; Halt suchend.

VI. Die wichtigsten Verse der Sechs Bardos

Auch im sogenannten tibetischen Totenbuch, dem *Bardo Thötröl* (*bar do thos grol*), ist der Tod ein Übergang in eine andere Lebensphase, in welche der/die Sterbende von denen, die ihm bzw. ihr lieb sind, begleitet wird. Spätestens am Sterbebett muß die Wahrheit erkannt werden, lieber jedoch schon vorher. CHÖGYAM TRUNGPA erzählt im Vorwort seiner Übersetzung des tibetischen Totenbuches davon, daß er ungefähr viermal pro Woche Sterbende oder Verstorbene besucht. "Solch unablässige Begegnung mit dem Vorgang des Sterbens, vor allem dem der eigenen besten Freunde und Verwandten", so schreibt er, "wird für die Schüler dieser Tradition als äußerst wichtig angesehen. Auf diese Weise bleibt die Vorstellung der Vergänglichkeit keine philosophische Ansicht, sondern wird zur lebendigen Erfahrung".[30]

Das sogenannte Totenbuch umfaßt die Lehre von der "großen Befreiung durch Hören" (*Bardo Thötröl*). Sie enthält Anweisungen für die Übergangssituation, in der der Sterbende oder der Verstorbene sich befindet. Dieses Buch sollte man sich zu Lebzeiten aneignen; es muß auswendig gelernt und danach gelebt werden, will man den großen Übergang des Todes so gut wie möglich absolvieren. Diese Anweisung befreit Menschen schon beim Sehen und Hören.[31]

Die Übergangsphase aus diesem Leben in ein nachfolgendes dauert sieben Wochen. Dieser Übergang ist kein abgeschlossener Augenblick, sondern ein langer Prozeß mit drei Übergängen oder Zwischenphasen. Der Begriff *bardo* kann mit 'Zwischenphase' übersetzt werden. Der erste *bardo* fällt in die Periode, die in unseren Breiten meist als das Sterben bezeichnet wird.[32] Der zweite *bardo* tritt etwas später ein, nachdem die Atmung schon einige Zeit stagniert. Er ist ein Moment völliger Klarheit, in dem die Person nicht vom Karma beherrscht wird. Weil man in diesem Zustand (*bardo*) nicht von der

---

[30] FREMANTLE/TRUNGPA 1991: x. Eine frühere englische Übersetzung erschien von W. Y. EVANS-WENTZ; die spätere Übersetzung wird als die bessere angesehen.

[31] FREMANTLE/TRUNGPA 1991: 140.

[32] FREMANTLE/TRUNGPA 1991: 61.

Ursächlichkeit des Karmas beherrscht wird, besteht in diesem Augenblick die Chance, sich von allen zu Lebzeiten aufgebauten Bindungen zu lösen. Um diese Gelegenheit auch nützen zu können, kommt es hier darauf an, diese Übergangsphase als solche zu erkennen und gut zu benutzen. Dafür wiederum muß man gut auf den Tod vorbereitet sein, und gut begleitet werden.[33]

Falls der Sterbende/Gestorbene diese Gelegenheit nicht oder nicht vollständig genutzt hat, dann folgt nach ungefähr drei Tagen der dritte *bardo*. Dieser ist ein sehr tiefgreifendes Ereignis. Einige erklärende Worte sind hier vonnöten. In der buddhistischen Tradition, in der die Totenbücher anzusiedeln sind, schenkt man dem, was man mit einem westlichen Begriff jemandes Geistesverfassung nennen könnte, viel Aufmerksamkeit.[34] Für die persönliche Entwicklung eines Menschen sind nicht die Ereignisse in einem Leben ausschlaggebend, sondern das besondere Erleben dieser Ereignisse. Eine Begebenheit existiert schließlich nicht ohne die Interpretation des Betroffenen. Alles, was wir erleben, durchläuft die Mühle unserer Gefühle und Gedanken, unserer Sym- und Antipathien. Wir sind 'besessen' von unseren Vorurteilen, Bindungen, Genüssen, Frustrationen und Ängsten. Darum nehmen wir die Dinge nicht wahr, wie sie sind, sondern wie wir sie erleben. Dieses Erleben ist von unserer Lebensgeschichte (und, falls man an die Wiedergeburt glaubt, von der der vorigen Leben) vollständig bestimmt. Das ist nun das Karma: unsere Bestimmtheit durch das, was wir früher erlebt und getan haben. Das tibetische Totenbuch lenkt die Aufmerksamkeit nicht auf das, was sich außerhalb von uns befindet, sondern auf das besondere Erleben, das wir uns angeeignet haben. Im dritten *bardo* nimmt dieses Erleben im Geiste des Toten förmlich Gestalt an: Gestalten erscheinen dem Verstorbenen. Im Geiste erscheinen die geistigen Muster als Geistwesen. Sie werden die fünf Buddha-Familien genannt; erst erscheinen die friedlichen, später die furchteinflößenden Gestalten, noch später alle zusammen. Alles, was man an Karma aufgebaut hat, zeigt sich so in lieblicher oder beängstigender Gestalt. Das Totenbuch bereitet die Lebenden auf diesen Vorgang vor, so daß sie diese Erscheinungen nach ihrer wahren Art – nämlich als die eigenen mentalen 'Projektionen' – erkennen können und ihre letztendliche Befreiung erreichen können. Verpaßt man die Chance, sich in dem dritten *bardo* dieser Bindungen zu entledigen, so bestimmen diese erneut ein folgendes Leben.[35] Dies ist der Bardo der Werdung. In diesem Moment hat man die Möglichkeit, in – aus geistiger Sicht gesehen – besseren

---

[33] FREMANTLE/TRUNGPA 1991: 68.

[34] Vgl. DE WIT 1987: 47-51 und 81-83; sowie VROOM 1989: 159-162.

[35] FREMANTLE/TRUNGPA 1991: 94.

Umständen wiedergeboren zu werden, und sich dann noch weiter von Bindungen zu lösen.[36]

Vor diesem Hintergrund ist es verständlich, daß im *Bardo Thötröl* die Gefühle, die Begierden, Lüste und Ängste, wie sie gesehen werden können, beschrieben werden. Der Verstorbene wird angespornt, sich ganz darauf zu konzentrieren, so daß er oder sie lernt, daß alles 'Illusion' ist; dadurch wird der Glauben an die Wirklichkeit dieser Erscheinungen vernichtet und der Glaube an die Existenz eines Selbst bekämpft.[37] Diese Sicht der Wirklichkeit prägt selbstverständlich die Deutung des Mensch-Seins in den desbetreffenden buddhistischen Strömungen.

Wir lenken unsere Aufmerksamkeit nun auf die zentralen Verse des *Bardo Thötröl.*[38] In der niederländischen buddhistischen Gemeinschaft tibetischer Tradition, aus der unter anderem der *Bardo Thötröl* hervorgegangen ist – dem Dharmadhatu –, werden die im folgenden zitierten Verse am neunundvierzigsten Tage nach dem Eintritt des Todes während einer rituellen Versammlung gelesen.[39]

1. *So mir nun der Bardo des Augenblickes vor dem Tod aufgeht,*
2. *Will ich alles Ergreifen, Sehnen und Festhalten aufgeben,*
3. *Will unbeirrt in die klare Bewußtheit der Lehre eingehen*
4. *Und mein Bewußtsein in den Raum des ungeborenen Geistes ausschleudern;*
5. *Diesen zusammengesetzten Körper von Fleisch und Blut verlassend,*
6. *Will ich ihn als eine vergängliche Illusion erkennen.*

7. *So mir nun der Bardo der Dharmata aufgeht,*
8. *Will ich alle Gedanken von Furcht und Schrecken aufgeben,*
9. *Will alles, was erscheint, als meine Projektion erkennen,*
10. *Und wissen, daß es eine Vision des Bardo ist;*
11. *Nun, angelangt an diesem Wendepunkt,*

---

[36] FREMANTLE/TRUNGPA 1991: 97.

[37] FREMANTLE/TRUNGPA 1991: 130.

[38] FREMANTLE/TRUNGPA 1991: 147.

[39] Mein Dank gilt Dr. H. F. DE WIT für die näheren Ausführungen. Einige Informationen finden sich bei R. KRANENBORG, Boeddhisme in Nederland: een overzicht. In: C. J. G. VAN DER BURG – R. KRANENBORG (eds.), *Religieuze bewegingen in Nederland* 23, Amsterdam 1991: 129; für eine ausführliche Beschreibung buddhistischer Strömungen in den Niederlanden siehe V. J. VAN GEMERT (ed.), *Boeddhisme in Nederland*, Nijmegen 1990. Für eine kurze Beschreibung eines Rituals in dieser buddhistischen Tradition siehe DE WIT 1987: 180 ff.

12. *Will ich die Friedlichen und Rasenden, meine eigenen Projektionen, nicht fürchten.*

13. *So mir nun der Bardo des Werdens aufgeht,*
14. *Will ich meinen Geist vollkommen sammeln,*
15. *Und mich bemühn, das Wirken guten Karmas zu verlängern,*
16. *Den Schoß-Eingang verschließen und Widerstand leisten;*
17. *Dies ist die Zeit, da Ausdauer und reines Denken unerlässlich sind,*
18. *Gib auf die Eifersucht und meditiere über den Guru mit seiner Gefährtin.*

Das menschliche Dasein wird in diesem Text als ein vorübergehendes und geteiltes dargestellt. Hierfür wird an die Erfahrung der Sterblichkeit und an einen *prima-facie*-Unterschied zwischen Körper und 'Ich' angeknüpft. Der Mensch wird skizziert zwischen Frieden und Furcht, angenehmen und unangenehmen Erinnerungen, Gunst und Mißgunst, klaren und unklaren Gedanken. Hier geht es um eine allgemein menschliche Erfahrung; das spezifische dieser Tradition besteht darin, daß die Scheinwerfer auf die Art und Weise, wie Menschen die Dinge und sich selbst erleben, gerichtet sind. Ein weiterer Anknüpfungspunkt liegt in der menschlichen Habsucht und Sehnsucht. Habsucht und Sehnsüchte werden im Zusammenhang von Gebundenheit interpretiert. Die Gebundenheit betrifft nicht nur die guten und die unangenehmen Dinge, sondern, auf einem tieferen Niveau, auch die Gebundenheit an ein persönliches Bewußtsein (4). Die Wurzel aller konkreten Gebundenheit wird als die fundamentale Gebundenheit an das durch das Karma bestimmte Bewußtsein identifiziert. Die menschliche Verantwortung wird erkannt und betont. Man ist verantwortlich für die eigene Einstellung und Haltung in der Welt, vor allem für die Gebundenheit an die eigenen Projektionen der Wirklichkeit. Man bestimmt selbst das Leben, das man weiterhin führen wird. Die menschliche Abhängigkeit wird als eine Abhängigkeit von Projektionen gedeutet (und nicht als eine Abhängigkeit von einer höheren Macht), die man durch die Konzentration (14) durchbrechen muß – und kann!

VII. Anknüpfungspunkte im menschlichen Leben

Nun werden wir versuchen, von diesen Texten zu lernen. Angesichts der Beschränktheit dieses Referates können wir nicht zu allzu weitreichenden Schlußfolgerungen gelangen. Dafür wäre eine breitere Analyse einer Vielzahl von Texten und eine ausführlichere Beschreibung der Rituale nötig. Dennoch erbringt diese kleine Kostprobe der Religionstheorie eine Reihe von Ergebnissen.

Die verschiedenen Gebete sprechen Menschen hinsichtlich verwandter Kennzeichen des menschlichen Daseins an. Da es sich um Gebete angesichts des Todes handelt, geht es immer wieder um Kontingenz und Endlichkeit. Der Tod ist der unsichere Faktor: was befindet sich auf der anderen Seite? Das menschliche Dasein wird auch immer wieder als *unvollkommen* dargestellt; es ist eine *'gefährdete Existenz'*, gebrochen und angefochten; von allen Seiten lauern Gefahren. Auch die *Unbeständigkeit* des Lebens spielt eine große Rolle: man hat nur einen beschränkten Einfluß auf den Lauf der Dinge. Glück ist meist mit Unglück verbunden; das Leben spielt sich ab zwischen Furcht und Hoffnung, Glück und Unglück, Freude und Trauer. Dazu sind die Menschen *verantwortlich* für ihre Taten und ihr Denken; wir können auf unterschiedliche Weise handeln. Diese Verantwortlichkeit gilt angesichts des eigenen Lebens, aber auch innerhalb des *sozialen Verbandes,* in dem man eingebunden ist. Einerseits ist man *Individuum,* andererseits steht man in gesellschaftlichen Zusammenhängen. Erscheinungen wie *Habsucht* und *Recht und Unrecht* haben darin ihren Platz. Weltanschauliche Traditionen beantworten auch das Orientierungsbedürfnis hinsichtlich der Art der Wirklichkeit und des Sinns und Zieles des Lebens. So kann eine Tradition Orientierung bieten und auch Halt und Beistand. Das Böse scheint ein selbständiges Leben zu führen; Menschen scheinen in schlechten Gewohnheiten und Eigenschaften *gefangen* zu sein. Kennzeichnend für eine Religion ist auch, daß sie auf die Frage nach den Ursachen des Elends, auf die *Frage nach dem Heil eine Antwort gibt* und daß sie den Weg weist zu diesem Heil.[40]

Aus Anlaß des Todes kommen wir also auf viel mehr Aspekte des Lebens. Religionen beantworten nicht schlechthin die Frage nach dem Tod, sondern betten die Sterblichkeit in eine umfassende Anschauung des Menschen und der Wirklichkeit ein. Das Ergebnis unseres Studiums der fünf Gebete ist zum Teil durch die Auswahl der Thematik des Todes beeinflußt. Hätten wir eine andere Thematik gewählt, so zum Beispiel die Geburt oder die Ehe, so hätten auch andere Elemente eine Rolle gespielt. Was bisher über anthropologische Anknüpfungspunkte gesagt worden ist, ist also nicht vollständig.

Religionen knüpfen bei Fragen an, die Menschen angesichts der genannten Aspekte des Lebens haben. Endlichkeit: hört das Leben mit dem Tode auf oder nicht? 'Gefährdete Existenz': ist das Leben letztendlich gut und sinnvoll oder nicht? Die Unvollkommenheit der Welt und des Lebens: Überwiegt das Gute gegenüber dem Bösen? Die Unvollkommenheit des Individuums: inwiefern bin

---

[40] Siehe D. C. MULDER, Alle geloven op één kussen? Over de religieuze basis voor de interreligieuze dialoog. In: *Religies in een nieuw perspectief,* opstellen aangeboden aan D. C. MULDER, Kampen 1985: 145-149; vgl. auch VROOM 1989: 302-305.

ich für meine Fehler verantwortlich, und können sie überwunden werden? Das Individuum und die Gemeinschaft: bin ich letztendlich allein, oder sind wir solidarisch miteinander? Religion knüpft an diese 'Fragen' an. Man hat zu Recht behauptet, daß Religion auf menschliche Fragen Antwort gibt.

Dies kann noch ein wenig präzisiert werden. Es geht in den Religionen in erster Linie nicht um Antworten auf explizite Fragen, sondern um eine gewisse Art und Weise, mit den Spannungen des Lebens (aus denen dann explizite Fragen hervorgehen) umzugehen. Zu denken wäre dabei an die Spannungen zwischen Leben und Tod, Recht und Liebe, Selbstbewußtsein und Aufopferung, Liebe und Erbitterung, Freude und Trauer. Mit ihren Geschichten, Bräuchen und vor allem mit ihren Ritualen bieten Religionen eine Möglichkeit an, diese Spannungen zu erleben und auszuhalten, und sie bieten einen Ausweg aus den Konflikten des menschlichen Daseins an. Dabei setzen diese Traditionen voraus, daß ihre Umgangsweise und Lebens- und Wirklichkeitsanschauung die richtige ist.

Die fünf Texte, die wir gelesen haben, geben verschiedene Interpretationen der Aspekte des Sterbens und der Sterblichkeit. Allen gemeinsam sind die reichlich formalen Aspekte des menschlichen Daseins. Alle fünf haben sie Wohlergehen und Frieden zum Ziel. Hinsichtlich wichtiger Punkte divergieren die Texte jedoch. Der buddhistische Text widersetzt sich zum Beispiel jeglicher Gebundenheit, sowohl der Gebundenheit an das Unerfreuliche wie auch der Gebundenheit an angenehme Dinge (wenn man gebunden ist, sind diese zwei Aspekte nämlich immer miteinander verknüpft), währenddessen der jüdische Text Frieden, Gnade und Wohlergehen, Barmherzigkeit, ein langes Leben und eine reichliche materielle Lebensgrundlage für begehrenswert hält. Hierdurch ergibt sich eine andere Wertschätzung des Daseins und der Gebundenheit an Menschen und an gewisse Aspekte des Lebens. Auch die Verantwortlichkeit wird anders eingeschätzt. Vor allem die christlichen und die islamitischen Gebete hinsichtlich des Todes betonen die menschliche Verantwortlichkeit der gesamten Gesellschaft gegenüber. Der buddhistische Text betont ebenfalls die menschliche Verantwortlichkeit, jedoch im Zusammenhang mit der Reinigung des eigenen Bewußtseins. Der hinduistische Text dreht sich mehr um die angefochtene Existenz, die bewegte See, in der ein Anker gesucht wird außerhalb der Welt, beim Schöpfer und/oder Allgeist.

All diesen Texten gemeinsam ist eine Anzahl Kennzeichen menschlichen Daseins, hinsichtlich welcher das Gebet die Menschen anspricht. Die verschiedenen Traditionen sind dabei gleichsam *Scheinwerfer,* deren Lichtbündel gewisse Aspekte des Lebens hell erleuchten, währenddessen andere im Dunkeln oder im Halbdunkeln bleiben. Dadurch entstehen stark unterschiedliche Menschbilder. Es macht schon etwas aus, ob einem eingeschärft wird, daß man vor allem anderen selbst verantwortlich für richtiges Verhalten sei, daß man sich vor allem um Gerechtigkeit und Ungerechtigkeit kümmern sollte, oder doch zuerst um eine andere Haltung gegenüber der Wirklichkeit. Es macht schon etwas aus, ob man hört, daß man in eine Gemeinschaft eingebettet ist – sei es das jüdische Volk, die islamitische Gemeinschaft oder die Menschheit –, oder daß man letztendlich grundsätzlich inmitten der Menschheit *verlassen* ist und einen persönlichen Weg durch viele Reinkarnationen bzw. Wiedergeburten gehen muß. Das hat seine Folgen in der Art und Weise, wie jemand sein eigenes Leben zu erleben lernt.

Würden wir andere Texte in unsere Analyse einbeziehen, dann könnten wir sehen, daß religiöse Traditionen sehr vielseitig sind. Sie haben einen großen Schatz an liturgischen Texten, Ritualen und Erzählungen, in denen sie auf viele Aspekte des menschlichen Lebens eingehen. Und man sollte nicht den Fehler machen zu denken, daß das, was vom Scheinwerfer nicht erfaßt wird, überhaupt keine Rolle spielte. Es ist nicht so, daß andere Aspekte nicht erkannt werden; im Gegenteil, sie werden erkannt, haben aber einen anderen Stellenwert im Zusammenhang der jeweiligen Lebensanschauung. Die primäre Aufmerksamkeit (der Scheinwerfer) richtet sich auf bestimmte Aspekte des Daseins; von diesen zentralen Gedanken her werden andere Aspekte betrachtet.

VIII. Religion als Deutung

Wir können nun etwas mehr über die Art und Weise, auf welche Religion das Dasein deutet, aussagen. Die Deutung entsteht durch die Verbindung von Kennzeichen des Daseins mit Glaubensinhalten. Liturgien und Riten hinsichtlich des Sterbens können wir als ein Dreieck darstellen, dessen drei Ecken gebildet werden von der konkreten Situation (dem Tod eines Menschen), dem menschlichen Dasein als Ganzem und dem Glaubensinhalt einer Tradition:

das konkrete Sterben

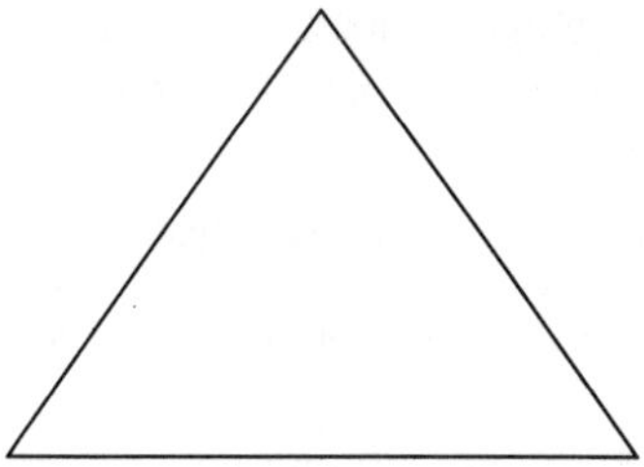

die Kennzeichen menschlichen Daseins

der Glaubensinhalt einer Tradition

Den Aussschlag für die Deutung des Todes geben selbstverständlich die Vorstellungen darüber, was nach dem Tode kommt: Reinkarnation, Gericht, Erhöhung zum ewigen Leben oder die Erlösung aus dem Dasein. Durch den Gedanken der Reinkarnation wird der Tod entweder ein Übergang in eine folgende Lebensphase, oder ein Tor zum Raum des ungeborenen Geistes. Durch den Gerichtsgedanken wird der Tod die Tür zum Urteil; ist der Gedanke der Errichtung eines Gottesreiches bis in Ewigkeit vorherrschend, dann steht der Tod in der Perspektive der Befreiung. Die Deutung kommt durch die Verbindung von Glaubensinhalten mit Aspekten des Daseins zustande.

In den Ritualen schlägt das Herz einer Religion. Eine der Funktionen von Ritualen ist das Einschärfen religiöser Inhalte bei den Teilnehmern der Feierlichkeit. Rituale sind im strengen Sinne religiöse Übungen. Die Liturgie mit ihren breiten Möglichkeiten für Gebete, Lieder, Feier, Meditation und Predigt bietet, wie wir bereits gesehen haben, viele Anknüpfungsmöglichkeiten an das menschliche Dasein. Die Liturgie läßt Raum für viele Äußerungen: Die Klage über den Verlust, die Bitte um Vergebung, der Ruf um Hilfe. So kann sie vielen Seiten des Mensch-Seins gerecht werden. Darum sind Ritus und Liturgie die primären Mittel, durch die sich eine religiöse Tradition in der Geschichte fortpflanzt. Im Hintergrund der Liturgie steht die Lehre einer bestimmten Tradition. Wir haben bereits gesehen, wie die Lehrstücke vom Jüngsten Gericht, der Errichtung des Gottesreiches oder der Reinkarnation bzw. Wiedergeburt eindeutig die Bedeutung des Todes bestimmen. Man sollte sich jedoch davor hüten, die religiöse Lehre für ein scholastisches Ganzes zu halten. Reinkarnationsglauben oder das Jüngste Gericht lassen auch mehrere Interpretationen zu.[41] In der Interpretation und in den damit verbundenen Liturgien werden alle möglichen Aspekte des Daseins gedeutet. Deshalb kann nicht kurz und bündig festgestellt werden, daß der Mensch in der einen religiösen Tradition so und in einer anderen anders dargestellt würde. In Ritualen und in liturgischen Texten kann nämlich beieinander gehalten werden, was in der Analyse der Glaubenslehre unvereinbar scheint. Die Paradoxe der Glaubenslehre sind eine direkte Folge der Ambiguitäten des Daseins und der Spannungen zwischen verschiedenen Aspekten des Lebens und des Glaubens.[42]

---

[41] Zum Beispiel beim Jüngsten Gericht: eine Hölle, die *annihilatio* für Verurteilte, ein Fegefeuer u.s.w.; bei der Reinkarnation: Rückkehr als Pflanze, Tier oder Mensch oder nur als Mensch; starke Betonung der Reinkarnation als Strafe oder Betonung der persönlichen Evolution und Entwicklung.

[42] Vgl. THEO DE BOER: "Glauben ist meiner Meinung nach kein Weltbild mit Widersprüchen, sondern eine Lebenslehre mit Paradoxen;" Weg en waarheid. In: M. A. MAURICE – S. J. NOORDA (eds.), *De onzekere zekerheid des geloofs*, Zoedermeer 1991: 72. Einige Beispiele derartiger Paradoxe in H. M. VROOM, Een steen in de vijver. Ter inleiding, 9 f., und

Auf diese Weise können wir begreifen, wie eine bestimmte Tradition eine Lebensweise austrägt. Religion als 'blik', 'seeing-as', Sinngebungssystem – die Andeutungen für diesen Prozeß sind zahlreich, sie sind jedoch zu massiv. Es geht nicht nur um *einen* 'blik', nicht um *ein* 'System', nicht um *eine* einheitliche Weltanschauung, sondern um ein komplexes Ganzes von fundamentalen Intuitionen und Einsichten.[43]

Falls unsere Analyse stimmt, dann sind daraus einige wichtige Schlüsse für die christliche Theologie zu ziehen. Zu allererst eine Bemerkung hinsichtlich der Teilnahme von Menschen an Ritualen und liturgischen Versammlungen. Durch die Liturgie lehrt die christliche Kirche Menschen eine bestimmte Weise, wie sie sich selbst erfahren können; in der Liturgie werden ein Menschbild und ein Gottesbild vermittelt. Die Scheinwerfer richten sich auf bestimmte Aspekte des menschlichen Daseins – manchmal mit der Absicht, andere Aspekte des Lebens als untergeordnet abzutun. Die Glaubensvermittlung besteht im Vermitteln dieser Deutung des Daseins: theologisch (viel zu kurz) formuliert: das Evangelium lehrt Menschen, sich selbst als verirrte Kinder Gottes zu sehen, die der Gnade bedürfen und Hilfe und Vergebung empfangen können, und die unterwegs sind zum Reiche Gottes. Der Gottesdienst, die Messe, Feier, oder welches Wort man auch immer verwenden möchte, ist voll und ganz religiöse *Übung*: so wird der Glaube geübt und ein-graviert. Der Liturg oder Prediger ist nicht nur der Anführer, sondern ist auch Überträger der Tradition, derjenige, der für die Weitergabe der Tradition an Andere verantwortlich ist. Aus diesem Grunde ist mangelnde Teilnahme an religiösen Übungen auf die Dauer für eine religiöse Tradition tödlich. Wenn Menschen nicht mehr an der Deutung ihres Daseins durch die Tradition teilnehmen, dann existiert diese Tradition für sie nicht länger – auch wenn einige Erzählungen aus der christlichen Tradition noch lange Zeit Erbteil der post-christlichen Kultur sind.

IX. Die Frage des Anknüpfungspunktes

Und nun also der heikle Punkt: die Frage des Anknüpfungspunktes. Wirft unser Ansatz ein anderes Licht auf die diesbetreffende Diskussion? Ist der anthropologische Boden tatsächlich ein Gebäude, das man fix und fertig antrifft, und das von den verschiedenen Traditionen weitergebaut und eingerichtet wird?

---

ders., De God van Abraham, de God van alle mensen. In: H. M. VROOM (ed.), *De god van de filosofen en de god van de bijbel*, Zoetermeer 1991: 9 f. und 118-120.

[43] Vgl. VROOM, o.c., Kapitel 9 und 12.

Einige Dogmatiker, die mit anthropologischen Fundierungen christlicher Verkündigung nicht so viel am Hut haben, behaupten, der Heilige Geist schaffe selbst seine Voraussetzungen im menschlichen Dasein. BARTH sagt es so: "Der Heilige Geist, der vom Vater und vom Sohne ausgeht und also als Gott geoffenbart und geglaubt ist, bedarf keines Anknüpfungspunktes als dessen, den er sich selber setzt".[44] Mit diesen Worten grenzt er sich gegen EMIL BRUNNERS Behauptung, daß die Verkündigung der christlichen Kirche einen Anknüpfungspunkt im menschlichen Dasein finden müsse – sonst sei die Verkündigung schlichtweg nicht zu begreifen –, ab.[45] BRUNNER findet diesen Anknüpfungspunkt in der Menschlichkeit, die inmitten der Sünde übrig bleibt. Er präzisiert den Anknüpfungspunkt als "Wortmächtigkeit" (oder auch: der Mensch als Subjekt) und als "Verantwortlichkeit".[46] Gnade setzt nämlich ein Verantwortungsgefühl, den Gedanken des Versagens, und ein Bewußtsein moralischer Verpflichtung voraus.[47] BRUNNER verbindet die Menschlichkeit des in Sünde gefallenen Menschen mit einem gewissen Wissen um Gott und dessen Willen, auch wenn er die Bedeutung dessen minimalisiert.[48] Er spricht von einer Offenbarung Gottes in der Schöpfung und von einer 'Unterhaltungsgnade'.[49] Diese Gedanken kamen bei BARTH an die falsche Adresse. In Rom schrieb er die berühmte Broschüre 'Nein! Antwort an Emil Brunner', worin er ihn schonungslos kritisierte. Daß Abraham Kuyper als Kind des achtzehnten und neunzehnten Jahrhunderts Calvin im Rahmen der allgemeinen Offenbarung und Gnade ausgelegt habe, könne er noch verstehen; in den dreißiger Jahren des zwanzigsten Jahrhunderts jedoch sollte Brunner es mittlerweile doch besser wissen![50] Aus dieser Welt führt kein Weg zu dem Wissen von Gott und von seinem Willen. BARTH wirft BRUNNER vor, er hantiere nicht nur mit einem formellen, sondern auch inhaltlichen Anknüpfungspunkt.[51] Ich denke, daß BARTH damit recht hat. BRUNNERS Formulierung des Anknüpfungspunktes als 'Sprachlichkeit' und Verantwortlichkeit richtet, um bei der vorhin benutzten

---

[44] BARTH 1934: 56.

[45] BRUNNER 1934: 41.

[46] BRUNNER 1934: 10 f., 18.

[47] BRUNNER 1934: 12.

[48] BRUNNER 1934: 12 f.

[49] BRUNNER 1934: 11 f.

[50] BARTH 1934: 39.

[51] BARTH 1934: 39. Die Frage nach einer anthropologischen Analyse des Anknüpfungspunktes lehnt er ab (BARTH 1934: 27).

Bildsprache zu bleiben, die Scheinwerfer auf das Ansprechbar-Sein und die Verantwortlichkeit. Wie wir gesehen haben, ist dies eine viel zu enge Interpretation des Anknüpfungspunktes. BRUNNER verbindet den Anknüpfungspunkt darüberhinaus mit der *theologia naturalis*.[52] Auch das ist problematisch. Warum sollte man, von einem Anknüpfungspunkt herkommend, bei einer natürlichen Theologie landen? Es geht bei Anknüpfungspunkten, wie sich ja gezeigt hat, nicht um eine allgemein menschliche Kenntnis Gottes (natürliche Theologie), sondern um allgemein menschliche Kennzeichen, auf die hin eine Religion – auch die christliche – Menschen anspricht.

In welchem Sinn kann dann von einem anthropologischen Boden die Rede sein? KUITERT verweist auf etwas allgemein menschliches, einen Urglauben, das Vertrauen auf einen guten Ausgang, und zwar auf einen guten Ausgang der gesamten Wirklichkeit.[53] Dieser Urglauben wohnt allem menschlichen Handeln inne, auch wenn er sich gegen großen Druck und jegliches Mißlingen behaupten muß. Ein solcher Glaube ist eine anthropologische Tatsache; er ist nicht speziell christlich. Der Sprachgebrauch gewisser Teile des Neuen Testaments hat seiner Ansicht nach seinen Ursprung in diesem Urglauben.[54] Alle Religionen sind gewissermaßen Gewänder, in denen dieser Urglauben erscheint, sagt Kuitert.[55] Gegen diese Auffassung vom Urglauben als anthropologischem Boden sind zwei Einwände einzubringen. Erstens ist er in der Welt der Religionen nicht allgemein anerkannt. Mancher buddhistische Denker würde Vermutungen über den Sinn der gesamten Wirklichkeit als ein Nicht-ernst-Nehmen des Nihilismus und des Leidens ablehnen, das unzertrennlich mit dieser Welt verbunden ist.[56] Es geht im Buddhismus nicht um das Überwinden des Todes, sondern um das Überwinden von Geburt-und-Tod (oder

---

[52] BRUNNER 1934: 36 ff.

[53] KUITERT 1977: 82-85. Vergleiche ders., *Zonder geloof vaart niemand wel*, Baarn 1974: 21: "Kultur . . . setzt Glauben voraus, Glauben nämlich an das Ganze, das niemand übersieht . . . "; in *Filosofie van de theologie*, Den Haag 1988: 48 ff., verbindet KUITERT ebenfalls den Gedanken des (sinngebenden) Ganzen mit dem Glauben an einen guten Ausgang (Seite 50). Vgl. hierzu W. PANNENBERG, *Was ist der Mensch?*, Göttingen 1962 und dessen spätere *Anthropologie in theologischer Perspektive*, Göttingen 1983. Man achte darauf, daß der Gedanke des Urvertrauens mit dem Gedanken der gesamten Wirklichkeit verbunden wird; genauso auch KUITERT 1977: 118.

[54] KUITERT 1977: 85; vgl. HENDRIKUS BERKHOF, *200 Jahre Theologie*, Neukirchen 1985: 216-225.

[55] KUITERT 1977: 117. Vergleiche hiermit die Kritik von P. VAN DIJK, De theologie antropologisch gevloerd? *Wending* 32 (1977): 476-479.

[56] K. NISHITANI, *Was ist Religion?* (übers. D. FISCHER-BARNICOL), Frankfurt a. M. 1982: 349-365.

'Leben-Sterben', wie UEDA in seinem Beitrag sagt) wie es z. B. von ABE beschrieben wird.[57] Das Vertrauen, daß eine solche Überwindung von Geburt-und-Tod möglich ist, unterscheidet sich grundlegend vom Vertrauen in einen guten Ausgang; der Wunsch nach einem guten Ausgang an sich verursacht – der buddhistischen Anschauung nach – Leiden. Zweitens ist dieser Boden zu beschränkt; die Gebete, die wir gelesen haben, knüpfen an viel mehr anthropologische Faktoren als nur das Urvertrauen an. Später hat KUITERT noch auf andere 'religion making characteristics' hingewiesen: das launenhafte Schicksal, das einen Menschen trifft, Leiden (und früher Tod) und die unbekannte Zukunft.[58] Die Basis für Religion im menschlichen Dasein ist jedoch noch viel breiter.[59] Auch THEO DE BOER nennt einige Wesenszüge des menschlichen Daseins, die für Religion besonders empfänglich machen: Verantwortlichkeit (gegenüber dem Anderen), Schuld und Gewissen, die Sehnsucht, die Hoffnung, das Leiden und das Gebet (als Äußerung, in der der Mensch die Grenzen des Subjektes überschreitet).[60] Tatsächlich sind dies einige der wichtigsten menschlichen Erfahrungswerte, an die das westliche Christentum anknüpft. Der Nachdruck auf Sehnsucht, Hoffnung und Gebet ist allerdings für nur einige, aber nicht für alle religiöse Traditionen kennzeichnend. Der Anstoß des Leidens bekommt in manchen Religionen eine völlig andere Bedeutung, als die Sehnsucht nach einer besseren Außenwelt und die Hoffnung auf eine Zukunft ohne Leiden. Anstelle des Gebetes treten die Meditation und die spirituelle Leitung, die darauf abzielen – wie wir zum Beispiel in den Versen über den *bardo* sahen –, die eigene Wahrnehmung zu transformieren. Wer Kategorien wie Sehnsucht, Leiden, Schuld, Liebe, Gerechtigkeit u.s.w. in den verschiedenen Religionen entdeckt und zu schnell identifiziert, übersieht die Unterschiedlichkeit religiöser Deutungen menschlicher Basisphänomene. Es geht zwar um verwandte Erscheinungen, aber sie können, indem sie in einen anderen Bezugsrahmen aufgenommen werden, eine völlig andere Schattierung bekommen. Das Ergebnis unserer Überprüfung des

---

[57] MASAO ABE, The problem of Death in East and West. *The Eastern Buddhist* 19/2 (1986): 48; p. 52: "In Buddhism, there is no thought of struggling with death, overcoming it, and thereby becoming victorious over it". Vergleiche für die Haltung gegenüber dem Tod auch J. H. SANFORD, The Nice Faces of Death, 'Su Tung-po's *Kuzo-shi*'. *The Eastern Buddhist* 21 (1988): 63-75.

[58] H. M. KUITERT, *Filosofie van de Theologie*, Den Haag 1988: 52; p. 89 fügt KUITERT auch noch die Schuldfrage hinzu.

[59] Vgl. VROOM 1989: 330-339.

[60] TH. DE BOER, *De God van de filosofen en de God van Pascal,* Den Haag ^{2}1991: 105 und 109-113.

anthropologischen Bodens ist dann auch, daß er kein Fundament bildet, auf dem die verschiedenen Traditionen ihre Gebäude errichten können. Es geht nicht um natürliche Theologie oder um religiöse Erfahrungen, die die Schablone bilden, in der das Evangelium oder der Dharma gehört werden kann. Es geht eigentlich nicht einmal um einen Boden, denn ein Boden ist dazu da, etwas darauf aufzubauen. Es gibt aber im menschlichen Dasein keine *fix und fertigen Anknüpfungspunkte*, an die eine Religion anknüpfen kann. Sehr wohl gibt es dagegen im menschlichen Dasein Anknüpfungspunkte für Religion, die *aktualisiert* werden können. Man findet sie, indem man religiöse Äußerungen, die Liturgie oder auch die Glaubenslehre untersucht. Diese Anknüpfungspunkte befinden sich in den offenen Flecken des menschlichen Lebens, den Löchern, die durch allerlei Erfahrungen geschlagen werden, und die erklärt werden wollen: niemand kann ohne implizite oder explizite Abwägungen der Interessen von Individuum und Gemeinschaft, oder ohne ein Gleichgewicht zwischen Recht und Barmherzigkeit leben; jeder stößt auf das Rätsel des Bösen, die Verwunderung über das Geheimnis der Dinge, die Dankbarkeit über das Gute, und seinen eigenen Stellenwert im Ganzen der Dinge; jeder stößt auf die Frage, ob er die Dinge eindeutig erlebt. Es geht hier um fundamentale Gefühle und Intuitionen im menschlichen Leben. Darum kann die Religion einen Menschen auch so tief berühren.[61] Wir kennen diese Anknüpfungspunkte nicht ohne ihre Deutungen. Darum ist die BARTHsche Sichtweise vom Geist, der sich seinen eigenen Anknüpfungspunkt im menschlichen Leben schafft, in dem Sinne richtig, daß das Evangelium eine Deutung anbietet, indem es das Leben mit einem Glaubensinhalt verbindet. Eine religiöse Tradition richtet ihre Scheinwerfer auf bestimmte Aspekte des Lebens mehr als auf andere. Die BARTHsche Ansicht ist jedoch unrichtig, wenn damit gesagt sein soll, daß das menschlichen Dasein überhaupt keinen einzigen Anknüpfungspunkt für das Evangelium enthielte. Die Verantwortung des Glaubens findet einen Anknüpfungspunkt in der menschlichen Suche nach einer Lebensweise, die vielen Aspekten des menschlichen Daseins gerecht wird. Sowohl für die Verantwortung wie auch für die Vermittlung des Glaubens ist die Einsicht von Belang, wie das menschliche Leben von religiösen Ritualen und Erzählungen gedeutet wird.

---

[61] Vgl. W. JETTER, *Symbol und Ritual. Anthropologische Elemente im Gottesdienst*, Göttingen 1978: 131: "Die Vitalität eines religiösen Rituals und die Lebensfähigkeit seiner Symbolik hängt nicht nur davon ab, wieviele Glaubensansichten sie weitervermitteln. Wahrscheinlich hängt sie stärker damit zusammen, wieviel vom vitalen und sozialen Leben sie mit integrieren können; welche Wegstrecken des natürlichen Lebens sie erwartungsvoller, griffiger, begehbarer zu machen verstehen"; diese These von JETTER kann viel mehr ausgebaut werden. Siehe auch G. LUKKEN, *Geen leven zonder rituelen*, Hilversum [3]1988: 28.

X. Eine anthropologische Fundierung? Zur Religionshermeneutik

Viele Denker haben wie BRUNNER versucht, ein Kennzeichen menschlicher Existenz als Wurzel der Religion aufzuzeigen, so z.B. die Spannung zwischen dem Subjekt-Sein und dem Teil-eines-Ganzen-Sein, das menschliche Bewußtsein seiner selbst, die Erfahrung der Endlichkeit oder die Offenheit für das Andere, das das Selbst-Sein konstituiert. Vier solcher Theorien werden wir beschreiben.

Auf Grund seiner Kenntnis der Stammeskulturen und der modernen Gesellschaft hat der Kulturanthropologe JAN VAN BAAL als *den* wesentlichen Anknüpfungspunkt der Religion die Spannung, in der der Mensch einerseits Subjekt ist und andererseits an der Gesamtheit des Seienden partizipiert, ausgewiesen. Einerseits muß der Einzelne einen Weg finden; andererseits muß er auf richtige Weise am Ganzen partizipieren. Diese beiden Bewegungen – *being apart and being a part* – widersprechen einander. Eben diese Spannung liegt s. E. den religiösen Bewegungen und ihren Ritualen zugrunde.[62] In Mythen und Ritualen, insbesondere den *rites de passage*, lehrt eine religiöse Tradition den Menschen, seinen Platz inmitten der Anderen und der Wirklichkeit zu finden. Von dieser fundamentalen Spannung her bekommen andere menschliche Phänomene wie Pflicht, Schuld, Treue, Aufopferung, Gegenseitigkeit einen Platz. Fundamental für die Einschärfung dieser menschlichen Phänomene und für ihr relatives Gewicht sind die Erzählungen und Rituale der verschiedenen Traditionen. Magie und Zauberkunst zeigen, wie Menschen sich der Präsenz der unsichtbaren Kräfte im Universum bewußt gewesen sind, mögen sie unfreundlich sein oder auch wohlgesonnen, wie das Universum selbst. So findet VAN BAAL in der Ambiguität des Universums eine Bestätigung des Ausgangspunktes seiner Religionstheorie in der Dialektik der *conditio humana*.[63] Ein Weltbild ist eine *Interpretation* der Welt, die es dem Menschen ermöglicht, die Ereignisse in ihrer Kontingenz in sinnvolle Beziehungen zueienander zu setzen, und innerhalb derer jedes Glied der Gruppe oder der Gesellschaft seinen eigen Weg finden kann, weil das System seine oder ihre besonderen Rolle umschreibt.[64]

---

[62] VAN BAAL 1981: 42 f.; vgl. 312-317; ders., Mysterie als openbaring. *ISOR, Occasional papers*, Utrecht o. J.: 25. Seine Sicht wird übernommen von A. F. DROOGERS, Meaning, Power, and the Sharing of Religious Experience: An Anthropology of Religion Point of View. In: GORT 1992: 49.

[63] VAN BAAL 1981: 197.

[64] VAN BAAL 1981: 245.

In seiner anthropologischen Fundierung der Religion geht WILLEM DUPRÉ vom menschlichen Selbstbewußtsein aus, das sich in der Erfahrung, Erfahrungen zu haben, manifestiert.[65] Jede Erfahrung ist vermittelte Erfahrung[66]; die totale Vermittlung der Erfahrung verweist auf die fundamentale Einheit, der jegliche Differenzierung der verschiedenen Erfahrungen zugrunde liegt. Die Vermittlung jeder Erfahrung ist Teil eines persönlichen und kulturellen Entwicklungprozesses. Religion ist prinzipiell auf diese Einheit bezogen. Spezifisch für Religion ist die Idee des Göttlichen.[67] "Die Bedeutung der Religion", sagt DUPRÉ, "kann nicht getrennt von Sein und Realität gesucht werden, sondern in Qualitäten, die den göttlichen Charakter menschlichen Daseins und der damit korrespondierenden Kultur erleuchten und bewahren ('disclose and preserve')". Religion bringt die Originalaufgabe des Menschseins zur Sprache: "Wir sind hier; doch wissen wir nicht, woher wir kommen".[68] Die Entwicklung der Religion muß helfen, die ganze Bedeutung, die potenziell mit dem Menschsein gegeben ist, zu verwirklichen. Darum ist Religion nicht bloß mit einigen Aspekten des Menschseins verbunden, sie hat vielmehr mit der ganzheitlichen menschlichen Kondition zu tun.[69] Sie ist auf "die Sinn-Synthese unseres Daseins" gerichtet, die mit dem Begriff Heil beschrieben werden kann.[70] So ist es die der Religion eigene Aufgabe, die Ganzheit, die Integralität und die Integrität des menschlichen Daseins und seiner Kultur zu fordern, zu unterhalten und zu entwickeln, wie diese in der Anwesenheit (oder doch auch in der Abwesenheit) des Göttlichen erscheinen.[71]

Auch WOLFHART PANNENBERG bezieht die menschliche Existenz auf Gott. Das Mensch-Sein verweist auf etwas außerhalb seiner selbst; jede Erfahrung von Sinn verweist auf das große Ganze der Wirklichkeit, das als ein Geheimnis erfahren wird, es sei denn es würde offenbar. So ist jeder Mensch dem Göttlichen ausgesetzt, das auch irgendwie erfahren wird: "Wenn es wirklich zur Struktur seines Daseins gehört, ein seine Endlichkeit übersteigendes Geheimnis der Wirklichkeit vorauszusetzen und sich auf dieses als Erfüllung seines eigenen Seins zu beziehen, dann lebt der Mensch faktisch immer schon im Umgang

---

[65] DUPRÉ 1992: 29.

[66] DUPRÉ (1985: 129) spricht von der " . . . Tatsache, daß wir durchgehend sprachlich bestimmt sind und als artikulierende sowie um ihre Artikulation wissende Wesen da sind."

[67] DUPRÉ 1992: 33.

[68] DUPRÉ 1992: 34; DUPRÉ 1985: 118.

[69] DUPRÉ 1992: 31, 35.

[70] DUPRÉ 1985: 118.

[71] DUPRÉ 1992: 36 f.

mit dieser Wirklichkeit".[72] Der Mensch ist auf diese letzte allumfassende Wirklichkeit gerichtet. Die Religionen kommen von "Widerfahrnissen der in der Existenzfrage des Menschen erfragten Wirklichkeit" her.[73] Korrelat seiner ganzheitlichen Auffassung der Wirklichkeit ist das Verstehen Gottes als die "alles bestimmende Wirklichkeit".[74] Dieser göttlichen Wirklichkeit begegnet man in der jeweiligen Erfahrung im Hinblick auf ihre Ganzheit als derjenigen Macht, "die als die einende Einheit jenes Ganzen in Erscheinung tritt".[75] Nur aus dieser letzten Einheit kann abgeleitet werden, was gut ist und was getan werden muß.[76] Diese Einheit gibt Einheit an die Welt und trägt die menschliche Existenz. Also verweist die Frage nach der Interpretation der Erfahrung und die damit verbundene Frage nach der eigenen Existenz von sich aus auf die allumfassende Einheit des Seienden, die in der einenden Einheit des Seins liegt, die alles Wirkliche bestimmt und zusammenhält. In der menschlichen Offenheit liegt die Bedingung der Möglichkeit religiöser Erfahrungen.

Auch für G. OBERHAMMER liegt die Wurzel der Religion in der menschlichen Offenheit – der Ausgriff auf das Andere, der zugleich konstitutiv für das Subjekt-Sein ist –, woraus die absolute Sinnfrage entspringt. Selbstbewußtsein bedingt Offenheit für das Andere und Bewußtsein von dem Anderen. Offenheit ist mit dem Mensch-Sein gegeben; es ist seine transzendentale Struktur und als solche "Ausdruck einer ursprünglichen und unaufhebbaren Bedürftigkeit des transzendentalen Subjektes im Hinblick auf das 'Woraufhin' seines Ausgriffes".[77] Die Bedingung der Möglichkeit aller Erfahrung des Selbstes und des Anderen ist eine unausweichliche, weil strukturelle Bedürftigkeit des menschlichen Subjektes. Die Struktur des Herausreichens oder,

---

[72] W. PANNENBERG, Erwägungen zu einer Theologie der Religionsgeschichte. In: PANNENBERG 1967: 283. Diese anthropologische Fundierung der Religion hat PANNENBERG später in seiner *Anthropologie in theologischer Perspektive* (Göttingen 1983) breit ausgearbeitet. Vgl. auch PANNENBERGS Hermeneutik, die er im Anschluss an Hegel und Dilthey entwikkelt (PANNENBERG 1967: 91-158) und seine *Wissenschaftstheorie und Theologie*, Frankfurt a. Main 1973: 157-224; s. H. M. VROOM, Wolfhart Pannenberg. In: KLAPWIJK 1991: 213-216.

[73] W. PANNENBERG, Die Frage nach Gott. In: PANNENBERG 1967: 380.

[74] W. PANNENBERG, *Wissenschaftstheorie und Theologie*, Frankfurt. a. M. 1973: 304.

[75] W. PANNENBERG, Erwägungen zu einer Theologie der Religionsgeschichte. In: PANNENBERG 1967: 286.

[76] PANNENBERG 1962: 7-16 [= *Ethik und Ekklesiologie. Gesammelte Aufsätze*, Göttingen 1977: 41-54, vgl. 55-69]; siehe H. VROOM, Wolfhart Pannenberg. In: KLAPWIJK 1991: 223-226.

[77] OBERHAMMER 1987: 10-11; OBERHAMMER 1992: 14 f.

wie OBERHAMMER sie nennt, des transzendentalen Ausgriffes, ist auf etwas gerichtet, das niemals in der konkreten menschlichen Erfahrung gegeben sein kann, weil der Ausgriff die Bedingung aller konkreten Erfahrung ist. Darum ist der Mensch auf eine Wirklichkeit "jenseits des Seienden" gerichtet, die gleichursprünglich ebenfalls als Möglichkeitsgrund der Innerlichkeit und der Erfahrung des Bei-dem-Anderen-Sein dem Menschen selbst unvermittelt nahe ist.[78] Diese prinzipielle Offenheit impliziert die Möglichkeit einer nicht-relativen Erfüllung der Bedeutung, d. h. die Möglichkeit des Heils.[79] Religion kann zunächst als "das sich verbindlich Einlassen des Menschen auf das 'Woraufhin' seines je eigenen transzendentalen Ausgriffes" verstanden werden.[80] Das 'Woraufhin' ist eine "nicht in Frage zu stellende Sinnwirklichkeit", die jeden Sinnanspruch des Menschen "grundlegt und auch erfüllt, der auf das Ganze geht und nicht auf das einzelne Seiende".[81] Von diesem Fundament der Religion in der Konstitution des menschlichen Bewußtseins aus kann die ganzheitliche Funktion der Religion begriffen werden.[82] Weil das Heil nicht in endlichen Erfüllungen gefunden werden kann, sondern prinzipiell jede endliche Erfüllung übersteigt, ist eine un-endliche Heilserfahrung denkbar, welche nicht durch den Tod zunichte gemacht werden kann. So kann OBERHAMMER den Tod als die "letzte Radikalisierung der vorbehaltlosen 'Preisgabe' an das ganz Andere der Transzendenz" verstehen, welche die einzige unvermittelte Erfüllung des transzendentalen Bedürfnisses des Menschen im 'Beisichsein'

---

[78] OBERHAMMER 1987: 12; vgl. G. OBERHAMMER, Religionshermeneutische Bemerkungen zum Phänomen des Todes, § 2.5., in diesem Band; vgl. Augustinus, *Confessiones* X: XXVI f.: "et nusquam locus, et recedimus et accedimus, et nusquam locus . . . et ecce intus eras" (St. Augustin, *Confessions*. Texte établi et traduit par P. D. LABRIOLLE, Tome II, Les belles lettres: Paris 1961).

[79] OBERHAMMER 1992: 15.

[80] OBERHAMMER 1987: 15; s. G. OBERHAMMER, Einleitendes zur Religionshermeneutik. In: G. OBERHAMMER (Hrsg.), *Beiträge zur Hermeneutik indischer und abendländischer Religionstraditionen*, Wien 1991: 18f.

[81] OBERHAMMER 1987: 15. Für weitere Erläuterungen siehe auch G. OBERHAMMER, *'Begegnung' als Kategorie der Religionshermeneutik*, Wien/Leiden, 1989.

[82] Vgl. auch die Weise, wie ABRAHAM KUYPER von einer primordialen Unterscheidung zwischen dem Ich und dem umfassenden, prinzipiellen Nicht-Ich (Gott) als Grunddifferenzierung des menschlichen Bewußtseins gesprochen hat, um daraus die prinzipielle Funktion des Glaubens oder Unglaubens zu fundieren (A. KUYPER, *Encyclopaedie der Heilige Godgeleerdheid* II, Kampen ^{2}1909: 218; s. VROOM, Does Theology Presuppose Faith? *Scottish Journal of Theology* 45 (1992): 147-149.

des individuellen Subjektes ist.[83] Von der menschlichen Endlichkeit her läßt sich verstehen, daß der Mensch sich der Begegnung mit dem 'Jenseits des Seienden' nur bewußt sein kann, wenn diese Erfahrung in der Form endlicher Vorstellungen festgehalten werden kann. Von daher kann man verstehen, wie wichtig die menschlichen 'Mythisierungen' der Transzendenzerfahrung sind.[84] Diese Vorstellungen sind nicht willkürlich, eben weil sie in der Transzendenzerfahrung gegründet und auf unterschiedene Weise gemeinschaftlich durch die verschiedene religiösen Traditionen vermittelt worden sind.[85]

Alle diese Ansätze gehen für die Grundlegung der Religion von der Struktur des Mensch-Seins aus. Das Leben hat viele Aspekte; in der Religion geht es darum, eine Art Einheit zu finden, die das Dasein ganz ('heel') macht (vgl. 'heel' mit Heil). Vom Standpunkt der kulturellen Anthropologie aus lokalisiert VAN BAAL – ehemaliger Gouverneur West-Irians – die Religion in der Mitte der weltlichen und sozialen Existenz. Man kann die Frage stellen, ob seine Unterscheidung zwischen Teil-Sein und Selbständig-Sein ('being a part and being apart') nicht einigermaßen übereinstimmt mit OBERHAMMERS Bestimmung der Erfahrung des Anderen als gleichursprünglich mit der Erfahrung des Bei-sich-Seins, obwohl das Teil-Sein noch etwas mehr sagt als daß man etwas Anderes erfährt; es gibt auch die Spannung an zwischen Einzelexistenz und Partizipation. Drei Autoren fragen nach der Ganzheit des Seins: Teil-Sein des Ganzen (VAN BAAL), die 'Sinn-Synthese unseres Daseins' und 'wholeness' (DUPRÉ), die Bedeutungsganzheit, Universalgeschichte und Einheit des Seins (PANNENBERG), wohingegen OBERHAMMER vom 'Jenseits des Seienden' spricht, was noch die Möglichkeit einer Interpretation im Sinne von *Tiefe* oder *Totalität* zuläßt.[86] Ein beachtenswerter Unterschied ist, daß VAN BAAL seinen Ausgangspunkt in der Ambiguität der menschlichen Existenz findet, in der Spannung von Selbst-Sein wollen und müssen einerseits und Teil-Sein und Mit-Sein wollen und müssen andererseits. In dieser Spannung und ihren

---

[83] G. OBERHAMMER, Religionshermeneutische Bemerkungen zum Phänomen des Todes, § II.5 (in diesem Band).

[84] OBERHAMMER 1987: 26 ff., bes. 27: "Denn zu einem nie zur Sprache gekommenen apriorischen Prinzip der eigenen Transzendenz kann man sich nicht verhalten."

[85] OBERHAMMER 1987: 37.

[86] OBERHAMMER 1987: 29, vgl. 15; s. auch: Transzendenz welche sich "als ganze und bleibend als Heil des Menschen offenbart" (G. OBERHAMMER, Einleitendes zur Religionshermeneutik. In: ders. (hrsg.), *Beiträge zur Hermeneutik indischer und abendländischer Religionstraditionen*, Wien 1991: 23); vgl. das Kriterium für religiöse Entwürfe: "Wenn ein anderer Entwurf eine umfassendere, das 'Beisichsein' des Geistes tiefer und totaler fordernde Begegnung ermöglicht, dann ist er 'wahrer, d. h. 'wahr' . . . " (OBERHAMMER 1987: 23 f.). 'Totaler' ist m. E. quantitativ, 'tiefer' qualitativ.

Ausdrucksformen kann man die menschlichen Phänomene, auf die sich die Gebete, welche wir oben besprochen haben, beziehen, einordnen: Glück und Unglück, Gelingen und Verfehlen, Lieben und Hassen, Einsamkeit und Kameradschaft, Endlichkeit und Kontingenz. Die Spannungen menschlicher Existenz sind für die religiöse Lebenslehre sehr wesentlich und bieten den hermeneutischen Schlüssel für das Verstehen religiöser Riten und Erzählungen.

Es bleibt die berechtigte Frage nach den Bedingungen der Möglichkeit des Bewußtseins der Spannung zwischen Partipization und Einzelexistenz ('being part and being apart'). Dieses Bewußtsein setzt den Unterschied zwischen Ich und Nicht-Ich voraus, sowie auch ein unvermeidliches "Verwiesensein auf das Nicht-Ich", worin das Ich "seine Wirklichkeit als Ich gewinnt"[87], wie auch die Erfahrung, Erfahrungen zu haben und die zumindest implizite Frage, was das alles bedeuten solle. Die Ansätze DUPRÉS, PANNENBERGS und OBERHAMMERS stimmen darin überein, daß sie noch hinter die Spannung zwischen Partipization und Individualität zurückfragen. Nicht von dieser Spannung, sondern vom transzendentalen Ansatz her wird ausgelegt, wie ein Mensch von sich aus auf vollkommenes Heil gerichtet ist. OBERHAMMER verweist auf die für die menschliche Existenz charakteristische Ambivalenz der Sinnlichkeit, die einerseits Bedingung der Möglichkeit der Begegnung des endlichen Anderen ist, und andererseits Einschränkung des Begegnenkönnens impliziert, weil sie die raumzeitliche Gegebenheit des Individuums mit sich bringt. Sinnlichkeit bedeutet also zugleich Begegnen-Können und nicht allem Begegnen-Können, wodurch eine ganzheitliche Erfüllung der menschlichen Existenz unmöglich wird und das endgültige Heil außerhalb der irdischen Endlichkeit gefunden werden muß. So würdigt OBERHAMMER die menschliche Körperlichkeit und Sinnlichkeit als Bedingung der Möglichkeit des Begegnen-könnens, aber wegen der impliziten Begrenztheit der Erfüllung des Ausgriffes muß dann doch das endgültige Heil außerhalb der Körperlichkeit, Sinnlichkeit und – fragt man sich nun – Endlichkeit liegen. Für endgültiges Heil werden die Spannungen, welche mit der menschlichen Existenz gegeben sind, überstiegen.

Die These, daß Religion an das Ganze oder an das Prinzip der Erfahrung anknüpfe, bringt zwei Konsequenzen mit sich: erstens, daß die Relation zwischen Menschen und dem Transzendenten die ganze Erfahrungswirklichkeit miteinbezieht, und zweitens, daß endliches Glück kein Heil sein kann. Beide Einsichten stehen zur Diskussion.

---

[87] OBERHAMMER 1987: 33, Anm.15.

Zuerst zu dem, was ich die *Ganzheitsthese* nennen will. Wie wir gesehen haben, sagt WILLEM DUPRÉ, daß die totale Vermittlung der Erfahrung auf die fundamentale Einheit verweise, die aller Differentiation verschiedener Erfahrungen zugrunde liegt. Für PANNENBERG liegt die Bedeutung der Einzelereignisse in dem Ganzen, mit dem sie verbunden sind, indem "jedes ausgesprochene Wort einen unendlichen ungesagten Sinnhintergrund" hat.[88] Dies ist eine hermeneutische Ganzheitsthese und, was die Geschichte betrifft, eine universalgeschichtliche Ganzheitsthese. Auch für OBERHAMMER ist das Ganze fundamental. Das 'Woraufhin' ist eine "nicht in Frage zu stellende Sinnwirklichkeit", die denjenigen Sinnanspruch des Menschen "grundlegt und auch erfüllt, der auf das Ganze geht und nicht auf das einzelne Seinende" – es kann nicht auf das einzelne Seiende gehen, weil der Ausgriff des Menschen auf das 'Jenseits' transzendental ist. OBERHAMMER verbindet hier das Ganze mit dem Transzendentalen. Ich bin damit nicht glücklich. Meine Bedenken gegen die Ganzheitsthese sind, daß das Ganze oder die Einheit aller Dinge gleichermaßen und darum undifferenziert auf das Transzendente bezogen wird, obwohl mehrere religiöse Traditionen – nicht nur die jüdische und christliche – Gott nicht undifferenziert mit allem Seienden verbinden. Gott wird nicht immer oder sehr indirekt mit dem Bösen verbunden; man spricht zum Beispiel vom Nicht-Seienden (*ouk on*), *māyā*, und sagt, daß in Gott kein Dunkel sei (so daß Gott nicht alles umfaßt) etc. Wenn die Religionsphilosophie das Ganze mit dem Transzendenten verbindet, geht sie zum ersten weiter als die meisten religiösen Texte; zweitens braucht sie einen Ganzheitsbegriff, der der Transzendentalphilosophie und nicht den (meist) religösen Lehren zugehört. PANNENBERGS Totalitätsgedanke hat ihn dazu geführt, die Kenntnis des Guten von der Einsicht in die Universalgeschichte abhängig zu machen.[89] Man könne von Gut und Böse nichts wissen, wenn man kein klare Erkenntnis vom Ende der Universalgeschichte habe. Aber dennoch gibt es moralische Einsichten, die evident sind und von denen viele Gläubige auf der ganzen Welt vieles erkannt haben, ohne eine Ahnung von der richtigen Antizipation des Endes der Geschichte zu haben.[90] Vielleicht kann durch Ganzheitsthesen verdeutlicht werden, wie Gott eine direkte Beziehung mit allen Menschen haben kann. Aber wenn Gott einem Menschen – auf welche Weise auch

---

[88] W. PANNENBERG, Hermeneutik und Universalgeschichte. In: PANNENBERG 1967: 114; für eine Besprechung von PANNENBERGS Hermeneutik s.: VROOM 1979: 188-197.

[89] PANNENBERG 1962: 52.

[90] Siehe H. M. KUITERT, De wil van God doen. In: TJ. BAARDA et al. (eds.), *Ad Interim* Kampen 1975: 180-195; H. VROOM, God and Goodness. In: G. VAN DEN BRINK et al. (eds.), *Christian Faith and Philosophical Theology*, Kampen 1992: 240-257.

immer – etwas deutlich macht, dann nie alles: "Gott redet immer ein *concretissimum*" – in diesem Kontext ist dieses Wort von KARL BARTH zur Sache.[91] Die Ganzheitsthese überspringt die spannungsvolle Konkretheit des praktischen Lebens. Für mehrere Religionen trifft zu, daß Gott, wenn er sich in der Endlichkeit dieser Welt kund gibt, nicht mit allem zu tun hat. Nicht eben mit allen Menschen auf gleiche Weise; der biblische Gott ist parteiisch. So habe ich denn meine Bedenken gegenüber der Ganzheitsthese und einer ganzheitlichen Auffassung des Heils, die letztendlich doch die menschliche Endlichkeit selber als ein Übel verstehen muß. Ich bin mir aber nicht sicher, ob ein transzendentaler Ansatz notgedrungen das Heil mit dem Ganzen verbinden muß. Das wird der Fall sein, wenn man endgültiges Heil quantitativ versteht. Es kann aber auch qualitativ verstanden werden. Glaube ist mit dem ganzen Leben verbunden, mit einigen Aspekten davon jedoch in positivem und mit anderen Aspekten in negativem Sinne. Der Stachel in der Ganzheitsthese liegt im Unterschied zwischen Gut und Böse. Wenn DUPRÉ sagt, daß Religion auf Integralität und Integrität gerichtet sei, dann gibt es m. E. einen Gegensatz zwischen dem Integralen (dem Ganzen) und der Integrität, weil Integrität im Leben niemals 'alles' ist und immer selektiv ist. Religionsentwürfe haben ein tiefe oder auch totale Forderung an den Menschen, aber dann ist der Anspruch auf ihr ganzes Leben gemeint, und wird nicht die Totalität des Seienden undifferenziert mit dem Jenseits verbunden. Es fragt sich auch, ob Erklärungen des Anknüpfungspunktes nicht auch Deutungen der Existenz seien, jede mit ihrer eigenen Herkunft aus religiösen und philosophischen Traditionen.

Es gibt zwar einige religiösen Traditionen, die nach totalem und ungebrochenem Heil im Leben streben, so wie die *jīvanmukti*[92], aber für die meisten religiösen Traditionen ist vollkommenes Heil in dieser Welt nicht erreichbar. Sowohl Gott als das Heil sind nicht eindeutig und undifferenziert mit allem in diesem Leben zu verbinden. Für einige Traditionen ist Heil nicht als 'transzendentales' Heil zu verstehen; Heil ist öfter mit einem glücklichen Leben in einer besseren und wirklich guten (und darum veränderten) Welt verbunden oder mit dem Vermögen, die Welt als Leerheit (*śunyatā*) zu erfahren (wenn man die Erleuchtung Heil nennen darf). So ergibt sich die Frage, ob die Vielheit religiöser Auffassungen des Heils auf eine gemeinsame Wurzel zurückzuführen ist, und ob philosophische Begriffe wie 'einende Einheit des Seins' und 'allem zugrunde liegende Einheit' übereinstimmen mit Allah,

---

[91] K. BARTH, *Kirchliche Dogmatik* I/1, München 1932: 141 – obwohl BARTH das hermeneutische Problem m. E. vernachlässigt, s. VROOM 1979: 89-102.

[92] Vgl. G. OBERHAMMER, *Jīvanmukti als religionshermeneutisches Problem in den frühen indischen Heilssystemen* (Manuskript), Wien 1992.

Adonai, Brahman und Buddhanatur – wenn man diese 'Begriffe' in eine Reihe setzen darf.[93] Auf dem Niveau der Mythisierung und der Deutung der menschlichen Existenz gehen die religiösen Traditionen unterschiedliche Wege; darüber sind sich die hier genannten Autoren einig. Mit OBERHAMMER teile ich die religionshermeneutische Auffassung, daß die Anknüpfung religiöser Traditionen bei der menschlichen Existenz ein guter Ausgangspunkt für das Verstehen anderer Traditionen und auch für den Dialog ist. Mit VAN BAAL denke ich, daß religiöse Traditionen bei den Spannungen (und anderen Kennzeichen) menschlichen Daseins anknüpfen. Viele dieser Anknüpfungspunkte haben wir in unsere Analyse der Gebete beim Sterben gefunden.[94]

Abkürzungen und bibliographische Angaben:

'ABD AR-RAHIM 1981	'ABD AR-RAHIM IBN AHMED AL-QADI, *Das Totenbuch des Islam*, (Norwich 1977) aus dem Engl. übers. S. MAKOWSKI u. S. SCHUHMACHER, Bern/München
BARTH 1934	KARL BARTH, *Nein! Antwort an Emil Brunner*, München
BRUNNER 1934	EMIL BRUNNER, *Natur und Gnade. Zum Gespräch mit Karl Barth*, Tübingen
DE WIT 1987	H. F. DE WIT, *Contemplatieve psychologie*, Kampen
DUPRÉ 1985	W. DUPRÉ, Einführung in die Religionsphilosophie, Stuttgart
DUPRÉ 1992	Id., Transcendence and Wholeness. In: GORT 1992
FREMANTLE/TRUNGPA 1991	*Das Totenbuch der Tibeter,* hrsg. F. FREMANTLE/CHÖGYAM TRUNGPA, übers. ST. SCHUHMACHER, München
GORT 1992	J. D. GORT et al. (eds.), *On Sharing Religious Experience*, Grand Rapids/Amsterdam
KERKHOF 1982	T. KERKHOF, Gebruiken bij het overlijden en bij de begrafenis van moslims. *Qiblah* Okt./Dez. 1982: 30-34
KUITERT 1977	H. M. KUITERT, *Wat heet geloven? structuur en herkomst van de christelijke geloofsuitspraken*, Baarn
KLAPWIJK 1991	J. KLAPWIJK et al. (eds.), *Bringing into Captivity every Thought,* Lanham/New York/London
OBERHAMMER 1987	G. OBERHAMMER, *Versuch einer transzendentalen Hermeneutik religiöser Traditionen*, Wien/Leiden
OBERHAMMER 1992	Id., Hermeneutics of Religious Experience. In: GORT 1992
PANNENBERG 1962	W. PANNENBERG, Die Krise des Ethischen und die Theologie. *Theol. Lit. Zeitung* 87
PANNENBERG 1967	Id., *Grundfragen systematischer Theologie I*, Göttingen

[93] Siehe H. VROOM, Do all religions worship the same God? *Religious Studies* 26 1990: 73-90.

[94] Die Übersetzung verdanke ich Frau Pf. A. B. Liebich.

SHADID/KONINGSVELD 1983	W. SHADID – SJ. KONINGSVELD, Stervensbegeleiding en Begrafe-riten in de Islam. *Qiblah* April/Juni 1983 (Ramadan 1403)
VAN BAAL 1981	J. VAN BAAL, *Man's Quest for Partnership*, Assen
VROOM 1987	H. M. VROOM, *De Schrift alleen?*, [2]Kampen
VROOM 1989	Id., *Religions and the Truth*, Amsterdam/Grand Rapids

KRITISCHE ÜBERLEGUNGEN ZUM ESCHATON DES GLAUBENS

Von Johann Reikerstorfer, Wien

Der seltsame Umstand, daß der Mensch reflektierend sein Ende vorwegnimmt, läßt ihm das Sinnproblem des Daseins zur offenen Frage werden. Selbst wo er ihr in unkritischen Transzendenzvorstellungen auszuweichen oder sie in innerweltlichen Reduktionismen stillzulegen sucht, betrifft sie ihn als ganzen und motiviert ihn in solchen Einstellungen. Auch wenn dieses "Grenzwissen" – wie KANT sagt – "ein über die Grenzen möglicher Erfahrung hinaus versuchtes und doch zum höchsten Interesse der Menschheit gehöriges Erkenntnis . . . in getäuschte Erwartung"[1] dahinschwinden läßt, leistet doch die "Strenge der Kritik" in diesem Zusammenhang den nicht unwesentlichen Dienst, daß sie alles (positive und negative) *Scheinwissen* in die Schranken weist und über diese Grenzziehung auch dem Sinnanspruch hoffenden Glaubens Raum zu geben vermag. Mag dieser Glaube – wie immer – in geschichtlich-konkreten Religionen zu seinem Inhalt gelangen, bleibt doch an dieser Stelle die *kritische Vernunft* für grundlegende Orientierungen zuständig, um den Sinnraum der Humanität im ganzen (schon um des Menschen willen) offenzuhalten. Damit ist über jede direkte Beschäftigung mit religiösen Themen hinaus das Sinnproblem des Glaubens selber in prinzipieller Hinsicht aufgeworfen, welches in dieser Grundsätzlichkeit zuletzt nur im Rahmen philosophischer Bemühungen um den Begriff des Menschen selber einer Antwort zugeführt werden kann.[2] Setzen also positive "Heilsantworten" bereits grundlegend die dem Menschen eigentümliche "Todestranszendenz" ("Wer werde ich sein, wenn ich nicht mehr da bin?") voraus, so wird es wohl möglich und erforderlich sein, ihren jeweiligen Heilssinn im Horizont dieser grundlegenden Todesproblematik als bestimmte "eschatologische" Daseinssinngebung zu verstehen.[3]

---

[1] I. KANT, *Kritik der reinen Vernunft*. Akademie-Textausgabe Band III, Berlin 1968: B 423 f.

[2] Zu dieser prinzipiellen religionsphilosophischen Aufgabe vgl. REIKERSTORFER 1992: 3-16.

[3] Mit dieser "Dialektik" im gottsetzenden Bewußtsein wird für die Religionshermeneutik zuletzt ein "Zirkel" sichtbar, der im Ansatz ein bestimmtes Verhältnis von Glaube und Philosophie einschließt und das Verstehen zu einer Aufgabe der Begegnung mit religiösen Traditionen innerhalb eines bestimmt reflektierten Daseinsverständnisses macht. Die in die Selbst-

1. Ansatz und Verständnis der Fragestellung

Um im Horizont der "Todestranszendenz" auch kritisch den Sinn religiös-eschatologischer Daseinssinngebungen reflektieren zu können, muß die hier verfolgte Fragestellung hinsichtlich ihres Ansatzes und ihrer Fragerichtung zunächst noch genauer präzisiert werden. Dabei gilt es vorerst, auf einen grundlegenden religionsphilosophischen Zusammenhang zu achten.

Alles, was dem Menschen jeweils als bedeutsam erscheinen und ihn theoretisch oder praktisch in Anspruch nehmen mag, ist ihm immer nur in sprachlicher Vermittlung und im Ganzen einer "Welt" erschlossen. Wo er reflektierend auf sein Dasein zurückkommt, sich theoretisch um ein ausdrückliches Verständnis der Wirklichkeit bemüht oder in einer Überholung allen bestimmten Sinns nach den Bedingungen der Bedeutsamkeit überhaupt fragt, hat Sprache schon in der Eröffnung eines Ganzen (mitmenschlich in Sprachgemeinschaften) gesprochen und in dieser Vorgängigkeit *bestimmter* Vermittlung den Boden und Horizont für derartige (wissenschaftliche und auch philosophische) Reflexionen bereitet. Dies zeigt den Menschen "vor" aller bestimmten Welteröffnung und zur Ermöglichung derselben ursprünglich als das Wesen des Sinns, der Sprache, des "Logos", das darin zuletzt eine "Ähnlichkeit" mit *dem* Wort der Wirklichkeit selber sein muß, um es in seiner Bestimmtheit überhaupt vernehmen und in einem "Ganzen" ("Sinnwelt") sprachlich artikuliert vermitteln zu können. Findet er sich konkret immer schon

interpretation des Christentums aufgenommene philosophische "Wesensfrage" der Griechen entspricht so sehr der eigentlichen Logik dieses Glaubens selber, daß der "Logos" philosophischer Vernunft mit den auch außerhalb des Glaubens verbindlichen Argumentationen ein unverzichtbarer Weg zur Erschließung vorausgesetzten Glaubens bleibt. Ein philosophisch vermitteltes (vernünftiges) Religionsverständnis ist dann nicht unmittelbar christlich-dogmatischen Prämissen verpflichtet, wohl aber indirekt über die durch das Christentum freigesetzte säkulare Philosophie mit den Wurzeln des Christentums verbunden. Aus diesem Grunde ist schon die Frage nach der "Verbindlichkeit" von Religion (in einem philosophisch differenzierten Begriff des Menschen) eine so nur unter Voraussetzung des Christentums möglich gewordene Fragestellung. Überläßt man hingegen im Verzicht auf vernünftige Kriterien das Verstehen von Religion der Unmittelbarkeit eines "Einfühlens" oder spezieller "Erfahrungen", wird es wohl der Beliebigkeit und Willkür preisgegeben bleiben. Vom Glauben an das menschgewordene Wort hat jedenfalls das Christentum den Menschen als solchen (Geschöpf) und eine philosophisch-allgemeine Selbstreflexion desselben in einer fundamentalen Bedeutung für die Aneignung dieses Wortes selber in seiner menschlichen Konkretheit entwickeln können, daß von daher alle Wahrheitsbemühungen im Raum der Philosophie auch eine unverzichtbare Bedeutung für den Glauben und sein Sinnverständnis selber gewinnen müssen. Zu diesem Zirkel vgl. auch die Überlegungen des Verfassers zum religionsphilosophischen Ansatz G. OBERHAMMERS: Transzendentale Religionshermeneutik als theologische Religionstheorie. In: G. OBERHAMMER (Hrsg.), *Beiträge zur Hermeneutik indischer und abendländischer Religionstraditionen* (Arbeitsdokumentation eines Symposiums), Wien 1991: 29-45.

in einem solchen Ganzen, d. h. in einem Einverständnis mit der Wirklichkeit vor, wird solches bereits ein ursprüngliches – selbst nicht aussagbares – Verhältnis apriorischer Offenheit für Sinn überhaupt zur Voraussetzung haben müssen.

Nicht daß dieses "Sinnapriori" schon unmittelbar als Gottesverhältnis zu bestimmen wäre, dennoch wird Gott in religiöser Er-fahrung – wenn solches gedacht werden soll – eine besondere Bedeutung nur (im Ganzen einer Sprachwelt) finden und entfalten können, wenn er mit dem auf Sinn hin angelegten Menschen bereits eine ursprüngliche Einheit (im Sinnapriori) eingegangen ist. Der mystische Gedanke von der Einheit des Menschen in Gott und der "Gottesgeburt" im Menschen mag dann in sprachphilosophischer Perspektive auf diese ursprüngliche Gemeinschaft im Wort als Voraussetzung aller geschichtlichen Konkretisierungen hin verstanden werden. "Gott" – sagt F. EBNER – "schuf den Menschen durch das Wort und gab ihm das Wort, auf daß er der im Wort sich Offenbarende sei."[4] Dieser Grundgedanke würde allerdings sofort um seine fundamental-erschließende Bedeutung gebracht, wollte man die im Sinnapriori vorausgesetzte Einheit vom geschichtlich-konkreten Wort bestimmter Sprachvermittlung abtrennen, abstrakt fixieren und sie nicht mehr als innere Ermöglichung positiver Gottesverhältnisse verstehen.[5] Dann blieben im Grunde die immer nur in bestimmter Artikulation sprechende *Sprache*, die *Geschichtlichkeit* Gottes im Wort und in alldem der bestimmte *Wirklichkeitssinn* Gottes für das menschliche Daseinsverständnis aus dem Gottesverhältnis ("mystizistisch") ausgeschlossen. Je mehr sich aber der Mensch gerade in der spezifischen Eigenart seines In-der-Welt-Seins auch für sein Sein-vor-Gott und Gottes eigenes Da-Sein für ihn anerkannt und aufgenommen wissen muß, desto unausweichlicher wird ihm dann auch die *Bestimmtheit* und sprachliche Vermitteltheit des Gottesverhältnisses zur Frage werden. Gibt man diesen im Sinnapriori des Wortes grundsätzlich gedachten Kommunikationszusammenhang auf, würde nicht nur Gott seinen Sinn im jeweils erschlossenen Ganzen als Gott der Wirklichkeit verlieren, sondern umgekehrt auch die Daseinswelt "gottlos" werden, wie z. B. in religiösen "Dualismen", welche die Einheit Gottes und auch des Daseins zerbrechen.

Die biblische Tradition hat in der "Genesis" diesen ursprünglichen Zusammenhang im Begriff der "Gottebenbildlichkeit" (Gen 1,26 f.) des Menschen reflektiert und die Sonderstellung desselben unter den Geschöpfen darin gesehen, daß Gott den Menschen schuf, indem er zu ihm sprach.[6] Indem aber

---

[4] EBNER 1963: 661.

[5] Vgl. REIKERSTORFER 1992: 4 ff.

[6] Wie es bei F. EBNER heißt: "Gott aber schuf den Menschen, indem er zu ihm sprach.

das schaffende Wort so sich mit ihm ins Verhältnis setzte, ist er von je her zum verstehenden Nachvollzug der Schöpfung und in dieser apriorischen Offenheit auch zu einem Verstehen des Wortes selber in seiner geschichtlichen Begegnung befähigt und berufen. Wäre der Mensch nicht schon im Sinnapriori "gottsetzendes Bewußtsein" (Schelling), könnte er sich auch nicht in bestimmterer Selbstinterpretation als "Hörer des Wortes" (K. RAHNER), das heißt in bestimmter Empfänglichkeit für eine Sinngebung desselben begreifen. Ein Zirkel ist hier freilich unvermeidlich, weil dieses Sinnapriori des Wortes zum *einen* bestimmte Religionen im Begriff des Menschen für ein gemäßes Verständnis verwurzeln läßt, zum *andern* aber selbst erst unter Voraussetzung bereits wirklich gewordenen Gottesverhältnisses – zuletzt des Glaubens an das menschgewordene Wort – in seiner fundamental-theologischen Relevanz verständlich wird.

Unsere Überlegungen haben insofern *kritischen* Charakter, als sie noch nichts von der bestimmten Wirklichkeit Gottes und eines wirklichen Gottesverhältnisses vorwegnehmen, vielmehr lediglich ein grundsätzliches Verhältnis zu dieser Wirklichkeit überhaupt reflektieren. Gott kann prinzipiell nur innerhalb bestimmter Differenzierungen der Humanität für den Menschen Sinn gewinnen, woraus folgt, daß jedes geschichtliche Gottesbewußtsein auch auf das darin implizierte Selbstverständnis des Menschen hin befragt und entsprechend ausgelegt werden muß. Im grenzbegrifflich interpretierten gottsetzenden Bewußtsein liegt religionshermeneutisch die Anweisung, in allen sprachlich artikulierten Weisen des Gottesverhältnisses den Menschen bestimmter Selbsttranszendenz zu entdecken.

Wenn L. FEUERBACH, K. MARX und in ihrem Gefolge auch andere Religionskritiker den menschlichen Tod nur im Horizont der allgemeinen "Gattung" oder eines gesellschaftlichen Bewußtseins reflektieren, um sich zur Destruktion des illusionären und entfremdenden religiösen Bewußtseins alles Fragen des endlichen Daseins über seine natürliche und geschichtliche Existenz hinaus abzuschneiden, haben sie schon den spezifisch menschlichen Tod im Ansatz verfehlt.[7] Der Mensch steht in der Gewißheit und im Bedenken seines

---

Er schuf ihn durch das Wort, in dem das Leben war, und das Leben war das Licht der Menschen ... Gott schuf den Menschen heißt nichts anders als: Er sprach ihn schaffend zu ihm: Ich bin und durch mich bist du" (EBNER 1963: 96).

[7] Vgl. L. FEUERBACH, Gedanken über Tod und Unsterblichkeit aus den Papieren eines Denkers, nebst einem Anhang theologisch-satyrischer Xenien, herausgegeben von einem seiner Freunde. In: Id., *Werke in sechs Bänden*, Bd. 1 (Frühe Schriften, Theorie-Werk Ausgabe), Frankfurt/Main 1975: 77; bis zu K. MARX: Ökonomisch-philosophische Manuskripte. In: Id., *Frühe Schriften*, hrsg. H. J. LIEBER und P. FURTH, 1. Bd., Stuttgart 1962.

Todes in der unausweichlichen "Situation" des gottsetzenden Bewußtseins, die auch eine a-theistische Auflösung der Todesfrage in eine *nur* endliche Thematik nochmals bestätigt. Offensichtlich kann die dem Tod eigentümliche Negativität im Fraglichwerden endlichen Daseins selber nur von einem Wesen erfahren werden, das in seinem Dasein – die Linearität jeglichen Seinssinns durchbrechend – selber die Vermittlung *ist*, der zufolge ihm überhaupt etwas – und sei es auch das Negative des eigenen Todes als unüberschreitbare Grenze – bedeutsam werden kann. Für ein nur "verendendes" Dasein, das seinen Tod nicht (wissend) vorwegnimmt, vermag infolgedessen auch keine – wie immer gedachte – Unsterblichkeit Sinn zu gewinnen.[8]

Wenn nach christlichem Verständnis das Wort des schöpferischen "Anfangs" in einem Menschen konkret zur eschatologischen Sinngebung des Daseins offenbar wurde, muß es für eine verstehende "Begegnung"[9] mit ihm unerläßlich sein, den Tod als "Wahrheit" menschlichen Daseins, d. h. als wesentliches Moment seines Selbstverständnisses zu bedenken.

2. Der Tod in philosophischer Voraussetzungsreflexion

Was sich im Raum unserer philosophischen Denktradition in der Philosophie als eine besondere Weise des Fragens entwickelt hat, erhebt sich über die Selbstverständlichkeit alltäglicher Wirklichkeitskommunikation und sucht unmittelbar gewußte Wirklichkeit in ihrem *Sinn* zu begreifen. Darin unterscheidet sie sich von anderen Prädikationsweisen, daß sie nicht, wie z. B. einzelwissenschaftliche Sprachen, das im unmittelbaren Sprachsinn (bestimmt) Vorgegebene direkt bespricht, vielmehr re-flex den Sinn solcher Vorgegebenheiten in jeweils bestimmten Weisen des Aussagens eigens zur Sprache bringt. In ihrer Art Wirklichkeitsverantwortung geht sie im Transzendieren der (bloß) sinnlichen Realität zu jenen Prinzipien zurück, welche die Er-scheinungen als solche (von ihnen selbst her und auch für den Menschen als "Vermittlung") ursprünglich erschließen. Galt dabei in der ontologischen Tradition ("Form- und Substanzmetaphysik") das Denkinteresse vornehmlich dem natürlichen Individuum im Ganzen der Physis, so machte der nicht im ontologischen Konzept adäquat interpretierbare Mensch in seinem Fürsich als "Vermittlung" (Transzendentalität) die Entwicklung eines Neuansatzes philosophischer Wirk-

[8] Zum Problemzusammenhang von Tod und Unsterblichkeit vgl. vor allem HEINTEL 1968: 743-799.

[9] Zur religionsphilosophischen Bedeutung dieses Begriffs vgl. G. OBERHAMMER, 'Begegnung' als Kategorie der Religionshermeneutik. *Publications of The Nobili Research Library Occasional Papers* 4, Wien 1989.

lichkeitsreflexion notwendig, der auch für unseren speziellen Fragezusammenhang von besonderer Tragweite ist.

Begreift sich der Mensch in transzendentalphilosophischer Reflexion auf die allgemeinen Möglichkeitsbedingungen von "Erfahrung" und ihren Gegenständen (einschließlich seiner selbst als Gegenstand der Erfahrung) als *Vermittlung* ("Ich") im Unterschied zu allem für ihn Vermittelten, so tritt mit dieser Differenz in einem grundlegenden (transzendental-theoretischen) Aspekt die Sonderstellung des Menschen im Dasein hervor.[10] Das Problem allerdings bleibt, daß er diese Vermittlung (über eine bloße erkenntnistheoretische "Fiktion" hinaus) wirklich nur in einem (leiblich) *daseienden* Ich ist, das dieser innerweltlichen Mannigfaltigkeit angehört, in ihr erscheint und handelt. Die eigens bedachte und als solche unterscheidend festgehaltene Transzendentalität kann mithin einzig in der Aufgehobenheit dieses (nur in theoretischer Intention gegebenen) Unterschieds als "daseiende Transzendentalität" (E. HEINTEL) wirklich sein. Für den Begriff des Menschen wird damit eine unaufgebbare Spannung sichtbar, die er selber ist und die sich in philosophischer Re-flexion als eine doppelte Voraussetzungsproblematik formulieren läßt. In ihrer Nichtbeachtung droht einmal eine "Naturalisierung" des Menschen, die ihn als Vermittlung verliert, zum andern eine "Spiritualisierung", für die der Mensch aufhört, das innerweltlich daseiende (und nur so auch sterbliche) Individuum zu sein. Um den Sachverhalt "dialektisch" auszudrücken, ist der Mensch jenes Lebewesen, das von seinem Begriff her die bloße Animalität immer schon aufgehoben hat und als diese Aufhebung in seiner spezifischen Seinsart existiert. Wie wichtig die Beachtung dieser doppelten Voraussetzungsproblematik im Begriff des Menschen ist, wird sich speziell auch in der Frage des menschlichen Todes zeigen.

Doch ergibt sich von hier aus zunächst schon als weiterer Schritt die Einsicht in das spezielle Wirklichkeitsproblem des Menschen. Ein Wesen nämlich, das in *seinem* Dasein im Verlassen der natürlichen Unmittelbarkeit zum Wissen um sich selbst gelangt (und nur als daseiend kann der Mensch um sich wissen), kann den Sinn *seiner* Individualität nicht mehr in der Natürlichkeit finden, die in nicht reflektierter Unmittelbarkeit das Allgemeine der "Art" ungebrochen repräsentiert. Der Mensch erfährt seine Wesentlichkeit ("Humanität") auch als Aufgabe freiheitlicher Selbstverwirklichung in prinzipiell motivierten Freiheitsvollzügen, die ihre innerweltliche Konkretheit

[10] Das vielfach mißverstandene "transzendentale Ich" hat in seinem Anspruch nichts mit einem psychologischen Ich oder einer die Ursprünglichkeit des Du verkennenden "Egologie" zu tun, weil es überhaupt erst den Blick für die spezifische Seinsart des Menschen freigibt und ein Aufgehen des Menschen in einem bloßen Objekt der Welterfahrung verhindert.

im Handeln finden. Handelnd ist der Mensch *eigentlicher* seine (individuelle) Wirklichkeit als in bloß theoretischer Intention. Fragt man allerdings nach dem Sinn des Handelns in freiheitlicher Selbstbestimmung, so werden sich verschiedene *Motivationsebenen* unterscheiden lassen, die ein jeweils verschiedenes "Selbstverhältnis" zum Inhalt solcher Handlungen (in ihrer jeweiligen Einheit von "Form" und "Inhalt") erkennen lassen. Je mehr für bestimmte Entscheidungen der "wertende" Mensch vorausgesetzt ist, weil sie nur aus einer Einstellung zum Sinn menschlichen Daseins getroffen werden können, desto unausweichlicher wird dann auch eine ausdrückliche Sinnorientierung für die Einordnung und "Gewichtung" der einzelnen Handlungen in dem Ganzen einer Daseins- oder Lebensauffassung.

In der geschichtlichen Entwicklung dieser Sinnproblematik hat die Neuzeit, und zwar in einem transzendentalphilosophischen Neuansatz gegenüber dem antik-mittelalterlichen Konzept einer primär ontologischen Begründung, vor allem im "Autonomiegedanken" den eigenständigen Sinn moralischer Selbstbestimmung im Rückbezug auf das individuelle Gewissen als "qualifizierte" Selbstverwirklichung menschlicher Freiheit kritisch herausgearbeitet. Moralisches Handeln ist in der Selbstreflexivität seines Motivationssinns ein "Absolutum", dem man auch nicht mehr mit der theoretischen Qualifizierung "subjektiv" (gegenüber einer "objektiven" Norm) beizukommen vermag. Die Bindung an das je eigene Gewissen, die erst die moralische Qualität der Handlung fundiert, läßt sich durch derartige Reflexionen nicht "beirren". Dieser "Autonomiegedanke" besagt keineswegs, daß der Mensch moralische Wertvorstellungen erst aus sich selbst heraus entwickeln müßte, wofür er als geschichtliches Wesen ohnehin zu spät käme, er meint und bedenkt vielmehr das "Faktum", daß der Mensch im Gewissen ein *Verhältnis* zu allen erdenklichen Vorgaben seines Motivationshorizontes besitzt und darin die unhintergehbare Instanz einer Beurteilung im Sinn von (moralisch) gut und böse ist. Tritt damit erst die volle "Würde" des Menschen auf dem Boden der Freiheit (auch in Mitmenschlichkeit als "Achtung" jedes Freiheitswesens) hervor, so verbinden sich gerade mit der Anerkennung dieses Freiheitssinns auch weitere Fragen.

Immerhin bedeutet das aus dem (maßgeblichen) Gegenüber eines inhaltlich-allgemeinen Gesetzes herausgelöste Gewissen eine Befreiung des Menschen zu sich selbst in einem Daseinssinn, der sich auch unter sinnwidrigen Umständen, in Mißerfolg, Leid und nicht zuletzt angesichts des unentrinnbaren Todesschicksals als tragfähig erweisen kann. Indem – geschichtlich gesehen – KANT dieses Gewissen moralischer Selbstbestimmung in seinem unerweichlichen Rang gegenüber der Objektivität inhaltlich-allgemeiner Ansprüche, aber auch gegen direkte theologische Vereinnahmungen kritisch herauszustellen vermochte, kam es zum endgültigen *Bruch* der im mittelalterlichen Ordo-gedanken angelegten *Analogie* von Freiheit und Natur, weil das im Gewissen fundierte spezifisch menschliche "bonum" eine Subsumtion unter einen allgemein-ontologischen Begriff des Gutseins unmöglich macht. Der Mensch zerbricht in seiner wesentlichen Selbstverwirklichung eine im ontologischen "bonum" fundierte "universale Harmonie" (Leibniz) und muß infolgedessen von sich her jeder ontologischen Gesamtinterpretation den Boden entziehen. Diese "Gebrochenheit" aber ist dann ein spezielles Problem, wenn sich der Mensch selbst auch als *natürliches* Geschöpf (im Gesamtraum der Physis) voraussetzen und zugleich von seinem Gewissen her einsehen muß, daß ihm im Unterschied zu allen übrigen Geschöpfen ein Gutsein natürlicher Vollkommenheit versagt bleibt. Nur der um gut und böse wissende Mensch weiß auch, daß er nicht gut *ist* und bei aller auch möglichen moralischen "Identität" (ohne die Absolutheit des Gewissens zu relativieren) in dieser (moralisch unversöhnbaren) "Gebrochenheit" steht.

Mit dem Gewissen der Moral verbindet sich eine "Unruhe", in der es bereits der Moralität selbst widerspräche, in ihr eine letzte Daseinsrechtfertigung als *Letztverantwortung* desselben suchen zu wollen. Paulus erkennt es als eine Seite der *Sünde*, daß der Mensch im Gewissen, sosehr er darin im einzelnen (im Handeln "nach bestem Wissen und Gewissen") vor sich bestehen können mag, noch nicht als Gottes eigenes Geschöpf gerechtfertigt ist (1 Kor 4,4). Von ihm her muß der letzte Sinn des menschlichen Daseins als "eschatologische" Annahme oder Verwerfung unverfügbar bleiben, so daß es in dieser Offenheit dem Menschen nicht möglich ist, den (unerlösten) "Heroismus" moralischer Selbstbestimmung in ein *versöhntes* Einverständnis mit der Wirklichkeit im Ja zum Dasein, daß es und wie es ist, aufzuheben.[11]

Außerdem gerät menschliches Dasein auch in eine andersgeartete "Schuld", die so wenig mit einem moralischen Versagen identifiziert werden kann, als der Mensch ihr auch in moralisch guten Handlungen nie entgehen kann. Sie gehört zu ihm selbst und stellt im Rahmen seiner Daseinsreflexion ein Problem, das die nicht reflektierende Schöpfung nicht kennt. Der Mensch ist nämlich dasjenige Lebewesen, das, um selber leben zu können, andere Lebewesen vernichtet und darum weiß. Nicht nur im Raum der Geschichte und Gesellschaft (Politik) werden Individuen, Völker und Staaten anderen in nicht kalkulierbarer Weise zum Schicksal, diese "Schuld" durchzieht und bestimmt

---

[11] Vgl. J. REIKERSTORFER, Autonomie der Moral – Vorrang des Glaubens? In: G. FUNKE (Hrsg.), *Grundlagen einer transzendentalphilosophischen Systematik*. Die geistesgeschichtlichen Grundlagen der unterschiedlichen Entwicklung, die die systematische Philosophie bis heute in Österreich und Deutschland genommen hat, Mainz 1992: 93-105.

auch persönliche Begegnungen und Beziehungen der Menschen untereinander. Beeinträchtigt sie zwar nicht den Sinn moralischen Handelns als solchen, muß diese (in der Moral) unverfügbare Wirklichkeit für ein sich reflektierendes Geschöpf doch ein Problem bleiben, das ihm keinesfalls gleichgültig sein kann. Im Handeln nach "bestem Wissen und Gewissen" steht der Mensch mithin nicht in solcher *Versöhntheit* mit der Daseinswirklichkeit, daß sie ihm in ihrer konkreten Verfaßtheit (Dasein und Sosein) als letztlich "gut" und bejahenswert erscheinen könnte. Diese Entzogenheit letzten Wirklichkeitssinns gehört zur Eigenart moralischer Selbstbestimmung und charakterisiert ihren Eigen-sinn gegenüber religiösen Handelsmotivationen im Transzendieren der Moralität. Im Zusammenhang mit solchen "Grenzerfahrungen" gewinnt nun auch der Tod seine Sprache.

Muß sich der Mensch in seiner Endlichkeit für den Gesamtraum der theoretischen und praktischen Vernunft als innerweltlich daseiend voraussetzen, unterliegt er nun im Tode dem allgemeinen Schicksal endlich-sterblichen Lebens. Er stirbt nicht in distanzloser Unmittelbarkeit einen "allgemeinen" Tod des Lebendigen, weil er den Tod des Daseins als Ende *seines* Daseins vorwegnimmt, d. h. weiß. So gesehen kann der spezifisch menschliche Tod nicht als eine "Erfahrung" in innerweltliche (natürliche) Zusammenhänge eingeordnet werden. Selbst eine wissenschaftlich erschöpfende Erkenntnis des phänomenal beobachtbaren Sterbevorgangs wie auch des tatsächlichen Totseins ("Exitus") selber und seiner Ursachen könnte nichts an der befremdlichen Situation ändern, daß der Tod (in der Gewißheit "daß ich sterbe") das Ende "meines" Daseins ist und insofern jeder "seinen" (und nicht in bloßer Natürlichkeit einen "allgemeinen") Tod stirbt. Epikurs Tröstungen können nicht greifen, weil sie für ihren Trost den Tod aus dem Raum des "daß ich bin" (daseiender Transzendentalität) herauslösen und in abstrakter Zuspitzung ent-wirklichen müssen. Er "objektiviert" ihn zu einem vorgestellten "Punkt" auf der Zeitlinie, um dann dieses "Übel" mit dem Hinweis aus der Welt zu schaffen, daß es für die Lebenden noch nicht, für die Gestorbenen aber nicht mehr ist. Mit Recht hat dagegen schon Augustinus eingewendet: "Niemand ist . . . sterbend, außer wer lebt . . . "[12] Todestheorien, die diese "Ichhaftigkeit" (in ihrer nicht psychologisch mißdeuteten Ursprünglichkeit) eliminieren und den Menschen zu einer bloß empirischen Erscheinung (materieller oder organischer Art) veräußern, verfehlen mit der spezifisch menschlichen Daseinswirklichkeit auch die Wirklichkeit seines Todes. Der "Sieg" der Gattung über das Individuum ist *dann* nicht mehr eine bloß natürliche Angelegenheit, wenn

---

[12] A. AUGUSTINUS, *Der Gottesstaat* (ins Deutsche übers. v. C. J. PERL) 2. Bd., Buch XIII/9, Salzburg 1953.

dieses Individuum daseiende und sich als daseiend (und sterblich) wissende Transzendentalität, kurz: ein wirklicher Mensch ist. Daß ihn, der sich in die freie Humanitätsverwirklichung genommen weiß und sich in ihr vielfältig zu bewähren hat, zuletzt das allgemeine Schicksal endlicher Lebewesen trifft und er im wahrsten Sinn des Wortes von ihm eingeholt und endgültig von seiner Natürlichkeit (Geschöpflichkeit) überzeugt wird, macht die eigentliche Wirklichkeit und auch das Entfremdende dieses Todes aus. Reflektierend nimmt er dieses unausweichliche Schicksal als sein wirkliches (und nicht irgendwie scheinbares und dann doch relativ harmloses) Ende vorweg: sein Ende, in dem er und für ihn auch alles andere unwiderruflich zugrunde geht. Seine Negativität wird in voller Schärfe sichtbar, wenn man unter der Voraussetzung reflektierenden Daseins (Transzendentalität) das Gewicht des nur daseiend reflektierenden und sich selbst verwirklichenden Menschen (daseiende Transzendentalität) zu erfassen vermag. Zuletzt ist es auch dieser Widerspruch, daß reflektierend das Ende des reflektierenden Daseins in der Besonderheit seines Seinssinns vorweggenommen wird, was den Tod als aporetischen "Kurzschluß" und in dieser unaufhebbaren Entfremdung als Nicht-sein-Sollendes erfahren läßt.[13] So aber gibt er gerade im radikalsten Selbst-entzug des Menschen auch die Möglichkeit eines allerdings nicht mehr beim Sterblichen selber stehenden *Ganzseins* und *Ganzwerdens* frei, das nicht mehr von der Art des aporetischen Menschen sein und nur unter *der* Voraussetzung als Eschaton des Todes gehofft werden kann, daß Gottes eigenes Wort einen solchen Sinn der menschlichen Todestranszendenz gewährt. Bei aller Unverfügbarkeit, die dem handelnden Menschen schon in der Geschichte zur Erfahrung wird, ist er in seiner Todestranszendenz die Verwiesenheit auf ein frei ergehendes Heilswort, das ihm in der Gewißheit eigenen Todes zur Zusage eines dieses Dasein in sich aufnehmenden und erfüllenden Letztsinns wird. Hatte KANT das "Dasein

---

[13] Die Negativität des "Nicht-sein-Sollens" wird hier nicht über einen Vorgriff auf die "Fülle" der Wirklichkeit als daran gemessene "Negativität" ("Heilsdifferenz") eingeführt (vgl. B. WELTE, *Heilsverständnis. Philosophische Untersuchung einiger Voraussetzungen zum Verständnis des Christentums*, Freiburg i. Br. 1966). Philosophisch problematisch erscheint uns auch eine "personale" Todestheorie, die die Bedingung der spezifisch menschlichen Todeswirklichkeit im Horizont des Mitseins in eine ursprüngliche Beanspruchtheit durch den "dialogischen Logos" verlegen möchte (vgl. F. WIPLINGER, *Der personal verstandene Tod*, Freiburg/München 1970). Wie schon angedeutet, hat die Rede vom "Sinnapriori" nur die Bedeutung, in allgemeinster Weise eine Öffnung auf Sinn hin für den Menschen ursprünglich vorauszusetzen, die selbst aber nur im jeweiligen Ganzen sprachlich vermittelter Wirklichkeit zur Konkretisierung gelangt. Nachträglich läßt sich freilich die spezifische Todeserfahrung des Menschen – vermittelt über seinen Begriff – als bestimmte Konkretisierung des Sinnapriori begreifen. In kurzschlüssiger Interpretation gingen allerdings alle jene Vermittlungsstufen verloren, die den menschlichen Tod in seiner "bestimmten" Negativität ersichtlich machen können.

Gottes" und die "Unsterblichkeit" der Seele als Postulate der praktischen Vernunft eingeführt, um das "höchste Gut" als "Endzweck" des freien Menschen unter den Bedingungen der Sinnlichkeit denken zu können, so erweist sich die Basis dieser Postulatenlehre, gemessen am vollen Problem der "daseienden Transzendentalität", zuletzt im vorweggenommenen Tod und seiner Todestranszendenz als zu schmal für die religionsphilosophische Vermittlung des Hoffnungssinns. Der im Horizont der Todestranszendenz für einen eschatologischen Daseinssinn vorausgesetzte (postulierte) Gott ist der Gott bestimmter Offenbarkeit, der im heilshandelnden "Engagement" am Menschen – als bestimmte Konkretisierung des Sinnapriori – ihm zur eschatologischen Sinnverheißung wird. Nur in dieser Konkretheit kann eine eschatologische Daseinssinngebung so gedacht werden, daß der Mensch das *Letzte* als ihn erfüllende Wirklichkeit weiß.

3. Sinn von Unsterblichkeit im Horizont der "Todestranszendenz"

Hat der Mensch in der Gewißheit seines Nicht-mehr-da-Seins notwendig ein Problem des "Hinaus" über sein sterbliches Dasein, dann bleibt wohl dieser *Sinn* von Unsterblichkeit und seine kritische Läuterung auch eine Aufgabe der Vernunft. Eine solche wird nämlich für ihn nur unter der Bedingung Sinn gewinnen, daß er sich selber in der Individualität dieses seines (irdischen) Daseins gemeint ("erkannt") und sie so als Antwort auf sein Unsterblichkeitsproblem wissen kann. Sosehr es sich kritisches Denken versagen muß, diese "Identität" verstandesmäßig als "substantielle" Kontinuität über den Tod hinaus zu bestimmen, bleibt sie doch als Forderung einer "Selbigkeit" im Rückbezug auf das sich wissende Individuum unaufgebbar. Unter dieser Voraussetzung wird es aber problematisch erscheinen, von einer Unsterblichkeit der Tiere zu sprechen, die etwas anderes meinen soll als die "Ewigkeit" im Repräsentieren dessen, was es an sich immer schon war.

Wenn Unsterblichkeitsvorstellungen nicht das Niveau des reflektierenden Wesens unterbieten dürfen, werden jedenfalls schon solche ausscheiden müssen, die eine "Erlösung" entweder naturalistisch im Rückgang in das allgemeine Leben der Natur oder theologisch als Aufhebung in das "Allgemeine" einer Gottheit ("Ozean der Gottheit") und in all diesen Varianten eben als Auslöschung und Verlust der spezifisch menschlichen Individualität zu denken versuchen. Das Problem besteht offensichtlich darin, wie der Mensch, der sich für einen kritisch haltbaren Sinn von Unsterblichkeit in der Besonderheit seines Daseins anerkannt wissen muß, es auch wirklich sein und wie solches in Einheit gedacht werden kann. Damit kommen wir wieder auf die eingangs erörterte Wahrheit des "gottsetzenden Bewußtseins" zurück. Ihr zufolge muß sich nämlich der Mensch in jedem Gottesverhältnis als eine unaufgebbare

"Analogie" Gottes selber begreifen, die eine Heilszuwendung Gottes von vornherein so als sinngebende Begegnung mit ihm zu verstehen gibt, daß dieser sich in ihr als seine Daseinswirklichkeit im ganzen erfüllende Wahrheit finden kann. Aus diesem Grunde wird die begriffliche Explikation des Menschen unverlierbare Verstehensansätze auch für den Begriff eschatologischer Daseinsvollendung liefern. Für den sich offenbarenden Gott ist es in der Bindung an das Sinnapriori des Wortes undenkbar, daß er in der Zuwendung zum Menschen sein schöpferisches Ja zurücknimmt, weil er sich darin selbst widerspräche. Ist diese Gewißheit bereits vom Glauben an das endgültig bewährte Ja Gottes in der Menschwerdung seines Wortes bestimmt, so wird sie das Denken dazu anhalten, die Schöpfung in ihrer "Vernunft" auch für ein Verstehen dieses Glaubens zu erfassen.

Leibniz sah sich bekanntlich für die Rettung des Individuellen in seiner Einheit ("phaenomenon bene fundatum") – gegen seinen "jugendlichen materialistischen" Versuch einer "geometrischen Zusammensetzung" der Substanz – schließlich zur Rehabilitierung des "Formgedankens" der ontologischen Denktradition genötigt. Seine "Monade" läßt eigentliche Einheit im (individuellen) Repräsentieren des jeweils wesentlichen Allgemeinen denken und umgreift damit auch den Unterschied von Essenz und Existenz, weil dieser nur in seiner Aufgehobenheit wirkliches Dasein zu verstehen gibt.[14] Deshalb ist schon in natürlicher Hinsicht die "Seele" als Form nicht ein "Inneres" im Unterschied zur äußeren (sinnlichen) Erscheinung, sondern das diese Unterscheidung umgreifende Prinzip der einen und ganzen Wirklichkeit eines lebendigen Organismus. Stellt aber der Mensch in seinem Dasein ein Problem nicht nur der natürlichen Erscheinung, sondern der darin nicht aufgehenden "geistigen Existenz", so resultiert daraus die Frage nach der Einheit des ganzen (vorausgesetzten) Menschen, wie sie als Problem durchaus in der traditionellen Unterscheidung von "Vitalseele" (*forma corporis*) und "Geistseele" (*forma formarum*) zum Bewußtsein gelangt ist.[15]

Die *doppelte* Voraussetzungsproblematik im Begriff des Menschen macht es notwendig, sein Dasein, in dem er als eine natürliche Erscheinung auch im Zusammenhang der Physis steht, als die Repräsentation des Wesensallgemeinen der (natürlichen) Art "Mensch" zu fassen sowie andererseits – insofern er gerade in diesem Dasein "geistige Existenz" ist – als Vermittlung ("Geist"). Dieses "insofern" könnte allerdings leicht zu dem Mißverständnis verleiten,

---

[14] Zum Monadenbegriff bei Leibniz vgl. E. HEINTEL, Der Begriff der Erscheinung bei Leibniz (Gottfried Martin zum 65. Geburtstag). *Zeitschrift f. philos. Forschung* XX/3-4, Meisenheim/Glan 1966: 397-420; HEINTEL 1968: 71 f., 97-158, 531-533.

[15] Vgl. zu dieser Problematik des Menschen als Einheit von – mit Leibniz gesprochen – natürlicher und geistiger Monade: HEINTEL 1968.

daß der Mensch in seinen animalischen Funktionen als tierischer Organismus und hinsichtlich seiner besonderen Intelligenz- und Freiheitsleistungen als "Geist" zu verstehen sei. Doch würde in einer solchen Vorstellung gerade die spezifische Einheit des Menschen verlorengehen, als die sich der Mensch für alle Weisen der Selbstreflexion voraussetzen muß. Das Problem bleibt und verlangt eine "dialektische" Rede, die sich der einen vorausgesetzten Wirklichkeit des Menschen über Unterscheidungen annähert, als deren Aufgehobenheit sie begreiflich wird. Denn zuletzt *ist* der Mensch von seinem Begriff her diese "Spannung" daseiender Transzendentalität, die weder eine "Naturalisierung" noch auch eine "Spiritualisierung" gestattet und als solche auch für den Sinn von Unsterblichkeit von entscheidender Bedeutung ist.

Um die spezifisch menschliche Wirklichkeit in ihrer (individuellen) Einheit zu begreifen, hatte Thomas von Aquin – gegen eine averroistische Interpretation des aristotelischen Geistbegriffs ("*nous*") – an der einen Geistseele als dem Prinzip der ganzen menschlichen Wirklichkeit festgehalten. Er mußte Vitalseele und Geistseele (in einem Formprinzip) zusammendenken, so daß die "Spannung" im Begriff des Menschen, die über den neuzeitlich-transzendentalphilosophischen Denkansatz und seine Grenzen deutlich hervortrat, noch verborgen blieb. Demnach ist es die eine Seele, die in ihrem Selbstvollzug die Wirklichkeit des einen und ganzen Menschen in seinem leiblichen In-der-Welt-Sein begründet. Diese wesenhafte Hinordnung der Seele auf die von ihr informierte Leibwirklichkeit, wie sie an sich im aristotelischen Substanzbegriff liegt, bestimmt dann auch die thomasische Todesauffassung in ihrem eigentlichen Kern. Thomas beschreibt im Rahmen seiner Begrifflichkeit den Tod als "Trennung von Seele und Leib"[16], kann aber zufolge jener wesenhaften – und für die Ganzheit jedes Menschen konstitutiven – Hinordnung der Seele auf ihren Leib die von ihm als "unzerstörbar" gedachte Geistseele (in dieser Abgetrenntheit) nicht schon als Antwort auf das Unsterblichkeitsproblem des einen und ganzen Menschen betrachten.[17] Der Gedanke, daß die den Menschen im ganzen informierende Seele Gott "ähnlicher" sei als eine vom Leib abgetrennte Seele, rückt die Frage in ein gemäßes Licht.[18]

---

[16] Vgl. K. RAHNER, *Zur Theologie des Todes*. Quaestiones disputatae 2, Freiburg i. Br. 1958: 17-25.

[17] Vgl. zu diesem Gedankengang auch PIEPER 1954.

[18] Vgl. PIEPER 1954: 187. Thomas versucht mit dieser Leib-Seele-Einheit der Positivität des Geschaffenen in aristotelischer Begrifflichkeit gerecht zu werden. Denn im Sinne des christlichen Schöpfungsbegriffs hat Gott in der *creatio* das Sein so anderen mitgeteilt, daß die Geschöpfe ihr jeweils bestimmtes Dasein als vom Schöpfer an sie selbst zugeeignetes Dasein besitzen. Deshalb ist der im Dasein wirkliche Mensch in seiner unauflösbaren Einheit auch die Voraussetzung für einen Sinn von Unsterblichkeit, der diese Einheit in sich aufnehmen muß.

Diese schöpfungsgemäße Sicht wird freilich in Theorien aufgegeben, die das natürliche Individuum im Begriff des Menschen in Richtung einer "spiritualistischen" Interpretation verkürzen oder überhaupt eliminieren. Eine "unsterbliche" Seele, die in dieser Unsterblichkeit die eigentliche Wirklichkeit des Menschen als solchen ausmachen soll, hat bereits so sehr die daseiende Transzendentalität außer sich, daß sie auf eine Entwirklichung des einen Menschen und seines Todes hinausliefe.[19] Dagegen bleibt das weder theoretisch noch auch praktisch zu bewältigende Gewicht des individuellen Todes, das eine Unsterblichkeit als unabweisbares Problem, nicht aber als eine Wahrheit natürlicher Theologie zu denken gestattet. Als Problem aber setzt sie den einen und ganzen Menschen im Vollraum seiner Humanität voraus, der sich im Tod eben als ganzer zur Frage wird. In postulatorischer Perspektive ist dann auch für einen kritisch haltbaren Sinn von "Unsterblichkeit" ein unaufgebbarer Zusammenhang mit dem wirklichen Leben im irdischen Dasein aufrechtzuerhalten, weil andernfalls eine Negation des sterblichen Lebens (über eine nichts besagende Abstraktheit hinaus) nie in einer "Ewigkeit" Sinn gewinnen könnte, die den Menschen auch mit den für sein menschliches Dasein unverlierbaren "Wertunterschieden" in sich hat.[20] Daß das Eschaton des christlichen Glaubens in der Zugesprochenheit des menschgewordenen Wortes einen solchen Zusammenhang gerade im Begriff "individueller Auferstehung" festhält und nur im Rückbezug auf dieses Dasein und seine Aporetik "spricht", soll nun noch abschließend gezeigt werden.

---

[19] J. PIEPER schreibt: "Was nämlich war wirklich gemeint mit all jenen so leidenschaftlich diskutierten Vorstellungen von der Unsterblichkeit" – Gemeint war die 'große Lüge': Daß – erstens – der Tod etwas im Grunde Unwirkliches sei, ein bloßer Übergang, der den Kern unseres Wesens gar nicht betreffe; und daß – zweitens – das Leben auf der anderen Seite des Todes nichts anderes sei als ein auf Grund von "Tugend" und aus der eigenen Geisteskraft einfachhin und im strikten Sinn fortgesetztes 'Weiterleben'; also, in Kants Formulierung, genau die 'ins Unendliche fortdauernde Existenz und Persönlichkeit desselben vernünftigen Wesens (welche man die Unsterblichkeit der Seele nennt)', ein insofern natürlich 'besseres', glückseligeres Dasein als die Seele 'von einem unvollkommeneren, sinnlichen Leben zu einem vollkommeneren, immerwährenden, geistigen erhoben wird', worin die Beengungen und Bedürftigkeiten des leibhaftigen Lebens endgültig überwunden sind . . . " (PIEPER 1954: 159).

[20] Hierin dürfte wohl der letzte Sinn aller "Seelenwanderungslehren" liegen, um "diesen für das sittliche Selbstbewußtsein des Menschen notwendigen Zusammenhang von Diesseits und Jenseits aufrechtzuerhalten, auch wenn die bestimmte Vorstellung einer in 'niederere oder höhere Daseinsformen wandernden' Seele eine (schon ontologisch) unmögliche Vorstellung ist. Denn in diesem Falle könnte tatsächlich, wie es schon Aristoteles kritisiert, jede beliebige Seele in jeden beliebigen Leib gelangen, was im Rahmen unserer Problemstellung u. a. auch zur Folge hätte, daß die allein nach dem Sinn von Unsterblichkeit fragende und in ihm lebende apperzipierende Monade in einen Leib (Tierleib) geraten könnte, in dem ihr aller Sinn und alle Möglichkeit von Unsterblichkeit genommen wäre" (HEINTEL 1968: 764).

4. Das Eschaton der "Erwählung"

Nach biblischem Verständnis gewährt Gott dem Menschen aus seiner Transzendenz eine Gemeinschaft im Wort, indem er die im Sinnapriori liegende Einheit von Gott und Mensch in bestimmter (heilsgeschichtlicher) Zuwendung zum Menschen konkretisiert. Im Wort anerkennt er die Besonderheit des Menschen, der als Geschöpf des Wortes einer göttlichen Selbstzusage fähig ist und sie innerhalb der geschichtlichen Welt als Sinn, als Sinngebung und Beanspruchung seines Daseins verstehend zu bejahen vermag. Daß dieses göttliche Wort in der Konkretheit eines individuellen Menschen, zuletzt in Tod und Auferstehung, als Wort Gottes selber ("Sohn") und darin als eschatologische Sinnerfüllung des Menschseins offenbar wurde, begründet den besonderen Anspruch des christlichen Glaubens in der geschichtlichen Entwicklung des Glaubensverständnisses. Kann der Mensch in freiheitlicher Selbstverwirklichung (einschließlich des Gewissens) seine ursprüngliche Schöpfungsbestimmung nicht erreichen, liegt seine Rechtfertigung wie zugleich auch die Selbstrechtfertigung des Schöpfers im Vollzug der *Versöhnung*, die in dieser Wort-Gemeinschaft als mitgeteilte Liebe Gottes selber das menschlich unerschwingliche Eschaton der Schöpfung ist. Diese Rechtfertigung *in* Versöhnung ist der eigentliche Sinn der Menschwerdung Gottes in Jesus Christus, der als Mensch starb und sterbend den kosmischen und politischen Gott, den Gott des "Gesetzes" und einer moralischen Weltordnung widerlegte, um in seiner Auferstehung als "Sohn" den erwählenden Gott der Liebe als letztes Geheimnis der Wirklichkeit zu entbergen. In der *communio* mit diesem Wort weiß sich der Mensch für ein letztes Sinnziel bestimmt, in dem Gott erst so und darin wirklich Gott sein wird, daß sich der Mensch durch ihn selber "erkannt" (1 Kor 13,12), d. h. mit all seinen irdischen Wegen in eine Begegnung mit seinem Schöpfer von jeher gebracht weiß. In dieser letzten Einheit des Zusammens Gottes und des Menschen ist der ewige Gott mit seinem Ja zum Menschen und seiner Welt die eigentlich erfüllende Antwort auf dieses sterbliche Dasein in der Zeit, innerhalb dessen uneinholbar bleiben muß ("*forma corporis*"), was der Sinn des Menschen eigentlich ist, von jeher war und auch sein wird.[21]

[21] Daß Gott "vor Grundlegung der Welt" (Eph 1,4) den Menschen erwählt, bringt mit diesem – nicht innerzeitlich interpretierbaren – "Vor" diesen alles umgreifenden und erfüllenden Sinn des Eschatons der Liebe zum Ausdruck. In ihm liegt das "Pleroma" der irdischen Daseinswirklichkeit im ganzen. Vgl. dazu J. REIKERSTORFER, Freiheit aus Gnade. In: P. GORDAN (Hrsg.), *Lebensentscheidung*, Salzburg 1987: 19-42.

In der gläubigen Begegnung mit dieser Heilszusage Gottes in Jesus Christus wird der Mensch seine unauflösbare Sinnproblematik an Gott selber los und dadurch schon in der Welt zu einem neuen Freiheitssinn ("Wiedergeburt") befreit. Recht verstandener Glaube stellt den Menschen – gegen alle weltflüchtige Interpretation – in den gesamten Raum der freien Humanitätsverwirklichung, d. h. in all die Aufgaben und Erfüllungen hinein, die sich vom spezifisch menschlichen Dasein in der Welt her ergeben. Er gewährt aber in der Gewißheit göttlicher Rechtfertigung für die Praxis im ganzen einen neuen Motivationshorizont, der dieses vorgängige Ja Gottes in menschlicher Hinwendung zur Welt suchen und bejahen läßt. Deshalb weiß sich der Mensch in "Liebe" aus dem Glauben ("Agape") mit dem Gott des Daseins eins, um dieses Einverständnis im "wiederholenden" Nachvollzug als Ja zur gottbejahten Wirklichkeit im ganzen zu bewähren. Das christliche Liebesgebot spricht dieses Ja selbst dem Feind gegenüber aus, weil es sich in seiner göttlichen Fundiertheit nicht mehr durch den Menschen beschränken läßt. Nach dem Johannesevangelium ist dieser Gott die Wahrheit selber, die das Leben ist und deshalb in "wiedergeborener" Freiheit zu neuem Leben führt (Joh 14,6; 8,32). Es gehört zum Sinn dieser Freiheit, daß sie ihre Wirklichkeit im Gesamtraum humaner Selbstverwirklichung auf allen für den Menschen als bedeutsam erkannten Sinnebenen der Wirklichkeit finden können muß. So zeigt sie sich in ihrer "Formalität" als das Ganze der Humanität in sich aufnehmende und verwandelnde "Geistigkeit", in der es dann nicht mehr möglich sein kann, das Werk der Liebe Gott gegenüber als verpflichtendes Verdienst zu verzwecken oder andererseits sich vom Weltengagement dispensiert zu halten. Vielmehr ist sie in allem Tun und Leiden die Einübung jener Gelassenheit und Fröhlichkeit im Handeln, die sich der freien Zuwendung Gottes selber verdankt. Ohne solche Bewährung des Glaubens im Handeln "aus Liebe" wäre der Glaube "tot", was freilich nicht heißt, daß sie diesen selber ergänzen, ersetzen oder irgendwie fördern könnte. Sie setzt nämlich das in Jesus Christus endgültig durchgesetzte Ja göttlicher Erwählung so voraus, daß das "Werk" des Glaubens im Nachvollzug der Liebe Gottes selber niemals die Leistung sein kann, wie sie Paulus in seiner "Antithetik" von Glaube und Werk meint und kritisiert.[22] Bei ihm tritt das Werk geradezu in Konkurrenz zur göttlichen Gnade, während es in diesem praktischen Kontext als Konkretisierung der im Glauben unrelativierbaren Liebe göttlicher Erwählung verständlich wird. In Glaube,

[22] Zu den diesbezüglichen Aussagen im Galater- und Römerbrief vgl. F. MUSSNER, *Die Kraft der Wurzel*. Judentum, Jesus, Kirche. Wien 1987.

Hoffnung und Liebe lebt der Mensch jenes "Totalexperiment" befreiter Freiheit, die einerseits in die volle Verantwortung des Menschseins genommen bleibt, andererseits aber gerade davon frei geworden ist, sich den letzten Sinn ihrer selbst in eigener Selbstverwirklichung erst schaffen zu müssen. In dieser Freiheit gibt es den Heilsvollzug des Christen auch nie als menschlich kalkulierbare Antwort auf den Gott der Gnade, da ein solches Subjekt-Objekt-Denken gerade das Zusammen von Gott und Mensch im "erlösenden" Glauben in das inadäquate Verhältnisschema von objektiv-angebotener Gnade und subjektiv-menschlicher Annahme auseinanderbräche.

Von hier aus mag auch verständlich werden, was dieser Glaube mit seiner Rede von der "Auferstehung des Fleisches" meint und als Sprache der Hoffnung zum Ausdruck bringt. "Fleisch" steht hier nämlich für die konkrete Individualität des Menschen in Natur und Geschichte, die sich in der Aporetik ihres Daseins der Entzogenheit ihres erfüllenden Daseinssinns bewußt wird. Es hat in diesem Zusammenhang dann gerade die Funktion, in der Analogie dieses irdischen Daseins den erfüllenden Eingang in das ewige Ja göttlicher Erwählung als letzten und eigentlichen Sinn der Daseinswirklichkeit zur Sprache zu bringen. Dann werden im Lichte konkreter Heilsverheißung (als letzte Konkretisierung der im Sinnapriori liegenden Einheit von Gott und Mensch) der Gott des Menschen und der Mensch Gottes so zusammen gekommen sein, daß Gott herrscht – wie Paulus sagt – "über alles in allem" (1 Kor 15,28) und der Mensch zur letzten Erfüllung all seiner irdischen Wege gelangt. In dieser "Analogiebegrifflichkeit" liegt also nicht ein unstatthafter Vor- oder Übergriff auf eine die Erkenntnisgrenzen des Menschen übersteigende Wirklichkeit, sie ist im gleichen aber auch von der Trivialität eines "gespensterhaften" Jenseits oder anderer unkritischer Extrapolationen irdischer Verhältnisse in ein Leben "danach" entfernt, weil sie das zugesagte Eschaton des Glaubens in der Analogie dieses Lebens als letzten Sinn desselben ("ewiges Leben") zur Sprache bringt und dieses Heil vor allem im Begriff "leiblicher Auferstehung" als erfüllenden Sinn des sterblichen In-der-Welt-Seins artikuliert.

Ist man sich dieser Logik der Analogie bewußt, wird auch eine Gesamtentwicklung der menschlichen Individualität im Ganzen der Mitgeschöpflichkeit selbst für eine differenzierte Rede des Glaubens von unverzichtbarer Bedeutung sein. Die Rede vom "neuen Himmel und der neuen Erde" bringt dann das Eschaton des Glaubens als erfüllenden Sinn eben dieses Daseins so dem Verständnis nahe, daß sich der konkrete Mensch im Gesamtraum der Schöpfung zu seiner letzten Bestimmung *in* dem Gott ewiger Erwählung gebracht wissen kann. Bleibt das "Wie" solcher Vollendung undurchschaubares Geheimnis Gottes selber, muß doch für alle eschatologischen Aussagen kritisch festgehalten werden, daß sie das gläubig gehörte "Heilswort" in Tod und Auferstehung Christi als die dieses sterbliche Leben wahrhaft erfüllende Sinngebung des Daseins im Gesamtraum der Wirklichkeit zu vermitteln hat. Daher bedarf es auch einer "universalen" Philosophie, um diesen Sinn in seiner wirklichkeitserfüllenden Relevanz ("Pleroma") zu erfassen.

Abkürzungen und bibliographische Angaben:

EBNER 1963 — F. EBNER, Schriften (hrsg. F. SEYR), Bd. I, München

HEINTEL 1968 — E. HEINTEL, *Die beiden Labyrinthe der Philosophie*. Systemtheoretische Betrachtungen zur Fundamentalphilosophie des abendländischen Denkens, Bd. I (1. Teil: Neopositivismus und Diamat [Histomat]), Wien

PIEPER 1954 — J. PIEPER, *Tod und Unsterblichkeit*, Stuttgart

REIKERSTORFER 1992 — J. REIKERSTORFER, Zur Ursprünglichkeit der Religion. In: M. KESSLER/W. PANNENBERG/H. J. POTTMEYER (Hrsg.), *Fides quaerens intellectum*. Beiträge zur Fundamentaltheologie (Festschrift für Max Seckler), Tübingen

VERANTWORTUNG DES HERAUSGEBERS

Der hier der Öffentlichkeit vorgelegte Band vereinigt die Beiträge eines interdisziplinären Symposiums, das unter dem Arbeitstitel “Der Tod in der Perspektive der Religionshermeneutik” von dem Institut für Kultur- und Geistesgeschichte Asiens der Österreichischen Akademie der Wissenschaften gemeinsam mit dem Institut für Indologie der Universität Wien vom 27. 9. bis 1. 10. 1992 in Wien durchgeführt wurde. Es war dies das fünfte einer Reihe von einander ergänzenden Symposien zur Hermeneutik der Religion und ihrer Traditionsformen in Asien und Europa, und sollte den Phänomenkomplex von Tod, Auferstehung und Emanzipation, im besonderen der Emanzipation zu Lebzeiten (*jīvanmukti*), in einem gemeinsamen Sinnzusammenhang in den Blick bringen.

Die bewußt gewählte Vielschichtigkeit des Tagungsthemas sollte verhindern, daß der Tod nur auf sein physisch-biologisches Geschehen oder nur auf seinen soziologischen Aspekt eingeschränkt wurde und sollte ihn so in den spezifischen Horizont eines religiösen Existenzverständnisses stellen. Dennoch mußte der Tod als das dominierende Element des gesamten angesprochenen Phänomenkomplexes als solcher im Blick bleiben. Denn eine Religionshermeneutik, welche “Religion” als Existenzial des Menschen und damit als konstitutive Dimension des menschlichen Da-seins versteht, muß versuchen, gerade den Tod als Extremsituation eben dieses Da-seins vom Religionsvollzug her zu denken; wie letztlich auch das Ereignis des “Todes” seinerseits zu jenem “kritischen” Phänomen werden muß, an dem sich das jeweilige Religionsverständnis sowohl in der theoretischen Reflexion wie auch im existenziellen Vollzug zu bewähren hat. Der Zielsetzung des veranstaltenden Akademie-Institutes entsprechend, sollte das Symposium das Phänomen des Todes (nicht den Vorgang des Sterbens) im Glaubenshorizont hinduistischer und buddhistischer Religionstraditionen, zugleich aber auch im Wissen um die christlich-abendländische Reflexion des Phänomens, in den Blick bringen, wobei jedoch keine äußerliche Gesamtdisposition des Programmes vorgegeben war, sondern jeder Teilnehmer den Zugang zum Thema aus einer konkreten Fragestellung seines jeweiligen Forschungsgebietes finden sollte.

Die ursprünglichen Symposiumsbeiträge wurden von ihren Autoren im Nachhinein für den Druck überarbeitet, und so auch die Ergebnisse der Arbeitsgespräche der Tagung, die als solche nicht in diese Dokumentation aufgenommen werden sollten, für diese fruchtbar gemacht. Darüber hinaus wurden dem vorliegenden Bande die Beiträge des Herausgebers hinzugefügt, die vor dem Symposium allen Teilnehmern in einem ersten Entwurf zur allgemeinen Einführung in das Thema zugegangen waren. Auch wurde der Beitrag von W. Halbfass in die Publikation aufgenommen, der aus organisatorischen Gründen nicht während der Tagung selbst gehalten werden konnte. Die den Band erschließenden Register wurden von Herrn Michael Egger erstellt, der auch für die Korrektur, das Lay-out und die Herstellung der Druckvorlage für den Off-set-Druck verantwortlich war.

Gerhard Oberhammer

REGISTER

Verwiesen wird auf Seiten und Anmerkungen. Sind beide gemeint, so folgt die Anmerkungsnummer der Seitenzahl in runden Klammern; wird nur auf eine Anmerkung verwiesen, so erscheint ihre Nummer als Exponent der Zahl der Seite, auf der sie sich befindet.
Bei Verweisen auf Textstellen werden Zitate kursiv ausgewiesen, während auf Übersetzungen in Fettdruck hingewiesen wird.

AUTORENREGISTER

Abe Masao 280[57]
Aristoteles 306[20]
Augustinus 285[78], 301

Barth, K. 278, 281, 289
Bodewitz, H.W. 46[11], 48 (25), 50
Bowker, J. 251[2]
Brunner, E. 278 f., 282
Buddhaghosa 94
Bühler, G. 102[22], 112

Caraka 88

Daitō 239
Daizui 235
De Boer, Th. 276[42], 280
Derrett, J.D.M. 101[16]
Descartes, R. 44
Deussen, P. 65[112], 66[118]
Dupré, W. 283 (66), 286 f., 289

Ebner, F. 295, 296[6]
(Meister) Eckhart 196

Feuerbach, L. 296
Fezas, J. 128[157]

Gampert, W. 104/105[33], 110[57], 111, 115[87], 130 f. (169), 136 f.
Ganguly, J.N.C. 101[17]
Gonda, J. 110[57]
Gössel, H. 109, 133[183]

Hacker, P. 111 (62, 63), 138 f.
Hakuin 235, 243
Halbfass, W. 64[107]
Hanefeld, E. 53[48], 54[52]
Haradatta 114-116, 118
Heesterman, J.C. 127[157]
Heidegger, M. 241 f.
Heintel, E. 298, 306/307[20]
Heraklit 27 (4), 28, 31
Hodson, T.C. 50, 58
Huizinga, J. 38

Ikari, Y. 49 f., 52, 58, 64

Jetter, W. 281[61]
Jolly, J. 130 (169)

Kant, I. 293, 299 f., 303
Kauṇḍinya 143 ff. passim
Kuitert, H.M. 249, 279 (53), 280
Kullūka 124 f., 126 (145), 128
Kuyper, A. 285[82]

Leibniz, G.W. 300, 304
Lingat, R. 126-128 (149, 157)

Mādhava 153
Marx, K. 296
Maskarin 118[109]
Medhātithi 125, 126 (145), 127
Meyer, J.J. 107[42]
Michaels, A. 125[138], 128[157]
Morton Smith, R. 56[64], 57[66], 66[119]

Oberhammer, G. 245-247, 284-288 (84, 86), 290
Obeyesekere, G. 50
Oetke, K. 111[62]
Oldenberg, H. 30, 32
O'Flaherty, W.D. 100[13]

Pakṣilasvāmin 17 f.
Pannenberg, W. 283, 286 ff.
Patañjali 143, 148[17], 159 f.
Paulus 308 f.
Pieper, J. 306[19]
[Platon] 209
Prakāśātman 201 ff. passim
Praśastapāda 78, 86 (23)

Rāghavānanda 124
Rahner, K. 296
Ramana Maharshi 209
Rau, W. 67[120]
Reiun Shigon 239
Ryōkan 243

Śaṅkara 141, 183 ff. passim
Sarvajñātman 201 ff. passim
Schelling, F.W. 296

Schlegel, F. 21
Schrader, F.O. 54[52], 55[55]
Shaku Sohen 236
Shidō Bunan 235
Smith, B.K. 99[12], 100[13]
Söhnen, R. 65[112]
Sokrates 209
Storm, Th. 230
Stuhrmann, R. 54[52]

Theresa v. Avila 196 (32)
Thomas v. Aquino 305 f. (18)

Van Baal, J. 282, 286, 290
Vetter, T. 70

Witzel, M. 32[15], 49 f., 52, 58, 64

Yosano Akiko 236, 243

SACHREGISTER

Abgötterei 255
Abgrund 46, 260
Abhängigkeit 258, (d. Nicht-Selbst vom Selbst) 184, (d. Verbrechers vom Richter) 117, (v. Gott) 169, 268, (v. Projektionen) 272
Abhidhamma 78[6], 90 f.
Abhidhammatthasaṅgaha 91[34]
Abhidharma 78[6]
Abhidharmakośabhāṣya 92[35]
abhisakta 169
Abraham 263, (Gebet des A.) 261 f.
Absolute 143 f., 146, 191, (*brahman*, *puruṣa*) 142, 183, (Identität mit d. A.) 196[32], (*unio mystica* mit d. A.) 146
Absolutheit (d. Gewissens) 300, (d. Hingebens) 169
Absolutum (moralisches Handeln ein A.) 299
Abtötung 145, 161 (56), (*tapas*) 160
Abwesenheit (Gottes) 257, 283
Achtsamkeit (*apramāda*) 145
adharma (Schuld) 78, 85, 86 (23), 134[138]; → Adharma
Adharma (Schwinden von A.) 172, 175, (Tätigsein von A.) 190, (Wirken von A.) 175
Āditya 136
Adonai 290
Advaitavedānta 13, 146, (älterer) 183, (später) 201 ff. passim
Advaitin 178
adversarii 182
adṛṣṭa 77 f., 79[8], 85 (22), 86, 87 (24), 93; → Karma
adṛṣṭāpekṣā 88
Agape 308
agha (Vergehen) 101[17]
Agni 28, 30, 32 ff., 40 (34), 41, (*ātman*) 34, 41, (Beförderer d. Opfergaben) 47[18], (°-Kult) 32, (ist Rudra) 33, 37, (unsterblicher) 41
agni purīṣya 35
agnigrahaṇa 37
Agnihotra 32, 207
agniśālā 32
Agniṣṭoma 170
Agnyādheya 41
Ahnen (in Gestalt von Vögeln) 51
aiśvarya (Herrscherlichkeit) 162, 168, 172, (Herrsein) 146, 155 f.; → *māheśvaram aiśvaryam*
aiśvaryaṃ māheśvaram s. *māheśvaram aiśvaryam*
Aitareya-Upaniṣad 217[25]
ajātivāda (Akosmismus) 208[13]
Ajita Kesakambala 215[18]
Ājīvikas 72, 82
akāla (unzeitig) 91, 92[35]
akaluṣamati (Unbeflecktheit d. Gemütes) 159
Akosmismus (*ajātivāda*) 208[13]
Aktualisierung (d. Spontaneität) 24, (*sāyujya*) 175
akṛtābhyāgama (Eintreffen v. Unverdientem) 90, 101/102[19]
Al-Fatiha 262
Alkohol 116 (95), 118 (107)
Allah 289
Allein für sich Sein (*kaivalya*) 141, 155
Allgegenwart, metaphysische 205[4]
Allmacht (d. Brahman) 185[7], (Gottes) 210, 265
Alltagsbewußtsein 94
Alltagserfahrung 190
Alltagserkenntnis 190, 193
Alltagsreligiosität, indische 45[8]
Allwissenheit (*sarvajñātā*, °*tva*) 153, 156
Alptraum 203
Alter 222, 223[45], 224[48], 225
alter ego 34
Altern 222 f., 226, (*jarā*) 98[10], 221
Altern und Sterben (*jarāmaraṇa*) 89-91
Alternieren (d. Existenz im Dies- u. Jenseits) 58, 63 f., 70; → Wiedergeburtslehre, ältere
amata 211 ff. passim, (Mittel für d. Unsterblichkeit) 217[27], 218[31], (Nektar) 219, (Wasser) 211/212[4]
Ambivalenz (d. Feuers) 33, 39 f., (d. Körperlichkeit) 22 f., (d. Sinnlichkeit) 233 f., 286 f., (im Pāśupata-Heilsweg) 145, 158
Amida-Buddhismus 244

amṛta 217 (27)
anaikāntika 170
Analogie (v. Freiheit u. Natur) 300, (v. Leben in Dies- u. Jenseits) 49, 92, (Mensch als A. Gottes) 304, 307, 309, (v. Tod u. Traum) 54, (v. Wiedergeburt u. Ritual) 48
Analogiebegrifflichkeit 309
ānantya (Unendlichkeit) 175
anardhuka (unproduktiv) 36
anāśaka (Nicht-Essen) 112
anātmaka (wesenlos) 142
anātman (ohne Selbst) 41, (Nicht-Selbst) 184
anattā 41, (Nicht-Selbst) 31
anātyantika 170
aṇavamala 174
Andhakas 89 (28)
Āndhra 89[28]
anekajīvavāda 208[13]
Angst 270 f., (vor Höllenstrafen) 135[193], (vor Strafe) 136 f., (vor d. Tod) 135[193]; → Furcht
Aṅguttara-Nikāya 70, 79, *215*[18], *218*[30], **223**[45], **225**, 225[51], 227 (53)
anima 30
aṇimā 156[42]
Animalität 298
ānīta 127[153]
anitya (nicht bleibend) 170
Anknüpfungspunkt 249 ff. passim
annihilatio 276[41]
Anstrengung 267, (*yatna*) 122/123[124], (d. Aszeten) 163, (rechte; *sammā-vayāmo*) 216 (19)
anta (Grenze, Tod) 138[199]
antar ātman (inneres Selbst) 41
Anthropologie, kulturelle 286
anthropologischer Boden 249 f., 252, 261, 277, 279, 281
Anthropozentrik 47, 51, 58, 133[181]
Antilope (Gleichmut d. A.) 144, 163
Antithetik (v. Glaube u. Werk) 309
Antizipation 165, (d. Anderen) 16, (d. Endes der Geschichte) 288, (von leidvollen Ereignissen) 222, (d. je eigenen Todes) 209, 220 f.
antizipatorische Kausalität 87
anubhava (Innewerden) 188; → Erfahrung
Anuruddha 227[53]
anusmaraṇa (Gedenken) 159
anusmṛ 173
anvāhāryapacana 36
Anzeichen (*lakṣaṇa*) 146
√ *āp* 121
Apadāna *227*[54]
apāna 30
apasarpaṇa (Austritt) 86[23]
Āpastamba-Dharmasūtra 70[134], 105[33], 116 (*98*)
Āpastamba-Śrautasūtra **34** (18), **38** (27, 29)
apavarga 77, 141
apāya 70
Apologetik 249
Aporetik 302, (d. Daseins) 307, 309
appiyehi 222
apramāda (Achtsamkeit) 145
apsu dīkṣā 32
apuṇya (Schuld) 82
archē (Grundlage) 28
Arhat 90, 91 (32), 92[35], 214, 219/220[36]
arm (arme Familie) 214, (armer Lazarus) 260
Armut 256, 258, 267
arthavāda 123, (Auslegung) 203
asaṃsāritva 141
Asche 34 f., 166, 245
Aschebad 166, 170, 171[82]
Askese 41, 68, 121/122[20], 130, 209, (°-Begriff, magischer) 113, (*tapas*) 60, 112, 118, (selbstquälerische) 126, (°-Substanz) 119; → Aszese
Askesevorstellungen 131
Asket 107[41], 119, 216, (fünf) 213, 214[11], 215, 226, (hochentwickelte) 215[18], (A. Upasaka) 213[9]; → Aszet
Asketenleben (Notwendigkeit d. A.) 215[18]
Asketenziel 227
āśraya (Sitz) 103/104[29]
Astrologie 78
Asuras 40 (34), 41, (wohlhabend wie ein A.) 37 f.
aśvamedha 56/57[65]
Aszese 144, 166 ff., (*atitapas*) 171 f., (*tapas*) 173
Aszet (Paśupāta-A.) 13, 143-179
Aszetenkreise 143
Atem 35, 60, (*prāṇa*) 29 f., (fauliger) 102
Atemfunktion 93
Atemkräfte (*prāṇa*) 29
Atharvaveda **30** (10), 46 (14)

atidāna 167-172, (überragendes Geben) 166 f.
atigati (Hingang) 175
atitapas 172, (spiritualisierte Aszese) 171
atiyajana 171, 172, (überragendes Opfern) 166, 170
ātmabhāva 160, 168[77], 169
ātman 29 f., 41, 88, (Agni ist d. *ā.*) 34, 41, (°-*brahman*; kosmische Seele) 27, (°-*brahman*-Lehre) 29, 35, (Identität von *ā.* u. *brahman*) 29, (Körper) 29, (Licht- u. Feuernatur des *ā.*) 44, (im Nyāya-Vaiśeṣika) 88, (Opfer) 28, 31, (Seele) 19 f., 28, 30, 86, 159, (Seelensubstanz) 85, (Selbst) 18, 24, 28 f., 35, 38 f., 41, 44[5], 154, 183, 192, 218[30], (Träger der Unsterblichkeit) 39, 41 f., (Universal-Seele) 29, 35, (in den Upaniṣaden) 29; → Ātman
Ātman 18, 157, 171, 191, 193, 197 f., (Erkenntnis d. Ā.) 17 f., (erkenntnisfreier) 141, (Identität von Ā. und Brahman) 12, 141, 159 f., 186 f., 193-195, 197, 199, (°-Sein; *ātmabhāva*) 160 f., (transzendenter) 188, (im Wesenskreislauf wandernder) 23; → *ātman*
Ātmanlosigkeit 41
ātmapradāna (Hingeben des Selbstes) 168-171
Atmen 86, 235 f., 243
ātmeśvarasaṃyoga (Verbindung d. Seele mit Gott) 159, 163
Atmung (Stagnation der A.) 269
Atomkleinheit 162[60]
Aṭṭhakathā 89[28], 90 f.
Atthasalinī 91[34]
aṭṭhaṅgiko maggo (achtgliedriger Pfad) 215
Auf-Gott-angewiesen-Sein 267
Aufenthalt 55, 59, 81, 152[29], (°-dauer) 81 f., (im Himmel) 59, 64, 68, 81 f., (in d. Hölle) 70[134], 71, 81 f., (Jenseits-°) 48/49[25] 49 f., 55, 58 f., 70, (in einer Pflanze) 63[102]
Aufenthaltsort 152[29], 165, (*deśa*) 176, (fünf) 177[95]; → Ort
Auferstehung 14, 25, 235-239, (Christi) 261, 307, 310, (Einheit v. Tod u. A.) 13, (d. Fleisches) 309, (individuelle) 307, (*mukti*) 14, (der Toten; *resurrectio mortuorum*) 13, 25, 254 f., 261, (*yomigaeru*) 235
Auferstehungslehre 209 f.
Auferstehungsleib 238 f.
Aufopferung 267, 274, 282
Aufstieg 52, 55, 64-66, 122/123[124], (automatischer) 62[94], 65 f., (°-bedingungen) 68, (ritueller) 49, (d. Soma-Saftes) 47[18], 49, (d. Wassers) 49
aum 267
Ausgriff 17-26, (auf d. Andere) 17, 284, Begrenztheit d. A.) 287, (auf Gott) 168, (auf d. 'Jenseits des Seienden') 22, 25, 198, 199, (Offenheit d. A.) 18, 24, (auf d. Maheśvara) 161, (Spontaneität d. A.) 18, 24, (d. transzendentalen Subjektes) 23, 198 f., 284, (transzendentaler) 19 f., 22, 24, 26, 198 f., 285, 288, (auf d. Wirklichkeit) 198, (auf d. Zukunft) 18
Auslegung (*arthavāda*) 203, (d. Mythisierung d. Todes) 10, (°-geschichte d. Thora) 256, (d. Sterblichkeit i. Buddhismus) 94, (°-tradition d. Upaniṣaden) 68, (d. Wiedergeburtslehre) 76, (d. Wiedertodidee) 49
Auslöschung 303
Austausch 37, (von Feuer u. Wasser) 30, (d. Identität von Mensch u. Feuer) 34, (kreislaufartiger der Gegensätze) 27
Austritt (*apasarpaṇa*) d. Denkorgans 86[23]
Auswerfen (*nirasta*°) 124
Automaten (Tiere als A.) 44
Automatik (d. karmischen Vergeltung) 72
automatische Befreiung 55, 68
automatische Rückkehr 50, 56, 58, 66[115]
automatische Wiedergeburt 50, 52[45], 53, 66[115] 68, 70
automatischer Aufstieg 62[94], 65 f., 131
automatischer Ausgleich 120
automatisches Eintreten von Strafe 48
Autonomiegedanke 299
āuya 82
avagati (Innesein) 188
avāntaradīkṣā 32
avasesa 217[28]
avasthā (Stadium) 144
Averroismus 305
avidya° 66[114]
avidyā 69, 94, (falsches Wissen) 187, (Nichtwissen) 203

avijjā 69, 94
aviśuddha (unrichtig) 158
āvuso 214
avyucchinna (ununterbrochen) 173
āyurveda 88
āyus 82 f., 84[20], 87 f., 92[35], 130

bala (spirituelle Kraft) 144 f.
bar do thos grol 269
barach-Stadium 265
Barmherzigkeit 256 f., 262, 274, 281
Basis (d. Postulatenlehre) 303, (d. Religion) 249, 280, (d. Wiedergeburtslehre) 45
Basisphänomene, menschliche 280
Baudhāyana-Dharmasūtra 51, 110/111 (60)
Baudhāyana-Śrautasūtra 42
Baum 63, 88[25], 151, 172, (blühender) 237 f., (Frucht-°) 51
Bedeutungsganzheit 286
Bedingtheit (karmische, *kammapaccaya*) 90, 102, (karmische von Krankheiten) 102[23], 105-108, (Reifungskausalität, *vipākapaccaya*) 90, (d. Religion) 248, (d. Todes; *pratītyasamutpāda*) 14
Bedingung (apriorische) 184, 187 f., 192, 197, (d. Aufstiegs) 55 (56), (d. Bedeutsamkeit) 294, (Ausgriff B. d. Erfahrung) 285, (kausale; *paccaya, pratyaya*) 78 (6), (Möglichkeits-°) 18, 22, 197-199, 284, 287, 298, (ontologische) 198, (Sterben B. d. Reinwerdens) 118, (d. Sinnlichkeit) 303, (d. Todeswirklichkeit 302[13], (d. Wiedergeburt) 68, (d. Vereinigung) 160, (zusätzliche; *upādhi*) 203; → Grundbedingung
Bedürfnis (menschliches) 250, 256, (Orientierungs-°) 255, 273, (transzendentales) 285
Befleckung (*kleśa*) 82, (*saṅkilesa*) 226
Befreiung 270, 276, 299, (von d. zusätzlichen Bedingungen) 203, (Brahma-Erkenntnis ist B.) 183, (zu neuem Freiheitssinn) 308, (aus dem Geburtenkreislauf) 106, (große B. durch Hören) 269, (von. d. *karman*-Substanz) 116, 119, 130, (vom Leib) 55, (vom Leid) 18, 25, 226, 228, (*mukti*) 151, (vom Übel) 55; → Emanzipation, → Erlösung
Begegnen-Können 21 f., 287
Begegnung 11 f., 17, 19, 21 f., 229, 238-240, 269, 287, 296, 301, (absolute) 24, (mit d. Anderen) 182, 201, 287, (aposteriorische) 199, (mit Gott) 144, 163 f., 284, 304, 307 f., (mit d. 'Jenseits des Seienden') 12, 24, 198, 245, 286 (86), (Ort d. Auferstehung) 239, (Sinndimension d. menschlichen Körpers) 21 f., (im Tode) 12, 15, 20, 297, (religiöser Traditionen) 41, 182, 231, 293 f., (mit d. Transzendenz) 196, (mit d. 'Woraufhin')
Begegnungsraum 21 f.
Begehren 159 f., 190, (*kāma*) 56
Begierde 69, 162, 237, 271
Begierdelosigkeit 69, 158
Begrifflichkeit (Analogie-°) 309, (aristotelische) 306[18], (thomasische) 305
Beherrschung (d. Feuers) 35, (d. Karma) 85, (durch d. Karma) 76, 269 f., (seiner selbst) 190, (d. Sinne) 144, 162
Bei-dem-Anderen-Sein 285
Bei-sich-Sein 10-12, 15, 18-20, 23-25, 285, 286[86]
Bekenntnis 253, 264, 267, (d. Sünde) 136, (zur Vernichtung) 230; → Glaubensbekenntnis
Bekümmerung (ohne B., *vītaśoka*) 172, 175 f.
Bereich (d. Brahman) 62, (menschlicher Daseins-°) 81, (himmlischer) 67, (d. Lebens) 77 f., (überirdischer) 81, (d. Vergänglichkeit) 59, (d. Väter) 46, (Wirkungs-° d. Karma) 76, 82, 89, 91, 93; → Sphäre, → Stätte
Beschützer 266
Beschützerinstinkt, menschlicher 107
Besitz (d. Begierdelosigkeit) 158, (d. Beständigkeit) 162, 164, (außergewöhnlicher Eigenschaften) 155, (v. Erkenntnis) 157 f., (Feuer-°) 36-38, 40 f., (d. Hochherzigkeit) 166, (Körper-°) 186, 194 f., (*rayi*) 37, (d. Selbst) 169, (Vieh-°) 37
Beständigkeit hinsichtlich Gott (*devanityatā*) 162-164
Bestattung 62[94], 67, 252[3], 262[15], (Feuer°) 61, 62[94], 68, 265
Bestattungsritual 119, 266, (*śavya*) 68[123]; → Todesriten, → Totenritual

Bestimmtheit 186, 270, (d. Daseins) 306[18], (d. Gottesverhältnisses) 295, (sprachliche) 283[66], (d. Todes) 302[13], (d. Wortes) 294
Bestimmung 258, (Ichlosigkeit B. d. Menschen) 233, (d. Lebens) 261, (d. Lebensdauer) 81-83, 87 f., 92 f., (rechtliche) 36, (d. Religion) 247 f., (d. Saṃsāra) 67, (Schöpfungs-°) 307, (Selbst-°) 299-301
Bestrafung 81, 101[17], 116, 121, 123[124], 135, (Bitte um B.) 123 (124), 127, (Selbst-°) 113; → Strafe
Bettler (hausloser) 220, (religiöser) 224
Bewußtheit 186, (d. Lehre) 271, (rechte; *sammā-sati*) 216, (d. Subjektes) 192, 196
Bewußtsein 183-190, 192, 194 f., 198, (d. Alleinheit) 206, (alltägliches) 94, (sich selbst besitzendes) 15, (durch Karma bestimmtes) 272, (d. Brahman) 185, (empirisches) 206, (gesellschaftliches) 296, (Gottes-°) 296, (gottsetzendes) 293[3], 296 f., 304, (Ich-°) 207, 233 f., (d. Identität von Ātman und Brahman) 12, (inhalts- u. tatenloses) 158, (Manipulation d. B.) 187, (menschliches) 264, 285 (82), (persönliches) 272, (religiöses) 296, (d. persönlichen Schuld) 136 f., (Selbst°) 274, 282-284, 306[20], (d. höchsten Selbst) 207, (selbstleuchtendes) 192, (sprachlich bestimmtes) 228, (d. Subjektes) 11, 184, 194
Bewußtseinsprinzip, reines (*citi*) 204
Bewußtseinszustände 83, 89 f., (drei) 206
Beziehung (v. Gabe u. deren Frucht) 167, (von Gott u. Mensch) 263, 288, (von bleibendem Heil und Tod) 183, (Ich/Du-°) 205[4], (von Karma u. Tod) 92, (d. Menschen untereinander) 301, (von *prāyaścitta* u. *daṇḍa*) 130, 132, (von Seele u. Gott) 159, (zu sich selbst) 232 f., (d. beiden höchsten Stände) 128, (von Viṣṇu u. d. König) 139; → Relation, → Verhältnis
Bhagavadgītā 61, 66
bhakti (Hingabe) 161, 168 f.
bhaktisamīpa (gedenkende Hingabe an Gott) 144
Bhāruci [: Manuśāstravivaraṇa] 115[89], *122/123*[124]
bhāvanā 168 f., (Vergegenwärtigung) 159, 161, 168 f.
Bhikkhu 214, 219[36]
bhoga 84[20], (Erfahrung) 82
bhrātṛvya 37
Bhṛgu 47 f., 72
Bibel (Eph) 307[21], (Gen) 295, (Kohelet) 14[2], (Kor) 300, 307, 309, (Psalmen) 257, 259 (12)
bījaniyama 91
Bindung (an d. Gewissen) 299, (frei von B.) 185, 191, (Lösen von B.) 270, (durch Nichtwissen) 203, (an d. Sinnapriori d. Wortes) 304
Blätter 228, (Herbst°) 244, (Lotos°) 148, (als Nahrung) 163
Blindheit 107 (43), (sich selbst gegenüber) 233
Bodhisattva 70[131], 212[7]
Bodhisattvabhūmi 70[131]
Bohne 63
Brahmā 54, 67, 185, 268, (Sahāmpati) 213
brahmabhūta 215[16], 218[30]
brahmacariya 215, (heiliger Wandel) 214
brahmaghna 127[156]
brahmahatyā 56/57[65]
brahman 201-204, (d. Absolute) 142, (*ātman-brahman*) 27, (Eingehen in d. *b.*) 59, 205[4], (Einheit von *ātman* u. *b.*) 29, (*b.* kosmische Entität) 218[30], (Herrlichkeit d. *b.*) 202, (höchstes) 205, (Selbst) 183, (Stätte d. *b.*) 52[42]; → Brahman
Brahman 59, 142, 183-199, 204, 290, (Bereich d. B.) 52, 62, (in der buddhistischen Dogmatik) 218, (°-Erfahrung) 186 f., 190 f., 195, 197, (°-Erkenntnis) 183, 190 (Freiheit d. B.) 185, (mit d. Ātman identisches) 12, 24, 141, 186 f., 193-199, (°-Sein; Emanzipation) 192, (Selbst) 185, 192, 194 f., 218, (°-Welt) 60, 64 (Weltenschöpfer u. Herr) 185, (transzendente Wirklichkeit d. Subjektes) 192, 194, 196 f.; → *brahman*
Brahmane 111, 116, 126 (149), 128 (157), 129 f., 133, (drei) 116, 117[99], (hochentwickelte) 215/216[18], (König substituiert B.) 127, (*manuṣyadeva*) 133[180],

(Pāśupata-Aszet) 166, 171, 183, (Rede als Waffe d. B.) 98[11], (trinkende) 116, 118[107], (Umdeutung des Titels B.) 219, (als Sündenböcke) 134[188], (Verantwortung d. B.) 132, (°-Versammlung; *pariṣad*) 117 (Wiedergeburt als B.) 52, 65, (wohlhabender) 36
Brahmanenmord 115[87]; → *brahmaghna*, → *brahmahātya*
brahmanisch-ritualistisches Denken 29
brahmanische Offizianten 39
brahmanische Tradition 44[6], 56, 58, 75
brahmanischer Ritualismus 57
brahmanischer Totenkult 67
Brahmanismus 39, 41
Brahmannatur 203
brahmāśrityāvidyāvāda 204[3]
Brahmasūtrabhāṣya (Śaṅkara) 80 (13), **183/184** (*4*), *185*[7], *185*[10], **186** (*16, 17*), **187/184** (*18*), **190** (*22*), **191** (*22*), **192** (*22, 24*), **193**, *193/194*[29], **194**, **195** (*31*), 208[12]
Brahmawerdung 204
Brandopfer 32
Bremse (*daṃśa*) 69
Bṛhad-Āraṇyaka-Upaniṣad 44[5], 53 (48), 54 f., 56 (62, *63*), 57, 58 (*72, 73*), *59*[74], 60 (82, 84, *85*), 61 (90), 62[94], 63 (99), 64, 65 (112), *66*[114], 66[118], 67, 69, 71, 81, 112[71], **186** (*16*), *193/194*[29], *217*[26], 218[32]
Buddha 65, 79 (12), 81, 89 f., 213-217, 221, 224[48], 225 f., 234, (Feuerkampf des B.) 39, (Flammenpredigt d. B.) 28, 31, (Gotama) 214, 224 (7), 244, (*hotoke*) 235, (junger) 224[47], (Siddhārtha) 224[47], (*sugata*) 243, (Vipassin) 224, (°-Familien, fünf) 270
Buddhanatur 290
Buddhaschaft, zukünftige 212
Buddhismus 20, 24, 29, 39, 41, 53, 65, 69, 71 f., 76, 94, 80-82, 107, 143, 279, 280[57], (alter) 14[2], 65[112], 141, 211 ff. passim, (älterer) 69, (ältester) 29, (Amida°) 244, (früher) 71, 95, (kanonischer) 70, (Laien°) 45[8], (Mahāyāna°) 232, 233, (Nirvāṇa°) 229, (Theravāda-°) 78, 82, 88, 93 f., (volkstümlicher) 235, (Yogācāra-°) 94[38], (Zen-°) 231 ff. passim
Buddhist 44[6]
buddhistische Dogmatik 218
buddhistische Gemeinschaft 271
buddhistische Lehre 27, 237
buddhistische Lehrreden 71
buddhistische Schulen s. Buddhismus
buddhistische Tradition 39, 270, 271[39], 311
buddhistischer Mönch 105[33]; → Bhikku

caṇḍāla 134; → Caṇḍālas
Caṇḍālas 106 (39), (als Henker) 134[188], (Outcasts) 65; → *caṇḍāla*
Carakasaṃhitā 88, *103*[29]
Cārvākas 75
ceṣṭā 103/104[29]
Chāndogya-Upaniṣad 55[55], 60 (83), 61 (87, 90), 62 (94), **63** (99, *102*), 64, 65 (112), 66 (118), 67, **68** (123), 69 (129), 71, 81 (*15*), **193** (*29*)
Chaos 34, (Einheit des Ur-Puruṣa) 31
Christ 107[42], 210, 309
Christentum 182, 229, 234, 293/294[3], (absolute Religion) 182, (Gegenwart d. Chr. in Asien) 181, (Mythisierung d. Todes im Chr.) 13, (Selbstinterpretation des Chr.) 293, (Trennung von Leib und Seele im Chr.) 229, (westliches) 280
christliche Auferstehungslehre 209 f.
christliche Jenseitsvorstellung 210
christliche Theologie 181 f., 277
christliche Tradition 212, 252, 277, 288
christliche Verkündigung 249, 278
christlicher Glaube 250, 261, 306 f.
Christus 13, 260 f., 307-310
cintā (Gedenken) 173, 175
citi (reines Bewußtseinsprinzip) 204
citta 103/104[29]
cittaniyama 91
conditio humana 79, 259 f., (Dialektik d. *c. h.*) 282 f.
creatio 305[18]; → Schöpfung
Cūḷakammavibhaṅgasutta 80, 88 f.

daiva (Schicksal) 78, 82, 88
dakṣiṇāgni 36
Dämonen 138
daṃśa 61[87], (Bremse) 69
daṇḍa ([weltliche] Strafe) 109, 113, 117, 124[130], 127, 132
daṇḍa-Idee 132

Dasein 9-14, 19-23, 82, 94 f., 154, 169, 183, 185, 187, 191, 198, 231, 233, 240 ff., 245 f., 249-290, 294-309, (Aufhebung d. D.) 141, 142 (3), (Beginn d. D.) 223, (einmaliges) 138, (endliches) 303, (Gebrochenheit des D.) 261, (glücklicheres nach d. Tode) 72, (Gottes) 295, 302 f., (kurzfristiges) 223, (Integrität menschlichen D.) 283, (irdisches) 81, 303, (Modus d. D.) 21, 23, 198, (negative Bewertung d. D.) 53, (reflektierendes) 302, (Selbstverständnis d. D.) 231, (Sinnproblem d. D.) 293, (Sinn-Synthese d. D.) 286, (sozialer Aspekt d. D.) 255 f., (soziales) 263, (sterbliches) 303, (Tod d. D.) 301, (vergehendes) 224[48], (welthaftes) 176, 183 f., 186, 191-194, 196 f.
Daseinsauffassung 299
Daseinsbereiche 81
Daseinselemente (ohne D., *niṣkala*) 148, 150 (25), 175
Daseinsformen 82, (höllische) 81
Daseinsreflexion 300
Daseinsrechtfertigung 300
Daseinssinn 299, 303, 309, (eschatologischer) 303
Daseinssinngebung, eschatologische 293 f., 297, 303, 310
Daseinsverständnis 9, 293, 295
Daseinsvollendung, eschatologische 304
Daseinswelt 295
Daseinswirklichkeit 301, 304, 307[21], 309
Daseinszustand 82
Dattelpalme 265
Denken 58, 94, 160, 170, 172, 188, 273, 304, (abendländisches) 187 f., (advaitisches) 142, 155, (der anderen) 153, (beständiges an Gott; *devanityatā*) 144, 147, (brahmanisch-ritualistisches) 29, (*cintā*) 176, (feststehendes) 150, 175, (indisches) 75-96, (katholisches) 107[43], (kritisches) 303, (Opfer°) 32, (philosophisches) 76, 143, (rational-diskursives) 193, (reines) 272, (Ritual°) 35, (Schulen d. D.) 77, (Subjekt-Objekt-°) 309, (d. Todes) 9, (vedisch-brahmanisches) 31, 39
Denkansatz 101[19], (neuzeitlich-transzendental-philosophischer) 305
Denker 279, 282, 296[7]
Denkgebrauch 184, 187 f., 193 f.
Denkinteresse 297
Denkorgan 154, (*manas*) 86 (23), 88
Denkstrukturen, archaische 27 (4)
Denktradition 181, (ontologische) 304, (philosophische) 297
Denkvorgang 176
deśa ([Aufenthalts]-Ort d. Aszeten) 146, 149, 177
deva (*manuṣyadeva*) 183[180]
devanityatā (beständige Gegenwart Gottes) 144, 147, 162-164, 173
devatā 224[48], (kosmische Wesenheit) 69
dhamma 214; → *dharma*
Dhamma-Rad (Drehen d. Dh.) 213 (8), 215 f. 218, 221
dhammaniyama 91
dharma 27, 70[134], 86[23], 97, 110, 127, 130, (u. *adharma*) 78, 85, 86[23], 93, (°-Begriff) 137, (°-Gebot) 108, (°-gemäß) 121[120], 122[124], 129, 135[193], (nicht sichtbarer) 103[29], (Verdienst) 78, 85 f., 160 f., 162[60]; → Dharma
Dharma 153, 160[56], 172, 175, 281, (Wirken von Dh. u. Adharma) 150, 171, 175, 190 f.
dharmādyapekṣā 88[25]
Dharmaguptakas, Vinaya der 213[8], 219[33]
dharmatā 271
dharmātman 166
dharmāṇi prathamāni 31
dharmin 156
dhātu 227 (55)
dhruva° (dauerhaft) 81
dhyāna (Meditation) 162; → Dhyāna
Dhyāna (°-Meditation) 215, (°-Weg) 215[18]; → *dhyāna*
Dialektik (der *conditio humana*) 282, (im gottsetzenden Bewußtsein) 293[3]
Dieb 122[124], 123, 127, 129[162], 161, 168, (an Gott) 168, 169 (78), (als *jīvanmukta*) 127[156], (mit d. Keule) 121 (119), 127[153], 129[162], 130[166]
Diebstahl 121[118], 122[124], (*stena*) 121
Diesseits 51, 209, 241, 247, (°-Aspekt) 221 f., (d. Grenze) 247, (u. Jenseits) 47[19], 48, 247, 306[20], (Leben im D.) 47[19], 48, 58, (Rückkehr ins D.) 47[19], 48, 58 f., (Vorwegnahme d. Todes im D.) 209

Dīgha-Nikāya 211[4], 213[9], *215*[17], 215[18], *216*[20], 217, 218[29], 224
dīkṣā (Weihe) 32
dīkṣita 38
Disposition (ethische) 178, (*saṃskāra*) 87
divya (Ordal) 98[11]
Doppeldeutigkeit (des Lebens) 233
Doppelhorizont 241
Doppelwelt 240-242
Doppelzugehörigkeit 243
dravya (Substanz) 85
Drei-Funktionen-Theorie (Dumézil) 128
'dritte Möglichkeit' der Zwei-Wege-Lehre 55[55], 61 f., 66-68, 71
Dualimus 237, (v. Körper u. Seele im Christentum) 212, (v. Körper u. Seele im Hinduismus) 20, (religiöser) 295
duggati 70
duḥkha (Leiden) 83 f.
dukkha° (quälend) 221 (38), 223, 226, 228
Dummheit 259
Dunkel 183, 274, 288
Dunkelheit 258, 260, (d. Todes) 210
dūrastha° (weit entfernt) 161
Durst (Lebens-°) 17 f., (nach Nicht-aufhören) 18, (*taṇhā, tṛṣṇā*) 69, (Ursache des Leides) 221 f.
Dynamik (d. ständigen Bewegung u. Wandelbarkeit) 35, (v. Entstehen u. Vergehen) 31, (d. Erleuchtung) 205[4], (existenzielle) 190, (d. *guṇa*s) 78, (d. Heilsweges) 150, 152, 158, (d. Nichts-des-Nichts) 237, (spirituelle) 144 f., (d. Zusammenballens) 30
dynamische Eigenschaften (*guêa*s) 85
dynamische Einheit 199
dynamische Faktoren 78
dynamische Potenz 78
dynamische Schwebe 164
dynamische Struktur 144
dynamischer Sinn 24
dynamisches Zwischen 239

Eber 65
ego s. *alter ego*
Egologie 298[10]
Ehe 273
Ehebruch 114, 118[109]
Eigenschaften (*adṛṣṭa*) 87[24], (außergewöhnliche) 148-151, 152 (29), 154 (38), 155-157, 174 f., 176[94], 177, (Gottes) 262, (göttliche) 145-148, (*guṇa*) 78, 85, (körperliche) 102, (schlechte) 273, (v. Subjekt u. Objekt) 183 f.
Eigenschaftslosigkeit (d. *kaivalya* in Sāṃkhya u. Yoga) 155
Einäscherung 265
Einbindung (i. d. Wesenskreislauf) 17
Eingang (i. d. ewige Ja) 309, (Schoß-°) 272
Eingehen (i. d. *brahman*) 205[4], (i. d. höchste Himmelswelt) 59, (i. d. Subjektivität) 25
Einheit (aller Dinge) 288, (allumfassende) 284, (v. *ātman* u. *brahman*) 29 f., 197, (dynamische) 199, (eigentliche) 304, (einende) 284, 286, 289, (v. Feuer, Selbst u. Unsterblichkeit) 42, (v. Form u. Inhalt) 299, (fundamentale) 283, 288, (von Gott und Mensch) 307, 309, (Gottes) 295, (d. Herrseins d. Maheśvara) 156, (individuelle) 304 f., (Leib-Seele-°) 305[18], (d. Menschen) 295, 303, 304 (15), 305 (18), (v. Opferer u. Feuer) 42, (d. Selbstes) 195, (d. Subjektes) 199, (tiefere) 182, (v. Tod u. Auferstehung) 13, (d. Ur-Puruṣa) 31, (ursprüngliche) 295, (u. Vielheit) 30, (°en d. Karma)
Einsamkeit 287
Einsicht 85, 95, 193, 221, 250, 256, 258, 277, 281, 298, (Grund für Erlösung) 69, 71, (Mangel an) 256 f., (moralische) 288, (i. d. Naturgesetze) 181, (i. d. Phänomen d. Todes) 16, (i. Religionen) 250, (theologische) 163, (tiefere) 68, (i. d. Universalgeschichte) 288, (wahre) 256
Einssein (v. Ātman u. Brahman) 193, 197, (mit Gott) 145, 196
Einübung (der Gelassenheit im Handeln) 308, (i. d. Meditation) 237, (i. d. Tod) 209, 236
Einung (mit Gott) 144-146, 157 f., 177
Einungserfahrung 159
Einzelereignis 288
Einzelexistenz 286 f.
Einzelheit, empirische 204
Einzelphänomene 148, 185 f.
Einzelseele 202-204

Einzelseiendes 198
Eiter 225
ekajīvavāda 204-208
Elefanten 127[155]
Element 14, 15, 72, 159, (Feuer) 30, 32 f., 35, (Körper u. Seele) 10, (menschlicher Existenz) 249-251, 261, 265, (Ritual-) 266, (soziales) 256, (d. spirituellen Praxis) 159, 169, (transitorisches) 12, (Wasser) 30, 32 f.
Elend 254, 260, 266 f., 273
Emanzipation 12, 14, 18, 142 (3), 144, 153, 155, 157 f., 178, 186, 190, 192 f., 311, (im advaitischen Denken) 155, (zu Lebzeiten; *jīvanmukti*) 12, 141, 183, 186, 311, (*mukti*) 14, 141, (mystische Erfahrung d. Absoluten) 142, (*nirvāṇa*) 14, (Verlangen nach) 190, (aus d. Wesenskreislauf) 14, (Ziel menschlichen Denkens) 153, (Zustand d. Ohne-Körper-Seins) 192
Emanzipationsbegriff (Akzentverschiebung d. E.) 141
Emanzipationsstreben 143
Emanzipationsvorstellung 157
emanzipierende Erfahrung 193
emanzipierender Tod 12
emanzipiert (*mukta*°) 158
Emanzipierter (zu Lebzeiten, *jīvanmukta*) 141, 187, 195, (*mukta*) (d. Sāṃkhya und Yoga) 157
Empfinden 77,
Empfindung 77, 144, 201, (*vedanā*) 79, (karmisch verursachte und körperlich bedingte) 201, (Schmerz) 43[4], (-zustände) 89
enas 101[17]
Endabrechnung 264
Ende 172, 245, 261, (d. Geburtenkreislaufes) 12, (d. Heilsweges) 143, 160[54], (d. körperlichen Existenz) 138, (v. Krankheiten) 104, (d. Lebens) 9 f., 14 f., 17, 83, 84, 86 f., 93 f.,106, 115, 138, 142, 177, 231 f., 243, 246, 257, 262 f., 265, 301, (Leben ohne E.) 254, (d. Leiden) 174-177, (d. Leides; *duḥkānta*) 141 f., 149, 151, (d. Religion) 182, (einer Sühnehandlung) 99, 115, 137, (d. Universalgeschichte) 288, (Vorwegnahme d. E.) 293, 302, (d. Zeit) 207,
Endabrechnung 264
Endgültigkeit 24, 44, (aller Kämpfe) 39
Endlichkeit 59, 239, 258, 269, 273, 282 f., 285, 286 f., 301, (Erfahrung der E.) 282, (menschliche) 289
Endzustand menschlichen Heils 142
Endzweck 303
Energie, karmische 87
Engel 260, 265
Entbehrung 214,
Entblößtheit 21
Entblößung 25
Entdeckung (d. Mittelweges) 215, (d. Ursache d. Wiedergeburt) 221
Entfaltung 125, 166
Entfernen (*nirharaṇa*) 124
Entfremdung 302
Enthaltung 144, 145
Entität 30 f., 44[5], 217, (ewige) 218, (kosmische) 218[30], 288, (unvergängliche) 217
Entkommen (aus Daseinsformen) 81
Entlassung (aus einem Existenzbereich) 81
Entrückung 201
Entsagung 172
Entschädigung 47[18], 72
Entscheidung 85, 88-90, 264, 299
Entschlossenheit 165
Entschluß 56, (*kratu*) 57, (rechter; *sammā-saṃkappo*) 215
Entsetzlichkeit 260
Entstehen 63, (Gesetzmäßigkeit d. E.) 185, (*utpāda*) 95, (u. Vergehen) 27, 31, 34, 35
Entstehung 75, 79[8], (d. schädlichen Substanz) 137
Entsühnung 112[73], 115, 118, 130, 138
Entwendung (d. Feuers) 37
Entwicklung (d. Glaubensverständnisses) 307, (d. Menschen) 270, (persönliche) 276[41]
Entwicklungsprozeß 210, 283
Entwirklichung 306
Entwürdigung 223
Entwurf 152[29], (d. Einungserfahrung) 159, (d. Gegenwart Gottes) 164, (d. Erwartung u. Hoffnung) 246, (d. Mensch-Seins) 252, (d. Religion) 283, 286[86], (d. Welt) 27
Entzogenheit 301, 309
Epiphanie (Tod als E. der Zeitlichkeit) 95

Erde 62, 89, 207, 251, (Aufstieg v. d. E.) 48 f., (Durchgangsstufe d. Wiedergeburtszyklus) 67, (feuchte) 35, (Material z. Schaffung v. Gestalten) 154, (neue) 309, (*paṭhavī*) 89 f., (rote) 64[106], (Rückkehr zur E.) 48 f., 60-63, 65, 69, (Wiedergeburt auf d. E.) 62
Erdendasein 92
Ereignis (d. Begegnung) 163, (d. Erlösung) 204, 208, (d. Geburt) 222, (d. Grenze) 11-14, 183, 222 f., 228, 246 f., (d. Krise) 14, (leidvolles) 221[38], 222 f., 226, 228 f., (d. Sterbens) 201, 239, (d. Todes) 16, 20, 166, 229, 246, 311
Erfahrung (d. Absoluten) 142, (Alltags-°) 190, (*amata*-°) 220, (aposteriorische) 199, (*bhoga*) 82, 94, (Brahma-°) 190 f., 195-197, (diesseitige) 227, (dualistische) 206, (d. Einsseins mit Gott) 145, (emanzipierende) 141, 193, (empirische) 186, (d. Endlichkeit) 282, (E., Erfahrungen zu haben) 283, 287, (existenzielle) 163, (d. Gegenwart Gottes) 164, (Grenz-°) 246 f.,(d. Ident. m. d. Absoluten) 196[32], (innere; *svānubhūti*) 203, 205, (Interpretation v. E.) 284, (konkrete) 285, (kumulative) 256[8], (lebendige) 269, (meditative) 164, 220, (menschliche) 241, 249, 272, 285, (Möglichkeitsbedingungen v. E.) 298, (mystische) 17, 142, 190, 193 f., 196 (32), 198, (negative) 257, (Prinzip d. E.) 287, (der Reifung) 104/105[33], (religiöse) 281, 284, (d. Selbstes) 284, (spirituelle) 152[29], (d. Sterblichkeit) 272, (d. Todes) 80, (d. Transzendenz) 163, (Vermittlung v. E.) 283, 288, (Welthorizont d. E.) 241, (v. Zeitlichkeit) 11, (d. Zweiheit) 205 f., (d. Zweitlosigkeit) 205 f.
Erfahrungsebene (d. vyavahāra) 205[4]
Erfahrungsentwurf 16, 198 f.
Erfahrungsmuster 35
Erfahrungswerte, menschliche 280
Erfahrungswirklichkeit 287
Erfolg 267
Erfüllung (Verlangen nach E.) 257
Ergreifen 271, (fünf Massen des E.; *pañcupādānakkhandhā*) 222
Erhöhung (zum ewigen Leben) 276
Erinnern (*smṛti*) 173
Erinnerung 17, 253, 272, (*memoria*) 15
Erkennen 154 f., 158, 191, 193, 198, (richtiges) 187, (*vijñāna*) 153, (wahres) 189 f.
Erkennender 150 (24), (*jñātṛ*) 158
Erkenner 155, (*vijñātṛ*) 217[26]
Erkenntnis 18, 141, 157, 186, 192, 202 f., 215, 241, 288, 293, 301, (Alltags°) 190, (Brahma-°) 183, (d. Einsseins v. Ātman u. Brahma) 193, (empirische) 188, (falsche) 17 f., 186-188, 193 f., (höchste) 60[84], (metaphysische) 202, (d. wahren Natur d. *puruṣa*) 141, (Objekt-°) 188, (ohne) 141, 157, (d. realen Sachverhaltes) 203, (richtige, methodische) 18, 152 (30), 187 f., (d. eigenen Todes; *parāntajñāna*) 83, (wahre) 17 f., 183, 186-188, 190
Erkenntnisgrenze 309
Erkenntniskraft 153, 155, (*jñānaśakti*) 142, 146, 156
Erkenntnismittel 187-190
Erkenntnisraum 241
Erkenntnisvorgang 190
Erlöschen 14[2], 28, 92[35], (*nibbāna*) 215
Erlösung 45, 67-69, 71 f., 138, 201-204, 207 f., 226, 229, 245, 266, 268, 276, 303, (absolute) 80, (*apavarga*) 77, (automatische) 68 f., (aus dem Dasein) 276, (im Buddhismus) 69, 71, (Gegensatz von Wiedergeburt und E.) 69, (*jīvanmukti*) 201, (konkrete) 234, (körperlose; *videhamukti*) 201, (v. Mensch, Tier u. Pflanze) 45, (*mokṣa*) 77, (*mukti*) 201
Erlösungszustand 201, (endgültiger) 59
Erschlossenheit 242
erste Satzungen (*dharmāṇi prathamāni*) 31
Erwachen 239, (*sambodha*) 215
Erzengel Michael 260
Eschatologie 209, 254, (des Wanderns nach Wunsch; *kāmacāra*) 52[42], 56[62], 59, 70
Eschaton 11, (d. Erwählung) 307, (d. Liebe) 307[21], (d. Glaubens) 306 f., 309, (d. Schöpfung) 307, (d. Todes) 302
Ethik (d. Mitleids) 107, (Nicht-/Vor-°) 137, (d. Prāyaścittalehre) 136, (Privatheit der hinduistischen E.) 108, (d. Ṛg-Veda) 136

Ethisierung 48, 50, 137, (Frühphase d. E.) 65[111]
Ethisierungstendenz 108
Evangelium 249, 277, 281
Evolution 276[41]
Ewigkeit 13, 261, 276, 303, 306, (d. eigenen Geistes) 209, (d. Subjektes) 19
Exekutionsmittel 127
Existenz 9-12, 14-16, 18 f., 21, 23, 44[5], 66[115], 68[122], 70 f., 77, 91, 94, 138, 192, 212, 241, 246 f., 249, 265, 282-284, 286 f., 290, 304, (Alternieren von E.) 58, (angefochtene) 274, (Beginn- u. Endpunkt) 223, (als Bei-Sich-Seiendes) 199, (Deutungen d. E.) 289, (bestimmte Dimension d. E.) 237, (Erhaltenbleiben d. je eigenen E.) 212, (fortdauernde) 306[19], (gefährdete) 267, 273, (geistige) 304, (gleichzeitige v. Erlösten u. Nichterlösten) 202, (in bleibendem Heil) 19, (in himmlischen Räumen) 53, (im Jenseits) 58, 64, (körperliche) 86, 138, 195, 196[32], (leidbehaftete) 71, 212, (letzte) 226, (materielle) 89, (natürliche d. Daseins) 296, (immer neue) 45, (physische) 9, 20, (potentielle) 206, (religiöse) 14, (schlechte) 71, (eines Selbst) 228, 271, (Serie von E.) 48, (soziale) 286, (als Tier) 71, (nach d. Tode) 19, (als Totengeist) 67, (welthafte) 187, 191, (nach Wunsch) 70[131]
Existenzbereich 81
Existenzdauer 81
Existenzerfahrung (Wandel der E.) 194
Existenzform 44, 59, 62, 71, 80, 82, 173, (himmlische) 67, (Wechsel d. E.) 52
Existenzfrage 284
Existenzgrundlage 256
Existenzial 9, 17, 23
Existenzmodus 21, 162
Existenzort (*vasatyartha*) 145
Existenzverständnis 10, 13, 234, (reli giöses) 311
Existenzvollzug 9, 13-17, 20-25, 193, 236, 246
Existenzwechsel 44[5]
Existenzweise (ambivalente) 233, (d. Nacktheit) 22
Exitus (tatsächliches Totsein) 301
Exorzismus 31
Fähigkeit (nicht abzuweichen) 162, (d. metaphysischen Allgegenwart) 205[4], (außergewöhnliche) 152 (30), 153-155, (zu tieferen Einsichten) 68, (d. Inder) 111, (intellektuelle) 72, (d. Lehrers) 205[4], (loszulassen) 162, (d. Seele) 88, (zur Selbstintegration) 15, (übernatürliche; *siddhi*) 83, (d. Unterscheidens zw. Gut u. Böse) 259
Faktizität 242
falsche Erkenntnis 17 f., 186, 188, 193 f.
Familie 64, 270, (Angehöriger besserer F.; *kulaputta*) 214, (arme) 214[13], (Buddha-°) 270, (Druck d. F. auf d. Sünder) 110[59], 117, (gute) 80, (Wiedergeburt i. d. eigenen F.) 49 f., 53, 58, 64, (Wiedergeburt i. F. nach Wahl) 52
Fasten (*upavāsa*) 112[71]
Fatalismus 82
Faulheit 259
Fegefeuer 210, 276[41]
Fehlurteil 134[188], (bei Hinrichtungen) 129[165]
Festhalten 165, 271
Feuchtigkeit (Kreislauf der F.) 49, 63[99]
Feuer 27 (4), 28, 30, 32-42, 91, (alter ego d. Menschen) 34, (Ambivalenz d. F.) 33, 40, (*ātman*) 41, (Domestizierung) 33, 35, (drei/fünf) 36, (Element) 30, 33, (Entwendung d. F.) 37, 40, (Ergreifung des F.; *agnigrahaṇa*) 37, (Fege°) 210, 276[41], (Fünf-F.-Lehre) 63, (Geburtsplatz der Wasser) 30, (°-Gott) 28, (Grundlage des Verwandlungskreislaufes) 27, (Herd°) 34, (höllisches) 81, (Kreislauf v. F. u. Wasser) 35, (Lebensträger) 44[5], (Opfer°) 34, (Peripetie des F.) 37 f., 41 f., (persönliches) 34, (Pflege d. F.) 32, (°-Seele) 28, 32-34, (Verbindung mit der Seele) 32
Feuerbestattung 61, 62[94], (hinduistische) 265, (vedische) 68
Feuerdrache 39
Feuerheiligtum (*agniśālā*) 32[15]
Feuerherd 32[15], 38
Feuerhütte 39
Feuerkampf 38 f., 42
Feuerkult 32, 35, 42, (iranischer) 32
Feuermassen 223
Feuernatur 44[5]

Feueropfer 32, 42
Feuerreibung 33, 36, 38 f.
Feuerseele 28, 33
Feuerweihe (*avāntaradīkṣā*) 32
Fiktion, erkenntnistheoretische 298
Finsternis 210, 257, 260 f., 267
Fisch 65
Flamme 28, (dämpfen d. lodernden F.) 207[9], (d. Leichenfeuers) 60, (°-Predigt) 28, 39[31]
Fluß 196, 237
Flüssigkeit (d. Tod aufschiebende) 211[4]
forma corporis 308, (Vitalseele) 304
forma formarum (Geistseele) 304
Formgedanke 304
Formmetaphysik 297
Formprinzip 305
Fortdauer (d. Universums) 204
Fortleben (nach d. Tode) 47 f., 57 f., 69, 110, 234
Frau 263, (alte) 225, (Anreden v. F.) 159, (Ergießen v. Sperma in eine F.) 63, (als Götterboten) 224, (kranke) 225, (d. Lehrers) 114, (tote) 225, (Umgang mit F.) 160, (Verzehr v. Pflanzenteilen durch eine F.) 63[102]
Frauenfigur (Umarmen einer rotglühenden eisernen F.) 114
Freiheit 16, 17, 172, 172, 198, 235, 244, 299, 308 f., (Analogie von F. u. Natur) 300, (befreite) 309, (d. Brahman) 185, (d. Geistseele i. Traum) 54, (letzte) 244, (v. jeder Schuld) 19, (ichlose des Selbst) 238, (im Spiel implizierte) 185
Freiheitsleistungen, menschliche 305
Freiheitssinn 299, 308
Freiheitsvollzug 299
Freiheitswesen 299
Freude 77, 89 f., 161, 168, 260, 273 f., (8-faches *aiśvarya* d. Yoga) 168, 171, (*harṣa*) 161, 162 (60)
Frieden 190, 256 f., 272, 274, (geburt loser höchster) 226, (innerer; *yogakkhema*) 225, (seliger) 224[48]
Frucht 163, 167, 169, 170, 172, 237, (d. Ernährung dienende) 63, (d. Gebens) 167, (Tamarinden°) 151[26], (d. vedischen Opfer) 170, (reife) 150 f., 175, (der Wanderung) 237
Fruchtbäume 51
Frustration 100[13], 270
Fünf-Feuer-Lehre 63
Furcht 95, 195, 223, 271-273, (Überwindung v. F.) 219[36], 221, (vor d. Unbekannten) 260
Furchtbarkeit (d. Todes) 95

Gaben 167, 169, (Ātma als G.) 171, (fragwürdige; *kudāna*) 166 f., (gnadenhafte Gottes) 174, (Selbstdarbringung als G.) 172
Gaṇakārikā 150, 177
Gandharva 54
Ganzes 9 ff., 281, 283-289, 294 f., 297 f., 302[13], (Glauben an d. G.) 279[53], (größeres) 258, 261, (großes d. Wirklichkeit) 283, (am G. partizipieren) 282, (sinngebendes) 279[53], (Teil-eines-G.-Sein) 282, 286
Ganzheit 243, 283 f. (d. Menschen) 305, (d. Seins) 285
Ganzheitsbegriff 288
Ganzheitsthese 288 f.,
Ganzsein 302
Ganzwerden 302
garimā 156[42]
Gattung (allgemeine) 296, (Mensch) 21, (Sieg d. G. über d. Individuum) 302
Gautamadharmasūtra 70[134], 104/105[33], *112*[73], 113 (*77*), 114 (*78*, 79, *81*), **115** (*88*), **116** (*92*), *118*[108], *119*[113], 129[165], 132, *133*[179], *133*[180]
[Gautamadharmasūtrabhāṣya] s. Maskarin
Geben (Frucht d. G.) 167, (seiner selbst) 167 f., (überragendes; *atidāna*) 166 f.
Gebrechen 102 f., 106-108, 135
Gebrochenheit 300, (des Daseins) 260 f.
Gebundenheit 272, 274, (an ein persönliches Bewußtsein) 272
Geburt 33, 55, 120, 226, 273, (*jāti*) 82, 221, (Determinierung der nächsten G.) 104/105[33], (frühere) 102 f., 125, 135[194], (Gottes) 196, (ein leidvolles Ereignis) 222, (nächste) 137, (neuerliche) 18, (eines Sohnes) 84, (u. Tod) 18, 279 f., (Überwindung v. G. u. Tod) 213[8], (zukünftige) 226; → Wiedergeburt
Geburtenkreislauf 106, (*saṃsāra*) 75
Geburtsstätte (d. Feuers) 30
Gedenken (*anusmarana*) 159, (*cintā*) 173, (Gottes) 145, 147, 166, 172 f., 176,

(Nicht-) 145, 176, (Rudraṣ) 172, (*smṛti*) 145, 159, 162, 173
Gedicht, hinterlassenes (*yui-ge*) 243
Gefühl 221 (38), 228, 236, 254, 261, 270 f., (Aspekt d. Existierens) 228, (fundamentales) 281
Gegensatz (zw. gerecht u. ungerecht) 259, (zw. Integralem u. Integrität) 289, (zw. Mythos u. Logos) 182, (zw. sinner u. offender) 101[17], (Wiedergeburt u. Erlösung) 69
Gegenseitigkeit 282
Gegenwart (allein wirklich) 208, (bleibende) 12, 246, (d. Christentums) 181, (*devanityatā*) 173, (fremder Religionstraditionen) 181, (Gottes) 161, 163f., 173, (habituelle Gottes) 144, 173 f., 176[94], (lebendige) 208, (mythische Gottes) 163, (mythische d. Todes) 11, 14-16, 236, (*nityayuktatā*) 144, 172, 177
Gehalt, affektiver 83
Geheimlehre 56 (64)
Geheimnis (d. Dinge) 281, (ewiges) 168, (Gottes) 310, (d. Wirklichkeit) 283, 307
Geist 30, 227[53], 229, 236, 270, 272, 281, 305, (Beisichsein d. G.) 286[86], (eigener) 209, (gerichteter) 168, (Heiliger) 278, (Manipulieren d. eigenen G.) 209, (menschlicher) 182 f., 198, (offener) 215, (Offenheit des menschlichen G.) 198, (reiner; *puruṣa*) 85, (d. Toten) 266, 270, (ungeborener) 271, 276, (Vermittlung) 304
Geistbegriff, aristotelischer (*nous*) 305
Geisteskraft 306[19]
Geistesverfassung 270
Geisteswissenschaften 181
geistige Realität des Todes 9, 14
Geistiges, bedingungsfreies 203
Geistigkeit 184, 308
Geistlicher 268
Geistmonismus 22
Geistseele 53, 305, (Freiheit d. G. im Traum) 44[5], 54, (*forma formarum*) 304, (*puruṣa*) 53, 141, (transzendente) 141, (unzerstörbare) 305
Geistwesen 270
Gelassenheit 254
Geldstrafe 127
Gelübde (*yama*) 166
Gemeinschaft 22, 36, 102[24], 252[3], 260, 261, 264, 264, 274 f., (arische Religions°) 61, (Aufnahme in d. neue G.) 260, (Dorf°) 110[59], (buddhistische) 271, (hinduistische Glaubens°) 252, (historische aller Schüler) 256, (Individuum u. G.) 281, (islamitische) 263, 275, (jüdische) 253, (jüdische Glaubens°) 252[3], (mit Mitseienden) 22, 25, (Sprach°) 294, (Teilhabe an G. von Menschen) 257, (im Wort) 295, 307, (Wort-°) 307, (d. Zweimalgeborenen) 106[39]
Genesis 295
Genießer 186
gentes 182
Genuß 270, (v. Alkohol) 116[95], (dies- u. jenseitiger Güter) 190
Gerechter 13, 258
Gerechtigkeit 275, 280, (ausgleichende) 48, 67, 69, 72, (karmische) 90, (universale) 44, 77
Gericht 262, 263, (Jüngstes) 276 (41)
Gerichtsbarkeit (weltliche) 137
Gerichtsgedanke 276
Geschick 256, (Miß°) 258, 267
Geschöpf 33, 153, 300, 305[18], (Gottes eigenes G.) 300, (Herr der G.) 33, (Mensch) 293/294[3], 300 f., 307, (Mit°) 72, reflektierendes 301, (Sonderstellung d. Menschen unter d. G.) 295, (Verbindung Gottes mit d. G.) 196, (d. Wortes) 307
Geschöpflichkeit 302, 309
Gesellschaft 52, 110[59], 300, (Ausstoßung aus d. G.) 130, (Behandlung v. Menschen von d. G.) 107, (Glied d. G.) 282, (moderne) 282, (Verantwortlichkeit gegenüber d. G.) 274
gesellschaftlich-kosmische Aufgabe 139
gesellschaftliche Elite 53
gesellschaftliche Gruppe, niedere 52
gesellschaftliche Ordnung 132
gesellschaftliche Unterschiede 53
gesellschaftliche Zusammenhänge 273
gesellschaftliches Bewußtsein 296
Gesellschaftskreise, höhere 47, 53
Gestalt 270, (Fähigkeit, alle G. wahrzunehmen) 152, (furchteinflößende) 270, (*tanū*) 29, (v. Lebewesen) 79[8],

(menschliche) 54, (menschliche d. Tiere) 48, (Name u. G.) 185 f., (ohne) 164[66], (schönere) 55[55], (G°-nach-Wunsch-Haben; *kāmarūpitva*) 153-155, (wünschenswerte) 54
Gestaltung (d. Lebens) 88
Gestirne 50 f.
Gewalt 122/123[124], (gegen Menschen) 107[41], (königliche) 117[102], 129[165], (Straf°) 101[17], 125
Gewaltausübung 129[165]
gewaltsame Zerteilung d. Ur-Puruṣa 31
gewaltsamer Tod 51, 84, 86, 93
gewaltsames Ende 138
Gewinn (*lābha*) 144, 145, 149
Gewissen 280, 299, 300 f., 307, (individuelles) 299
Glaube 15, 85, 157, 163 f., 173, 250, 254, 261, 263 f., 271, 276 f., 279[53], 281, 289, 293, 304, 308 f., (Agape) 308, (an Auferstehung) 14, 254, (christlicher) 250, 306 f., (an d. Existenz eines Selbst) 271, (nackter an Gott) 210, (an d. Hilfe Gottes) 254, (Hindu°) 268, (hoffender) 293, (an ein Leben mit Gott) 251[2], (Lebenslehre mit Paradoxen) 276, (Logik d. G.) 293/294[3], (d. Pāśupata) 13, 143, (recht verstandener) 308, (Reinkarnations°) 266, 276, (religiöser) 10, (Schöpfungs) 10, (a. d. Seelenwanderung) 201, (Sinnproblem d. G.) 293, (Un°) 285[82], (Ur°) 279, (Volks°) 76, (Voraussetzung für Kultur) 279, (an d. menschgewordene Wort) 293/294[3], 296
Glaubensansichten 281[61]
Glaubensartikel (d. advaita-Lehre) 206
Glaubensaussage 152, (christliche) 25, (d. Tradition) 173
Glaubensbekenntnis 261, (indisches) 75, (islamisches) 261
Glaubensfunktion 285[82]
Glaubensgemeinschaft (hinduistische) 252, (jüdische) 252[3]; → Gemeinschaft
Glaubenshorizont 311
Glaubensinhalt 163, 265, 275 f., 281, (christlicher) 261, (d. Tradition) 174
Glaubenslehre 276, 281
Glaubenstradition 17, 25, (asiatische) 182
Glaubensüberzeugung 152[29], 163, 190
Glaubensvermittlung 277, 281
Glaubensverständnis 182, 307
Glaubensvorstellung 16, 164
Glaubenswahrheiten 163
Gleichgültigkeit 253
Gleichmut 144
Gleichstellung (aller Lebewesen) 72
Glück 218, 258 f., 267 f., 273, 287, (endliches) 287, (d. ewigen Lebens) 259, (d. ewigen Lichtes) 259, (*sukha*) 216[20]
Glücklicher 258
Glücksfall (menschlicher Wiedergeburt) 45
Glücksgefühle (nichtsinnliche) 216, (sinnliche) 216
Glücksgüter 80
Glückseligkeit 237
Gnade 156, 158, 176[94], 256, 268, 274, 277 f., 309, (i. G. entlassen) 127, (Gewährung d. G.) 134[186], (Gottes) 145, 155, 157, 165, 172, 174, 176, 202, 259, 262, 308, (Gott d. G.) 309, (d. Maheśvara) 148, (G. das Verlangen Gottes, zu schenken) 157
Gnadenhandeln Gottes 176
Gobhila-Gṛhyasūtra 36
Gotama 214[11], 217[28], 224 (47), (°-Legende) 213[9]
Gott 80, 139, 144, 150, 164, 167, 172, 174, 178, 249 ff. passim, (Abwesenheit G.) 257, (die Allmacht) 210, (Begegnung mit G.) 144, 163, (Beständigkeit hinsichtlich G.) 162, (biblischer) 289, (Brahmā) 54, 67, (Eigenschaften G.) 176[94], (Einssein mit G.) 196, (Feuer-°) 28, (Gedenken G.) 172, (mythische Gegenwart G.) 161, 163, 172 ff., (gerechter) 44, (d. Gesetzes) 307, (Gnade G.) s. Gnade, (Heilssubstanz G.) 139, (Heilszusage G.) 308, (ein Helfer) 251, (Herrsein G.) 155 f., (Hingabe an G.) 172, (Macht G.) 148, (Nähe G.) 257, (Nicht-Ich) 285[82], (Offenbarung G.) 278, (Reich G.) 253, (Ṛṣi) 145, (Rudra) 172, (objektive Beziehung von Seele und G.) 159, (Seinsfülle G.) 158, (Seinsweise G. d. Herrn) 13, (Strafe G.) 106[35], (Ursache) 153, (Varuṇa) 101[17], (Verbindung d. Seele mit G.) 143 f., 147 f., 159, 162, 168, 174 f., (Verehrung G.) 170, (Vereinung mit

G.) 144[9], 145 ff., 149 f., 157, 158 (50), 160 f., 164[66], 165, 173 ff., 178, (wahrer) 255, (d. Wildnis) 33, (Wille G.) 264
Gottebenbildlichkeit des Menschen 295
Götter (Denken d. G.) 153, (Lebenszeit d. G.) 218, (menschliche; *manuṣya-deva*) 133, (sterbliche) 41
Götterboten 224
Götterweg 60
Gottesbewußtsein 296
Gottesbild 262, 277, (Verehrung d. G.) 171[82]
Gottesdienst 277, (evangelischer) 251, (jüdischer) 253, (wahrer) 255
Gottesgabe 258
Gottesgeburt 196, 295
Gottesreich 253, 276
Gottesurteil 98[11]
Gottesverhältnis 295 f., 303
Gottheit 136, 169, 224[48], (*devatā*) 69, (Ozean d. G.) 303
Govindarāja [: Smṛtimañjarī] *102*[23], 122[124]

Grab 252
Grausamkeit 256, (G.; *nairghṛṇya* Gottes) 80
Grenze 27, 240, 245-247, (*anta*) 138[199], (Jenseits d. G.) 240, 247, (Mythisierung d. G.) 13, (Phänomen d. G.) 13, (d. Seele) 27, (d. Subjektes) 280, (Tod als G.) 87, 138, 199, 297, (Tod Ereignis d. G.) 11 f., 16, 23, 183, 246 f., (Tod die G. der Sinnfrage) 232, (transitorische) 23
Grenzerfahrung 246 f., 301
Grenzverletzungen 109[54]
Grenzwissen 293
Grundbedingung (Ichlosigkeit) 238, (Karma) 77, 80, 83, (Welthorizont) 242
Grundfragwürdigkeit 233
Grundlage (*archē*) 28, (übernormaler Macht) 217
Gunst 272
guru 114[83]
Guru 272
gurubhakti 169
gurutalpaga 109[53], 114, 118
Güte (Gottes) 265
guṇa 78, 85
gṛhastha (Hausvater) 106
Habgier 233
Habsucht 272 f.
Handeln 85, 215 (18), 223, 250, 261, 299, 308, (eigenes) 117, (falsches) 259, (gutes) 71, (aus Liebe) 308, (menschliches) 279, (moralisches) 70, 299-301, (Nacktheit d. H.) 21, (rechtes; *sammā-kammanto*) 215, (schlechtes) 104, 121, (vermeintliches) 85, (d. Vollendeten) 154
Handelnder 150 (24), 187
Handelsmotivationen (religiöse) 301
Handlungskausalität 94
Haradatta [: Mitākṣarā] 111[64], 111[67], 112, *114*[78], 114[85], 115, **116** (*97*), 118 (*105*), 119[113], 132[174], 132[176]
Harmonie (universale) 300
Härte 256
harṣa (Freude) 162
Haß 160, 233
Hassen 287
Haus Gottes 259 f., (Israel) 253, 255, (leeres) 144, 147, 163
Hauslosigkeit 214, (Gang in die H.) 224, 225[51]
Hausfeuer 36
Haushalt 36
Hausherd 36,
Hausherr 34, 36 f.
Hausleben 215[18]
Hauspriester 134[188]
Hausvater (*gṛhastha*) 106
havis 47[18]
Heil 20, 25, 125, 138, 139, 143, 143, 177, 178, 183, 192, 196, 263, 273, 286[86], 287, 289, 309, (Beziehung v. bleibendem H. und Tod) 183, (Bitte um H.) 263, (bleibendes) 12, 19, 20, 25, 142, 145 ff., 183, (endgültiges) 142, 287, 289, (ewiges) 131, (höchstes) 60[84], 213, (*kusala*) 225, (menschliches) 142, (messianisches) 253, (des Übeltäters) 125, (vollkommenes in dieser Welt) 289
Heiliger Geist 278
Heiligkeit 237
Heilsantworten 293
Heilsdifferenz 302[13]
Heilserfahrung 285
Heilshoffnung 182
Heilslehre 202, (nicht-dualistische) 204[3]

Heilssinn 293
Heilssubstanz 138 f.
Heilssystem (d. Pāśupata) 159
Heilstradition, indische 183
Heilsverheißung 309
Heilsvollzug 309
Heilsweg 273, (d. Pāśupata) 13, 143-179, (d. Sāṃkhya u. Yoga) 144
Heilswille Gottes 139
Heilswirklichkeit 20, (Brahman) 191
Heilswort 302, 310
Heilszusage (Gottes in Jesus Christus) 308
Heilszuwendung Gottes 304
Heilung (v. Opferfehlern) 110[58]
Heimsuchung 82
Henker (Caṇḍālas als H.) 134[188]
Herausfallen 81
Herausforderer 38, 42
Herausnehmen (*nirharaṇa*) 124
Herausreichen 284
Heraussterben 81
Heraustreten (Tod als ein H.) 81
Hermeneutik (geisteswissenschaftliche) 181, (d. Todes) 23, (d. *jīvanmukti*) 197
Heroismus (moralischer Selbstbestimmung) 300
Herr 251, 251, 257, 259, 262, 268, (d. Geschöpfe; Prajāpati) 33, (Gnade d. H.) 149, (Gott d. H.) 153, (*īśvara*) 185[7], (Jesus Christus) 260
Herrlichkeit 255, (d. *brahman*) 202, (göttliche Seins-°; *aiśvaryam maheśvaram*) 176, (*svahimni*) 202
Herrschaft (Gottes über alles) 265
Herrscher 134[188]
Herrscherlichkeit (8-fache d. Sāṃkhya u. Yoga; *aiśvarya*) 156[15], 162 (60), 171
Herrsein (*aiśvarya*) 146, 155 f. (Gottes) 155 f., 174, (d. Maheśvara) 142, 155 f., 158[50], 167, 170, 176[94], (*prabhutva*) 155
Hier-und-Jetzt 220, 226
Hier-und-Jetzt-Aspekt 227
Hilfe 262, 266, (Gottes) 254
Hilfsbedürftigkeit 251
Himmel 104/105[33], 167, 196, 237, 251, (Aufstieg) 47-49, 55, 122[124], 131, (Gelangen v. Verbrechern i. d. H.) 125, (großer) 237, (neuer) 309
Himmelsaufenthalt 64, (Endlichkeit d. H.) 59, 81 f.
Himmelsbewohner 218
Himmelsreise 49
Himmelsrichtung 114[85]
Himmelswelt 47, 53, 60, 70[134], (Aufenthalt) 68, 70 (134), (Aufstieg) 70, (automatisches Gelangen) 131, (Erlangung) 60[82], (höchste) 59, (lichthafte) 47, (*loka*) 131, (Rückkehr aus d. H.) 67, 68[122], (*svargo loka*) 60, (Unsterblichkeit in einer H.) 217
hiṃsā 134[188]
hiṃsā-Charakter (d. Ausübung d. Strafgewalt) 125
hīnatara° 67
Hinduismus 76, 82, 94, 99, 107, (Definition) 99, (surinamischer) 265 f.
Hinduismusbegriff 99[12]
hinduistische Deutung d. Todes 266
hinduistische Ethik 108
hinduistische Feuerbestattung 265
hinduistische Glaubensgemeinschaft 252
hinduistische Sicht d. Körperlichkeit 23
hinduistische Spiritualität 141
hinduistische Systeme 82
hinduistische Theologie 182
hinduistischer Substantialismus 139
Hingabe 198, (*bhakti*) 161 (58), 168, (gedenkende an Gott; *bhaktisamīpa*) 144, (personale) 21, (an Rudra) 171; → Hingeben
Hingang (*atigati*) 175
Hingeben (seines Selbstes; *ātmapradāna*) 167-169, 171
Hingebung 263
Hinrichtung 99, 129, 137, (aufgrund eines Fehlurteils) 129[165], (Methoden der H.) 127[155], (Opferhandlungsaspekt der H.) 128[157], (°-Spektakel) 128[157]
Hinrichtungsarten 134 (186)
Hirsch 257
hlāda (Wohlergehen) 83
Hochherzigkeit 172, (*māhātmya*) 166, 170, 171
Hoden (Abschneiden d. H.) 114
Hoffnung 10, 12, 17-20, 25, 245 f., 253, 273, 280, 309, (auf ein Fortleben) 47, (auf eine bessere Welt) 257
Hoffnungssinn 303
Hölle 67, 71, 92, 104[33], 210, 276[41], (Aufenthalt i. d. H.) 70 (134), 81 f., 92, (*naraka*) 81, (*niraya*) 70[134]

Höllenbewohner (*nerayikā*) 71[136]
Höllenbilder, mittelalterliche 210
Höllenidee 105
Hölleninsassen 81
Höllenkönig (Yama) 224
Höllenqualen 98[11], 104[33]
Höllenstrafen 135[193]
Höllenvorstellungen 71 (137)
Höllenwesen 219[36]
Homo habilis 43
Homo Ludens 38
Horizont 242, (Doppel°) 241, (v. Gut u. Böse) 13, (d. Hoffnung) 17, (Jenseits d. H.) 241 f., (d. Körperlichkeit) 20, (d. Offenheit) 18, 198, (d. Todes) 14, (d. Transzendenzerfahrung) 14, (gemeinsamer Verständnis°) 182, (d. Welt) 241
Humanität (Wesentlichkeit d. Menschen) 299, (Sinnraum d. H.) 293
Humanitätsverwirklichung, freie 302, 308
Hund 106, (*śvan*) 66[118], (Wiedergeburt als H.) 65

Ich 30, 233, 235, 235, 285[82], 287, (Abkapselung d. Ich) 205, (Nicht-°) 285[82], 287, (Problem d. Ich) 234, (psychologisches) 298[10], (empirisches Subjekt) 192, (transzendentales) 298[10], (Unterschied zw. Ich u. Nicht-Ich) 285[82], 287, (Unterschied von Körper u. Ich) 272; → *ego*
Ichbewußtsein 206, 233 f.
Ich/Du-Beziehung 205[4]
Ichhaftigkeit (des Todes) 301
Ichheit 208, 233 f.
Ichlosigkeit 232 f., 235, 237 f.
Ichmensch 234 f.
Ichverhaftetheit 232, 234, 242
Ichvorstellung 184
Ichwahn 234
Identität 303, (mit d. Absoluten) 196[32], (v. Ātman u. Brahman) 12, 24, 141, 199, (moralische) 300, (mit d. Sonne) 59, (Tausch d. I. v. Mensch u. Feuer) 34, (Verlust d. I.) 94
Illusion 85, 232, 271
In-der-Welt-Sein 295, 309, (menschliches) 305
Indianer (Rösten von I.) 107
Indifferenz (gegenüber dem Genuß) 190
Individual-Seele 36
Individualität 15, 20, 22 f., 204, 298, 303, 309, (d. Menschen) 309, (Partizipation u. I.) 287
Individuum 21 f., 44[5], 69, 72, 130, 183, 229, 273, 287, 298, 300, 302, (u. Gemeinschaft) 274, 281, (Körperlichkeit d. I.) 22, (leidendes) 105, (Nacktheit Existenzmodus d. I.) 21, (Nacktheit d. verstorbenen I.) 24, (natürliches) 297, 306, (Pflanzen-°) 47[18], (Sieg das Gattung über das I.) 302, (Subjekt der Wiederverkörperung) 44, (Übergang v. I. u. Kollektivität) 29, (Unvollkommenheit d. I.) 273, (welthaftes) 187, (sich wissendes) 303
indriya (Sinnesorgan) 29
Initiative, menschliche (*puruṣakāra*) 88
Inklusivismus-Begriff 111
Innenraum, ekstatischer 238
Innerlichkeit (Möglichkeitsgrund d. I.) 285
Innesein (*avagati*) 188
Innewerden (d. Brahman) 194, (*anubhava*) 188
Insekt 51[37], 64 (106), 68, 107, (bissiges) 61, (fliegendes) 61[86], (stechendes) 61, 64
Integralität 283, 289
Integrität 283, 289, (bürgerliche) 171
Intelligenzleistungen, menschliche 305
Irrtum 189, 203
īśitva 156[42]
Islam 262, 264
islamische Auferstehungslehre 209
islamitische Begräbnisse 261
islamitische Gebete 274
islamitische Gemeinschaft 263, 275
īśvara (Herr) 185 (7)
Itivuttaka *227*[53]

Jahr (Dauer eines prāyaśćitta) 113 f., (Einteilung d. J.) 113[77], (= d. Sonne = d. Tod) 48
Jahreszeit (*utu*) 91, (als Jenseitswächter) 59, (zyklische Abfolge der J.) 35
Jaiminīya-Brāhmaṇa 47, 55, 59, 61 f., 63[99], 63[100], 66 f.
Jaiminīya-Upaniṣad-Brāhmaṇa 52 (41, *42*), 53, 54[52], 55, 60 (80), **61**[92], 62, 68
Jainas 82

jarā 98[10], 223, (Altern) 221
jarā-maccu 223
jarāmaraṇa (Altern u. Sterben) 89-91
Jātavedas 34
jāti 82, 84, (Geburt) 221
jāti-maraṇa 223
Jaya 138
Jenseits 48, 51, 210, 219, 246, 284, 288, (Ahndung v. Vergehen gegen Tiere im J.) 72, (Bhṛgu im J.) 47, (Existenz i. J.) 58, (Fortleben im J.) 48, (gespensterhaftes) 309, (d. Grenze) 240, 247, (d. Horizontes) 241 f., (menschliche Gestalt v. Tier, Pflanze und Wasser im J.) 48, (Mythologie d. J.) 9, 12 f., (Mythisierung d. J.) 16, (Rache im J.) 47, (Rückkehr aus d. J.) 51, 70, (d. Seienden) 12, 19, 24-26, 198 f., 245, 286, (Selbstaufhebung d. J.) 247, (Sterben i. J.) 48, (unsichtbares) 241 f., (Wege ins J.) 61, (Wiedertod im J.; *punarmṛtyu*) 48 (25), (Zusammenhang v. Diesseits u. J.) 306[20]
Jenseitsaspekt 222
Jenseitsaufenthalt 48[25], 49 f., 55, 64, 70, (angenehmer) 58, (befristeter) 59, (in Gestalt von Gestirnen) 50
Jenseitsschicksal 46, 55-57, 61[90], (Wunsch als J. bestimmend) 57, 69 f.
Jenseitsvorstellung 209, (christliche) 210, (Verteidigung d. J.) 215[18], (vorupaniṣadische) 46
Jenseitswächter 60, 62, (Jahreszeiten) 59, (Mond) 60
Jesus Christus 261, 307
Jeta-wald 228
Jhāna 215[15], 216[20], 216[21], (°-stufen) 216
ji-jaku (die Stille zeigen) 244
Jinismus 72, 76
jīva 204, (wandernde Seele) 185
jīvanasahakārin 86
jīvanmukta 201, (Dieb als *j.*) 127[156], (Lebensrest d. *j.*) 104[33], (zu Lebzeiten Emanzipierter) 141, 187
jīvanmukti 12, 145, 178, 186 f., 193-197, 199, 209, 246, 289, (fragwürdige Aspekte d. *j.*) 205[4], (Emanzipation zu Lebzeiten) 141, 183, 186, 311, (Ereignis d. Grenze) 12, (für d. *j.* konstitutive Erfahrung) 186, (mystische Erfahrung) 194, (letzte Radikalisierung mystischer Erfahrung) 197, (Erlösung zu Lebzeiten) 201, (Hermeneutik d. *j.*) 197, (Lehre von d. *j.*) 145, 152, 183, 187, (Verständnis d. *j.*) 192, 194, (Zustand d. *j.*) 192, 194
jīvāśrityāvidyāvāda 204[3]
jñānaśakti (Erkenntniskraft) 142, 146, (E. Gottes) 156
jñātṛ (Erkennender) 158
Johannesevangelium 308
jūgyūzu (Zehn Ochsenbilder) 236
Justizirrtum 129[165]
jyotis 44

Kaddisch 252, 253 (6), 255-257
kaivalya 143, 157, (Allein für sich Sein) 141, 155, (im Sāṃkhya u. Yoga) 143, 150[24], 155, 158
kāla 78
kāma 56
kāmacāra 56, (°-Eschatologie) 52[42], 56[62], (Wandel nach Wunsch) 52 (54), 59
kāmarūpitva 154, (Gestalten-nach-Wunsch Haben) 153
kāmasukhallikānuyoga 216[21]
kāmatyāga (Verzicht auf Verlangen) 190
Kameradschaft 287
kamma 78 (6), 79 f., 88, 91 (34), 92; → *karman*
kammaniyama 91
kammapaccaya 90
kammavipāka 89, 90
Kampf 33, 37 f., 39, (Feuerdrachen-°) 39, (zw. Göttern u. Asuras) 40 (34)
Kannibalismus, ritueller 134
kappa 217 (28), 218[29], (Weltperiode) 217
kāraṇasāmagrī (Ursachenkomplex) 77 f., 85-88, 93, (°-Begriff d. Vaiśeṣika) 78
Karma 58, 68[122], 70, 75-97, 173 f., 269 f., 272, (*adṛṣṭa*) 77 f., 86 (u. Astrologie) 78, (Beseitigung des K.) 178, (destruktives) 92[35], (Erklärungsfunktion d. K.) 80, 94, (ethisch qualifiziertes) 65, (geschichtliche Rolle des K.) 76, (gutes) 70, 83, 272, (Integrierung d. K. im Sāṃkhya) 85, (in Funktion eines Schicksalsbegriffes) 82, (Mitursache für das Leben; *jīvanasahakārin*) 86, (kategorische u. ontologische Klassifikation) 85, (u. Medizin) 78, (moralisches) 66, 69, (ethische Orien-

tierungsfunktion des K.) 81, (Reifung von K.) 84, (rituelles) 58, (Rolle des K. im Yoga) 85, (schlechtes) 71, 82 f., (°-Spuren) 173, (Vergeltungskausalität d. K.) 78, (Verhältnis von K. und Lebensdauer) 82, (keine Wiedergeburt/Wiedertod ohne K.) 94, (zusammengeballtes; *saṃmūrcchita*°) 83, 93 (Zusammenwirken mit anderen Faktoren) 86; → *karman*

Karmalehre 48, 57, 75 f., 80 f., (Ausbreitung d. K.) 78, (im Buddhismus) 69, (ethisierte) 56, 69, (drei Funktionen der K.) 76, (Geheimlehre) 56, (ethische Grundlage von Sühnehandlungen) 104, (ethisch-deontologische Implikationen) 77, (physisch-kosmologische Implikation der K.) 77, (K. Rahmen des Dharmaśāstra) 101; → *karman*

karman 56, 57 (66), 99, 102 f., 103[31], 104 (33), 105-108, 111 (60), 113, 117, 119 f., 125 f., 129-131, 134, 163, (°-Bedingtheit v. Krankheiten) 102, 106-108, (°-Begriff) 137, (d. Seele inhärierende Disposition; *saṃskāra*) 87, (°-Lehre) 101, 104 (33), 110, 120, 129[165], 131, 136 f., (d. Opfers) 31, (°-Rest) 104[33], (d. Selbstopfers) 42, (°-Substanz) 104, 116, 129, (°-Theoretiker) 111[60], 129[165], (°-Theorie) 101, 104 (31-33); → Karma

karmavipāka 104

karmische Ausnahmen 84

karmische Bedingtheit (*kammapaccaya*) 90

karmische Einflüsse (Interferenz k. E.) 88

karmische Energie 87

karmische Gerechtigkeit 90

karmische Kausalität 87, 93

karmische Kräfte 84

karmische Reifung (*kammavipāka*) 89

karmische Relevanz (v. *jāti* u. *āyus*) 84

karmische Vergeltung 81

karmische Wirkkraft 79

karmische Wirksamkeit 82

karmisches Drama 94

karmisches Potential 83

karmisches Resultat 90, (*bhoga*) 84[20]

karmisches Schicksal (*daiva*) 88

kartṛ (Wirkender) 158

Kassapa 39 (31), 219/220[36]

Kaste 110[59], (niedrige) 104/105[33]; → Stand

Kasteiungen 214, 216

Katastrophe 260

Kategorie (fundamentale; *padārtha*) 85, (hermeneutisch-exegetische) 100

Kaṭha-Saṃhitā 34, 37, 40

Kaṭha-Upaniṣad 66 (114, 119)

Kathāvatthu 79, 89-91, 93 f.

kausale Bedingungen (*paccaya*; *pratyaya*) 78

kausale Bezugssysteme 76

kausale Faktoren 78, (empirische) 93, (Gefüge v.; *kāraṇasāmagrī*) 85, (Karma kausaler F.) 89, (natürliche) 93, (vier) 91 f.

kausales Aggregat 77

Kausalität 76, 82, (antizipatorische) 87, (Handlungs-°) 94, (karmische) 77, 82-85, 87, 90 f., 93, (natürliche) 87, (Reifungs-°; *vipākapaccaya*) 90, (spirituelle) 161, (teleologische) 87, (unorganisch-physische) 91, (Vergeltungs-°) 76, 78 f., 82, 84, 87, 89, (Verhältnis v. karmischer u. nichtkarmischer) 79

Kausalverhältnis 222

Kausalzusammenhänge 90

Kauśikasūtra 51[37]

Kauṣītakī-Upaniṣad 16, 60 (83), 61, 62 (94), 65 (112), 66 (114, 118), 69[127]

Khādira-Gṛhyasūtra 36

kilbiṣa 101[17], (Schuld) 121

Kiraṇāvalī *84*[20]

kīṭa 66[118]

Klage 251, 252[3], 259, 276

Kleingetier (mehrfache Wiederkehr als K.) 61, 64, 68

Kleinstlebewesen (Wiedergeburt als K.) 64

kleśa 82

Koexistenz (v. kosmisch Erlösten und Nicht-erlösten) 202

Kollektivseele 36

Kompensation des Todes 251

König 109, 110[59], 113, 122/123[124], 124[130], 125, 127, 128[161], 129 (162, 165), 130, 133 f., 134[188], 135, 138, 255, (Aufsicht d. K.) 117, (Ausübung der Strafgewalt) 125, (Beziehung zw. Viṣṇu u. König) 139, (Familie eines K.) 52, (Höllen°) 224, (Jesus Christus) 260, (Mahendra v. Nepal) 134[188], (menschlicher) 138,

(Rolle d. K. bei Durchführung von Sühnehandlungen) 126, 128, (strafend-heilbringende Funktion) 139, (Übernahme v. Schuld durch d. K.) 121, (Verantwortwortung d. K.) 117[101], (Verbindung zw. Dieb u. König) 122/123[124], (Verpflichtung zur Bestrafung) 121
königliche Strafe 116[96]
königliche Strafgewalt 101[17]
Konsequenz (der Karmalehre) 107, (katholischen Denkens) 107
Konstituenten (fünf) 222, 226, 228, (*guṇa*) 78
Kontingenz 265, 269, 273, 282, 287, (d. menschlichen Daseins) 264, 266, 268
Kontinuität, substantielle über den Tod hinaus 303
Kontinuum 12
Konzentration 272, (meditative; *samādhi*) 215, (yogische; *saṃyama*) 83
Koran 262 (15), 263, 265
Körner 47 (18)
Körper 15, 18, 24 f., 29 F., 68[122], 86[23], 88 f., 114, 154 f., 166, 171, 175 f., 188, 191, 228, 271 f., (alter) 54, (*ātman*) 29, (aufzuerweckender) 25, (Berührung der todlosen Sphäre mit dem K.) 227, (Dualismus v. K. u. Seele) 20, 212, (Aspekt des Existierens) 228, (aus Fleisch und Blut) 271, (Gegenständlichkeit d. K.) 25, (d. Hölleninsassen) 81, (individueller) 186, (existenzialer Modus) 20, (ohne) 141, 148, 150 (24, 25), 155, 158, 177, 186 f., 192, 194 f., (Opfer d. K.) 172, (*śarīra*) 20, 86, (Sitz v. *ceṣṭā*) 103/104[29], (d. Sterbenden) 44[5], (sterbender) 17, (raumzeitliche Dimension des Subjektes) 20, (*tanū*) 29 f., (toter) 10, (Trennung v. K. u. Seele) 10, 20, 23, (unbekleideter) 21, (Unterscheidung von K. und Seele) 23, 131[172], (d. Verdammten) 81, (verwesender) 10, (zusammengesetzter) 271
Körperbesitz 194 f.
körperliche Behinderung 105 f.
körperliche Eigenschaften, unangenehme 102
körperliche Existenz, Ende der 138
körperliche Funktionen 209
körperliche Leiden 79, 268
körperliche Schmerzempfindungen 43[4],
körperliche Wirklichkeit 195
körperlicher Schmerz 112, 126, 134
körperliches Funktionieren 14
Körperlichkeit 20, 25, 183, 196, 217, 287, (Ambivalenz d. K.) 22, (Verhältnis zur K.) 212, (hinduistische Sicht d. K.) 23
körperlose Erlösung (*videhamukti*) 201
Körperlosigkeit 195
Körperstrafe 124 (130), 125
Kosmos 31, 133, 245, (artikulierter) 31, (*karman* des Opfers) 31, (Kunstwerk) 31, (Makro- u. Mikro-°) 29, (d. Leben d. Toten im K.) 201
kosmische Elemente 33
kosmische Kräfte 78
kosmische Ordnung 132
kosmische Seele 27
kosmische Wesenheit (*devatā*) 69
kosmischer *ātman* 35
kosmischer Gott 307
kosmischer Kreislauf 35
kosmischer Prozeß 31, 35
kosmisches Selbst 34
kosmogonisches Opfer 31
kosmologische Prämissen 77
kosmologische Wirkungszusammenhänge 76
Kot 159, 225
Kraft (d. Karma) 79, 81, 83, 91, 113, (zur Aszese) 166, (reinigende d. Strafe) 130 f., (spirituelle; *bala*) 144 f., (übernatürliche; *ṛddhi*) 92
Krähen 107
Kranke 106, 134, 223[45]
Krankheit 78, 90, 102[23], 103 f., 104/105[33], 105, 106, 137, 222, 223 (45), 225 f., (Haut-°) 103[27], (karmisch bedingte) 105 f., (Lepra; *śvaitrya*) 103 (27), (letale) 103, (*mahāpāpaja-*) 103, 105, (schreckliche) 104, 107, (Strafe Gottes) 106[35], (Syphilis) 106[35], (Timira-°) 158, (Tod durch K.) 99, (Tuberkulose; *kśayaroga*) 103, (Überwiegen von K. und Leid) 53, (°-ursachen) 79, 91, (*vyādhi*) 221
krankheitloser Frieden 226
krankheitsloses Heil 213[8]
kratu 55, 57

Kräuter 63, 103, (*oṣadhi*) 51[35]
Kreislauf 27, (d. Feuchtigkeit) 49, 63[99], (von Feuer u. Wasser) 35, (Geburten°) 75, 106, (kosmischer) 35, (v. Leben u. Tod) 35, 42, 234, (Leidens-°) 234, (makrokosmischer) 30, (°-Prozeß) 28, (*saṃsāra*) 75, 173, (d. Soma) 48[20], (Verwandlungs-°) 28, (d. Wassers) 48[20], 63[99], (Wesens-°) 12, 14, 17, 23, 173 f., 177, 186, 193-195, (d. Wiedergeburt) 87, 202
Kremationsfeuer 33
Krematorien 265
Krieg 125[138], 256
Krieger 133, (Wiedergeburt als K.) 52, 65
Kriegerstand 132
kriyā (Tätigkeit) 144
kriyāśakti (Wirkkraft) 142, 146, 156
Kṛṣṇa (Viṣṇu als K.) 138
kṛtavipraṇāśa 90, 101[19]
Krüppel 107[48]
kṣaya 103[28], (Zerstörung) 124
kṣayaroga 103[28]
kṣemin (geborgen) 176
kudāna (fragwürdige Gabe) 167
Kuh 144, (als Gabe) 166 f.
kula 214[13]
kulaputta 220, (Angehöriger besserer Familien) 214
Kullūka [: Manvarthamuktāvalī] 108, 123 (125), 124 (135, *136*), **126** (*145*), 127[156], 128
Kummer (*soka*) 226
kummerloser Frieden 226
kusala (Heil) 225
kuyojana (fragwürdiges Opfer) 170
kuṣṭha 103[27], 103[28]

lābha (Gewinn) 144, 145, 149
Lachen 170, 171[82]
Laienbuddhismus 45[8]
lakṣaṇa (Anzeichen) 146
Lalitavistara *213*[8], 224[47]
Leben (°-Atem) 29, (mit Christus) 13, (Erklärung des L.) 86, (ewiges) 210, 234, 259, 309, (fahrendes) 38, (Fort-°) 47 f., 110, 120, 234 (mit Gott) 251[2], (Grenze d. L.) 16, 23, (ungleiche Länge d. L.) 80, (Maß des irdischen L.) 81, (meditatives) 165, (Prajāpati Herr d. L.) 33, (°-Prozeß) 35, (spiritueller Prozeß) 178, (Radikalisierung d. L.) 26, (nach d. Tode) 13, 19, (Sein zum Tode) 233, (Ur-°) 239, (vergehendes) 10 f. 15, (Verhältnis v. L. und Tod) 28, (Weiter-°) 43, 47 f., 137, 306[19]
Leben-Sterben (*shōji*) 233-246, 280
Lebensanschauung 250, 254, 257, 261, 267, 274
Lebensauffassung 299
Lebensäußerung 15
Lebensboot 266
Lebensdauer (deterministische Deutung) 82, (karmisch prädeterminierte) 92 f., (lange der Himmelsbewohner) 218 (29), (natürliche) 84
Lebensdurst (*tṛṣṇā*) 17 f.
Lebensende 9, 14, 130, 257
Lebenserfahrung 236
Lebenserscheinungen 30
Lebensform 250, (spirituelle) 161
Lebensformen 107[41]
Lebensführung 190
Lebensgeschichte 250, 270
Lebensgrundlage, materielle 274
Lebensgüter 80
Lebenshauch (*prāṇa*) 62
Lebenskraft 68, 83 f., 92[35]
Lebenskräfte 30, 44[5]
Lebenslehre 276[42], (religiöse) 287
Lebensodem 115
Lebensphase 269, 276
Lebensrest 104/105[33]
Lebensspanne (*āyus*) 82-84, 87, 92[35], 93, (Verkürzung der L.) 130
Lebenssinn 10
Lebenstradition 17
Lebensträger (Wasser, Feuer) 44[5], 63[99]
Lebensunterhalt 172, (*vṛtti*) 144 f., 215[18]
Lebensvollzug 16 f., 19, 22, 105
Lebensweg 264
Lebensweise 93, 250, 274 f., 277, 281, (hausloser Bettler) 220, (philosophische) 209, (rechte; *sammā-ājīvo*) 215, (richtige) 263
Lebenswelt 250
Lebenszeit (Begrenztheit d. L.) 254, (d. Götter) 218[29], (kurze) 224[48]
Lebewesen (empfindende) 77, 89, (Gestaltung v. L.) 79[8], (Kleinst°) 64, (nicht-

menschliche) 43 (4), 48, 51, 61, (Opfer ātman aller L.) 28 f., 31, 35, (Schädigung von L.) 163, (untermenschliche) 55[55], (Verletzung von L.) 169-171, (Verschiedenheit d. L.) 121, (Versöhnung d. geopferten L. mit seiner Tötung) 47, (Wiedergeburt aller L.) 44, 46, 71
Lebewesenklassen 48, 51
Lehre (Advaita-°) 206, 207[10], (ātman-brahman-°) 29, (Auferstehungs-°) 209 f., (buddhistische) 237, (v. d. Emanzipation) 141, (Fünf-Feuer-°) 63, (Geheim-°) 56 (64), (Paradoxe d. Glaubens-°) 276 (42), 281, (von Gott) 254, (nichtdualistische Heils-°) 204[3], (von d. *jīvanmukti*) 145, 152, 183, 187, (Karma-°) 48, 56[64], 57, 69, 75-96, 104 (33), 110, 120, 129[65], 131, 136 f., (religiöse Lebens-°) 287, (Postulaten °) 303, (Seelen-°) 208[13], 229, (Prāyaścitta-°) 136, (Seelenwanderungs-°) 44, 47, 54[52], 306[20], (v. d. Sühnehandlungen) 108, (Sünden-°) 264, (d. Verdienste) 264, (von der Weltentstehung) 185, (Wiedergeburts-°) 44-72, 75 f., 81, 110, 137, (Zwei-Wege-°) 60, 61[90], 63 (99), 67, 69, 71
Leiche 23, 61, 64, 165 (69), (Betrachtung v. L.) 223 f.
Leichenfeuer 59 f.
Leichenverbrennung 265
Leichenverbrennungsplatz (Leben auf dem L.) 144, 145 (12), 147, 149, f., 150 (26, 29), 164 f., 169 (69), 172, 177 (95), (Maximaldauer des Lebens auf dem L.) 151[28]
Leid 14, 18, 43 f., 53, 72, 189, 266, 268, 299, (dreifaches) 141, (Ende des L.) 141 f., 145, 149, 151, 189, (körperliches) 268, (Überwiegen von L.) 53, (unausgeglichenes) 44
Leiden 72, 279, 280, (*duḥkha, paritāpa*) 83, (chronische) 105, (Ende d. Leiden) 172, 174 f., 176 (94), 177, (nichtmenschlicher Lebewesen) 43, (geistiges) 268, (d. Tiere) 72
Leidenskreislauf 234
Leidhaftigkeit d. Sterbensaktes 138
Lepra (*śvaitrya*) 103 (27)
Letztsinn 302
Letztverantwortung 300
Licht 260, 267, (Augen-) 244, (Bringer d. L.) 267, (ewiges) 257, 259 f., (Leben d. L. d. Menschen) 295(296)[6], (u. Schatten) 202, (d. Selbstes) 189,
Licht- und Feuernatur des *ātman* 44[5]
Lichtwelt 62, (unvergängliche der Sonne) 59
Liebe 268, 274, 280, 308 f., (absolute) 210, (Eschaton d. L.) 307[21], (Gott d. Liebe) 307 f., (Gottes) 307, (Sprachspiel d. L. bei Theresa v. Avila) 196[32]
Lieben 287
Liebesgebot, christliches 308
līlā (Spiel) 185
Liturgie 17, 251, 257, 260, 275 f., 281, (Anglikanische) 267[27], (Funktion d. L.) 277
Lobgesang 251, 253, 258
Logik (d. *saṃsāra*) 201 f., (immanente d. Traumes) 203
logos (heraklitischer) 27 (4), 31
Logos (d. Offenbarung) 182, (philosophischer Vernunft) 293[3], (d. Mensch ein Wesen d. L.) 294, (dialogischer) 302[13]
Lohn für Handlungen 81, 85, 259, 264
Löwe 65, 69, (Maul des L.) 260
Lucinde (F. Schlegel) 21
Lust 271, (u. Leid) 85, 189, (sexuelle, Ziel menschl. Denkens) 153, (Sinnen °) 215 f.

maccu (Tod) 223
maccu-jarā 223; → *jarā-maccu*
Macht (All-°) 185[7], 210, 265, (normal geltende d. Dinge) 229, (d. Gestirne) 78, (Gottes) 148, (göttlicher Wirklichkeit) 284, (vier Grundlagen übernormaler M.) 217, (Herrscher-°, achtfache) 162[60], 171, (höhere) 272
Machtfülle 148[17]
machtvolle Tiere 55[55]
Magie 129[164], 282
Mahābhārata 47[18], 61 (91), 67, 81 f., 92, *120*[116], 121[120], *124*[136], **135** (*190*), *149*[19]
Mahābhāṣya (Patañjali) *122/123*[124]
mahāpāpaja (°-Krankheiten) 103[27]
maharṣi 121/122[120]
māhātmya (Hochherzigkeit) 166, 169, 171
Mahāvagga 28, 39, 213 (8), 214 (10), 219[35], 225 (51)

Mahāyāna-Buddhismus 89[28], 232 f.
Maheśvara 170, (Ausgriff d. Ātmaseins auf d. M.) 160 f., 167, (Gnade d. M.) 148, (Herrsein des M.) 146, 155 f., 158[50], 167, 170, 176[94], (Hingeben d. Selbstes an d. M.) 169, (Rudra) 149, 175, 177, (Śiva) 142, (Vereinigung mit d. M.) 158, (Vergegenwärtigen d. M.) 168
māheśvaram aiśvaryam 13, 155 f., 176 f.; → Herrsein d. Maheśvara
mahimā 156[42]
Maitrāyaṇī Saṃhitā 30, 34, **37**, 38, 50 (30), 51
Maitrāyaṇīya-Upaniṣad 61, 67
Maitreyī 217[26],
majjhimā paṭipadā (Weg in der Mitte) 215
Majjhima-Nikāya 70, 71 (136), 80, 88, 213/214[9], 214[13], 215[15], 217[23], 221, 222, *223*[44], 225 (51), **226** (*52*), 227, **228**, 229
√ *man* 211
manas 58[72], (Denkorgan) 86 (23), 88
Manas (Geschwindigkeit, wie sie d. M. eigen ist) 153
[Mānavadharmaśāstra] s. Manusmṛti
Māndhātā 121[120]
Manen 54, (Manenopfer) 49, 50
Mangel 256, (an Einsatz) 259, (an Einsicht) 256
Mannigfaltigkeit (innerweltliche) 298, (*vaicitrya*) 80
manojavitva (Schnelligkeit, wie sie dem Manas zukommt) 153 f.
Mantra 34, 38, 163[63], 171, (Funktion d. M. in der Meditation) 163, 164 (66), (Rezitieren von M.) 166, 168, 171, 176
Mantramurmeln 144, 160, 162, 173, 176
Mantren-Meditation (mythische Vermittlung der M.) 172
Manuśāstravivaraṇa (Bhāruci) 115[89]; → Bhāruci
Manusmṛti 81, 102, 106, 108, 112, *116*[99], *119*[112], *121*[118], 121[120], ***122*** (121), 124[130], 127 (156), 128[161], 131
[Manusmṛtibhāṣya] s. Medhātithi
manuṣyadeva 133[180]
[Manvarthacandrikā] s. Rāghavānanda
Manvarthamuktāvalī (Kullūka) **126** (*145*); → Kullūka
√ *mar* 211
maraṇa 98, (*jarā* u. *m.*) 223, (*jāti*-°) 223, (fortgesetztes Sterben), 94, (Sterbeprozeß) 222, (Tod), 226 f., (Vorgang d. Sterbens) 98[10], (erste edle Wahrheit) 220-222, (Sterben, Tod) 220, 226
maraṇānta 114
maraṇāntika (*prāyaścitta*) 114 (81), 118[105], 120
Maskarin [: Gautamadharmasūtrabhāṣya] 114[81], 114[84], 118[109], **119**[113], *132*[176]
Maß (d. irdischen Lebens) 81[15], (v. *sukha* u. *duḥkha*) 84
mata 211, 220
Materialismus 45, (d. Carvakas) 75, (Leibniz') 304
māyā 288
Medhātithi [: Manusmṛtibhāṣya] *107*[40], *112*[73], 116/117[99], *123*[136], 124[136], 125 f., *125*[139], *127*[153], *127*[155], 127[156], *134*[185]
meditatio mortis 209
Meditation 144, 147, 160-164 (66), 173, 176, 209, 237, 251, 276, 280, (Antizipation d. Todes i. d. M.) 15, 209, (*dhyāna*) 162, (Dhyāna-°) 215, (Leichen-°) 10, (Funktion d. Mantra in d. M.) 163, (Mantren-°) 172, (Mittel zur Erlangung d. *amata*) 219, (*saṃyama*) 148[17], (Tätigkeit d. Aszeten) 144, 147, 160, (Vergegenwärtigen Gottes i. d. M.; *devanityatā*) 144, 147, 162, (Yoga-°) 159
Meditationsgegenstand (Gott) 173
Meditationstradition 227
Medizin 103-105, (Karma und M.) 78, (*āyurveda*) 88
Meister-Schüler-Verhältnis (im Advaitavāda) 207
memoria 15 f.
Mensch (alter) 224 f., (Analogie Gottes) 304, (aporetischer) 302, (Auferstehung d. M,) 25, (Aufgehen d. M. im Objekt der Welterfahrung) 298, (böser) 13, (Existenzvollzug d. M.) 11-14, 20 f., 23-25, (u. Feuer) 33-39, (Geistseele) 31, 44[5], 54, (Gottesgeburt im M.) 295, (guter) 125, (Ich-°) 234 f., (innerer) 44[5], 54 f., (kranker) 224 f., (leidender) 107 f., 225, (Mit-°) s. Mitmensch, (Nacktheit d. M.) 21-24, (natürlicher) 304, (Organe d. M.) 155, (tierischer

Organismus) 305, (*puruṣa*) 29, 31, 44[5], 54 f., (schlechter) 106[35], (°-Sein) 252 f., 257, 263, 271, 276, 283 f., 286, (als Subjekt) 278, 284, (Sonderstellung des M. im Dasein) 28, 298, (Subjektivität d. M.) 189, 198 f., (toter) 224 f., (Unheilsgrund d. M.) 234, (verachteter) 106 f., (Vernichter von Lebewesen) 300, (wehrloser) 253, (°-werdung Gottes) 304, 307, (wertender) 299, (Ziel des M.; *puruṣārtha*) 191, (Zwischen-°) 238 f.
Menschbild 252, 262, 274 f.
Menschenleben (Dauer eines M.) 82, 92 f., 130, (4 letzten Dinge) 13, (4 Kennzeichen d. M.) 258, (4 Ziele im M.) 153
menschgewordenes Wort, Glauben an das 293/294[3], 296, 307
menschliche Freiheit 299, 307
menschliche Gestalt (d. Tiere u. Pflanzen) 48
menschliche Götter 133[180]
menschliche Individualität 303, 307, 309
menschliche Initiative (*puruṣakāra*) 88
menschliche Körperlichkeit 287
menschliche Kultur, Anfang der 33
menschliche Umwelt (Verhältnis zur; *vyavahāra*) 205
menschliche Verantwortung 258, 263-265, 272-274, 278, 309
menschliche Verletzlichkeit 266
menschlicher Körper 22 f. 195
menschliches Heil 141-146, 183, 192, 196
menschliches Orientierungsbedürfnis 255
menschliches Unvermögen 259, 268
Menschlichkeit inmitten der Sünde 278
Menschsein (Sinnerfüllung d. M.) 305, (Originalaufgabe des M.) 283, (Verantwortung d. M.) 309
Merkmale (drei) 175, (ohne) 157[45], (tadelnswerte) 108, (vier d. mit Gott vereinigten) 150, (d. Vollendung) 156, (32 eines großen Mannes) 212[7]
Messe 277 (für die Verstorbenen) 257, 261
Messer 48
Metamorphose 31, 48, 51
Metaphysik 30, 35, 68, 76 f., 202, 232, (Form- u. Substanz-°) 297, (der Seele) 244
metaphysische Allgegenwart 205[4]
metaphysische Erkenntnis 202
metaphysische Prinzipien 10
metaphysischer Standpunkt, höchster 208[13]
Metempsychose 31
Milindapañha 79, 81, 91, *218*[31], 219/220[36],
Mißgeschick 267
Mißgunst 272
Mißhandlung v. Tieren u. Pflanzen 72
Mißlingen 279
Mißverstehen d. Welt 94
Missetaten 72
Missetäter (Hilfe für M.) 132
Mitākṣarā 104[31]; → Haradatta
Miteinander 17, 205[4]
Mitgeschöpf, leidendes 72
Mitgeschöpflichkeit 310
mithyājñāna (falsches Wissen) 187
Mitleid, Ethik d. M. 107
Mitmensch 16, 20 f., 25, 202, 233, 244, (leidender) 108
Mitmenschlichkeit (Achtung jedes Freiheitswesens) 299
Mitseiendes 22, 24 f. 160
Mitsein 198, 286, 302[13]
Mittel 215, 216 (23), (*amata* M. für Unsterblichkeit) 218[31], (drei) 171, (rituelle) 47 f., 112, (*tapas*) 60[82], 60[84], 112[73], 118, 161, 171, (*upāya*) 145, 149
Mittelweg 215 f.
Mitursache (Karma M. für d. Leben; *jīvanasahakārin*) 86 f., (Karma M. für d. Tod) 89
Mohammed 261, 263
mokṣa 77
Moliyasīvaka 79
Monade 304 (15), 306[20]
Mönch (buddhistischer) 104/105[33], 216[23], 227, 228, (Dichter-°) 243
Mond (Anschwellen d. M. durch die Lebenshauche) 62, (Aufstieg zum M.) 49, 52 (42), 55, 60 (83), 62 (94), 65 f., 68, (als Jenseitswächter) 60, (Neu-°) 60[78], (°-phasen) 35, (Rückkehr v. M.) 64 f., (Sehen v. °-en) 158, (Station aller Verstorbenen) 60, (Stätte d. *brahman*) 52, (Ursprung d. Regens bzw. d. Sperma) 63, (Voll-°) 60[78], (Ziel aller Toten) 62, (Zugang zum M.) 62[94]

Moral 255, 300 f.
moralische Beurteilung 299
moralische Einsicht 288
moralische Identität 300
moralische Lehre 56[64]
moralische Ordnung 76
moralische Selbstbestimmung 299-301
moralische Verpflichtung 278
moralische Weltordnung 307
moralische Werke 68
moralische Wertvorstellung 299
moralisches Handeln 70, 119, 299-301
moralisches Karma 66, 69
moralisches Pharisäertum 107
moralisches Verdienst 48, 70[132]
moralisches Versagen 300
Moralität 300, (Transzendieren d. M.) 301
Mord (an einem Arhat) 91, (*brahmaghna*) 127, (*brahmahatyā*) 56, (Brahmanen-°) 115[87], (Selbst-°) 84, 128[157]
Motivation (für d. Gehen d. 8-gliedrigen Pfades) 228, (Handels-°, religiöse) 301
Motivationsebene 299
Motivationshorizont 299, 308
Motte 61, 65, (*pataṅga*) 69
√ *mṛj* 121
mṛtyu 98[10]
mukta (Emanzipierter) 157
mukta° (emanzipiert) 158, (ohne Bindung) 191
mukti 209, (Befreiung) 151, (Emanzipation) 14, 141, (Erlösung) 201
mumukṣutva (Verlangen nach Emanzipation) 190
Muster (Denk-°, archaische) 27[4], (Erfahrungs-°) 35, (geistige) 270
Mut (*vīrya*) 166
Mutterleib 222
Muṇḍaka-Upaniṣad 61, 66, **67**[120], *193/194*[29]
Mystik 24 f., 199
Mythische Gegenwart (Gottes) 163, (d. Todes) 11, 14-16, 236
Mythisierung 10, 16, 20, (d. Emanzipation) 142, (menschlicher Existenz) 290, (eines Glaubens) 15, (d. Grenze i. Vedānta) 12 f., (d. Jenseits) 16, (d. Todes) 9-14, 17, 20, 183, 246, (d. Transzendenzerfahrung) 286, (d. Zustandes d. Vollendung) 152, 157
Mythologeme, purāṇische 138
Mythologie 76, 232, (d. Jenseits) 9, 12, (viṣṇuitische) 138
Mythos 182, 236, 282, (Gegensatz von M. und Logos) 182

Nachtodschicksal (günstiges) 67, 131, 134, (primär menschliches) 51, 67, (d. Tiere) 67, (ungünstiges) 110
Nacktheit 21-25, 134, (Existenzmodus d. Individuums) 21, 25, (Sinndimension d. menschlichen Körpers) 22 f., (d. Subjektes) 23-25, (d. zum Tode Verurteilten) 134, (d. Toten) 24
Nāgas 48/49[25]
Nāgasena 81
nairghṛṇya 80
Naiṣadhīyacarita 135[193]
namas 171, (Verehrung) 168
Name und Gestalt (unentfaltete) 185 f.
[Nandinī] (Nandana) *125*[140]
Nāradasmṛti 121, 124[130], 128 (160)
naraka (Hölle) 81
Nashorn (*parasvat*) 65
Natur 233, 237, 239, (Beziehung zur N.) 233, (Brahman-°) 203, (Buddha-°) 290, (d. Feuers) 38, (Feuer-° d. *ātman*) 44[5], (Analogie von Freiheit u. N.) 300, (Jenseits des Seienden) 21, (Preisgegebenheit an d. N.) 21, (Sein d. N.) 237, (wahre) 141
Naturalisierung 305 (N. des Menschen) 298
Naturgesetz 181
natürliche Ordnung (*utu*) 91
Natürlichkeit 302
Naturphilosophie 159, (Ionische) 28
Negation (d. Daseins) 142, (Tod N. d. Lebens) 94, (d. sterblichen Lebens) 306, (d. Ich) 235, (d. Phänomene) 187, (d. Selbstes) 185
Negativität 22, 302, (radikale d. Lebens) 245, (d. Nicht-Sein-Sollens) 302[13], (d. Todes) 297, 302[13]
Nektar (*amata*) 211, 217, 219, (*amṛta*) 217[27]
nerayika (Höllenbewohner) 71[136]
nibbāna 215[16], (Erlöschen) 215; ; → *nirvāṇa*
nīca° 214[13]
Nicht-Einmischung 107

Nicht-Essen (*anāśaka*) 112[71]
Nicht-Ethik 137
Nicht-Ich 287, (Gott) 285[82]
Nicht-mehr-Leben 260
Nicht-mehr-Sein 260, 303
Nicht-Seiendes 19, (*ouk on*) 288
Nicht-Selbst 39[31], 184-186, 188 f., 195, 228, (*anattā*) 31, 41, (*anātman*) 184
Nicht-Substanz 30
Nicht-Substanzialität des Selbst 239
Nicht-Täter-Sein 186
Nicht-Wissbarkeit 244
Nichtarier 61
Nichtaufhören 18
Nichterlöste 202, 207
Nichtexistenz eines Selbst 229
Nichtgedenken 145
Nichtigkeit 233
Nichts 198, 232, 238-240, 242, 245, (absolutes) 237, 239
Nichtsein 229
Nichtsheit (Sphäre d. N.) 218[29]
Nichtsterben 243
Nichttöten 107[41]
Nichtverletzen 107[41]
Nichtwissen 188-191, 193, 195, 207 (9), 208, 241, (*avidyā*) 204, (Samen des Wesenskreislaufes) 191
Nihilismus 229, 279
nirasta° 124
niraya 71[136], (Hölle) 70[134]
nirharaṇa 124
nirvāṇa 14, 24, 141
Nirvāṇa 212, 225, (geburtloser höchster Frieden) 226, (Leben-Sterben) 233 f., 246, (Pari-°) 219/220[36]
Nirvāṇa-Buddhismus 229
nitya° (beständig) 173
nityabuddha° (ewig bewußt) 191
nityaśuddha° (ewig rein) 191
nityayukta 147
nityayuktatā (bleibende Vereinigung [mit Gott]) 146, (habituelle Gegenwart [Gottes]) 144, 172
niyama 91[34], (Regelmäßigkeit) 91, (asketische Praxis) 166
niyāma 91[34]
niyāmaka 88[25]
niyati 78, 82
niṣkala° 164, (ohne Daseinselemente) 148, 150[25], 175
Not 256
Notwehr, Recht auf Tötung aus 125[138]
nous 305
Nutztier 43, (*paśu*) 62
Nyāya 18, 85, 88, 93, 141, (älterer) 87
Nyāyabhāṣya (Pakṣilasvāmin) **18**, 87 (24), 103/104[29], 141
Nyāyasūtra (Gautama) 87 (24)
Nyāyavārttika (Uddyotakara) 88[25] 183

Objekt (d. denkenden Erfassens) 153, (°-Erkenntnis) 188, 191, (Loslassen d. O.) 162, (Subjekt-O.-Denken) 309, (Subjekt-O.-Spaltung) 237, (Übertragung d. O.) 183 f., (d. Wahrnehmung) 193, (d. Welterfahrung) 298[10]
Objektphänomen 187, 189, 195, (Mensch ein vereinzeltes O.) 184
Objektsein 184
Ochse 245
Ochsenbilder, zehn (*jūgyūzu*) 236
Offenbarung 41, 191, 194, 278, (allgemeine) 278, (-Aussagen) 186, 193, 203, (Gottes) 278, (Hinweis d. O.) 194, (Logos d. O.) 182, (vedische) 183, 205, (Verstehen d. O.) 206, (Wort d. O.) 190
Offenheit 16, 18, 198, 285, 300, (für d. Andere) 11, 15 f., 246 f., 282, 284, (apriorische) 295 f., (totaler Preisgegebenheit) 15 f., 20, (menschliche) 284, (sich selbst mitteilende) 198, (unendliche) 240-243, 245, 247
Ohne-Körper-Sein 192, 195
Ohne-Merkmal-Sein 157[45]
Opfer 28-42, 106, 115[91], 125[138], 170 ff., 265, (Agniṣṭoma) 169 f., (*ātman* als O.) 28, 31, (Ablehnung d. vedischen O.) 170 f., (agonales) 38, 110, (altindisches) 35, (blutiges) 110[58], (Fehler beim O.) 110[58], 120, (Feuer-°, *agnihotra*) 32, (fragwürdiges; *kuyojana*) 169-171, (v. Justizirrtümern) 129[165], (kosmogonisches) 31, (Manen-°) 49, 50, (*pañca mahāyajñā*) 106[38], (Pflanzen-°) 68, (kreislaufartiger Prozeß d. O.) 28, (°-Reflexion, ritualistische) 28, 32, (°-Ritual) 29, 32, (Selbst-°) 32, 42, 172, (Soma-°) 32, 47, (Speise-°) 32, (Tier-°) 68, (°-Universum) 33, (d.

Ur-Puruṣa) 31, 34, (vedisches) 32, 104[31], 128[157], 170, (d. Weltentsagung) 42
Opferdienst, solenner (*śrauta*) 36
Opferfeuer 32, 34, 41 f., 47 (18), 49, (Gründung des O.; *āgnyādheya*) 41
Opfergeweihter (dīkṣita) 38
Opferhandlung 128[157]
Opferherd 32, 34
Opferkampf 41 f.
Opferkuchen (*havis*) 47 (18)
Opfern (überragendes; *atiyajana*) 166, 169 f.
Opferplatz 33 f., 38, 42
Opfersymbolik 63[99]
Opfertier 38, 47 (18), (*paśu*) 31
Opferveranstalter 29, 32, 36, 41
Ordal (*divya*) 98[11]
Ordnung (Aufrechterhaltung der O.) 132, (geistige) 76, (gesellschaftliche) 132, (gesetzmäßige) 31, (kosmische) 132, (moralische) 76, (natürliche; *utu*) 91, (ist d. Opfer) 31, (physische) 76, 91, (Welt-°) 28, 254, (Welt-°, transzendentale; *ṛta*) 136 f.,
Ordo-gedanke, mittelalterlicher 300
Organ, psychisches 150, 154, 175
Orientierungsbedürfnis 255, 273
Orientierungshilfe 257
Ort (d. Aszeten) 145-177, (d. Begegnung) 239, (*deśa*) 146, 176, (düsterer) 46[15], (d. Existenz; *vasatyartha*) 145, (fünf) 177[95], (Gott) 176, (Höhle) 145[12], (Leichenverbrennungsplatz) 145[12], 165 (69), 172, 177, (ohne) 150, (Rudra) 149 f., 177, (schlechter) 70 f., (Śiva) 146, (Ur-°) 239, (Versammlungs-°) 252[3], (d. gegenseitigen Verständigung) 231
ouk on (Nicht-Seiendes) 288
oṣadhi 51[35]

paccaya (Bedingung) 78 (6); → *pratyaya*
padārtha (Kategorie) 85, (Lehrgegenstand) 157[45]
Padārthadharmasaṃgraha (Praśastapāda) 78, 79[8], 85, *86*[23], 88[25]
Padmapurāṇa 121/122[120]
Pañcāgnividyā 63 (99)
Pañcapādikāvivaraṇa (Prakāśātman) **202** f. (2)
Pañcārthabhāṣya (Kauṇḍinya) ***143-177***
Pañcaviṃśatisāhasrikā Prajñāpāramitā 70[131]
pañcupādānakkhandhā (fünf Massen d. Ergreifens) 222
pāpa 56[61], 56/57[65], 57[66], 101[17], 110[58], 135[194]
pāpajanyaroga 102[23]
pāparoga 102 (23), 104 f., (°-Theorie) 104[33]
pāparogin 103, 135
Paradies 260, 265, (zeitlich bemessener Aufenthalt in P.) 92, (mittelalterliche -bilder) 210
Paradox (d. Glaubenslehre) 276 (42)
Paradoxie (d. Advaitavedānta-Heilslehre) 202, (d. Opfers) 35
parāntajñāna 83
parasvat 65[113]
Parias 106 (39)
pariṇāmavāda 208
pariṣad (Brahmanenversammlung) 117 (100)
paritāpa (Leiden) 83
Parinirvāṇa 219/220[36]
Partipization 286
paśu (Nutztier) 62, (Opfertier) 31
Pāśupata 13, 143-177, (°-Aszet) 143, 145, 149, 156, 158, 162, 165 f., 170 f., (°-Heilsweg) 143-146, 152, 157-159, 166, 175, 177, (Monotheismus d. P.) 159, (theistische Spiritualität des P.) 143, (°-Yoga) 159
Pāśupatasūtra 146, **147** (*16*), **149** (*21*), *150*, *150*[24], ***151***[26], **154** (38), **159**, **159** (*51*), ***161***[58], *167* f., **172** (*86*), *175*, **175**
pataṅga 66[118], 69 (127)
patitas 106[39]
patitatva 130[166]
paṭhavī (Erde) 89 f.
Penis (Abschneiden d. P.) 114
Peripetie (d. Feuers) 38, 42
Person (Bewahrung d. P.) 229, (psychologisches Erleben d. P.) 196[32], (fünf Konstituenten d. P.) 222, 226, 228, (Subjekt d. Wiederverkörperung) 44[5], (Umwandlung d. P.) 138, (Vernichtung d. P.) 228, (i. Tod zerbrechende) 10
personale Hingabe 21
personale Todestheorie 302[13]
Pfad (achtgliedriger; *aṭṭhaṅgiko maggo*) 215 f. 216[23], 219[36], 220 f., 228

Pfirsichblüten 239
Pflanze (Erlösung als Pf.) 44-47, (Gerechtigkeit für Pf.) 69, (menschliche Gestalt der Pf. im Jenseits) 48, (°-Individuen, geopferte) 47[18], 68 (Leiden d. Pf.) 72, (Nahrungs-°) 63 (102), 64, (Rache d. nicht rituell getöteten Pf.) 47, 72, (Schutzpflicht für Pf.) 133[181], (Soma-°) 47, (*sthāṇu*) 66[114], (Tod der Pf.) 9, (vorübergehende Unterkunft der Seelen) 68, 71 (Religion d. Pflanzen) 43, (Verhalten gegenüber Pf.) 44, (Weiterleben von Pf.) 47 f., (Wiedergeburt als Pf.) 47, 51, 52, 57, (bestimmte, der Wiedergeburt dienliche) 63
Pflicht 268, 282, (d. P. Hingegebener; *dharmātmā*) 144, 166, (Schutz-°) 133[181], (d. Zweimalgeborenen) 108
Pflichtausübung d. Königs 129/130[165]
Phaïdon (Plato) 209 f., **209** (*14*), **210**
Phantasie 107, 245
Pharisäertum, moralisches 107
Phänomen (Basis-°) 280, (Einzel-°) 185 f., (faktisches) 80, (d. Grenze) 13, 245, (°-komplex) 186, 195, 311, (d. Körperlichkeit) 196, (materielles) 91[34], (menschliches) 287 f., (d. Nacktheit) 21, (Negation d. Ph.) 187, (Objekt-°) 184, 187, 189, 195, (physisches) 9, (d. Religion) 9, 16, 182, (Sexualität als geistiges) 21, (d. Todes) 9-12, 14 f. 17, 22, 79, 93, 177, 231, 311, (unreales) 183, 189, (Ur-°) 185, (welthaftes) 147
physische Individualität, Vernichtung der 20
physisches Phänomen (Tod) 9
pitṛ 51[35]
Pithecanthropinen 43
Pleroma 308, (wirklichkeitserfüllende Relevanz) 310
Pneuma 35
ponobbhavika° 222
Possession 31
Postulatenlehre, Kantsche 303
Potential, karmisches 83
prabhraṣṭa° 166
prabhutva (Herrsein) 155
Prägung 107[42], 189
Prajāpati 33, 54
prakamya 156[42]
prakṛti (Urmaterie) 78, 85
prāṇa 29 f., 35, 44[5], 62
prāpti 156[42]
Praśna-Upaniṣad 61 (90), 66, 70
pratītyasamutpāda 14, 94[39]
pratyāhṛtacitta 160
pratyakṣa (sinnliche Wahrnehmung) 204
pratyaya (Bedingung) 78 (4)
Praxis, aszetische (*niyama*) 166
prāyaścitta (Sühnehandlung) 99-137, (°-Begriff) 110[57], (Beziehung zwischen *p.* u. *daṇḍa*) 132, (Dauer eines *p.*) 113, 114 (79), (geheimes; *rahasya*-°) 110[59], (°-Idee) 120, 129, 132, (lebenslängliches) 130, (°-Lehre) 136, (magisches) 137, (*maraṇāntika p.*) 114 (81), 118 (105), (öffentliches; *prakāśā*°-) 110[59], 117[100], (Mittel zur Wiedergutmachung von Opferfehlern) 110, (°-Praxis) 134, (verdeckte Form d. Selbsttötung) 119, (*tapas*) 112, (tödliches) 115, 120, 130 f.
prāyaścitti 48[22]
prāyopaveśa 119[111]
Preisgabe 20, 203, 285
Preisgegebenheit 16 f., 20-22
Preisgegebensein 15, 23
Preislied 41
preta (Totengeist) 67
Problem (Sünden-°) 234, (theistischen Schöpfungsglaubens) 10, (d. Todes) 231, 234-236, (d. fließenden Übergänge) 35, (Unsterblichkeits-°) 303, 305
Problematik (Sinn-°) 293, 299, 308, (Voraussetzungs-°, doppelte) 298, 304
Problemfälle, innermenschliche 43
Problemzusammenhang v. Tod u. Unsterblichkeit 297[8]
Projektion 270-272
Protest 254
protsāhita° 118[109]
Prozeß (Akkulturations-°) 46, (d. Alterns) 223, (kosmischer) 35, (kreislaufartiger d. Opfers) 28, (physiologischer) 86 (Sterbe-°) 220, (Welt als P.) 27, (zyklischer) 31, (d. Selbstaufhebung) 204
psychē 28, 30
psychische Erlebnisse 152[29]
psychische Organe 150 (24), 151, 154 f., 158, 175-177

Psychologie (Religions-°) 120
pudgala 228
punarājāti 48[25], 52[45]
punarmṛtyu 48 (25), 52[45], (°-Idee) 48[25]
puṇya 56[61], 56/57[65], (Ritual; *aśvamedha*) 56/57[65], (Verdienst) 82
puṇyatama° 36
puruṣa 19 f., 29, (d. Absolute) 142, (reiner Geist) 85, (Geistseele) 53, 141, (Mensch) 31, 54 f., 191, (*p.* des Sāṃkhya-Yoga) 88, (Seele) 20, 31, (Subjekt) 19, 44, (Zerteilung des *p.* im Opfer) 30; → Puruṣa
Puruṣa (geopferter) 31, (°-Lied) 31, (ungebändigter) 34, (Ur-°) 31, 34
puruṣakāra (menschliche Initiative) 88
puruṣārtha (Ziel des Menschen) 191
Pūrva-Mimāṃsā, ältere 45[8]
puṣṭi (Wohlstand) 37
putreṣṭi-Zeremonie 84

Qualen 104, 129, 268, (Höllen-°) 98[11], 104[33]
Qualität (*guṇa*) 85 (22)
Quantifizierung (karmischer Energie) 87, (zeitliche des Straf- u. Lohnausmaßes) 81
Quelle 265
Quietismus (des Sāṃkhya) 85

Rache (individuelle der getöteten Tiere) 48, (Talion) 72; → Talion
Radikalisierung 20, 24, (mystischer Erfahrung) 196 f., (d. Hochherzigkeit) 172, (d. Lebens) 26, (d. Preisgabe an d. Andere) 20, 24, 285, (Problem-°) 234, (d. Subjektivität) 24, 199, (d. Spontaneität d. Ausgreifens) 24, (letzte d. *yoga*) 143
Rāghavānanda [: Manvarthacandrikā] 102[23], **124** (131, *132*), *124/125*[136]
Rājagirikas 91
Rāmāyaṇa (Vālmīki) 121[120], 122[121]
Rāma (Rechtfertigung R. gegenüber Vālin) 121[120]
Ratnaṭīkā (Bhāsarvajña) **142** (*4*), ***145***[12], **149/150** (*23*), 154[38], 156, *163*[65], **169** (*79*), **177** (*95*)
Ratnāvalī (Nāgārjuna) 212[7]
rayi (Besitz) 37
ṛddhi 92[35]
Realität (geistige) 181, 229, (geschichtliche d. Karma-Lehre) 76, (Religion als geistige) 182, (sinnliche) 297, (Tod als geistige) 9, 13-15, (d. Welt) 94
Rechenschaft 265
Recht 258, 259, 261, 273 f., 281, (°-Begriff) 97, (auf d. Feuer) 36, (Gast-°) 36, (indisches) 109, ((Straf-°) 134, (auf Tötung) 125[138], (Unterschied zw. geistlichem und weltlichem) 109
rechte Anstrengung 216
rechte Bewußtheit 216
rechte Erkenntnis d. Ātman 18
rechte Lebensweise 215
rechte Rede 215
rechte Überzeugung 215
rechter Entschluß 215 (18)
rechter Samādhi 215 f.
rechtes Handeln 215
Rechtfertigung (inhaltliche d. Glaubens) 14, (göttliche) 308, (d. *prāyaścitta*) 111[60], (Rāmas gegenüber Vālmīki) 121[120], (in Versöhnung) 307
Rechtsmittel, anerkanntes 37
Rechtsvergleichung 128[157]
Rede, rechte (*sammā-vāca*) 215
Reduktionismus 293
Regelmäßigkeit (fünf; *niyama*) 91, (*utu*, ssk. *ṛtu*) 91
Regen (als Durchgangsstadium) 67, 71, (Rückkehr d. Feuchtigkeit als R.) 49, (Rückkehr d. Verstorbenen mit d. R.) 51, 60-65, (Mond Ursprung d. R.) 63, (°-zauber) 121
regressus in se ipsum 144
Reichtum 267; → Wohlstand
Reifung 92[35], 104/105[33], (*karmavipāka*) 104, (karmische; *kammavipāka*) 89, (reguläre d. Karma) 84, (schlechten *karmans*) 113, 117, (d. Selbst) 167, (d. Wirksubstanz) 104
Reifungskausalität (*vipākapaccaya*) 90
Reines Land 244
Reinheit (ewige d. Brahman) 191, (d. Gemütes) 160, (*śuddhi*) 144, 145
Reinigung (mit Asche) 166, (d. eigenen Bewußtseins) 274, (aufgrund d. Sterbens) 118, (durch Sühnehandlung) 108, 115, 116/117[99]
Reinkarnation 275 f., (als Strafe) 276[41]
Reinkarnationsglaube 266, 276

Reis 63
Reittier 265
Relation (zw. Mensch u. Transzendentem) 287, (quantitative) 113, (Ursache-Wirkung-°) 102; → Verhältnis
Relationalität 25
Relativismus 255
Religion 249-290, (absolute) 182, (Basis d. R.) 249, (absolute Begegnung) 24, (Ende d. R.) 182, (als Existenzial) 17, (Existenzvollzug) 246, (d. *gentes*) 182, (als Lehrtradition) 16, (Phänomen d. R.) 9, 182, (Pluralismus d. R.) 231, (prophetische) 255, (°-Psychologie) 120, (rabbinische) 254, (geistige Realität des Menschen) 182, (Stammes-°) 51, 53, 59[76], 64, (d. Tiere u. Pflanzen) 43, (vedische) 45, 136, (Verbindlichkeit von R.) 293, (Wesen d. R.) 182, (Wurzel d. R.) 251[2], 282, 284
Religionsgemeinschaft, arische 61
Religionskritiker 296
Religionsphilosophie 249, 288, 294, 303
Religionstheorie 272
Religionstraditionen, fremde 181
Religionsverständnis 231, (philosophisch vermitteltes) 293
Religiosität (Alltags-°) 45
res extensa 20
Rest (*karman*-°, Lebens-°; *śeṣa*) 104/105[33], (°-schuld) 119
resurrectio mortuorum 25
Retter 169, 260
Rettung (d. Individuellen) 304, (aus d. Not) 256
Reue 113, 136 f., 262[15]
Ṛgveda 31, 47[16], 48, 57[70], 136
Rhythmus (von Leben u. Tod) 87, (d. kosmischen Prozesses) 31, (d. Sterbens u. d. Regeneration) 93, (zyklischer) 30
richtige Erkenntnis 18, 152 (30), 187 f.
richtige Lebensweise 263
richtiges Verhalten 135[193], 275
Rind 163
rinne (*saṃsāra*) 234
rites de passage 282
Ritual 47-49, 60, 66, 112, 251, 265 f., 271[39], 272, 274-277, 282, (Agnihotra-°) 207, (Anpassung d. R.) 265, (*aśvamedha*) 56[65], (Bestattungs-°; *śavya*) 68[123], (°-Denken, vedisches) 35, (Funktion d. R.) 276, (°-Gerüst, vedisches) 29, (klassisches) 38, (Opfer-°) 29, 32, (religiöses) 281[61], (islamisches Sterbe-°) 265, (°-Texte) 39, (Toten-°) 61, 64, (vedisches) 62, 64, 67 f., (Wirksamkeit d. R.) 56[64], 66
Ritualhandlungen (Fehler beim Vollzug v. R.) 110
Ritualisierung d. Selbstmordes 128[157]
Ritualismus 56[64], (brahmanischer) 57
Ritualisten 48, 61, 110[57], (altindische) 29, 42, (vedische) 70
Ritualistik, altindische 32
ritualistische Opfer-Reflexion 28, 32
ritualistische Tradition 46
ritualistische Vision 41
ritualistisches Weltverständnis 63[99]
Ritualveranstalter 47, 49
Ritualwissen 66
Ritus 251, 275 f., (Bestattungs-°) 119, (d. Feuerbestattung) 61, (geheimer) 56[64], (Hindu-°) 265[24], (religiöser) 249, 287, (Toten-°) 131, 265
Ṛṣi (Gott) 145
Ṛṣi-Sein (Gottes) 153
ṛta 137
Ṛta 136 (198)
ṛtu 91
Rückkehr 34, 48-71, 81, (automatische) 56[62], 58, 68, 70, (bedrohliche) 59, (i. d. eigene Familie) 58, 66[115], (freiwillige) 53, (i. d. Saṃsāra) 167, (als Strafe) 276[41], (zwangsweise) 59; → Wiedergeburt
Rudra 144, 164, 172, (Agni) 33, 37, (Hingabe an R.) 171, (Meditation R.-s) 164[66], (Nähe zu R.) 167, 170, (Ort d. Aszeten) 149 f. 177 (5), (Verbindung mit R.; *rudrasāyujya*) 144, 158, 172, 174 f.
Ruhe 260 (13), (ewige) 257, 260, (friedvolle, *śānti*) 158, (zur R. gekommen; *śānta*) 141, 150, 175

Śabdakalpadruma (Rādhākāntadeva) 102[23]
sādhu 56[61]
Sadismus 134 (186)
sadvigarhita° 106
śakuni 69[127]
samādhi (meditative Versenkung) 143
Samādhi 221, (rechter) 215 f.

Sāmavidhāna-Brāhmaṇa 52, *53*[46]
saṃbharaṇa 38
sambodha (Erwachen) 215
Śambūka 121/122[120]
saṃkalpa 58[72]
Sāṃkhya 78, 141, 143, 158, (ältester) 85, (Emanzipierte d. S.) 157, (Heilsweg d. S.) 144, (8-fache Herrscherlichkeit d. S.) 162, 171, (*kaivalya* d. S.) 150 [24], 155, 158, (klassisches) 85, (Metaphysik d. S.) 85, (*puruṣa* d. S.) 88, (°-System, Kausalität im) 78
Saṃkṣepaśārīraka (Sarvjñātman) 201[1], ***204-208***
sammā-ājīvo 215[18]
sammā-diṭṭhi 215[18]
sammā-kammanto 215[18]
sammā-sati 216[19]
sammā-saṃkappo 215[18]
sammā-vācā 215[18]
sammā-vayāmo 216[19]
saṃmūrcchita 83, 93
sampayogo (Zusammensein) 222
saṃsāra 223, (Geburtenkreislauf) 75, (Leidenskreislauf) 234, (Logik d. *s.*) 201 f., (*rinne*) 234, (Seelenwanderung) 201, (*shōji*) 234, (Weltenlauf) 234
Saṃsāra 141, 144, 186, (Aufhebung d. S.) 177, (Befreiung aus d. S.) 167, (klassischer) 67, (Wesenskreislauf) 174
saṃskāra (Disposition) 87
saṃvatsara 113[77]
saṃyaktva (Vollendung) 144, 174
saṃyama 148[17], (yogische Konzentration) 83
saṃyoga (Verbindung) 159, (*ātmeśvara*-°) 162
Saṃyutta-Nikāya 44 f., 69-71, 79, 91, *218*[31], **224**[48], 225[51]
Śāṇḍilyavidyā 55 f.
Saṅghabhedavastu 221[38]
Śaṅkara (Śiva) 161 (58), 168 (77)
saṅkilesa (Befleckung) 226
saṅkīrṇa° (vermischt) 170
śānta° 141
śānti (Ruhe) 158, (Unterschied zw. *prāyaścitta* u. *s.*) 110[58]
Sarg 236
śarīra (Körper) 20, 86
Sarvadarśanasaṃgraha (Mādhava) 153 (*13*)
sarvajña° (allwissend) 191
Sarvajñārāyaṇa 108[14], 124[135]
sarvajñatā (Allwissenheit) 153
sarvajñatva (Allwissenheit) 156
Sarvārthasiddha 224[47]
sarvaśaktisamanvita° (zu allem mächtig) 191
sat ([Ur)-Seiendes) 69
Śatapatha-Brāhmaṇa *28*, **33**, 34, **40** (*34*), **41**, 42, 47 f., 48/49[25], 51[35], 55, *56* (*58*, *63*), 56[65], 66 (114), 133[180]
satata° (andauernd) 173
Satipatthāna 224
sātiśaya° (überbietbar) 170
sātmaka° (wesenhaft) 142
satya (Wahrheit) 60[82]
Śāṭyāyani 53, 54 (51)
Satzung (*logos*) 27, (erste; *dharma*) 31
śavya (Bestattungsritual) 68[123]
sāyujya (Synonym f. *yoga*) 144, 174 f., (Vereinigung mit d. Absoluten) 142, (bleibende Vereinigung [mit Gott]) 142, 144 f., 149, 173-175, (*rudra*- ; Vereinigung mit Rudra) 158
Schamanismus 31
Schande, öffentliche 130[166]
Scheinentfaltung (*vivartavāda*) 208[13]
Scheinwelt 208
Scheinwissen 293
Scheitern 267
Schicksal 52, 58, 62, 64, 66 f., 70, 82, 280, 300, (*daiva, niyati*) 78, 82, 88, (Jenseits-°) 46, 55-57, 61[90], 70, (launenhaftes) 280, (Nachtod-°) 51, 54, 56 f., 66 f., 131, 134, (d. Seele) 201, (Todes-°) 299-302, (unabänderliches) 92, (Verschiedenheit d. Sch.) 121
Schicksalsbegriff (*daiva*, *niyati*) 82
Schlaf 69, 203, (Tief-°) 69[129]
Schlange 175, (°-haube ohne Gift) 162, (°-haut) 150
Schmerz 20, 43[4], 77, 89 f., 222 f., (*bhoga*) 84[20], (Hervorrufen von Sch.) 102[23], (körperlicher) 112, 126, (seelische) 134, (Sich-Selbst-Sch.-Zufügen) 119
Schmerzzufügung 135
Schmetterling (*pataṅga*) 69, (Wiedergeburt als Sch.) 51, 55[55], 61, 64 (106)
Schnarchen 166, 170, 171[82]
Schnelligkeit, wie sie d. Manas zukommt (*manojavitva*) 153 f.

Scholastik 23, 111[60], 144, 152, 225[51], 276, (indische 20)
Schöpfung 33, 278, 304, (Eschaton d. Sch.) 307, (Gesamtraum d. Sch.) 309, (Nachvollzug d. Sch.) 296, (nicht reflektierende) 300
Schöpfungsbegriff, christlicher 306
Schöpfungsglauben, theistischer 10
Schoß-Eingang 272
Schrecken 138, 271
Schuld 92, 108, 124[130], 129[162], 280, 282, 300 f., (Abwälzen von Sch.) 134[188], (*adharma*) 78, 85, (*apuṇya*) 82, (Bewußtsein einer persönlichen Sch.) 136 f., (Freiheit von Sch.) 19, (*kilbiṣa*) 121, (Rest-°) 119, (Übernahme von Sch.) 121, (Übertragung von Sch.) 121
Schuldfrage 280[58]
Schweigen 231 f.
Schwein (*sūkara*) 66[118]
Seele 19, 30, (*anima*) 30, (*ātman*) 19 f., 30, 86, 159, (Auflösung d. S. im Tod) 210, (Ausdehnung d. S.) 208, (objektive Beziehung von S. u. Gott) 159, (fließender Charakter d. S.) 30, (defiziente) 25, (Leib-S.-Einheit 305[18], (Einzel-°) 202-204, (emanzipierte) 158, (ewige) 244, (Feuer-°) 28, 33 f., (als Form) 304, (Gottes Geburt i. d. S.) 196, (Geist-°) 44[5], 54, 141, 304 f., (Gestaltung d. S.) 41, (Grenzen d. S.) 27, (Individual-°) 36, (Kollektiv-°) 36, (kosmische; *ātman-brahman*) 27, (Metaphysik d. S.) 244, (als Opfer) 28, (Pflanzen Körper f. Seelen) 68[122], (*prāṇa*) 30, (als Prozeß) 30, 34, (*psychē*) 28, 30, (*puruṣa*) 19 f., 31, 141, (Schicksal d. S.) 201, (*thumos*) 30, (*tanū*) 29, (Tod Trennung von Körper u. Seele) 10, 20, 23, 229, 305, (träumende) 208, (unbeschreibbarer Zustand d. S.) 146 f., (Universal-°) 29, 35, (unsterbliche) 43, 209, 303, 306 (19), (Unterscheidung von Körper u. S.) 131[172], 212, (Verbindung von Opfer u. S.) 31, (Vereinigung d. S. mit Gott) 143, 159, (Verlust d. S.) 38, (Vielfalt d. S.) 208[13], (Vital-°) 304 f., (°-Vorstellungen, archaische) 30, 35, (wandernde; *jīva*) 185 f., (Wesenskern) 31, (zurückkehrende) 51, 68[122]
Seelenbegriff 36
Seelenlandschaft 237
Seelenlehre 208[13], 229
Seelenstoff 30
Seelensubstanz 44[5], (*ātman*) 85
Seelenwanderung 44, 202, (*saṃsāra*) 201
Seelenwanderungslehre 47, 54[62], 306[20]
Sehnsucht 267, 272, 280
Seiendes, transzendentales 247
Sein-vor-Gott 295
Seins-Herrlichkeit, göttliche 176
Seinsfülle 158
Seinssinn 297
Seinsweise Gottes des Herrn (*māheśvaram aiśvāryam*) 13
Selbigkeit 303
Selbst (*ātman*) 18, 24, 28 f., 38 f., 44[5], 154, 183, 188, 192, (*brahman*) 183, 185, (zum Brahman gewordenes) 218, (Existenz eines S.) 228, 271, (Geber seines S.) 166, 168 f., 171, (höchstes) 207, (ichloses) 238, (Identität d. *ātman* mit dem *brahman*) 24, 183, (inneres; *antar ātman*) 41, (°-Kontrolle) 135, (Nicht-°) 31, 39[31], 185-189, 195, 228, (Nichtexistenz eines S.) 229, (als Opfer) 28, (°-Sein) 282, 286, (Sein d. S.; *ātmabhāva*) 169, (selbstloses) 239 f., (Subjekt d. Wiederverkörperung) 44, (*tanū*) 29 f., (Tod d. eigene S.) 42, (wahres) 85, 238
Selbständig-Sein 286
Selbstaufhebung (d. Jenseits) 247, (Prozeß d. S.) 204
Selbstbefreiung 117
Selbstbehauptung 95
Selbstbestimmung, moralische 299-301
Selbstbestrafung 113
Selbstbewußtsein 274, 283 f., (sittliches) 306[20]
Selbstentzug, radikaler 302
Selbstgewahrsein 243
Selbstintegration 15
Selbstinterpretation 296
Selbstkasteiung 112 f., 119
Selbstmitteilung d. Transzendenz 19
Selbstmord 84, (Ritualisierung d. S.) 128[157]
Selbstopfer 32, 42, (*karman* d. S.) 42
Selbstquälung 112, 126, 215 f.
Selbstrechtfertigung 307

Selbstreflexion 15, 293/294[3], 305
Selbstreflexivität 299
Selbstsuche 237
Selbsttötung 114, 115[87], 119, 125[138]
Selbsttranszendenz 296
Selbstvergiftung, dreifache 233
Selbstverhältnis 299
Selbstversagung 112
Selbstverständlichkeit (unkritische) 206, (alltäglicher Wirklichkeitskommunikation) 297
Selbstverständnis 296 f., (d. menschlichen Daseins) 231
Selbstverwirklichung 236 f., 300, 309, (Aufgabe freiheitlicher) 299, (qualifizierte menschlicher Freiheit) 299, (freiheitliche) 307, (humane) 308
Selbstvollzug 24, 305
Selbstzusage 307
Seligkeit, zeitweilige 131
Sesam 63
Sexualität (als geistiges Phänomen) 21
shōji 234, (Leben-Sterben) 233
siddha° (erwiesen) 115, (*svayam*-°; aus sich heraus offenkundig), 189
siddha (Verwirklichter) 158, (Vollendeter) 147, 150, 155 f., 158
Siddhattha/Siddhārtha 224[47]
Siddhatthikas 91
siddhi (übernatürliche Fähigkeit) 83, (Seinsweise eines Vollendeten) 177, (Vollendung) 142, (Vollkommenheit) 13, 146
siddhilakṣaṇa (Merkmal d. Vollendung) 156
Singen 171
Sinn des Seins 258
Sinn-Synthese 286, (S. d. Daseins) 283
Sinnanspruch 293
Sinnapriori 295 f., 302, 307, 309, (Konkretisierung d. S.) 303, (d. Wortes) 304
Sinndimension (d. menschlichen Körpers) 22 f., (mythische d. Mantra) 163 f., (d. Todes) 22
Sinnenlust 215 f.
Sinnerfüllung, eschatologische 307
Sinnesorgan (*indriya*) 29
Sinnfrage 258, 284
Sinngebung (eschatologische d. Daseins) 297
Sinngebungssystem 277
Sinnhintergrund 288
Sinnhorizont 241
Sinnlichkeit 21-23, 216, 287, 303, (Ambivalenz d. S.) 287
Sinnmitte 142, (unrelativierbare d. menschlichen Daseins) 191 f., 198
Sinnorientierung 299
Sinnproblem 293
Sinnproblematik 299, (menschliche) 308
Sinnraum 240-242, (Welt als S.) 240
Sinnwelt 294
Sinnziel 307
Śiśupāla 138
Sitz (*āśraya*) 103
Śiva 13, 142, 146, 161, 164, 167, 178
Śivaismus 142
smṛti 127, (Erinnern) 173, (Gedenken) 159, 162, 173, (Gedenken Gottes) 144
[Smṛtimañjarī] s. Govindarāja
Smṛtitattva (Raghunandana) ***102***[23]
soka (Kummer) 226
Solipsismus (transzendentaler S.) 204
Soma 32 f., 38, 169, (Kreislauf d. S.) 48 f., (°-Pflanze, geopferte) 47 (18), (°-Saft) 47[18], 49
Sonne (Aufstieg d. Verstorbenen durch d. S.) 55, (Aufstieg d. Verstorbenen zur S.) 52, (Identität d. Toten mit d. S.) 59, (Lichtwelt d. S.) 62, (Stätte d. *brahman*) 52, (= d. Tod = d. Jahr) 48
Soziabilität 263
Spannung (zw. Einzelexistenz u. Partizipation) 286 f., (menschlicher Existenz) 287, 290, (d. Karma-Lehre) 77, (die d. Mensch selber ist) 298, (zw. Selbst u. Nichtselbst) 31, (zw. Subjekt-Sein u. Teil-eines-Ganzen-Sein) 282, (daseiender Transzendentalität) 305
Speiseopfer 32
Sperma (menschliches) 63, (Teil einer Kreislaufkette) 62, (tierisches) 64, (Mond Ursprung d. Sp.) 63
Sphäre, todlose 227, 229
Spiel (*līlā*) 185
Spielraum 238
Spiritualisierung 305, (d. Menschen) 298
Spontaneität 16, 18, 22, 25, 198, (d. apriorischen Ausgriffes) 199
Sprachgebrauch 187

Sprachspiel 158, 182, 187, 196 f., 207, 250, (spirituelles) 158
Sprachwelt 295
śraddhā Vertrauen 169
śrāddha 106, 266
śramaṇa 121
śrauta 36
śruti 171
Stadium (*avasthā*) 144, (barach-°) 265
Stammeskulturen 282
Stammesreligionen 53, 59[76], 64, (indische) 51
Stand (*varṇa*) 117, 128; → Kaste
Station (zehn St.) 236
Stätte (todlose) 227; → Sphäre, → Bereich
Stechmücke 69
Stehlen 163
stena 121
Sterben 14, (Altern u. St.; *jarāmaraṇa*) 89-93 (Existenzvollzug) 14 f., 24, 236, (gut) 243, (Leben-°) 233-239, 243, 245 f., (Leid d. St.) 129, 138, (*maraṇa*) 94, 221, (Reinigung aufgrund d. St.) 118, (Rhythmus d. St) 93, (natürlicher Vorgang) 89, (vorzeitiges) 81
Sterbeprozeß 220, 222
Sterbevorgang 301
Sterblichkeit 95 f., (Ātmanlosigkeit) 41
sthāṇu 66
Stille 231, 235, (d. St. zeigen; *ji-jaku*) 244
Strafe 72, 85, 109, 128/129 (165), 135, 276, (Angst vor d. St.) 136 f., (Ausbleiben d. Todes als St.) 82, (automatisch eintretende) 48, (Geld-°) 128 (156), (Grenze zw. Sühnehandlung u. St.) 117 (102), (Höllen-°) 135[193], (Körper-°) 124 (130), 125 f., (reinigende Kraft d. St,) 130, (Krankheit als St. Gottes) 106[35], (als Sühne) 127, (für bestimmte Handlungsweisen) 81, (Todes-°) 99, 124 (130), 125, 130 f., 133 f., 138, (Unterscheidung in *vadha* oder *tapas*) 128, (Verhältnis von St. u. Sühnehandlung) 126, (vom König verhängte; *daṇḍa*) 109 (54), 113, 117, (Wiedergeburt als Tier als St.) 65, 67, 71 f.
Strafgewalt (Ausübung d. St.) 125, (Legitimierung d. St.) 101[17]
Strafvollzug 124
Studium 237
Subjekt 229, (Erhaltenbleiben d. erfahrenden S.) 197, (individuelles) 20, (Mensch als S.) 278, (Nacktheit d. S.) 24 f., (Neuvollzug d. S.) 194, (°-Objekt-Denken) 309, (°-Objekt-Spaltung) 237, (°-Sein) 282, 284, (transzendentales) 18, 23, (transzendentes) 188, (d. Wiederverkörperung) 44
Subjektivität (Eingehen d. Mitmenschen in d. S.) 25, (Radikalisierung d. S.) 24, (d. Subjektes) 198, (Transzendieren d. S.) 194
substantia incompleta 25
Substantialismus (altindischer) 139, (d. Dharmaśāstra-Autoren) 118, (d. Karmabegriff inhärenter) 137
Substanz (*dravya*) 85, (Askese-°) 119, (geometrische Zusammensetzung d. S.) 304, (Heils-°) 138, (Karma-°) 129, (Sünden-°) 136, (Verdienst-°) 130, (Wirk-°) 119
Substanzbegriff, aristotelischer 305
Substanzfähigkeit, immanente d. Brahman 197
Substanzialität 24
śuddhi (Reinheit) 144, 145
Śūdra 106, 159, (Askese treibender) 121
sugata 243
Sühnehandlung (*prāyaścitta*) 99, 108, (Grenze zw. S. u. Strafe) 117, (mit d. Tod endende) 114, (Verhältnis von Strafe u. S.) 126
Śuka 207
sūkara 66
sukha 83 f., 216
sukhallikānuyoga (Hingegebensein an das Angenehme) 216
sukṛta 129
Sumangalavilāsinī 217[28],
Sünde 109 f., 117, 259, 261, 268, 278, 300, (für die keine bestimmte Sühnehandlung gelehrt ist) 117, (als schädliche Substanz) 136, (Sold der S.) 25
Sündenauffassung (im Ṛgveda) 136
Sündenlehre 264
Sündensubstanz 136
śūnyatā-Ansicht 232
Sure 262, 264
śvaitrya 103
svamahimni 202

śvan 66
svānubhūti (innere Erfahrung) 205
svargo lokaḥ 60
śvetaketu 69
svetakuṣṭhatva 103
Syphilis 106

Tabuübertretungen 57
tai-shi 235
Taittirīya-Āraṇyaka *62*[93]
Taittirīya-Saṃhitā 30, **34**, **37**, 38
Taittirīya-Upaniṣad 62[97]
Takbīr 262
Talion 48, 72
Talionsprinzip 133
tantra (Heilssystem) 159
tanū (mehrere) 30, (Seele) 29
Tanzen 171
tapas 60, 112, 118, 128, (Abtötung) 160, 161, (Aszese) 173
Tat-Wirkungssubstanz (Vernichtung d. T. durch *tapas*) 113
Täter 186
Tathāgata 214, 234
Tätigkeit (*kriyā*) 144
tattvajñāna (wahres Wissen) 187
taṇhā 69
Teetrinken 235
Teil-eines-Ganzen-Sein 282
Teil-Sein 286
Teilhabe (an einer Gemeinschaft von Menschen) 257
tejas 44
teleologische Kausalität 87
Testament (Neues) 279, (Altes) 13
theologia naturalis 279
Theologie 232, (christliche) 277, (natürliche) 279, 281, 306, (viṣṇuitische) 138
Theragathā-Verse 214[13], *216*[20], *218*[30], ***219***[36], **223** (39, *42*, *43*), ***224***[46], *227*[54]
Therapie 94
Theravāda 94
Theravāda-Buddhismus 79, 82, 88, 93, (Kausalitätstheorien des Th.) 78
Theravādins 91
Thesen, ontologisch-metaphysische 208
Thora 252 f., 256
thumos 30
Tibetisches Totenbuch 16
Tiefe 257, 286, (Klage aus d. T.) 259
Tier (als Automat) 44, (Denken d. T.) 153, (Erlösung als T.) 45, (menschliche Gestalt d. T. im Jenseits) 48, (Opfer-°) 47, (Rache d. getöteten T.) 48, (Tod d. T.) 9, (unreines) 65, (Wiedergeburt als T.) 51 f., 54, 57, 64, 71
Tierleib (Geraten der Monade in einen T.) 306
Tiger 65, 69
Timira-Krankheit 158
Titanen 138
Tod (*anta*) 138[199], (Angst vor dem T.) 135, (antizipierter) 220 f., (im AT) 13, (Auf-den-T.-Zuleben des Aszeten) 145, 165, (als Aufhören) 15, (Aufschieben d. T.) 217, (Ausbleiben d. T. als Strafe) 82, (Vernichtung der raumzeitlichen Begrenztheit) 23, (im Christentum) 13, (kausale Erklärung des T.) 91, (Fragekraft des T.) 232, (reinigende Funktion d. T.) 135, (durch Hinrichtung) 99, 137, (durch destruktives Karma) 92, 99, (eine Katastrophe u. Entsetzlichkeit) 260, (durch Krankheit) 99, (als Krise) 17, (aporetischer Kurzschluß) 302, (*maccu*) 223, (*maraṇa*) 221, 226 (Mythisierung d. T.) 9 ff., 13, (natürlicher) 99, (Phänomen des welthaften Daseins) 183, (phänomenologisch) 12, (Radikalisierung d. Lebens) 20, 26, (als Grenze) 11, 16, 138, (Grundthema der Religionshermeneutik) 231, (d. eigene Selbst) 42, (d. höchste Steigerung der Selbstkasteiung) 119, (Sonne = Tod = Jahr) 48, (als Ende einer Sühnehandlung) 99, 114, 137, (von Tier und Pflanze 43 ff. (Trennung von Seele und Leib) 20, 305, (ein Übel) 254, (Übergang zum Paradies) 260, (etwas Unwirkliches) 306, (unzeitiger; *akāla*) 90 f., (d. Tor zur Verwandlung) 232, (Wahrheit menschlichen Daseins) 297, (Epiphanie der Zeitlichkeit) 95, (als Punkt auf der Zeitlinie) 301, (zukünftiger) 226
Todesangst 209, 219
Todesarten (gewaltsame T.) 84, 86, 93, (grausame und unnatürliche T.) 81
Todesauffassung, thomasische 305
Todeserfahrung, spezifische 302

Todesfälle, besondere 89
Todesgott (Yama) 135
Todesschicksal 299
Todesstrafe 124, 130, 133
Todesstunde 264
Todestheorie 301, (personale) 302
Todestranszendenz 293 f., 303, (menschliche) 302 f.
Todeswirklichkeit, menschliche 302
Tor zur Verwandlung 232
Tortur 81
Totalexperiment befreiter Freiheit 309
Totalität 286, (des Seienden) 289
Totalitätsgedanke 288
Totenbuch, tibetisches 269
Totengeist 266, (*preta*) 67
Totenkult, brahmanischer 67
Totenreich 46
Totenritual (arisches) 64, (korrektes) 131, (surinamesisches) 265, (vedisches) 61
Totschlag (*vīrahatya*) 34, 37
Tötung (Recht auf T.) 125, (T. bei der Exilierung von Alten) 125
Tradition (biblische) 295, (buddhistische) 270, (christliche) 212, 252, (jüdische) 254, (Meditations-°) 227, (ontologische) 297, 304, (orphisch-platonische) 209, (philosophische Denk-°) 297, (prophetische) 261, (religiöse) 249 f., 252, 275, 280-282, 289 f., (weltanschauliche) 273, (theistische) 142
transitorisches Moment 11
Transzendentalitä't (daseiende) 301 f., 303, 305 f., (Vermittlung) 298
Transzendentalphilosophie 288
Transzendenz 12, 77, 94, 286, (im Sāṃkhya) 85, (d. Brahman) 197, (als d. "Jenseits des Seienden") 21
Transzendenzerfahrung 14, 163, (Grundlegung der menschlichen T.) 197, (Mythisierungen der T.) 286
Transzendenzvorstellungen 293
Trauer 254, 257, 273
Traum 207, 245, (*yume*) 245, (Freiheit d. Geistseele im T.) 54, (prophetischer Wert d. T.) 208
Traumabschnitt 44
Traumparadigma 208
Traumtheorie (T. im BĀU) 54
Trennung (*vippayogo*) 222, (von Lieben) 222, (von Körper u. Seele) 10, 25, 229
Treue 282
Tuberkulose (*kśayaroga*) 103
Türhüter, himmlische 138
tṛṣṇā 17, 69

Übel 301
Übergang (fließender) 29, 35 f., (zw. Kollektiv- u. Individualseele) 36, (vom irdischen zum himmlischen Leben) 264, (in eine andere Lebensphase) 269, (von einer Lebewesenklasse in die andere) 48, (von Makro- und Mikrokosmos) 29, (zum Paradies) 260, 265, (Tod bloßer Ü.) 306
Überlebende 244
Übernahme (von Schuld) 121
Übertragung (fälschliche von Selbst und Nichtselbst) 184, 186, 195, (Subjekt-Objekt-Ü.) 183, (von Schuld) 121
Überzeugung, rechte (*sammā-diṭṭhi*) 215
Übung, religiöse 277
Uddālaka Āruṇi 69
Unbeflecktheit (d. eigenen Geistes) 209, (d. Gemütes; *akaluṣamati*) 159
Unbekanntheit 261
Unberührbare 106
Unbeständigkeit 273, (d. Lebens) 267
Unendlichkeit 232, 241, (*ānantya*) 175, (*vibhutva*) 155, 158, (Ausdehnung d. Seele in die U.) 208
Unermüdlichkeit 254
Unerschütterlichkeit 267
Unfall (Tod eines Arhat durch U.) 91
Unfrieden 253
Ungerechtigkeit 275, (*vaiṣamya*) 80
Ungewißheit 268
Unglück 267, 273, 287
Unheilsgrund 234
unio mystica 146, 196 f.
Universal-Seele 35, (*ātman*) 29
Universalgeschichte 286, 288
Universum (Ambiguität d. U.) 282, (d. Nichtwissen ensprungenes) 207
Unrecht 258, 261, 273, (Erleiden von U.) 171, (Recht/Unrecht) 259
unrichtig (*aviśuddha*) 158
Unruhe 257 f., 260 f., 300
Unsterblichkeit 27, 297, 303-306, (*amata* Mittel für U.) 218, (d. Seele) 209, 303, 306, (d. Tiere) 303, (*ātman* als Träger d. U.) 42

Unsterblichkeitsproblem 303, 305
Unterscheidung (von Körper und 'Ich') 272, (von Recht und Unrecht) 259, (von Vital- u. Geistseele) 304, (ewiger und nichtewiger Wirklichkeit) 190
Unterschied (von Essenz u. Existenz) 304, (zw. Gut u. Böse) 289, (zw. Ich und Nicht-Ich) 287
Unterwelt 67, (düstere) 70
Unterworfensein 226, 269
Unvermögen 259, 268
Unversehrbarkeit 209
Unverwundbarkeit 267
Unvollkommenheit 254, 260, 273, (der Welt) 253
Unwille 259
Unwissenheit (*avijjā, avidyā*) 69
Unzufriedenheit 254
Upadeśasahasrī (Śaṅkara) *184*[5], **189** (*19*)
upādhi (zusätzliche Bedingung) 203
Upaka 213
upakārasambandha 122
Upaniṣadbhāṣya (Śaṅkara) **190/191** (*21*)
Upaniṣaden (monistische Lehre d. U.) 35
upaśleṣitavya 169
upavāsa 112
upāya (Mittel) 145, 149
Ur-Puruṣa 31, (Opfer des U.) 34, (Zerteilung d. U. im Opfer) 31
Urglauben 279
Urin 159, 225
Urleben 239
Urmaterie (*prakṛti*) 78, 85
Urphänomen 185
Ursache (acht U. für Erkrankungen u. körperliche Leiden) 79, (d. *dukkha*) 226, (d. Elends) 273, (Gott) 153, (d. Leides) 221, (°-Wirkung-Relation v. Vergehen u. Krankheit) 102
Ursachenkomplex (*kāraṇasāmagrī*) 77, 87 f., 93
[Ur]Seiendes (*sat*) 69
Urteil 264 f.
Urvertrauen 280
utpāda 95
utuniyama 91

Vācaspatya *102*[23]
vadha 128
vāgviśuddha 164
vaicitrya 80
Vaiśeṣika 82, 85-87, 91, 93, (*kāraṇasāmagrī*-Begriff des V.) 78, (Kausalität im V.) 77, (klassisches) 85
Vaiśeṣikasūtra *79*[8]
Vaiśya (Wiedergeburt als V.) 65
vaiṣamya 80
Vālin 121
Vāmadeva 203, 208
Varuṇa 101[17], 136
varṇa 117, 118, 128
vasatyartha (Existenzort) 144
Vāsiṣṭha-Dharmasūtra 114[85], ***122***, 129[165]
Vāsetthasutta *219*[35]
vaśitva 156
Väter (*pitara*) 51, (Bereich der V.) 46
Väterweg 60, 67
Väterwelt 60
Vaterunser 267
Vedanā 79
Vedānta 24, (Mythisierung im V.) 12, (°-Tradition) 183
Verantwortlichkeit 263 f., 273 f., 278, 280
Verantwortung 258, 272, (von Brahmanen- und Kriegerstand) 133, (menschliche) 263, 309
Verband, sozialer 273
Verbindung (*saṃyoga*) 159, (*yoga*) 168, (d. Feuers mit d. Seele) 32, (bleibende mit Gott; *ātmeśvarasaṃyoga*) 163, 175
Verbundensein (habituelles; *sāyujya*) 149
Verdienst 264, (*dharma*) 77, 85, 161, (*puṇya*) 82, (ritueller) 48, 81
Verehrung (*namas*) 168, (d. Gottesbildes) 171
Vereinigung (*nityayuktatā*) 146, (*sāyujya*) 142, 144, 158, 174, (mit d. Absoluten) 142, (mit Gott) 145, (mit Rudra) 158, (Synonym von *yoga*) 144
Verfall (Unvermeidlichkeit des V.) 223
Verfehlen 287
Verfremdung 196
Vergangenheit (kollektive) 205
Vergänglichkeit 95, (*vināśitva*) 94
Vergebung 259
Vergegenwärtigung (*bhāvanā*) 159, 161, 168 f., (beständige Gottes; *devanityatā*) 144
Vergeltung (Bezirke d. V.) 81, (karmische) 72, 81, 92, (ritueller u. ethischer Taten) 215

Vergeltungskausalität 76, 82, 84, 87, (Zusammenhang der V. mit dem Tod) 79
Verhältnis (Kausalverhältnis) 222, (bejahendes zur Körperlichkeit) 212, (apriorischer Offenheit für Sinn) 295, (v. Selbst und Nichtselbst) 185
Verkündigung, christliche 249, 278
Verlangen 261, (nach dem Ātman) 191, (nach Emanzipation; *mumukṣutva*) 190, (nach Unverwundbarkeit) 267
Verlassenheit 267, 269
Verleiblichungswirklichkeit 238
Verletzbarkeit 269
Verletzlichkeit 266
Verlust (d. spezifisch menschlichen Individualität) 303, (d. Verstorbenen) 252
Vermählung, mystische 196
Vermittlung (Transzendentalität) 298
Vernichtung 20, (Bekenntnis zur V.) 230
Vernunft (kritische) 293
Verpflichtung (moralische) 278
Versagen 259, (moralisches) 300, (d. körperlichen Funktionen) 209
Verschwinden (*vināśa*) 95
Versenkung 235, 239, (meditative; *samādhi*) 143
Versöhntheit, (mit d. Daseinswirklichkeit) 301, (d. geopferten Lebewesens mit s. Tötung) 47, (Vollzug d. V.) 307
Verstehenshorizont 250, (gemeinsamer) 182
Vertrauen 263, (*śraddhā*) 169
Verurteilung 259
Verwirklichter (*siddha*) 158
Verwirklichung 226
Verwirklichungsmittel 190
Verzicht 191, (auf Verlangen; *kāmatyāga*) 190
Verzweiflung 17, 253
Vibhaṅga 221[38], 222
vibhutva (Unendlichkeit) 155, 158
videhamukti 141, (körperlose Erlösung) 201
vidyā (wahres Wissen) 187, 188
vier letzte Dinge 13
Vihāra 103
Vijaya 138
vijñāna 218, (Erkennen) 153
vijñātṛ (Erkenner) 217
vikaraṇa 177
vināśa 95
vināśitva 94
vinipāta 70 f.
vinipātikā 71
Viniścayasaṃgrahaṇī *218*[30]
vipāka 78
vipākapaccaya 90
Vipassin-Legende 213
Vipra-Sein (Gottes) 153
vīrahatya 34, 37
vīrya (Mut) 166
Vision 271
Visuddhi-Magga (Buddhaghosa) 92[35], 94, *211*[1]
Viśvāmitra 154
Vitalitätsquantum (*āyus*; Ardhamāgadhī *āuya*) 82
Vitalseele 305, (*forma corporis*) 304
vītaśoka (ohne Bekümmerung) 176
vivartavāda 208
Vivasvant 135
viṣaya (Gut) 190
Viṣṇu 129, (als Heilssubstanz selbst) 138
Vogel 65, 237, (*śakuni*) 69, (Ahnen in Gestalt von V.) 51
Vollendeter (*siddha*) 147, 150, 155, 156, 158, (Seinsweise eines V.; *siddhi*) 177
Vollendung (*saṃyaktva*) 144, 175, (*siddhi*) 142, (zehn Merkmale der V.; (*siddhilakṣaṇāṇi*) 156
Vollkommenheit 13, (*siddhi*) 146, (natürliche) 300
Vollkommenheitszustand, endgültiger 59
Vollzug 244, (d. Freiheit) 17
Vollzugsweise (d. Sterbens) 243
Voraussetzungsproblematik, doppelte 298, 305
Vorbereitung (auf den Tod) 209
Vorführung (*ānīta*) 127
Vorurteil 270
vrata (*ekādaśī-vrata*) 121
vrātya 38
vyādhi (Krankheit) 221
vyāna 30
vyavahāra 205
vyāyāma 103
vṛtti (Lebensunterhalt) 144

Wahrheit 236, (*ṛta*) 137, (vier edle) 213, 220 f., 226, 228
Wahrnehmung (Aspekt d. Existierens)

228, (sinnliche; *pratyakṣa*) 204
Wandel (heiliger; *brahmacariya*) 214, 227, (nach Wunsch; *kāmacāra*) 52 f., 55, 59, 68, 70
Wandern s. Wandel
Wanze (*daṃśa*) 69
Wasser (*amata*) 211, (Domestikation d. W.) 33, (fließendes) 238, (Geburtsstätte d. Feuers) 30, (Kreislauf d. W.) 48 f., 63, (Lebensträger) 44, (menschliche Gestalt des W.) 48, (mythologisch: Soma) 33, (Rolle d. W. im Opfer-Ritual) 32, (Versteck Agnis) 28
Weg (in der Mitte; *majjhimā paṭipadā*) 215, (unendlicher) 232
Weihe (d. Soma-Opferers im Wasser; *apsu dīkṣā*) 32
Weinrebe 265
Weisheit 260
Weiterleben 306, (v. Tieren u. Pflanzen nach dem Tode) 47
Welt (Lockung d. W.) 224, (als Prozeß) 27, (umfassender Sinnraum) 240
Weltanschauung 277
Weltbild 250, (illusionistisch-monistisches d. Advaitavedānta) 183
Weltenbrand 33 f.
Weltenschöpfer (Brahma) 185
Weltentsagung (Opfer der W.) 42
Weltentstehung, (Lehre v. d. W.) 185
Welthorizont 241 f.
Weltordnung 254, (moralische) 307, (transzendentale; *ṛta*) 136
Weltperiode (*kappa*) 217
Weltuntergang (Erlösung gleich W.) 204
Weltverschlossenheit 242 f.
Weltverständnis (ritualistisches) 63
Weltzeit (objektive) 202
Werk (*karman*) 56 f., (moralisches) 68, (rituelles) 58, 66, (verdienstvolles) 57, 224
Wesensfrage (d. Griechen) 293
Wesenskreislauf 12, 17, (*saṃsāra*) 173, (Leben biologisches Phänomen des W.) 178
Wiedergeburt 12, 44, 226, 270, 275 f., (*punarājāti*) 52, (Abhängigkeit d. W. von Werk u. Wissen 66), (automatische) 52 f., 66, 68, (direkte als Mensch) 70, (in d. eigenen Familie) 50, 53, (neuer Freiheitssinn als W.) 308, (Gegensatz von W. u. Erlösung) 69, (günstige) 68, 106, 131, 212, (keine W. ohne Karma) 94, (in einer niedrigen Kaste) 105, (als Kleinstlebewesen) 61, 64, (Kreislauf d. W.) 87, (als Mensch oder Tier) 65, (Mensch als Tier) 44, (nichtzyklische) 62, (als Pflanze) 63, 66, (als Pflanze oder Tier) 51 f., 57, 105, (als Strafe) 65, (als Tier) 64, 71, (Ursache der W.) 221, (in *vinipāta* = *niraya*) 71
Wiedergeburtslehre 57, 75 f., 81, 110, 138, (ältere) 58, 63, (älteste) 52, (buddhistische) 69, (ethisierte) 72, (früh-upaniṣadische) 72, (gesch. Entw. der W.) 45, (spätvedische Textzeugnisse für d. W.) 46, (Rahmen d. Dharmaśāstra) 101, (2-Wege-Theorie) 52, (klassische) 44-48, 51, 61
Wiedergeburtszyklus, (Durchgangsstufen d. menschlichen W.) 67
Wiedertod 59, 62, (°-Idee) 49, (mehrfacher im Jenseits) 48, (kein W. ohne Karma) 94, (*punarmṛtyu*) 48, 52
Wiederverkörperung, (Mißlingen d. W.) 63, (als Strafe) 67, (als Tier) 54, 67, (als Unheil) 67, (nach Wunsch) 55; → Wiedergeburt
Wildschwein 69
Wille (*kratu*) 55
Willensregung (Aspekt d. Existierens) 228
Wind 35 (Aufstieg d. Verstorbenen durch den W.) 55
Wirken (von *dharma* und *adharma*) 150
Wirkender (*kartṛ*) 158
Wirkkraft (*kriyāśakti*) 142, 146, (Gottes) 156
Wirkkräfte (kausale) 77
Wirklichkeit 238, (Brahman transzendente W. d. Subjektes) 192-194, 196, (gebrochene) 258, (Geheimnis d. W.) 283, 307, (göttliche) 284, (grausame) 37, (irreale) 186, (jenseits d. Seienden) 285, (d. 'Woraufhin') 19
Wirklichkeitsanschauung 274
Wirklichkeitskommunikation 297
Wirklichkeitsproblem (d. Menschen) 298
Wirklichkeitssinn (chinesischer 232, (Gottes) 295, (letzter) 301
Wirklichkeitsverantwortung 297
Wirksubstanz 119, (Reifung der W.) 104

Wissen 69, (beschränktes religiöses) 66, (esoterisches) 68, (falsches; *avidyā, mithyājñāna*) 187, (metaphysisches) 68, (Ritual-°) 66, (wahres; *tattvajñāna, vidyā*) 187
Wohlergehen 256 f., 267 f., 274, (*hlāda, sukha*) 83
Wohlstand (*puṣṭi*) 37, (Ziel menschl. Denkens) 153
Wolf 69
Wortmächtigkeit 278
Wunderkräfte 146-148, 169, (alt-śivaitische) 156, (als Mythisierung des Zustandes nach dem Tode) 152, (d. saṃkhyistischen Yogin) 156
Wunsch (*kāma*) 56, (d. Jenseitsschicksal bestimmend) 57, 69, (Kultivieren eines W.) 70, (zu überdauern) 18, (Wandel nach Wunsch) 52[45], 59, 68, (Wiederverkörperung nach W.) 55
Wurm 65, 69

Yājñavalkya 79[12]
Yājñavalkyasmṛti 104 (31), 116 (95), 118 (*106*), 127[155], *127*[156]
yama (Gelübde) 166
Yama (Todesgott) 135, 224 f.
yathālabdha (vṛtti) 144
yatna 122/123[124]
yoga (*sāyujya*) 144, 174 f., (Verbindung) 143, 159 f., 161[56], 168
Yoga 143, 159, (höchster) 164[66], (Rolle d. Karma im Y.) 85, (klassisches) 82, 87, 93, (Metaphysik d. Y.) 85, (°-System) 78, 82, 85, 88, 91, 143 f., 155, 157 f., 162, 168, (°-Übungen) 209
Yogabhāṣya (Vyāsa) ***83*** f., *94*[38], **104**[29]
Yogabhāṣyavivaraṇa (Śaṅkara) 84, 94[38]
yogakkhema 226, (innerer Frieden) 225
yogakṣema 225[51]
yoganiṣṭha° (auf die Vereinigung hingeordnet) 159
Yogasūtra 82 f.
yomigaeru (Auferstehung) 235
yoni 71
yui-ge (hinterlassenes Gedicht) 243
yume (Traum) 245

Zauber (°-Beseitigungstechniken) 138, (Regen-°) 121/122[120]
Zauberkräfte 129[164], 147
Zauberkunst 282
Zeit 50, (*kāla*) 207, (kosmisch-dynamische Potenz) 78, (Unendlichkeit d. Z.) 207
Zeiteinheiten 60
Zeitlichkeit 11, 19, 94, (Tod als Epiphanie d. Z.) 95, (Raum-°) 21
Zeitverlauf, äußerer 208
Zen-Buddhismus 12, 231-248
Zenmeister 235
Zeremonie (*putreṣṭi*-°) 84, (für d. Verstorbenen; *śrāddha*) 106
Zerstörung (*kṣaya*) 124, (d. schlechten *karman*) 126, (d. menschlichen Körpers) 22
Ziel (höchstes) 227, (d. Menschen; *puruṣārtha*) 191, (vier d. menschlichen Lebens) 153
Zittern 166, 170, 171[82]
Zorn 159 f., 262
Zoroastrismus 27[4]
Zucht 237
Zukunft (Ausgriff auf d. Z.) 18, (eigene) 12, (ferne) 221, (d. Reiches Gottes) 253, (unverfügbare) 15
Zukunftserwartung (christliche) 258
Zukunftsperspektive 255
Zukunftvisionen 229
Zusammenbrechen d. physischen Existenz 14
Zusammenhang (v. Diesseits u. Jenseits) 306
Zusammensein (*sampayogo*) (mit Unlieben) 222, 226
Zuschauer (passiver u. transzendenter) 88
Zustand (abgeklärter) 229
Zwei-Wege-Lehre 60, 61[90], 63 (99), 67, 69, (dritte Möglichkeit der Z.) 64, 68, 71
Zweige d. Jeta-Waldes 228
Zweiheit, Erfahrung der 205 f.
Zweimalgeborene 106[39], 108
Zweitlosigkeit 205 f.
Zwischenmensch 238 f.
Zwischenstadium (Sterben ein Z.) 265

ÖSTERREICHISCHE AKADEMIE DER WISSENSCHAFTEN

VERÖFFENTLICHUNGEN

der Kommission für Sprachen und Kulturen Südasiens

1. Tilmann Vetter: *Erkenntnisprobleme bei Dharmakīrti*. Sitzungsberichte, 245. Band, 2. Abh., Wien 1964. 118 Seiten . . . . öS 174,–
2. Lambert Schmithausen: *Maṇḍanamiśra's Vibhramavivekaḥ. Mit einer Studie zur Entwicklung der indischen Irrtumslehre*. Sitzungsberichte, 247. Band, 1. Abh., Wien 1965. 269 Seiten . . . . öS 510,–
3. Tilmann Vetter: *Dharmakīrti's Pramāṇaviniścayaḥ, 1. Kapitel: Pratyakṣam*. Sitzungsberichte, 250. Band, 3. Abh., Wien 1966. 111 Seiten . . . . öS 174,–
4. Ernst Steinkellner: *Dharmakīrti's Hetubinduḥ, Teil I: Tibetischer Text und rekonstruierter Sanskrit-Text*. Sitzungsberichte, 252. Band, 1. Abh., Wien 1967. 115 Seiten . . . . öS 162,–
5. Ernst Steinkellner: *Dharmakīrti's Hetubinduḥ, Teil II: Übersetzung und Anmerkungen*. Sitzungsberichte, 252. Band, 2. Abh., Wien 1967. 220 Seiten öS 240,–
6. Erich Frauwallner: *Materialien zur ältesten Philosophie der Karma-Mīmāṃsā*. Sitzungsberichte, 259. Band, 2. Abh., Wien 1968. 114 Seiten öS 180,–
7. Tilmann Vetter: *Maṇḍanamiśra's Brahmasiddhiḥ – Brahmakāṇḍaḥ, Übersetzung, Einleitung und Anmerkungen*. Sitzungsberichte, 262. Band, 2. Abh., Wien 1969. 126 Seiten . . . . öS 174,–
8. Lambert Schmithausen: *Der Nirvāṇa-Abschnitt in der Viniścayasaṃgrahaṇī der Yogācārabhūmiḥ*. Sitzungsberichte, 264. Band, 2. Abh., Wien 1969. 219 Seiten . . . . öS 270,–
9. Erich Frauwallner: *Die Lehre von der zusätzlichen Bestimmung (upādhiḥ) in Gaṅgeśa's Tattvacintāmaṇiḥ*. Sitzungsberichte, 266. Band, 2. Abh., Wien 1970. 72 Seiten . . . . öS 120,–
10. Gerhard Obermammer: *Yāmunamunis Interpretation von Brahmasūtram 2, 2, 42–45. Eine Untersuchung zur Pāñcarātra-Tradition der Rāmānuja-Schule*. Sitzungsberichte, 274. Band, 4. Abh., Wien 1971. 135 Seiten . . . . öS 186,–
11. Tilmann Vetter: *Sarvajñātman's Saṃkṣepaśārīrakam. 1. Kapitel. Einführung, Übersetzung und Anmerkungen*. Sitzungsberichte, 282. Band, 3. Abh., Wien 1972. 176 Seiten . . . . öS 300,–
12. Ernst Steinkellner: *Dharmakīrti's Pramāṇaviniścayaḥ, Zweites Kapitel: Svārthānumānam, Teil I: Tibetischer Text und Sanskrittexte*. Sitzungsberichte, 287. Band, 4. Abh., Wien 1973. 119 Seiten . . . . öS 240,–
13. Gerhard Oberhammer: *Strukturen yogischer Meditation. Untersuchungen zur Spiritualität des Yoga*. Sitzungsberichte, 322. Band, Wien 1977. 244 Seiten öS 360,–
14. Gerhard Oberhammer: *Materialien zur Geschichte der Rāmānuja-Schule. I. Parāśarabhaṭṭas Tattvaratnākaraḥ*. Sitzungsberichte, 346. Band, Wien 1979. 258 Seiten . . . . öS 392,–
15. Ernst Steinkellner: *Dharmakīrti's Pramāṇaviniścayaḥ, Teil II: Übersetzung und Anmerkungen*. Sitzungsberichte, 358. Band, Wien 1979. 163 Seiten öS 290,–
16. Hertha Krick (†): *Das Ritual der Feuergründung (Agnyādheya)*. Herausgegeben von G. Oberhammer. Sitzungsberichte, 399. Band, Wien 1982. 682 Seiten . . . . öS 680,–

17. GOPIKAMOHAN BHATTACHARYA: *Yajñapati Upādhyāya's Tattvacintāmaṇiprabhā (Anumānakhaṇḍaḥ). Critical Edition.* Sitzungsberichte, 423. Band, Wien 1983. 198 Seiten . . . . öS 280,–

18. GERHARD OBERHAMMER: *Wahrheit und Transzendenz. Ein Beitrag zur Spiritualität des Nyāya.* Sitzungsberichte, 424. Band, Wien 1984. 256 Seiten öS 420,–

19. ERICH FRAUWALLNER: *Nachgelassene Werke I: Aufsätze, Beiträge, Skizzen, Herausgegeben von* E. STEINKELLNER. Sitzungsberichte, 438 Band, Wien 1984. 144 Seiten . . . . öS 350,–

20. OSKAR VON HINÜBER: *Das ältere Mittelindisch im Überblick.* Sitzungsberichte, 467 Band, Wien 1986. 210 Seiten . . . . öS 350,–

21. ROQUE MESQUITA: *Yāmunācāryas Saṃvitsiddhi. Kritische Edition, Übersetzung und Anmerkungen. Mit einem Rekonstruktionsversuch der verlorenen Abschnitte.* Sitzungsberichte, 504. Band, Wien 1988. 199 Seiten . . . . öS 350,–

22. M. SPARREBOOM – J. C. HEESTERMAN: *The Ritual of Setting Up the Sacrificial Fires according to the Vādhūla School. Vādhūlaśrautasūtra 1.1–1.4.* Sitzungsberichte, 539. Band, Wien 1989. 148 Seiten . . . . öS 280,–

23. WALTER SLAJE: *Katalog der Sanskrit-Handschriften der Österreichischen Nationalbibliothek (Sammlungen Marcus Aurel Stein und Carl Alexander von Hügel).* Sitzungsberichte, 546. Band, Wien 1990. 152 Seiten, 7 Tafeln . . . . öS 280,–

24. ROQUE MESQUITA: *Yāmunācāryas Philosophie der Erkenntnis. Eine Studie zu seiner Saṃvitsiddhi.* Sitzungsberichte, 563. Band, Wien 1990. 316 Seiten öS 490,–

25. MICHAEL T. MUCH: *Dharmakīrtis Vādanyāya. Teil I: Sanskrit-Text. Teil II: Übersetzung und Anmerkungen.* Sitzungsberichte, 581. Band, Wien 1991. XXX+75, XXI+135 Seiten . . . . öS 700,–

26. ERICH FRAUWALLNER: *Nachgelassene Werke II: Philosophische Texte des Hinduismus.* Herausgegeben von G. OBERHAMMER UND CH. H. WERBA. Sitzungsberichte, 588. Band, Wien 1992. 301 Seiten . . . . öS 420,–

27. WALTER SLAJE: Vom Moksopāya-Śāstra zum Yogavāsistha-Mahārāmāyana. Philologische Untersuchungen zur Entwicklungs- und Überlieferungsgeschichte eines indischen Lehrwerks mit Anspruch auf Heilsrelevanz. Sitzungsberichte, 609. Band, Wien 1994. 340 Seiten . . . . öS 865,–

ÖSTERREICHISCHE AKADEMIE DER WISSENSCHAFTEN

BEITRÄGE

zur Kultur- und Geistesgeschichte Asiens

1. ERNST STEINKELLNER: *Nachweis der Wiedergeburt. Prajñasenas 'Jig rten pha rol sgrub pa.* Ein früher tibetischer Traktat aus Dunhuang, mit seinen Glossen diplomatisch herausgegeben, übersetzt und mit Anmkerungen versehen. Teil I: Texte. Teil II: Übersetzung. Denkschriften, 197. Band, Wien 1988. 46 + 54 Seiten, 7 Falttafeln .... öS 350,–
2. ERNST STEINKELLNER – H. KRASSER: *Dharmottaras Exkurs zur Definition gültiger Erkenntnis im Pramāṇaviniścaya* (*Materialien zur Definition gültiger Erkenntnis in der Tradition Dharmakīrtis* 1). Tibetischer Text, Sanskritmaterialien und Übersetzung. Sitzungsberichte, 528. Band, Wien 1989. 104 Seiten .... öS 210,–
3. O. LADSTÄTTER – S. LINHART: *August Pfizmaier (1808–1887) und seine Bedeutung für die Ostasienwissenschaften.* Sitzungsberichte, 562. Band, Wien 1990. 327 Seiten .... öS 490,–
4. SYLVIA STARK: *Vātsya Varadagurus Tattvanirṇaya.* Teil I: Kritische Textedition. Teil II: Übersetzung und Anmerkungen. Sitzungsberichte, 570. Band, Wien 1990. 288 Seiten .... öS 700,–
5. JÁNOS SZERB (†): *Bu ston's History of Buddhism in Tibet.* Critically edited with a comprehensive index. Sitzungsberichte, 569. Band, Wien 1990. 246 Seiten .... öS 532,–
6. GERHARD OBERHAMMER: *Beiträge zur Hermeneutik indischer und abendländischer Religionstraditionen.* Arbeitsdokumentation eines Symposiums. Sitzungsberichte, 573. Band, Wien 1991. 256 Seiten .... öS 280,–
7. HELMUT KRASSER: *Dharmottaras kurze Untersuchung der Gültigkeit einer Erkenntnis Laghuprāmāṇyaparīkṣā* (*Materialien zur Definition gültiger Erkenntis in der Tradition Dharmakīrtis* 2). Teil I: Tibetischer Text und Sanskritmaterialien. Teil 2: Übersetzung. Sitzungsberichte, 578. Band, Wien 1991. 312 Seiten .... öS 350,–
8. ERNST STEINKELLNER: *Studies in die Buddhist Epistemological Tradition.* Proceedings of the Second International Dharmakīrti Conference, June 11–16, 1989. Denkschriften, 222. Band, Wien 1991. XIX+430 Seiten öS 420,–
9. GERHARD OBERHAMMER unter Mitarbeit von ERNST PRETS und JOACHIM PRANDSTETTER: *Terminologie der frühen philosophischen Scholastik in Indien. Ein Begriffswörterbuch zur altindischen Dialektik, Erkenntnislehre und Methodologie.* Band 1: A–I. Denkschriften, 223. Band, Wien 1991. 144 Seiten öS 252,–
10. ERICH PILZ: *Gesellschaftsgeschichte und Theoriebildung in der marxistischen chinesischen Historiographie. Zur Entwicklung der Diskussion um die Han-Gesellschaft.* Sitzungsberichte, 582. Band, Wien 1991. 356 Seiten öS 560,–
11. SUSANNE FORMANEK – SEPP LINHART: *Japanese Biographies: Life Histories, Life Cycles, Life Stages.* Sitzungsberichte, 590. Band, Wien 1992. 299 Seiten öS 350,–
12. DAVID JACKSON: Enlightenment by a Single Means. Tibetan Controversies on the "Self-Sufficient White Remedy" (*dKar po chig thub*). Sitzungsberichte, 615. Band, Wien 1994. VIII+224 Seiten .... öS 465,–
13. SUSANNE FORMANEK: Denn dem Alter kann keiner entfliehen. Altern und Alter im Japan der Nara- und Heian-Zeit. Sitzungsberichte, 618. Band, Wien 1994. XVII+542 Seiten .... öS 850,–

ÖSTERREICHISCHE AKADEMIE DER WISSENSCHAFTEN

MATERIALIEN

zur Kultur- und Geistesgeschichte Asiens

1. SUSANNE FORMANEK – PETER GETREUER: *Verzeichnis des deutschsprachigen Japan-Schrifttums 1980–1987.* Wien 1989. 194 Seiten . . . . öS 210,–

2 PETER GETREUER: *Verzeichnis des deutschsprachigen Japan-Schrifttums 1988–1989.* Nebst Ergänzungen zu den Jahren 1980–1987. Wien 1991. 184 Seiten öS 210,–

Sole distributor:

Verlag der Österreichischen Akademie der Wissenschaften
A-1010 Wien, Dr.-Ignaz-Seipel-Platz 2